评价科学研究与应用丛书

世界一流大学和一流学科评价研究报告（2023—2024）

邱均平　张蕊　舒非　赵蓉英　王姗姗 等　编著

研发单位　中国科教评价研究院（CASEE，杭电）
　　　　　中国科学评价研究中心（RCCSE，武大）
　　　　　浙江高等教育研究院（ZAHE）
　　　　　高教强省发展战略与评价研究中心（浙江智库）
　　　　　“金平果”评价网（www.nseac.com）
合作单位　科睿唯安信息服务（北京）有限公司
　　　　　武汉金平果科教开发服务有限公司
支持单位　世界大学校长联合会
　　　　　亚太大学校长联合会

图书在版编目(CIP)数据

世界一流大学和一流学科评价研究报告.2023-2024/邱均平等编著.—武汉:武汉大学出版社,2024.5
评价科学研究与应用丛书
ISBN 978-7-307-24292-0

Ⅰ.世… Ⅱ.邱… Ⅲ.①高等学校—学校教育—研究报告—世界—2023-2024 ②高等学校—学科建设—研究报告—世界—2023-2024 Ⅳ.①G649.1 ②G642.3

中国国家版本馆 CIP 数据核字(2024)第 038814 号

责任编辑:黄河清 责任校对:李孟潇 版式设计:韩闻锦

出版发行:**武汉大学出版社** (430072 武昌 珞珈山)
(电子邮箱:cbs22@ whu.edu.cn 网址:www.wdp.com.cn)
印刷:武汉邮科印务有限公司
开本:880×1230 1/16 印张:23.25 字数:796 千字 插页:1
版次:2024 年 5 月第 1 版 2024 年 5 月第 1 次印刷
ISBN 978-7-307-24292-0 定价:98.00 元

世界一流大学和一流学科评价研究报告
（2023—2024）
编委会

序 言

创建世界一流大学，是一个国家在世界舞台上全面崛起的重要标志之一。如果没有世界一流的大学，虽然一个大国可以在某个方面取得突破，一个小国也可以达到全国富裕，但是综观近代世界历史，没有任何一个大国，可以在高等教育落后的情况下，真正成为全面领先的世界强国。世界一流大学不仅是科学、技术和教育的摇篮，而且是现代人类文化、思想的最主要源泉；世界一流大学是尖端科学研究和技术发展的主要力量，也是创造知识的重要源泉；世界一流大学吸引了全世界的优秀人才和领军人才；世界一流大学对建立民族自信心和自豪感意义重大。

我们对高等教育的需要比以往任何时候都更加迫切，对科学知识和卓越人才的渴求比以往任何时候都更加强烈。创建世界一流大学已经成为高等教育领域的一股潮流，各国或地区相继出台政策来增强大学的研究实力，提升学校的国际排名。2017 年 9 月 20 日，根据国务院《统筹推进世界一流大学和一流学科建设总体方案》以及教育部等三部委《统筹推进世界一流大学和一流学科建设实施办法(暂行)》，经专家委员会遴选认定，教育部、财政部、国家发展改革委公布了世界一流大学和一流学科名单，它标志着世界一流大学和一流学科建设正式进入实施操作阶段。由于世界一流大学和一流学科名单是周期性动态调整的，社会各界对于世界一流大学和一流学科建设的研究比以往投入了更多精力，一定时期内的大学与学科在世界范围排名上的变更成为院校和学科发展的动力之一。我们在成功研发 2006 年、2007 年、2009 年、2011 年、2012 年、2013 年、2014 年、2015 年、2016 年、2017 年、2018 年、2019 年、2020 年、2021 年和 2022 年世界一流大学及学科竞争力评价的基础上，撰著了《世界一流大学和一流学科评价研究报告(2023—2024)》。本书是目前国内唯一一本对世界一流大学和一流学科竞争力进行评价的有说服力的专著。它拥有全面的世界一流大学和一流学科的评价排行榜，对于准确把握我国大学的世界定位，促进我国高等教育的国际化，提高我国高等教育质量和科研水平，推动其健康、快速发展具有重要的理论意义和现实作用。

本书对美国基本科学指标(Essential Science Indicators，ESI)数据库中收录两个学科及以上的 2033 所大学进行了全面、系统、深入的评价与分析，得出了许多鲜为人知的评价结果。本书内容丰富、资料翔实、数据可靠，具有较强的权威性。其主要特点有以下四个方面。

第一，内容全面、体系完整、信息丰富。本书是国内全面的世界一流大学和一流学科评价研究基础上的进一步升华，公布了 2023 年世界一流大学和一流学科排行榜，并创新性地将科研情况与网络排名结合起来，公布了以教学水平、科研能力、影响力为一级指标的世界一流大学和一流学科分指标排行榜，分 22 个学科的排行榜及国内一流学科(分 109 个学科)与 ESI 学科匹配排行榜，它们从不同角度反映了世界一流大学和一流学科的建设与发展状况。

第二，理念新颖、指标科学、数据权威。本书以科睿唯安科技信息服务有限公司研发的 ESI 数据库和德温特专利索引(Derwent Innovations Index，DII)为工具，数据库在全世界有着极其广泛的影响力，保证了数据来源的权威性和可信度。在本次评价中，我们继续引入了网络影响力指标。这一指标进一步反映了各学校的声誉情况、科研成果的开放获取程度，可作为 Web 环境下的科研影响力评价的补充，以达到从科研产出到学术影响再到网络影响的综合实力评价。影响力指标与原有的师资力量、教学水平和科研能力三个指标构成了世界一流大学评价指标体系，再次得到了科学、合理、客观、公正的评价结论。

第三，在四年前，我们创造性地进行了国外与国内学科分类的匹配研究，这更加符合我国一流学科建设的需要，有利于国内外学科的比较研究。在 ESI 数据库中只划分了 22 个学科大类，而我国的一流学科有 109 个，两者无法比较，实际意义不大，这是 ESI 数据库在国内应用的最大障碍。为此，我们采取映射等多种方法相结合，将 22 个大类学科的数据细分和对应到 109 个学科中去，从而使国外的学科数据能够在国内一流学科评价中得到应用，从根本上解决了国内外学科比较和评价中的难题。这是学科评价中的重大突破。

第四，立足中国，放眼世界。本书对我国进入 ESI 排行的大学和学科进行了详尽的比较分析，深入讨论了我国进入 ESI 排行的大学和学科近年的变化情况；还对中国一流大学和一流学科进行了评价，为我们了解和把握中国高等教育在世界坐标系中的定位以及世界一流大学和一流学科的发展态势提供了有力的数据支撑。

《世界一流大学和一流学科评价研究报告(2023—2024)》是“金平果”排行榜(中评榜)评价品牌的“四大评价报告”之一，由杭州电子科技大学中国科教评价研究院、武汉大学中国科学评价研究中心等单位共同研发和撰著，科睿唯安信息服务(北京)有限公司作为合作单位为本书提供了大量的数据支持，特别是北京办公室吕宁主任、王琳(女)博士等的倾力支持为我们完成此项浩大工程提供了强有力的帮助。此外，本书的出版得到了武汉大学出版社有关领导的大力支持，编辑詹蜜以及其他编校人员等为之付出了大量的辛勤劳动，在此一并表示诚挚的谢意!

中国科学评价研究中心(武大)创始人、首届主任
“金平果”评价品牌创立者、首席专家和知识产权人
杭州电子科技大学资深教授、博士生导师
中国科教评价研究院(杭电) 院 长
浙江高等教育研究院 院 长
数据科学与信息计量研究院 院 长
Data Science and Informetrics 主编
高教强省发展战略与评价研究中心(浙江智库) 主任
邱均平

2023 年 9 月 6 日于杭州

目 录

第一章 理论研究

第二章 评价结果

第三章　数据分析

第四章　评价引发的思考与建议

第一章

理论研究

第一节　世界一流大学和一流学科评价研究的意义

对世界一流大学和一流学科进行评价研究主要是为了清楚地认识我国大学与学科目前在世界上所处的位置，用国际化的视角来观察我国高等教育的发展状况、存在的不足，为逐步、有重点地培养一批具有国际影响力的大学提供详细而准确的数据参考，以促进我国大学和学科的国际化，最终推动我国高等教育的健康、快速发展。因此，本评价研究具有重要的现实意义。

第一，贯彻落实有关文件精神，为我国大学管理和促进科技创新与进步提供有力保障。江泽民同志1998年在庆祝北京大学建校一百周年大会的讲话中提出“为了实现现代化，我国要有若干所具有世界先进水平的一流大学”，并第一次从教育质量的角度全面提出了一流大学办学的目标和评价标准：①培养一流的人才；②创造一流的科研成果；③提供一流的社会服务。1998年12月24日，教育部制定了《面向21世纪教育振兴行动计划》，明确提出要“创建若干所具有世界先进水平的一流大学和一批一流学科”。2006年发布的《国家中长期科学和技术发展规划纲要(2006—2020年)》明确指出要“深化管理体制改革，加快建设‘职责明确、评价科学、开放有序、管理规范’的现代科研院所制度”，并且指出“加快建设一批高水平大学，特别是一批世界知名的高水平研究型大学，是我国加速科技创新、建设国家创新体系的需要”。尤其是把“建成若干世界一流的科研院所和大学以及具有国际竞争力的企业研究开发机构，形成比较完善的中国特色国家创新体系”作为要在其后15年实现的八大目标之一，并且要在2020年达到“本国人发明专利年度授权量和国际科学论文被引用数均进入世界前5位”的目标要求。在2010年发布的《国家中长期教育改革和发展规划纲要(2010—2020年)》中，也明确提出要“改革教育质量评价和人才评价制度。改进教育教学评价。根据培养目标和人才理念，建立科学、多样的评价标准。开展由政府、学校、家长及社会各方面共同参与的教育质量评价活动”，以及“推进专业评价。鼓励专门机构和社会中介机构对大学学科、专业、课程等水平和质量进行评估。建立科学、规范的评估制度。探索与国际高水平教育评价机构合作，形成中国特色学校评价模式。建立高等学校质量年度报告发布制度”等重要任务。根据党中央、国务院做出的重大战略决策，国务院于2015年11月5日公布《统筹推进世界一流大学和一流学科建设总体方案》，该方案“坚持以中国特色、世界一流为核心，以立德树人为根本，以支撑创新驱动发展战略、服务经济社会发展为导向，加快建成一批世界一流大学和一流学科，提升我国高等教育综合实力和国际竞争力”。2017年9月20日，教育部、财政部、国家发展改革委公布世界一流大学和一流学科名单，它标志着世界一流大学和一流学科建设正式进入实施操作阶段。2022年1月26日，教育部、财政部、国家发展改革委发布《关于深入推进世界一流大学和一流学科建设的若干意见》，就“十四五”时期深入推进“双一流”建设提出意见。2022年2月9日，教育部、财政部、国家发展改革委公布第二轮“双一流”建设高校及建设学科名单。入选高校使命光荣，也责任重大。建设世界一流大学和一流学科的高校也不是只在国内竞争，而是在国际舞台上与名校进行比拼，应该意识到建设与建成虽只有一字之差，但不是一码事。世界一流大学和一流学科着力于建设一流师资队伍，培养拔尖创新人才，提升科学研究水平，传承创新优秀文化，着力推进成果转化。参考国际一流名校，国内大学要完成每一项任务都不容易。本次评价着重从论文被引次数、专利数和网络排名等不同角度综合评价世界大学和学科竞争力，切实地为实现国家中长期科技发展规划和教育规划提供决策依据和数据支持。

第二，为政府管理部门的科学管理和决策提供定量依据。政府管理部门在建设世界一流大学过程中起着重要的宏观管理和调控作用。要建成世界一流大学和一流学科，必然要有大量资金的投入和分配、学科资源的重新整合和调节，这就要求我国高等教育管理部门对各科研院所在世界科研机构范围内的相对位置心中有数，从而制定相关资助政策和管理政策。而要做到这些，必然需要详细而准确的数据支持。

第三，为国内大学的世界竞争和发展提供定位信息。近年来，国内很多大学都在朝着世界一流大学的目标前进，却无法清楚地认知：到底距世界一流大学还有多远？哪些学科已经达到国际水平？哪些学科还有较大的差距？我们现在所做的评价就是要使我国的一些大学明确自己在世界上的相对位置，发挥比较优势，找出问题和差距，寻找合作和学习的伙伴单位，明确改革方向，制定相应对策，从而提高国际竞争力和影响力，吸引世界上的杰出人才来我国学习、交流和工作，为将来持久发展提供人才保障。

第四，为青年学子提供详细、深入的出国留学咨询报告。《关于建立海外高层次留学人才回国工作绿色通道的意见》提出："积极引进海外高层次留学人才回国工作，是应对国际人才竞争，提高我国自主创新能力，加强人才队伍建设的需要。"可见国家对留学人员的高度重视。国外有着一流的大学和科研院所，它们引领着科技发展的方向，掌握着绝大多数核心技术，在长期实践中又开创了许多著名的学术理论，我们要吸收它们的先进理念和技术，就需要广泛交流。现在不少学子都积极出国深造，但并不是所有国外的大学都是优秀的，一定要对国外大学及其专业有一定的了解，绝不能盲目出国。我们提供的报告无疑在一定程度上满足了广大学子准确选择一流大学和专业的迫切需求，为他们出国留学提供了权威、可信的咨询报告。

第五，为世界其他国家或地区的大学竞争发展提供数据参考。我们这次的评价对象包含全世界 1701 所大学，按照统一的数据来源和统一的统计标准进行评价排名。从对比中可以分析出各个大学及学科的优势与劣势以及所面临的挑战与机遇，这对于任何一所大学的长远发展都是有益的。另外，从我们提供的数据中可分析出世界一流大学的国家或地区分布，使每个国家或地区在整体上对自己的科研竞争力有所了解，从而在国民经济预算分配上进行适当的调节，并制定切实可行的、促进本国或地区科技进步和发展的政策。

第二节　世界一流大学评价的研究现状

一、国外研究现状

目前，国外对世界一流大学研究的侧重点各不相同，影响力比较大的有以下几种。

(一)美国《美国新闻与世界报道》世界大学排行榜

早在 1983 年，《美国新闻与世界报道》(*US News & World Report*)率先推出全美大学排名，每两年对全美本科院校进行一次评选。该排名的最初目的主要是为了给学生和家长在选择大学时提供一些参考数据。1987 年，《美国新闻与世界报道》开始面向研究生教育，改为每年评选一次，并在每年的春季公布最新的"全球大学排行榜"(Global Universities Ranking)，以供秋季新生入学参考。《美国新闻与世界报道》对大学进行排行，依据卡内基教学促进基金会公布的高等学校分类法，先将大学进行分类，然后在同类之间进行评比，调查过程科学严谨，具有权威性。

《美国新闻与世界报道》全球最佳大学排名指标体系由《美国新闻与世界报道》推出，其评价主要基于两项原则展开，一是根据专家确定的标志学术质量的定量指标，二是根据他们作为局外人对有关教育质量的认识。因此，其数据来源广泛，精准度较高，为公正合理的大学评价奠定了基础。《美国新闻与世界报道》全球最佳大学排名指标体系由全球研究声誉(12.5%)、区域研究声誉(12.5%)、学术论文发表(10%)、专著(2.5%)、学术会议(2.5%)、标准化引用影响力(10%)、总被引次数(7.5%)、前 10%高被引文献(12.5%)、前 10%高被引文献占比(10%)、国际合作(5%)、国际合作论文占比(5%)、前 1%高被引论文数量(5%)、前 1%高被引论文占比(5%)等 13 个指标构成①。《美国新闻与世界报道》的学科排名与其大学排名类似，今年增加了国际合作论文占比(5%)，并调整了国际合作指标的权重。少了前 1%高

① How U. S. News Calculated the Best Global Universities Rankings[EB/OL]. [2023-10-12]. https://www.usnews.com/education/best-global-universities/articles/methodology.

被引论文数量、论文总量2个指标。总体来看,《美国新闻与世界报道》的评价指标分类较细,科学研究在评价中占绝对主导地位。

(二)英国《泰晤士高等教育》世界大学排行榜

英国《泰晤士高等教育》(*Times Higher Education*, THE)是由TSL Education Ltd.出版的周刊,在世界范围内有着较大影响。从2010年起,《泰晤士高等教育》与世界首屈一指的数据公司——汤森路透科技信息集团合作,由汤森路透科技信息集团负责收集和分析所有的与排名相关的数据。《泰晤士高等教育》采用新的评价标准和方法,在新的世界大学排名标准中,保留"同行评议"这一指标,由民意调查公司Ipsos Mori接手声望调查工作,并采用一种更为谨慎的抽样调查方式,在公信力方面有较大的改善①。

2010年的评价方法新增了经济活动/创新这一级指标,二级指标也由2009年的6个增加为13个,改变了往年一个二级指标代理一个一级指标的较为单一的评价方式。舍弃了雇主调查这一定性指标,并且在学术声誉调查这一部分做了较大变动,声誉调查的规模更为扩大,更具严密性和代表性;使其从一级指标降为两个二级指标,将教学相关和研究相关调查结果分列在教学指标和研究指标中,成为教学指标和研究指标的支撑,降低了其独立性;从比重上来看,同行评议的比例由之前的40%下降到20%,使世界大学排行榜的主观指标降低了至少20%,大大增加了量化指标的比重②。总体而言,2010年的指标体系设置一级指标5个:工业收入(industry income),所占权重为2.5%;国际化(international outlook),所占权重为7.5%;教学(teaching),所占权重为30%;研究(research),所占权重为30%;论文引用影响(citations),所占权重为30%③。

(三)Quacquarelli Symonds(QS)世界大学排行榜

Quacquarelli Symonds公司在与《泰晤士高等教育》解散后,先后和《美国新闻与世界报道》《朝鲜日报》等机构合作发布世界大学排名,目前的合作机构为荷兰出版商ELSEVIER。除了全球的大学排名,QS还发布了亚洲大学排名、拉丁美洲大学排名、金砖国家大学排名等区域性大学排名。QS自发布以来备受学术界的争议,其根本原因在于,该排行榜指标体系虽然只有6个二级指标——师生比、国际教师比例、国际学生比例、学术同行评价、全球雇主评价和单位教师论文引用数,但是学术同行评价和全球雇主评价两个主观性指标所占比重竟高达50%。尽管如此,它是唯一一个获得联合国教科文组织成立的大学排名国际专家组(International Ranking Expert Group, IREG)认证的世界大学排行榜。QS发布的排行榜主要是为学生提供选择大学的资讯和一定程度的就业指导。其6个二级指标及其权重分别为:学术领域的同行评价(academic peer review),占40%;全球雇主评价(global employer review),占10%;单位教职的论文引用数(citations per faculty),占20%;教师/学生比例(faculty student ratio),占20%;国际学生比例(international student ratio),占5%;国际教师比例(international faculty ratio),占5%。

二、国内研究现状

目前,国内对世界一流大学进行研究比较有名的机构如下。

(一)杭州电子科技大学中国科教评价研究院/武汉大学中国科学评价研究中心

武汉大学中国科学评价研究中心在连续三年做中国大学评价的基础上,于2006年开始做世界大学科

① Phil Baty. 世界大学排名的历史、方法和影响[EB/OL]. [2022-12-05]. http://www.nseac.com/html/135/214384.html.

② Methodology. https://www.timeshighereducation.com/world-university-rankings/world-university-rankings-2020-methodology?site=cn [2019-10-12].

③ Phil Baty. Global rankings system methodology reflects universities' core missions[EB/OL]. [2022-12-05]. http://www.timeshighereducation.co.uk/story.asp? sectioncode=26&storycode=413382&c=1.

研竞争力评价。2017年3月，杭州电子科技大学专门成立了中国科教评价研究院(又称"中国评价科学研究院")，聘请著名计量学家、评价管理权威专家邱均平教授担任院长，开展中国与世界大学的评价工作。邱均平教授创立了"金平果排行榜"("中评榜")评价品牌，在国内外具有很大影响力。到2023年，邱均平团队已进行了14次世界大学和学科竞争力评价，得到政府管理部门、高等院校和教育界、学术界的普遍认可；国外大学校长利用这个排行榜结果向中国代表团介绍情况；各媒体大量转载等。随着时代和大学评价需求的变化，其世界大学科研竞争力的指标也在不断改进，主要经历了三次比较大的调整：2014年起评价的二级指标改为科研生产力、科研影响力、科研创新力和网络影响力4个部分；从2016年开始以世界一流大学和一流学科为对象进行评价；2019年一级指标改为师资力量、教学水平、科研能力、影响力；2020年一级指标改为教学水平、科研能力、影响力。

1. 2006—2013年世界一流大学与科研机构学科竞争力评价

2006—2013年，世界一流大学及世界科研机构竞争力评价指标由科研生产力、科研影响力、科研创新力和科研发展力4个部分构成，其具体指标体系如表1-1所示。

表1-1　2006—2013年世界一流大学科研竞争力评价指标体系

一级指标	二级指标
科研生产力	论文发表数
科研影响力	论文被引次数
	高被引论文数
	进入ESI学科数
科研创新力	专利数
	热点论文数
科研发展力	高被引论文占有率

(1)科研生产力

用近10年发表论文数(被ESI收录的论文数量)这一指标来衡量，反映该机构或学科对世界学术交流的贡献，而且被ESI收录的论文都是经过同行评议的论文，各论文发表的期刊也在该学科有着显著影响。

(2)科研影响力

用近10年发表论文总被引次数、高被引论文和进入排行的学科数这3个指标来衡量。被引次数是反映论文质量的一个重要指标。另外，进入排行的学科数越多，说明该单位的影响面积越大，学术辐射范围越广泛，引起的关注就越多。

(3)科研创新力

用热点论文和专利这两个指标来衡量。热点论文的产生必然说明该论文适应学科和社会发展的要求，具有很强的创新性，这是一个单位或学科富有朝气的原动力。专利本身的特点之一是有新颖性，这是科技进步的重要体现，也是转化为生产力最宝贵的知识财富之一。

(4)科研发展力

用高被引论文占有率这一指标来衡量。其中，高被引论文占有率=高被引论文数/论文发表数。这一比例越高说明该单位在以后的发展中越有可能产出更多的优秀论文，有能力持久保持该学科的核心地位。对于专业评价和机构评价应该有着不同的指标体系和权重，权重的大小是在征求多方面专家意见基础上根据科学方法计算出来的。

2. 2014—2015 年世界一流大学与科研机构竞争力评价

随着互联网技术的发展，从 2014 年起在世界一流大学及科研机构评价中加入网络影响力指标，将一级指标改为科研生产力、科研影响力、科研创新力和网络影响力 4 个部分。具体指标体系如表 1-2 所示。

表 1-2　2014—2015 年世界一流大学竞争力评价指标体系

一级指标	二级指标
科研生产力	论文发表数
科研影响力	论文被引次数
	高被引论文数
	进入 ESI 学科数
科研创新力	专利数
	热点论文数
网络影响力	国内外网络排名

其中网络影响力用网络排名这一指标来衡量，网络排名可以告知各大学的学术知识与资料在网络上公开出版的程度，若大学本身认为其实力排名与此网络计量排名相关甚远，则可借此促进科研成果出版的开放获取，进而提升其影响力。数据来源于西班牙人文与社会科学研究中心网络计量实验室发布的"世界大学网络计量排名"和中国科学评价研究中心发布的"中国重点大学网络影响力排名"。

3. 2016—2018 年世界一流大学和一流学科评价研究报告

从 2016 年开始以世界一流大学和一流学科为对象进行评价，评价指标打破以往只注重科研评价的惯例，转向对大学的综合评价，其评价一级指标由师资力量、教学水平、科研能力、声誉影响力 4 个部分构成。具体指标体系如表 1-3 所示。

表 1-3　2016—2018 年世界一流大学和一流学科评价指标体系

一级指标	二级指标
师资力量	专职教师数
	高被引科学家数
教学水平	杰出校友数
	进入 ESI 学科数
科研能力	发表论文数
	篇均被引次数
	国际合作论文数
	发明专利数
声誉影响力	网络排名
	高被引论文数

(1)师资力量

师资力量代表一流大学的人才储备，是衡量一流大学的重要指标，专职教师是一流大学的骨干力量，对一流大学的意义十分重大。而高被引科学家则是师资力量的最高表现形式，是高质量人才的象征。

(2)教学水平

通过杰出校友数和进入ESI学科数来反映教学水平。杰出校友数也是教学质量的重要体现形式之一，是从教学水平的深度对其进行衡量的。进入ESI学科数是从教学水平的广度对其进行衡量的。

(3)科研能力

科研能力用近10年发表论文数(被ESI收录的论文数量)及其篇均被引次数、国际合作论文数和发明专利数4个指标来衡量。近10年来发表论文数反映该机构或学科对世界学术交流量的贡献，被ESI收录的论文都是经过同行评议的论文，各论文发表的期刊也在该学科有着显著影响，都是较高质量的论文。被引次数是反映论文质量的一个重要指标，而篇均被引次数则反映出某一单位、团体的总体论文质量，比总被引次数更能反映机构的科研能力。国际合作论文数能够有效地反映机构的国际化程度。专利是科技进步的重要体现，是体现科研能力的知识财富之一。

(4)声誉影响力

声誉影响力用网络排名和高被引论文数这两个指标来衡量。以网络排名这一指标为衡量标准，可以告知各大学的学术知识与资料在网络上公开的程度，网络排名越靠前说明该单位的影响面越大，学术辐射范围越广泛，引起的关注就越多。高被引论文数是体现其声誉影响力的主要手段之一。

4. 2019年世界一流大学和一流学科评价研究报告

2019年在原有一级指标师资力量、教学水平、科研能力、影响力4个部分构成的基础上进行了二级指标的微调，更加突出质量和国际影响力。具体指标体系如表1-4所示。

表1-4　2019年世界一流大学和一流学科评价指标体系

一级指标	二级指标
师资力量	专职教师数
	高被引科学家数
教学水平	杰出校友数
	国际合作论文数
科研能力	ESI收录论文数
	篇均被引次数
	高被引论文数
	德温特专利数
影响力	网络排名
	进入ESI排名学科数

(1)师资力量

一所大学的师资水平通过专职教师和高被引科学家来体现，代表了一流大学的人才储备，是衡量一流大学的重要指标。其中专职教师是一流大学的骨干力量，而高被引科学家则是师资力量的最高表现形式，是高质量人才的象征。

(2)教学水平

通过杰出校友数和国际论文合作数来反映教学水平。从教学水平的深度来说，杰出校友数是教学质量的重要体现形式之一；而国际论文合作数恰好体现了大学教学水平的广度。

(3)科研能力

学校的科研能力用近10年发表论文数(被ESI收录的论文数量)及其篇均被引次数、高被引论文数和德温特专利数4个指标来衡量。近10年来发表论文数反映该机构或学科对世界学术交流量的贡献，被

ESI 收录的论文都是经过同行评议的论文，各论文发表的期刊也在该学科有着显著影响，都是较高质量的论文。高被引论文数是反映论文质量的一个重要指标，而篇均被引次数则反映出某一单位、团体的总体论文质量，比总被引次数更能反映机构的科研能力。德温特专利是科技进步的重要体现，是体现科研能力的知识财富之一。

(4)影响力

影响力用网络排名和进入 ESI 排名学科数这两个指标来衡量。以网络排名这一指标为衡量标准，可以告知各大学的学术知识与资料在网络上公开出版的程度，网络排名越靠前说明该单位的影响面越大，学术辐射范围越广泛，引起的关注就越多。进入 ESI 排名学科数体现了大学的国际影响力，代表了声誉的影响力。

5. 2020 年世界一流大学和一流学科评价研究报告

2020 年在 2019 年原有一级指标基础上进行了微调，更加突出质量和国际影响力。具体指标体系如表 1-5 所示。

表 1-5　2020 年世界一流大学和一流学科评价指标体系

一级指标	二级指标
教学水平	杰出校友数
	高被引科学家数
科研能力	ESI 收录论文数
	篇均被引次数
	高被引论文数
	德温特专利数
影响力	网络排名
	进入 ESI 排名学科数
	国际合作论文数

2023 年世界一流大学及学科的评价，得到了 7 类共 150 个排行榜，它们分别是“世界各国或地区科研竞争力排行榜(2023)”“世界一流大学综合竞争力排行榜(2023)”“世界一流大学分学科排行榜(2021)(分 22 个学科)”“世界一流大学一级指标排行榜(2023)(分 3 个指标)”“世界一流大学基本指标排行榜(2023)(分 9 个指标)”“世界一流学科排行榜(2023)(分 109 个学科)”“世界一流大学各大洲排行榜(2023)”。世界一流大学和一流学科评价采用了目前最权威的、高水平的数据来源工具——ESI，数据准确可靠，并且以新颖的评价理念设置了科学合理的评价体系，提供了国内目前最详尽的世界大学评价报告，不仅针对国家、高等学校，而且评价学科专业。

(二)上海软科世界大学排行榜(ARWU)

软科世界大学学术排名(ShanghaiRanking’s Academic Ranking of World Universities，ARWU)于 2003 年由上海交通大学高等教育研究院(前身为高等教育研究所)世界一流大学研究中心首次发布，是世界范围内首个综合性的全球大学排名。2009 年开始，ARWU 改由上海软科教育信息咨询有限公司(即“上海软科”)发布并保留所有权利。

2001 年，上海交通大学世界一流大学研究中心刘念才等向教育部科技委员会提交了《我国名牌大学离世界一流有多远》①的研究报告，指出学术声誉通过诺贝尔奖、《自然》和《科学》论文、SCI 论文等可量化的国际可比性指标表达；教师质量通过诺贝尔奖、博士学位教师比例等表达。

① 刘念才，程莹，刘莉，等. 我国名牌大学离世界一流有多远[J]. 高等教育研究，2002(2)：19-24.

上海交通大学世界一流大学研究中心于2003年夏天首次在国际互联网上发布了“世界大学学术排行”(Academic Ranking of World Universities, ARWU),之后每年8月中旬进行更新。2020年上海交通大学高等教育研究所的世界大学学术排行指标体系①如表1-6。

表1-6 软科世界大学学术排行指标体系

指标	权重(%)
校友获奖	10
教师获奖	20
高被引科学家	20
N&S论文	20
国际论文	20
师均表现	10

世界大学学术排名选择获诺贝尔奖和菲尔兹奖的校友折合数(简称“校友获奖”)、获诺贝尔奖和菲尔兹奖的教师折合数(简称“教师获奖”)、各学科领域被引用次数最高的学者数(简称“高被引科学家”)、在《自然》(*Nature*)和《科学》(*Science*)上发表论文的折合数(简称“N&S论文”)、被科学引文索引(SCIE)和社会科学引文索引(SSCI)收录的论文数(简称“国际论文”)、上述5项指标得分的师均值(简称“师均表现”)等六个指标对世界大学的学术表现进行排名。

上海交通大学的大学排名主要根据研究成绩来对研究型大学进行评价,所用的数据具有国际可比性,但在奖项方面仅仅考虑了诺贝尔奖和菲尔兹奖的获奖情况,在发文方面,仅仅考虑了在《自然》和《科学》两大著名期刊上发表论文的情况,并赋予很高的权重,其他奖项、重要杂志没有纳入其中,这使得其对文科实力较强的学校的评价不够全面和公平。

三、国内外比较研究

通过对目前国内外关于世界一流大学评价的现状进行分析,我们发现不同的评价机构运用不同的评价指标,且各有特色。

《美国新闻与世界报道》、英国《泰晤士高等教育》和QS《世界大学排行榜》都是评教分离的典范,而上海交通大学和浙江大学本身既是教育机构,又参与了评价工作,目的是以评促建。

《美国新闻与世界报道》、英国《泰晤士高等教育》(2008年以前的指标体系)注重主观数据的收集和利用,为评价大学声誉而开展同行评议,分别赋予25%和50%的权重。2010年开始,英国《泰晤士高等教育》采取新的标准进行评价,将声誉调查分为教学与研究两个方面,并削减了主观数据所占据的比重,分别占15%和19.5%,但总体权重仍然是整个指标体系中最大的一部分。但在“隔行如隔山”的条件下,“同行专家”的选择不易,在实际操作中要仔细甄别,避免出现外行评价内行的情况。

上海软科世界大学排行榜的评价注重客观数据的收集和分析,保证了数据的国际可比性,在评价自然科学方面比较公正,而且都侧重于对大学科研方面的评价,虽然针对纯文科大学,不考虑N&S论文指标,而是将其权重按比例分解到其他指标中,但因为人文科学方面的研究发文量没有自然科学多,对于人文科学方面较强的大学有失公平。而且,单纯的客观数据分析无法评价大学的学术氛围、校园文化等,而这些对于世界一流大学来说也是非常重要的。

总的来说,《美国新闻与世界报道》的大学评价比较全面,为学生和家长择校提供了参考性意见。英国《泰晤士高等教育》引入了评价有关国际化程度的指标,鲜明地体现了现代世界一流大学的时代特征。QS对于新兴的大学则更加适用,用户应参考排行榜发布的具体操作方法和指标定义,根据个性化的需求

① 上海交通大学.ARWU2020世界大学排名[EB/OL].[2020-09-21].http://www.shanghairanking.cn/methodology/arwu/2020.html.

自由地挑选指标和分配权重，而不要简单地看待排名的结果。上海交通大学则注重对大学科研产出进行评价。每个评价体系都有自身的特色和侧重点，因此，它们的评价结果也各有不同，但都为我们对世界一流大学的研究提供了很好的素材，有很多值得我们借鉴和学习的地方。

第三节　世界一流大学的基本特征与评价标准

对于世界一流大学的特征和评价，目前没有统一的范式，各个国家、各个学派都有着不同的见解。但是世界一流大学在学术大师汇聚、科研经费充裕、科研成果卓著、培养优秀学生、办学特色鲜明等方面显示出共同的特征。建立良好的工作氛围，提供一流的教学和研究设施，为教师确定合理的工作量以使教师有充分的自主和更多的时间从事科研工作，被认为是建设一流教师队伍的最重要的三个方面。

李岚清认为世界一流大学有以下几个共同点：第一，有杰出的教育家，特别是有出色的校领导。他们有教育家的战略思想，有国际视野；第二，培养出大批优秀的人才；第三，提倡学术自由，鼓励理论创新、多用启发式、讨论式的教学方式；第四，拥有一批具有一流学术水平的优势学科；第五，非常重视研究生教育，尤其重视培养博士生；第六，是发表一流研究论文和学术著作的主力军；第七，有深厚的文化积淀；第八，以多种形式服务社会。①

美国大学联合会常务副主席约翰·冯(John Vaughn)在接受访问谈到世界一流大学的建设时提到，“一所世界一流大学要有足够广泛的学科领域，基本应当涵盖所有主要的学术和人文领域”，“严格一点来评价，就不仅要关注科研方面的数量和科研方面的广度，也要考虑质量，以及教师们在相关学科做了多少前沿性重要研究，在世界范围内是否处于领先地位等”。②

上海交通大学原校长张杰院士提出“以‘世界一流大学’为建设目标的研究型大学应紧紧围绕世界一流大学的基本特征来构建核心竞争力”，他认为世界一流大学一般具有以下十项基本特征：追求卓越目标，服务国家战略；办学理念清晰，发展定位明确；学科门类齐全，学术声誉卓著；教师素质超群，学术大师汇聚；教学资源丰富，教学水平先进；生源质量优良，创新人才辈出；科研经费充裕，科研成果斐然；国际交流广泛，学术氛围浓厚；促进文化繁荣，引领社会进步；杰出校长掌舵，管理科学规范。③

北京大学原校长、中国科学院院士许智宏认为，世界一流大学主要有三个标准：一是有从事一流研究工作的国际知名教授；二是有一大批影响人类文明和社会经济发展的成果；三是培养出一大批为人类文明作出很大贡献的优秀学生。④

南京大学原校长陈骏指出世界一流大学主要具备三大功能：第一，作为培养与造就高素质创新人才的教学机构，帮助学生形成科学的世界观和价值观，掌握分析问题和解决问题的基本方法和技能，让他们养成终生追求真理和正义的习惯，引领社会的健康发展；第二，作为生产、传承各种知识、理论和观念的学术机构，让人类创造的优秀文化能够历久弥新，生生不息；第三，作为服务国家宏大目标和促进区域发展的社会机构，成为国家核心竞争力的重要组成部分。⑤

中国人民大学教育学院的周光礼教授通过抽取关键要素的方式，归纳出世界一流大学共同的特质：第一，具有一流的国际声誉；第二，具有世界一流的师资队伍；第三，具有世界一流的优势学科；第四，培养出大批的精英人才；第五，具有充足而灵活的办学资源；第六，具有完善的管理构架；第七，具有

① 李岚清．李岚清教育访谈录[M]．北京：人民教育出版社，2003：149-153.

② 王晓阳，刘宝存，李婧．世界一流大学的定义、评价与研究——美国大学联合会常务副主席约翰·冯(John Vaughn)访谈录[J]．比较教育研究，2010(1)：13-19.

③ 张杰．世界一流大学一般具有 10 项基本特征[EB/OL]．[2023-06-05]．http：//edu.people.com.cn/GB/145827/145949/145955/145962/9173610.html.

④ 许智宏．中国目前没有世界一流大学　建设急功近利[EB/OL]．[2023-06-05]．https：//news.seu.edu.cn/yldx/2014/0506/c8380a72459/page.htm.

⑤ 陈骏．推进开放办学战略建设世界一流大学[J]．中国高等教育，2010(15)：20-23.

较高的国际化水平。只有以先进的建设世界一流大学办学理念为指导，以大学文化建设和体制机制创新为基础，才能找到一条行之有效的建设世界一流大学的路径，最终形成具有“中国特色、世界水平”的一流大学发展模式和先进文化。①

将一批国内大学建设成世界一流大学是我国大学发展的远景目标，总结国内外世界一流大学的特征，我们可以得出以下结论。

首先，世界一流大学绝大多数是研究型大学，无论是美国的麻省理工学院、哈佛大学，还是英国的剑桥大学、牛津大学，加拿大的多伦多大学，以及日本的东京大学、早稻田大学，国内的北京大学、清华大学，这些占据各国大学排名前列的世界一流大学实际上都是研究型大学。

其次，世界一流大学的分类标准参照美国研究型大学模式。在卡内基教学促进基金会克拉克·克尔博士的主持下，美国高等院校的分类经过了多次修改。第七次修改的2010年版《分类法》共有七种分类模式，即基本分类、选择性分类和五种独立(平行)分类。基本分类是按照所授学位的层次及数量，将高等院校分为副学士学位授予学院、研究型大学、博士学位授予大学、硕士学位授予学院/大学、学士学位授予学院、专业主导机构、部落学院七种基本类型。其他几种分类体系则分别是从本专科培养项目、研究生培养项目、学生类型、学制和机构规模五个层面进行分类的。② 表1-7是卡内基教学促进基金会2010年关于博士学位授予机构、硕士学位授予机构和学士学位授予机构的划分标准。

表1-7　卡内基教学促进基金会2010年高等教育机构分类标准—基本分类

<table>
<tr><th>院校大类</th><th>院校类别</th><th colspan="3">定　义</th></tr>
<tr><td rowspan="3">博士型</td><td>研究型，非常高</td><td rowspan="3">年授予博士学位数不少于20个</td><td colspan="2">在7项科研指标*的总得分和师均得分上的综合表现很好</td></tr>
<tr><td>研究型，高</td><td colspan="2">在7项科研指标的总得分和师均得分上的综合表现比较好</td></tr>
<tr><td>博士/研究型</td><td colspan="2">在7项科研指标的总得分和师均得分上的综合表现一般</td></tr>
<tr><td rowspan="3">硕士型</td><td>硕士型，大规模</td><td rowspan="3">年授予硕士学位不少于50个，且年授予博士学位不到20个</td><td colspan="2">年授予硕士学位数不少于200个</td></tr>
<tr><td>硕士型，中等规模</td><td colspan="2">年授予硕士学位数为100~199个</td></tr>
<tr><td>硕士型，小规模</td><td colspan="2">年授予硕士学位数为50~99个</td></tr>
<tr><td rowspan="3">学士型</td><td>学士型，文理</td><td rowspan="3">学士学位授予量占所有本科学位授予量的比例不低于10%，且年授予硕士学位不到50个</td><td rowspan="2">学士学位授予量占所有本科学位授予量的比例不低于50%</td><td>文理学科的学士学位授予量占所有学士学位授予量的比例不低于50%</td></tr>
<tr><td>学士型，多学科</td><td>文理学科的学士学位授予量占所有学士学位授予量的比例不到50%</td></tr>
<tr><td>学士/副学士型</td><td colspan="2">学士学位授予量占所有本科学位授予量的比例不到50%</td></tr>
</table>

注：7项科研指标分别是：①理工学科的R&D经费；②其他学科的R&D经费；③博士后数量；④研究人员(非教师)数；⑤人文学科博士学位授予量；⑥社会科学领域博士学位授予量；⑦理工学科以外的博士学位授予量。

资料来源：The Carnegie Classification of Institutions of Higher Education, 2010 Edition。

一流大学是一个动态发展的比较性概念，它可以是高等教育机构各类型的比较，也可以是地理范围之内大学间的比较，也可能是在学科层面上的比较。欧洲古典大学、英式大学、德国模式大学曾经都是世界一流大学，美国研究型大学则是目前世界一流大学的主体。这提示我们，必须动态地看待一流大学的建设问题。

最后，实现世界一流大学目标的主要途径是建设研究型大学。国内高等教育界已经把研究型大学作

① 周光礼．世界一流大学的特质[J]．中国高等教育，2010(12)：44-47.

② Standard Listings[EB/OL]．[2023-06-05]．http：//classifications. carnegiefoundation. org/lookup_ listings/standard. php.

为实现世界一流大学的首选大学模式。①《国家中长期科学和技术发展规划纲要(2006—2020年)》明确提出："加快建设一批高水平大学，特别是一批世界知名的高水平研究型大学，是我国加速科技创新、建设国家创新体系的需要。"以科学研究见长的研究型大学是保持我国国际竞争力的重要战略资源。为贯彻落实该纲要及其配套政策，加快研究型大学建设，增强高等学校自主创新能力，教育部在2007年7月10日发布了《教育部关于加快研究型大学建设 增强高等学校自主创新能力的若干意见》②。该文件指出，研究型大学是国家创新体系的重要组成部分，加快建设一批研究型大学，对于加强人才培养与科学研究，提高高等教育质量，建设创新型国家具有重要意义。要努力加大投入、深化改革，优化研究型大学发展环境，同时加强领导，协同配合，促进研究型大学健康发展。《国务院关于印发统筹推进世界一流大学和一流学科建设总体方案的通知》的总体目标是，到2020年，若干所大学和一批学科进入世界一流行列，若干学科进入世界一流学科前列；到2030年，更多的大学和学科进入世界一流行列，若干所大学进入世界一流大学前列，一批学科进入世界一流学科前列；到21世纪中叶，一流大学和一流学科的数量和实力进入世界前列，基本建成高等教育强国。

我国创建世界一流大学计划实施十多年来取得了伟大成绩。教育部原副部长郝平总结指出，这主要体现在三点：一是自主创新能力快速提升，产生了一大批具有国家标志的科研成果；二是汇聚了一大批具有国际水准的中青年学者，促进了人文社会科学的繁荣；三是学科建设有了重大突破。③ 这个成绩是党中央、国务院的战略指导和精心部署的结果，也是社会各界特别是高等学校努力奋斗和艰辛探索的结果。2010年7月发布的《国家中长期教育改革和发展规划纲要(2010—2020年)》明确提出，要"加快创建世界一流大学和高水平大学的步伐，培养一批拔尖创新人才，形成一批世界一流学科，产生一批国际领先的原创性成果，为提升我国综合国力贡献力量"。这就为我国大学提出了更高的要求，大学要以科学发展观为指导，以落实《国家中长期教育改革和发展规划纲要(2010—2020年)》为动力，在认真总结基本经验的基础上，科学地评估自身世界一流大学建设的战略趋势和战略规划，进一步明确未来的战略重点。这不仅对加速推进"中国特色、世界水平"大学建设事业，而且对我们构建高等教育强国的战略实现，都具有重大的理论和现实意义。

世界一流大学的评价标准是什么，目前还没有一个统一的答案。它是动态的，而非静态的。世界一流大学没有约定俗成的固定标准，各国对大学的评价体系差异很大。但是，世界一流大学的评价体系的核心是多元的，没有任何一个机构可以垄断整个评价过程。同时，评价标准和评价机构本身也处于不断地被评价之中，没有任何一方可以拒绝被评价。评价机构还必须向公众说明使用评价标准的选取原则和资料来源，不能暗箱操作，不能被权力和商业利益随意操纵，否则，就会遭到公开的质疑。

世界一流大学的评价指标无疑包括定性标准和定量标准两个关键指标。定性标准是对各大学教育教学情况的主体进行描述，包括授予学位的层次、学科分布情况、学校声誉等；定量标准是对各大学授予不同层次的学位数量、一流的师资(如诺贝尔奖获得者、院士等)、高水平的论文数量、学科分布情况和专利发明做量化规定。但因为有些评价指标难以量化，或是数据来源不足、评价标准无法统一，而某些定性的指标在评价的过程中，又难免因为评价主体的复杂多变性和评价者的主观差异而导致评价的结果难如人意。尽管如此，有一些公认的评价指标可以用来衡量世界一流大学的办学水准，如高水平论文数量、一流的师资、专利发明等。

清华大学教育研究所的李越等④研究认为，世界一流大学的学术基准是科研经费、SCI(含SSCI)论文数量、在《自然》和《科学》上发表的论文数量、教师中的院士人数、诺贝尔奖获得者人数、学术声誉。大学学术成就的高低大小要做精细的评价很难，不过可以从国际学术界公认的权威机构及学术刊物，如《自然》、《科学》、SCI中找到公认的指标。大学的学术水准在根本上就是教师的学术水准，而教师的学术水

① 马陆亭．当今"世界一流大学"建设基本模式与经验[N]．中国教育报，2007-01-08(5).

② 教育部关于加快研究型大学建设 增强高等学校自主创新能力的若干意见[EB/OL]．[2023-10-05]．http://www.gov.cn/zwgk/2007-07/18/content_688826.htm.

③ 佚名．中国"创建世界一流大学"计划实施十年成绩显著[EB/OL]．[2023-06-05]．http://www.chinanews.com.cn/edu/edu-zcdt/news/2009/09-28/1890813.shtml.

④ 李越，叶赋桂，蓝劲松．跻身世界一流大学的学术基准[J]．教育发展与研究，2002，22(12)：50-53.

准同样可以通过国际学术界公认的成就标志来衡量，如诺贝尔奖获得者、院士等。一所大学如果在以上这些方面长期都有突出的稳定表现，就会在国际学术界乃至民众心里留下深刻的良好印象，这就形成了一所大学的学术声誉。学术声誉看似无形，似乎是一种主观判断，实际上却是对一所大学综合实力及其影响的最深刻的反映。

我国台湾“清华大学”原校长徐遐生①认为，建立世界一流大学需要杰出的教师、卓越的学术名声和工作环境、崇高的学术标准，以及优良的基础运作设施或系统。香港大学原校长徐立之认为，要发展成国际大学，首先是一个“国家的大学”，并且需要具备以下四个条件：第一是教师的国际名气和教学态度；第二是学生的质量；第三是大学的设备；第四是社会的支持。

世界大学的评价应该以“提升高等教育质量”为主要导向，这是教育评价存在的意义和最终目标；同时，世界大学评价应更加注重应用价值，排名结果将会与政府、大学的决策和管理者，以及广大学生及家长的需要紧密结合，真正达到以人为本、价值导向的目的。② 世界一流大学的评价应兼顾量性和质性指标，其中，量性指标主要包括科研经费、授予博士的数量、教师获奖情况、研究成果发表和引用情况，而质性指标主要用于了解一个机构的整体状况，并主要依赖大学校长的判断力，能更好地洞察量性指标反映不到的情况，二者适当结合运用，共同达到世界一流大学建设的引导作用。

第四节　世界一流大学和一流学科评价的具体做法

一、评价对象和范围

本次进入“世界一流大学和一流学科排行榜”的大学为美国 ESI 数据库中包含两个学科及以上的 2033 所大学。另外，ESI 数据库根据学科发展的特点等因素设置了 22 个学科，其中包括一个交叉学科，分学科将大学和科研院所接近 10 年来论文总被引次数排列，只有排在前 1%的学科方可进入 ESI 学科排行，2023 年共 8556 所大学和科研院所进入 ESI 学科排行，经筛选满足本次评价要求的大学有 2033 所。总的来说，这些大学可以满足我们评价的需要，其数量和代表性都可以得到较好的保证。

此次评价中我们彻查了所有评价对象，把同一个学校的不同名称进行了合并，当然学科数要根据情况另定。我们今年只涉及了名称合并，不涉及数据合并，对同一所高校的不同名称，选取它各项指标较高的作为我们的评价对象，合并的大学有迈阿密大学(UNIV MIAMI 和 MIAMI UNIV)、坦佩雷大学(UNIV TAMPERE 和 TAMPERE UNIV)等。

二、数据来源

关于论文指标，我们使用的是美国 ESI 数据库 2023 年 3 月 13 日的数据；关于专利指标，我们使用的是美国 DII 2018—2023 年的数据，专利数据下载于 2023 年 5 月；网络排名指标由西班牙国家研究理事会人文与社会科学研究中心网络计量实验室发布的“世界大学网络计量排名”获得，数据下载于 2023 年 4 月 4 日。

其中有几个指标的概念解释如下：①高被引论文：是 ESI 根据论文在相应学科领域和年代中的总被引次数排在前 1%以内的论文。②高被引科学家：数据来源于汤森路透科技信息集团公布的全球 2022 年高被引科学家名单(Highly Cited Researchers 2022)。③国际合作论文数：某一国家与其他国家间合作所产出的论文数量。④杰出校友数：即《时代周刊》近 10 年来每年评选的全球 100 位最具影响力人物和毕业生中诺

① 徐遐生．如何建立世界一流研究型大学[EB/OL]．[2023-06-05]．http：//hotnews. cc. nthu. edu. tw/view. asp？ID=783.

② 大学评价进入历史新阶段——《光明网》记者对邱均平教授的采访[EB/OL]．[2023-10-05]．http：//www. nseac. com/html/136/215879. html.

贝尔奖、菲尔兹奖和图灵奖获得者数量。⑤ESI 划分的 22 个学科：按名称的英文字母排列，依次为农业科学、生物学与生物化学、化学、临床医学、计算机科学、经济学与商学、工程学、环境科学与生态学、地球科学、免疫学、材料科学、数学、微生物学、分子生物学与遗传学、综合交叉学科、神经科学与行为科学、药理学与毒物学、物理学、植物学与动物学、精神病学与行为科学、社会科学、空间科学。

三、指标体系的构建

我们认为，世界一流大学和一流学科的评价指标主要由师资力量、教学水平、科研能力、影响力四个部分组成。其中针对大学科研竞争力评价，我们在此次评价中以网络排名指标来进一步考察各学校的声誉情况、高被引论文数作为 Web 环境下的科研影响力评价的补充，以达到从科研产出到现实影响再到网络影响的综合实力评价。网络影响力主要以网络排名这一指标为衡量，之所以在此次评价中加入影响力这一指标，是因为网络排名与其他排名一个很大的不同在于网络排名覆盖的学校范围广，排名数据均来自网上，这使得那些欠发达地区的大学能够在学术网站排名上有一席之地，也让那些不是传统一流大学的学校有机会在另一方面展示自己，获得提升。而传统大学评价则未能做到这一点，因为传统大学评价指标对于那些历史积累较多、学术能力较强、社会地位和影响力较大的学校来说更具优势，使得欠发达地区的学校难以超越。

此次世界一流大学与一流学科评价所采用的网络排名是综合西班牙人文与社会科学研究中心网络计量实验室发布的"世界大学网络计量排名"和中国科学评价研究中心发布的"中国重点大学网络影响力排名"而得出的。排名的指标分为五大项：①网站规模：统计各大搜索引擎如 Google、Yahoo!、Alta Vista、All the Web 和 Bing 等所收录的各大学网站的页面数；②学术文件数：由 Google Scholar 所搜集到的大学网站中的学术文章、报告及其他相关学术研究文档的数量；③文档丰富度：统计搜索引擎如 Google、Yahoo!、Alta Vista、All the Web 和 Bing 收录的各大学网站中多种类型文档数量，包括 Adobe Acrobat(pdf)、Adobe Postscript(ps)、Microsoft Word(doc)、Microsoft Powerpoint(ppt)和 Microsoft Rich Text Format(rtf)等格式的文档；④被链接数：统计搜索引擎如 Yahoo! 收录的各大学网页被链接数；⑤显示度：由百度搜索到的与大学相关的结果页面数和大学词条浏览数按比例合并计算得到。各个大学的网络排名由这五个指标的排名按比例计算所得。对于大学和学科的评价有不同的评价体系，这一思想也在本次评价中得到体现。

四、世界一流大学和一流学科的界定

在给出和解释我们的评价结果之前，我们有必要界定什么是世界一流大学。我们评价的世界大学有 2033 所，将前 800 名定义为世界高水平大学，但是结合国内一些大学对自己的定位与规划，我们又将世界高水平大学分为三个档次：前 100 名(含第 100 名)为世界顶尖大学；101~300 名(含第 300 名)为世界高水平著名大学；301~600(含第 600 名)名为世界高水平知名大学；601~800 名(含第 800 名)为世界一般大学。其中世界顶尖大学和世界高水平著名大学被称为"世界一流大学"。

同界定什么是世界一流大学一样，我们有必要界定什么是世界一流学科。对于学科，我们主要根据所评价的 22 个学科的不同评价单位来划定世界一流学科数量的，其标准为某学科排名前 10%内的科研单位为该学科世界一流学科，世界一流学科也划分为三个档次：某学科前 1%(含 1%)的科研单位的学科为世界顶尖学科；某学科前 1%~5%(含 5%)的科研单位的学科为世界高水平著名学科；某学科前 5%~10%(含 10%)的科研单位的学科为世界高水平知名学科。

第二章

评价结果

第一节　世界各国或地区科研竞争力排行榜（2023）

表2-1　世界各国或地区科研竞争力排行榜（30强）

排名	国家/地区	发表论文得分	论文被引得分	专利得分	高被引论文得分	国际合作论文得分	总分
1	美国	100.00	87.05	87.96	100.00	100.00	100.00
2	中国内地	94.21	81.86	100.00	84.13	88.38	95.60
3	英国	73.04	86.25	55.32	73.81	83.05	87.85
4	法国	70.92	86.02	57.90	66.02	71.70	83.12
5	德国	66.94	86.27	57.67	63.70	73.09	82.28
6	澳大利亚	62.34	86.16	55.57	59.80	69.70	80.34
7	加拿大	63.17	84.76	55.88	59.92	69.61	79.96
8	意大利	63.07	86.25	49.60	58.83	68.67	79.93
9	荷兰	56.31	87.50	45.29	55.75	62.38	77.99
10	韩国	59.79	82.50	86.26	49.54	56.37	77.54
11	西班牙	57.35	84.97	53.79	51.72	62.83	76.51
12	莫桑比克	10.09	100.00	0.00	12.41	16.08	76.34
13	日本	60.57	83.13	71.71	50.37	58.34	76.09
14	瑞士	51.79	87.23	43.87	51.71	58.91	75.89
15	埃塞俄比亚	20.98	97.89	0.00	24.00	29.01	75.11
16	冰岛	19.48	97.58	0.00	20.73	24.16	74.67
17	瑞典	49.53	86.83	50.26	47.61	56.04	74.27
18	巴勒斯坦	28.24	96.21	0.00	27.09	31.65	74.07
19	俄罗斯	40.68	93.90	57.61	33.73	45.06	73.89
20	比利时	45.92	88.36	40.54	44.54	52.15	73.45
21	伊朗	52.88	83.29	46.73	45.72	55.53	72.94
22	沙特阿拉伯	40.71	84.51	47.75	41.76	57.76	72.10
23	奥地利	39.68	89.19	50.79	38.26	47.07	71.91
24	丹麦	44.72	86.34	38.17	42.82	50.15	71.85
25	新加坡	39.47	88.02	52.04	40.45	45.34	71.55
26	赞比亚	12.83	93.42	0.00	13.55	18.60	71.34
27	巴西	54.35	80.56	58.17	41.75	55.74	71.20
28	中国香港	42.38	85.64	47.10	41.66	44.06	71.10
29	菲律宾	14.85	92.12	36.89	18.34	23.03	70.52
30	南非	39.52	85.99	48.29	37.10	47.21	70.43

第二节　世界一流大学综合竞争力排行榜(2023)

表 2-2　世界一流大学综合竞争力排行榜(1200 强与中国大学)

排名	英文名称	中文全称	国家/地区	国家/地区排名	所在洲排名	总得分
1	HARVARD UNIVERSITY	哈佛大学	美国	1	1	100.00
2	STANFORD UNIVERSITY	斯坦福大学	美国	2	2	92.43
3	UNIVERSITY OF CAMBRIDGE	剑桥大学	英国	1	1	92.06
4	UNIVERSITY OF OXFORD	牛津大学	英国	2	2	91.63
5	MASSACHUSETTS INSTITUTE OF TECHNOLOGY	麻省理工学院	美国	3	3	90.63
6	UNIVERSITY OF TORONTO	多伦多大学	加拿大	1	4	91.93
7	JOHNS HOPKINS UNIVERSITY	约翰·霍普金斯大学	美国	4	5	91.01
8	UNIVERSITY OF PENNSYLVANIA	宾夕法尼亚大学	美国	5	6	90.25
9	UNIVERSITY OF CALIFORNIA LOS ANGELES	加利福尼亚大学洛杉矶分校	美国	6	7	89.72
10	COLUMBIA UNIVERSITY	哥伦比亚大学	美国	7	8	90.12
11	UNIVERSITY COLLEGE LONDON	伦敦大学学院	英国	3	3	91.89
12	IMPERIAL COLLEGE LONDON	伦敦帝国学院	英国	4	4	90.25
13	UNIVERSITY OF WASHINGTON SEATTLE	华盛顿大学(西雅图)	美国	8	9	90.23
14	SWISS FEDERAL INSTITUTES OF TECHNOLOGY DOMAIN	瑞士联邦理工学院	瑞士	1	5	90.13
15	UNIVERSITY OF MICHIGAN	密歇根大学	美国	9	10	90.09
16	UNIVERSITY OF WASHINGTON	华盛顿大学	美国	10	11	90.09
17	UNIVERSITE PARIS CITE	巴黎西岱大学	法国	1	6	89.84
18	UNIVERSITE PARIS SACLAY	巴黎萨克雷大学	法国	2	7	91.23
19	SEOUL NATIONAL UNIVERSITY	首尔大学	韩国	1	1	89.60
20	YALE UNIVERSITY	耶鲁大学	美国	11	12	89.55
21	UNIVERSITY OF CALIFORNIA SAN DIEGO	加利福尼亚大学圣迭戈分校	美国	12	13	89.50
22	UNIVERSITY OF CALIFORNIA BERKELEY	加利福尼亚大学伯克利分校	美国	13	14	89.43
23	UNIVERSITY OF CHINESE ACADEMY OF SCIENCES, CAS	中国科学院大学	中国	1	2	90.28
24	UNIVERSITY OF SYDNEY	悉尼大学	澳大利亚	1	1	89.42
25	TSINGHUA UNIVERSITY	清华大学	中国	2	3	90.30
26	UNIVERSITY OF MELBOURNE	墨尔本大学	澳大利亚	2	2	89.39
27	NATIONAL UNIVERSITY OF SINGAPORE	新加坡国立大学	新加坡	1	4	89.37
28	CORNELL UNIVERSITY	康奈尔大学	美国	14	15	89.37
29	PEKING UNIVERSITY	北京大学	中国	3	5	89.29
30	ZHEJIANG UNIVERSITY	浙江大学	中国	4	6	89.28

续表

排名	英文名称	中文全称	国家/地区	国家/地区排名	所在洲排名	总得分
31	SHANGHAI JIAO TONG UNIVERSITY	上海交通大学	中国	5	7	89. 28
32	NORTHWESTERN UNIVERSITY	美国西北大学	美国	15	16	89. 26
33	UNIVERSITY OF BRITISH COLUMBIA	英属哥伦比亚大学	加拿大	2	17	89. 16
34	UNIVERSITY OF COPENHAGEN	哥本哈根大学	丹麦	1	8	90. 89
35	SORBONNE UNIVERSITE	索邦大学	法国	3	9	89. 09
36	UNIVERSITY OF QUEENSLAND	昆士兰大学	澳大利亚	3	3	88. 85
37	MONASH UNIVERSITY	莫纳什大学	澳大利亚	4	4	88. 81
38	DUKE UNIVERSITY	杜克大学	美国	16	18	88. 74
39	CALIFORNIA INSTITUTE OF TECHNOLOGY	加利福尼亚理工学院	美国	17	19	88. 68
40	UPPSALA UNIVERSITY	乌普萨拉大学	瑞典	1	10	88. 67
41	NORTHEASTERN UNIVERSITY	美国东北大学	美国	18	20	88. 65
42	KU LEUVEN	鲁汶大学	比利时	1	11	88. 64
43	UNIVERSITY OF AMSTERDAM	阿姆斯特丹大学	荷兰	1	12	88. 52
44	UNIVERSITY OF EDINBURGH	爱丁堡大学	英国	5	13	88. 47
45	UNIVERSITY OF TOKYO	东京大学	日本	1	8	88. 45
46	UNIVERSITY OF NEW SOUTH WALES SYDNEY	新南威尔士大学	澳大利亚	5	5	88. 40
47	UNIVERSIDADE DE SAO PAULO	圣保罗大学	巴西	1	1	88. 35
48	UNIVERSITY OF BONN	波恩大学	德国	1	14	88. 27
49	UNIVERSITY OF GENEVA	日内瓦大学	瑞士	2	15	88. 25
50	KING'S COLLEGE LONDON	伦敦国王学院	英国	6	16	88. 23
51	UTRECHT UNIVERSITY	乌得勒支大学	荷兰	2	17	88. 22
52	MCGILL UNIVERSITY	麦吉尔大学	加拿大	3	21	88. 21
53	WASHINGTON UNIVERSITY	圣路易斯华盛顿大学	美国	19	22	88. 20
54	FUDAN UNIVERSITY	复旦大学	中国	6	9	88. 20
55	UNIVERSITY OF MINNESOTA TWIN CITIES	明尼苏达大学双城分校	美国	20	23	88. 19
56	UNIVERSITY OF NORTH CAROLINA CHAPEL HILL	北卡罗来纳大学教堂山分校	美国	21	24	88. 19
57	ETH ZURICH	苏黎世联邦理工学院	瑞士	3	18	88. 18
58	UNIVERSITY OF MANCHESTER	曼彻斯特大学	英国	7	19	88. 18
59	UNIVERSITY OF CALIFORNIA SAN FRANCISCO	加利福尼亚大学旧金山分校	美国	22	25	88. 16
60	SUN YAT SEN UNIVERSITY	中山大学	中国	7	10	88. 10
61	UNIVERSITY OF PITTSBURGH	匹兹堡大学	美国	23	26	88. 06
62	NANYANG TECHNOLOGICAL UNIVERSITY	南洋理工大学	新加坡	2	11	88. 04
63	OHIO STATE UNIVERSITY	俄亥俄州立大学	美国	24	27	88. 02
64	INDIANA UNIVERSITY BLOOMINGTON	印第安纳大学伯明顿分校	美国	25	28	88. 01
65	NANJING UNIVERSITY	南京大学	中国	8	12	87. 97
66	UNIVERSITY OF MUNICH	慕尼黑大学	伊朗	1	13	87. 89

续表

排名	英文名称	中文全称	国家/地区	国家/地区排名	所在洲排名	总得分
67	UNIVERSITY OF FLORIDA	佛罗里达大学	美国	26	29	87.86
68	UNIVERSITY OF WISCONSIN MADISON	威斯康星大学麦迪逊分校	美国	27	30	87.81
69	UNIVERSITY OF CHICAGO	芝加哥大学	美国	28	31	87.78
70	UNIVERSITY OF ZURICH	苏黎世大学	瑞士	4	20	87.77
71	UNIVERSITY OF SCIENCE & TECHNOLOGY OF CHINA, CAS	中国科学技术大学	中国	9	14	87.31
72	GHENT UNIVERSITY	根特大学	比利时	2	21	87.74
73	BROWN UNIVERSITY	布朗大学	美国	29	32	87.67
74	NEW YORK UNIVERSITY	纽约大学	美国	30	33	87.64
75	UNIVERSITY OF VIENNA	维也纳大学	奥地利	1	22	87.64
76	UNIVERSITY OF BARCELONA	巴塞罗那大学	西班牙	1	23	87.60
77	UNIVERSITY OF CALIFORNIA DAVIS	加利福尼亚大学戴维斯分校	美国	31	34	87.51
78	RUPRECHT KARLS UNIVERSITY HEIDELBERG	海德堡大学	德国	2	24	87.48
79	WUHAN UNIVERSITY	武汉大学	中国	10	15	87.47
80	UNIVERSITY OF TEXAS AUSTIN	得克萨斯大学奥斯汀分校	美国	32	35	87.42
81	HUMBOLDT UNIVERSITY OF BERLIN	柏林洪堡大学	德国	3	25	87.36
82	SICHUAN UNIVERSITY	四川大学	中国	11	16	87.35
83	KAROLINSKA INSTITUTET	卡罗林斯卡医学院	瑞典	2	26	87.35
84	KING ABDULAZIZ UNIVERSITY	阿卜杜勒阿齐兹国王大学	沙特阿拉伯	1	17	87.34
85	HUAZHONG UNIVERSITY OF SCIENCE & TECHNOLOGY	华中科技大学	中国	12	18	87.75
86	PENNSYLVANIA STATE UNIVERSITY	宾夕法尼亚州立大学	美国	33	36	87.30
87	UNIVERSITY OF GRONINGEN	格罗宁根大学	荷兰	3	27	87.29
88	TECHNICAL UNIVERSITY OF MUNICH	慕尼黑理工大学	德国	4	28	87.25
89	CENTRAL SOUTH UNIVERSITY	中南大学	中国	13	19	87.25
90	UNIVERSITY OF ALBERTA	阿尔伯塔大学	加拿大	4	37	87.23
91	UNIVERSITY OF MARYLAND COLLEGE PARK	马里兰大学帕克分校帕克分校	美国	34	38	87.17
92	VRIJE UNIVERSITEIT AMSTERDAM	阿姆斯特丹自由大学	荷兰	4	29	87.16
93	UNIVERSITY OF OSLO	奥斯陆大学	挪威	1	30	87.14
94	KING SAUD UNIVERSITY	沙特国王大学	沙特阿拉伯	2	20	87.13
95	AARHUS UNIVERSITY	奥尔胡斯大学	丹麦	2	31	87.12
96	UNIVERSITY OF HONG KONG	香港大学	中国香港	1	21	87.11
97	UNIVERSITY OF PADUA	帕多瓦大学	意大利	1	32	87.07
98	UNIVERSITY OF SOUTHERN CALIFORNIA	南加利福尼亚大学	美国	35	39	87.07
99	AIX-MARSEILLE UNIVERSITE	艾克斯-马赛大学	法国	4	33	87.04
100	XI'AN JIAOTONG UNIVERSITY	西安交通大学	中国	14	22	86.65

续表

排名	英文名称	中文全称	国家/地区	国家/地区排名	所在洲排名	总得分
101	FREE UNIVERSITY OF BERLIN	柏林自由大学	德国	5	34	86.99
102	SAPIENZA UNIVERSITY ROME	罗马大学	意大利	2	35	86.98
103	LEIDEN UNIVERSITY	莱顿大学	荷兰	5	36	86.90
104	UNIVERSITY OF HELSINKI	赫尔辛基大学	芬兰	1	37	86.89
105	UNIVERSITY OF BRISTOL	布里斯托尔大学	英国	8	38	86.89
106	RADBOUD UNIVERSITY NIJMEGEN	内梅亨大学	荷兰	6	39	86.84
107	PRINCETON UNIVERSITY	普林斯顿大学	美国	36	40	86.84
108	DARTMOUTH COLLEGE	达特茅斯学院	美国	37	41	86.77
109	LUND UNIVERSITY	隆德大学	瑞典	3	40	86.76
110	MCMASTER UNIVERSITY	麦克马斯特大学	加拿大	5	42	86.73
111	UNIVERSITY OF ILLINOIS URBANA-CHAMPAIGN	伊利诺伊大学厄巴纳-香槟分校	美国	38	43	86.72
112	VANDERBILT UNIVERSITY	范德比尔特大学	美国	39	44	86.71
113	KYOTO UNIVERSITY	京都大学	日本	2	23	86.70
114	LEIDEN UNIVERSITY-EXCL LUMC	荷兰莱顿大学	荷兰	7	41	86.69
115	UNIVERSITY OF WESTERN AUSTRALIA	西澳大学	英国	9	42	86.69
116	UNIVERSITY OF BIRMINGHAM	伯明翰大学	英国	10	43	86.67
117	EMORY UNIVERSITY	埃默里大学	美国	40	45	86.66
118	UNIVERSITY OF SOUTHAMPTON	南安普敦大学	英国	11	44	86.66
119	BOSTON UNIVERSITY	波士顿大学	美国	41	46	86.66
120	UNIVERSITY OF CALIFORNIA IRVINE	加利福尼亚大学尔湾分校	美国	42	47	86.65
121	SHANDONG UNIVERSITY	山东大学	中国	15	24	87.03
122	UNIVERSITY OF MILAN	米兰比可卡大学	意大利	3	45	86.63
123	UNIVERSITY OF BOLOGNA	博洛尼亚大学	意大利	4	46	86.57
124	PENNSYLVANIA STATE UNIVERSITY-UNIVERSITY PARK	宾夕法尼亚州立大学帕克分校	美国	43	48	86.54
125	UNIVERSITE DE MONTREAL	蒙特利尔大学	加拿大	6	49	86.53
126	UNIVERSITE DE MONTPELLIER	蒙彼利埃大学	法国	5	47	86.51
127	UNIVERSITY OF GLASGOW	格拉斯哥大学	英国	12	48	86.46
128	RUTGERS STATE UNIVERSITY NEW BRUNSWICK	罗格斯大学新不斯维克分校	美国	44	50	86.41
129	UNIVERSITY OF ARIZONA	亚利桑那大学	美国	45	51	86.39
130	UNIVERSITY OF NOTTINGHAM	诺丁汉大学	英国	13	49	86.37
131	AUTONOMOUS UNIVERSITY OF BARCELONA	巴塞罗那自治大学	西班牙	2	50	86.36
132	UNIV BRETAGNE LOIRE	布列塔尼-卢瓦尔大学	法国	6	51	86.35
133	UNIVERSITY OF HAMBURG	汉堡大学	德国	6	52	86.32
134	AUSTRALIAN NATIONAL UNIVERSITY	澳大利亚国立大学	澳大利亚	6	6	86.31

续表

排名	英文名称	中文全称	国家/地区	国家/地区排名	所在洲排名	总得分
135	COMMUNAUTE UNIVERSITE GRENOBLE ALPES	格勒诺布尔阿尔卑斯公社大学	法国	7	53	86.31
136	UNIVERSITY OF ADELAIDE	阿德莱德大学	澳大利亚	7	7	86.30
137	UNIVERSITY OF BERN	伯尔尼大学	瑞士	5	54	86.29
138	UNIVERSITY OF COLORADO BOULDER	科罗拉多大学博尔德分校	美国	46	52	86.29
139	UNIVERSITE GRENOBLE ALPES	格勒诺布尔-阿尔卑斯大学	法国	8	55	86.29
140	ERASMUS UNIVERSITY ROTTERDAM	鹿特丹大学	荷兰	8	56	86.28
141	UNIVERSITY OF UTAH	犹他大学	美国	47	53	86.27
142	TEL AVIV UNIVERSITY	特拉维夫大学	以色列	1	25	86.26
143	MICHIGAN STATE UNIVERSITY	密歇根州立大学	美国	48	54	86.24
144	CHINESE UNIVERSITY OF HONG KONG	香港中文大学	中国香港	2	26	86.22
145	JILIN UNIVERSITY	吉林大学	中国	16	27	86.20
146	YONSEI UNIVERSITY	延世大学	韩国	2	28	86.20
147	UNIVERSITY OF NORTH CAROLINA	北卡罗来纳大学	美国	49	55	86.17
148	UNIVERSIDADE DE LISBOA	里斯本大学	葡萄牙	1	57	86.16
149	TEXAS A&M UNIVERSITY COLLEGE STATION	德州农工大学	美国	50	56	86.16
150	UNIVERSITY OF CALGARY	卡尔加里大学	加拿大	7	57	86.15
151	PURDUE UNIVERSITY	普渡大学	美国	51	58	86.13
152	ECOLE POLYTECHNIQUE FEDERALE DE LAUSANNE	洛桑联邦理工学院	瑞士	6	58	86.13
153	UNIVERSITY OF OTTAWA	渥太华大学	加拿大	8	59	86.12
154	UNIVERSITY OF LEEDS	利兹大学	英国	14	59	86.11
155	UNIVERSITY OF SHEFFIELD	谢菲尔德大学	英国	15	60	86.08
156	PURDUE UNIVERSITY WEST LAFAYETTE CAMPUS	普渡大学-西拉斐特	美国	52	60	86.06
157	UNIVERSITY OF LIVERPOOL	利物浦大学	英国	16	61	86.05
158	PSL RESEARCH UNIVERSITY PARIS	巴黎文理研究大学	法国	9	62	86.05
159	UNIVERSITE DE TOULOUSE	图卢兹大学	法国	10	63	86.01
160	TAIWAN UNIVERSITY	台湾大学	中国台湾	1	29	85.95
161	WAGENINGEN UNIVERSITY & RESEARCH	瓦格宁根大学	荷兰	9	64	85.90
162	TECHNICAL UNIVERSITY OF DENMARK	丹麦科技大学	丹麦	3	65	85.90
163	SUNGKYUNKWAN UNIVERSITY	成均馆大学	韩国	3	30	85.89
164	GEORGIA INSTITUTE OF TECHNOLOGY	佐治亚理工学院	美国	53	61	85.86
165	ICAHN SCHOOL OF MEDICINE AT MOUNT SINAI	西奈山伊坎医学院	美国	54	62	85.84
166	UNIVERSITY OF NAPLES FEDERICO II	那不勒斯费德里克二世大学	意大利	5	66	85.84
167	UNIVERSITY OF VIRGINIA	弗吉尼亚大学	美国	55	63	85.83
168	UNIVERSITY OF EXETER	埃克塞特大学	英国	17	67	85.82

续表

排名	英文名称	中文全称	国家/地区	国家/地区排名	所在洲排名	总得分
169	UNIVERSITE CLAUDE BERNARD LYON 1	里昂第一大学	法国	11	68	85.82
170	ARIZONA STATE UNIVERSITY	亚利桑那州立大学	美国	56	64	85.81
171	EBERHARD KARLS UNIVERSITY OF TUBINGEN	图宾根大学	巴勒斯坦	1	31	85.79
172	TECHNISCHE UNIVERSITAT DRESDEN	德累斯顿工业大学	德国	7	69	85.74
173	UNIVERSITY OF WARWICK	华威大学	英国	18	70	85.73
174	UNIVERSITY OF ERLANGEN NUREMBERG	埃尔兰根-纽伦堡大学	德国	8	71	85.71
175	UNIVERSITY OF TURIN	都灵大学	意大利	6	72	85.68
176	CARDIFF UNIVERSITY	卡迪夫大学	英国	19	73	85.66
177	XIAMEN UNIVERSITY	厦门大学	中国	17	32	85.65
178	UNIVERSITY OF AUCKLAND	奥克兰大学	新西兰	1	8	85.64
179	CHARLES UNIVERSITY PRAGUE	布拉格查理大学	捷克共和国	1	74	85.63
180	UNIVERSITY OF BASEL	巴塞尔大学	瑞士	7	75	85.63
181	HARBIN INSTITUTE OF TECHNOLOGY	哈尔滨工业大学	中国	18	33	85.61
182	UNIVERSITE DE BORDEAUX	波尔多大学	法国	12	76	85.61
183	TONGJI UNIVERSITY	同济大学	中国	19	34	85.61
184	UNIVERSITY OF GOTTINGEN	德国哥廷根大学	德国	9	77	85.59
185	TIANJIN UNIVERSITY	天津大学	中国	20	35	85.58
186	ZHENGZHOU UNIVERSITY	郑州大学	中国	21	36	85.57
187	SOUTHEAST UNIVERSITY-CHINA	东南大学	中国	22	37	85.56
188	UNIV LYON COMUE	里昂大学	法国	13	78	85.55
189	UNIVERSITY OF WATERLOO	滑铁卢大学	加拿大	9	65	85.54
190	UNIVERSITE CATHOLIQUE LOUVAIN	鲁汶大学	比利时	3	11	85.53
191	NEWCASTLE UNIVERSITY-UK	纽卡斯尔大学	英国	20	80	85.53
192	QUEEN MARY UNIVERSITY LONDON	伦敦玛丽王后大学	英国	21	81	85.48
193	UNIVERSITY OF CALIFORNIA SANTA BARBARA	加利福尼亚大学圣塔芭芭拉分校	美国	57	66	85.48
194	UNIVERSITY OF FLORENCE	佛罗伦萨大学	意大利	7	82	85.46
195	UNIVERSITE TOULOUSE III-PAUL SABATIER	图卢兹第三大学	法国	14	83	85.45
196	UNIVERSIDAD NACIONAL AUTONOMA DE MEXICO	墨西哥国立自治大学	墨西哥	1	67	85.45
197	NORTH CAROLINA STATE UNIVERSITY	北卡罗来纳州立大学	美国	58	68	85.45
198	UNIVERSITY OF GOTHENBURG	哥德堡大学	瑞典	4	84	85.45
199	UNIVERSIDADE DO PORTO	波尔图大学	葡萄牙	2	85	85.42
200	UNIVERSITY OF FREIBURG	弗赖堡大学	德国	10	86	85.40
201	NORWEGIAN UNIVERSITY OF SCIENCE & TECHNOLOGY	挪威科技大学	挪威	2	87	85.40
202	RWTH AACHEN UNIVERSITY	亚琛工业大学	德国	11	88	85.40

续表

排名	英文名称	中文全称	国家/地区	国家/地区排名	所在洲排名	总得分
203	UNIVERSITY COLLEGE DUBLIN	都柏林大学学院	爱尔兰	1	89	85.40
204	ARIZONA STATE UNIVERSITY-TEMPE	亚利桑那州立大学	美国	59	64	85.39
205	HONG KONG POLYTECHNIC UNIVERSITY	香港理工大学	中国香港	3	38	85.36
206	KOREA UNIVERSITY	高丽大学	韩国	4	39	85.35
207	UNIVERSITY OF WESTERN ONTARIO	西安大略大学	加拿大	10	70	85.34
208	UNIVERSITY OF ELECTRONIC SCIENCE & TECHNOLOGY OF CHINA	电子科技大学	中国	23	40	85.32
209	UNIVERSITY OF IOWA	艾奥瓦大学	美国	60	71	85.28
210	UNIVERSITY OF PISA	比萨大学	意大利	8	90	85.26
211	VIRGINIA POLYTECHNIC INSTITUTE & STATE UNIVERSITY	弗吉尼亚理工学院暨州立大学	美国	61	72	85.24
212	TRINITY COLLEGE DUBLIN	都柏林大学圣三一学院	爱尔兰	2	91	85.23
213	UNIVERSITY OF SEOUL	首尔市立大学	韩国	5	41	85.22
214	NATIONAL & KAPODISTRIAN UNIVERSITY OF ATHENS	雅典大学	希腊	1	92	85.22
215	UNIVERSITY OF ILLINOIS CHICAGO	伊利诺伊大学	美国	62	73	85.21
216	HEBREW UNIVERSITY OF JERUSALEM	耶路撒冷希伯来大学	以色列	2	42	85.21
217	UNIVERSITY OF MASSACHUSETTS AMHERST	马萨诸塞大学阿默斯特分校	美国	63	74	85.21
218	UNIVERSITY OF MUNSTER	明斯特大学	德国	12	93	85.20
219	TOHOKU UNIVERSITY	日本东北大学	日本	3	43	85.19
220	UNIVERSITY OF ANTWERP	安特卫普大学	比利时	4	94	85.18
221	ISLAMIC AZAD UNIVERSITY	伊斯兰阿扎德大学	伊朗	2	44	85.18
222	OSAKA UNIVERSITY	大阪大学	日本	4	45	85.18
223	UNIVERSITY OF CONNECTICUT	康涅狄格大学	美国	64	75	85.16
224	CASE WESTERN RESERVE UNIVERSITY	凯斯西储大学	美国	65	76	85.15
225	UNIVERSITY OF SOUTHERN DENMARK	南丹麦大学	丹麦	4	95	85.13
226	CITY UNIVERSITY OF HONG KONG	香港城市大学	中国香港	4	46	85.10
227	UNIVERSITY OF TECHNOLOGY SYDNEY	悉尼科技大学	澳大利亚	8	9	85.09
228	ST PETERSBURG ACADEMIC UNIVERSITY	圣彼得堡学术大学	俄罗斯	1	96	85.06
229	UNIVERSITY OF COLOGNE	科隆大学	德国	13	97	85.05
230	UNIVERSITY OF VALENCIA	瓦伦西亚大学	西班牙	3	98	85.04
231	COMPLUTENSE UNIVERSITY OF MADRID	马德里大学	西班牙	4	99	85.03
232	NANKAI UNIVERSITY	南开大学	中国	24	47	85.01
233	CHARITE UNIVERSITATSMEDIZIN BERLIN	柏林查理特大学医学院	德国	14	100	85.01
234	SOUTH CHINA UNIVERSITY OF TECHNOLOGY	华南理工大学	中国	25	48	85.00
235	SOOCHOW UNIVERSITY-CHINA	苏州大学-中国	中国	26	49	84.99
236	CURTIN UNIVERSITY	科廷大学	澳大利亚	9	10	84.97

续表

排名	英文名称	中文全称	国家/地区	国家/地区排名	所在洲排名	总得分
237	UNIVERSITE DE LILLE	里尔大学	法国	15	101	84.97
238	STOCKHOLM UNIVERSITY	斯德哥尔摩大学	瑞典	5	102	84.97
239	DELFT UNIVERSITY OF TECHNOLOGY	代尔夫特理工大学	荷兰	10	103	84.96
240	UNIVERSITY OF GRANADA	格拉纳达大学	西班牙	5	104	84.95
241	UNIVERSITY OF BERGEN	卑尔根大学	挪威	3	105	84.93
242	UNIVERSITY OF CINCINNATI	辛辛那提大学	美国	66	77	84.91
243	SHENZHEN UNIVERSITY	深圳大学	中国	27	50	84.89
244	COLORADO STATE UNIVERSITY	科罗拉多州立大学	美国	67	78	84.87
245	QUEENSLAND UNIVERSITY OF TECHNOLOGY	昆士兰科技大学	澳大利亚	10	11	84.86
246	QUEENS UNIVERSITY BELFAST	贝尔法斯特皇后大学	英国	22	106	84.85
247	LAVAL UNIVERSITY	拉瓦尔大学	加拿大	11	79	84.85
248	UNIVERSITY OF GEORGIA	佐治亚大学	美国	68	80	84.85
249	UNIVERSITI MALAYA	马来亚大学	马来西亚	1	51	84.83
250	UNIVERSITY OF SOUTH FLORIDA	南佛罗里达大学	美国	69	81	84.82
251	UNIVERSITY OF YORK-UK	约克大学-英国	英国	23	107	84.81
252	UNIVERSITY OF KENTUCKY	肯塔基大学	美国	70	82	84.81
253	UNIVERSITY OF LAUSANNE	洛桑大学	瑞士	8	108	84.79
254	UNIVERSITY OF MIAMI	迈阿密大学	美国	71	83	84.79
255	AUTONOMOUS UNIVERSITY OF MADRID	马德里自治大学	西班牙	6	109	84.78
256	UNIV LILLE NORD FRANCE COMUE	法国北部里尔大学	法国	16	110	84.78
257	RICE UNIVERSITY	莱斯大学	美国	72	84	84.76
258	UNIVERSITE DE RENNES	雷恩大学	法国	17	111	84.75
259	HUNAN UNIVERSITY	湖南大学	中国	28	52	84.75
260	UNIVERSITY OF ROME TOR VERGATA	罗马第二大学	意大利	9	112	84.75
261	KYUSHU UNIVERSITY	九州大学	日本	5	53	84.74
262	UNIVERSIDADE ESTADUAL DE CAMPINAS	坎皮纳斯州立大学	巴西	2	2	84.73
263	GRIFFITH UNIVERSITY	格里菲斯大学	澳大利亚	11	12	84.72
264	UNIVERSITY OF WURZBURG	维尔茨堡大学	德国	15	113	84.71
265	UNIVERSITY OF GENOA	热那亚大学	意大利	10	114	84.69
266	IOWA STATE UNIVERSITY	艾奥瓦州立大学	美国	73	85	84.67
267	UNIVERSITY OF KIEL	德国基尔大学	德国	16	115	84.67
268	UNIVERSITE LIBRE DE BRUXELLES	布鲁克斯莱斯大学	比利时	5	116	84.67
269	MAASTRICHT UNIVERSITY	马斯特里赫特大学	荷兰	11	117	84.66
270	UNIVERSITY OF TENNESSEE KNOXVILLE	田纳西大学诺克斯维尔分校	美国	74	86	84.64
271	STATE UNIVERSITY OF NEW YORK BUFFALO	纽约州立大学布法罗分校	美国	75	87	84.64
272	UNIVERSITY OF ROCHESTER	罗切斯特大学	美国	76	88	84.63
273	UNIVERSITE DE LORRAINE	法国洛林大学	法国	18	118	84.62

续表

排名	英文名称	中文全称	国家/地区	国家/地区排名	所在洲排名	总得分
274	BAYLOR COLLEGE OF MEDICINE	贝勒医学院	美国	77	89	84.61
275	UNIVERSITY OF BELGRADE	贝尔格莱德大学	塞尔维亚	1	119	84.60
276	UNIVERSITY OF MANITOBA	曼尼托巴大学	加拿大	12	90	84.58
277	NAGOYA UNIVERSITY	名古屋大学	日本	6	54	84.56
278	LONDON SCHOOL OF HYGIENE & TROPICAL MEDICINE	伦敦卫生与热带医学学院	英国	24	120	84.56
279	UNIVERSITE DE STRASBOURG	斯特拉斯堡大学	法国	19	121	84.56
280	TUFTS UNIVERSITY	塔夫茨大学	美国	78	91	84.55
281	UNIVERSITY OF CAPE TOWN	开普敦大学	南非	1	1	84.55
282	CHONGQING UNIVERSITY	重庆大学	中国	29	55	84.54
283	UNIVERSITY OF PAVIA	帕维亚大学	意大利	11	122	84.53
284	UNIVERSITY OFSEVILLA	塞维利亚大学	西班牙	7	123	84.52
285	UNIVERSITY OF LJUBLJANA	卢布尔雅那大学	斯洛文尼亚	1	124	84.52
286	BEIJING NORMAL UNIVERSITY	北京师范大学	中国	30	56	84.51
287	UNIVERSITY OF SOUTH CAROLINA COLUMBIA	南卡罗来纳大学哥伦比亚分校	美国	79	92	84.50
288	STATE UNIVERSITY OF NEW YORK STONY BROOK	纽约州立大学石溪分校	美国	80	93	84.50
289	WASHINGTON STATE UNIVERSITY	华盛顿州立大学	美国	81	94	84.49
290	BEIJING INSTITUTE OF TECHNOLOGY	北京理工大学	中国	31	57	84.48
291	UNIVERSITY OF SASKATCHEWAN	萨省大学	加拿大	13	95	84.48
292	VRIJE UNIVERSITEIT BRUSSEL	布鲁塞尔自由大学	比利时	6	125	84.47
293	UNIVERSITY OF KANSAS	堪萨斯大学	美国	82	96	84.46
294	KARLSRUHE INSTITUTE OF TECHNOLOGY	卡尔斯鲁厄理工学院	德国	17	126	84.46
295	JOHANNES GUTENBERG UNIVERSITY OF MAINZ	美因茨大学	德国	18	127	84.44
296	UNIVERSITY OF QUEBEC	魁北克大学	加拿大	14	97	84.43
297	UNIVERSITY OF LEICESTER	莱斯特大学	英国	25	128	84.43
298	UNIVERSITY OF NEW MEXICO	新墨西哥大学	美国	83	98	84.42
299	LOMONOSOV MOSCOW STATE UNIVERSITY	洛蒙诺索夫莫斯科大学	俄罗斯	2	129	84.42
300	BEIHANG UNIVERSITY	北京航空航天大学	中国	32	58	83.72
301	FLORIDA STATE UNIVERSITY	佛罗里达州立大学	美国	84	99	84.40
302	UNIVERSITY OF NEWCASTLE	澳大利亚纽卡索大学	澳大利亚	12	13	84.40
303	UNIVERSITY OF NEBRASKA LINCOLN	内布拉斯加大学林肯分校	美国	85	100	84.40
304	UNIVERSITY OF MISSOURI COLUMBIA	密苏里大学哥伦比亚分校	美国	86	101	84.37
305	CARNEGIE MELLON UNIVERSITY	卡内基梅隆大学	美国	87	102	84.36
306	DEAKINUNIVERSITY	迪肯大学	澳大利亚	13	14	84.36

续表

排名	英文名称	中文全称	国家/地区	国家/地区排名	所在洲排名	总得分
307	UNIVERSITE DE ROUEN NORMANDIE	诺曼底鲁昂大学	法国	20	130	84.34
308	UNIVERSITY COLLEGE CORK	科克大学学院	爱尔兰	3	131	84.33
309	UNIVERSIDAD DE CHILE	智利大学	智利	1	3	84.33
310	HANYANG UNIVERSITY	汉阳大学	韩国	6	59	84.32
311	MACQUARIE UNIVERSITY	麦考瑞大学	澳大利亚	14	15	84.30
312	UNIVERSITY OF DUISBURG ESSEN	杜伊斯堡-埃森大学	德国	19	132	84.29
313	MEDICAL UNIVERSITY OF VIENNA	维也纳医科大学	奥地利	2	133	84.29
314	DALHOUSIE UNIVERSITY	达尔豪西大学	加拿大	15	103	84.28
315	GOETHE UNIVERSITY FRANKFURT	法兰克福大学	德国	20	134	84.28
316	UNIVERSITY OF CALIFORNIA RIVERSIDE	加利福尼亚大学河滨分校	美国	88	104	84.27
317	FRIEDRICH SCHILLER UNIVERSITY OF JENA	弗里德里希席勒耶那大学	德国	21	135	84.27
318	UNIVERSITY OF ALABAMA BIRMINGHAM	亚拉巴马大学伯明翰分校	美国	89	105	84.27
319	UNIVERSIDADE FEDERAL DO RIO DE JANEIRO	里约热内卢联邦大学	巴西	3	4	84.25
320	HOKKAIDO UNIVERSITY	北海道大学	日本	7	60	84.24
321	UNIVERSITY OF MILANO-BICOCCA	米兰-比科卡大学	意大利	12	136	84.24
322	UNIVERSITY OF CALIFORNIA SANTA CRUZ	加利福尼亚大学圣克鲁兹分校	美国	90	106	84.22
323	DALIAN UNIVERSITY OF TECHNOLOGY	大连理工大学	中国	33	61	84.21
324	UNIVERSITY OF DELAWARE	特拉华大学	美国	91	107	84.21
325	RUHR UNIVERSITY BOCHUM	波鸿鲁尔大学	德国	22	137	84.20
326	EAST CHINA NORMAL UNIVERSITY	华东师范大学	中国	34	62	84.18
327	CAIRO UNIVERSITY	开罗大学	埃及	1	63	84.18
328	UNIVERSITY OF LIEGE	列日大学	比利时	7	138	84.18
329	KONKUK UNIVERSITY	韩国康都大学	韩国	7	64	84.17
330	CHINA AGRICULTURAL UNIVERSITY	中国农业大学	中国	35	65	84.17
331	KING ABDULLAH UNIVERSITY OF SCIENCE & TECHNOLOGY	阿卜杜拉国王理工大学	沙特阿拉伯	3	66	84.17
332	AALBORG UNIVERSITY	奥尔堡大学	丹麦	5	139	84.16
333	TECHNION ISRAEL INSTITUTE OF TECHNOLOGY	以色列理工大学	以色列	3	67	84.16
334	OREGON STATE UNIVERSITY	俄勒冈州立大学	美国	92	108	84.16
335	LINKOPING UNIVERSITY	林雪平大学	瑞典	6	140	84.14
336	GEORGE WASHINGTON UNIVERSITY	乔治·华盛顿大学	美国	93	109	84.14
337	UNIVERSIDADE ESTADUAL PAULISTA	圣保罗州立大学	巴西	4	5	84.13
338	ARISTOTLE UNIVERSITY OF THESSALONIKI	塞萨洛尼基亚里士多德大学	希腊	2	141	84.13
339	LOUISIANA STATE UNIVERSITY	路易斯安那州立大学	美国	94	110	84.13
340	ROYAL MELBOURNE INSTITUTE OF TECHNOLOGY	皇家墨尔本理工大学	澳大利亚	15	16	84.12

续表

排名	英文名称	中文全称	国家/地区	国家/地区排名	所在洲排名	总得分
341	PRES EUROPEAN UNIV BRETAGNE	欧洲布雷塔尼大学	法国	21	142	84.12
342	UNIVERSITY OF ABERDEEN	阿伯丁大学	英国	26	143	84.11
343	QUEENS UNIVERSITY-CANADA	皇后大学-加拿大	加拿大	16	111	84.09
344	UNIVERSIDADE FEDERAL DE MINAS GERAIS	米纳斯吉拉斯联邦大学	巴西	5	6	84.07
345	KYUNG HEE UNIVERSITY	庆熙大学	韩国	8	68	84.06
346	LEIPZIG UNIVERSITY	莱比锡大学	德国	23	144	84.05
347	LANZHOU UNIVERSITY	兰州大学	中国	36	69	84.05
348	UNIV BOURGOGNE FRANCHE-COMTE COMUE	勃艮第大学	法国	22	145	84.04
349	UNIVERSITY OF WOLLONGONG	伍伦贡大学	澳大利亚	16	17	84.04
350	UNIVERSITY OF EAST ANGLIA	东安格利亚大学	英国	27	146	84.03
351	JIANGSU UNIVERSITY	江苏大学	中国	37	70	84.03
352	JAGIELLONIAN UNIVERSITY	克拉科夫雅盖隆大学	波兰	1	147	84.03
353	UNIVERSITY OF BASQUE COUNTRY	巴斯克自治区大学	西班牙	8	148	84.02
354	ULM UNIVERSITY	乌尔姆大学	德国	24	149	84.00
355	UNIVERSITY OF BUENOS AIRES	布宜诺斯艾利斯大学	阿根廷	1	7	83.99
356	UNIVERSIDADE DE COIMBRA	科英布拉大学	葡萄牙	3	150	83.98
357	SIMON FRASER UNIVERSITY	西蒙·弗雷泽大学	加拿大	17	112	83.96
358	UNIVERSITY OF TURKU	图尔库大学	芬兰	2	151	83.95
359	NORTHWESTERN POLYTECHNICAL UNIVERSITY	西北工业大学	中国	38	71	83.73
360	UNIVERSITY OF PARMA	帕尔马大学	意大利	13	152	83.95
361	UNIVERSITA DEGLI STUDI DI BARI ALDO MORO	巴里大学	意大利	14	153	83.94
362	NANTES UNIVERSITE	南特大学	法国	23	154	83.91
363	UNIVERSITY OF OTAGO	奥塔哥大学	新西兰	2	18	83.91
364	STELLENBOSCH UNIVERSITY	斯坦陵布什大学	南非	2	2	83.91
365	UNIVERSITY OF HOUSTON	休斯敦大学	美国	95	113	83.90
366	TEHRAN UNIVERSITY OF MEDICAL SCIENCES	德黑兰医科大学	伊朗	3	72	83.90
367	BEN GURION UNIVERSITY	本古里安大学	以色列	4	73	83.87
368	CHINA MEDICAL UNIVERSITY TAIWAN	台湾"中国医药大学"	中国台湾	2	74	83.87
369	LANCASTER UNIVERSITY	兰卡斯特大学	英国	28	155	83.85
370	ROYAL INSTITUTE OF TECHNOLOGY	瑞典皇家理工学院	瑞典	7	156	83.85
371	TAIWAN CHENG KUNG UNIVERSITY	台湾成功大学	中国台湾	3	75	83.84
372	UNIV PARIS EST COMUE	巴黎东大学	法国	24	157	83.83
373	TECHNICAL UNIVERSITY OF BERLIN	柏林工业大学	德国	25	158	83.82
374	UNIVERSITY OF PERUGIA	佩鲁贾大学	意大利	15	159	83.81
375	UNIVERSIDADE NOVA DE LISBOA	里斯本新星大学	葡萄牙	4	160	83.81
376	HONG KONG UNIVERSITY OF SCIENCE & TECHNOLOGY	香港科技大学	中国香港	5	76	83.80

续表

排名	英文名称	中文全称	国家/地区	国家/地区排名	所在洲排名	总得分
377	WAYNE STATE UNIVERSITY	韦恩州立大学	美国	96	114	83.80
378	TEMPLE UNIVERSITY	天普大学	美国	97	115	83.78
379	JUSTUS LIEBIG UNIVERSITY GIESSEN	贾斯塔利耶大大学	伊朗	4	77	83.78
380	TEXAS TECH UNIVERSITY	得克萨斯理工大学	美国	98	116	83.78
381	VIRGINIA COMMONWEALTH UNIVERSITY	弗吉尼亚州立联邦大学	美国	99	117	83.77
382	UNIVERSITY OF WITWATERSRAND	金山大学	南非	3	3	83.76
383	UNIVERSITY OF ST ANDREWS	圣・安驻斯大学	英国	29	161	83.76
384	UNIVERSITY OF ZAGREB	萨格勒布大学	克罗地亚	1	162	83.73
385	UMEA UNIVERSITY	于默奥大学	瑞典	8	163	83.71
386	UNIV NANTES ANGERS LE MANS	勒芒大学	贝宁共和国	1	4	83.71
387	UNIVERSITY OF CATANIA	卡塔尼亚大学	意大利	16	164	83.70
388	UNIVERSITY OF SURREY	塞瑞大学	英国	30	165	83.70
389	UNIVERSITY OF SUSSEX	瑟赛克斯大学	英国	31	166	83.69
390	UNIVERSITY OF MARYLAND BALTIMORE	马里兰大学巴尔的摩分校	美国	100	118	83.68
391	UNIVERSITY OF TEHRAN	德黑兰大学	伊朗	5	78	83.67
392	AALTO UNIVERSITY	阿尔托大学	芬兰	3	167	83.66
393	PONTIFICIA UNIVERSIDAD CATOLICA DE CHILE	智利天主教大学	智利	2	8	83.62
394	UNIVERSITY OF ZARAGOZA	萨拉戈萨大学	西班牙	9	168	83.59
395	UNIVERSITY OF TSUKUBA	筑波大学	日本	8	79	83.56
396	UNIVERSITY OF KWAZULU NATAL	夸祖鲁纳塔尔大学	南非	4	5	83.55
397	UNIVERSITY OF PALERMO	巴勒莫大学-意大利	意大利	17	169	83.54
398	JINAN UNIVERSITY	暨南大学	中国	39	80	84.23
399	NORMANDIE UNIV	诺曼底大学	英国	32	170	83.53
400	UNIVERSITY OF NOTRE DAME	圣母大学	美国	101	119	83.52
401	FLINDERS UNIVERSITY SOUTH AUSTRALIA	南澳大利亚佛林德斯大学	澳大利亚	17	19	83.52
402	LA TROBE UNIVERSITY	拉特巴大学	澳大利亚	18	20	83.52
403	UNIVERSITA DI MODENA E REGGIO EMILIA	摩德纳雷焦艾米利亚大学	意大利	18	171	83.50
404	UNIVERSITY OF TWENTE	屯特大学	荷兰	12	172	83.49
405	UNIVERSIDADE FEDERAL DO RIO GRANDE DO SUL	南大河联邦大学	巴西	6	9	83.49
406	UNIVERSITY OF VICTORIA	维多利亚大学	加拿大	18	120	83.48
407	WESTERN SYDNEY UNIVERSITY	西悉尼大学	澳大利亚	19	21	83.48
408	SOUTHWEST UNIVERSITY-CHINA	西南大学	中国	40	81	83.48
409	HEINRICH HEINE UNIVERSITY DUSSELDORF	杜塞尔多夫海因里希海涅大学	德国	26	173	83.48

续表

排名	英文名称	中文全称	国家/地区	国家/地区排名	所在洲排名	总得分
410	UNIVERSITE PARIS-EST-CRETEIL-VAL-DE-MARNE	巴黎第十二大学	法国	25	174	83.47
411	KYUNGPOOK NATIONAL UNIVERSITY	庆北国立大学	韩国	9	82	83.46
412	UNIVERSITY OF TASMANIA	塔斯马尼亚大学	澳大利亚	20	22	83.45
413	ILLINOIS INSTITUTE OF TECHNOLOGY	伊利诺伊理工大学	美国	102	121	83.45
414	KOREA ADVANCED INSTITUTE OF SCIENCE & TECHNOLOGY	韩国科学技术院	韩国	10	83	83.43
415	UNIVERSITY OF SOUTH AUSTRALIA	南澳大利亚大学	澳大利亚	21	23	83.43
416	YANGZHOU UNIVERSITY	扬州大学	中国	41	84	83.42
417	COMSATS UNIVERSITY ISLAMABAD	伊斯兰堡通信卫星大学	巴基斯坦	1	85	83.42
418	UNIVERSITY OF TARTU	塔尔图大学	爱沙尼亚	1	175	83.41
419	WAKE FOREST UNIVERSITY	维克森林大学	美国	103	122	83.41
420	UNIVERSITE COTE D'AZUR	蓝色海岸大学	法国	26	176	83.39
421	QINGDAO UNIVERSITY	青岛大学	中国	42	86	83.39
422	DURHAM UNIVERSITY	杜伦大学	英国	33	177	83.38
423	UNIVERSIDADE DO MINHO	米尼奥大学	葡萄牙	5	178	83.38
424	POLYTECHNIC UNIVERSITY OF MILAN	米兰大学理工学院	意大利	19	179	83.38
425	HIROSHIMA UNIVERSITY	广岛大学	日本	9	87	83.36
426	FLORIDA INTERNATIONAL UNIVERSITY	佛罗里达国际大学	美国	104	123	83.36
427	DREXEL UNIVERSITY	德雷塞尔大学	美国	105	124	83.36
428	UNIVERSITY OF OKLAHOMA-NORMAN	俄克拉荷马大学-诺尔曼	美国	106	125	83.35
429	OREGON HEALTH & SCIENCE UNIVERSITY	俄勒冈健康与科学大学	美国	107	126	83.35
430	CATHOLIC UNIVERSITY OF THE SACRED HEART	圣心天主教大学	意大利	20	180	83.35
431	UNIVERSITY OF TRENTO	特伦托大学	意大利	21	181	83.31
432	CHINESE ACADEMY OF MEDICAL SCIENCES-PEKING UNION MEDICAL COLLEGE	中国医学科学院-北京协和医学院	中国	43	88	83.26
433	UNIVERSITY OF PRETORIA	比勒陀利亚大学	南非	5	6	83.24
434	PUSAN NATIONAL UNIVERSITY	釜山国立大学	韩国	11	89	83.20
435	CAPITAL MEDICAL UNIVERSITY	首都医科大学	中国	44	90	83.20
436	CHULALONGKORN UNIVERSITY	朱拉隆功大学	泰国	1	91	83.17
437	UNIVERSITY OF DUNDEE	邓迪大学	英国	34	182	83.17
438	UNIVERSIDADE DE AVEIRO	阿维罗大学	葡萄牙	6	183	83.15
439	UNIVERSITY OF READING	雷丁大学	英国	35	184	83.13
440	KEIO UNIVERSITY	庆应义塾大学	日本	10	92	83.11
441	WEST VIRGINIA UNIVERSITY	西弗吉尼亚大学	美国	108	127	83.09
442	UNIVERSITY OF GUELPH	圭尔夫大学	加拿大	19	128	83.09
443	GEORGETOWN UNIVERSITY	乔治城大学	美国	109	129	83.09

续表

排名	英文名称	中文全称	国家/地区	国家/地区排名	所在洲排名	总得分
444	UNIVERSITY OF LOUISVILLE	路易斯威尔大学	美国	110	130	83.07
445	TAMPERE UNIVERSITY	坦佩雷大学	芬兰	4	185	83.07
446	UNIVERSITY OF BATH	巴斯大学	英国	36	186	83.06
447	UNIVERSITY OF REGENSBURG	雷根斯堡大学	德国	27	187	83.05
448	MAHIDOL UNIVERSITY	国立玛希隆大学	泰国	2	93	83.03
449	UNIVERSITY OF OULU	奥卢大学	芬兰	5	188	83.03
450	PHILIPPS UNIVERSITY MARBURG	菲利普斯大学马尔堡分校	德国	28	189	83.03
451	UNIVERSITE FEDERALE TOULOUSE MIDI-PYRENEES	图卢兹-南部比利牛斯联合大学	法国	27	190	83.02
452	YORK UNIVERSITY-CANADA	加拿大约克大学	加拿大	20	131	83.01
453	UNIVERSITAT POLITECNICA DE CATALUNYA	加泰罗尼亚理工大学	西班牙	10	191	83.01
454	CHALMERS UNIVERSITY OF TECHNOLOGY	查尔姆斯理工大学	瑞典	9	192	82.97
455	UNIVERSITY OF INNSBRUCK	因斯布鲁克大学	奥地利	3	193	82.97
456	UNIVERSITI PUTRA MALAYSIA	马来西亚布特拉大学	马来西亚	2	94	82.96
457	TOKYO INSTITUTE OF TECHNOLOGY	东京工业大学	日本	11	95	82.95
458	UNIVERSITY OF MISSISSIPPI	密西西比大学	美国	111	132	82.93
459	SWINBURNE UNIVERSITY OF TECHNOLOGY	斯文本科技大学	澳大利亚	22	24	82.93
460	UNIVERSITY OF EASTERN FINLAND	东芬兰大学	芬兰	6	194	82.93
461	AUBURN UNIVERSITY	奥本大学	美国	112	133	82.92
462	UNIVERSITY OF CALABRIA	卡拉布里亚大学	意大利	22	195	82.91
463	POMPEU FABRA UNIVERSITY	庞贝法拉大学	西班牙	11	196	82.91
464	TULANE UNIVERSITY	杜兰大学	美国	113	134	82.91
465	UIT THE ARCTIC UNIVERSITY OF TROMSO	特罗姆瑟大学北极分校	挪威	4	197	82.90
466	UNIVERSITE CLERMONT AUVERGNE	克莱蒙·奥弗涅大学	法国	28	198	82.90
467	SOUTHERN UNIVERSITY OF SCIENCE & TECHNOLOGY	南方科技大学	中国	45	96	82.89
468	YESHIVA UNIVERSITY	耶希华大学	美国	114	135	82.86
469	HUAZHONG AGRICULTURAL UNIVERSITY	华中农业大学	中国	46	97	82.85
470	OKLAHOMA STATE UNIVERSITY-STILLWATER	美国俄克拉荷马州立大学-斯蒂尔沃特	美国	115	136	82.85
471	UNIVERSIDAD POLITECNICA DE MADRID	马德里理工大学	西班牙	12	199	82.85
472	SHANGHAI UNIVERSITY	上海大学	中国	47	98	82.84
473	UNIVERSITA DELLA CAMPANIA VANVITELLI	坎帕尼亚大学	意大利	23	200	82.84
474	UNIVERSITY OF TRIESTE	里亚斯特大学	意大利	24	201	82.83
475	MASARYK UNIVERSITY BRNO	马萨里克大学	捷克共和国	2	202	82.80
476	UNIVERSITY OF CENTRAL FLORIDA	中佛罗里达大学	美国	116	137	82.79
477	UNIVERSITY OF SIENA	锡耶纳大学	意大利	25	203	82.79

续表

排名	英文名称	中文全称	国家/地区	国家/地区排名	所在洲排名	总得分
478	UNIVERSITY OF ARKANSAS FAYETTEVILLE	费耶特维尔阿肯色大学	美国	117	138	82.78
479	UNIVERSITY OF CAGLIARI	卡利亚里大学	意大利	26	204	82.77
480	NANJING MEDICAL UNIVERSITY	南京医科大学	中国	48	99	82.77
481	KANSAS STATE UNIVERSITY	堪萨斯州立大学	美国	118	139	82.77
482	UNIVERSITY OF FERRARA	费拉拉大学	意大利	27	205	82.74
483	BARCELONAINSTITUTE OF SCIENCE & TECHNOLOGY	巴塞罗那科技学院	西班牙	13	206	82.73
484	UNIVERSITY OF STRATHCLYDE	斯凯莱德大学	英国	37	207	82.72
485	UNIVERSITI SAINS MALAYSIA	马来西亚大学	马来西亚	3	100	82.70
486	SWANSEA UNIVERSITY	斯旺西大学	英国	38	208	82.69
487	NANCHANG UNIVERSITY	南昌大学	中国	49	101	82.69
488	UNIVERSITY OF SALERNO	萨勒诺大学	意大利	28	209	82.68
489	KOBE UNIVERSITY	神户大学	日本	12	102	82.68
490	UNIVERSIDADE DE SANTIAGO DE COMPOSTELA	圣地亚哥德孔波斯特拉大学	西班牙	14	210	82.67
491	UNIVERSITY OF WARSAW	华沙大学	波兰	2	211	82.65
492	UNIVERSITY OF OREGON	俄勒冈大学	美国	119	140	82.65
493	UNIVERSITY OF ICELAND	冰岛大学	冰岛	1	212	82.64
494	ZHEJIANG UNIVERSITY OF TECHNOLOGY	浙江工业大学	中国	50	103	84.17
495	UNIVERSITY OF WISCONSIN MILWAUKEE	密尔沃基威斯康星大学	美国	120	141	82.63
496	FUZHOU UNIVERSITY	福州大学	中国	51	104	83.01
497	NORTHWEST UNIVERSITY XI'AN	西北大学	中国	52	105	82.85
498	UNIVERSIDADE FEDERAL DE SAO PAULO	圣保罗联邦大学	巴西	7	10	82.61
499	EINDHOVEN UNIVERSITY OF TECHNOLOGY	荷兰埃因霍温科技大学	荷兰	13	213	82.60
500	JAMES COOK UNIVERSITY	詹姆斯库克大学	澳大利亚	23	25	82.60
501	INSTITUTO POLITECNICO NACIONAL-MEXICO	墨西哥政治学院	墨西哥	2	142	82.60
502	UNIVERSITY OF TEXAS DALLAS	得克萨斯大学达拉斯分校	美国	121	143	82.59
503	UNIVERSITY OF OVIEDO	国立奥维尔多大学	西班牙	15	214	82.59
504	UNIVERSITE DE BOURGOGNE	第戎大学	法国	29	215	82.59
505	BAR ILAN UNIVERSITY	巴伊兰大学	以色列	5	106	82.58
506	UNIVERSITY OF VERONA	维罗纳大学	意大利	29	216	82.56
507	UNIVERSITY OF SALAMANCA	萨拉曼卡大学	西班牙	16	217	82.56
508	OCEAN UNIVERSITY OF CHINA	中国海洋大学	中国	53	107	82.56
509	MARTIN LUTHER UNIVERSITY HALLE WITTENBERG	马丁卢瑟大学哈勒维滕贝格分校	德国	29	218	82.56
510	AIN SHAMS UNIVERSITY	艾因·夏姆斯大学	埃及	2	108	82.56
511	UNIVERSITAT POLITECNICA DE VALENCIA	瓦伦西亚理工大学	西班牙	17	219	82.54

续表

排名	英文名称	中文全称	国家/地区	国家/地区排名	所在洲排名	总得分
512	SWEDISH UNIVERSITY OF AGRICULTURAL SCIENCES	瑞典农业科学大学	瑞典	10	220	82.54
513	UNIVERSITY OF SCIENCE & TECHNOLOGY BEIJING	北京科技大学	中国	54	109	82.52
514	CHINA UNIVERSITY OF GEOSCIENCES	中国地质大学	中国	55	110	80.15
515	MASSEY UNIVERSITY	梅西大学	新西兰	3	26	82.52
516	UNIVERSITI KEBANGSAAN MALAYSIA	马来西亚国民大学	马来西亚	4	111	82.51
517	PEKING UNION MEDICAL COLLEGE	北京协和医学院	中国	56	112	82.49
518	SOUTH CHINA AGRICULTURAL UNIVERSITY	华南农业大学	中国	57	113	82.48
519	INDIANA UNIVERSITY-PURDUE UNIVERSITY INDIANAPOLIS	印第安纳大学-普渡大学印第安纳波利斯联合分校	美国	122	144	82.48
520	LEIBNIZ UNIVERSITY HANNOVER	汉诺威大学	德国	30	221	82.46
521	WUHAN UNIVERSITY OF TECHNOLOGY	武汉理工大学	中国	58	114	82.45
522	HONG KONG BAPTIST UNIVERSITY	香港浸会大学	中国香港	6	115	82.44
523	CHUNG ANG UNIVERSITY	韩国中央大学	韩国	12	116	82.44
524	GEORGIA STATE UNIVERSITY	佐治亚州立大学	美国	123	145	82.44
525	EAST CHINA UNIVERSITY OF SCIENCE & TECHNOLOGY	华东理工大学	中国	59	117	82.42
526	UNIVERSITY OF VERMONT	佛蒙特大学	美国	124	146	82.40
527	UNIVERSITY OF BRESCIA	布雷西亚大学	意大利	30	222	82.40
528	MEMORIAL UNIVERSITY NEWFOUNDLAND	纽芬兰岛纪念大学	加拿大	21	147	82.40
529	CLEMSON UNIVERSITY	克莱姆森大学	美国	125	148	82.39
530	CHINA UNIVERSITY OF PETROLEUM	中国石油大学	中国	60	118	82.37
531	UNIVERSITY OF POTSDAM	波茨坦大学	德国	31	223	82.35
532	UNIVERSITY OF MASSACHUSETTS WORCESTER	马萨诸塞大学沃斯特分校	美国	126	149	82.34
533	CHINA UNIVERSITY OF MINING & TECHNOLOGY	中国矿业大学	中国	61	119	82.34
534	UNIVERSITY OF SHERBROOKE	舍布鲁克大学	加拿大	22	150	82.31
535	ROCKEFELLER UNIVERSITY	洛克菲勒大学	美国	127	151	82.31
536	UNIVERSITAT ROVIRA I VIRGILI	维吉利大学洛维拉分校	西班牙	18	224	82.28
537	LOUGHBOROUGH UNIVERSITY	拉夫堡大学	英国	39	225	82.27
538	UNIVERSITY OF MACAU	澳门大学	中国澳门	1	120	82.26
539	UNIVERSITE DE FRANCHE-COMTE	贝桑松大学	法国	30	226	82.25
540	UNIVERSITY OF MESSINA	墨西拿大学	意大利	31	227	82.24
541	ECOLE NORMALE SUPERIEURE DE LYON	里昂高等师范学院	法国	31	228	82.23
542	UNIVERSITY OF FRIBOURG	福里堡大学	瑞士	9	229	82.22
543	SOUTHERN MEDICAL UNIVERSITY-CHINA	南方医科大学	中国	62	121	82.22

续表

排名	英文名称	中文全称	国家/地区	国家/地区排名	所在洲排名	总得分
544	SHAHID BEHESHTI UNIVERSITYMEDICAL SCIENCES	沙希德贝赫什迪医科大学	伊朗	6	122	82.22
545	NANJING NORMAL UNIVERSITY	南京师范大学	中国	63	123	82.62
546	MISSISSIPPI STATE UNIVERSITY	密西西比州立大学	美国	128	152	82.22
547	TECHNISCHE UNIVERSITAT WIEN	维也纳技术大学	奥地利	4	230	82.21
548	MANSOURA UNIVERSITY	曼苏尔大学	埃及	3	124	82.21
549	INSTITUTO SUPERIOR TECNICO	里斯本高等理工学院	葡萄牙	7	231	82.21
550	CHIBA UNIVERSITY	千叶大学	日本	13	125	82.20
551	JIANGNAN UNIVERSITY	江南大学	中国	64	126	82.19
552	UNIVERSITY OF ULSAN	蔚山大学	韩国	13	127	82.18
553	BEIJING UNIVERSITY OF CHEMICAL TECHNOLOGY	北京化工大学	中国	65	128	82.17
554	UNIVERSIDADE FEDERAL DE SANTA CATARINA	圣卡塔琳娜联邦大学	巴西	8	11	82.17
555	UNIVERSITY OF GRAZ	格拉茨大学	奥地利	5	232	82.17
556	HEFEI UNIVERSITY OF TECHNOLOGY	合肥工业大学	中国	66	129	82.67
557	UNIVERSITY OF JOHANNESBURG	约翰内斯堡大学	南非	6	7	82.17
558	UNIVERSITY OF BREMEN	不来梅大学	德国	32	233	82.17
559	UNIVERSITY OF PATRAS	佩特雷大学	希腊	3	234	82.17
560	CONCORDIA UNIVERSITY-CANADA	肯高迪亚大学	加拿大	23	153	82.16
561	UNIVERSITY OF CANTERBURY	坎特伯雷大学	新西兰	4	27	82.16
562	NATIONAL TECHNICAL UNIVERSITY OF ATHENS	雅典国家技术大学	希腊	4	235	82.16
563	CHONNAM NATIONAL UNIVERSITY	全南国立大学	韩国	14	130	82.15
564	UNIVERSITI TEKNOLOGI MALAYSIA	马来西亚理工大学	马来西亚	5	131	82.15
565	SOUTH CHINA NORMAL UNIVERSITY	华南师范大学	中国	67	132	82.13
566	HANGZHOU DIANZI UNIVERSITY	杭州电子科技大学	中国	68	133	79.97
567	TAIWAN TSING HUA UNIVERSITY	台湾"清华大学"	中国台湾	4	134	82.13
568	NANJING UNIVERSITY OF AERONAUTICS & ASTRONAUTICS	南京航空航天大学	中国	69	135	82.13
569	TAIPEI MEDICAL UNIVERSITY	台北医学大学	中国台湾	5	136	82.13
570	CARLETON UNIVERSITY	卡尔顿大学	加拿大	24	154	82.13
571	POLYTECHNIC UNIVERSITY OF TURIN	都灵大学理工学院	意大利	32	236	82.11
572	UNIVERSITY OF ALABAMA TUSCALOOSA	亚拉巴马大学塔斯卡卢萨分校	美国	129	155	82.11
573	NANJING AGRICULTURAL UNIVERSITY	南京农业大学	中国	70	137	82.11
574	HACETTEPE UNIVERSITY	土耳其哈斯特帕大学	土耳其	1	138	82.10
575	UNIVERSITY OF ROSTOCK	罗斯托大学	德国	33	237	82.09
576	GEORGE MASON UNIVERSITY	乔治梅森大学	美国	130	156	82.09

续表

排名	英文名称	中文全称	国家/地区	国家/地区排名	所在洲排名	总得分
577	UNIVERSITY OF DEBRECEN	德布勒森大学	匈牙利	1	238	82.08
578	FAHRENHEIT UNIVERSITIES	法伦海特大学	波兰	3	239	82.08
579	CHIANG MAI UNIVERSITY	泰国清迈大学	泰国	3	139	82.06
580	EOTVOSLORAND UNIVERSITY	罗兰大学	匈牙利	2	240	82.06
581	UNIVERSITY OF TOLEDO	托莱多大学	美国	131	157	82.06
582	BRIGHAM YOUNG UNIVERSITY	杨伯翰大学	美国	132	158	82.06
583	SAINT PETERSBURG STATE UNIVERSITY	圣彼得堡国立大学	俄罗斯	3	241	82.05
584	OKAYAMA UNIVERSITY	冈山大学	日本	14	140	82.05
585	ISTANBUL UNIVERSITY	伊斯坦布尔大学	土耳其	2	141	82.05
586	UNIVERSITY OF JYVASKYLA	尤瓦斯吉拉大学	芬兰	7	242	82.04
587	SAN DIEGO STATE UNIVERSITY	圣地亚哥州立大学	美国	133	159	82.04
588	UTAH STATE UNIVERSITY	犹他州立大学	美国	134	160	82.03
589	YEUNGNAM UNIVERSITY	韩国岭南大学	韩国	15	142	82.03
590	UNIVERSITY OF DELHI	德里大学	印度	1	143	81.99
591	BRUNEL UNIVERSITY	布鲁内尔大学	英国	40	243	81.99
592	ALEXANDRIA UNIVERSITY	亚历山大大学	埃及	4	144	81.99
593	UNIVERSITY OF MURCIA	穆尔西亚大学	西班牙	19	244	81.98
594	VICTORIA UNIVERSITY WELLINGTON	惠灵顿瑞士维多利亚大学	新西兰	5	28	81.98
595	UNIVERSIDAD DE MALAGA	马拉加大学	西班牙	20	245	81.98
596	UNIVERSITY OF QUEBEC MONTREAL	魁北克大学蒙特利尔分校	加拿大	25	161	81.98
597	BEIJING UNIVERSITY OF TECHNOLOGY	北京工业大学	中国	71	145	83.20
598	NANJING UNIVERSITY OF INFORMATION SCIENCE & TECHNOLOGY	南京信息工程大学	中国	72	146	82.71
599	UNIVERSITY OF HAWAII MANOA	夏威夷大学马诺阿分校	美国	135	162	81.97
600	UNIVERSITY OF NAVARRA	纳瓦拉大学	西班牙	21	246	81.97
601	UNIVERSITY OF STUTTGART	斯图加特大学	德国	34	247	81.96
602	UNIVERSITY OF CRETE	克里特大学	希腊	5	248	81.95
603	JEFFERSON UNIVERSITY	托马斯杰斐逊大学	美国	136	163	81.94
604	MARCHE POLYTECHNIC UNIVERSITY	马尔凯理工大学	意大利	33	249	81.94
605	HERIOT WATT UNIVERSITY	赫里奥特瓦特大学	英国	41	250	81.93
606	RENMIN UNIVERSITY OF CHINA	中国人民大学	中国	73	147	81.92
607	POHANG UNIVERSITY OF SCIENCE & TECHNOLOGY	浦项科技大学	韩国	16	148	81.91
608	HANNOVER MEDICAL SCHOOL	汉诺威医学院	德国	35	251	81.90
609	SAINT LOUIS UNIVERSITY	圣路易斯大学	美国	137	164	81.89
610	STATE UNIVERSITY OF NEW YORK ALBANY	纽约州立大学奥尔巴尼分校	美国	138	165	81.88
611	EWHA WOMANS UNIVERSITY	梨花女子大学	韩国	17	149	81.86

续表

排名	英文名称	中文全称	国家/地区	国家/地区排名	所在洲排名	总得分
612	UNIVERSITY OF NORTH TEXAS DENTON	北得克萨斯州丹顿大学	美国	139	166	81.86
613	CHANG GUNG UNIVERSITY	长庚大学	中国台湾	6	150	81.86
614	UNIVERSITY OF PORTSMOUTH	普茨茅斯大学	英国	42	252	81.86
615	MEDICAL UNIVERSITY OF SOUTH CAROLINA	南卡罗来纳医科大学	美国	140	167	81.85
616	HOHAI UNIVERSITY	河海大学	中国	74	151	81.85
617	MONTANA STATE UNIVERSITY BOZEMAN	蒙大拿州立大学波兹曼分校	美国	141	168	81.85
618	CENTRAL CHINA NORMAL UNIVERSITY	华中师范大学	中国	75	152	81.85
619	INSTITUT NATIONAL POLYTECHNIQUE DE GRENOBLE	格勒诺布尔理工学院	法国	32	253	81.84
620	UNIVERSITY OF KENT	肯特大学	英国	43	254	81.84
621	XIDIAN UNIVERSITY	西安电子科技大学	中国	76	153	81.83
622	TARBIAT MODARES UNIVERSITY	塔比阿特莫达勒斯大学	伊朗	7	154	81.83
623	NORTHEASTERN UNIVERSITY-CHINA	中国东北大学	中国	77	155	81.81
624	SAARLAND UNIVERSITY	萨尔大学	德国	36	255	81.80
625	MURDOCH UNIVERSITY	莫道克大学	澳大利亚	24	29	81.78
626	UNIVERSITY OF BIELEFELD	比勒费尔德大学	德国	37	256	81.76
627	TECHNICAL UNIVERSITY OF DARMSTADT	达姆施塔特科技大学	德国	38	257	81.76
628	UNIVERSITY OF TEXAS ARLINGTON	得克萨斯大学阿灵顿分校	美国	142	169	81.76
629	DORTMUND UNIVERSITY OF TECHNOLOGY	多特蒙德科技大学	德国	39	258	81.75
630	G D'ANNUNZIO UNIVERSITY OF CHIETI-PESCARA	基耶地-佩斯卡拉大学	意大利	34	259	81.73
631	BAYLOR UNIVERSITY	贝勒大学	美国	143	170	81.72
632	UNIVERSITY OF COLORADO DENVER	科罗拉多大学丹佛分校	美国	144	171	81.72
633	UNIVERSIDADE FEDERAL DO PARANA	巴拉那联邦大学	巴西	9	12	81.71
634	KING FAHD UNIVERSITY OF PETROLEUM & MINERALS	法赫德国王石油矿产大学	沙特阿拉伯	4	156	81.71
635	QUAID I AZAM UNIVERSITY	喀伊德阿萨姆大学	巴基斯坦	2	157	81.70
636	UNIVERSIDAD DE CASTILLA-LA MANCHA	卡斯蒂利亚-拉曼奇大学	西班牙	22	260	81.69
637	UNIVERSITY OF NEVADA RENO	内华达大学里诺分校	美国	145	172	81.68
638	UNIVERSITY OF UDINE	乌迪内大学	意大利	35	261	81.67
639	UNIVERSIDAD DE CANTABRIA	坎塔布里亚大学	西班牙	23	262	81.67
640	NANJING UNIVERSITY OF SCIENCE & TECHNOLOGY	南京理工大学	中国	78	158	81.66
641	UNIVERSITY OF WYOMING	怀俄明大学	美国	146	173	81.64
642	CHUNGNAM NATIONAL UNIVERSITY	春江国立大学	韩国	18	159	81.64
643	AGROPARISTECH	巴黎高科环境与生命科学工程学院	法国	33	263	81.64
644	QATAR UNIVERSITY	卡塔尔大学	卡塔尔	1	160	81.64

续表

排名	英文名称	中文全称	国家/地区	国家/地区排名	所在洲排名	总得分
645	COMENIUS UNIVERSITY BRATISLAVA	考门斯基大学	斯洛伐克	1	264	81.64
646	BANARAS HINDU UNIVERSITY	巴纳拉斯印度教大学	印度	2	161	81.63
647	UNIVERSITY OF KONSTANZ	康士坦茨大学	德国	40	265	81.63
648	MEDICAL COLLEGE OF WISCONSIN	威斯康星医学院	美国	147	174	81.63
649	ERNST MORITZ ARNDT UNIVERSITAT GREIFSWALD	格赖夫斯瓦尔德大学	德国	41	266	81.63
650	PALACKY UNIVERSITY OLOMOUC	捷克帕拉斯基大学	捷克共和国	3	267	81.62
651	SOUTHWEST JIAOTONG UNIVERSITY	西南交通大学	中国	79	162	82.61
652	OTTO VON GUERICKE UNIVERSITY	奥尔登冯古里克大学	德国	42	268	81.60
653	UNIVERSITY OF PLYMOUTH	普利茅斯大学	英国	44	269	81.60
654	SEJONG UNIVERSITY	世宗大学	韩国	19	163	81.60
655	VITA-SALUTE SAN RAFFAELE UNIVERSITY	圣拉斐尔生命健康大学	意大利	36	270	81.59
656	MEDICAL UNIVERSITY OF INNSBRUCK	因斯布鲁克医科大学	奥地利	6	271	81.59
657	ULSTER UNIVERSITY	阿尔斯特大学	英国	45	272	81.59
658	ZAGAZIG UNIVERSITY	扎加齐克大学	埃及	5	164	81.59
659	NATIONAL UNIVERSITY OF LA PLATA	拉普拉塔国立大学	阿根廷	2	13	81.58
660	UNIVERSIDAD DE LA LAGUNA	拉古纳大学	西班牙	24	273	81.58
661	YANSHAN UNIVERSITY	燕山大学	中国	80	165	79.70
662	UNIVERSIDAD DE CORDOBA	科尔多瓦大学	西班牙	25	274	81.57
663	NORTHUMBRIA UNIVERSITY	诺森比亚大学	英国	46	275	81.53
664	UNIVERSITY OF RHODE ISLAND	罗德岛大学	美国	148	175	81.53
665	INDIAN INSTITUTE OF TECHNOLOGY-DELHI	德里印度理工学院孟买校区	印度	3	166	81.52
666	INDIAN INSTITUTE OF TECHNOLOGY-KHARAGPUR	印度理工学院孟买校区卡拉格普尔分校	印度	4	167	81.52
667	AJOU UNIVERSITY	亚洲大学(韩国)	韩国	20	168	81.52
668	UNIVERSITY OF PUERTO RICO	波多黎各大学	美国	149	176	81.50
669	LIVERPOOL JOHN MOORES UNIVERSITY	利物浦约汉莫斯大学	英国	47	276	81.50
670	UNIVERSITY OF SASSARI	萨萨里大学	意大利	37	277	81.49
671	OLD DOMINION UNIVERSITY	欧道明大学	美国	150	177	81.49
672	UNIVERSITE DE CAEN NORMANDIE	诺曼底卡昂大学	法国	34	278	81.49
673	UNIVERSITY OF TEXAS AT SAN ANTONIO	得克萨斯大学圣安东尼奥分校	美国	151	178	81.49
674	EDITH COWAN UNIVERSITY	埃迪科文大学	澳大利亚	25	30	81.48
675	RENSSELAER POLYTECHNIC INSTITUTE	伦斯勒理工学院	美国	152	179	81.48
676	CHONGQING MEDICAL UNIVERSITY	重庆医科大学	中国	81	169	81.47
677	UNIVERSITY OF TABRIZ	大不里士大学	伊朗	8	170	81.46

续表

排名	英文名称	中文全称	国家/地区	国家/地区排名	所在洲排名	总得分
678	UNIVERSITAT JAUME I	海梅一世大学	西班牙	26	279	81.46
679	JEONBUK NATIONAL UNIVERSITY	全北国立大学	韩国	21	171	81.46
680	UNIVERSIDADE FEDERAL DE SAO CARLOS	巴西圣保罗联邦大学	巴西	10	14	81.46
681	LOYOLA UNIVERSITY CHICAGO	芝加哥洛约拉大学	美国	153	180	81.45
682	ULSAN NATIONAL INSTITUTE OF SCIENCE & TECHNOLOGY	蔚山科学技术大学校	韩国	22	172	81.44
683	INDIAN INSTITUTE OF TECHNOLOGY-BOMBAY	印度理工学院孟买校区孟买校区	印度	5	173	81.44
684	CHU LILLE	里尔大学	法国	35	101	81.44
685	HASSELT UNIVERSITY	哈塞尔特大学	比利时	8	281	81.42
686	WASEDA UNIVERSITY	早稻田大学	日本	15	174	81.42
687	ISTANBUL TECHNICAL UNIVERSITY	伊斯坦布尔科技大学	土耳其	3	175	81.41
688	TAIWAN SUN YAT SEN UNIVERSITY	台湾"中山大学"	中国台湾	7	176	81.41
689	SHAANXI NORMAL UNIVERSITY	陕西师范大学	中国	82	177	81.41
690	CATHOLIC UNIVERSITY OF KOREA	韩国天主教大学	韩国	23	178	81.40
691	MIDDLE EAST TECHNICAL UNIVERSITY	中东技术大学	土耳其	4	179	81.40
692	KAOHSIUNG MEDICAL UNIVERSITY	高雄医科大学	中国台湾	8	180	81.38
693	OHIO UNIVERSITY	俄亥俄大学	美国	154	181	81.37
694	OSAKA METROPOLITAN UNIVERSITY	大阪公立大学	日本	16	181	81.36
695	GUANGZHOU UNIVERSITY	广州大学	中国	83	182	81.36
696	UNIVERSITY OF BAYREUTH	拜罗伊特大学	德国	43	282	81.36
697	KANGWON NATIONAL UNIVERSITY	国立江原大学	韩国	24	183	81.34
698	SYRACUSE UNIVERSITY	雪城大学	美国	155	182	81.34
699	ATHENS MEDICAL SCHOOL	雅典医学院	希腊	6	283	81.34
700	NINGBO UNIVERSITY	宁波大学	中国	84	184	82.16
701	HENAN UNIVERSITY	河南大学	中国	85	185	81.70
702	NANJING TECH UNIVERSITY	南京工业大学	中国	86	186	81.33
703	UNIVERSITY OF CALIFORNIA MERCED	加利福尼亚大学美熹德分校	美国	156	183	81.33
704	COLLEGIUM MEDICUM JAGIELLONIAN UNIVERSITY	克拉科夫雅盖隆大学医学院	波兰	4	284	81.32
705	NORTHERN ARIZONA UNIVERSITY	北亚利桑那大学	美国	157	184	81.32
706	UNIVERSITY OF HULL	赫尔大学	英国	48	285	81.31
707	UNIV LYON	里昂大学	法国	36	78	81.30
708	UNIVERSIDADE DE VIGO	维戈大学	西班牙	27	287	81.29
709	NANJING FORESTRY UNIVERSITY	南京林业大学	中国	87	187	81.28
710	ASTON UNIVERSITY	阿斯顿大学	英国	49	288	81.28

续表

排名	英文名称	中文全称	国家/地区	国家/地区排名	所在洲排名	总得分
711	UNIVERSIDAD DE CONCEPCION	康塞普森大学	智利	3	15	81.28
712	UNIVERSITY OF IDAHO	爱达荷大学	美国	158	185	81.27
713	TAIWAN CHUNG HSING UNIVERSITY	台湾中兴大学	中国台湾	9	188	81.27
714	TAIWAN CENTRAL UNIVERSITY	台湾“中央大学”	中国台湾	10	189	81.26
715	TAIYUAN UNIVERSITY OF TECHNOLOGY	太原理工大学	中国	88	190	79.50
716	PICARDIE UNIVERSITES	皮卡第大学	法国	37	289	81.26
717	BANGOR UNIVERSITY	班戈大学	英国	50	290	81.25
718	NORTH DAKOTA STATE UNIVERSITY FARGO	北达科他州立大学	美国	159	186	81.25
719	BRANDEIS UNIVERSITY	布兰迪斯大学	美国	160	187	81.25
720	SHANDONG UNIVERSITY OF SCIENCE & TECHNOLOGY	山东科技大学	中国	89	191	81.24
721	MEDICAL UNIVERSITY OF GRAZ	格拉茨医科大学	奥地利	7	291	81.24
722	UNIVERSITY OF TEXAS MEDICAL BRANCH GALVESTON	得克萨斯大学医学院加尔维斯顿分校	美国	161	188	81.24
723	AMIRKABIR UNIVERSITY OF TECHNOLOGY	阿米尔卡比尔理工大学	伊朗	9	192	81.24
724	KOREA UNIVERSITY MEDICINE	韩国大学医学院	韩国	25	193	81.22
725	UNIVERSITAT DE LES ILLES BALEARS	巴利阿里群岛大学	西班牙	28	292	81.22
726	UCL MEDICAL SCHOOL	伦敦大学学院医学院	英国	51	293	81.21
727	GRAZ UNIVERSITY OF TECHNOLOGY	格拉茨科技大学	奥地利	8	294	81.21
728	WENZHOU MEDICAL UNIVERSITY	温州医科大学	中国	90	194	81.21
729	UNIVERSITY OF LUXEMBOURG	卢森堡大学	卢森堡	1	295	81.21
730	UNIVERSITAT DE GIRONA	赫罗纳大学	西班牙	29	296	81.20
731	NAGASAKI UNIVERSITY	长崎大学	日本	17	195	81.20
732	UNIVERSITY OF NEW HAMPSHIRE	新罕布什尔大学	美国	162	189	81.19
733	KANAZAWA UNIVERSITY	金泽大学	日本	18	196	81.18
734	UNIVERSIDADE FEDERAL DE PERNAMBUCO	贝南博古联邦大学	巴西	11	16	81.18
735	UNIVERSITY HOHENHEIM	霍恩海姆大学	德国	44	297	81.18
736	BEIJING FORESTRY UNIVERSITY	北京林业大学	中国	91	197	81.18
737	UNIVERSIDAD MIGUEL HERNANDEZ DE ELCHE	米格尔·埃尔南德斯·德埃尔切大学	西班牙	30	298	81.18
738	DONGHUA UNIVERSITY	东华大学	中国	92	198	81.18
739	UNIVERSITY OF MISSOURI KANSAS CITY	密苏里大学堪萨斯城分校	美国	163	190	81.18
740	BEIJING JIAOTONG UNIVERSITY	北京交通大学	中国	93	199	82.31
741	KENT STATE UNIVERSITY	肯特州立大学	美国	164	191	81.17
742	NATIONAL UNIVERSITY OF DEFENSE TECHNOLOGY-CHINA	国防科学技术大学	中国	94	200	80.80
743	UNIVERSITE DE BRETAGNE OCCIDENTALE	西布列塔尼大学	法国	38	299	81.17

续表

排名	英文名称	中文全称	国家/地区	国家/地区排名	所在洲排名	总得分
744	NORTH WEST UNIVERSITY-SOUTH AFRICA	南非西北大学	南非	7	8	81.17
745	UNIVERSITY OF CYPRUS	塞浦路斯大学	塞浦路斯	1	300	81.17
746	INDIAN INSTITUTE OF TECHNOLOGY-MADRAS	印度马德拉斯技术学院	印度	6	201	81.15
747	UNIVERSITY OF PUNJAB	旁遮普大学	巴基斯坦	3	202	81.15
748	BRAUNSCHWEIG UNIVERSITY OF TECHNOLOGY	布伦瑞克工业大学	德国	45	301	81.15
749	UNIVERSITY OF EASTERN PIEDMONT AMEDEO AVOGADRO	东皮埃蒙特阿伏伽德罗大学	意大利	38	302	81.14
750	LULEA UNIVERSITY OF TECHNOLOGY	吕勒奥理工大学	瑞典	11	303	81.14
751	ISFAHAN UNIVERSITY OF TECHNOLOGY	伊斯法罕理工大学	伊朗	10	203	81.14
752	UNIVERSIDAD DE EXTREMADURA	埃斯特雷马杜拉大学	西班牙	31	304	81.13
753	PRINCE SATTAM BINABDULAZIZ UNIVERSITY	萨塔姆本阿卜杜勒阿齐兹王子大学	沙特阿拉伯	5	204	81.12
754	UNIVERSITE D'ANGERS	法国国立昂热大学	法国	39	305	81.11
755	FLORIDA ATLANTIC UNIVERSITY	佛罗里达亚特兰大大学	美国	165	192	81.11
756	GUANGDONG UNIVERSITY OF TECHNOLOGY	广东工业大学	中国	95	205	81.10
757	UNIVERSITY OF IOANNINA	艾奥尼纳大学	希腊	7	306	81.10
758	LEHIGH UNIVERSITY	理海大学	美国	166	193	81.10
759	UNIVERSITAT D'ALACANT	阿利坎特大学	西班牙	32	307	81.10
760	UNIVERSITY OF ESSEX	埃塞克斯大学	英国	52	308	81.10
761	CITY COLLEGE OF NEW YORK	纽约城市大学城市学院	美国	167	194	81.09
762	AUGUSTA UNIVERSITY	奥古斯塔大学	美国	168	195	81.09
763	RUSH UNIVERSITY	拉什大学	美国	169	196	81.08
764	TIANJIN MEDICAL UNIVERSITY	天津医科大学	中国	96	206	81.08
765	NORWEGIAN UNIVERSITY OF LIFE SCIENCES	挪威生命科学大学	挪威	5	309	81.08
766	ST GEORGES UNIVERSITY LONDON	伦敦圣乔治大学	英国	53	310	81.07
767	BABES BOLYAI UNIVERSITY FROM CLUJ	巴比什-波雅依大学	罗马尼亚	1	311	81.06
768	SEMMELWEIS UNIVERSITY	赛梅维什医科大学	匈牙利	3	312	81.06
769	ANKARA UNIVERSITY	安卡拉大学	土耳其	5	207	81.05
770	UNIVERSITY OF BRIGHTON	布莱顿大学	英国	54	313	81.05
771	GUANGXI UNIVERSITY	广西大学	中国	97	208	81.03
772	UNIVERSIDADE FEDERAL DE SANTA MARIA	圣玛丽亚联邦大学	巴西	12	17	81.03
773	GYEONGSANG NATIONAL UNIVERSITY	国立庆尚大学	韩国	26	209	81.03
774	INHA UNIVERSITY	仁荷大学	韩国	27	210	81.02
775	UNIVERSITY OF NORTH CAROLINA CHARLOTTE	北卡罗来纳大学夏洛特分校	美国	170	197	81.02
776	UNIVERSITY OF ARKANSAS MEDICAL SCIENCES	阿肯色医科大学	美国	171	198	81.02

续表

排名	英文名称	中文全称	国家/地区	国家/地区排名	所在洲排名	总得分
777	AGH UNIVERSITY OF SCIENCE & TECHNOLOGY	波兰矿业冶金学院	波兰	5	314	81.02
778	MONASH UNIVERSITY SUNWAY	莫纳什大学(桑威)	马来西亚	6	211	81.02
779	TAIWAN YANG MING CHIAO TUNG UNIVERSITY	台湾阳明交通大学	中国台湾	11	212	81.02
780	SHARIF UNIVERSITY OF TECHNOLOGY	谢里夫理工大学	伊朗	11	213	81.00
781	TABRIZ UNIVERSITY OF MEDICAL SCIENCE	大不里士医科大学	伊朗	12	214	80.99
782	UNIVERSIDADE DO ESTADO DO RIO DE JANEIRO	里约热内卢天主教大学	巴西	13	18	80.99
783	UNIVERSIDAD DE ALCALA	阿尔卡拉大学	西班牙	33	315	80.97
784	NAVAL MEDICAL UNIVERSITY	中国人民解放军海军军医大学	中国	98	215	80.97
785	CARL VON OSSIETZKY UNIVERSITAT OLDENBURG	奥登堡大学	德国	46	316	80.97
786	ALIGARH MUSLIM UNIVERSITY	阿里格尔穆斯林大学	印度	7	216	80.96
787	UNIVERSITE DE SAVOIE	萨瓦大学	法国	40	317	80.96
788	IRAN UNIVERSITY OF MEDICAL SCIENCES	伊朗医科大学	伊朗	13	217	80.95
789	DUY TAN UNIVERSITY	位于岘港，暂无可靠中文译名	越南	1	218	80.93
790	LONDON SCHOOL ECONOMICS & POLITICAL SCIENCE	伦敦政治经济学院	英国	55	318	80.93
791	ASSIUT UNIVERSITY	艾斯尤特大学	埃及	6	219	80.93
792	NATIONAL RESEARCH UNIVERSITY HIGHER SCHOOL OF ECONOMICS	俄罗斯国立高等经济大学	俄罗斯	4	319	80.93
793	TAIF UNIVERSITY	塔伊夫大学	沙特阿拉伯	6	220	80.91
794	UNIVERSIDADE FEDERAL DO CEARA	塞阿拉联邦大学	巴西	14	19	80.91
795	KENT STATE UNIVERSITY KENT	肯特州立大学	美国	172	191	80.90
796	VELLORE INSTITUTE OF TECHNOLOGY	韦洛尔技术大学	印度	8	221	80.90
797	UNIVERSIDADE FEDERAL FLUMINENSE	弗鲁米嫩塞联邦大学	巴西	15	20	80.88
798	UNIVERSITY OF SALENTO	萨兰托大学	意大利	39	320	80.87
799	UNIVERSITE DE POITIERS	普瓦提埃大学	法国	41	321	80.86
800	UNIVERSIDADE FEDERAL DO RIO GRANDE DO NORTE	北里奥格兰德联邦大学	巴西	16	21	80.85
801	DONGGUK UNIVERSITY	东国大学	韩国	28	222	80.85
802	CHUNGBUK NATIONAL UNIVERSITY	忠北国立大学	韩国	29	223	80.84
803	UNIVERSITY OF L'AQUILA	拉奎拉大学	意大利	40	322	80.84
804	ABO AKADEMI UNIVERSITY	埃博学术大学	芬兰	8	323	80.83
805	UNIVERSITY OF TEXAS EL PASO	得克萨斯大学埃尔帕索分校	美国	173	200	80.82
806	TON DUC THANG UNIVERSITY	孙德盛大学	越南	2	224	80.82
807	UNIVERSITY OF LIMERICK	利默里克大学	爱尔兰	4	324	80.82

续表

排名	英文名称	中文全称	国家/地区	国家/地区排名	所在洲排名	总得分
808	ZHEJIANG NORMAL UNIVERSITY	浙江师范大学	中国	99	225	80.82
809	UNIVERSITY OF INSUBRIA	英苏布里亚大学	意大利	41	325	80.82
810	UNIVERSITY OF NEW BRUNSWICK	新不伦瑞克大学	加拿大	26	201	80.81
811	KHON KAEN UNIVERSITY	孔敬大学	泰国	4	226	80.81
812	SHANXI UNIVERSITY	山西大学	中国	100	227	80.81
813	UNIVERSITY OF LUBECK	吕贝克大学	德国	47	326	80.81
814	ZHEJIANG SCI-TECH UNIVERSITY	浙江理工大学	中国	101	228	79.22
815	SZEGED UNIVERSITY	赛格德大学	匈牙利	4	327	80.81
816	NORTH CHINA ELECTRIC POWER UNIVERSITY	华北电力大学	中国	102	229	80.80
817	VILNIUS UNIVERSITY	维尔纽斯大学	立陶宛	1	328	80.79
818	SOUTHERN METHODIST UNIVERSITY	南卫理公会大学	美国	174	202	80.79
819	HARBIN MEDICAL UNIVERSITY	哈尔滨医科大学	中国	103	230	80.79
820	VICTORIA UNIVERSITY	维多利亚大学	澳大利亚	26	120	80.79
821	AMERICAN UNIVERSITY OF BEIRUT	贝鲁特美国大学	黎巴嫩	1	231	80.78
822	UNIVERSITY OF THESSALY	塞萨利大学	希腊	8	329	80.78
823	VIT VELLORE	印度韦洛尔理工大学	印度	9	232	80.78
824	UNIVERSITE DE TOURS	图尔大学	法国	42	330	80.78
825	UNIVERSITY OF WINDSOR	温莎大学	加拿大	27	203	80.77
826	CRANFIELD UNIVERSITY	克兰菲尔德大学	英国	56	331	80.76
827	HANGZHOU NORMAL UNIVERSITY	杭州师范大学	中国	104	233	81.17
828	WILLIAM & MARY	威廉玛丽学院	美国	175	204	80.75
829	UNIVERSITE JEAN MONNET	圣太田大学	法国	43	332	80.74
830	UNIVERSIDAD NACIONAL DE COLOMBIA	哥伦比亚国立大学	哥伦比亚	1	22	80.74
831	PRINCE OF SONGKLA UNIVERSITY	宋卡王子大学	泰国	5	234	80.74
832	TECNOLOGICO DE MONTERREY	蒙特雷科技大学	墨西哥	3	205	80.74
833	NANTONG UNIVERSITY	南通大学	中国	105	235	80.73
834	FUJIAN AGRICULTURE &FORESTRY UNIVERSITY	福建农林大学	中国	106	236	80.73
835	SHANDONG NORMAL UNIVERSITY	山东师范大学	中国	107	237	80.72
836	UNIVERSITY OF NEVADA LAS VEGAS	内华达大学拉斯维加斯分校	美国	176	206	80.72
837	UNIVERSITY OF JINAN	济南大学	中国	108	238	80.72
838	GACHON UNIVERSITY	嘉泉大学	韩国	30	239	80.71
839	SOUTHERN ILLINOIS UNIVERSITY	南伊利诺伊大学	美国	177	207	80.71
840	MANCHESTER METROPOLITAN UNIVERSITY	曼彻斯特城市大学	英国	57	333	80.70
841	ROYAL HOLLOWAY UNIVERSITY LONDON	伦敦大学皇家霍洛威学院	英国	58	334	80.70
842	ROYAL COLLEGE OF SURGEONS-IRELAND	爱尔兰皇家外科医学院	爱尔兰	5	335	80.70
843	SHIRAZ UNIVERSITY	设拉子大学	伊朗	14	240	80.70

续表

排名	英文名称	中文全称	国家/地区	国家/地区排名	所在洲排名	总得分
844	UNIVERSITY OF MARYLAND BALTIMORE COUNTY	马里兰大学巴尔的摩分校	美国	178	118	80.68
845	UNIVERSITY OF NOVI SAD	诺维萨德大学	塞尔维亚	2	336	80.67
846	MACAU UNIVERSITY OF SCIENCE & TECHNOLOGY	澳门科技大学	中国澳门	2	241	80.66
847	NORTHEAST NORMAL UNIVERSITY-CHINA	东北师范大学	中国	109	242	80.66
848	UNIVERSIDAD DE LOS ANDES	安第斯大学	哥伦比亚	2	23	80.65
849	SHINSHU UNIVERSITY	信州大学	日本	19	243	80.65
850	BOSTON COLLEGE	波士顿学院	美国	179	209	80.65
851	ADAM MICKIEWICZ UNIVERSITY	波兹南密茨凯维奇大学	波兰	6	337	80.64
852	PUKYONG NATIONAL UNIVERSITY	釜庆国立大学	韩国	31	244	80.64
853	MICHIGAN TECHNOLOGICAL UNIVERSITY	密歇根理工大学	美国	180	210	80.64
854	DANKOOK UNIVERSITY	檀国大学	韩国	32	245	80.63
855	EGE UNIVERSITY	伊葛大学	土耳其	6	246	80.63
856	AL AZHAR UNIVERSITY	爱资哈尔大学	埃及	7	247	80.62
857	NOVOSIBIRSK STATE UNIVERSITY	新西伯利亚国立大学	俄罗斯	5	338	80.62
858	MASHHAD UNIVERSITY MEDICAL SCIENCE	马什哈德医科大学	伊朗	15	248	80.61
859	UNIVERSITY OF HAIFA	海法大学	以色列	6	249	80.61
860	UNIVERSIDAD DE ANTIOQUIA	安蒂奥基亚大学	哥伦比亚	3	24	80.61
861	TOKYOUNIVERSITY OF SCIENCE	东京理科大学	日本	20	250	80.61
862	UNIVERSIDADE DA CORUNA	拉科鲁尼亚大学	西班牙	34	339	80.61
863	MOSCOW INSTITUTE OF PHYSICS & TECHNOLOGY	莫斯科物理技术学院	俄罗斯	6	340	80.61
864	GAZI UNIVERSITY	加齐大学	土耳其	7	251	80.60
865	CHANG'AN UNIVERSITY	长安大学	中国	110	252	80.60
866	CHINA MEDICAL UNIVERSITY	中国医科大学	中国	111	253	80.59
867	KUMAMOTO UNIVERSITY	熊本大学	日本	21	254	80.58
868	GUANGZHOU MEDICAL UNIVERSITY	广州医科大学	中国	112	255	81.20
869	AUCKLAND UNIVERSITY OF TECHNOLOGY	奥克兰理工大学	新西兰	6	32	80.58
870	MEDICAL UNIVERSITYOF WARSAW	华沙医科大学	波兰	7	341	80.57
871	UNIVERSITY OF WAIKATO	怀卡托大学	新西兰	7	33	80.57
872	TOKYO MEDICAL & DENTAL UNIVERSITY	东京医科齿科大学	日本	22	256	80.57
873	UNIVERSITY OF AGRICULTURE FAISALABAD	费萨拉巴德农业大学	巴基斯坦	4	257	80.55
874	NANJING UNIVERSITY OF POSTS & TELECOMMUNICATIONS	南京邮电大学	中国	113	258	80.53
875	SHANGHAITECH UNIVERSITY	上海科技大学	中国	114	259	80.52
876	POLYTECHNIQUE MONTREAL	蒙特利尔综合理工学校	加拿大	28	211	80.52

续表

排名	英文名称	中文全称	国家/地区	国家/地区排名	所在洲排名	总得分
877	KUNMING UNIVERSITY OF SCIENCE & TECHNOLOGY	昆明理工大学	中国	115	260	80.29
878	ROMA TRE UNIVERSITY	罗马特雷大学	意大利	42	342	80.51
879	UNIVERSIDADE FEDERAL DA BAHIA	巴伊亚州联邦大学	巴西	17	25	80.51
880	KING KHALID UNIVERSITY	哈立德国王大学	沙特阿拉伯	7	261	80.51
881	FERDOWSI UNIVERSITY MASHHAD	马什哈德菲尔多西大学	伊朗	16	262	80.50
882	COLORADO SCHOOL OF MINES	科罗拉多州矿业大学	美国	181	212	80.50
883	ATATURK UNIVERSITY	阿塔图尔克大学	土耳其	8	263	80.49
884	UNIVERSITE DE SFAX	斯法克斯大学	突尼斯	1	9	80.49
885	UNIVERSITY OF MASSACHUSETTS BOSTON	马萨诸塞大学波士顿分校	美国	182	213	80.49
886	ABERYSTWYTH UNIVERSITY	亚伯大学	英国	59	343	80.48
887	KHALIFA UNIVERSITY OF SCIENCE & TECHNOLOGY	哈里发理工大学	阿拉伯联合酋长国	1	264	80.48
888	UNIVERSITY OF SOUTH AFRICA	南非大学	南非	8	10	80.48
889	UNIVERSITY OF NEW ENGLAND	新英格兰大学	澳大利亚	27	34	80.47
890	EAST CAROLINA UNIVERSITY	东卡罗来纳州立大学	美国	183	214	80.47
891	ANHUI UNIVERSITY	安徽大学	中国	116	265	80.46
892	OPEN UNIVERSITY-UK	英国开放大学	英国	60	344	80.46
893	TORONTO METROPOLITAN UNIVERSITY	多伦多都会大学	加拿大	29	215	80.46
894	ASIA UNIVERSITY TAIWAN	亚洲大学(中国台湾)	中国台湾	12	266	80.46
895	CHU GRENOBLE ALPES	格勒诺布尔大学	法国	44	345	80.46
896	ACAD BORDEAUX	波尔多学院	法国	45	346	80.46
897	SHIRAZ UNIVERSITY OF MEDICAL SCIENCE	西拉医科大学	伊朗	17	267	80.45
898	CHINA PHARMACEUTICAL UNIVERSITY	中国药科大学	中国	117	268	80.44
899	MAX F. PERUTZ LABORATORIES	奥地利维也纳大学	奥地利	9	347	80.44
900	INSTITUT NATIONAL POLYTECHNIQUE DE TOULOUSE	国立图卢兹综合理工学院	法国	46	348	80.43
901	BEIJING UNIVERSITY OF POSTS & TELECOMMUNICATIONS	北京邮电大学	中国	118	269	80.41
902	KOC UNIVERSITY	土耳其koc大学	土耳其	9	270	80.41
903	UNIFORMED SERVICES UNIVERSITY OF THE HEALTH SCIENCES-USA	健康科学统一服务大学	美国	184	216	80.40
904	PORTLAND STATE UNIVERSITY	波特兰州立大学	美国	185	217	80.40
905	ADDIS ABABA UNIVERSITY	亚的斯亚贝巴大学	埃塞俄比亚	1	11	80.40
906	UNIVERSIDAD DE CADIZ	卡迪兹大学	西班牙	35	349	80.39
907	TAIWAN UNIVERSITY OF SCIENCE & TECHNOLOGY	台湾科技大学	中国台湾	13	271	80.38
908	UNIVERSITY OF GREENWICH	格林威治大学	英国	61	350	80.38

续表

排名	英文名称	中文全称	国家/地区	国家/地区排名	所在洲排名	总得分
909	SULTAN QABOOS UNIVERSITY	卡布斯苏丹大学	阿曼	1	272	80.37
910	INDIAN INSTITUTE OF TECHNOLOGY-KANPUR	印度理工学院孟买校区坎普尔分校	印度	10	273	80.37
911	NORTHEAST AGRICULTURAL UNIVERSITY-CHINA	东北农业大学	中国	119	274	80.36
912	YOKOHAMA CITY UNIVERSITY	横滨市立大学	日本	23	275	80.36
913	UNIVERSITY OF JORDAN	约旦大学	约旦	1	276	80.36
914	INDIAN INSTITUTE OF TECHNOLOGY-ROORKEE	印度理工学院孟买校区鲁尔基分校	印度	11	277	80.35
915	OREBRO UNIVERSITY	厄勒布鲁大学	瑞典	12	351	80.34
916	UNIVERSITY OF HERTFORDSHIRE	赫特福德大学	英国	62	352	80.34
917	UNIVERSITE DE REIMS CHAMPAGNE-ARDENNE	法国兰斯大学	法国	47	353	80.34
918	UNIVERSITY OF WUPPERTAL	伍珀塔尔大学	德国	48	354	80.33
919	CIBERNED	塞维利亚大学	西班牙	36	123	80.33
920	UNIVERSIDAD DE JAEN	哈恩大学	西班牙	37	356	80.33
921	UNIVERSIDADE FEDERAL DA PARAIBA	帕拉伊巴联邦大学	巴西	18	26	80.33
922	UNIVERSIDAD DE VALLADOLID	巴利亚多利德大学	西班牙	38	357	80.32
923	GOVERNMENT COLLEGE UNIVERSITY FAISALABAD	巴基斯坦政府学院大学	巴基斯坦	5	278	80.31
924	UNIVERSIDAD CARLOS III DE MADRID	马德里卡洛斯三世大学	西班牙	39	358	80.31
925	CZECH TECHNICAL UNIVERSITY PRAGUE	布拉格捷克理工大学	捷克共和国	4	359	80.31
926	DUBLIN CITY UNIVERSITY	都柏林城市大学	爱尔兰	6	360	80.30
927	UNIVERSIDAD REY JUAN CARLOS	胡安卡洛斯国王大学	西班牙	40	361	80.30
928	CHANGSHA UNIVERSITY OF SCIENCE & TECHNOLOGY	长沙理工大学	中国	120	279	80.29
929	TANTA UNIVERSITY	坦塔大学	埃及	8	280	80.28
930	ANHUI MEDICAL UNIVERSITY	安徽医科大学	中国	121	281	80.28
931	GWANGJU INSTITUTE OF SCIENCE & TECHNOLOGY	光州科学技术院	韩国	33	282	80.28
932	NEW MEXICO STATE UNIVERSITY	新墨西哥州立大学	美国	186	218	80.28
933	JOHANNES KEPLER UNIVERSITY LINZ	约翰尼斯·开普勒林茨大学	奥地利	10	362	80.27
934	UNIVERSITY OF ALASKA FAIRBANKS	阿拉斯加费尔班克斯大学	美国	187	219	80.27
935	IRCCS AZIENDA OSPEDALIERO-UNIVERSITARIA DI BOLOGNA	意大利博洛尼亚大学	意大利	43	363	80.27
936	OLLSCOIL NA GAILLIMHE-UNIVERSITY OF GALWAY	高威大学	爱尔兰	7	364	80.26
937	STATE UNIVERSITY OF NEW YORK BINGHAMTON	纽约州立大学宾汉姆顿分校	美国	188	220	80.26

续表

排名	英文名称	中文全称	国家/地区	国家/地区排名	所在洲排名	总得分
938	SUEZ CANAL UNIVERSITY	苏伊士运河大学	埃及	9	283	80.24
939	PANJAB UNIVERSITY	旁遮普大学	印度	12	202	80.24
940	CHARLES STURT UNIVERSITY	查尔斯特大学	澳大利亚	28	35	80.24
941	UNIVERSITY OF THE FREE STATE	自由州大学	南非	9	12	80.23
942	UNIVERSITA DELLA SVIZZERA ITALIANA	意大利语区大学	瑞士	10	365	80.23
943	BOURNEMOUTH UNIVERSITY	伯恩茅斯大学	英国	63	366	80.23
944	UNIVERSITY OF MARIBOR	马里博尔大学	斯洛文尼亚	2	367	80.23
945	UNIVERSIDAD DE ALMERIA	阿尔梅里亚大学	西班牙	41	368	80.20
946	JAWAHARLAL NEHRU UNIVERSITY, NEW DELHI	尼赫鲁大学	印度	13	285	80.20
947	NORTHEAST FORESTRY UNIVERSITY-CHINA	东北林业大学	中国	122	286	80.19
948	UNITED ARAB EMIRATES UNIVERSITY	阿联酋大学	阿拉伯联合酋长国	2	287	80.19
949	TILBURG UNIVERSITY	蒂尔堡大学	荷兰	14	369	80.18
950	UNIVERSITY OF LODZ	罗兹大学	波兰	8	370	80.18
951	NIIGATA UNIVERSITY	新潟大学	日本	24	288	80.18
952	NATIONAL UNIVERSITY OF CORDOBA	国立科尔多瓦大学	阿根廷	3	27	80.18
953	ARMY MEDICAL UNIVERSITY	中国人民解放军陆军军医大学	中国	123	289	80.16
954	UNIVERSITI TEKNOLOGI MARA	玛拉工艺大学	马来西亚	7	290	80.16
955	YUNNAN UNIVERSITY	云南大学	中国	124	291	80.15
956	CITY UNIVERSITY LONDON	城市大学	英国	64	371	80.15
957	UNIVERSITY OF SHANGHAI FOR SCIENCE & TECHNOLOGY	上海理工大学	中国	125	292	80.85
958	UNIVERSIDADE DO ALGARVE	葡萄牙埃尔加夫大学	葡萄牙	8	372	80.15
959	UNIVERSITE GUSTAVE-EIFFEL	古斯塔夫·埃菲尔大学	法国	48	373	80.14
960	UNIVERSIDADE FEDERAL DE VICOSA	维索萨联邦大学	巴西	19	28	80.14
961	LAPPEENRANTA UNIVERSITY OF TECHNOLOGY	拉普兰塔理工大学	芬兰	9	374	80.13
962	UNIVERSITY OF BASILICATA	意大利巴西利卡塔大学	意大利	44	375	80.13
963	UNIVERSIDADE FEDERAL DO PARA	帕拉联邦大学	巴西	20	29	80.13
964	NOTTINGHAM TRENT UNIVERSITY	诺丁汉特伦特大学	英国	65	376	80.13
965	UNIVERSITY OF KAISERSLAUTERN	凯泽斯劳滕大学	德国	49	377	80.13
966	UNIVERSITY OF STIRLING	斯特灵大学	英国	66	378	80.12
967	UNIVERSIDADE FEDERAL DE GOIAS	戈亚斯联邦大学	巴西	21	30	80.12
968	CHARLES DARWIN UNIVERSITY	查尔斯·达尔文大学	澳大利亚	29	36	80.12
969	IRAN UNIVERSITY SCIENCE & TECHNOLOGY	伊朗科技大学	伊朗	18	293	80.11
970	HARBIN ENGINEERING UNIVERSITY	哈尔滨工程大学	中国	126	294	80.11

续表

排名	英文名称	中文全称	国家/地区	国家/地区排名	所在洲排名	总得分
971	SHANGHAI NORMAL UNIVERSITY	上海师范大学	中国	127	295	80.11
972	UNIVERSITAT KASSEL	德国卡塞尔大学	德国	50	379	80.11
973	ANNA UNIVERSITY	安那大学	印度	14	296	80.11
974	UNIVERSITE DE ORLEANS	奥尔良大学	法国	49	380	80.09
975	INDIAN INSTITUTE OF TECHNOLOGY-GUWAHATI	印度古瓦哈提理工学院	印度	15	297	80.09
976	UNIVERSITY OF LINCOLN	林肯大学(英国)	英国	67	381	80.09
977	NEW JERSEY INSTITUTE OF TECHNOLOGY	新泽西理工学院	美国	189	221	80.08
978	CZECH UNIVERSITY OF LIFE SCIENCES PRAGUE	捷克布拉格生命科学大学	捷克共和国	5	382	80.06
979	SALZBURG UNIVERSITY	萨尔茨堡大学	奥地利	11	383	80.06
980	UNIVERSITE DE PICARDIE JULES VERNE	亚眠大学	法国	50	384	80.05
981	MIDDLESEX UNIVERSITY	密德萨斯大学	英国	68	385	80.04
982	TOMSK STATE UNIVERSITY	托木斯克国立大学	俄罗斯	7	386	80.04
983	HALLYM UNIVERSITY	翰林大学	韩国	34	298	80.04
984	UNIVERSITAT SIEGEN	锡根大学	德国	51	387	80.03
985	AUSTRALIAN CATHOLIC UNIVERSITY	澳大利亚天主教大学	澳大利亚	30	37	80.03
986	UNIVERSITA CA FOSCARI VENEZIA	威尼斯大学	意大利	45	388	80.03
987	COVENTRY UNIVERSITY	考文垂大学	英国	69	389	80.02
988	CENTRAL QUEENSLAND UNIVERSITY	中央昆士兰大学	澳大利亚	31	38	80.01
989	UNIVERSITY OF WEST ENGLAND	西英格兰大学	英国	70	390	80.01
990	OXFORD BROOKES UNIVERSITY	牛津布鲁克斯大学	英国	71	391	80.01
991	GUIZHOU UNIVERSITY	贵州大学	中国	128	299	80.00
992	UNIVERSITAT DE LLEIDA	莱里达大学	西班牙	42	392	80.00
993	FUJIAN NORMAL UNIVERSITY	福建师范大学	中国	129	300	80.00
994	SECHENOV FIRST MOSCOW STATE MEDICAL UNIVERSITY	莫斯科国立谢东诺夫第一医科大学	俄罗斯	8	393	79.99
995	BAHAUDDIN ZAKARIYA UNIVERSITY	巴哈丁扎卡里亚大学	巴基斯坦	6	301	79.98
996	SHANTOU UNIVERSITY	汕头大学	中国	130	302	80.85
997	UNIVERSITY OF IBADAN	伊巴丹大学	尼日利亚	1	13	79.98
998	UNIVERSIDAD PABLO DE OLAVIDE	巴勃罗·德·奥拉维德大学	西班牙	43	394	79.98
999	UNIVERSITY OF TRAS-OS-MONTES & ALTO DOURO	蒙特斯与奥拓杜罗大学	葡萄牙	9	395	79.98
1000	SHAHID BEHESHTI UNIVERSITY	沙希德贝赫什迪大学	伊朗	19	303	79.97
1001	UNIVERSIDAD DE LAS PALMAS DE GRAN CANARIA	加那利群岛拉斯帕尔马斯大学	西班牙	44	396	79.97
1002	MAKERERE UNIVERSITY	麦克雷雷大学	乌干达	1	14	79.97
1003	RITSUMEIKAN UNIVERSITY	立命馆大学	日本	25	304	79.97

续表

排名	英文名称	中文全称	国家/地区	国家/地区排名	所在洲排名	总得分
1004	UNIVERSITY OF AKRON	阿克伦大学	美国	190	222	79.96
1005	SOUTH DAKOTA STATE UNIVERSITY	南达科他大学	美国	191	223	79.95
1006	SOUTHERN CROSS UNIVERSITY	南十字星大学	澳大利亚	32	39	79.94
1007	HUNAN NORMAL UNIVERSITY	湖南师范大学	中国	131	305	80.73
1008	TOKYO METROPOLITAN UNIVERSITY	东京都立大学	日本	26	306	79.94
1009	UNIVERSITY OF CAMERINO	卡美日诺大学	意大利	46	397	79.94
1010	KINDAI UNIVERSITY	近畿大学	日本	27	307	79.93
1011	JUNTENDO UNIVERSITY	顺天堂大学	日本	28	308	79.92
1012	MANIPAL ACADEMY OF HIGHER EDUCATION	曼尼帕尔高等教育学院(MAHE)	印度	16	309	79.90
1013	UNIVERSITY OF DENVER	丹佛大学	美国	192	224	79.90
1014	ROCHESTER INSTITUTE OF TECHNOLOGY	罗彻斯特理工学院	美国	193	225	79.89
1015	JORDAN UNIVERSITY OF SCIENCE & TECHNOLOGY	约旦科技大学	约旦	2	310	79.89
1016	QINGDAO UNIVERSITY OF SCIENCE & TECHNOLOGY	青岛科技大学	中国	132	311	79.89
1017	CHU DE MONTPELLIER	蒙彼利埃大学	法国	51	47	79.88
1018	WARSAW UNIVERSITY OF TECHNOLOGY	华沙工业大学	波兰	9	399	79.88
1019	CLARK UNIVERSITY	克拉克大学	美国	194	226	79.87
1020	UNIVERSIDAD DE LA REPUBLICA, URUGUAY	乌拉圭共和国大学	乌拉圭	1	31	79.86
1021	UNIVERSIDADE FEDERAL DO ESPIRITO SANTO	圣埃斯皮里图联邦大学	巴西	22	32	79.85
1022	YILDIZ TECHNICAL UNIVERSITY	伊尔迪斯技术大学	土耳其	10	312	79.84
1023	TAIWAN NORMAL UNIVERSITY	台湾师范大学	中国台湾	14	313	79.83
1024	CHINESE UNIVERSITY OF HONG KONG, SHENZHEN	香港中文大学(深圳)	中国	133	314	79.83
1025	COLORADO SCHOOL OF PUBLIC HEALTH	科罗拉多公共卫生学院	美国	195	227	79.83
1026	ZHEJIANG A&F UNIVERSITY	浙江农林大学	中国	134	315	80.03
1027	JAMIA MILLIA ISLAMIA	印度国立伊斯兰大学	印度	17	316	79.83
1028	KEELE UNIVERSITY	英国基尔大学	英国	72	400	79.83
1029	TALLINN UNIVERSITY OF TECHNOLOGY	塔林理工大学	爱沙尼亚	2	401	79.83
1030	INSTITUT CURIE	居里学院	法国	52	402	79.83
1031	JACKSON STATE UNIVERSITY	杰克逊州立大学	美国	196	228	79.83
1032	BIRKBECK UNIVERSITY LONDON	伦敦大学伯贝克学院	英国	73	403	79.82
1033	ISFAHAN UNIVERSITY MEDICAL SCIENCE	伊斯法罕大学医学院	伊朗	20	317	79.82
1034	UNIVERSITY OF SPLIT	斯普利特大学	克罗地亚	2	404	79.82
1035	UNIVERSITY OF MONTANA	蒙大拿大学	美国	197	229	79.81
1036	UNIVERSITY OF BUCHAREST	布加勒斯特大学	罗马尼亚	2	405	79.81

续表

排名	英文名称	中文全称	国家/地区	国家/地区排名	所在洲排名	总得分
1037	BOGAZICI UNIVERSITY	博阿齐奇大学	土耳其	11	318	79.81
1038	UNIVERSITY OF REGINA	里贾纳大学	加拿大	30	230	79.81
1039	MIAMI UNIVERSITY	迈阿密大学	美国	198	83	79.81
1040	CREIGHTON UNIVERSITY	克瑞顿大学	美国	199	232	79.81
1041	NORTHWEST A&F UNIVERSITY-CHINA	西北农林科技大学	中国	135	319	80.74
1042	SCUOLA NORMALE SUPERIORE DI PISA	比萨高等师范学校	意大利	47	406	79.81
1043	LOMA LINDA UNIVERSITY	洛马琳达大学	美国	200	233	79.80
1044	UNIVERSITY OF MONS	蒙斯大学	比利时	9	407	79.79
1045	BOISE STATE UNIVERSITY	博伊西州立大学	美国	201	234	79.79
1046	UNIVERSITY OF MEMPHIS	孟菲斯大学	美国	202	235	79.79
1047	CAPITAL NORMAL UNIVERSITY	首都师范大学	中国	136	320	79.79
1048	SINGAPORE UNIVERSITY OF TECHNOLOGY & DESIGN	新加坡技术与设计大学	新加坡	3	321	79.79
1049	XIANGTAN UNIVERSITY	湘潭大学	中国	137	322	79.78
1050	DALIAN MARITIME UNIVERSITY	大连海事大学	中国	138	323	79.78
1051	WENZHOU UNIVERSITY	温州大学	中国	139	324	80.58
1052	XI'AN UNIVERSITY OF TECHNOLOGY	西安理工大学	中国	140	325	79.78
1053	IHSAN DOGRAMACI BILKENT UNIVERSITY	比尔肯大学	土耳其	12	326	79.78
1054	GIFU UNIVERSITY	岐阜大学	日本	29	327	79.77
1055	KASETSART UNIVERSITY	泰国农业大学	泰国	6	328	79.77
1056	JEJU NATIONAL UNIVERSITY	济州国立大学	韩国	35	329	79.76
1057	HESAM UNIVERSITE	HESAM 大学	法国	53	408	79.76
1058	UNIVERSITY OF MAINE ORONO	缅因大学奥罗诺分校	美国	203	236	79.76
1059	SRM INSTITUTE OF SCIENCE & TECHNOLOGY CHENNAI	斯里纳玛斯旺纪念大学	印度	18	330	79.75
1060	EUROPEAN ACADEMY OF BOZEN-BOLZANO	欧洲波赞诺学院	意大利	48	409	79.75
1061	NATIONAL UNIVERSITY OF SCIENCES & TECHNOLOGY-PAKISTAN	巴基斯坦国家科技大学	巴基斯坦	7	331	79.75
1062	NORTHERN ILLINOIS UNIVERSITY	北伊利诺伊大学	美国	204	237	79.74
1063	UNIV LOUVAIN	鲁汶大学	比利时	10	11	79.74
1064	KAZAN FEDERAL UNIVERSITY	俄罗斯喀山联邦大学	俄罗斯	9	411	79.74
1065	UNIVERSITY OF PUERTO RICO MEDICAL SCIENCES CAMPUS	波多黎各大学医学科学校区	美国	205	238	79.74
1066	NEW YORK UNIVERSITY TANDON SCHOOL OF ENGINEERING	纽约大学坦顿工程学院	美国	206	239	79.73
1067	WUHAN UNIVERSITY OF SCIENCE & TECHNOLOGY	武汉科技大学	中国	141	332	79.73
1068	SINGAPORE MANAGEMENT UNIVERSITY	新加坡管理大学	新加坡	4	333	79.73

续表

排名	英文名称	中文全称	国家/地区	国家/地区排名	所在洲排名	总得分
1069	UNIVERSITE DETUNIS-EL-MANAR	突尼斯玛纳尔大学	突尼斯	2	15	79.73
1070	IMAM ABDULRAHMAN BIN FAISAL UNIVERSITY	阿訇阿卜杜拉赫曼本费萨尔大学	沙特阿拉伯	8	334	79.72
1071	UNIVERSITY OF TOYAMA	富山大学	日本	30	335	79.72
1072	UNIVERSITATSKLINIKUM DES SAARLANDES	萨尔大学	德国	52	255	79.72
1073	CALIFORNIA STATE UNIVERSITY FULLERTON	加利福尼亚州立大学富尔顿分校	美国	207	240	79.71
1074	ERCIYES UNIVERSITY	埃尔吉耶斯大学	土耳其	13	336	79.71
1075	UNIVERSITY OF CANBERRA	堪培拉大学	澳大利亚	33	40	79.71
1076	UNIVERSITY OF NORTH DAKOTA GRAND FORKS	北达科他大学	美国	208	241	79.70
1077	MISSOURI UNIVERSITY OFSCIENCE & TECHNOLOGY	密苏里科技大学	美国	209	242	79.70
1078	PETER THE GREAT ST. PETERSBURG POLYTECHNIC UNIVERSITY	圣彼得堡彼得大帝理工大学	俄罗斯	10	413	79.70
1079	OAKLAND UNIVERSITY	美国奥克兰大学	美国	210	243	79.69
1080	HAMAD BIN KHALIFA UNIVERSITY-QATAR	哈马德·本·哈利法大学	卡塔尔	2	337	79.69
1081	SAN FRANCISCO STATE UNIVERSITY	旧金山州立大学	美国	211	244	79.69
1082	AMERICAN UNIVERSITY	美利坚大学	美国	212	245	79.69
1083	SHANDONG AGRICULTURAL UNIVERSITY	山东农业大学	中国	142	338	79.85
1084	UNIVERSITY OF SALFORD	索尔福德大学	英国	74	414	79.68
1085	UNIVERSITY OF GHANA	加纳大学	加纳	1	16	79.68
1086	URAL FEDERAL UNIVERSITY	乌拉尔联邦大学	俄罗斯	11	415	79.67
1087	UMM AL QURA UNIVERSITY	沙特阿拉伯麦加大学	沙特阿拉伯	9	339	79.67
1088	VILLANOVA UNIVERSITY	维拉诺瓦大学	美国	213	246	79.67
1089	DANUBE UNIVERSITY KREMS	克雷姆斯多瑙河大学	奥地利	12	416	79.67
1090	ANNA UNIVERSITY CHENNAI	印度安那大学	印度	19	296	79.66
1091	TECHNISCHE UNIVERSITAT CHEMNITZ	开姆尼茨工业大学	德国	53	417	79.66
1092	NICOLAUS COPERNICUS UNIVERSITY	托伦哥白尼大学	波兰	10	418	79.66
1093	LAKEHEAD UNIVERSITY	湖首大学	加拿大	31	247	79.65
1094	ANGLIA RUSKIN UNIVERSITY	剑桥安格利亚鲁斯金大学	英国	75	419	79.65
1095	NIHON UNIVERSITY	日本大学	日本	31	341	79.65
1096	FREE UNIVERSITY OF BOZEN-BOLZANO	博尔扎诺自由大学	意大利	49	420	79.64
1097	SICHUAN AGRICULTURAL UNIVERSITY	四川农业大学	中国	143	342	80.96
1098	MONTPELLIER SUPAGRO	蒙彼利埃国立高等农学研究学院	法国	54	421	79.63
1099	GDANSK UNIVERSITY OF TECHNOLOGY	哥但斯克工业大学	波兰	11	422	79.62
1100	EDUCATION UNIVERSITY OF HONG KONG	香港教育大学	中国香港	7	343	79.62

续表

排名	英文名称	中文全称	国家/地区	国家/地区排名	所在洲排名	总得分
1101	KING MONGKUTS UNIVERSITY OF TECHNOLOGY THONBURI	国王科技大学	泰国	7	344	79.62
1102	HENAN POLYTECHNIC UNIVERSITY	河南理工大学	中国	144	345	79.62
1103	MICHIGAN STATE UNIVERSITY COLLEGE OF HUMAN MEDICINE	密歇根州立大学人类医学院	美国	214	248	79.61
1104	ITMO UNIVERSITY	圣光机大学	俄罗斯	12	423	79.61
1105	WILFRID LAURIER UNIVERSITY	加拿大劳瑞尔大学	加拿大	32	249	79.61
1106	UNIVERSIDADE FEDERAL DO RIO GRANDE	里约格兰德联邦大学	巴西	23	33	79.61
1107	WRIGHT STATE UNIVERSITY DAYTON	莱特州立大学	美国	215	250	79.61
1108	LEUPHANA UNIVERSITY LUNEBURG	吕讷堡大学	德国	54	424	79.59
1109	UNIVERSITY OF GDANSK	格但斯克大学	波兰	12	425	79.57
1110	NOVA SOUTHEASTERN UNIVERSITY	诺瓦东南大学	美国	216	251	79.57
1111	UNIVERSITY OF CALCUTTA	卡尔卡塔大学	印度	20	346	79.57
1112	HOWARD UNIVERSITY	霍华德大学	美国	217	252	79.57
1113	UNIVERSITY OF SOUTH BOHEMIA CESKE BUDEJOVICE	捷克布杰约维采南波西米亚大学	捷克共和国	6	426	79.56
1114	UNIVERSITY OF SHARJAH	沙迦大学	阿拉伯联合酋长国	3	347	79.56
1115	SOUTHWEST PETROLEUM UNIVERSITY	西南石油大学	中国	145	348	79.56
1116	HUNAN AGRICULTURAL UNIVERSITY	湖南农业大学	中国	146	349	79.55
1117	INDIAN INSTITUTE OF TECHNOLOGY (INDIAN SCHOOL OF MINES) DHANBAD	印度理工学院(印度矿业学院)丹巴德分校	印度	21	350	79.55
1118	UNIVERSITY OF MINNESOTA DULUTH	明尼苏达大学德卢斯分校	美国	218	253	79.55
1119	DEMOCRITUS UNIVERSITY OF THRACE	塞萨斯德谟克里特大学	希腊	9	427	79.53
1120	MARMARA UNIVERSITY	马尔马拉大学	土耳其	14	351	79.53
1121	ROLLINS SCHOOL PUBLIC HEALTH	罗林斯公共卫生学院	美国	219	254	79.53
1122	HAINAN UNIVERSITY	海南大学	中国	147	352	80.05
1123	LIVERPOOL SCHOOL OF TROPICAL MEDICINE	利物浦热带医学院	英国	76	428	79.52
1124	DOKUZ EYLUL UNIVERSITY	度库兹埃路尔大学	土耳其	15	353	79.52
1125	ZHEJIANG GONGSHANG UNIVERSITY	浙江工商大学	中国	148	354	79.52
1126	UNIVERSITE PARIS 13	巴黎第十三大学	法国	55	429	79.52
1127	UNIVERSITY OF MASSACHUSETTS LOWELL	马萨诸塞大学卢维尔分校	美国	220	255	79.52
1128	FORDHAM UNIVERSITY	福坦莫大学	美国	221	256	79.51
1129	UNIVERSITY OF NORTH CAROLINA GREENSBORO	北卡罗来纳大学格林斯伯勒分校	美国	222	257	79.50
1130	AGA KHAN UNIVERSITY	阿迦汗大学	巴基斯坦	8	355	79.49
1131	UNIVERSITY OF THE WESTERN CAPE	南非西开普大学	南非	10	17	79.49
1132	UNIVERSITY OF SOUTH ALABAMA	南亚拉巴马大学	美国	223	258	79.48

续表

排名	英文名称	中文全称	国家/地区	国家/地区排名	所在洲排名	总得分
1133	PARTHENOPE UNIVERSITY NAPLES	那不勒斯帕斯诺普大学	意大利	50	430	79.48
1134	UNIVERSIDADE ESTADUAL DE MARINGA	马林加利福尼亚立大学	巴西	24	34	79.48
1135	LINNAEUS UNIVERSITY	林奈大学	瑞典	13	431	79.48
1136	SCUOLA SUPERIORE SANT'ANNA	比萨圣安娜高等学校	意大利	51	432	79.47
1137	TUSCIA UNIVERSITY	图西亚大学	意大利	52	433	79.47
1138	FUJIAN MEDICAL UNIVERSITY	福建医科大学	中国	149	356	79.79
1139	MAGNA GRAECIA UNIVERSITY OF CATANZARO	卡坦扎罗大学	意大利	53	434	79.46
1140	UNIVERSIDAD PUBLICA DE NAVARRA	纳瓦拉公立大学	西班牙	45	435	79.45
1141	XI'AN UNIVERSITY OF ARCHITECTURE & TECHNOLOGY	西安建筑科技大学	中国	150	357	79.45
1142	LINCOLN UNIVERSITY-NEW ZEALAND	林肯大学(新西兰)	新西兰	8	41	79.45
1143	UNIVERSITY OSNABRUCK	奥斯纳布吕克大学	德国	55	436	79.44
1144	TOMSK POLYTECHNIC UNIVERSITY	托木斯克理工大学	俄罗斯	13	437	79.44
1145	GUNMA UNIVERSITY	群马大学	日本	32	358	79.43
1146	UNIVERSITY OF INDONESIA	印度尼西亚大学	印度尼西亚	1	359	79.43
1147	UNIVERSITE PAUL-VALERY	蒙彼利埃第三大学	法国	56	438	79.43
1148	UNIVERSIDAD AUSTRAL DE CHILE	智利南方大学	智利	4	35	79.43
1149	HAROKOPIO UNIVERSITY ATHENS	希腊哈睿寇蓓大学	希腊	10	439	79.43
1150	UNIVERSITY OF CENTRAL LANCASHIRE	中央兰开夏大学	英国	77	440	79.41
1151	UNIVERSITY OF PADERBORN	帕德博恩大学	德国	56	441	79.41
1152	INSTITUT NATIONAL DES SCIENCES APPLIQUEES DE TOULOUSE	国立图卢兹应用科学学院	法国	57	442	79.40
1153	EHIME UNIVERSITY	爱媛大学	日本	33	360	79.40
1154	UNIVERSITY OF MANNHEIM	曼海姆大学	德国	57	443	79.40
1155	STOCKHOLM UNIV	斯德哥尔摩大学	瑞典	14	102	79.40
1156	MEDICAL UNIVERSITY LODZ	罗兹医学院	波兰	13	445	79.39
1157	SILESIAN UNIVERSITY OF TECHNOLOGY	西里西亚技术大学	波兰	14	446	79.39
1158	UNIVERSIDAD AUTONOMA DE NUEVO LEON	新莱昂自治大学	墨西哥	4	259	79.39
1159	SOUTHWESTERN UNIVERSITY OF FINANCE & ECONOMICS-CHINA	西南财经大学	中国	151	361	79.38
1160	UNIVERSITI TEKNOLOGI PETRONAS	马来西亚石油大学	马来西亚	8	362	79.38
1161	QUFU NORMAL UNIVERSITY	曲阜师范大学	中国	152	363	79.38
1162	UNIVERSITY OF NAIROBI	内罗毕大学	肯尼亚	1	18	79.38
1163	BROCK UNIVERSITY	布鲁克大学	加拿大	33	260	79.38
1164	SHAANXI UNIVERSITY OF SCIENCE & TECHNOLOGY	陕西科技大学	中国	153	364	79.37
1165	UNIVERSIDAD ANDRES BELLO	安德烈斯·贝略大学	智利	5	36	79.37

续表

排名	英文名称	中文全称	国家/地区	国家/地区排名	所在洲排名	总得分
1166	MARQUETTE UNIVERSITY	马凯特大学	美国	224	261	79.37
1167	FLORIDA INSTITUTE OF TECHNOLOGY	佛罗里达科技大学	美国	225	262	79.36
1168	UNIVERSITY OF QUEBEC TROIS RIVIERES	魁北克大学三河校区	加拿大	34	263	79.36
1169	TAIPEI UNIVERSITY OF TECHNOLOGY	台北科技大学	中国台湾	15	365	79.35
1170	UNIVERSITY OF THE SUNSHINE COAST	阳光海岸大学	澳大利亚	34	42	79.35
1171	UNIVERSITY OF WARMIA & MAZURY	奥尔什丁瓦尔米亚玛祖里大学	波兰	15	447	79.35
1172	HUAQIAO UNIVERSITY	华侨大学	中国	154	366	79.35
1173	POLYTECHNIC UNIVERSITY OF BUCHAREST	布加勒斯特理工大学	罗马尼亚	3	448	79.35
1174	UNIVERSITY OF AUGSBURG	奥格斯堡大学	德国	58	449	79.34
1175	TOKUSHIMA UNIVERSITY	德岛大学	日本	34	367	79.34
1176	BENHA UNIVERSITY	本哈大学	埃及	10	368	79.34
1177	UNIVERSITY OF EVORA	埃武拉大学	葡萄牙	10	450	79.34
1178	UNIVERSITETET I STAVANGER	斯塔凡格大学	挪威	6	451	79.33
1179	CYPRUS UNIVERSITY OF TECHNOLOGY	塞浦路斯理工大学	塞浦路斯	2	452	79.33
1180	CADI AYYAD UNIVERSITY OF MARRAKECH	卡迪阿亚德大学	摩洛哥	1	19	79.32
1181	PEOPLES FRIENDSHIP UNIVERSITY OF RUSSIA	俄罗斯人民友谊大学	俄罗斯	14	453	79.32
1182	HEBEI UNIVERSITY OF TECHNOLOGY	河北工业大学	中国	155	369	79.31
1183	MONTCLAIR STATE UNIVERSITY	蒙特克莱尔州立大学	美国	226	264	79.31
1184	HENAN UNIVERSITY OF SCIENCE & TECHNOLOGY	河南科技大学	中国	156	370	79.31
1185	UNIVERSITY OF URBINO	乌尔比诺大学	意大利	54	454	79.30
1186	LODZ UNIVERSITY OF TECHNOLOGY	波兰罗兹理工大学	波兰	16	455	79.30
1187	UNIVERSITY OF BRADFORD	布拉德福德大学	英国	78	456	79.30
1188	UNIVERSIDADE FEDERAL DE PELOTAS	佩洛塔斯联邦大学	巴西	25	37	79.29
1189	UNIVERSITE DE TECHNOLOGIE DE BELFORT-MONTBELIARD	贝尔福-蒙特贝莱德技术大学	法国	58	457	79.28
1190	VIETNAM NATIONAL UNIVERSITY HANOI	国立河内大学	越南	3	371	79.28
1191	HUNTER COLLEGE	亨特学院	美国	227	265	79.28
1192	KITASATO UNIVERSITY	北里大学	日本	35	372	79.28
1193	UNIVERSITY OF TEXAS RIO GRANDE VALLEY	得克萨斯大学里奥格兰德谷	美国	228	266	79.27
1194	UNIVERSITY OF MISSOURI SAINT LOUIS	密苏里大学圣路易斯分校	美国	229	267	79.27
1195	WORCESTER POLYTECHNIC INSTITUTE	伍斯特理工学院	美国	230	268	79.27
1196	CHOSUN UNIVERSITY	朝鲜大学	韩国	36	373	79.26
1197	BUDAPEST UNIVERSITY OF TECHNOLOGY & ECONOMICS	布达佩斯技术与经济大学	匈牙利	5	458	79.26
1198	UNIVERSITE DE HAUTE-ALSACE	上阿尔萨斯大学	法国	59	459	79.26

续表

排名	英文名称	中文全称	国家/地区	国家/地区排名	所在洲排名	总得分
1199	WUHAN INSTITUTE OF TECHNOLOGY	武汉工程大学	中国	157	374	79.25
1200	CHENGDU UNIVERSITY OF TECHNOLOGY	成都理工大学	中国	158	375	79.25
其他中国机构：1214. 江苏师范大学；1222. 西南科技大学；1227. 齐鲁工业大学；1234. 天津科技大学；1239. 湖北大学；1253. 河南师范大学；1255. 桂林电子科技大学；1278. 安徽农业大学；1279. 中国计量大学；1280. 山东理工大学；1282. 台湾中原大学；1284. 河北大学；1286. 逢甲大学；1288. 长江大学；1292. 常州大学；1311. 河南农业大学；1314. 东莞理工学院；1319. 江西师范大学；1320. 三峡大学；1328. 台湾海洋大学；1329. 聊城大学；1330. 佛山科学技术学院；1333. 淡江大学；1341. 西安科技大学；1348. 上海海事大学；1350. 重庆邮电大学；1359. 西交利物浦大学；1366. 新疆大学；1367. 内蒙古大学；1370. 高雄科技大学；1381. 北京工商大学；1382. 大连医科大学；1384. 湖北工业大学；1389. 天津理工大学；1396. 青岛农业大学；1401. 中北大学；1402. 上海海洋大学；1412. 安徽师范大学；1418. 对外经济贸易大学；1424. 沈阳药科大学；1426. 山东第一医科大学；1427. 河北医科大学；1428. 安徽工业大学；1437. 湖南科技大学；1438. 四川师范大学；1460. 宁波诺丁汉大学；1464. 烟台大学；1478. 中央财经大学；1481. 北京中医药大学；1484. 台湾中正大学；1486. 南京中医药大学；1489. 郑州轻工业大学；1501. 石河子大学；1505. 元智大学；1520. 上海财经大学；1524. 辅仁大学；1531. 台湾云林科技大学；1534. 黑龙江大学；1551. 广西医科大学；1553. 东海大学；1561. 上海中医药大学；1571. 台湾政治大学；1574. 西北师范大学；1577. 中南林业科技大学；1578. 桂林工业大学；1581. 南华大学；1599. 苏州科技大学；1600. 中南财经政法大学；1613. 上海工程技术大学；1626. 江西财经大学；1632. 兰州理工大学；1639. 广州中医药大学；1642. 河北农业大学；1654. 安徽理工大学；1655. 南昌航空大学；1658. 华北理工大学；1659. 重庆工商大学；1671. 台湾“东华大学”；1677. 哈尔滨理工大学；1687. 西华师范大学；1688. 渤海大学；1689. 集美大学；1692. 岭南大学；1699. 中山医学大学；1702. 天津师范大学；1704. 成都大学；1705. 徐州医科大学；1707. 青岛理工大学；1711. 湖南工业大学；1716. 广西师范大学；1718. 上海电力大学；1723. 河南工业大学；1734. 广东外语外贸大学；1741. 义守大学；1746. 湖州学院；1752. 广东医科大学；1761. 长春科技大学；1765. 北京建筑大学土木与交通工程学院；1767. 武汉纺织大学；1770. 浙江海洋大学；1773. 广东药科大学；1775. 沈阳农业大学；1784. 绍兴文理学院；1789. 上海应用技术大学；1792. 江西农业大学；1795. 大连工业大学；1796. 辽宁大学；1800. 云南师范大学；1808. 山西医科大学；1810. 重庆理工大学；1813. 嘉兴大学；1815. 长春工业大学；1817. 兰州交通大学；1821. 淮阴师范学院；1823. 东北财经大学；1824. 太原科技大学；1827. 浙江中医药大学；1828. 宁夏大学；1829. 辽宁工业大学；1831. 彰化师范大学；1842. 台湾嘉义大学；1844. 南京财经大学；1846. 河北师范大学；1847. 成都中医药大学；1854. 延边大学；1855. 盐城工学院；1858. 哈尔滨师范大学；1861. 山西农业大学；1862. 浙江财经大学；1863. 西安工业大学；1864. 成都信息工程大学；1866. 吉林农业大学；1869. 昆明医科大学；1870. 明志科技大学；1872. 临沂大学；1874. 泰州学院；1878. 鲁东大学；1882. 广东海洋大学；1883. 沈阳工业大学；1886. 闽江学院；1889. 河北科技大学；1893. 天津中医药大学；1894. 安徽财经大学；1897. 东华理工大学；1898. 甘肃农业大学；1899. 西安邮电大学；1900. 吉林师范大学；1903. 新乡医学院；1907. 中原工学院；1912. 云南农业大学；1913. 信阳师范学院；1917. 四川轻化工大学；1918. 仲恺农业工程学院；1919. 内蒙古农业大学；1921. 五邑大学；1922. 辽宁石油化工大学；1923. 山东中医药大学；1926. 湖北大学医学院；1929. 新疆医科大学；1932. 河南科技学院；1934. 内蒙古科技大学；1936. 宁夏医科大学；1939. 潍坊医学院；1943. 河南中医药大学；1951. 遵义医学院；1952. 湖南中医学院；1955. 台湾屏东科技大学；1956. 滨州医学院；1959. 黑龙江中医药大学；1960. 锦州医科大学；1961. 辽宁中医药大学；1966. 长庚科技大学；1967. 江西科技学院；1973. 江苏科技大学；1984. 天津工业大学；1988. 西南医科大学；1997. 西安医学院；2004. 中南民族大学；2010. 台湾医学院；2017. 北京农林科学院；2022. 山东财经大学；2028. 贵州医科大学；2030. 中国人民解放军陆军工程大学；2033. 中国人民解放军信息工程大学						

注：若不同学校出现相同得分且不同名次，为四舍五入保留两位小数点导致。

第三节　世界一流大学分学科排行榜（2023）（分22个学科）

一、农业科学

表2-3　农业科学（AGRICULTURAL SCIENCE）（共776个）（10强与中国大学）

排名	英文名称	中文名称	国家/地区
1	WAGENINGEN UNIVERSITY & RESEARCH	瓦格宁根大学	荷兰
2	CHINA AGRICULTURAL UNIVERSITY	中国农业大学	中国
3	SOUTH CHINA UNIVERSITY OF TECHNOLOGY	华南理工大学	中国
4	NANJING AGRICULTURAL UNIVERSITY	南京农业大学	中国
5	ZHEJIANG UNIVERSITY	浙江大学	中国
6	JIANGNAN UNIVERSITY	江南大学	中国
7	NANCHANG UNIVERSITY	南昌大学	中国
8	UNIVERSITY OF MASSACHUSETTS AMHERST	马萨诸塞大学阿默斯特分校	美国
9	NORTHWEST A&F UNIVERSITY-CHINA	西北农林科技大学	中国
10	CORNELL UNIVERSITY	康奈尔大学	美国

其他中国机构：15. 中国科学院大学；16. 北京工商大学；23. 江苏大学；24. 扬州大学；30. 东北农业大学；44. 华中农业大学；51. 上海交通大学；52. 华南农业大学；53. 成都大学；61. 四川农业大学；72. 天津科技大学；90. 福建农林大学；96. 合肥工业大学；101. 湖南农业大学；106. 中山大学；107. 西南大学；122. 青岛农业大学；134. 兰州大学；148. 南京林业大学；149. 浙江工商大学；152. 北京林业大学；156. 海南大学；168. 山东农业大学；185. 东北林业大学；187. 上海海洋大学；192. 陕西师范大学；199. 安徽农业大学；201. 浙江工业大学；203. 香港中文大学；210. 山西农业大学；211. 渤海大学；215. 北京大学；216. 吉林农业大学；217. 华中科技大学；218. 长江大学；225. 澳门大学；226. 集美大学；231. 吉林大学；232. 北京师范大学；235. 沈阳农业大学；239. 中国海洋大学；245. 大连工业大学；247. 南开大学；258. 河南大学；269. 青岛大学；281. 台湾大学；282. 厦门大学；288. 暨南大学；294. 四川大学；299. 山东理工大学；326. 浙江农林大学；327. 武汉大学；331. 广西大学；336. 香港大学；347. 江西农业大学；352. 河南工业大学；365. 宁波大学；367. 台湾“中国医药大学”；369. 南京财经大学；371. 河南科技大学；375. 甘肃农业大学；382. 河南农业大学；383. 清华大学；394. 石河子大学；398. 河北农业大学；405. 南京师范大学；409. 武汉轻工大学；415. 贵州大学；422. 台湾中兴大学；431. 福州大学；435. 齐鲁工业大学；440. 天津大学；449. 陕西科技大学；450. 南京大学；451. 中国医学科学院-北京协和医学院；452. 中南大学；455. 复旦大学；460. 河海大学；469. 内蒙古农业大学；473. 郑州轻工业大学；482. 湖北工业大学；483. 西北大学；499. 郑州大学；501. 中南林业科技大学；520. 深圳大学；521. 苏州大学-中国；526. 江西师范大学；543. 南京信息工程大学；544. 云南农业大学；550. 香港浸会大学；555. 哈尔滨工业大学；559. 亚洲大学(中国)；581. 上海理工大学；582. 昆明理工大学；583. 广东药科大学；588. 山东大学；596. 浙江海洋大学；597. 河南科技学院；598. 台北医学大学；656. 北京协和医学院；664. 中山医学大学；667. 中国地质大学；668. 华东理工大学；669. 福建师范大学；670. 上海应用技术大学；676. 山西大学；690. 东北师范大学；705. 屏东科技大学；713. 西安交通大学；725. 香港理工大学；738. 沈阳药科大学；741. 南方医科大学；745. 中国药科大学；749. 北京化工大学；762. 杭州师范大学；766. 高雄医科大学

二、生物学与生物化学

表 2-4 生物学与生物化学(BIOLOGY & BIOCHEMISTRY)(共 844 个)(10 强与中国大学)

排名	英文名称	中文名称	国家/地区
1	HARVARD UNIVERSITY	哈佛大学	美国
2	MASSACHUSETTS INSTITUTE OF TECHNOLOGY	麻省理工学院	美国
3	STANFORD UNIVERSITY	斯坦福大学	美国
4	UPPSALA UNIVERSITY	乌普萨拉大学	瑞典
5	UNIVERSITY OF CAMBRIDGE	剑桥大学	英国
6	UNIVERSITY OF CALIFORNIA SAN DIEGO	加利福尼亚大学圣迭戈分校	美国
7	UNIVERSITY OF CALIFORNIA BERKELEY	加利福尼亚大学伯克利分校	美国
8	UNIVERSITY OF WASHINGTON SEATTLE	华盛顿大学(西雅图)	美国
9	UNIVERSITY OF TORONTO	多伦多大学	加拿大
10	UNIVERSITY OF COPENHAGEN	哥本哈根大学	丹麦
其他中国机构:28. 上海交通大学;34. 中国科学院大学;36. 浙江大学;45. 北京大学;67. 清华大学;71. 中山大学;73. 复旦大学;78. 中南大学;89. 山东大学;100. 四川大学;109. 中国医学科学院-北京协和医学院;114. 同济大学;121. 华中科技大学;134. 郑州大学;153. 北京协和医学院;160. 南京医科大学;166. 吉林大学;177. 江南大学;181. 武汉大学;185. 中国人民解放军海军军医大学;198. 南京大学;203. 暨南大学;204. 西北农林科技大学;208. 首都医科大学;210. 华南理工大学;217. 中国农业大学;221. 厦门大学;222. 南方医科大学;227. 台湾大学;233. 香港大学;234. 温州医科大学;235. 天津医科大学;238. 西安交通大学;239. 苏州大学-中国;261. 台湾成功大学;264. 华东师范大学;268. 中国人民解放军陆军军医大学;274. 南京农业大学;283. 哈尔滨医科大学;285. 哈尔滨工业大学;286. 中国科学技术大学;290. 天津大学;294. 电子科技大学;298. 华中农业大学;301. 长庚大学;320. 南开大学;324. 中国医科大学;336. 东南大学;339. 湖南大学;341. 华东理工大学;346. 空军军医大学;353. 扬州大学;357. 香港中文大学;358. 山东第一医科大学;361. 南昌大学;362. 广州医科大学;370. 青岛大学;372. 台湾阳明交通大学;376. 香港城市大学;389. 重庆医科大学;393. 澳门大学;412. 香港浸会大学;421. 中国海洋大学;424. 深圳大学;430. 江苏大学;434. 宁波大学;438. 南方科技大学;440. 安徽医科大学;448. 北京中医药大学;449. 汕头大学;450. 澳门科技大学;455. 上海科技大学;464. 大连理工大学;470. 台湾“中国医药大学”;476. 中国药科大学;479. 齐鲁工业大学;480. 华南农业大学;487. 台北医学大学;489. 西南大学;492. 兰州大学;502. 东北农业大学;518. 四川农业大学;521. 南京林业大学;525. 南京中医药大学;526. 重庆大学;532. 福建医科大学;535. 北京化工大学;540. 浙江工业大学;541. 大连医科大学;542. 天津科技大学;551. 上海中医药大学;559. 南通大学;561. 南京工业大学;564. 高雄医科大学;581. 河北医科大学;588. 广西医科大学;589. 香港理工大学;593. 北京林业大学;594. 台湾中兴大学;600. 上海大学;604. 台湾“清华大学”;616. 福建农林大学;628. 西南医科大学;639. 香港科技大学;640. 北京师范大学;646. 浙江中医药大学;652. 广西大学;656. 徐州医科大学;680. 北京工业大学;686. 河南大学;687. 华北理工大学;688. 西北大学;719. 湖南农业大学;730. 南京师范大学;735. 广东医科大学;737. 济南大学;761. 湖南师范大学;765. 山东农业大学;769. 沈阳药科大学;771. 杭州师范大学;772. 东华大学;784. 东北林业大学;794. 中山大学;798. 中山医学大学;802. 西北工业大学;823. 台湾科技大学;839. 湖南工业大学			

三、化学

表 2-5 化学(CHEMISTRY)(共 1265 个)(10 强与中国大学)

排名	英文名称	中文名称	国家/地区
1	TSINGHUA UNIVERSITY	清华大学	中国

续表

排名	英文名称	中文名称	国家/地区
2	UNIVERSITY OF CHINESE ACADEMY OF SCIENCES, CAS	中国科学院大学	中国
3	UNIVERSITY OF SCIENCE &TECHNOLOGY OF CHINA, CAS	中国科学技术大学	中国
4	UNIVERSITY OF CALIFORNIA BERKELEY	加利福尼亚大学伯克利分校	美国
5	ZHEJIANG UNIVERSITY	浙江大学	中国
6	UNIVERSITY OF TEXAS AUSTIN	得克萨斯大学奥斯汀分校	美国
7	NANYANG TECHNOLOGICAL UNIVERSITY	南洋理工大学	新加坡
8	HARVARD UNIVERSITY	哈佛大学	美国
9	PRINCETONUNIVERSITY	普林斯顿大学	美国
10	NATIONAL UNIVERSITY OF SINGAPORE	新加坡国立大学	新加坡

其他中国机构：12. 郑州大学；16. 天津大学；18. 北京化工大学；20. 复旦大学；21. 北京大学；22. 南开大学；24. 厦门大学；25. 南京大学；26. 福州大学；27. 四川大学；28. 华南理工大学；29. 湖南大学；31. 大连理工大学；32. 苏州大学-中国；33. 吉首大学；35. 中山大学；36. 上海交通大学；37. 华东理工大学；39. 中南大学；41. 华中科技大学；42. 电子科技大学；44. 吉林大学；45. 武汉大学；49. 北京理工大学；50. 西安交通大学；54. 江苏大学；55. 香港城市大学；56. 深圳大学；58. 西南科技大学；59. 香港科技大学；61. 武汉理工大学；64. 山东大学；65. 哈尔滨工业大学；67. 华中师范大学；68. 华东师范大学；69. 南京工业大学；75. 西北工业大学；78. 东南大学；79. 中国地质大学；89. 台湾大学；92. 上海大学；94. 北京科技大学；98. 上海理工大学；99. 青岛科技大学；103. 南方科技大学；107. 兰州理工大学；108. 华南师范大学；109. 东华大学；114. 北京航空航天大学；115. 同济大学；116. 兰州大学；117. 中国石油大学；118. 重庆大学；121. 浙江工业大学；135. 华南农业大学；153. 北京工业大学；154. 青岛大学；155. 南昌大学；157. 暨南大学；161. 香港大学；163. 扬州大学；174. 陕西师范大学；177. 北京师范大学；180. 南京师范大学；181. 江南大学；185. 南京邮电大学；187. 香港中文大学；191. 台湾“清华大学”；202. 南京理工大学；203. 南京航空航天大学；207. 华北电力大学；212. 西南大学；220. 东北师范大学；221. 黑龙江大学；223. 浙江师范大学；225. 山东科技大学；231. 河南师范大学；242. 河北工业大学；244. 福建师范大学；246. 天津理工大学；248. 常州大学；267. 南京林业大学；273. 西北大学；285. 济南大学；286. 太原理工大学；287. 山东师范大学；290. 陕西科技大学；294. 昆明理工大学；296. 重庆工商大学；297. 南昌航空大学；298. 安徽大学；300. 广东工业大学；301. 中国东北大学；306. 香港理工大学；312. 内蒙古大学；323. 国防科学技术大学；324. 福建医科大学；340. 洛阳师范学院；351. 天津工业大学；359. 台湾“中国医药大学”；360. 中国药科大学；364. 广西大学；367. 台湾“中山大学”；372. 西北师范大学；380. 兰州交通大学；381. 曲阜师范大学；383. 南华大学；385. 西南石油大学；398. 青岛农业大学；402. 广州大学；404. 台湾阳明交通大学；408. 河南大学；410. 贵州大学；413. 哈尔滨工程大学；416. 台州学院；423. 成都大学；424. 温州医科大学；425. 温州大学；429. 浙江理工大学；431. 中国矿业大学；434. 山西大学；440. 华中农业大学；446. 河北师范大学；452. 江苏师范大学；460. 盐城工学院；464. 东北林业大学；465. 江西师范大学；466. 上海科技大学；472. 湖南师范大学；473. 河北大学；475. 合肥工业大学；476. 湘潭大学；486. 中南民族大学；489. 海南大学；496. 中国海洋大学；502. 中国农业大学；505. 长沙理工大学；508. 宁波大学；520. 中国医学科学院-北京协和医学院；521. 齐鲁工业大学；525. 西南交通大学；528. 澳门大学；537. 中国人民大学；538. 安徽师范大学；549. 武汉科技大学；561. 台湾科技大学；565. 杭州电子科技大学；566. 南京信息工程大学；568. 台湾成功大学；571. 湖北大学；577. 武汉工程大学；580. 中国计量大学；587. 北京协和医学院；591. 湖南农业大学；595. 聊城大学；606. 台北科技大学；610. 江苏科技大学；614. 信阳师范学院；615. 西北农林科技大学；618. 燕山大学；628. 香港浸会大学；646. 天津科技大学；652. 杭州师范大学；653. 云南大学；657. 山东第一医科大学；658. 高雄医科大学；661. 北京林业大学；668. 绍兴文理学院；671. 中北大学；672. 西安电子科技大学；679. 东北农业大学；682. 台湾中兴大学；691. 广州医科大学；693. 台湾中原大学；697. 郑州轻工业大学；702. 沈阳药科大学；706. 华侨大学；725. 上海师范大学；726. 烟台大学；731. 南京农业大学；733. 广西师范大学；738. 湖南科技大学；748. 台湾“中央大学”；758. 河南理工大学；759. 新疆大学；760. 长庚大学；761. 首都师范大学；767. 山东理工大学；784. 三峡大学；785. 石河子大学；789. 哈尔滨师范大学；790. 淮北师范大学；794. 江西科技学院；803. 上海应用技术大学；808. 天津师范大学；810. 南京医科大学；813. 北京工商大学；816. 长春科技大学；822. 河海大学；827. 嘉兴大学；828. 福建农林大学；829. 宁夏大学；838. 桂林工业大学；842. 华北理工大学；844. 南京中医药大学；848. 北京交通大学；849. 安徽工业大学；851. 四川师范大学；852. 苏州科技大学；

续表

854. 西华师范大学；856. 辽宁大学；862. 东华理工大学；864. 南方医科大学；875. 吉林师范大学；878. 河南工业大学；882. 中国人民解放军海军军医大学；891. 南通大学；893. 江西科技师范学院；897. 山东农业大学；911. 浙江农林大学；918. 淡江大学；924. 汕头大学；932. 西安建筑科技大学；933. 武汉纺织大学；938. 哈尔滨理工大学；949. 台湾师范大学；959. 广东药科大学；964. 长安大学；966. 山西师范大学；968. 长春工业大学；969. 成都理工大学；972. 台北医学大学；973. 上海工程技术大学；985. 中国人民解放军陆军军医大学；988. 河南科技大学；992. 四川轻化工大学；998. 首都医科大学；1001. 临沂大学；1004. 辽宁石油化工大学；1024. 西安理工大学；1028. 安徽理工大学；1029. 湖南工业大学；1030. 大连工业大学；1038. 天津医科大学；1045. 渤海大学；1050. 安阳师范学院；1056. 河北科技大学；1060. 赣南师范大学；1061. 东莞理工学院；1064. 重庆医科大学；1070. 辽宁师范大学；1072. 四川农业大学；1080. 沈阳化工大学；1090. 安徽农业大学；1093. 桂林电子科技大学；1105. 上海电力大学；1112. 淮阴师范学院；1124. 云南师范大学；1131. 五邑大学；1133. 湖北工业大学；1134. 长江师范学院；1135. 浙江工商大学；1137. 澳门科技大学；1142. 河北农业大学；1167. 鲁东大学；1174. 广东医科大学；1188. 北京中医药大学；1202. 上海中医药大学；1204. 大连医科大学；1208. 哈尔滨医科大学；1216. 空军军医大学；1218. 香港教育大学；1223. 中南林业科技大学；1240. 延边大学；1245. 广州中医药大学；1249. 逢甲大学；1259. 台湾“东华大学”

四、临床医学

表 2-6　临床医学（CLINICAL MEDICINE）（共 1686 个）（10 强与中国大学）

排名	英文名称	中文名称	国家/地区
1	HARVARD UNIVERSITY	哈佛大学	美国
2	UNIVERSITY OF OXFORD	牛津大学	英国
3	JOHNS HOPKINS UNIVERSITY	约翰·霍普金斯大学	美国
4	UNIVERSITY OF TORONTO	多伦多大学	加拿大
5	UNIVERSITY COLLEGE LONDON	伦敦大学学院	英国
6	UPPSALA UNIVERSITY	乌普萨拉大学	瑞典
7	UNIVERSITY OF PENNSYLVANIA	宾夕法尼亚大学	美国
8	UNIVERSITY OF CALIFORNIA SAN FRANCISCO	加利福尼亚大学旧金山分校	美国
9	STANFORD UNIVERSITY	斯坦福大学	美国
10	UNIVERSITY OF WASHINGTON	华盛顿大学	美国

其他中国机构：58. 香港中文大学；69. 中国医学科学院-北京协和医学院；83. 复旦大学；85. 上海交通大学；98. 北京大学；99. 中山大学；118. 北京协和医学院；119. 华中科技大学；123. 台湾大学；124. 首都医科大学；125. 香港大学；150. 浙江大学；151. 四川大学；185. 南京医科大学；196. 中南大学；205. 郑州大学；215. 武汉大学；216. 清华大学；233. 同济大学；236. 山东大学；250. 西安交通大学；253. 台湾阳明交通大学；260. 南方医科大学；264. 哈尔滨医科大学；269. 天津医科大学；280. 南京大学；304. 中国医科大学；305. 山东第一医科大学；311. 吉林大学；329. 苏州大学-中国；331. 温州医科大学；337. 台湾“中国医药大学”；338. 长庚大学；341. 台北医学大学；351. 中国人民解放军陆军军医大学；352. 重庆医科大学；359. 福建医科大学；375. 安徽医科大学；378. 中国人民解放军海军军医大学；379. 南京中医药大学；394. 广州医科大学；398. 空军军医大学；462. 东南大学；480. 青岛大学；481. 南昌大学；492. 厦门大学；494. 广西医科大学；497. 高雄医科大学；520. 大连医科大学；528. 台湾成功大学；538. 河北医科大学；541. 中国科学技术大学；543. 新疆医科大学；556. 中国科学院大学；557. 香港理工大学；569. 暨南大学；602. 上海中医药大学；627. 北京中医药大学；634. 徐州医科大学；659. 南开大学；663. 山西医科大学；675. 兰州大学；698. 中山医学大学；713. 昆明医科大学；726. 湖北医药学院；739. 辅仁大学；751. 深圳大学；752. 广州中医药大学；753. 南通大学；767. 亚洲大学(中国)；788. 汕头大学；805. 济南大学；815. 贵州医科大学；820. 广东医科大学；852. 新乡医学院；869. 内蒙古医科大学；870. 义守大学；887. 浙江中医药大学；905. 南华大学；908. 电子科技大学；912. 江苏大学；

续表

927. 济宁医学院；940. 滨州医学院；947. 扬州大学；948. 慈济大学；953. 杭州师范大学；957. 西南医科大学；967. 成都中医药大学；977. 河南科技大学；997. 遵义医学院；1004. 武汉科技大学；1011. 河南大学；1022. 台湾师范大学；1024. 南方科技大学；1041. 华南理工大学；1062. 江南大学；1066. 香港浸会大学；1082. 宁波大学；1085. 台湾"清华大学"；1095. 昆山杜克大学；1107. 中国药科大学；1115. 西安医科大学；1116. 台湾中兴大学；1124. 宁夏医科大学；1140. 香港城市大学；1150. 香港科技大学；1160. 山东中医药大学；1192. 长江大学；1205. 海南医学院；1212. 台湾"中山大学"；1220. 川北医学院；1223. 上海科技大学；1227. 长庚科技大学；1228. 天津中医药大学；1229. 潍坊医学院；1250. 北京航空航天大学；1251. 重庆大学；1253. 锦州医科大学；1283. 澳门大学；1284. 湖南师范大学；1289. 广东药科大学；1297. 桂林医学院；1303. 台北护理健康大学；1309. 天津大学；1318. 华北理工大学；1322. 华东师范大学；1323. 福建中医药大学；1344. 上海大学；1346. 弘光科技大学；1348. 嘉南药理科技大学；1359. 湖北理工学院；1366. 三峡大学；1379. 西北大学；1384. 延边大学；1385. 石河子大学；1388. 湖南中医学院；1391. 湖州学院；1401. 上海体育大学；1406. 上海健康医学院；1426. 哈尔滨工业大学；1428. 大连大学；1431. 澳门科技大学；1442. 香港中文大学(深圳)；1449. 中国农业大学；1451. 河北大学；1457. 西安电子科技大学；1458. 北京师范大学；1479. 河南中医学院；1480. 中台科技大学；1481. 黑龙江中医药大学；1498. 广西中医药大学；1505. 西南大学；1507. 昆明理工大学；1513. 湖北中医药大学；1523. 赣南医学院；1531. 沈阳药科大学；1539. 湖北文理大学；1545. 大连理工大学；1552. 南台科技大学；1562. 西北工业大学；1567. 东北大学；1572. 北京理工大学；1575. 华南师范大学；1584. 中国人民大学；1590. 台湾"中央大学"；1605. 辽宁中医药大学；1623. 福州大学；1624. 西北农林科技大学；1628. 中正大学；1631. 陕西师范大学；1639. 华东理工大学；1658. 南京师范大学

五、计算机科学

表 2-7 计算机科学（COMPUTER SCIENCE）（共 579 个）（10 强与中国大学）

排名	英文名称	中文名称	国家/地区
1	UNIVERSITY OF ELECTRONIC SCIENCE & TECHNOLOGY OF CHINA	电子科技大学	中国
2	NANYANG TECHNOLOGICAL UNIVERSITY	南洋理工大学	新加坡
3	SOUTHEAST UNIVERSITY-CHINA	东南大学	中国
4	NANYANG TECHNOLOGICAL UNIVERSITY & NATIONAL INSTITUTE OF EDUCATION SINGAPORE	新加坡国立教育学院	新加坡
5	TSINGHUA UNIVERSITY	清华大学	中国
6	XIDIAN UNIVERSITY	西安电子科技大学	中国
7	BEIJING UNIVERSITY OF POSTS & TELECOMMUNICATIONS	北京邮电大学	中国
8	ZHEJIANG UNIVERSITY	浙江大学	中国
9	NATIONAL UNIVERSITY OF SINGAPORE	新加坡国立大学	新加坡
10	UNIVERSITY OF TORONTO	麻省理工学院	美国
其他中国机构：13. 武汉大学；14. 大连理工大学；15. 上海交通大学；16. 华中科技大学；19. 香港城市大学；20. 深圳大学；21. 华南理工大学；25. 西北工业大学；27. 辽宁工业大学；28. 中国东北大学；31. 北京航空航天大学；35. 南京信息工程大学；36. 温州大学；37. 哈尔滨工业大学；38. 四川大学；39. 广州大学；40. 北京科技大学；41. 中国科学院大学；42. 中南大学；44. 香港理工大学；45. 天津大学；48. 南京邮电大学；52. 广东工业大学；55. 中山大学；60. 湖南大学；64. 北京理工大学；67. 澳门大学；68. 北京交通大学；72. 同济大学；76. 中国科学技术大学；77. 国防科学技术大学；79. 渤海大学；82. 大连海事大学；83. 太原科技大学；84. 香港科技大学；85. 重庆大学；86. 重庆邮电大学；87. 亚洲大学(中国)；88. 山东大学；90. 西安交通大学；91. 南京理工大学；93. 南方科技大学；94. 北京工业大学；			

续表

95. 北京大学；99. 南京航空航天大学；102. 香港大学；107. 青岛大学；108. 南京大学；111. 厦门大学；112. 上海大学；121. 香港中文大学；126. 中国地质大学；130. 福州大学；132. 合肥工业大学；140. 中国医药大学；141. 中国海洋大学；142. 河海大学；147. 中国矿业大学；148. 武汉理工大学；150. 西南交通大学；155. 复旦大学；156. 中国石油大学；158. 香港浸会大学；161. 杭州电子科技大学；172. 吉林大学；176. 南开大学；178. 浙江工业大学；188. 香港中文大学深圳分校；199. 安徽大学；202. 山东师范大学；209. 台湾科技大学；221. 暨南大学；227. 上海理工大学；235. 西南大学；237. 西安邮电大学；240. 山东科技大学；243. 中国人民解放军陆军工程大学；248. 台湾阳明交通大学；253. 西安理工大学；254. 哈尔滨工程大学；255. 武汉科技大学；260. 四川师范大学；267. 齐鲁工业大学；269. 中南财经政法大学；272. 扬州大学；276. 华东理工大学；280. 长沙理工大学；286. 华东师范大学；287. 台湾成功大学；289. 聊城大学；294. 桂林电子科技大学；295. 福建师范大学；297. 中国人民大学；307. 曲阜师范大学；312. 台湾大学；320. 澳门科技大学；321. 苏州大学-中国；324. 江南大学；331. 东华大学；339. 北京师范大学；340. 华侨大学；348. 郑州大学；350. 陕西师范大学；364. 上海海事大学；371. 华北电力大学；374. 台湾“中山大学”；387. 台湾“清华大学”；400. 燕山大学；405. 西南财经大学；412. 台湾“中央大学”；414. 兰州大学；423. 中国人民解放军信息工程大学；424. 江苏大学；448. 浙江工商大学；453. 南昌大学；455. 中国农业大学；466. 西交利物浦大学；469. 浙江师范大学；474. 山东财经大学；479. 山西大学；482. 南京师范大学；484. 湘潭大学；491. 北京化工大学；493. 湖南科技大学；501. 宁波大学；510. 逢甲大学；513. 华南农业大学；527. 西北农林科技大学；534. 华中师范大学；552. 江西财经大学；553. 天津理工大学

六、经济学与商学

表 2-8　经济学与商学（ECONOMICS & BUSINESS）（共 389 个）（10 强与中国大学）

排名	英文名称	中文名称	国家/地区
1	HARVARD UNIVERSITY	哈佛大学	美国
2	MASSACHUSETTS INSTITUTE OF TECHNOLOGY	麻省理工学院	美国
3	UNIVERSITY OF CALIFORNIA BERKELEY	加利福尼亚大学伯克利分校	美国
4	STANFORD UNIVERSITY	斯坦福大学	美国
5	ERASMUS UNIVERSITY ROTTERDAM	鹿特丹大学	荷兰
6	UNIVERSITY OF CHICAGO	芝加哥大学	美国
7	UNIVERSITY OF OXFORD	牛津大学	英国
8	COLUMBIA UNIVERSITY	哥伦比亚大学	美国
9	UNIVERSITY OF PENNSYLVANIA	宾夕法尼亚大学	美国
10	NEW YORK UNIVERSITY	纽约大学	美国

其他中国机构：11. 西南财经大学；14. 北京理工大学；26. 北京大学；32. 厦门大学；36. 南开大学；38. 香港理工大学；43. 浙江大学；44. 香港中文大学；48. 上海财经大学；49. 清华大学；55. 中南大学；57. 对外经济贸易大学；61. 香港大学；65. 中央财经大学；66. 复旦大学；89. 中国人民大学；118. 香港城市大学；138. 湖南大学；142. 香港科技大学；145. 上海交通大学；157. 武汉大学；164. 四川大学；186. 中山大学；191. 西安交通大学；193. 中国科学技术大学；222. 台湾大学；244. 华中科技大学；245. 南京大学；292. 台湾政治大学；305. 暨南大学；311. 同济大学；335. 北京师范大学；347. 中国科学院大学；352. 香港浸会大学；387. 中欧国际工商学院

七、工程学

表2-9 工程学（ENGINEERING）（共1630个）（10强与中国大学）

排名	英文名称	中文名称	国家/地区
1	HARBIN INSTITUTE OF TECHNOLOGY	哈尔滨工业大学	中国
2	TSINGHUA UNIVERSITY	清华大学	中国
3	XI'AN JIAOTONG UNIVERSITY	西安交通大学	中国
4	SOUTHEAST UNIVERSITY-CHINA	东南大学	中国
5	STANFORD UNIVERSITY	斯坦福大学	美国
6	ZHEJIANG UNIVERSITY	浙江大学	中国
7	BEIJING INSTITUTE OF TECHNOLOGY	北京理工大学	中国
8	HONG KONG POLYTECHNIC UNIVERSITY	香港理工大学	中国
9	CHONGQING UNIVERSITY	重庆大学	中国
10	SOUTH CHINA UNIVERSITY OF TECHNOLOGY	华南理工大学	中国

其他中国机构：11. 华中科技大学；12. 上海交通大学；13. 北京航空航天大学；14. 香港城市大学；16. 湖南大学；19. 青岛理工大学；21. 中国科学院大学；22. 大连理工大学；23. 天津大学；25. 电子科技大学；27. 同济大学；29. 西北工业大学；31. 中国东北大学；33. 武汉大学；34. 南京航空航天大学；40. 江苏大学；41. 辽宁工业大学；44. 华北电力大学；46. 广东工业大学；47. 山东大学；49. 浙江工业大学；52. 南京理工大学；53. 中国科学技术大学；55. 中国石油大学；56. 上海大学；59. 北京科技大学；60. 四川大学；62. 中南大学；63. 中国矿业大学；65. 香港科技大学；67. 北京交通大学；68. 华东理工大学；69. 郑州大学；70. 中国地质大学；71. 台湾“中国医药大学”；73. 香港大学；78. 武汉理工大学；79. 山东科技大学；81. 北京大学；83. 南京大学；84. 深圳大学；85. 华东师范大学；90. 西南交通大学；95. 台湾成功大学；99. 吉林大学；101. 国防科学技术大学；102. 中山大学；107. 河海大学；111. 东北电力大学；114. 南京邮电大学；120. 香港中文大学；123. 北京工业大学；124. 西安电子科技大学；125. 上海理工大学；130. 青岛大学；132. 成都大学；133. 温州大学；138. 苏州大学-中国；142. 南开大学；148. 厦门大学；151. 安徽工业大学；153. 北京邮电大学；154. 复旦大学；158. 哈尔滨工程大学；159. 合肥工业大学；160. 台湾云林科技大学；175. 渤海大学；177. 广州大学；181. 长沙理工大学；184. 大连海事大学；189. 南方科技大学；194. 澳门科技大学；201. 天津商业大学；203. 澳门大学；208. 扬州大学；215. 天津工业大学；219. 中国民航大学；220. 中国海洋大学；221. 南京林业大学；237. 南京工业大学；238. 南昌大学；246. 宁波诺丁汉大学；249. 燕山大学；253. 西南财经大学；255. 南京信息工程大学；261. 宁波大学；262. 江苏科技大学；263. 山东理工大学；265. 北京化工大学；266. 湖南师范大学；269. 福州大学；273. 太原理工大学；274. 河北工业大学；275. 长安大学；276. 安徽大学；279. 昆明理工大学；280. 江南大学；285. 台湾大学；287. 沈阳工业大学；290. 台湾阳明交通大学；298. 北京师范大学；300. 西南科技大学；304. 东华大学；306. 河南理工大学；315. 曲阜师范大学；325. 杭州电子科技大学；329. 华南农业大学；334. 山东师范大学；342. 华侨大学；359. 西南石油大学；360. 西南大学；363. 安徽财经大学；365. 台湾“清华大学”；376. 山东财经大学；379. 聊城大学；384. 台湾科技大学；396. 广西大学；397. 中国农业大学；399. 西安建筑科技大学；406. 常州大学；408. 南通大学；409. 上海工程技术大学；411. 西安理工大学；426. 成都理工大学；430. 四川师范大学；436. 暨南大学；447. 河南农业大学；453. 勤益科技大学；457. 青岛科技大学；458. 湖南农业大学；463. 桂林电子科技大学；471. 上海海事大学；483. 西北农林科技大学；486. 中北大学；487. 西安科技大学；489. 高雄科技大学；493. 兰州大学；498. 兰州理工大学；499. 东海大学；500. 哈尔滨理工大学；503. 南京师范大学；505. 三峡大学；507. 华东交通大学；508. 台北科技大学；509. 北京工商大学；510. 对外经济贸易大学；511. 北京建筑大学；517. 湖南科技大学；528. 台湾中兴大学；530. 浙江海洋大学；531. 亚洲大学(中国)；544. 贵州大学；556. 福建师范大学；559. 浙江农林大学；568. 南昌航空大学；572. 重庆邮电大学；578. 陕西科技大学；581. 河南师范大学；583. 香港浸会大学；593. 中南林业科技大学；599. 汕头大学；604. 武汉科技大学；605. 华中农业大学；608. 中国人民解放军陆军工程大学；612. 海南大学；613. 中国人民解放军海军工程大学；616. 东北师范大学；623. 济南大学；628. 浙江工商大学；629. 浙江师范大学；636. 上海财经

续表

经大学；646. 北京信息科技大学；648. 广西师范大学；656. 安徽工程大学；659. 烟台大学；661. 华中师范大学；668. 台湾“中山大学”；679. 湖北大学；686. 淡江大学；689. 湘潭大学；693. 河北工程大学；694. 湖南工业大学；700. 上海科技大学；713. 广东石油化工大学；716. 齐鲁工业大学；719. 武汉纺织大学；724. 解放军信息工程大学；725. 华南师范大学；726. 西北大学；730. 杭州师范大学；739. 重庆师范大学；740. 台湾“中央大学”；747. 浙江理工大学；748. 中国人民解放军空军工程大学；760. 南京农业大学；763. 徐州工程学院；764. 武汉工程大学；767. 成都信息工程大学；772. 上海海洋大学；782. 中国计量大学；786. 朝阳科技大学；793. 逢甲大学；799. 西华师范大学；805. 河南大学；810. 北京林业大学；816. 嘉兴大学；820. 重庆交通大学；831. 苏州科技大学；836. 上海电力大学；842. 东莞理工学院；843. 陕西师范大学；847. 山西大学；850. 新疆大学；858. 广东海洋大学；873. 天津理工大学；875. 重庆工商大学；882. 河南科技大学；887. 东北财经大学；888. 沈阳航空航天大学；895. 台湾中原大学；904. 东北石油大学；909. 湖北工业大学；926. 郑州轻工业大学；937. 山东建筑大学；940. 佛山大学；942. 安徽理工大学；957. 河南工业大学；966. 东北农业大学；967. 中国人民大学；975. 江西财经大学；986. 绍兴文理学院；988. 元智大学；995. 黑龙江大学；1001. 江西科技学院；1002. 闽江学院；1003. 北方工业大学；1010. 东北林业大学；1011. 长庚大学；1024. 兰州交通大学；1026. 长江大学；1027. 台湾中正大学；1028. 华北水利电力大学；1031. 重庆理工大学；1035. 台湾海洋大学；1036. 南京工程学院；1037. 江苏师范大学；1056. 湖州学院；1057. 西华大学；1063. 香港中文大学(深圳)；1069. 西交利物浦大学；1076. 西安邮电大学；1079. 浙江财经大学；1085. 太原科技大学；1096. 西安工业大学；1111. 福建农林大学；1124. 南京财经大学；1138. 鲁东学院；1139. 淮阴工学院；1143. 厦门理工学院；1158. 中南财经大学大学；1160. 中南民族大学；1168. 沈阳建筑大学；1177. 宁夏大学；1185. 南华大学；1186. 大连工业大学；1187. 河北科技大学；1192. 石家庄铁道学院；1194. 长春科技大学；1195. 云南大学；1205. 西北师范大学；1208. 华北理工大学；1219. 福建工程学院；1231. 辽宁石油化工大学；1235. 明志科技大学；1236. 河北大学；1242. 青岛农业大学；1243. 天津城建学院；1246. 盐城工学院；1247. 大连交通大学；1251. 辽宁工程技术大学；1252. 天津科技大学；1267. 上海师范大学；1284. 西安石油大学；1294. 云南师范大学；1298. 中原工学院；1306. 四川农业大学；1314. 温州医科大学；1316. 桂林理工大学；1317. 深圳信息职业技术学院；1324. 台湾虎尾科技大学；1325. 长春工业大学；1328. 浙江科技学院；1337. 仲恺农业工程学院；1341. 内蒙古工业大学；1343. 大连民族大学；1344. 集美大学；1351. 中央财经大学；1358. 宜兰大学；1361. 江西师范大学；1363. 上海应用技术大学；1369. 安徽师范大学；1370. 台湾师范大学；1371. 内蒙古大学；1379. 临沂大学；1382. 湖南工业大学；1383. 四川轻化工大学；1394. 西安工程大学；1397. 首都师范大学；1403. 东华理工大学；1411. 重庆科技学院；1415. 内蒙古科技大学；1418. 辽宁科技大学；1426. 淮阴师范学院；1429. 辽宁大学；1438. 广东外语外贸大学；1445. 湖北师范大学；1465. 香港教育大学；1485. 南京审计大学；1503. 上海第二工业大学；1505. 山东农业大学；1536. 石河子大学；1542. 台湾屏东科技大学；1552. 天津师范大学；1556. 台湾联合大学；1558. 彰化师范大学；1583. 义守大学；1603. 正修科技大学；1607. 台南大学；1615. 高雄大学；11. 华中科技大学；12. 上海交通大学；13. 北京航空航天大学；14. 香港城市大学；16. 湖南大学；19. 青岛理工大学；21. 中国科学院大学；22. 大连理工大学；23. 天津大学；25. 电子科技大学；27. 同济大学；29. 西北工业大学；31. 中国东北大学；33. 武汉大学；34. 南京航空航天大学；40. 江苏大学；41. 辽宁工业大学；44. 华北电力大学；46. 广东工业大学；47. 山东大学；49. 浙江工业大学；52. 南京理工大学；53. 中国科学技术大学；55. 中国石油大学；56. 上海大学；59. 北京科技大学；60. 四川大学；62. 中南大学；63. 中国矿业大学；65. 香港科技大学；67. 北京交通大学；68. 华东理工大学；69. 郑州大学；70. 中国地质大学；71. 台湾“中国医药大学”；73. 香港大学；78. 武汉理工大学；79. 山东科技大学；81. 北京大学；83. 南京大学；84. 深圳大学；85. 华东师范大学；90. 西南交通大学；95. 台湾成功大学；99. 吉林大学；101. 国防科学技术大学；102. 中山大学；107. 河海大学；111. 东北电力大学；114. 南京邮电大学；120. 香港中文大学；123. 北京工业大学；124. 西安电子科技大学；125. 上海理工大学；130. 青岛大学；132. 成都大学；133. 温州大学；138. 苏州大学-中国；142. 南开大学；148. 厦门大学；151. 安徽工业大学；153. 北京邮电大学；154. 复旦大学；158. 哈尔滨工程大学；159. 合肥工业大学；160. 台湾云林科技大学；175. 渤海大学；177. 广州大学；181. 长沙理工大学；184. 大连海事大学；189. 南方科技大学；194. 澳门科技大学；201. 天津商业大学；203. 澳门大学；208. 扬州大学；215. 天津工业大学；219. 中国民航大学；220. 中国海洋大学；221. 南京林业大学；237. 南京工业大学；238. 南昌大学；246. 宁波诺丁汉大学；249. 燕山大学；253. 西南财经大学；255. 南京信息工程大学；261. 宁波大学；262. 江苏科技大学；263. 山东理工大学；265. 北京化工大学；266. 湖南师范大学；269. 福州大学；273. 太原理工大学；274. 河北工业大学；275. 长安大学；276. 安徽大学；279. 昆明理工大学；280. 江南大学；285. 台湾大学；287. 沈阳工业大学；

续表

290. 台湾阳明交通大学；298. 北京师范大学；300. 西南科技大学；304. 东华大学；306. 河南理工大学；315. 曲阜师范大学；325. 杭州电子科技大学；329. 华南农业大学；334. 山东师范大学；342. 华侨大学；359. 西南石油大学；360. 西南大学；363. 安徽财经大学；365. 台湾"清华大学"；376. 山东财经大学；379. 聊城大学；384. 台湾科技大学；396. 广西大学；397. 中国农业大学；399. 西安建筑科技大学；406. 常州大学；408. 南通大学；409. 上海工程技术大学；411. 西安理工大学；426. 成都理工大学；430. 四川师范大学；436. 暨南大学；447. 河南农业大学；453. 勤益科技大学；457. 青岛科技大学；458. 湖南农业大学；463. 桂林电子科技大学；471. 上海海事大学；483. 西北农林科技大学；486. 中北大学；487. 西安科技大学；489. 高雄科技大学；493. 兰州大学；498. 兰州理工大学；499. 东海大学；500. 哈尔滨理工大学；503. 南京师范大学；505. 三峡大学；507. 华东交通大学；508. 台北科技大学；509. 北京工商大学；510. 对外经济贸易大学；511. 北京建筑大学；517. 湖南科技大学；528. 台湾中兴大学；530. 浙江海洋大学；531. 亚洲大学(中国)；544. 贵州大学；556. 福建师范大学；559. 浙江农林大学；568. 南昌航空大学；572. 重庆邮电大学；578. 陕西科技大学；581. 河南师范大学；583. 香港浸会大学；593. 中南林业科技大学；599. 汕头大学；604. 武汉科技大学；605. 华中农业大学；608. 中国人民解放军陆军工程大学；612. 海南大学；613. 中国人民解放军海军工程大学；616. 东北师范大学；623. 济南大学；628. 浙江工商大学；629. 浙江师范大学；636. 上海财经大学；646. 北京信息科技大学；648. 广西师范大学；656. 安徽工程大学；659. 烟台大学；661. 华中师范大学；668. 台湾"中山大学"；679. 湖北大学；686. 淡江大学；689. 湘潭大学；693. 河北工程大学；694. 湖南工业大学；700. 上海科技大学；713. 广东石油化工大学；716. 齐鲁工业大学；719. 武汉纺织大学；724. 解放军信息工程大学；725. 华南师范大学；726. 西北大学；730. 杭州师范大学；739. 重庆师范大学；740. 台湾"中央大学"；747. 浙江理工大学；748. 中国人民解放军空军工程大学；760. 南京农业大学；763. 徐州工程学院；764. 武汉工程大学；767. 成都信息工程大学；772. 上海海洋大学；782. 中国计量大学；786. 朝阳科技大学；793. 逢甲大学；799. 西华师范大学；805. 河南大学；810. 北京林业大学；816. 嘉兴大学；820. 重庆交通大学；831. 苏州科技大学；836. 上海电力大学；842. 东莞理工学院；843. 陕西师范大学；847. 山西大学；850. 新疆大学；858. 广东海洋大学；873. 天津理工大学；875. 重庆工商大学；882. 河南科技大学；887. 东北财经大学；888. 沈阳航空航天大学；895. 台湾中原大学；904. 东北石油大学；909. 湖北工业大学；926. 郑州轻工业大学；937. 山东建筑大学；940. 佛山大学；942. 安徽理工大学；957. 河南工业大学；966. 东北农业大学；967. 中国人民大学；975. 江西财经大学；986. 绍兴文理学院；988. 元智大学；995. 黑龙江大学；1001. 江西科技学院；1002. 闽江学院；1003. 北方工业大学；1010. 东北林业大学；1011. 长庚大学；1024. 兰州交通大学；1026. 长江大学；1027. 台湾中正大学；1028. 华北水利电力大学；1031. 重庆理工大学；1035. 台湾海洋大学；1036. 南京工程学院；1037. 江苏师范大学；1056. 湖州学院；1057. 西华大学；1063. 香港中文大学(深圳)；1069. 西交利物浦大学；1076. 西安邮电大学；1079. 浙江财经大学；1085. 太原科技大学；1096. 西安工业大学；1111. 福建农林大学；1124. 南京财经大学；1138. 鲁东学院；1139. 淮阴工学院；1143. 厦门理工学院；1158. 中南财经大学大学；1160. 中南民族大学；1168. 沈阳建筑大学；1177. 宁夏大学；1185. 南华大学；1186. 大连工业大学；1187. 河北科技大学；1192. 石家庄铁道学院；1194. 长春科技大学；1195. 云南大学；1205. 西北师范大学；1208. 华北理工大学；1219. 福建工程学院；1231. 辽宁石油化工大学；1235. 明志科技大学；1236. 河北大学；1242. 青岛农业大学；1243. 天津城建学院；1246. 盐城工学院；1247. 大连交通大学；1251. 辽宁工程技术大学；1252. 天津科技大学；1267. 上海师范大学；1284. 西安石油大学；1294. 云南师范大学；1298. 中原工学院；1306. 四川农业大学；1314. 温州医科大学；1316. 桂林理工大学；1317. 深圳信息职业技术学院；1324. 台湾虎尾科技大学；1325. 长春工业大学；1328. 浙江科技学院；1337. 仲恺农业工程学院；1341. 内蒙古工业大学；1343. 大连民族大学；1344. 集美大学；1351. 中央财经大学；1358. 宜兰大学；1361. 江西师范大学；1363. 上海应用技术大学；1369. 安徽师范大学；1370. 台湾师范大学；1371. 内蒙古大学；1379. 临沂大学；1382. 湖南工业大学；1383. 四川轻化工大学；1394. 西安工程大学；1397. 首都师范大学；1403. 东华理工大学；1411. 重庆科技学院；1415. 内蒙古科技大学；1418. 辽宁科技大学；1426. 淮阴师范学院；1429. 辽宁大学；1438. 广东外语外贸大学；1445. 湖北师范大学；1465. 香港教育大学；1485. 南京审计大学；1503. 上海第二工业大学；1505. 山东农业大学；1536. 石河子大学；1542. 台湾屏东科技大学；1552. 天津师范大学；1556. 台湾联合大学；1558. 彰化师范大学；1583. 义守大学；1603. 正修科技大学；1607. 台南大学；1615. 高雄大学

八、环境科学与生态学

表2-10 环境科学与生态学（ENVIRONM & ENT ECOLOGY）（共1107个）（10强与中国大学）

排名	英文名称	中文名称	国家/地区
1	TSINGHUA UNIVERSITY	清华大学	中国
2	SWISS FEDERAL INSTITUTES OF TECHNOLOGY DOMAIN	瑞士联邦理工学院	瑞士
3	WAGENINGEN UNIVERSITY & RESEARCH	瓦格宁根大学	荷兰
4	UNIVERSITY OF CHINESE ACADEMY OF SCIENCES, CAS	中国科学院大学	中国
5	UNIVERSITY OF MINNESOTA TWIN CITIES	明尼苏达大学双城分校	美国
6	UNIVERSITY OF QUEENSLAND	昆士兰大学	澳大利亚
7	ETH ZURICH	苏黎世联邦理工学院	瑞士
8	STANFORD UNIVERSITY	斯坦福大学	美国
9	UNIVERSITY OF CALIFORNIA BERKELEY	加利福尼亚大学伯克利分校	美国
10	UTRECHT UNIVERSITY	乌得勒支大学	荷兰
其他中国机构：11. 北京大学；15. 浙江大学；24. 上海交通大学；25. 北京师范大学；26. 华北电力大学；28. 北京理工大学；30. 南京大学；39. 华东师范大学；43. 绍兴文理学院；52. 武汉大学；54. 香港城市大学；55. 中山大学；57. 湖南大学；58. 中南大学；60. 青岛大学；64. 长安大学；73. 重庆大学；77. 哈尔滨工业大学；80. 香港理工大学；88. 大连理工大学；109. 同济大学；114. 香港大学；122. 广州大学；129. 天津大学；133. 南方科技大学；137. 中国地质大学；141. 香港科技大学；143. 中国农业大学；144. 复旦大学；154. 中国矿业大学；167. 山东大学；170. 华南理工大学；176. 西北农林科技大学；181. 南开大学；193. 电子科技大学；200. 江苏大学；204. 中国科学技术大学；205. 华中科技大学；213. 南昌大学；216. 中国海洋大学；220. 台湾大学；222. 台湾“中国医药大学”；230. 厦门大学；232. 河海大学；240. 北京科技大学；245. 湖南农业大学；247. 四川大学；248. 中国石油大学；264. 华中农业大学；271. 北京航空航天大学；273. 西安交通大学；288. 兰州大学；295. 南京农业大学；299. 浙江工商大学；302. 西南科技大学；304. 南京信息工程大学；306. 南京医科大学；308. 香港中文大学；311. 北京化工大学；313. 东南大学；315. 深圳大学；319. 桂林理工大学；321. 东北农业大学；323. 青岛大学；329. 上海大学；330. 暨南大学；339. 北京工业大学；340. 西南大学；341. 郑州大学；346. 南京林业大学；349. 苏州大学-中国；354. 西安建筑科技大学；358. 武汉理工大学；360. 北京林业大学；370. 香港浸会大学；376. 华南师范大学；380. 福建农林大学；381. 浙江师范大学；384. 南京理工大学；385. 佛山科学技术学院；389. 广西大学；394. 河南大学；414. 东华大学；415. 福建师范大学；416. 昆明理工大学；418. 福州大学；431. 中南林业科技大学；435. 广东工业大学；447. 扬州大学；448. 成都理工大学；450. 浙江工业大学；452. 西北大学；459. 上海理工大学；460. 新疆大学；473. 山东农业大学；475. 宁波大学；477. 南京工业大学；503. 南京师范大学；505. 北京建筑大学；516. 长沙理工大学；527. 江汉大学；533. 安徽医科大学；535. 大连海事大学；542. 上海师范大学；547. 吉林大学；548. 江西农业大学；557. 华南农业大学；560. 中原大学；565. 东北师范大学；571. 台湾成功大学；582. 浙江农林大学；602. 华东理工大学；619. 四川农业大学；649. 香港教育大学；659. 海南大学；676. 陕西师范大学；695. 云南大学；715. 上海海洋大学；716. 中国人民大学；717. 华中师范大学；747. 河南师范大学；752. 亚洲大学；760. 东北林业大学；761. 山东科技大学；763. 河南农业大学；766. 汕头大学；768. 江南大学；769. 合肥工业大学；770. 山西大学；782. 台湾“清华大学”；790. 北京交通大学；798. 西安理工大学；799. 台湾中兴大学；808. 西安科技大学；816. 台湾阳明交通大学；822. 西南交通大学；832. 台湾“中山大学”；847. 东北大学；855. 南京航空航天大学；857. 贵州大学；861. 济南大学；864. 内蒙古大学；866. 山东师范大学；867. 杭州师范大学；868. 沈阳农业大学；901. 安徽农业大学；904. 湖南师范大学；917. 台湾“中央大学”；934. 安徽大学；944. 齐鲁工业大学；954. 高雄科技大学；962. 青岛农业大学；968. 中国医学科学院-北京协和医学院；970. 东海大学；973. 首都师范大学；986. 中国计量大学；994. 高雄医学大学；997. 台北医学大学；1005. 贵州师范大学；1010. 首都医科大学；1013. 苏州科技大学；1019. 青海大学；1024. 河北农业大学；1036. 东莞理工学院；1045. 台北科技大学；1048. 山西农业大学			

九、地球科学

表 2-11 地球科学（GEOSCIENCE）（共 603 个）（10 强与中国大学）

排名	英文名称	中文名称	国家/地区
1	SWISS FEDERAL INSTITUTES OF TECHNOLOGY DOMAIN	瑞士联邦理工学院	瑞士
2	ETH ZURICH	苏黎世联邦理工学院	瑞士
3	UNIVERSITY OF CHINESE ACADEMY OF SCIENCES, CAS	中国科学院大学	中国
4	UNIVERSITY OF COLORADO BOULDER	科罗拉多大学博尔德分校	美国
5	TSINGHUA UNIVERSITY	清华大学	中国
6	CHINA UNIVERSITY OF GEOSCIENCES	中国地质大学	中国
7	CALIFORNIA INSTITUTE OF TECHNOLOGY	加利福尼亚理工学院	美国
8	WUHAN UNIVERSITY	武汉大学	中国
9	SORBONNE UNIVERSITE	索邦大学	法国
10	UNIVERSITE GRENOBLE ALPES（UGA）	格勒诺布尔-阿尔卑斯大学	法国
其他中国机构：11. 北京大学；20. 中山大学；26. 北京师范大学；40. 南京大学；46. 中国矿业大学；49. 南京信息工程大学；65. 中国石油大学；76. 电子科技大学；78. 西安交通大学；84. 兰州大学；111. 西北工业大学；113. 中国海洋大学；115. 香港大学；123. 西北大学；126. 中南大学；128. 山东科技大学；129. 香港科技大学；138. 华东师范大学；143. 长安大学；148. 吉林大学；149. 浙江大学；154. 成都理工大学；165. 厦门大学；169. 四川大学；176. 北京理工大学；177. 北京航空航天大学；180. 天津大学；185. 同济大学；187. 复旦大学；188. 中国科学技术大学；197. 香港理工大学；198. 成都信息工程大学；205. 重庆大学；213. 湖南大学；221. 河海大学；229. 台湾大学；236. 哈尔滨工业大学；238. 南京师范大学；244. 国防科学技术大学；261. 上海交通大学；278. 南方科技大学；281. 西安科技大学；297. 河南理工大学；298. 西安电子科技大学；306. 深圳大学；307. 长江大学；309. 大连理工大学；313. 西北农林科技大学；323. 东南大学；358. 香港中文大学；387. 西南石油大学；397. 山东大学；406. 西南交通大学；407. 台湾“中央大学”；417. 合肥工业大学；423. 中国东北大学；430. 中国农业大学；447. 香港城市大学；453. 北京科技大学；455. 首都师范大学；461. 华中科技大学；468. 云南大学；482. 暨南大学；495. 台湾成功大学；504. 北京化工大学；515. 华东理工大学；548. 桂林理工大学；564. 北京林业大学			

十、免疫学

表 2-12 免疫学（IMMUNOLOGY）（共 504 个）（10 强与中国大学）

排名	英文名称	中文名称	国家/地区
1	HARVARD UNIVERSITY	哈佛大学	美国
2	WASHINGTON UNIVERSITY	圣路易斯华盛顿大学	美国
3	UNIVERSITY OF CALIFORNIA SAN FRANCISCO	加利福尼亚大学旧金山分校	美国
4	UNIVERSITY OF HONG KONG	香港大学	中国
5	UNIVERSITY OF MELBOURNE	墨尔本大学	澳大利亚
6	UNIVERSITY OF PENNSYLVANIA	宾夕法尼亚大学	美国
7	ICAHN SCHOOL OF MEDICINE AT MOUNT SINAI	西奈山伊坎医学院	美国
8	UNIVERSITY COLLEGE LONDON	伦敦大学学院	英国
9	JOHNS HOPKINS UNIVERSITY	约翰·霍普金斯大学	美国

续表

排名	英文名称	中文名称	国家/地区
10	GHENT UNIVERSITY	根特大学	比利时
其他中国机构：90. 中国医学科学院-北京协和医学院；94. 浙江大学；108. 首都医科大学；126. 北京大学；127. 郑州大学；133. 北京协和医学院；136. 复旦大学；144. 中南大学；145. 中山大学；146. 上海交通大学；167. 清华大学；171. 南方医科大学；172. 华中科技大学；192. 武汉大学；195. 重庆医科大学；225. 台湾大学；245. 南京医科大学；249. 山东大学；254. 四川大学；260. 香港中文大学；263. 广州医科大学；273. 中国科学院大学；279. 安徽医科大学；286. 吉林大学；295. 中国人民解放军陆军军医大学；297. 长庚大学；312. 苏州大学-中国；314. 中国人民解放军海军军医大学；317. 台湾阳明交通大学；320. 中国科学技术大学；323. 同济大学；328. 南京大学；336. 天津医科大学；354. 厦门大学；359. 中国医科大学；361. 台北医学大学；367. 西安交通大学；372. 温州医科大学；373. 台湾“中国医药大学”；381. 山东第一医科大学；401. 空军军医大学；412. 暨南大学；417. 哈尔滨医科大学；419. 华中农业大学；429. 台湾成功大学；431. 中国农业大学；476. 华南农业大学			

十一、材料科学

表 2-13　材料科学（MATERIALS SCIENCE）（共 912 个）（10 强与中国大学）

排名	英文名称	中文名称	国家/地区
1	TSINGHUA UNIVERSITY	清华大学	中国
2	NANYANG TECHNOLOGICAL UNIVERSITY	南洋理工大学	新加坡
3	UNIVERSITY OF CHINESE ACADEMY OF SCIENCES, CAS	中国科学院大学	中国
4	UNIVERSITY OF CALIFORNIA LOS ANGELES	加利福尼亚大学洛杉矶分校	美国
5	FUDAN UNIVERSITY	复旦大学	中国
6	CITY UNIVERSITY OF HONG KONG	香港城市大学	中国
7	GEORGIA INSTITUTE OF TECHNOLOGY	佐治亚理工学院	美国
8	XI'AN JIAOTONG UNIVERSITY	西安交通大学	中国
9	NATIONAL UNIVERSITY OF SINGAPORE	新加坡国立大学	新加坡
10	NANYANG TECHNOLOGICAL UNIVERSITY & NATIONAL INSTITUTE OF EDUCATION (NIE) SINGAPORE	新加坡国立教育学院	新加坡
其他中国机构：12. 北京大学；13. 郑州大学；14. 西北工业大学；15. 中南大学；16. 上海交通大学；17. 中国科学技术大学；19. 北京理工大学；20. 天津大学；21. 华南理工大学；23. 北京航空航天大学；24. 浙江大学；25. 北京科技大学；26. 武汉理工大学；28. 华中科技大学；33. 南京大学；35. 苏州大学-中国；36. 湖南大学；38. 哈尔滨工业大学；39. 深圳大学；41. 吉林大学；42. 山东大学；43. 重庆大学；44. 同济大学；45. 南京航空航天大学；47. 四川大学；48. 南方科技大学；49. 中山大学；51. 北京化工大学；52. 南开大学；54. 武汉大学；57. 东南大学；58. 香港理工大学；59. 南京工业大学；62. 电子科技大学；63. 香港科技大学；64. 南京理工大学；70. 东华大学；71. 厦门大学；72. 上海大学；74. 浙江工业大学；75. 大连理工大学；78. 扬州大学；83. 中国东北大学；90. 上海理工大学；92. 广西大学；96. 中国地质大学；103. 广东工业大学；112. 青岛大学；116. 华东理工大学；120. 中国石油大学；121. 香港中文大学；122. 台湾大学；123. 太原科技大学；124. 福州大学；130. 江苏大学；132. 香港大学；136. 陕西师范大学；137. 南京林业大学；139. 兰州大学；141. 台湾“清华大学”；145. 燕山大学；148. 暨南大学；160. 西南交通大学；162. 江苏科技大学；163. 青岛大学；164. 上海科技大学；167. 北京工业大学；173. 哈尔滨工程大学；174. 台湾阳明交通大学；177. 华南师范大学；178. 浙江理工大学；181. 华东师范大学；183. 太原理工大学；185. 中国矿业大学；187. 河南大学；191. 青岛科技大学；194. 昆明理工大学；195. 西南大学；196. 南京邮电大学；200. 江南大学；201. 长安大学；205. 烟台大学；209. 北京师范大学；213. 华北理工大学；216. 湖北大学；217. 武汉科技大学；218. 广州大学；220. 天津科技大学；223. 西安电子科技大学；225. 澳门大学；230. 河北大学；231. 合肥工业大学；236. 华南农业大学；			

续表

237. 西安理工大学；238. 宁波大学；243. 河南理工大学；244. 西南科技大学；246. 北京交通大学；248. 山东科技大学；252. 山东师范大学；253. 济南大学；255. 上海工程技术大学；263. 中北大学；273. 东北师范大学；276. 台湾成功大学；280. 河南师范大学；283. 中央民族大学；285. 陕西科技大学；289. 杭州电子科技大学；297. 河北工业大学；304. 中国人民解放军海军军医大学；306. 长沙理工大学；310. 河南科技大学；320. 南昌大学；322. 湘潭大学；327. 温州大学；328. 南昌航空大学；337. 桂林电子科技大学；341. 中国计量大学；343. 哈尔滨理工大学；344. 北京林业大学；352. 安徽大学；357. 聊城大学；369. 武汉纺织大学；370. 华侨大学；371. 天津工业大学；373. 河海大学；375. 兰州理工大学；377. 西北大学；392. 西安科技大学；393. 安徽工业大学；398. 台湾科技大学；407. 常州大学；408. 南京信息工程大学；413. 齐鲁工业大学；415. 南通大学；416. 天津理工大学；425. 南京师范大学；430. 空军军医大学；432. 贵州大学；437. 华北电力大学；440. 杭州师范大学；441. 武汉工程大学；442. 国防科学技术大学；443. 中国海洋大学；445. 江西理工大学；458. 西安建筑科技大学；472. 浙江师范大学；479. 台州学院；485. 内蒙古大学；488. 五邑大学；500. 黑龙江大学；505. 西南石油大学；506. 东北林业大学；509. 华中师范大学；516. 山西大学；535. 桂林工业大学；536. 台北科技大学；558. 海南大学；563. 西安工业大学；565. 东莞理工学院；578. 台湾中兴大学；581. 长春科技大学；582. 中国医学科学院-北京协和医学院；585. 台湾“中央大学”；593. 南方医科大学；595. 上海师范大学；597. 温州医科大学；600. 哈尔滨师范大学；601. 福建师范大学；602. 长庚大学；607. 中国药科大学；623. 沈阳工业大学；630. 台湾“中山大学”；632. 西北师范大学；635. 新疆大学；639. 湖南工业大学；641. 香港浸会大学；644. 佛山科学技术学院；649. 江西师范大学；650. 山东理工大学；654. 北京邮电大学；665. 南京医科大学；667. 云南大学；671. 曲阜师范大学；672. 盐城工学院；684. 上海电力大学；686. 北京协和医学院；687. 吉林师范大学；688. 苏州科技大学；697. 逢甲大学；701. 中国人民大学；702. 安徽师范大学；706. 台湾“中国医药大学”；707. 上海应用技术大学；713. 三峡大学；718. 首都师范大学；722. 华中农业大学；725. 明志科技大学；726. 湖南师范大学；732. 江苏师范大学；735. 长春工业大学；737. 重庆理工大学；741. 天津医科大学；742. 天津师范大学；744. 湖南科技大学；759. 台湾中原大学；763. 安徽理工大学；766. 中南民族大学；770. 中国人民解放军陆军军医大学；771. 中南林业科技大学；772. 广州医科大学；779. 重庆医科大学；781. 内蒙古科技大学；790. 湖北工业大学；792. 郑州轻工业大学；793. 中原工学院；796. 大连海事大学；797. 嘉兴大学；803. 浙江农林大学；828. 沈阳药科大学；829. 重庆工商大学；846. 重庆文理学院；851. 台湾海洋大学；875. 首都医科大学；877. 福建农林大学；878. 汕头大学；879. 西华师范大学；891. 台北医学大学；895. 元智大学；902. 西北农林科技大学；911. 信阳师范学院

十二、数学

表2-14　数学（MATHEMATICS）（共287个）（10强与中国大学）

排名	英文名称	中文名称	国家/地区
1	KING ABDULAZIZ UNIVERSITY	阿卜杜勒阿齐兹国王大学	沙特阿拉伯
2	CHINA MEDICAL UNIVERSITY TAIWAN	台湾“中国医药大学”	中国
3	UNIVERSITY OF CAMBRIDGE	剑桥大学	英国
4	STANFORD UNIVERSITY	斯坦福大学	美国
5	HANGZHOU NORMAL UNIVERSITY	杭州师范大学	中国
6	UNIVERSITE PARIS CITE	巴黎西岱大学	法国
7	SORBONNE UNIVERSITE	索邦大学	法国
8	SEOUL NATIONAL UNIVERSITY (SNU)	首尔大学	韩国
9	SWISS FEDERAL INSTITUTES OF TECHNOLOGY DOMAIN	瑞士联邦理工学院	瑞士
10	SHANDONG UNIVERSITY OF SCIENCE & TECHNOLOGY	山东科技大学	中国
其他中国机构：13. 长沙理工大学；16. 湖州学院；20. 上海交通大学；22. 东南大学；25. 曲阜师范大学；26. 山东大学；28. 电子科技大学；31. 华中科技大学；36. 浙江师范大学；39. 中南大学；41. 河南理工大学；44. 复旦大学；			

续表

45. 香港中文大学；49. 哈尔滨工业大学；50. 上海大学；52. 武汉大学；53. 苏州大学-中国；58. 湖南大学；60. 北京大学；69. 厦门大学；70. 北京师范大学；72. 河海大学；73. 中山大学；75. 清华大学；80. 南开大学；87. 西安交通大学；88. 华东师范大学；89. 中国矿业大学；96. 兰州大学；101. 淮阴师范学院；103. 浙江大学；104. 中国科学技术大学；109. 香港城市大学；112. 南京师范大学；113. 四川大学；114. 香港理工大学；115. 南京大学；124. 西北工业大学；129. 西南大学；140. 大连理工大学；142. 华南师范大学；146. 华中师范大学；152. 吉林大学；155. 广州大学；168. 华南理工大学；170. 南京航空航天大学；173. 香港浸会大学；179. 同济大学；183. 北京理工大学；187. 北京航空航天大学；188. 重庆大学；192. 中国科学院大学；197. 天津工业大学；198. 安徽大学；203. 东北师范大学；206. 上海师范大学；212. 湘潭大学；215. 天津大学；251. 北京交通大学；252. 江苏师范大学；253. 中国人民大学；254. 山东师范大学；256. 郑州大学；261. 东华大学；271. 中国石油大学

十三、微生物学

表 2-15　微生物学（MICROBIOLOGY）（共 399 个）（10 强与中国大学）

排名	英文名称	中文名称	国家/地区
1	HARVARD UNIVERSITY	哈佛大学	美国
2	UNIVERSITY OF HONG KONG	香港大学	中国
3	UNIVERSITY OF OXFORD	牛津大学	英国
4	UNIVERSITY OF CALIFORNIA SAN DIEGO	加利福尼亚大学圣迭戈分校	美国
5	WASHINGTON UNIVERSITY (WUSTL)	圣路易斯华盛顿大学	美国
6	WAGENINGEN UNIVERSITY & RESEARCH	瓦格宁根大学	荷兰
7	UNIVERSITY OF WASHINGTON SEATTLE	华盛顿大学(西雅图)	美国
8	IMPERIAL COLLEGE LONDON	伦敦帝国学院	英国
9	UNIVERSITY OF CAMBRIDGE	剑桥大学	英国
10	UNIVERSITY OF EDINBURGH	爱丁堡大学	英国
其他中国机构：16. 复旦大学；31. 中国科学院大学；46. 中国医学科学院-北京协和医学院；48. 浙江大学；54. 中国农业大学；59. 北京协和医学院；65. 上海交通大学；73. 武汉大学；74. 华中农业大学；92. 北京大学；95. 中山大学；111. 南京农业大学；135. 华南农业大学；158. 山东大学；189. 清华大学；197. 四川大学；207. 吉林大学；212. 厦门大学；214. 西北农林科技大学；226. 华中科技大学；228. 扬州大学；232. 首都医科大学；238. 台湾大学；254. 广州医科大学；256. 南方医科大学；274. 中国海洋大学；281. 福建农林大学；292. 四川农业大学；293. 中南大学；298. 东北农业大学；324. 暨南大学；333. 郑州大学；342. 南开大学；356. 河南农业大学；357. 香港中文大学；369. 山东第一医科大学；；113. 北京大学；116. 中国农业大学；120. 清华大学；125. 南京农业大学；136. 华中科技大学；143. 台湾大学；149. 华南农业大学；160. 广州医科大学；167. 山东大学；209. 四川大学；214. 吉林大学；218. 厦门大学；230. 西北农林科技大学；252. 扬州大学；268. 首都医科大学；275. 南方医科大学；286. 中国海洋大学；309. 福建农林大学；321. 南开大学；350. 香港中文大学；369. 山东第一医科大学			

十四、分子生物学与遗传学

表 2-16　分子生物学与遗传学（MOLECULAR BIOLOGY & GENETICS）（共 561 个）（10 强与中国大学）

排名	英文名称	中文名称	国家/地区
1	HARVARD UNIVERSITY	哈佛大学	美国
2	MASSACHUSETTS INSTITUTE OF TECHNOLOGY (MIT)	麻省理工学院	美国

续表

排名	英文名称	中文名称	国家/地区
3	STANFORD UNIVERSITY	斯坦福大学	美国
4	UNIVERSITY OF CALIFORNIA SAN FRANCISCO	加利福尼亚大学旧金山分校	美国
5	UNIVERSITY OF CALIFORNIA SAN DIEGO	加利福尼亚大学圣迭戈分校	美国
6	UNIVERSITY OF OXFORD	牛津大学	英国
7	UNIVERSITY OF WASHINGTON SEATTLE	华盛顿大学(西雅图)	美国
8	UNIVERSITY COLLEGE LONDON	伦敦大学学院	英国
9	YALE UNIVERSITY	耶鲁大学	美国
10	UNIVERSITY OF CAMBRIDGE	剑桥大学	英国
其他中国机构：37. 中山大学；38. 上海交通大学；41. 中国科学院大学；44. 北京大学；45. 浙江大学；51. 复旦大学；72. 四川大学；78. 中国医学科学院-北京协和医学院；91. 中南大学；94. 南京医科大学；122. 首都医科大学；128. 香港中文大学；130. 华中科技大学；132. 北京协和医学院；143. 香港大学；144. 西安交通大学；166. 台湾大学；189. 吉林大学；193. 清华大学；202. 山东大学；206. 温州医科大学；209. 郑州大学；210. 同济大学；213. 南方医科大学；220. 华中农业大学；221. 中国农业大学；224. 武汉大学；249. 广州医科大学；267. 苏州大学-中国；278. 东南大学；280. 中国科学技术大学；281. 青岛大学；286. 天津医科大学；287. 南开大学；294. 上海科技大学；296. 长庚大学；300. 重庆医科大学；302. 中国人民解放军陆军军医大学；309. 南京大学；321. 空军军医大学；332. 暨南大学；336. 南京农业大学；337. 兰州大学；348. 台湾“中国医药大学”；350. 西北农林科技大学；352. 厦门大学；356. 哈尔滨医科大学；357. 山东第一医科大学；361. 中国医科大学；365. 台湾阳明交通大学；374. 中国人民解放军海军军医大学；391. 福建医科大学；394. 大连医科大学；401. 广西医科大学；407. 台北医学大学；411. 江苏大学；413. 台湾成功大学；415. 徐州医科大学；417. 华南农业大学；418. 深圳大学；419. 扬州大学；448. 汕头大学；451. 高雄医科大学；461. 广东医科大学；481. 安徽医科大学；488. 华东师范大学；494. 澳门科技大学；514. 南昌大学；518. 南通大学；519. 四川农业大学；527. 河北医科大学；537. 香港科技大学			

十五、综合交叉学科

表 2-17 综合交叉学科（MULTIDISCIPLINARY）（共 107 个）（10 强与中国大学）

排名	英文名称	中文名称	国家/地区
1	HARVARD UNIVERSITY	哈佛大学	美国
2	COLUMBIA UNIVERSITY	哥伦比亚大学	美国
3	MASSACHUSETTS INSTITUTE OF TECHNOLOGY (MIT)	麻省理工学院	美国
4	UNIVERSITY OF OXFORD	牛津大学	英国
5	UNIVERSITY OF WASHINGTON SEATTLE	华盛顿大学(西雅图)	美国
6	STANFORD UNIVERSITY	斯坦福大学	美国
7	CORNELL UNIVERSITY	康奈尔大学	美国
8	UNIVERSITY OF WASHINGTON	华盛顿大学	美国
9	KU LEUVEN	鲁汶大学	比利时
10	UNIVERSITY OF CAMBRIDGE	剑桥大学	英国
其他中国机构：11. 香港大学；20. 清华大学；25. 复旦大学；37. 北京大学；49. 浙江大学；54. 中国科学院大学；61. 上海交通大学；72. 南京大学；99. 中国科学技术大学；100. 苏州大学			

十六、神经科学与行为科学

表 2-18 神经科学与行为科学(NEUROSCIENCE & BEHAVIOR)(共 620 个)
(10 强与中国大学)

排名	英文名称	中文名称	国家/地区
1	HARVARD UNIVERSITY	哈佛大学	美国
2	UNIVERSITY COLLEGE LONDON	伦敦大学学院	英国
3	UNIVERSITY OF OXFORD	牛津大学	英国
4	UNIVERSITY OF CALIFORNIA SAN FRANCISCO	加利福尼亚大学旧金山分校	美国
5	UNIVERSITY OF PENNSYLVANIA	宾夕法尼亚大学	美国
6	WASHINGTON UNIVERSITY (WUSTL)	华盛顿大学-圣路易斯	美国
7	STANFORD UNIVERSITY	斯坦福大学	美国
8	JOHNS HOPKINS UNIVERSITY	约翰·霍普金斯大学	美国
9	UNIVERSITY OF TORONTO	多伦多大学	加拿大
10	UNIVERSITY OF MELBOURNE	墨尔本大学	澳大利亚
其他中国机构:71. 首都医科大学;85. 北京师范大学;99. 复旦大学;130. 北京大学;163. 重庆医科大学;164. 上海交通大学;187. 四川大学;190. 浙江大学;207. 厦门大学;220. 华中科技大学;239. 西南大学;242. 中山大学;246. 中南大学;247. 南京医科大学;258. 西安交通大学;261. 郑州大学;274. 电子科技大学;283. 武汉大学;297. 中国科学院大学;302. 温州医科大学;324. 安徽医科大学;328. 广州医科大学;340. 天津医科大学;342. 中国人民解放军陆军军医大学;347. 山东大学;350. 南方医科大学;359. 深圳大学;361. 空军军医大学;362. 中国医科大学;367. 南京大学;374. 苏州大学;391. 中国科学技术大学;396. 昆明医科大学;398. 清华大学;400. 青岛大学;404. 南通大学;419. 吉林大学;435. 同济大学;446. 东南大学;450. 暨南大学;454. 中国人民解放军海军军医大学;471. 山东第一医科大学;472. 哈尔滨医科大学;474. 河北医科大学;479. 南昌大学;485. 徐州医科大学;487. 杭州师范大学;495. 福建医科大学;503. 华东师范大学;526. 大连医科大学;527. 山西医科大学;545. 华南师范大学;594. 南京中医药大学;616. 中国药科大学			

十七、药理学与毒物学

表 2-19 药理学与毒物学(PHARMACOLOGY & TOXICOLOGY)(共 778 个)
(10 强与中国大学)

排名	英文名称	中文名称	国家/地区
1	HARVARD UNIVERSITY	哈佛大学	美国
2	UNIVERSITY COLLEGE LONDON	伦敦大学学院	英国
3	UNIVERSITY OF EDINBURGH	爱丁堡大学	英国
4	UPPSALA UNIVERSITY	乌普萨拉大学	瑞典
5	UNIVERSITY OF QUEENSLAND	昆士兰大学	澳大利亚
6	STANFORD UNIVERSITY	斯坦福大学	美国
7	TEHRAN UNIVERSITY OF MEDICAL SCIENCES	德黑兰医科大学	伊朗
8	MONASH UNIVERSITY	莫纳什大学	澳大利亚
9	UTRECHT UNIVERSITY	乌得勒支大学	荷兰

续表

排名	英文名称	中文名称	国家/地区
10	UNIVERSITY OF OXFORD	牛津大学	英国
其他中国机构：19. 复旦大学；20. 浙江大学；22. 上海交通大学；23. 中国药科大学；35. 中国医学科学院-北京协和医学院；36. 中山大学；41. 四川大学；52. 北京协和医学院；63. 北京大学；64. 南方医科大学；71. 华中科技大学；72. 中国科学院大学；73. 山东大学；76. 沈阳药科大学；77. 南京医科大学；78. 吉林大学；81. 首都医科大学；85. 中南大学；95. 上海中医药大学；96. 广州中医药大学；109. 西安交通大学；111. 澳门大学；115. 北京中医药大学；118. 台湾“中国医药大学”；122. 中国人民解放军海军军医大学；126. 台湾成功大学；130. 同济大学；131. 台湾大学；134. 温州医科大学；140. 南京中医药大学；141. 郑州大学；144. 苏州大学-中国；145. 南京大学；152. 成都中医药大学；158. 暨南大学；160. 电子科技大学；178. 重庆医科大学；186. 青岛大学；187. 武汉大学；196. 空军军医大学；200. 中国医科大学；203. 香港中文大学；207. 安徽医科大学；223. 中国人民解放军陆军军医大学；232. 香港大学；255. 山东第一医科大学；266. 哈尔滨医科大学；279. 台北医学大学；283. 浙江中医药大学；285. 南开大学；287. 广州医科大学；297. 江西中医药大学；299. 大连医科大学；316. 华中农业大学；317. 天津医科大学；319. 中国科学技术大学；323. 长庚大学；325. 天津中医药大学；328. 南昌大学；333. 高雄医科大学；336. 东南大学；361. 兰州大学；365. 华南理工大学；368. 台湾阳明交通大学；375. 江苏大学；387. 东北农业大学；388. 清华大学；391. 南通大学；412. 徐州医科大学；419. 厦门大学；424. 河北医科大学；431. 广东药科大学；435. 中国海洋大学；436. 福建医科大学；452. 深圳大学；456. 西南大学；466. 香港浸会大学；478. 广西医科大学；483. 中国农业大学；484. 西南医科大学；485. 香港理工大学；486. 澳门科技大学；510. 河南大学；515. 贵州医科大学；519. 天津大学；520. 亚洲大学(中国)；521. 山东中医药大学；524. 安徽中医药大学；529. 中山医学大学；531. 华东理工大学；535. 江南大学；540. 西北大学；544. 扬州大学；545. 山西医科大学；546. 烟台大学；554. 广东医科大学；555. 西北农林科技大学；556. 南京农业大学；564. 台湾中兴大学；567. 宁夏医科大学；573. 昆明医科大学；575. 台湾“中山大学”；576. 遵义医学院；577. 浙江工业大学；595. 湖南中医学院；620. 锦州医科大学；628. 南华大学；630. 长庚科技大学；632. 华南农业大学；644. 新疆医科大学；650. 滨州医学院；651. 黑龙江中医药大学；656. 河南中医药大学；667. 新乡医学院；668. 大连理工大学；671. 潍坊医学院；686. 香港科技大学；688. 延边大学；697. 宁波大学；712. 辽宁中医药大学；721. 长春中医药大学；724. 济南大学；726. 西安医学院；737. 华东师范大学；741. 湖北医药学院；747. 台湾“清华大学”；748. 汕头大学			

十八、物理学

表 2-20　物理学（PHYSICS）（共 608 个）（10 强与中国大学）

排名	英文名称	中文名称	国家/地区
1	UNIVERSITE PARIS SACLAY	巴黎萨克雷大学	法国
2	MASSACHUSETTS INSTITUTE OF TECHNOLOGY (MIT)	麻省理工学院	美国
3	HARVARD UNIVERSITY	哈佛大学	美国
4	STANFORD UNIVERSITY	斯坦福大学	美国
5	PRINCETON UNIVERSITY	普林斯顿大学	美国
6	SWISS FEDERAL INSTITUTES OF TECHNOLOGY DOMAIN	瑞士联邦理工学院	瑞士
7	TSINGHUA UNIVERSITY	清华大学	中国
8	UNIVERSITY OF TOKYO	东京大学	日本
9	UNIVERSITY OF CALIFORNIA BERKELEY	加利福尼亚大学伯克利分校	美国
10	UNIVERSITY OF OXFORD	牛津大学	英国
其他中国机构：11. 中国科学技术大学；14. 中国科学院大学；20. 上海交通大学；21. 南京大学；24. 北京大学；46. 西北工业大学；56. 北京航空航天大学；60. 浙江大学；67. 山东大学；69. 复旦大学；77. 香港大学；80. 电子科技大学；100. 北京邮电大学；107. 哈尔滨工业大学；108. 中山大学；111. 北京理工大学；115. 华中科技大学；126. 东南大学；			

续表

127. 吉林大学；138. 郑州大学；151. 西安交通大学；159. 香港科技大学；164. 台湾“清华大学”；166. 台湾大学；169. 南方科技大学；172. 华南理工大学；192. 南开大学；209. 湖南大学；214. 香港城市大学；215. 香港中文大学；250. 深圳大学；251. 苏州大学-中国；252. 上海大学；254. 中南大学；257. 北京师范大学；258. 南京工业大学；272. 武汉大学；277. 同济大学；279. 华南师范大学；280. 华中师范大学；291. 四川大学；309. 香港理工大学；311. 天津大学；318. 北京科技大学；322. 南京航空航天大学；323. 南京邮电大学；343. 大连理工大学；350. 武汉理工大学；354. 厦门大学；357. 南京师范大学；364. 台湾成功大学；367. 湖南师范大学；369. 兰州大学；375. 中国人民大学；396. 台湾“中央大学”；399. 南京理工大学；410. 西安电子科技大学；411. 国防科学技术大学；433. 山西大学；455. 江苏大学；460. 重庆大学；463. 台湾阳明交通大学；482. 福州大学；489. 华东师范大学；555. 北京交通大学；572. 宁波大学

十九、植物学与动物学

表 2-21　植物学与动物学（PLANT & ANIMAL SCIENCE）（共 1017 个）
（10 强与中国大学）

排名	英文名称	中文名称	国家/地区
1	CHINA AGRICULTURAL UNIVERSITY	中国农业大学	中国
2	GHENT UNIVERSITY	根特大学	比利时
3	WAGENINGEN UNIVERSITY & RESEARCH	瓦格宁根大学	荷兰
4	UNIVERSITY OF CALIFORNIA DAVIS	加利福尼亚大学戴维斯分校	美国
5	UNIVERSITY OF CHINESE ACADEMY OF SCIENCES, CAS	中国科学院大学	中国
6	UNIVERSITY OF FLORIDA	佛罗里达大学	美国
7	HUAZHONG AGRICULTURAL UNIVERSITY	华中农业大学	中国
8	KING SAUD UNIVERSITY	沙特国王大学	沙特阿拉伯
9	UNIVERSITY OF WESTERN AUSTRALIA	西澳大学	澳大利亚
10	NANJING AGRICULTURAL UNIVERSITY	南京农业大学	中国
其他中国机构：19. 浙江大学；42. 西北农林科技大学；48. 华南农业大学；63. 电子科技大学；64. 福建农林大学；82. 山东农业大学；84. 东北农业大学；93. 北京林业大学；97. 四川农业大学；100. 河南大学；108. 上海交通大学；114. 南京林业大学；122. 北京大学；145. 扬州大学；173. 中国海洋大学；177. 中山大学；180. 海南大学；183. 兰州大学；184. 西南大学；188. 云南大学；202. 四川大学；226. 台湾大学；252. 山东大学；262. 东北林业大学；267. 上海海洋大学；287. 浙江农林大学；298. 南开大学；300. 青岛农业大学；302. 复旦大学；307. 贵州大学；312. 首都师范大学；323. 山东师范大学；325. 广西大学；326. 河南农业大学；331. 安徽农业大学；332. 台湾中兴大学；335. 广东海洋大学；337. 仲恺农业工程学院；343. 湖南农业大学；352. 清华大学；372. 长江大学；379. 南京大学；387. 宁波大学；390. 上海师范大学；401. 河北师范大学；410. 河北农业大学；419. 河南科技大学；421. 华东师范大学；443. 东北师范大学；444. 北京师范大学；462. 厦门大学；465. 吉林农业大学；470. 沈阳农业大学；473. 武汉大学；481. 深圳大学；491. 香港中文大学；510. 重庆大学；518. 河北大学；520. 江西农业大学；522. 佛山科学技术学院；528. 中南林业科技大学；540. 山西农业大学；555. 香港大学；564. 云南农业大学；572. 台湾海洋大学；576. 华中科技大学；577. 黑龙江八一农垦大学；582. 华南师范大学；617. 甘肃农业大学；620. 南京师范大学；621. 云南师范大学；631. 浙江师范大学；641. 吉林大学；642. 中国医学科学院-北京协和医学院；650. 杭州师范大学；682. 北京协和医学院；717. 昆明理工大学；736. 大理大学；742. 石河子大学；745. 西南林业大学；760. 中国科学技术大学；763. 集美大学；775. 内蒙古农业大学；785. 大连海洋大学；787. 北京农学院；789. 西北大学；795. 嘉义大学；805. 郑州大学；816. 台湾成功大学；838. 湖北大学；842. 浙江海洋大学；843. 河南科技学院；849. 湖南师范大学；854. 暨南大学；855. 陕西师范大学；869. 新疆农业大学；872. 中国人民解放军海军军医大学；882. 江苏大学；887. 香港城市大学；888. 河南师范大学；896. 台湾屏东科技大学；900. 广州大学；911. 山西大学；912. 香港浸会大学；920. 华中师范大学；938. 台湾“中山大学”；949. 汕头大学；970. 南昌大学；1002. 西华师范大学；1017. 台北教育大学			

二十、精神病学与行为科学

表 2-22 精神病学与行为科学（PSYCHIATRY & PSYCHOLOGY）（共 688 个）
（10 强与中国大学）

排名	英文名称	中文名称	国家/地区
1	HARVARD UNIVERSITY	哈佛大学	美国
2	KING'S COLLEGE LONDON	伦敦国王学院	英国
3	UNIVERSITY OF OXFORD	牛津大学	英国
4	UNIVERSITY COLLEGE LONDON	伦敦大学学院	英国
5	UNIVERSITY OF TORONTO	多伦多大学	加拿大
6	COLUMBIA UNIVERSITY	哥伦比亚大学	美国
7	YALE UNIVERSITY	耶鲁大学	美国
8	UNIVERSITY OF AMSTERDAM	阿姆斯特丹大学	荷兰
9	VRIJE UNIVERSITEIT AMSTERDAM	阿姆斯特丹自由大学	荷兰
10	UNIVERSITY OF MELBOURNE	墨尔本大学	澳大利亚
其他中国机构：86. 上海交通大学；93. 北京大学；122. 香港大学；189. 香港中文大学；196. 北京师范大学；205. 深圳大学；229. 中南大学；234. 台湾大学；252. 四川大学；257. 中山大学；278. 首都医科大学；294. 中国人民大学；318. 香港理工大学；327. 澳门大学；340. 浙江大学；363. 南京医科大学；379. 华中科技大学；393. 西南大学；408. 中国科学院大学；427. 华南师范大学；441. 香港教育大学；461. 台湾阳明交通大学；463. 香港城市大学；464. 华东师范大学；471. 复旦大学；479. 清华大学；484. 武汉大学；499. 台湾成功大学；504. 山东大学；516. 电子科技大学；549. 台湾师范大学；562. 长庚大学；589. 广州医科大学；593. 华中师范大学；633. 南京大学；654. 高雄医科大学；655. 台北医学大学；669. 香港科技大学；686. 岭南大学			

二十一、社会科学

表 2-23 社会科学（SOCIAL SCIENCES， GENERAL）（共 1328 个）
（10 强与中国大学）

排名	英文名称	中文名称	国家/地区
1	HARVARD UNIVERSITY	哈佛大学	美国
2	UNIVERSITY COLLEGE LONDON	伦敦大学学院	英国
3	UNIVERSITY OF OXFORD	牛津大学	英国
4	UNIVERSITY OF TORONTO	多伦多大学	加拿大
5	JOHNS HOPKINS UNIVERSITY	约翰·霍普金斯大学	美国
6	LONDON SCHOOL OF HYGIENE & TROPICAL MEDICINE	伦敦卫生与热带医学学院	英国
7	UNIVERSITY OF OTTAWA	渥太华大学	加拿大
8	UNIVERSITY OF CAMBRIDGE	剑桥大学	英国
9	UNIVERSITY OF NORTH CAROLINA	北卡罗来纳大学	美国
10	STANFORD UNIVERSITY	斯坦福大学	美国

续表

其他中国机构：16. 北京理工大学；61. 香港理工大学；76. 清华大学；81. 北京大学；86. 大连理工大学；87. 武汉大学；96. 青岛大学；108. 香港大学；110. 浙江大学；121. 中国科学院大学；129. 中山大学；143. 香港中文大学；147. 中南大学；152. 台湾"中国医药大学"；174. 香港城市大学；175. 华中科技大学；176. 北京师范大学；191. 亚洲大学(中国)；193. 上海交通大学；196. 南京大学；213. 南开大学；216. 厦门大学；223. 华东师范大学；228. 浙江工商大学；236. 澳门大学；241. 深圳大学；243. 中国地质大学；273. 东南大学；287. 中国人民大学；291. 香港浸会大学；292. 上海大学；296. 江苏大学；298. 台湾成功大学；308. 西南财经大学；310. 山东大学；333. 同济大学；340. 对外经济贸易大学；353. 上海财经大学；361. 重庆大学；364. 复旦大学；378. 西安交通大学；385. 湖南大学；389. 郑州大学；390. 吉林大学；402. 西南交通大学；403. 安徽财经大学；407. 陕西师范大学；431. 江西财经大学；435. 南京财经大学；439. 浙江工业大学；467. 台湾大学；469. 香港教育大学；503. 中国农业大学；508. 暨南大学；514. 四川大学；523. 广东外语外贸大学；527. 中国矿业大学；543. 宁波诺丁汉大学；547. 中南财经政法大学；554. 浙江财经大学；555. 首都医科大学；568. 长安大学；574. 南京信息工程大学；575. 西南大学；576. 河海大学；577. 合肥工业大学；586. 中国石油大学；589. 河南大学；592. 西北农林科技大学；594. 澳门科技大学；623. 中国海洋大学；631. 电子科技大学；632. 台湾阳明交通大学；633. 台湾中兴大学；640. 南京农业大学；643. 上海海事大学；645. 首都经济贸易大学；646. 中国科学技术大学；648. 华中农业大学；652. 大连海事大学；657. 澳门大学；664. 台湾师范大学；666. 北京科技大学；707. 哈尔滨工业大学；715. 北京航空航天大学；750. 台湾科技大学；779. 天津大学；787. 南京师范大学；793. 华中师范大学；800. 香港科技大学；821. 中国医学科学院-北京协和医学院；822. 南京航空航天大学；842. 台湾政治大学；850. 台湾"中山大学"；855. 华南理工大学；858. 兰州大学；861. 台北医学大学；885. 华南师范大学；891. 北京交通大学；894. 台湾"中央大学"；898. 岭南大学；914. 广州大学；959. 苏州大学-中国；986. 高雄医科大学；994. 西交利物浦大学；996. 四川农业大学；998. 南京医科大学；999. 武汉理工大学；1009. 华北电力大学；1018. 台湾"清华大学"；1019. 北京协和医学院；1021. 中央财经大学；1025. 东北财经大学；1038. 高雄科技大学；1046. 铭传大学；1048. 台湾中正大学；1055. 台湾嘉义大学；1065. 台湾云林科技大学；1081. 北京工业大学；1089. 彰化师范大学；1099. 南方医科大学；1103. 安徽医科大学；1107. 长庚大学；1127. 淡江大学；1131. 辅仁大学；1140. 台北大学；1149. 宁波大学；1168. 上海师范大学；1169. 江苏师范大学；1202. 北京林业大学；1206. 台中科技大学；1218. 闽江学院；1223. 重庆医科大学；1229. 西北大学；1233. 中国医科大学；1240. 天津医科大学；1265. 澳门旅游学院；1270. 哈尔滨医科大学；1280. 中国人民解放军海军军医大学；1308. 台湾"东华大学"；1309. 台湾海洋大学；1313. 东吴大学；1320. 元智大学；1325. 台湾南开科技大学

二十二、空间科学

表 2-24　空间科学(SPACE SCIENCE)(共 122 个)(10 强与中国大学)

排名	英文名称	中文名称	国家/地区
1	UNIVERSITY OF CALIFORNIA BERKELEY	加利福尼亚大学伯克利分校	美国
2	CALIFORNIA INSTITUTE OF TECHNOLOGY	加利福尼亚理工学院	美国
3	LEIDEN UNIVERSITY	莱顿大学	荷兰
4	HARVARD UNIVERSITY	哈佛大学	美国
5	SORBONNE UNIVERSITE	索邦大学	法国
6	JOHNS HOPKINS UNIVERSITY	约翰·霍普金斯大学	美国
7	UNIVERSITE PARISCITE	巴黎西岱大学	法国
8	PSL RESEARCH UNIVERSITY PARIS	巴黎文理研究大学	法国
9	MASSACHUSETTS INSTITUTE OF TECHNOLOGY (MIT)	麻省理工学院	美国
10	UNIVERSITY OF OXFORD	牛津大学	英国
其他中国机构：37. 中国科学院大学；56. 北京大学			

第四节　世界一流学科排行榜（2023）（分109个学科）

一、安全科学与工程学科

表2-25　安全科学与工程学科（5强与中国大学）

排名	英文名称	中文名称	国家/地区	总得分
1	HARVARD UNIVERSITY	哈佛大学	美国	100.00
2	CHINESE CENTER FOR DISEASE CONTROL AND PREVENTION	中国疾病预防控制中心	中国	96.41
3	NORTH CAROLINA STATE UNIVERSITY	北卡罗来纳大学	美国	93.15
4	UNIVERSITY OF WASHINGTON	华盛顿大学	美国	92.47
5	UNIV-CALIF-SAN-FRANCISCO	加利福尼亚大学旧金山分校	美国	90.54
其他中国机构：91. 香港大学；94. 北京大学；125. 中国科学院大学；153. 复旦大学；174. 香港中文大学；221. 中山大学；229. 上海交通大学；260. 华中科技大学；276. 四川大学；300. 武汉大学；311. 浙江大学；321. 香港理工大学；331. 清华大学；332. 中国医学科学院；333. 山东大学；396. 首都医科大学；411. 中国科学院大学；422. 东南大学；426. 西安交通大学；443. 同济大学；465. 中南大学；542. 南京医科大学；552. 南京大学；553. 北京师范大学；567. 中国医科大学；601. 安徽医科大学；617. 香港城市大学；638. 中南大学；646. 中国医学科学院-北京协和医学院；653. 南方医科大学；668. 郑州大学；697. 重庆医科大学；777. 吉林大学；826. 哈尔滨医科大学；859. 苏州大学；862. 哈尔滨工业大学；867. 河海大学；922. 海军军医大学；1006. 暨南大学；1013. 兰州大学；1059. 深圳大学；1074. 天津医科大学；1087. 中国地质大学；1092. 香港浸会大学；1102. 汕头大学；1111. 天津大学；1137. 中国矿业大学；1181. 广西医科大学；1188. 厦门大学；1205. 广州医科大学；1219. 长安大学；1233. 中国人民大学；1245. 青岛大学；1248. 空军军医大学；1276. 重庆大学；1283. 陆军军医大学；1303. 昆明医科大学；1335. 北京交通大学；1336. 澳门大学；1337. 中国农业大学；1348. 武汉理工大学；1373. 福建医科大学；1405. 温州医科大学；1407. 南通大学；1416. 陕西师范大学；1431. 南京信息工程大学；1471. 华南理工大学；1477. 湖南大学；1509. 河南大学；1552. 香港教育大学；1577. 华东师范大学；1605. 中国农业科学院；1648. 江苏大学；1661. 西北农林科技大学；1662. 山西医科大学；1666. 新疆医科大学；1672. 北京航空航天大学；1679. 北京理工大学；1688. 香港科技大学；1708. 大连理工大学；1723. 广州大学；1743. 南开大学；1757. 河北医科大学；1758. 南昌大学；1797. 中国科学技术大学；1800. 四川农业大学；1806. 北京工业大学；1824. 华南农业大学；1827. 杭州师范大学；1845. 昆山杜克大学；1895. 西南大学；1896. 湖北医药学院；1943. 上海体育学院；1953. 江南大学；2014. 淮北师范大学；2025. 宁夏医科大学；2053. 广东药科大学；2071. 宁波大学；2093. 南京农业大学；2126. 中国人民解放军军事医学科学院；2127. 海南医学院；2159. 电子科技大学；2200. 西南交通大学；2202. 东北师范大学				

注：表格中如果多次出现"中国科学院"，那么第一处为中国科学院，其他为中国科学院下属机构，下同。

二、材料科学与工程(可授工学、理学学位)学科

表2-26　材料科学与工程（可授工学、理学学位）学科（5强与中国大学）

排名	英文名称	中文名称	国家/地区	总得分
1	CHINESE ACADEMY OF SCIENCES	中国科学院	中国	100.00
2	TSINGHUA UNIVERSITY	清华大学	中国	71.20
3	UNIV-CHINESE-ACAD-SCI	中国科学院大学	中国	70.07

续表

排名	英文名称	中文名称	国家/地区	总得分
4	NANYANG-TECHNOL-UNIV	南阳理工学院	新加坡	66.71
5	HARBIN-INST-TECHNOL	哈尔滨工业大学	中国	65.41
其他中国机构：6. 中国科学技术大学；7. 上海交通大学；8. 浙江大学；10. 北京大学；12. 华南理工大学；13. 吉林大学；15. 西安交通大学；16. 北京科技大学；17. 华中科技大学；19. 天津大学；21. 苏州大学；23. 西北工业大学；25. 复旦大学；27. 四川大学；31. 南京大学；32. 北京航空航天大学；35. 中南大学；36. 武汉理工大学；38. 山东大学；40. 大连理工大学；44. 东南大学；46. 重庆大学；48. 香港城市大学；49. 武汉大学；51. 同济大学；56. 北京理工大学；59. 中山大学；62. 台湾大学；65. 北京化工大学；66. 上海大学；68. 中国东北大学；70. 厦门大学；71. 南京工业大学；74. 湖南大学；76. 南开大学；77. 东华大学；78. 香港理工大学；82. 电子科技大学；86. 郑州大学；88. 南京航空航天大学；89. 深圳大学；91. 南京理工大学；99. 台湾“清华大学”；101. 香港科技大学；114. 江苏大学；119. 兰州大学；130. 北京工业大学；132. 太原理工大学；144. 福州大学；148. 西南交通大学；165. 香港大学；171. 哈尔滨工程大学；175. 中国工程物理学院；182. 燕山大学；194. 合肥工业大学；198. 香港中文大学；199. 中南大学；200. 中国矿业大学；207. 华东师范大学；210. 青岛大学；213. 中国地质大学；220. 暨南大学；226. 昆明理工大学；228. 西南大学；229. 华东理工大学；230. 浙江工业大学；231. 广东工业大学；238. 江南大学；239. 湘潭大学；243. 青岛科技大学；246. 中国石油大学；249. 暨南大学；262. 陕西师范大学；274. 河北工业大学；277. 南京邮电大学；280. 广西大学；285. 华南师范大学；287. 陕西科技大学；290. 华东理工大学；298. 湖北大学；299. 武汉科技大学；306. 宁波大学；311. 南昌大学；312. 河海大学；313. 北京交通大学；322. 国防科技大学；323. 安徽大学；325. 浙江理工大学；337. 西安工业大学；339. 东北师范大学；340. 河南大学；342. 北京师范大学；348. 兰州理工大学；351. 常州大学；352. 西北大学；356. 江苏科技大学；358. 南方科技大学；365. 南京林业大学；366. 西南科技大学；367. 扬州大学；373. 长安大学；381. 天津工业大学；398. 上海理工大学；423. 中北大学；426. 天津科技大学；442. 山东科技大学；444. 华北电力大学；450. 安徽工业大学；454. 武汉工程大学；457. 浙江师范大学；467. 南京师范大学；471. 杭州电子科技大学；476. 东北林业大学；487. 西安建筑科技大学				

注：表格中如果多次出现“中国科学院”，那么第一处为中国科学院，其他为中国科学院下属机构，下同。

三、测绘科学与技术学科

表 2-27　测绘科学与技术学科（5 强与中国大学）

排名	英文名称	中文名称	国家/地区	总得分
1	CHINESE ACADEMY OF SCIENCES	中国科学院	中国	100.00
2	WUHAN UNIVERSITY	武汉大学	中国	87.64
3	NATIONAL AERONAUTICS AND SPACE ADMINISTRATION	美国航空航天局	美国	76.81
4	UNIVERSITY OF CHINESE ACADEMY OF SCIENCES	中国科学院大学	中国	76.42
5	UNIV-MARYLAND	马里兰大学	美国	71.13
其他中国机构：6. 北京师范大学；9. 西安电子科技大学；13. 清华大学；15. 南京大学；18. 北京大学；20. 中国地质大学；21. 国防科技大学；22. 南京信息工程大学；27. 香港理工大学；30. 中山大学；32. 电子科技大学；34. 北京航空航天大学；36. 西北工业大学；38. 同济大学；39. 中国矿业大学；45. 哈尔滨工业大学；46. 浙江大学；47. 香港中文大学；68. 中国农业科学院；70. 河海大学；84. 华东师范大学；89. 湖南大学；90. 复旦大学；92. 南京师范大学；98. 华中科技大学；106. 厦门大学；109. 西南交通大学；113. 深圳大学；115. 北京理工大学；118. 首都师范大学；127. 中南大学；132. 中国农业大学；134. 山东科技大学；149. 吉林大学；153. 长安大学；178. 南京理工大学；181. 中国海洋大学；191. 北京化工大学；195. 西安交通大学；203. 上海交通大学；205. 中国石油大学；213. 兰州大学；217. 中国科学院；231. 浙江农林大学；254. 中国地震局；258. 西安科技大学；261. 南京林业大学；264. 福州大学；275. 天津大学；305. 江西师范大学；310. 华中师范大学；315. 哈尔滨工程大学；323. 中国气象科学院；331. 中南大学；333. 北京林业大学；345. 广州大学；355. 大连海事大学；357. 成都理工大学；366. 重庆大学；367. 湖北大学；370. 南京农业大学；371. 河南大学；375. 安徽大学；395. 合肥工业大学；401. 南京航空航天大学；406. 东南大学；413. 西北大学；418. 上				

续表

海海洋大学；420. 宁波大学；430. 中国科学技术大学；442. 东北师范大学；445. 华中农业大学；458. 中国石油大学；462. 香港大学；464. 河南理工大学；468. 信息工程大学；469. 桂林理工大学；474. 西南大学；482. 西北农林科技大学；486. 澳门大学；490. 华南师范大学；505. 江苏师范大学；512. 大连理工大学；517. 新疆大学；519. 中国人民解放军空军工程大学；521. 辽宁工程技术大学；523. 陕西师范大学；545. 山东大学；568. 南京邮电大学；570. 北京建筑大学；577. 华南农业大学；579. 华南理工大学；585. 中国地质大学(武汉)；587. 成都信息工程大学；603. 东北林业大学

四、城乡规划学学科

表 2-28　城乡规划学学科（5 强与中国大学）

排名	英文名称	中文名称	国家/地区	总得分
1	UNIV-HONG-KONG	香港大学	中国	100.00
2	CHINESE-ACAD-SCI	中国科学院大学	中国	97.92
3	UCL	伦敦大学学院	英国	96.27
4	ARIZONA-STATE-UNIV	亚利桑那州大学	美国	95.19
5	UNIV-ILLINOIS	伊利诺伊大学	美国	94.22
其他中国机构：10. 香港理工大学；15. 北京大学；21. 浙江大学；23. 中山大学；28. 香港城市大学；32. 清华大学；37. 北京师范大学；43. 同济大学；47. 华东师范大学；48. 南京大学；52. 香港中文大学；53. 武汉大学；58. 中国科学院大学；100. 中国人民大学；107. 重庆大学；123. 香港浸会大学；133. 复旦大学；139. 东南大学；177. 中央财经大学；183. 上海交通大学；194. 北京林业大学；198. 华南理工大学；221. 上海财经大学；226. 哈尔滨工业大学；234. 浙江财经大学；243. 暨南大学；250. 广州大学；270. 华中科技大学；273. 西南财经大学；284. 深圳大学；313. 中国地质大学；333. 江苏师范大学；338. 南京师范大学；372. 厦门大学；391. 华中农业大学；424. 东北师范大学；425. 天津大学；462. 香港教育大学；467. 浙江农林大学；471. 中国社会科学院大学；491. 山东大学；503. 北京交通大学；506. 南京农业大学；523. 中国矿业大学；525. 浙江工业大学；526. 西安交通大学；529. 中国农业大学；530. 西南大学；540. 湖南大学；551. 南京林业大学；552. 四川大学；573. 华南师范大学；577. 陕西师范大学；578. 西交利物浦大学；595. 西北农林科技大学；607. 西北大学；609. 河海大学；618. 南开大学；648. 澳门大学；662. 浙江工商大学；688. 上海大学；697. 西北师范大学；698. 内蒙古大学；713. 中国城市规划设计研究院；714. 长安大学；720. 香港科技大学；738. 华侨大学；756. 合肥工业大学；757. 兰州大学；761. 福建农林大学；763. 河南大学；772. 首都师范大学；774. 华中师范大学；792. 四川农业大学；794. 山东建筑大学；796. 恒生管理学院；804. 武汉理工大学；809. 大连理工大学；818. 上海师范大学；821. 宁波诺丁汉大学；830. 浙江科技学院；839. 北京航空航天大学；846. 江西师范大学；850. 东北林业大学；863. 福州大学；875. 西南交通大学；916. 华南农业大学；920. 中南财经政法大学；925. 广东金融学院；945. 杭州师范大学；950. 西安建筑科技大学；958. 沈阳农业大学；975. 江西财经大学；987. 首都经济贸易大学；1000. 对外经济贸易大学；1001. 南京信息工程大学；1037. 广东工业大学；1042. 电子科技大学；1062. 宁波大学；1073. 南京财经大学；1079. 香港高等科技教育学院；1097. 青岛大学；1103. 中国东北大学；1106. 北京工业大学；1113. 广西大学；1116. 中国海洋大学				

五、畜牧学学科

表 2-29　畜牧学学科（5 强与中国大学）

排名	英文名称	中文名称	国家/地区	总得分
1	THE NATIONAL INSTITUTE FOR AGRICULTURAL RESEARCH	法国国家农业科学研究院	法国	100.00
2	UNIV-GUELPH	圭尔夫大学	加拿大	90.88

续表

排名	英文名称	中文名称	国家/地区	总得分
3	AGR-&-AGRIFOOD-CANADA	加拿大农业与农产食品部	加拿大	90.57
4	AARHUS-UNIV	奥尔胡斯大学	丹麦	88.23
5	CHINA-AGR-UNIV	中国农业大学	中国	86.51
其他中国机构：9. 中国农业科学院；20. 南京农业大学；26. 西北农林科技大学；42. 四川农业大学；50. 中国科学院大学；53. 浙江大学；73. 华南农业大学；78. 东北农业大学；93. 华中农业大学；95. 扬州大学；114. 山东农业大学；134. 内蒙古农业大学；206. 甘肃农业大学；221. 吉林大学；225. 湖南农业大学；229. 山西农业大学；249. 安徽农业大学；264. 兰州大学；267. 西南大学；268. 江西农业大学；303. 河南科技大学；312. 河南农业大学；315. 中国科学院大学；316. 吉林农业大学；347. 南昌大学；399. 广西大学；408. 上海交通大学；442. 浙江农林大学；444. 沈阳农业大学；468. 武汉轻工大学；471. 中国科学院；477. 西南民族大学；482. 广东海洋大学；483. 安徽科技学院；489. 云南农业大学；493. 黑龙江八一农垦大学；496. 山东农业大学；498. 青岛农业大学；563. 石河子大学；582. 香港大学；597. 南京师范大学；600. 中山大学；605. 湖南师范大学；627. 西南科技大学；647. 佛山大学；648. 河北农业大学；701. 江南大学；734. 河北农业大学；747. 福建农林大学；756. 宁波大学；767. 北京农学院；768. 延边大学；792. 青海大学；797. 重庆理工学院；813. 塔里木大学；840. 金陵科技学院；848. 河南科技学院；853. 宁夏大学；857. 新疆农业大学；864. 河北工程大学；867. 四川大学；868. 海南大学；901. 天津农业大学；943. 西南民族大学；947. 河北科技师范学院；956. 内蒙古大学；984. 中国海洋大学；1024. 东北林业大学；1046. 中国科学院大学；1049. 北京工商大学；1056. 榆林学院；1097. 吉林农业科技学院；1116. 商丘师范学院；1137. 南京林业大学；1200. 上海海洋大学；1213. 哈尔滨工业大学；1222. 北京林业大学；1289. 浙江工商大学；1292. 内蒙古民族大学；1320. 仲恺农业工程学院；1356. 河南大学农业与经济学院；1361. 长江大学；1366. 北京农学院；1400. 江苏大学；1401. 郑州大学；1412. 合肥工业大学；1431. 浙江理工大学；1439. 香港城市大学				

六、船舶与海洋工程学科

表 2-30　船舶与海洋工程学科（5 强与中国大学）

排名	英文名称	中文名称	国家/地区	总得分
1	SHANGHAI JIAO TONG UNIVERSITY	上海交通大学	中国	100.00
2	DALIAN UNIVERSITY OF TECHNOLOGY	大连理工大学	中国	93.15
3	HARBIN ENGINEERING UNIVERSITY	哈尔滨工程大学	中国	90.00
4	DELFT-UNIV-TECHNOL	代尔夫特大学	荷兰	84.13
5	ZHEJIANG-UNIV	浙江大学	中国	81.12
其他中国机构：9. 中国海洋大学；10. 天津大学；12. 河海大学；13. 中国科学院大学；15. 武汉理工大学；16. 大连海事大学；27. 江苏科技大学；44. 华中科技大学；49. 中国石油大学；54. 西北工业大学；56. 清华大学；58. 同济大学；59. 上海海事大学；65. 哈尔滨工业大学；66. 台湾成功大学；73. 武汉大学；84. 中国科学院大学；85. 东南大学；94. 西南石油大学；96. 台湾海洋大学；104. 国防科技大学；106. 香港理工大学；133. 中山大学；142. 浙江海洋大学；156. 北京航空航天大学；163. 四川大学；171. 上海海洋大学；172. 山东科技大学；175. 中国石油大学；178. 中国人民解放军海军工程大学；183. 西南交通大学；196. 华南理工大学；197. 南京信息工程大学；198. 长沙理工大学；204. 山东大学；215. 北京理工大学；222. 中国矿业大学；226. 北京工业大学；232. 南京航空航天大学；248. 中国地质大学；249. 南京大学；262. 温州大学；270. 重庆大学；272. 青岛理工大学；275. 湖南大学；276. 中南大学；283. 中国人民解放军陆军工程大学；287. 集美大学；302. 重庆交通大学；310. 南京理工大学；312. 福州大学；319. 厦门大学；324. 江苏大学；330. 上海大学；331. 浙江工业大学；340. 南京工业大学；344. 复旦大学；365. 宁波大学；377. 广西大学；379. 华东师范大学；382. 杭州电子科技大学；386. 香港城市大学；402. 北京交通大学；412. 中国气象科学院；421. 郑州大学；433. 海南大学；446. 香港科技大学；452. 北京科技大学；470. 上海理工大学；484. 北京大学；491. 深圳大学；				

续表

493. 吉林大学；511. 香港大学；536. 大连海洋大学；543. 电子科技大学；565. 西安交通大学；567. 盐城工学院；572. 中南大学；574. 鲁东大学；594. 长安大学；608. 常州大学；633. 中国科学技术大学；644. 中国计量大学；664. 昆明理工大学；679. 武汉科技大学

七、大气科学学科

表 2-31　大气科学学科（5 强与中国大学）

排名	英文名称	中文名称	国家/地区	总得分
1	CHINESE ACADEMY OF SCIENCES	中国科学院	中国	100.00
2	NATIONAL OCEANIC AND ATMOSPHERIC ADMINISTRATION	美国国家海洋和大气管理局	美国	93.43
3	NATL-CTR-ATMOSPHER-RES	美国国家大气研究中心	美国	88.01
4	NASA	美国航空航天局	美国	87.49
5	UNIVERSITY OF COLORADO	科罗拉多大学	美国	83.71
其他中国机构：6. 南京信息工程大学；11. 中国科学院大学；17. 北京大学；20. 北京师范大学；25. 中国气象科学院；26. 清华大学；42. 南京大学；77. 中山大学；78. 兰州大学；117. 中国海洋大学；127. 武汉大学；141. 复旦大学；177. 香港理工大学；195. 河海大学；200. 中国地质大学；204. 香港城市大学；210. 香港中文大学；214. 浙江大学；223. 西安交通大学；239. 香港科技大学；242. 中国科学技术大学；248. 成都信息工程大学；284. 山东大学；291. 西北农林科技大学；310. 中国农业大学；348. 中国矿业大学；362. 暨南大学；367. 华东师范大学；377. 香港大学；387. 天津大学；402. 上海交通大学；409. 国防科技大学；412. 同济大学；439. 北京理工大学；467. 中国人民解放军陆军工程大学；479. 中国农业科学院；523. 华南理工大学；525. 中国地震局；529. 云南大学；556. 四川大学；566. 北京航空航天大学；573. 南京师范大学；577. 哈尔滨工业大学；585. 北京林业大学；587. 厦门大学；594. 南开大学；603. 南京农业大学；687. 上海大学；690. 中国科学院；711. 华中科技大学；761. 山东科技大学；765. 长安大学；839. 成都理工大学；848. 东北师范大学；892. 中南大学；956. 北京工业大学；968. 西南大学；971. 华北电力大学；975. 东南大学；979. 吉林大学；1006. 福建师范大学；1012. 首都师范大学；1017. 陕西师范大学；1024. 南方科技大学；1028. 华中农业大学；1034. 北京化工大学；1043. 南京航空航天大学；1083. 山西大学；1096. 大连理工大学；1100. 南京林业大学；1118. 西安工业大学；1149. 西北工业大学；1152. 东北林业大学；1166. 北京科技大学；1186. 香港浸会大学；1231. 浙江农林大学；1237. 湖南大学；1256. 西安科技大学；1265. 湖北大学；1269. 河南大学；1305. 扬州大学；1309. 电子科技大学；1322. 合肥工业大学；1326. 西安电子科技大学				

八、地理学学科

表 2-32　地理学学科（5 强与中国大学）

排名	英文名称	中文名称	国家/地区	总得分
1	CHINESE ACADEMY OF SCIENCES	中国科学院	中国	100.00
2	UNIVERSITY OF OXFORD	牛津大学	英国	75.45
3	UTRECHT UNIVERSITY	乌得勒支大学	荷兰	73.32
4	UCL	伦敦大学学院	英国	70.85
5	UNIV-CHINESE-ACAD-SCI	中国科学院大学	中国	70.78

续表

其他中国机构：7. 武汉大学；22. 北京师范大学；30. 北京大学；42. 中国地质大学；44. 南京大学；52. 兰州大学；57. 香港大学；61. 中山大学；96. 华东师范大学；136. 香港中文大学；160. 同济大学；167. 南京师范大学；172. 浙江大学；180. 清华大学；192. 香港理工大学；250. 西安交通大学；253. 河海大学；309. 复旦大学；313. 南京信息工程大学；332. 香港城市大学；353. 西安电子科技大学；356. 中国科学院；379. 中国海洋大学；397. 中国地震局；403. 西南交通大学；410. 陕西师范大学；419. 香港浸会大学；423. 中国矿业大学；437. 深圳大学；465. 哈尔滨工业大学；479. 厦门大学；480. 中国人民大学；488. 上海交通大学；500. 吉林大学；515. 首都师范大学；516. 成都理工大学；526. 西北农林科技大学；528. 西北师范大学；537. 中国农业大学；544. 广州大学；546. 山东科技大学；557. 华南师范大学；558. 西北大学；569. 国防科技大学；587. 中国农业科学院；592. 北京林业大学；629. 电子科技大学；632. 内蒙古大学；634. 香港科技大学；640. 中南大学；661. 北京航空航天大学；666. 天津大学；669. 云南大学；670. 福建师范大学；689. 四川大学；694. 中国社会科学院大学；714. 河北师范大学；741. 西南大学；744. 西北工业大学；754. 北京交通大学；758. 河南大学；760. 中国科学技术大学；768. 福州大学；773. 长安大学；782. 上海大学；792. 新疆大学；799. 澳门大学；814. 中国科学院；832. 华中科技大学；838. 东南大学；853. 山东大学；854. 东北师范大学；857. 江西师范大学；876. 中国石油大学；902. 南京林业大学；934. 江苏师范大学；944. 大连海事大学；949. 华中师范大学；959. 上海海洋大学；963. 华中农业大学；964. 暨南大学；989. 中南大学；990. 大连理工大学；993. 北京联合大学；996. 上海师范大学；1014. 浙江农林大学；1032. 西交利物浦大学；1037. 哈尔滨工程大学；1046. 南京理工大学；1051. 云南师范大学；1058. 南京农业大学；1064. 武汉理工大学；1069. 宁波大学；1093. 北京理工大学；1096. 安徽师范大学；1111. 湖南大学；1112. 山东师范大学；1132. 西安工业大学

九、地球物理学学科

表 2-33　地球物理学学科（5 强与中国大学）

排名	英文名称	中文名称	国家/地区	总得分
1	CHINESE ACADEMY OF SCIENCES	中国科学院	中国	100.00
2	CHINA UNIVERSITY OF GEOSCIENCES	中国地质大学	中国	79.77
3	RUSSIAN ACADEMY OF SCIENCES	俄罗斯科学院	俄罗斯	78.31
4	US-GEOL-SURVEY	美国地质勘探局	美国	73.95
5	CALTECH	加利福尼亚理工学院	美国	70.50

其他中国机构：6. 中国科学院大学；12. 中国科学院；19. 武汉大学；25. 北京大学；27. 南京大学；36. 中国石油大学；38. 中国地震局；49. 中国矿业大学；52. 同济大学；54. 北京师范大学；69. 吉林大学；70. 香港大学；73. 台湾大学；82. 中国科学技术大学；90. 西北大学；99. 兰州大学；109. 中山大学；112. 清华大学；114. 浙江大学；121. 河海大学；130. 成都理工大学；155. 中国海洋大学；186. 南京信息工程大学；191. 长安大学；211. 山东科技大学；214. 西安交通大学；248. 中国石油大学；277. 中南大学；279. 华东师范大学；295. 西安电子科技大学；310. 中国地质大学(北京)；319. 西北农林科技大学；331. 香港理工大学；349. 哈尔滨工业大学；359. 南京师范大学；361. 重庆大学；368. 香港科技大学；369. 天津大学；373. 四川大学；380. 中国石油大学；385. 厦门大学；388. 西南石油大学；403. 西南交通大学；413. 上海交通大学；437. 大连理工大学；454. 国防科技大学；455. 北京航空航天大学；485. 合肥工业大学；492. 中国石油天然气股份有限公司；508. 西北工业大学；514. 长江大学；517. 华中科技大学；522. 山东大学；581. 湖南大学；588. 香港中文大学；589. 中国气象科学院；592. 电子科技大学；596. 复旦大学；604. 中国农业大学；616. 东南大学；618. 中国东北大学；628. 中南大学；630. 西安科技大学；639. 西安工业大学；671. 桂林理工大学；674. 河南理工大学；680. 云南大学；688. 香港城市大学；695. 北京理工大学；715. 北京林业大学；728. 北京科技大学；733. 首都师范大学；755. 南方科技大学；807. 华中农业大学；818. 贵州大学；828. 北京交通大学；830. 中国地质大学(武汉)；831. 太原理工大学；832. 深圳大学；844. 西南大学；853. 北京工业大学；889. 南昌大学；907. 中国农业科学院；952. 法国原子能和替代能源委员会；955. 华东理工大学；957. 陕西师范大学；975. 广西大学；1012. 福州大学；1041. 东北石油大学；1061. 新疆大学；1094. 中国科学院；1099. 安徽科技学院；1111. 武汉理工大学；1116. 南京农业大学；1120. 华南理工大学

十、地质学学科

表 2-34　地质学学科（5 强与中国大学）

排名	英文名称	中文名称	国家/地区	总得分
1	CHINESE ACADEMY OF SCIENCES	中国科学院	中国	100.00
2	CHINA UNIVERSITY OF GEOSCIENCES	中国地质大学	中国	81.86
3	RUSSIAN ACADEMY OF SCIENCES	俄罗斯科学院	俄罗斯	78.82
4	US-GEOL-SURVEY	美国地质勘探局	美国	70.35
5	UNIVERSITY OF CHINESE ACADEMY OF SCIENCES	中国科学院大学	中国	69.99
其他中国机构：6. 中国科学院；13. 北京大学；16. 南京大学；33. 中国矿业大学；36. 武汉大学；46. 香港大学；50. 北京师范大学；54. 同济大学；58. 中国石油大学；67. 西北大学；71. 吉林大学；78. 兰州大学；86. 台湾大学；98. 中山大学；103. 河海大学；108. 成都理工大学；110. 中国科学技术大学；116. 浙江大学；119. 中国地震局；122. 清华大学；132. 中南大学；147. 中国海洋大学；154. 长安大学；174. 山东科技大学；220. 南京信息工程大学；244. 华东师范大学；251. 中国石油大学；271. 中国地质大学(北京)；281. 西北农林科技大学；314. 合肥工业大学；325. 四川大学；326. 香港科技大学；328. 重庆大学；335. 中国东北大学；359. 西安交通大学；373. 南京师范大学；387. 天津大学；397. 大连理工大学；411. 上海交通大学；412. 北京科技大学；428. 中南大学；429. 香港理工大学；431. 西南石油大学；448. 中国石油天然气股份有限公司；475. 西南交通大学；491. 厦门大学；494. 首都师范大学；541. 山东大学；547. 哈尔滨工业大学；550. 中国农业大学；559. 东南大学；565. 西安科技大学；571. 中国石油大学；583. 云南大学；593. 西安工业大学；611. 昆明理工大学；646. 香港城市大学；647. 长江大学；664. 武汉理工大学；674. 河南理工大学；682. 北京航空航天大学；687. 华中科技大学；694. 中国气象科学院；700. 北京林业大学；701. 太原理工大学；706. 桂林理工大学；727. 贵州大学；734. 广西大学；757. 北京工业大学；761. 华东理工大学；787. 香港中文大学；804. 西南大学；807. 湖南大学；817. 新疆大学；832. 复旦大学；849. 北京交通大学；859. 陕西师范大学；869. 西北工业大学；876. 南昌大学；879. 华中农业大学；882. 上海大学；914. 中国地质大学(武汉)；915. 浙江工业大学；918. 中国农业科学院；926. 南方科技大学；967. 福州大学；975. 北京理工大学；997. 南京工业大学；1011. 西南科技大学；1046. 安徽科技学院；1053. 国防科技大学；1063. 福建师范大学；1076. 内蒙古大学；1107. 深圳大学				

十一、地质资源与地质工程学科

表 2-35　地质资源与地质工程学科（5 强与中国大学）

排名	英文名称	中文名称	国家/地区	总得分
1	CHINESE ACADEMY OF SCIENCES	中国科学院	中国	100.00
2	TONGJI UNIVERSITY	同济大学	中国	97.64
3	CHINA UNIVERSITY OF MINING & TECHNOLOGY	中国矿业大学	中国	94.69
4	HOHAI-UNIV	河海大学	中国	84.38
5	UNIV-WESTERN-AUSTRALIA	西澳大学	澳大利亚	82.31
其他中国机构：6. 香港科技大学；7. 浙江大学；8. 武汉大学；10. 重庆大学；11. 中南大学；13. 中国地质大学；14. 清华大学；16. 大连理工大学；18. 成都理工大学；20. 四川大学；21. 上海交通大学；26. 东南大学；28. 香港大学；30. 中国科学院大学；31. 天津大学；33. 山东科技大学；35. 西南交通大学；36. 香港理工大学；39. 香港城市大学；44. 台湾大学；47. 中国东北大学；53. 长安大学；54. 山东大学；59. 中南大学；62. 北京工业大学；63. 中国地震局；74. 哈尔滨工业大学；91. 湖南大学；94. 华中科技大学；97. 温州大学；100. 北京交通大学；104. 南京大学；105. 北京科技大学；106. 中国石油大学；109. 南京工业大学；112. 台湾“中央大学”；127. 上海大学；137. 合肥工业大学；				

续表

145. 南昌大学；150. 广西大学；159. 太原理工大学；164. 浙江工业大学；166. 河南理工大学；172. 中国科学院；182. 武汉理工大学；186. 湖南科技大学；192. 三峡大学；194. 西安工业大学；197. 西安建筑科技大学；205. 福州大学；208. 吉林大学；217. 兰州大学；222. 深圳大学；225. 中山大学；228. 澳门大学；249. 绍兴文理学院；259. 西安科技大学；294. 长沙理工大学；296. 华南理工大学；301. 中国人民解放军陆军工程大学；311. 北京航空航天大学；312. 中国海洋大学；314. 青岛理工大学；315. 重庆交通大学；319. 西南石油大学；320. 安徽科技学院；321. 北京建筑大学；324. 广州大学；332. 上海理工大学；340. 河北工业大学；350. 宁波大学；352. 华东交通大学；360. 湖北工业大学；403. 西安交通大学；410. 昆明理工大学；415. 汕头大学；417. 郑州大学；420. 石家庄铁道大学；428. 中国地质大学(北京)；460. 华北水利水电大学；481. 兰州理工大学；487. 华侨大学；506. 中国地质大学(武汉)；509. 西北工业大学；511. 兰州交通大学；515. 南华大学；529. 武汉科技大学；535. 中国人民解放军空军工程大学；537. 西北大学；539. 苏州大学；548. 江苏大学；556. 北京理工大学；569. 青岛理工大学；586. 山东建筑大学；599. 中国石油大学；610. 西南科技大学；624. 中国科学技术大学；625. 法国原子能和替代能源委员会；666. 北京大学；672. 南京工程学院；675. 浙江大学

十二、电气工程学科

表 2-36　电气工程学科（5 强与中国大学）

排名	英文名称	中文名称	国家/地区	总得分
1	CHINESE ACADEMY OF SCIENCES	中国科学院	中国	100.00
2	TSINGHUA UNIVERSITY	清华大学	中国	92.59
3	UNIV-ELECT-SCI-&-TECHNOL-CHINA	电子科技大学	中国	88.27
4	XIDIAN-UNIV	西安电子科技大学	中国	87.64
5	SOUTHEAST-UNIV	东南大学	中国	87.08

其他中国机构：7. 哈尔滨工业大学；8. 浙江大学；9. 华中科技大学；10. 上海交通大学；11. 北京航空航天大学；12. 西安交通大学；14. 香港城市大学；15. 北京邮电大学；17. 香港理工大学；18. 武汉大学；20. 北京理工大学；23. 国防科技大学；24. 天津大学；25. 西北工业大学；27. 北京大学；29. 南京航空航天大学；30. 华南理工大学；32. 南京理工大学；33. 中国科学院大学；34. 重庆大学；36. 北京交通大学；39. 中国科学技术大学；40. 台湾交通大学；41. 香港中文大学；42. 香港科技大学；44. 大连理工大学；45. 中国东北大学；48. 台湾成功大学；49. 中山大学；54. 台湾大学；56. 香港大学；57. 西南交通大学；60. 深圳大学；63. 南京邮电大学；64. 山东大学；65. 湖南大学；77. 华北电力大学；81. 南京大学；82. 台湾“清华大学”；86. 同济大学；92. 复旦大学；95. 澳门大学；100. 上海大学；104. 哈尔滨工程大学；109. 合肥工业大学；110. 四川大学；112. 广东工业大学；114. 厦门大学；117. 杭州电子科技大学；118. 南京信息工程大学；119. 吉林大学；133. 北京科技大学；137. 中南大学；169. 中国矿业大学；177. 江南大学；194. 重庆邮电大学；195. 江苏大学；196. 大连海事大学；204. 中国地质大学；206. 河海大学；208. 武汉理工大学；231. 燕山大学；232. 北京工业大学；236. 山东科技大学；254. 浙江工业大学；263. 中国人民解放军空军工程大学；283. 中国人民解放军陆军工程大学；286. 苏州大学；290. 桂林电子科技大学；291. 福州大学；292. 西南大学；304. 南开大学；310. 华东师范大学；314. 安徽大学；316. 广州大学；319. 青岛大学；321. 中南大学；323. 渤海大学；337. 西安工业大学；357. 暨南大学；362. 曲阜师范大学；375. 北京师范大学；376. 上海理工大学；381. 南京师范大学；382. 北京化工大学；384. 宁波大学；399. 东华大学；402. 中国石油大学；406. 辽宁工业大学；420. 郑州大学；435. 山东师范大学；436. 南昌大学；445. 长沙理工大学；465. 南通大学；467. 哈尔滨理工大学；471. 河北工业大学；482. 上海海事大学；485. 华侨大学；491. 扬州大学；495. 中国计量大学；506. 华东理工大学；507. 华南师范大学；513. 中北大学；521. 长安大学；524. 天津工业大学；532. 上海科技大学；534. 兰州大学；536. 陕西师范大学；541. 澳门科技大学；544. 香港浸会大学；549. 福建师范大学；551. 西北大学；559. 中国海洋大学；569. 太原理工大学；570. 华北理工大学

十三、电子科学与技术(可授工学、理学学位)学科

表2-37　电子科学与技术（可授工学、理学学位）学科（5强与中国大学）

排名	英文名称	中文名称	国家/地区	总得分
1	CHINESE ACADEMY OF SCIENCES	中国科学院	中国	100.00
2	TSINGHUA UNIVERSITY	清华大学	中国	92.59
3	UNIV-ELECT-SCI-&-TECHNOL-CHINA	电子科技大学	中国	88.27
4	XIDIAN-UNIV	西安电子科技大学	中国	87.64
5	SOUTHEAST-UNIV	东南大学	中国	87.08
其他中国机构：7. 哈尔滨工业大学；8. 浙江大学；9. 华中科技大学；10. 上海交通大学；11. 北京航空航天大学；12. 西安交通大学；14. 香港城市大学；15. 北京邮电大学；17. 香港理工大学；18. 武汉大学；20. 北京理工大学；23. 国防科技大学；24. 天津大学；25. 西北工业大学；27. 北京大学；29. 华南理工大学；30. 南京航空航天大学；32. 南京理工大学；33. 中国科学院大学；34. 重庆大学；36. 北京交通大学；39. 中国科学技术大学；40. 台湾交通大学；41. 香港中文大学；42. 香港科技大学；44. 大连理工大学；45. 中国东北大学；48. 台湾成功大学；49. 中山大学；54. 台湾大学；56. 西南交通大学；57. 香港大学；60. 深圳大学；63. 南京邮电大学；64. 山东大学；65. 湖南大学；77. 华北电力大学；80. 南京大学；83. 台湾“清华大学”；87. 同济大学；92. 复旦大学；95. 澳门大学；103. 上海大学；104. 哈尔滨工程大学；109. 广东工业大学；110. 四川大学；111. 合肥工业大学；113. 厦门大学；116. 杭州电子科技大学；118. 吉林大学；119. 南京信息工程大学；133. 北京科技大学；136. 中南大学；166. 中国矿业大学；178. 江南大学；194. 重庆邮电大学；197. 大连海事大学；198. 江苏大学；203. 中国地质大学；206. 武汉理工大学；208. 河海大学；227. 燕山大学；228. 北京工业大学；235. 山东科技大学；251. 浙江工业大学；263. 中国人民解放军空军工程大学；282. 中国人民解放军陆军工程大学；284. 苏州大学；287. 桂林电子科技大学；290. 福州大学；291. 西南大学；301. 南开大学；313. 华东师范大学；314. 安徽大学；316. 广州大学；323. 青岛大学；325. 中南大学；327. 渤海大学；336. 西安工业大学；359. 暨南大学；362. 曲阜师范大学；370. 北京师范大学；377. 南京师范大学；379. 北京化工大学；383. 宁波大学；385. 上海理工大学；400. 中国石油大学；401. 东华大学；413. 辽宁工业大学；421. 郑州大学；430. 山东师范大学；431. 南昌大学；444. 长沙理工大学；462. 南通大学；463. 河北工业大学；466. 哈尔滨理工大学；482. 上海海事大学；486. 扬州大学；490. 华侨大学；499. 中国计量大学；504. 华东理工大学；505. 华南师范大学；512. 中北大学；519. 天津工业大学；520. 长安大学；534. 澳门科技大学；535. 陕西师范大学；536. 上海科技大学；540. 兰州大学；543. 香港浸会大学；546. 西北大学；558. 福建师范大学；561. 中国海洋大学；563. 广西大学；568. 昆明理工大学				

十四、动力工程及工程热物理学科

表2-38　动力工程及工程热物理学科（5强与中国大学）

排名	英文名称	中文名称	国家/地区	总得分
1	XI'AN JIAOTONG UNIVERSITY	西安交通大学	中国	100.00
2	CHINESE ACADEMY OF SCIENCES	中国科学院	中国	96.36
3	TSINGHUA UNIVERSITY	清华大学	中国	93.52
4	ISLAMIC AZAD UNIVERSITY	伊斯兰阿扎德大学	伊朗	93.31
5	SHANGHAI JIAO TONG UNIVERSITY	上海交通大学	中国	89.93
其他中国机构：7. 天津大学；8. 华中科技大学；10. 中国科学技术大学；12. 华北电力大学；14. 浙江大学；15. 哈尔滨工业大学；16. 华南理工大学；17. 大连理工大学；18. 中国科学院大学；19. 重庆大学；20. 北京理工大学；23. 东南大学；24. 中国矿业大学；26. 北京航空航天大学；30. 中国石油大学；31. 江苏大学；32. 香港理工大学；40. 湖南大学；43. 西北工业大学；44. 台湾成功大学；49. 北京工业大学；55. 中南大学；58. 山东大学；59. 北京科技大学；68. 南京				

续表

航空航天大学；73. 同济大学；80. 南京理工大学；84. 北京大学；86. 香港城市大学；87. 南京工业大学；90. 北京化工大学；94. 上海理工大学；105. 北京交通大学；106. 四川大学；107. 武汉理工大学；126. 中国东北大学；129. 厦门大学；132. 吉林大学；135. 哈尔滨工程大学；154. 武汉大学；155. 中国石油大学；156. 郑州大学；157. 苏州大学；158. 扬州大学；179. 中山大学；183. 广东工业大学；192. 合肥工业大学；202. 山东科技大学；215. 西南石油大学；217. 青岛科技大学；219. 河海大学；235. 中国地质大学；243. 太原理工大学；248. 西南交通大学；261. 河北工业大学；262. 国防科技大学；263. 昆明理工大学；280. 上海大学；282. 香港科技大学；291. 中南大学；295. 华东理工大学；296. 中国人民解放军海军工程大学；304. 南京大学；306. 广西大学；307. 浙江工业大学；319. 中国海洋大学；328. 东华大学；329. 兰州大学；338. 河南理工大学；341. 长沙理工大学；357. 北京建筑大学；367. 西安建筑科技大学；368. 武汉科技大学；372. 长安大学；375. 电子科技大学；376. 华东理工大学；395. 中国计量大学；399. 东北电力大学；411. 天津理工大学；416. 江南大学；423. 福州大学；438. 深圳大学；447. 成都理工大学；454. 西安科技大学；459. 南昌大学；463. 中国工程物理学院；475. 香港大学；481. 兰州理工大学；482. 大连海事大学；491. 天津商业大学；501. 宁波大学；506. 西北大学；508. 南京林业大学；511. 燕山大学；512. 湘潭大学；541. 上海电力学院；543. 江苏科技大学；586. 闽江学院；602. 兰州交通大学；603. 常州大学；607. 西南科技大学；611. 内蒙古工业大学；614. 上海海事大学；616. 青岛大学；617. 新疆大学；618. 中原工学院；631. 上海工程技术大学；636. 浙江理工大学；639. 安徽工业大学；644. 桂林电子科技大学；650. 华侨大学

十五、法学学科

表 2-39 法学学科（5 强与中国大学）

排名	英文名称	中文名称	国家/地区	总得分
1	HARVARD UNIVERSITY	哈佛大学	美国	100.00
2	NEW YORK UNIVERSITY	纽约大学	美国	96.49
3	UNIVERSITY OF CAMBRIDGE	剑桥大学	英国	93.28
4	UNIVERSITY OF CHICAGO	芝加哥大学	美国	93.00
5	ARIZONA STATE UNIVERSITY	亚利桑那州立大学	美国	92.94

其他中国机构：73. 宁波诺丁汉大学；80. 香港大学；124. 香港城市大学；145. 四川大学；188. 香港中文大学；235. 中山大学；252. 复旦大学；261. 中国政法大学；283. 澳门大学；312. 华中科技大学；344. 西安交通大学；358. 上海交通大学；370. 中国科学院大学；385. 中国医科大学；395. 武汉大学；432. 南方医科大学；456. 北京大学；514. 清华大学；544. 苏州大学；590. 中国人民大学；626. 浙江大学；695. 厦门大学；707. 北京师范大学；727. 中南大学；733. 香港理工大学；762. 山西医科大学；783. 重庆医科大学；931. 汕头大学；982. 山东大学；1003. 中国科学院大学；1032. 昆明医科大学；1040. 暨南大学；1049. 中国人民公安大学；1152. 中国人民警察大学；1159. 中国刑事警察学院；1174. 西南政法大学；1218. 华东政法大学；1260. 对外经济贸易大学；1279. 郑州大学；1314. 中国农业大学；1318. 吉林大学；1325. 华中师范大学；1350. 华东师范大学；1365. 四川大学华西医学中心；1391. 华中农业大学；1481. 空军军医大学；1491. 温州医科大学；1508. 中国刑事警察学院；1511. 中南大学；1536. 遵义医学院；1569. 中国人民公安大学；1592. 西南财经大学；1603. 南京医科大学；1629. 哈尔滨工业大学；1672. 中国农业科学院；1705. 烟台大学；1780. 南京大学；1842. 中国医学科学院；1861. 天津大学；1876. 上海健康医学院；1877. 长沙理工大学；1903. 南开大学；1963. 陆军军医大学；2033. 东南大学；2036. 北京化工大学；2082. 首都医科大学；2137. 山西大学；2146. 新疆医科大学；2170. 山东政法学院；2173. 上海政法学院；2322. 沈阳药科大学；2329. 海军军医大学；2352. 川北医学院；2368. 南京师范大学；2380. 大连海事大学；2402. 湖南大学；2424. 四川警察学院；2432. 广州大学；2437. 华南农业大学；2447. 浙江警察学院；2455. 东北师范大学；2533. 香港浸会大学；2539. 河北医科大学；2598. 香港教育大学；2627. 广东警官学院；2648. 海南医学院；2695. 中国社会科学院大学；2722. 西南大学；2724. 济宁医学院；2731. 香港科技大学；2756. 上海中医药大学；2802. 首都师范大学；2819. 天津医科大学；2873. 北京理工大学

十六、纺织科学与工程学科

表 2-40　纺织科学与工程学科（5 强与中国大学）

排名	英文名称	中文名称	国家/地区	总得分
1	DONGHUA UNIVERSITY	东华大学	中国	100.00
2	CHINESE ACADEMY OF SCIENCES	中国科学院	中国	86.97
3	JIANGNAN UNIVERSITY	江南大学	中国	85.52
4	SOUTH CHINA UNIVERSITY OF TECHNOLOGY	华南理工大学	中国	80.41
5	HONG-KONG-POLYTECH-UNIV	香港理工大学	中国	78.41
其他中国机构：8. 武汉纺织大学；9. 苏州大学；10. 浙江理工大学；13. 四川大学；16. 天津工业大学；23. 吉林大学；24. 南京林业大学；27. 大连理工大学；30. 南京工业大学；33. 武汉大学；39. 西南大学；41. 中国科学院大学；43. 青岛大学；45. 南京大学；48. 太原理工大学；52. 陕西科技大学；55. 天津大学；61. 东北林业大学；67. 北京林业大学；69. 逢甲大学；70. 华东理工大学；72. 东北师范大学；73. 华东理工大学；76. 江苏大学；78. 山东大学；80. 安徽大学；84. 湘潭大学；87. 福建农林大学；88. 兰州大学；90. 浙江大学；92. 哈尔滨工业大学；93. 广西大学；96. 齐鲁工业大学；98. 中国医科大学；99. 江西科技师范大学；103. 华中师范大学；106. 西安工程大学；111. 青岛科技大学；115. 天津理工大学；116. 上海工程技术大学；117. 中山大学；124. 西北大学；132. 清华大学；133. 山西大学；135. 中国科学技术大学；137. 北京化工大学；138. 郑州大学；150. 北京理工大学；159. 上海交通大学；167. 中原工学院；169. 闽江学院；170. 南开大学；172. 天津科技大学；174. 东南大学；175. 南京理工大学；179. 绍兴文理学院；182. 华中科技大学；184. 西北师范大学；188. 南京邮电大学；189. 福州大学；197. 河南大学；198. 上海大学；205. 南昌大学；206. 大连工业大学；208. 嘉兴大学；211. 北京科技大学；212. 深圳大学；213. 浙江工业大学；220. 盐城工学院；227. 中南大学；228. 华南师范大学；232. 安徽工程大学；235. 武汉理工大学；244. 福建师范大学；246. 北京大学；248. 香港浸会大学；249. 常州大学；254. 杭州电子科技大学；259. 复旦大学；262. 暨南大学；265. 杭州师范大学；267. 南京信息工程大学；271. 黑龙江大学；272. 河北大学；274. 广东工业大学；278. 武汉工程大学；280. 南通大学；282. 南京航空航天大学；300. 中国科学院；303. 香港科技大学；310. 新疆大学；319. 天津工业大学；322. 香港城市大学；324. 中国矿业大学；328. 北京工商大学；330. 同济大学；331. 西安交通大学；334. 电子科技大学；337. 中国农业科学院；351. 北京师范大学；353. 洛阳师范学院；363. 温州大学；380. 湖南大学；381. 西北工业大学；391. 青海大学；394. 湖北大学；395. 河北科技大学；399. 上海理工大学；400. 湖南科技大学；403. 华北电力大学；404. 上海师范大学；408. 山东理工大学				

十七、工商管理学科

表 2-41　工商管理学科（5 强与中国大学）

排名	英文名称	中文名称	国家/地区	总得分
1	HONG-KONG-POLYTECH-UNIV	香港理工大学	中国	100.00
2	NBER	全国经济研究所	美国	96.55
3	UNIV-PENN	宾夕法尼亚大学	美国	94.69
4	PENN-STATE-UNIV	宾夕法尼亚州立大学	美国	93.61
5	HARVARD-UNIV	哈佛大学	美国	93.49
其他中国机构：34. 香港城市大学；55. 中山大学；56. 香港中文大学；77. 香港大学；83. 北京大学；98. 香港科技大学；99. 中国人民大学；127. 浙江大学；132. 西南财经大学；133. 上海交通大学；134. 清华大学；139. 香港浸会大学；172. 复旦大学；176. 厦门大学；190. 上海财经大学；206. 西安交通大学；208. 澳门大学；232. 对外经济贸易大学；261. 中央财经大学；292. 华中科技大学；293. 南京大学；325. 暨南大学；332. 南开大学；337. 中欧国际工商学院；				

续表

338. 湖南大学；343. 武汉大学；358. 哈尔滨工业大学；361. 中山大学；368. 中国科学院大学；435. 同济大学；445. 上海大学；456. 宁波诺丁汉大学；476. 中南财经政法大学；482. 中国科学技术大学；497. 华南理工大学；528. 中国科学院大学；544. 北京师范大学；556. 四川大学；564. 澳门科技大学；568. 山东大学；582. 江西财经大学；635. 天津大学；667. 北京理工大学；671. 深圳大学；673. 北京航空航天大学；679. 西南交通大学；681. 西交利物浦大学；687. 东北财经大学；698. 上海体育学院；701. 澳门旅游学院；704. 大连理工大学；729. 华东理工大学；736. 浙江工商大学；769. 华东师范大学；789. 重庆大学；807. 浙江财经大学；823. 东南大学；837. 吉林大学；860. 南京审计大学；890. 澳门城市大学；891. 西北工业大学；905. 首都经济贸易大学；910. 华侨大学；921. 中南大学；929. 南京财经大学；966. 北京交通大学；980. 合肥工业大学；982. 长江商学院；983. 上海立信会计金融学院；989. 苏州大学；992. 香港公开大学；995. 广州大学；1005. 广东外语外贸大学；1014. 电子科技大学；1022. 中国矿业大学；1023. 中南大学；1055. 上海对外经贸大学；1063. 华南师范大学；1088. 北京第二外国语学院；1100. 华东理工大学；1121. 南京理工大学；1126. 安徽财经大学；1129. 中国东北大学；1145. 北京科技大学；1149. 中国社会科学院大学；1160. 西安电子科技大学；1197. 北京联合大学；1207. 北京邮电大学；1238. 江南大学；1248. 浙江工业大学；1252. 河海大学；1258. 东华大学；1264. 海南大学；1282. 上海外国语大学；1290. 中国金融研究院；1297. 广东金融学院；1313. 山西大学；1321. 南方科技大学；1368. 华南农业大学；1389. 中国海洋大学；1399. 南京航空航天大学；1408. 青岛大学；1416. 华中农业大学；1418. 河南大学；1422. 北京工商大学；1432. 华中师范大学；1439. 陕西师范大学；1444. 安徽师范大学；1459. 山东财经大学；1465. 杭州电子科技大学；1470. 恒生管理学院；1473. 上海师范大学；1498. 重庆工商大学；1513. 宁波大学；1519. 南昌大学；1539. 华北电力大学；1556. 云南财经大学；1575. 汕头大学

十八、公共管理学科

表2-42　公共管理学科（5强与中国大学）

排名	英文名称	中文名称	国家/地区	总得分
1	HARVARD UNIVERSITY	哈佛大学	美国	100.00
2	UNIVERSITY OF TORONTO	多伦多大学	加拿大	99.09
3	UNIVERSITY OF WASHINGTON	华盛顿大学	美国	94.75
4	UNIV-MICHIGAN	密歇根大学	美国	91.50
5	UNIV-CALIF-SAN-FRANCISCO	加利福尼亚大学旧金山分校	美国	90.78

其他中国机构：104. 香港大学；147. 北京大学；167. 中国科学院大学；178. 香港理工大学；198. 中山大学；208. 浙江大学；209. 香港中文大学；236. 香港城市大学；244. 复旦大学；256. 清华大学；293. 华中科技大学；299. 武汉大学；356. 北京师范大学；358. 四川大学；374. 上海交通大学；399. 同济大学；405. 中国人民大学；407. 中国科学院大学；423. 香港浸会大学；447. 南京大学；498. 山东大学；544. 西安交通大学；550. 华东师范大学；632. 哈尔滨工业大学；650. 首都医科大学；681. 东南大学；735. 暨南大学；841. 中国医学科学院；842. 南京医科大学；844. 深圳大学；847. 中南大学；884. 北京理工大学；918. 吉林大学；967. 中央财经大学；971. 南方医科大学；975. 厦门大学；988. 大连理工大学；991. 重庆大学；1022. 澳门大学；1050. 中国医科大学；1063. 兰州大学；1084. 海军军医大学；1097. 华南理工大学；1111. 郑州大学；1114. 中南大学；1131. 苏州大学；1138. 西南财经大学；1175. 上海财经大学；1294. 重庆医科大学；1295. 哈尔滨医科大学；1321. 河南大学；1326. 北京航空航天大学；1346. 湖南大学；1374. 中国医学科学院-北京协和医学院；1375. 广州大学；1378. 香港教育大学；1385. 安徽医科大学；1394. 中国地质大学；1410. 天津大学；1413. 浙江财经大学；1436. 青岛大学；1465. 天津医科大学；1497. 上海大学；1529. 西交利物浦大学；1566. 北京交通大学；1572. 南京师范大学；1592. 南开大学；1631. 浙江工商大学；1636. 中国社会科学院大学；1656. 空军军医大学；1661. 香港科技大学；1662. 福建医科大学；1748. 广州医科大学；1770. 中国农业大学；1791. 中国东北大学；1808. 电子科技大学；1886. 陕西师范大学；1892. 陆军军医大学；1903. 江西财经大学；1924. 合肥工业大学；1939. 江苏师范大学；1965. 中南财经政法大学；1973. 西南大学；1978. 对外经济贸易大学；2037. 北京林业大学；2050. 西安电子科技大学；2115. 南京信息工程大学；2173. 杭州师范大学；

续表

2187. 华中师范大学；2197. 北京邮电大学；2204. 华南师范大学；2208. 广州中医药大学；2275. 华中农业大学；2325. 安徽财经大学；2346. 中国药科大学；2348. 北京工业大学；2351. 中山大学；2355. 中国矿业大学；2360. 河北医科大学；2383. 中国科学技术大学；2387. 温州医科大学；2398. 河海大学；2413. 汕头大学；2457. 中国海洋大学；2485. 江南大学；2532. 东北师范大学；2540. 华侨大学；2542. 广东医科大学；2545. 昆明医科大学；2556. 西南大学

十九、公共卫生与预防医学(可授医学、理学学位)学科

表2-43 公共卫生与预防医学（可授医学、理学学位）学科（5强与中国大学）

排名	英文名称	中文名称	国家/地区	总得分
1	CHINESE-CTR-DIS-CONTROL-&-PREVENT	中国疾病预防控制中心	中国	100.00
2	HARVARD-UNIV	哈佛大学	美国	99.80
3	UNIVERSITY OF WASHINGTON	华盛顿大学	美国	94.81
4	UNIV-CALIF-SAN-FRANCISCO	加利福尼亚大学旧金山分校	美国	92.81
5	NORTH CAROLINA STATE UNIVERSITY	北卡罗来纳大学	美国	91.99
其他中国机构：82. 香港大学；108. 中国科学院大学；118. 北京大学；129. 浙江大学；140. 复旦大学；176. 中山大学；177. 香港中文大学；201. 上海交通大学；244. 中国医学科学院；250. 华中科技大学；258. 首都医科大学；278. 四川大学；297. 中国农业大学；341. 江南大学；356. 中国农业科学院；360. 武汉大学；365. 山东大学；432. 香港理工大学；457. 西安交通大学；466. 南京医科大学；471. 南方医科大学；489. 清华大学；496. 中国科学院大学；505. 中南大学；510. 华南理工大学；519. 中国医学科学院-北京协和医学院；524. 中国医科大学；540. 重庆医科大学；561. 同济大学；572. 吉林大学；575. 南京大学；596. 南京农业大学；623. 南昌大学；644. 苏州大学；646. 安徽医科大学；647. 东南大学；648. 郑州大学；713. 华中农业大学；718. 哈尔滨医科大学；770. 华南农业大学；780. 厦门大学；795. 广州医科大学；797. 中南大学；798. 西北农林科技大学；812. 海军军医大学；834. 暨南大学；848. 北京师范大学；858. 天津医科大学；890. 江苏大学；957. 青岛大学；962. 温州医科大学；974. 香港城市大学；1013. 兰州大学；1061. 四川农业大学；1077. 陆军军医大学；1102. 扬州大学；1114. 中国海洋大学；1121. 澳门大学；1131. 广西医科大学；1144. 深圳大学；1150. 西南大学；1210. 福建医科大学；1254. 哈尔滨工业大学；1258. 空军军医大学；1296. 南方科技大学；1375. 合肥工业大学；1399. 香港浸会大学；1410. 中国人民解放军军事医学科学院；1426. 陕西师范大学；1436. 东北农业大学；1437. 汕头大学；1442. 广东省预防控制中心；1475. 福建农林大学；1489. 天津理工大学；1490. 新疆医科大学；1506. 河北医科大学；1509. 天津大学；1524. 昆明医科大学；1537. 北京工商大学；1548. 宁波大学；1556. 南开大学；1619. 南通大学；1622. 浙江工商大学；1685. 中国药科大学；1771. 安徽农业大学；1810. 湖南农业大学；1819. 河海大学；1848. 中国人民大学；1920. 华东师范大学；1938. 中国科学技术大学；1947. 山东农业大学；1951. 山西医科大学；1996. 广东药科大学；2012. 青岛农业大学；2029. 大连医科大学；2034. 杭州师范大学；2079. 中国地质大学；2098. 重庆大学；2104. 宁夏医科大学；2131. 吉林农业大学；2151. 中国矿业大学				

二十、管理科学与工程(可授管理学、工学学位)学科

表2-44 管理科学与工程（可授管理学、工学学位）学科（5强与中国大学）

排名	英文名称	中文名称	国家/地区	总得分
1	HONG KONG POLYTECHNIC UNIVERSITY	香港理工大学	中国	100.00
2	CITY UNIVERSITY OF HONG KONG	香港城市大学	中国	89.09
3	NATIONAL UNIVERSITY OF SINGAPORE	新加坡国立大学	新加坡	88.99

续表

排名	英文名称	中文名称	国家/地区	总得分
4	PENN-STATE-UNIV	宾夕法尼亚州立大学	美国	87.57
5	ARIZONA-STATE-UNIV	亚利桑那州立大学	美国	87.31
其他中国机构：8. 上海交通大学；10. 清华大学；21. 华中科技大学；27. 中国科学院大学；38. 香港大学；39. 香港科技大学；42. 北京航空航天大学；44. 西安交通大学；45. 中国科学技术大学；49. 浙江大学；50. 哈尔滨工业大学；51. 同济大学；68. 天津大学；71. 东南大学；73. 香港中文大学；81. 台湾成功大学；82. 大连理工大学；85. 中山大学；91. 电子科技大学；96. 北京交通大学；100. 中国东北大学；102. 北京大学；105. 华南理工大学；108. 台湾大学；132. 西北工业大学；144. 重庆大学；154. 北京理工大学；157. 上海大学；158. 复旦大学；175. 南京大学；184. 四川大学；190. 武汉大学；191. 南京航空航天大学；206. 湖南大学；209. 中国人民大学；210. 西南财经大学；214. 合肥工业大学；220. 中南大学；234. 北京科技大学；236. 香港浸会大学；239. 南开大学；247. 西安电子科技大学；255. 深圳大学；260. 南京理工大学；265. 厦门大学；274. 中国科学院大学；277. 山东大学；285. 西南交通大学；302. 上海财经大学；303. 国防科技大学；304. 武汉理工大学；330. 澳门大学；353. 宁波诺丁汉大学；378. 中欧国际工商学院；385. 广东工业大学；388. 对外经济贸易大学；402. 暨南大学；427. 福州大学；430. 中国矿业大学；443. 东华大学；460. 浙江工业大学；466. 北京工业大学；468. 中南大学；472. 上海海事大学；489. 吉林大学；501. 北京邮电大学；512. 中山大学；514. 杭州电子科技大学；516. 东北财经大学；539. 大连海事大学；548. 苏州大学；557. 河海大学；593. 浙江财经大学；603. 江西财经大学；611. 华北电力大学；620. 浙江工商大学；633. 燕山大学；639. 中国石油大学；659. 澳门科技大学；661. 南京信息工程大学；662. 华东师范大学；667. 中国地质大学；673. 华东理工大学；678. 郑州大学；679. 北京师范大学；683. 华东理工大学；685. 中央财经大学；691. 南京邮电大学；705. 上海理工大学；729. 曲阜师范大学；739. 西南大学；749. 西交利物浦大学；767. 江苏大学；774. 中南财经政法大学；794. 哈尔滨工程大学；795. 沈阳航空航天大学；796. 南京财经大学；800. 江南大学；803. 兰州大学；804. 浙江师范大学；837. 华侨大学；848. 南京审计大学；850. 山东科技大学；860. 南昌大学；863. 南京师范大学；870. 广州大学；873. 长沙理工大学；877. 北京化工大学；878. 安徽大学；879. 重庆交通大学；882. 重庆师范大学；920. 武汉科技大学；933. 华南师范大学；943. 青岛大学；949. 长安大学；954. 聊城大学；992. 重庆工商大学；1003. 广西大学；1019. 天津科技大学				

二十一、光学工程学科

表 2-45　光学工程学科（5 强与中国大学）

排名	英文名称	中文名称	国家/地区	总得分
1	CHINESE ACADEMY OF SCIENCES	中国科学院	中国	100.00
2	RUSSIAN-ACAD-SCI	俄罗斯科学院	中国	74.25
3	HUAZHONG-UNIV-SCI-&-TECHNOL	华中科技大学	俄罗斯	73.95
4	ZHEJIANG UNIVERSITY	浙江大学	中国	70.99
5	UNIV-CHINESE-ACAD-SCI	中国科学院大学	中国	70.78
其他中国机构：6. 清华大学；8. 哈尔滨工业大学；10. 中国科学技术大学；11. 上海交通大学；13. 北京邮电大学；14. 深圳大学；15. 电子科技大学；17. 北京大学；23. 山东大学；24. 天津大学；25. 国防科技大学；29. 南京大学；34. 北京理工大学；35. 吉林大学；36. 复旦大学；37. 东南大学；39. 南开大学；44. 台湾交通大学；45. 北京航空航天大学；46. 华南师范大学；53. 西安交通大学；56. 台湾大学；59. 香港理工大学；60. 西安电子科技大学；61. 南京理工大学；62. 华南理工大学；65. 中山大学；66. 上海大学；67. 苏州大学；70. 湖南大学；75. 四川大学；81. 山西大学；89. 香港城市大学；99. 华东师范大学；102. 大连理工大学；104. 厦门大学；109. 中国工程物理学院；112. 台湾成功大学；114. 北京交通大学；120. 中国计量大学；128. 暨南大学；129. 长春理工大学；133. 重庆大学；134. 上海理工大学；135. 南京邮电大学；137. 南京航空航天大学；140. 香港中文大学；142. 西北工业大学；149. 武汉大学；153. 哈尔滨工程大学；162. 同济大学；172. 北京工业大学；178. 山东师范大学；206. 香港大学；217. 香港科技大学；220. 宁波大学；223. 北京师范大学；225. 广东工业大学；228. 中国东北大学；247. 西南交通大学；249. 武汉理工大学；255. 兰州大学；267. 中南大学；270. 江苏师范大学；271. 太原理工大学；279. 福州大学；280. 浙江师范大学；288. 西北大学；				

续表

299. 江苏大学；300. 武汉工程大学；306. 首都师范大学；318. 南昌大学；322. 合肥工业大学；329. 南京信息工程大学；336. 安徽大学；344. 杭州电子科技大学；349. 武汉东湖学院；355. 福建师范大学；371. 湖南师范大学；381. 北京科技大学；382. 江南大学；386. 桂林电子科技大学；387. 燕山大学；388. 中国地质大学；391. 陕西师范大学；398. 郑州大学；407. 东北师范大学；422. 浙江工业大学；431. 天津科技大学；438. 南京工业大学；440. 中国人民解放军空军工程大学；494. 中国矿业大学；498. 南方科技大学；505. 浙江农林大学；510. 南京师范大学；514. 中北大学；518. 西安工业大学；531. 青岛大学；532. 重庆邮电大学；547. 江西师范大学；550. 河北工业大学；559. 西南大学；570. 华中师范大学；596. 华东交通大学；607. 河北大学；624. 上海科技大学；625. 南昌航空大学；628. 天津工业大学；632. 西安理工大学；634. 哈尔滨理工大学；651. 西安邮电大学；656. 华侨大学；666. 大连海事大学；670. 曲阜师范大学；685. 西北师范大学

二十二、海洋科学学科

表 2-46 海洋科学学科（5 强与中国大学）

排名	英文名称	中文名称	国家/地区	总得分
1	NOAA	美国国家海洋和大气管理局	中国	100.00
2	CHINESE-ACAD-SCI	中国科学院大学	美国	97.94
3	WOODS-HOLE-OCEANOG-INST	伍兹霍尔海洋研究所	美国	95.96
4	OCEAN-UNIV-CHINA	中国海洋大学	美国	93.98
5	UNIVERSITY OF WASHINGTON	华盛顿大学	美国	93.18

其他中国机构：25. 中国科学院大学；35. 厦门大学；40. 上海交通大学；55. 台湾海洋大学；59. 浙江大学；63. 大连理工大学；64. 华东师范大学；69. 台湾大学；89. 哈尔滨工程大学；94. 河海大学；118. 上海海洋大学；125. 同济大学；127. 天津大学；141. 中国科学院；165. 中山大学；167. 大连海事大学；177. 南京大学；178. 南京信息工程大学；203. 武汉理工大学；228. 中国地质大学；233. 清华大学；255. 香港科技大学；263. 武汉大学；308. 中国石油大学；357. 江苏科技大学；367. 华中科技大学；398. 浙江海洋大学；399. 西北工业大学；408. 上海海事大学；415. 天津理工大学；417. 国防科技大学；425. 山东科技大学；433. 哈尔滨工业大学；443. 广东海洋大学；456. 复旦大学；462. 香港大学；486. 山东大学；505. 北京师范大学；518. 香港理工大学；531. 集美大学；544. 东南大学；565. 暨南大学；582. 宁波大学；591. 北京大学；593. 西南石油大学；595. 香港中文大学；611. 大连海洋大学；699. 北京航空航天大学；727. 香港城市大学；734. 中国石油大学；790. 中国人民解放军陆军工程大学；834. 四川大学；865. 广西大学；890. 北京理工大学；896. 西南交通大学；924. 长沙理工大学；958. 温州大学；959. 华南理工大学；961. 中国气象科学院；972. 中国矿业大学；975. 吉林大学；989. 西安交通大学；995. 南京航空航天大学；1014. 中国人民解放军海军工程大学；1026. 福州大学；1044. 南京师范大学；1045. 深圳大学；1068. 中国科学技术大学；1078. 海南大学；1093. 北京工业大学；1097. 汕头大学；1117. 湖南大学；1127. 南方科技大学；1137. 中南大学；1140. 青岛理工大学；1142. 南京理工大学；1166. 青岛农业大学；1172. 鲁东大学；1179. 上海大学；1184. 青岛大学；1231. 大连海军学院；1242. 辽宁师范大学；1289. 中国地震局；1300. 南京工业大学；1306. 重庆大学

二十三、航空宇航科学与技术学科

表 2-47 航空宇航科学与技术学科（5 强与中国大学）

排名	英文名称	中文名称	国家/地区	总得分
1	BEIHANG UNIVERSITY	北京航空航天大学	中国	100.00
2	NATIONAL AERONAUTICS AND SPACE ADMINISTRATION	美国航空航天局	美国	88.88

续表

排名	英文名称	中文名称	国家/地区	总得分
3	NORTHWESTERN-POLYTECH-UNIV	西北工业大学	中国	87.19
4	NATL-UNIV-DEF-TECHNOL	国防科技大学	中国	85.96
5	HARBIN-INST-TECHNOL	哈尔滨工业大学	中国	85.36
其他中国机构：6. 南京航空航天大学；7. 中国科学院大学；8. 北京理工大学；9. 清华大学；23. 上海交通大学；37. 西安电子科技大学；38. 中国科学院大学；45. 西安交通大学；51. 武汉大学；62. 大连理工大学；69. 浙江大学；73. 南京理工大学；78. 中国人民解放军空军工程大学；81. 电子科技大学；84. 东南大学；88. 北京大学；101. 哈尔滨工程大学；106. 香港理工大学；116. 华中科技大学；130. 中国东北大学；142. 天津大学；169. 中国科学技术大学；196. 同济大学；207. 重庆大学；211. 湖南大学；213. 中南大学；218. 复旦大学；220. 中国人民解放军海军航空大学；236. 香港科技大学；253. 沈阳航空航天大学；254. 中山大学；270. 深圳大学；272. 中国民航大学；276. 南京大学；293. 北京工业大学；308. 山东大学；309. 河海大学；315. 厦门大学；317. 长安大学；326. 武汉科技大学；331. 北京科技大学；346. 西南交通大学；354. 香港城市大学；369. 中国地震局；389. 大连海事大学；403. 上海大学；412. 中国地质大学；417. 华北电力大学；429. 山东科技大学；436. 中南大学；456. 西安工业大学；458. 中国矿业大学；463. 四川大学；468. 中北大学；470. 杭州电子科技大学；474. 中国人民解放军海军工程大学；479. 北京交通大学；486. 南开大学；499. 合肥工业大学；504. 香港大学；521. 吉林大学；541. 南京信息工程大学；547. 北京航空航天大学；559. 南昌航空大学；560. 上海海事大学；564. 中国工程物理学院；576. 江苏大学；578. 长沙理工大学；596. 南京工业大学；597. 燕山大学；600. 华南理工大学；611. 信息工程大学；612. 香港中文大学；631. 浙江理工大学；640. 江苏科技大学；646. 武汉理工大学；649. 苏州大学；677. 北京邮电大学；686. 浙江工业大学；687. 南京邮电大学；688. 桂林电子科技大学				

二十四、核科学与技术学科

表 2-48 核科学与技术学科（5 强与中国大学）

排名	英文名称	中文名称	国家/地区	总得分
1	CHINESE ACADEMY OF SCIENCES	中国科学院	中国	100.00
2	JAPAN ATOMIC ENERGY AGENCY	日本原子能科学研究院	日本	91.07
3	OAK RIDGE NATIONAL LABORATORY	美国橡树岭国家实验室	美国	87.64
4	THE FRENCH ATOMIC ENERGY COMMISSION	法国原子能和替代能源委员会	法国	86.66
5	KOREA ATOMIC ENERGY RESEARCH INSTITUTE	韩国原子能科学研究院	韩国	86.27
其他中国机构：9. 清华大学；14. 中国科学技术大学；16. 西安交通大学；30. 中国科学院大学；39. 上海交通大学；47. 中国工程物理学院；57. 北京大学；62. 哈尔滨工程大学；89. 四川大学；105. 北京科技大学；110. 台湾“清华大学”；119. 兰州大学；129. 华北电力大学；164. 大连理工大学；183. 北京航空航天大学；184. 南华大学；188. 华中科技大学；212. 山东大学；225. 复旦大学；230. 南京航空航天大学；244. 哈尔滨工业大学；259. 北京师范大学；268. 中山大学；276. 电子科技大学；282. 西南科技大学；299. 西北工业大学；314. 重庆大学；318. 浙江大学；326. 江苏大学；328. 天津大学；346. 湖南大学；360. 中国科学院高能物理研究所；366. 合肥工业大学；376. 武汉大学；381. 香港城市大学；398. 南京大学；399. 广西大学；409. 上海大学；423. 华中师范大学；426. 华东理工大学；430. 山西大学；437. 西北工业大学；446. 深圳大学；448. 南开大学；456. 同济大学；478. 苏州大学；505. 中国东北大学；509. 成都理工大学；521. 华南理工大学；537. 厦门大学；600. 中国人民解放军海军工程大学；628. 中南大学；629. 华东理工大学；717. 南京师范大学；730. 国防科技大学；742. 北京工业大学；753. 中国地质大学；765. 中国核电总公司；795. 吉林大学；859. 西南交通大学；863. 郑州大学；871. 武汉理工大学；933. 山东理工大学；953. 中国矿业大学；967. 香港理工大学；988. 中国石油大学；997. 北京理工大学；1010. 中国科学院大学；1045. 南京理工大学；1065. 绍兴文理学院；1082. 香港大学；1092. 河海大学；1111. 上海科技大学；1146. 东南大学；1155. 湘潭大学；1158. 大连海事大学；1164. 华东理工大学；1166. 南京工业大学；1219. 北京化工大学；1220. 广东工业大学；1328. 浙江工业大学；1353. 河西学院；1400. 汕头大学；1421. 上海电力学院；1425. 西安电子科技大学；1430. 西安工业大学；1470. 陕西师范大学；				

续表

1492. 上海理工大学；1505. 安徽医科大学；1528. 西南大学；1560. 东华大学；1607. 中国医学科学院；1620. 香港中文大学；1621. 东北师范大学；1674. 中南大学

二十五、护理学(可授医学、理学学位)学科

表 2-49 护理学（可授医学、理学学位）学科（5 强与中国大学）

排名	英文名称	中文名称	国家/地区	总得分
1	UNIV-SAO-PAULO	圣保罗大学	巴西	100.00
2	UNIV-PENN	宾夕法尼亚大学	美国	99.92
3	UNIV-N-CAROLINA	北卡罗来纳大学	美国	96.61
4	UNIV-CALIF-SAN-FRANCISCO	加利福尼亚大学旧金山分校	美国	93.92
5	MONASH-UNIV	莫纳什大学	澳大利亚	92.94
其他中国机构：58. 香港理工大学；69. 香港中文大学；74. 长庚大学；78. 台北医学大学；85. 台北护理健康大学；94. 高雄医科大学；98. 长庚大学；99. 台湾阳明大学；104. 台湾大学；164. 香港大学；183. 中山大学；203. 四川大学；229. 中南大学；235. 北京大学；269. 山东大学；284. 武汉大学；330. 复旦大学；353. 上海交通大学；412. 首都医科大学；416. 海军军医大学；446. 中国医学科学院-北京协和医学院；503. 华中科技大学；514. 浙江大学；526. 西安交通大学；586. 重庆医科大学；625. 天津医科大学；664. 中国医科大学；685. 吉林大学；688. 郑州大学；689. 哈尔滨医科大学；708. 中南大学；723. 广州医科大学；736. 南京医科大学；800. 中国医学科学院；804. 苏州大学；819. 安徽医科大学；830. 南通大学；832. 南方医科大学；849. 同济大学；898. 天津中医药大学；979. 广州中医药大学；984. 江南大学；1018. 香港东华学院；1025. 南京中医药大学；1041. 澳门理工学院；1048. 澳门大学；1090. 福建医科大学；1102. 杭州师范大学；1108. 香港公开大学；1273. 广西医科大学；1279. 兰州大学；1310. 青岛大学；1382. 温州医科大学；1535. 浙江中医药大学；1553. 桂林医科大学；1578. 厦门大学；1640. 丽水大学；1723. 大连医科大学；1729. 香港教育大学；1745. 深圳大学；1775. 扬州大学；1779. 陆军军医大学；1789. 香港城市大学；1830. 福建中医药大学；1905. 空军军医大学；2009. 暨南大学；2018. 蚌埠医学院；2022. 上海中医药大学；2054. 湖北医药学院；2081. 昆明医科大学；2121. 南京大学；2135. 天津医科大学；2276. 清华大学；2291. 北京中医药大学；2295. 河北大学；2423. 湖南师范大学；2442. 电子科技大学；2490. 石河子大学；2510. 汕头大学；2515. 山西医科大学；2561. 山东中医药大学；2577. 南昌大学；2663. 济宁医学院；2715. 东南大学；2789. 泰山医学院；2807. 延边大学；2815. 成都中医药大学；2835. 北京师范大学；2854. 华南理工大学；2933. 西南大学；3055. 锦州医科大学；3084. 河南科技大学；3180. 湖南中医药大学；3255. 滨州医学院				

二十六、化学学科

表 2-50 化学学科（5 强与中国大学）

排名	英文名称	中文名称	国家/地区	总得分
1	CHINESE ACADEMY OF SCIENCES	中国科学院	中国	100.00
2	RUSSIAN ACADEMY OF SCIENCES	俄罗斯科学院	俄罗斯	71.20
3	UNIVERSITY OF CHINESE ACADEMY OF SCIENCES	中国科学院大学	中国	69.92
4	TSINGHUA UNIVERSITY	清华大学	中国	65.49
5	ZHEJIANG UNIVERSITY	浙江大学	中国	64.68

续表

其他中国机构：6. 中国科学技术大学；8. 吉林大学；9. 北京大学；10. 南京大学；12. 华南理工大学；13. 四川大学；16. 复旦大学；17. 天津大学；18. 南开大学；21. 苏州大学；22. 上海交通大学；29. 山东大学；32. 哈尔滨工业大学；34. 大连理工大学；35. 厦门大学；36. 华中科技大学；37. 武汉大学；38. 北京化工大学；39. 中山大学；45. 西安交通大学；50. 湖南大学；51. 兰州大学；54. 南京工业大学；55. 郑州大学；58. 北京理工大学；62. 台湾大学；66. 武汉理工大学；69. 福州大学；72. 中南大学；75. 华东理工大学；78. 北京科技大学；82. 东南大学；89. 江南大学；90. 北京航空航天大学；92. 上海大学；93. 江苏大学；96. 重庆大学；100. 同济大学；101. 华东师范大学；105. 香港城市大学；110. 东华大学；111. 香港科技大学；112. 南京理工大学；114. 浙江工业大学；120. 西南大学；125. 西北工业大学；131. 东北师范大学；138. 青岛科技大学；145. 华东理工大学；146. 深圳大学；152. 西北大学；153. 香港理工大学；174. 电子科技大学；180. 南昌大学；184. 陕西师范大学；188. 香港中文大学；189. 暨南大学；194. 暨南大学；196. 中国药科大学；213. 扬州大学；218. 北京师范大学；221. 中国农业大学；225. 中国石油大学；244. 太原理工大学；245. 香港大学；247. 合肥工业大学；249. 中国地质大学；260. 华南师范大学；263. 华中师范大学；265. 中国东北大学；276. 青岛大学；280. 湘潭大学；291. 南京航空航天大学；293. 中国海洋大学；296. 河南大学；297. 北京工业大学；309. 中国医学科学院；314. 中国农业科学院；316. 山西大学；317. 哈尔滨工程大学；320. 中国工程物理学院；329. 河南师范大学；335. 南京师范大学；340. 浙江理工大学；346. 安徽大学；356. 常州大学；366. 浙江师范大学；367. 南京邮电大学；370. 中国矿业大学；388. 宁波大学；393. 沈阳药科大学；394. 广东工业大学；397. 湖北大学；408. 西北农林科技大学；411. 中南大学；421. 广西大学；423. 西北师范大学；427. 华中农业大学；429. 江西师范大学；430. 山东师范大学；431. 黑龙江大学；433. 昆明理工大学；436. 中国医学科学院-北京协和医学院；441. 燕山大学；446. 南京林业大学；455. 南方科技大学；460. 河北大学；464. 安徽师范大学；465. 华南农业大学；469. 天津工业大学；472. 河北工业大学；477. 香港浸会大学；487. 陕西科技大学；490. 山东科技大学

二十七、化学工程与技术学科

表 2-51 化学工程与技术学科（5 强与中国大学）

排名	英文名称	中文名称	国家/地区	总得分
1	CHINESE ACADEMY OF SCIENCES	中国科学院	中国	100.00
2	TSINGHUA UNIVERSITY	清华大学	中国	78.72
3	TIANJIN UNIVERSITY	天津大学	中国	76.14
4	UNIV-CHINESE-ACAD-SCI	中国科学院大学	中国	74.19
5	ZHEJIANG-UNIV	浙江大学	中国	73.82

其他中国机构：6. 中国石油大学；7. 华南理工大学；8. 大连理工大学；10. 北京化工大学；11. 中国矿业大学；14. 哈尔滨工业大学；15. 中国科学技术大学；18. 上海交通大学；19. 西安交通大学；20. 华中科技大学；21. 四川大学；22. 南京工业大学；23. 华东理工大学；24. 江苏大学；25. 湖南大学；27. 东南大学；31. 华东理工大学；34. 同济大学；37. 山东大学；39. 北京理工大学；40. 中南大学；41. 南京大学；42. 重庆大学；46. 武汉理工大学；57. 中国地质大学；59. 浙江工业大学；61. 福州大学；63. 太原理工大学；67. 厦门大学；69. 西南石油大学；70. 中山大学；71. 吉林大学；72. 中国石油大学；74. 华北电力大学；75. 北京大学；76. 江南大学；78. 郑州大学；81. 武汉大学；85. 台湾大学；86. 香港理工大学；91. 南京理工大学；92. 北京科技大学；94. 苏州大学；95. 南开大学；114. 复旦大学；116. 青岛科技大学；119. 山东科技大学；123. 中国东北大学；134. 北京工业大学；135. 香港科技大学；137. 昆明理工大学；140. 东华大学；145. 香港城市大学；148. 兰州大学；152. 天津工业大学；176. 上海大学；178. 合肥工业大学；192. 北京航空航天大学；193. 河北工业大学；203. 广东工业大学；209. 广西大学；216. 香港大学；224. 北京林业大学；228. 南京林业大学；237. 扬州大学；239. 浙江理工大学；241. 中国海洋大学；243. 西北大学；244. 中南大学；253. 西北工业大学；264. 常州大学；265. 深圳大学；277. 河南理工大学；286. 暨南大学；292. 北京师范大学；300. 中国农业大学；303. 陕西师范大学；306. 南昌大学；310. 青岛大学；318. 湘潭大学；324. 天津理工大学；327. 哈尔滨工程大学；331. 上海理工大学；333. 武汉工程大学；341. 南京师范大学；346. 华东师范大学；348. 暨南大学；352. 浙江师范大学；

续表

354. 西安建筑科技大学；355. 河海大学；361. 江苏科技大学；362. 南京航空航天大学；365. 中国工程物理学院；376. 东北林业大学；377. 电子科技大学；385. 广州大学；395. 华南师范大学；403. 黑龙江大学；408. 安徽工业大学；409. 中南民族大学；412. 陕西科技大学；416. 香港中文大学；417. 中国石油大学；423. 西南科技大学；431. 东北师范大学；440. 河南大学；441. 中北大学；475. 成都理工大学；480. 西北农林科技大学；482. 东北石油大学；483. 宁波大学

二十八、环境科学与工程(可授工学、理学、农学学位)学科

表 2-52 环境科学与工程（可授工学、理学、农学学位）学科（5 强与中国大学）

排名	英文名称	中文名称	国家/地区	总得分
1	CHINESE ACADEMY OF SCIENCES	中国科学院	中国	100.00
2	UNIV-CHINESE-ACAD-SCI	中国科学院大学	中国	73.57
3	TSINGHUA-UNIV	清华大学	中国	70.07
4	PEKING-UNIV	北京大学	美国	63.44
5	NANJING-UNIV	南京大学	澳大利亚	62.64
其他中国机构：6. 浙江大学；9. 北京师范大学；12. 同济大学；20. 哈尔滨工业大学；27. 中山大学；39. 上海交通大学；40. 武汉大学；43. 香港理工大学；58. 天津大学；60. 中国地质大学；62. 湖南大学；66. 复旦大学；68. 山东大学；77. 华南理工大学；78. 香港大学；81. 南开大学；87. 河海大学；88. 华中科技大学；92. 大连理工大学；94. 中国农业大学；100. 西北农林科技大学；102. 中国科学技术大学；105. 台湾大学；107. 中国矿业大学；111. 南京信息工程大学；121. 四川大学；123. 香港城市大学；125. 重庆大学；129. 华东师范大学；132. 厦门大学；133. 南京农业大学；135. 华北电力大学；141. 暨南大学；142. 兰州大学；153. 中国海洋大学；154. 香港科技大学；162. 东南大学；164. 西安交通大学；167. 中国农业科学院；175. 江苏大学；181. 中南大学；186. 北京林业大学；194. 华中农业大学；203. 吉林大学；205. 武汉理工大学；208. 香港中文大学；210. 北京理工大学；212. 浙江工业大学；240. 上海大学；248. 广东工业大学；250. 中国石油大学；265. 北京科技大学；278. 南京师范大学；282. 北京工业大学；298. 北京化工大学；301. 苏州大学；302. 福州大学；316. 中国科学院；318. 深圳大学；337. 香港浸会大学；344. 长安大学；352. 华南师范大学；354. 华南农业大学；361. 北京航空航天大学；372. 郑州大学；375. 西安建筑科技大学；381. 西南大学；385. 南京林业大学；386. 广州大学；387. 东华大学；394. 中南大学；423. 东北师范大学；429. 华东理工大学；433. 南京理工大学；440. 合肥工业大学；443. 浙江农林大学；450. 华东理工大学；451. 中国气象科学院；455. 南京工业大学；460. 昆明理工大学；463. 广西大学；465. 中国人民大学；484. 东北农业大学；489. 陕西师范大学；497. 四川农业大学；534. 江南大学；540. 湖南农业大学；572. 山东科技大学；573. 山西大学；592. 北京交通大学；594. 福建农林大学；595. 太原理工大学；600. 扬州大学；601. 南方科技大学；617. 青岛大学；629. 福建师范大学；636. 河南大学；637. 上海理工大学；650. 暨南大学；652. 河南师范大学；653. 电子科技大学；660. 中国东北大学；667. 成都理工大学；685. 南京航空航天大学；698. 华中师范大学；704. 南昌大学				

二十九、会计与金融学科

表 2-53 会计与金融学科（5 强与中国大学）

排名	英文名称	中文名称	国家/地区	总得分
1	NATIONAL BUREAU OF ECONOMIC RESEARCH	全国经济研究所	美国	100.00
2	NEW YORK UNIVERSITY	纽约大学	美国	84.47
3	UNIV-CHICAGO	芝加哥大学	美国	82.67

续表

排名	英文名称	中文名称	国家/地区	总得分
4	UNIV-PENN	宾夕法尼亚大学	美国	81.81
5	HARVARD-UNIV	哈佛大学	美国	76.70
其他中国机构：21. 香港中文大学；23. 香港城市大学；39. 香港大学；40. 香港理工大学；45. 台湾大学；56. 中国人民大学；58. 香港科技大学；59. 西南财经大学；62. 中央财经大学；66. 上海财经大学；70. 清华大学；72. 台湾政治大学；75. 北京大学；93. 上海交通大学；110. 厦门大学；120. 复旦大学；123. 对外经济贸易大学；163. 浙江大学；183. 中山大学；199. 中山大学；205. 湖南大学；221. 香港浸会大学；225. 中南财经政法大学；264. 暨南大学；271. 澳门大学；276. 西安交通大学；283. 南开大学；301. 南京大学；317. 中国科学院大学；328. 江西财经大学；392. 西南交通大学；409. 武汉大学；430. 北京航空航天大学；435. 中国科学院大学；443. 天津大学；451. 中欧国际工商学院；457. 南京审计大学；470. 西交利物浦大学；512. 华中科技大学；517. 北京师范大学；529. 重庆大学；532. 长江商学院；552. 山东大学；560. 上海立信会计金融学院；578. 华南理工大学；597. 宁波诺丁汉大学；614. 首都经济贸易大学；623. 中国金融研究院；630. 深圳大学；648. 南京理工大学；652. 华东理工大学；659. 浙江财经大学；679. 上海对外经贸大学；723. 东北财经大学；726. 北京交通大学；742. 华东师范大学；758. 云南财经大学；773. 上海大学；776. 同济大学；777. 北京理工大学；780. 中国科学技术大学；788. 山东财经大学；806. 广东外语外贸大学；809. 南京财经大学；827. 中国社会科学院大学；854. 北京工商大学；899. 广州大学；904. 南昌大学；910. 电子科技大学；921. 南方科技大学；960. 中南大学；963. 东南大学；967. 哈尔滨工业大学；1001. 浙江工商大学；1008. 四川大学；1051. 苏州大学；1074. 上海商学院；1095. 河南大学；1104. 中国东北大学；1107. 天津财经大学；1122. 恒生管理学院；1127. 中国矿业大学；1162. 中国海洋大学；1191. 宁波诺丁汉大学；1193. 华南农业大学；1203. 吉林大学；1207. 大连理工大学；1211. 澳门科技大学；1219. 香港公开大学；1230. 青岛大学；1236. 上海外国语大学；1264. 山西大学；1281. 北京外国语大学；1286. 广东金融学院；1306. 广西大学；1338. 江南大学；1343. 中南大学；1370. 上海高级金融学院；1378. 福州大学；1391. 长沙理工大学；1397. 湖北经济学院；1428. 重庆工商大学；1436. 杭州电子科技大学；1480. 香港恒生大学；1488. 香港树仁大学；1499. 闽江学院；1520. 合肥工业大学；1573. 西安电子科技大学；1574. 浙江工业大学；1581. 上海立信会计金融学院；1594. 华东政法大学；1602. 中欧国际工商学院；1604. 北京科技大学；1631. 北京师范大学珠海分校；1634. 中国地质大学；1643. 海南大学				

三十、机械工程学科

表 2-54　机械工程学科（5 强与中国大学）

排名	英文名称	中文名称	国家/地区	总得分
1	XI'AN JIAOTONG UNIVERSITY	西安交通大学	中国	100.00
2	SHANGHAI JIAO TONG UNIVERSITY	上海交通大学	中国	96.83
3	TSINGHUA UNIVERSITY	清华大学	中国	94.60
4	CHINESE ACADEMY OF SCIENCES	中国科学院	中国	92.21
5	HARBIN-INST-TECHNOL	哈尔滨工业大学	中国	87.83
其他中国机构：7. 北京航空航天大学；9. 大连理工大学；10. 华中科技大学；11. 浙江大学；12. 天津大学；13. 西北工业大学；14. 重庆大学；15. 南京航空航天大学；17. 西南交通大学；18. 同济大学；20. 北京理工大学；22. 中国科学技术大学；24. 东南大学；25. 香港理工大学；28. 华南理工大学；29. 湖南大学；34. 中国矿业大学；38. 中国科学院大学；43. 中国东北大学；49. 北京工业大学；50. 北京交通大学；51. 江苏大学；55. 华北电力大学；56. 北京科技大学；57. 山东大学；59. 哈尔滨工程大学；60. 香港城市大学；64. 中南大学；65. 武汉理工大学；68. 南京理工大学；69. 台湾成功大学；74. 吉林大学；81. 合肥工业大学；89. 中国石油大学；95. 上海大学；97. 北京大学；99. 河海大学；108. 国防科技大学；112. 四川大学；127. 燕山大学；135. 上海理工大学；146. 香港科技大学；150. 电子科技大学；163. 武				

续表

汉大学；164. 中南大学；169. 南京工业大学；171. 西南石油大学；203. 太原理工大学；211. 江南大学；222. 中山大学；227. 浙江工业大学；241. 香港大学；245. 厦门大学；247. 山东科技大学；253. 广东工业大学；276. 兰州理工大学；282. 中国工程物理学院；283. 宁波大学；286. 浙江理工大学；302. 中国石油大学；311. 西安工业大学；312. 大连海事大学；326. 西安电子科技大学；333. 北京化工大学；338. 河南科技大学；344. 郑州大学；345. 中国地质大学；346. 长安大学；349. 中国海洋大学；359. 华侨大学；361. 澳门大学；367. 华东理工大学；380. 昆明理工大学；382. 武汉科技大学；386. 江苏科技大学；396. 深圳大学；403. 北京邮电大学；404. 华东理工大学；411. 广州大学；414. 湖南科技大学；415. 苏州大学；423. 河北工业大学；433. 西安建筑科技大学；440. 香港中文大学；443. 福州大学；444. 上海工程技术大学；448. 东华大学；451. 中国农业大学；452. 长沙理工大学；486. 北京建筑大学；487. 中国人民解放军海军工程大学；488. 上海海事大学；495. 常州大学；502. 复旦大学；508. 扬州大学；513. 青岛理工大学；537. 湘潭大学；538. 中国计量大学；540. 安徽工业大学；542. 兰州交通大学；549. 西华大学；550. 中国人民解放军陆军工程大学；560. 重庆交通大学；570. 南开大学；576. 桂林电子科技大学；577. 中北大学；578. 河南理工大学；582. 杭州电子科技大学；594. 南京林业大学；610. 哈尔滨理工大学；613. 广西大学；636. 南昌大学

三十一、机械及航空航天和制造工程学科

表 2-55　机械及航空航天和制造工程学科（5 强与中国大学）

排名	英文名称	中文名称	国家/地区	总得分
1	SHANGHAI JIAO TONG UNIVERSITY	上海交通大学	中国	100.00
2	XI'AN JIAOTONG UNIVERSITY	西安交通大学	中国	99.70
3	TSINGHUA UNIVERSITY	清华大学	中国	96.72
4	BEIHANG UNIVERSITY	北京航空航天大学	中国	96.49
5	HARBIN-INST-TECHNOL	哈尔滨工业大学	中国	96.22
其他中国机构：6. 中国科学院大学；8. 西北工业大学；9. 华中科技大学；10. 南京航空航天大学；11. 大连理工大学；13. 浙江大学；14. 天津大学；16. 重庆大学；18. 香港理工大学；19. 北京理工大学；25. 同济大学；26. 华南理工大学；28. 中国科学技术大学；30. 西南交通大学；34. 东南大学；36. 湖南大学；38. 山东大学；39. 国防科技大学；41. 中国东北大学；45. 中国科学院大学；55. 中国矿业大学；61. 北京工业大学；64. 香港城市大学；65. 北京交通大学；69. 北京科技大学；72. 南京理工大学；73. 武汉理工大学；74. 江苏大学；75. 台湾成功大学；76. 中南大学；81. 吉林大学；86. 哈尔滨工程大学；90. 上海大学；91. 华北电力大学；94. 合肥工业大学；100. 北京大学；110. 四川大学；111. 香港科技大学；119. 中国石油大学；126. 电子科技大学；139. 武汉大学；143. 河海大学；158. 燕山大学；161. 香港大学；164. 广东工业大学；179. 上海理工大学；194. 西安电子科技大学；213. 厦门大学；216. 中南大学；218. 浙江工业大学；222. 中山大学；231. 南京工业大学；255. 西南石油大学；266. 太原理工大学；276. 江南大学；280. 深圳大学；294. 中国工程物理学院；296. 山东科技大学；301. 东华大学；304. 香港中文大学；313. 兰州理工大学；315. 西安工业大学；327. 宁波大学；333. 复旦大学；347. 郑州大学；352. 武汉科技大学；353. 北京化工大学；362. 浙江理工大学；367. 大连海事大学；371. 长安大学；380. 中国地质大学；389. 河南科技大学；391. 江苏科技大学；392. 沈阳航空航天大学；396. 华侨大学；401. 中国石油大学；407. 澳门大学；410. 苏州大学；425. 华东理工大学；429. 福州大学；435. 中国海洋大学；444. 哈尔滨理工大学；451. 湖南科技大学；453. 北京邮电大学；455. 昆明理工大学；461. 上海工程技术大学；462. 上海海事大学；466. 南开大学；473. 长沙理工大学；493. 华东理工大学；503. 中国人民解放军空军工程大学；504. 河北工业大学；510. 暨南大学；511. 青岛理工大学；521. 广州大学；534. 杭州电子科技大学；536. 南京大学；549. 山东理工大学；580. 扬州大学；581. 西安建筑科技大学；584. 中国农业大学；587. 河南理工大学；592. 安徽工业大学；604. 哈尔滨工业大学；605. 中国人民解放军海军工程大学；608. 湘潭大学；612. 南昌大学；614. 中北大学；620. 宁波诺丁汉大学；627. 常州大学；632. 南京林业大学				

三十二、基础医学(可授医学、理学学位)学科

表 2-56 基础医学(可授医学、理学学位)学科(5 强与中国大学)

排名	英文名称	中文名称	国家/地区	总得分
1	HARVARD UNIVERSITY	哈佛大学	美国	100.00
2	UNIV-CALIF-SAN-FRANCISCO	加利福尼亚大学旧金山分校	美国	88.56
3	JOHNS-HOPKINS-UNIV	约翰·霍普金斯大学	英国	88.01
4	UCL	伦敦大学学院	美国	87.86
5	UNIVERSITY OF PENNSYLVANIA	宾夕法尼亚大学	美国	87.64
其他中国机构：14. 中国科学院大学；24. 上海交通大学；30. 复旦大学；36. 浙江大学；37. 中山大学；42. 首都医科大学；57. 南京医科大学；61. 北京大学；66. 山东大学；67. 华中科技大学；80. 四川大学；101. 南方医科大学；105. 中国医学科学院；106. 吉林大学；107. 中国医科大学；118. 中南大学；121. 苏州大学；123. 武汉大学；128. 西安交通大学；130. 重庆医科大学；144. 郑州大学；151. 同济大学；154. 温州医科大学；164. 香港大学；168. 南京大学；175. 空军军医大学；181. 中国科学院大学；191. 哈尔滨医科大学；207. 陆军军医大学；211. 安徽医科大学；223. 天津医科大学；224. 广州医科大学；227. 海军军医大学；234. 青岛大学；237. 香港中文大学；254. 中国医学科学院-北京协和医学院；275. 暨南大学；296. 东南大学；310. 南通大学；313. 厦门大学；315. 河北医科大学；319. 南昌大学；336. 清华大学；338. 中国农业科学院；345. 福建医科大学；356. 北京师范大学；366. 大连医科大学；372. 广西医科大学；388. 中南大学；481. 江苏大学；482. 中国药科大学；484. 深圳大学；499. 华中农业大学；517. 中国科学技术大学；531. 西南大学；532. 昆明医科大学；540. 中国农业大学；542. 电子科技大学；544. 南京中医药大学；551. 上海中医药大学；562. 南开大学；587. 山西医科大学；602. 兰州大学；615. 扬州大学；616. 新疆医科大学；635. 南京农业大学；659. 汕头大学；663. 宁波大学；664. 广州中医药大学；676. 徐州医科大学；679. 新乡医学院；682. 西北农林科技大学；695. 中国海洋大学；706. 中国科学院；729. 华东师范大学；757. 华南农业大学；773. 北京中医药大学；774. 浙江中医药大学；788. 香港理工大学；811. 宁夏医科大学；828. 中国人民解放军军事医学科学院；830. 华南师范大学；841. 杭州师范大学；842. 华南理工大学；870. 南华大学；871. 河南大学；878. 江南大学；916. 四川农业大学；920. 济宁医学院；944. 徐州医科大学；958. 西南大学；990. 湖北医药学院；1012. 蚌埠医学院；1028. 东北农业大学；1032. 沈阳药科大学；1035. 香港城市大学；1051. 湖南师范大学；1076. 澳门大学；1095. 南京师范大学；1099. 滨州医学院；1102. 天津大学；1116. 上海大学；1144. 大连理工大学；1155. 河南科技大学；1170. 石河子大学；1179. 广东医科大学；1213. 潍坊医学院；1221. 贵州医科大学				

三十三、计算机科学与技术(可授工学、理学学位)学科

表 2-57 计算机科学与技术(可授工学、理学学位)学科(5 强与中国大学)

排名	英文名称	中文名称	国家/地区	总得分
1	CHINESE ACADEMY OF SCIENCES	中国科学院	中国	100.00
2	TSINGHUA UNIVERSITY	清华大学	中国	86.70
3	NANYANG-TECHNOL-UNIV	南阳理工学院	新加坡	84.17
4	HUAZHONG UNIVERSITY OF SCIENCE & TECHNOLOGY	华中科技大学	中国	80.98
5	XIDIAN-UNIV	西安电子科技大学	中国	80.55
其他中国机构：6. 上海交通大学；7. 电子科技大学；8. 哈尔滨工业大学；9. 东南大学；10. 浙江大学；11. 香港城市大学；13. 北京航空航天大学；14. 香港理工大学；16. 大连理工大学；18. 武汉大学；19. 北京邮电大学；20. 西安交通大学；23. 中国科学技术大学；24. 北京大学；25. 中国东北大学；27. 西北工业大学；28. 中国科学院大学；29. 国防科技大学；33. 华南理工大学；34. 中山大学；35. 北京理工大学；36. 天津大学；41. 南京理工大学；42. 香港中文大学；				

续表

44. 同济大学；46. 四川大学；48. 湖南大学；49. 北京交通大学；53. 南京信息工程大学；54. 深圳大学；57. 南京航空航天大学；60. 香港科技大学；64. 重庆大学；65. 南京大学；75. 中南大学；77. 台湾大学；88. 南京邮电大学；90. 合肥工业大学；91. 台湾交通大学；92. 山东大学；95. 上海大学；97. 澳门大学；98. 香港大学；101. 台湾科技大学；105. 台湾成功大学；108. 厦门大学；109. 广东工业大学；119. 复旦大学；120. 西南交通大学；122. 吉林大学；127. 北京科技大学；130. 中国地质大学；135. 杭州电子科技大学；147. 河海大学；149. 中国矿业大学；164. 北京工业大学；176. 广州大学；180. 中南大学；187. 哈尔滨工程大学；188. 华东师范大学；190. 大连海事大学；198. 苏州大学；201. 西南大学；204. 重庆邮电大学；206. 福州大学；209. 山东科技大学；216. 安徽大学；223. 南开大学；227. 浙江工业大学；231. 武汉理工大学；234. 香港浸会大学；236. 华北电力大学；247. 江南大学；261. 北京师范大学；270. 辽宁工业大学；276. 青岛大学；278. 燕山大学；283. 山东师范大学；297. 渤海大学；304. 扬州大学；314. 江苏大学；324. 东华大学；340. 暨南大学；346. 澳门科技大学；365. 上海理工大学；367. 长沙理工大学；369. 桂林电子科技大学；371. 南京师范大学；373. 陕西师范大学；375. 中国石油大学；379. 福建师范大学；380. 中国人民大学；384. 华东理工大学；391. 上海海事大学；393. 兰州大学；396. 中国人民解放军陆军工程大学；398. 中国农业大学；421. 华侨大学；425. 郑州大学；428. 西安工业大学；429. 曲阜师范大学；457. 温州大学；475. 山西大学；496. 山东财经大学；502. 南昌大学；506. 中国海洋大学；531. 华东理工大学；539. 浙江工商大学；542. 浙江师范大学；543. 华中师范大学；547. 北京化工大学；548. 江西财经大学；552. 华南师范大学；553. 中国人民解放军空军工程大学；566. 武汉科技大学；577. 西南财经大学；581. 聊城大学；585. 西交利物浦大学

三十四、建筑学学科

表 2-58　建筑学学科（5 强与中国大学）

排名	英文名称	中文名称	国家/地区	总得分
1	UNIVERSIDADE DO MINHO	米尼奥大学	葡萄牙	100.00
2	POLITECN-MILAN	米兰理工大学	意大利	90.30
3	KYUNG HEE UNIVERSITY	庆熙大学	韩国	85.92
4	HANYANG-UNIV	汉阳大学	韩国	85.72
5	DELFT-UNIV-TECHNOL	代尔夫特大学	荷兰	85.04
其他中国机构：6. 同济大学；11. 东南大学；36. 台湾成功大学；45. 香港大学；47. 重庆大学；58. 浙江大学；59. 西安建筑科技大学；60. 台湾科技大学；76. 清华大学；78. 华南理工大学；82. 哈尔滨工业大学；83. 香港城市大学；96. 南京林业大学；104. 台北科技大学；124. 香港中文大学；138. 北京大学；139. 华侨大学；142. 上海交通大学；149. 武汉大学；155. 香港理工大学；181. 郑州大学；182. 天津大学；192. 厦门大学；194. 长安大学；204. 西南交通大学；214. 中国矿业大学；220. 兰州理工大学；235. 北京工业大学；252. 宁波大学；254. 合肥工业大学；258. 大连理工大学；260. 兰州大学；264. 西安工业大学；270. 北京交通大学；271. 武汉理工大学；272. 深圳大学；297. 北京建筑大学；299. 长江大学；307. 华中科技大学；312. 西南石油大学；315. 南京大学；318. 四川大学；335. 中南大学；343. 南京航空航天大学；352. 广州大学；363. 香港浸会大学；370. 湖北工业大学；411. 华北水利水电大学；415. 东北林业大学；420. 长沙理工大学；427. 苏州大学；447. 泉州师范学院；482. 福州大学；486. 澳门大学；492. 山东建筑大学；515. 西安交通大学；538. 郑州大学；556. 北京理工大学；564. 青岛理工大学；566. 福建农林大学；567. 太原科技大学；569. 河海大学；576. 南京师范大学；588. 长春工程学院；595. 复旦大学；606. 敦煌学院；608. 河南大学；625. 天津科技大学；626. 中国地震局；634. 河南理工大学；640. 上海财经大学；642. 重庆交通大学；646. 河北大学；654. 中国人民大学；661. 中国科学院大学；675. 河南财经政法大学；679. 对外经济贸易大学；681. 淮阴工学院；697. 北京航空航天大学；727. 山东财经大学；761. 广东工业大学；846. 沈阳农业大学；869. 宁波诺丁汉大学；909. 太原理工大学；914. 南阳理工学院；924. 浙江理工大学；948. 河北建筑工程学院；950. 西南林业大学；965. 西安建筑科技大学；973. 西华大学；983. 中山大学；1009. 东北财经大学；1022. 广西大学；1065. 上海财经大学；1068. 青岛科技大学；1074. 中国城市规划设计研究院；1086. 石河子大学				

三十五、交通运输工程学科

表 2-59 交通运输工程学科（5 强与中国大学）

排名	英文名称	中文名称	国家/地区	总得分
1	DELFT-UNIV-TECHNOL	代尔夫特大学	荷兰	100. 00
2	BEIJING JIAOTONG UNIVERSITY	北京交通大学	中国	97. 54
3	SOUTHEAST-UNIV	东南大学	中国	96. 69
4	TSINGHUA-UNIV	清华大学	中国	94. 54
5	TONGJI-UNIV	同济大学	中国	93. 46
其他中国机构：7. 香港理工大学；10. 上海交通大学；19. 西南交通大学；26. 中国科学院大学；27. 北京航空航天大学；33. 香港大学；36. 浙江大学；38. 西安电子科技大学；40. 香港科技大学；41. 北京理工大学；46. 大连理工大学；50. 哈尔滨工业大学；52. 北京邮电大学；56. 华中科技大学；61. 电子科技大学；66. 北京大学；68. 台湾成功大学；70. 香港城市大学；71. 大连海事大学；73. 长安大学；74. 中山大学；76. 台湾交通大学；79. 华南理工大学；85. 上海海事大学；91. 吉林大学；92. 重庆大学；94. 中南大学；95. 台湾大学；103. 南京航空航天大学；107. 武汉理工大学；111. 深圳大学；116. 天津大学；118. 北京工业大学；122. 中国科学技术大学；127. 武汉大学；132. 南京邮电大学；139. 国防科技大学；142. 湖南大学；161. 西安交通大学；170. 西北工业大学；172. 合肥工业大学；176. 南京大学；178. 中南大学；187. 中国科学院大学；205. 山东大学；209. 上海大学；217. 南京理工大学；223. 香港中文大学；228. 厦门大学；230. 江苏大学；261. 广东工业大学；304. 暨南大学；306. 中国东北大学；317. 重庆邮电大学；335. 福州大学；339. 上海理工大学；341. 四川大学；348. 澳门大学；370. 华北理工大学；381. 宁波大学；386. 对外经济贸易大学；392. 香港浸会大学；395. 中国矿业大学；399. 河海大学；403. 北京科技大学；411. 中国人民解放军陆军工程大学；413. 复旦大学；424. 浙江工业大学；425. 长沙理工大学；427. 苏州大学；433. 兰州交通大学；448. 郑州大学；472. 华东师范大学；481. 重庆交通大学；505. 澳门科技大学；515. 桂林电子科技大学；522. 哈尔滨工程大学；541. 北京化工大学；543. 昆明理工大学；553. 燕山大学；560. 内蒙古大学；569. 广州大学；571. 陕西师范大学；572. 西交利物浦大学；587. 华东交通大学；596. 南开大学；606. 宁波诺丁汉大学；608. 南通大学；616. 杭州电子科技大学；623. 西南财经大学；646. 西南大学；662. 中国人民解放军陆军工程大学；665. 中国地质大学；682. 北京师范大学；683. 南京信息工程大学；690. 上海工程技术大学；692. 华北电力大学；714. 浙江工商大学；725. 上海财经大学；746. 南京财经大学；753. 中国民航大学；762. 南方科技大学；764. 华侨大学；781. 青岛科技大学；786. 曲阜师范大学；787. 安徽大学；788. 东华大学；801. 西安邮电大学；808. 山东理工大学				

三十六、教育学学科

表 2-60 教育学学科（5 强与中国大学）

排名	英文名称	中文名称	国家/地区	总得分
1	UNIV-ILLINOIS	伊利诺伊大学	美国	100. 00
2	UNIV-N-CAROLINA	北卡罗来纳大学	美国	99. 70
3	UNIVERSITY OF TORONTO	多伦多大学	加拿大	99. 16
4	UNIVERSITY OF MICHIGAN	密歇根大学	美国	98. 18
5	MICHIGAN-STATE-UNIV	密歇根州立大学	美国	97. 32
其他中国机构：19. 香港大学；46. 台湾师范大学；62. 台湾科技大学；76. 香港中文大学；104. 北京师范大学；129. 香港教育大学；198. 澳门大学；203. 华东师范大学；253. 香港理工大学；326. 香港城市大学；374. 北京大学；412. 香港浸会大学；420. 华中师范大学；449. 浙江大学；537. 清华大学；629. 华南师范大学；638. 中国科学院大学；679. 复旦大学；688. 中山大学；695. 广东外语外贸大学；775. 陕西师范大学；787. 西南大学；809. 南京师范大学；834. 上海交				

续表

通大学；845. 中国人民大学；858. 四川大学；900. 首都师范大学；931. 西安交通大学；949. 华中科技大学；961. 北京外国语大学；1022. 上海师范大学；1032. 东北师范大学；1037. 中山大学；1038. 武汉大学；1046. 同济大学；1070. 浙江师范大学；1133. 山东大学；1147. 南京大学；1164. 杭州师范大学；1194. 中国科学技术大学；1205. 北京航空航天大学；1242. 上海外国语大学；1262. 东南大学；1292. 哈尔滨工业大学；1310. 汕头大学；1318. 北京邮电大学；1337. 天津大学；1407. 吉林大学；1409. 青岛大学；1421. 河南大学；1435. 暨南大学；1447. 香港公开大学；1448. 厦门大学；1498. 对外经济贸易大学；1511. 中国科学院大学；1521. 上海财经大学；1551. 中国医科大学；1565. 重庆大学；1583. 西交利物浦大学；1596. 郑州大学；1619. 广州大学；1628. 中南大学；1647. 上海体育学院；1652. 香港树仁大学；1678. 江苏师范大学；1767. 四川师范大学；1801. 曲阜师范大学；1847. 北京理工大学；1850. 香港科技大学；1875. 福建师范大学；1890. 深圳大学；1908. 中国海洋大学；1909. 山东师范大学；1980. 湖南大学；2019. 电子科技大学；2052. 北京语言大学；2068. 北京科技大学；2078. 澳门科技大学；2083. 江南大学；2095. 西北大学；2123. 南方医科大学；2144. 中央财经大学；2226. 陆军军医大学；2232. 中央民族大学；2240. 西南财经大学；2251. 集美大学；2276. 北京联合大学；2296. 宁波大学；2316. 河海大学；2390. 澳门理工学院；2401. 北京交通大学；2413. 温州大学；2446. 江西师范大学；2453. 浙江工商大学；2487. 宁波诺丁汉大学；2504. 兰州大学；2518. 湖州师范学院；2557. 南开大学；2613. 海军军医大学；2635. 苏州大学；2698. 中国农业大学；2705. 重庆医科大学；2721. 南京医科大学；2784. 中国医学科学院；2788. 香港东华学院；2790. 温州医科大学；2846. 昆明医科大学；2867. 空军军医大学；2895. 澳门城市大学；2964. 中国医学科学院-北京协和医学院；3011. 哈尔滨医科大学；3059. 合肥工业大学；3061. 安徽建筑大学；3063. 西安外国语大学；3118. 首都医科大学；3135. 长安大学

三十七、经济学与计量经济学学科

表 2-61　经济学与计量经济学学科（5 强与中国大学）

排名	英文名称	中文名称	国家/地区	总得分
1	NATIONAL BUREAU OF ECONOMIC RESEARCH	全国经济研究所	美国	100.00
2	HARVARD UNIVERSITY	哈佛大学	美国	87.31
3	UNIV-CALIF-BERKELEY	加利福尼亚大学伯克利分校	美国	81.63
4	UNIV-CHICAGO	芝加哥大学	美国	80.26
5	STANFORD UNIVERSITY	斯坦福大学	美国	80.07
其他中国机构：40. 北京大学；53. 清华大学；63. 中国人民大学；76. 中国科学院大学；79. 香港大学；82. 厦门大学；84. 上海财经大学；90. 中央财经大学；97. 香港中文大学；98. 西南财经大学；105. 香港科技大学；121. 浙江大学；130. 香港理工大学；136. 上海交通大学；139. 对外经济贸易大学；148. 香港城市大学；166. 复旦大学；218. 暨南大学；251. 湖南大学；259. 南京大学；265. 中山大学；279. 武汉大学；283. 北京理工大学；285. 北京师范大学；317. 北京航空航天大学；335. 南开大学；347. 中南财经政法大学；354. 北京交通大学；379. 西安交通大学；382. 华中科技大学；412. 山东大学；413. 中国科学院大学；414. 同济大学；430. 中国社会科学院大学；431. 天津大学；445. 西南交通大学；449. 香港浸会大学；458. 东南大学；470. 中国农业大学；482. 首都经济贸易大学；502. 南京航空航天大学；505. 澳门大学；508. 华南理工大学；529. 江西财经大学；540. 四川大学；546. 南京审计大学；549. 中国科学技术大学；568. 华北电力大学；572. 华东师范大学；583. 中山大学；584. 上海大学；613. 南京农业大学；623. 大连理工大学；683. 南京财经大学；685. 深圳大学；691. 重庆大学；699. 中国矿业大学；709. 哈尔滨工业大学；744. 浙江财经大学；751. 西交利物浦大学；752. 中国海洋大学；762. 大连海事大学；796. 宁波诺丁汉大学；810. 河南大学；833. 苏州大学；848. 中国石油大学；917. 西北农林科技大学；920. 华中农业大学；932. 浙江工商大学；943. 中南大学；948. 南京理工大学；950. 陕西师范大学；952. 华南农业大学；967. 电子科技大学；980. 东北财经大学；989. 合肥工业大学；995. 广东外语外贸大学；998. 上海立信会计金融学院；1041. 上海海事大学；1048. 中国地质大学；1052. 闽江学院；1072. 华南师范大学；1073. 吉林大学；1091. 中欧国际工商学院；1111. 南昌大学；1116. 安徽财经大学；1133. 南京信息工程大学；1135. 青岛大学；1177. 云南财经大学；1192. 湖北经济学院；1232. 兰州大学；1240. 华东理工大学；				

续表

1247. 长江商学院；1262. 上海对外经贸大学；1270. 福州大学；1338. 中南大学；1348. 山东财经大学；1353. 北京工业大学；1374. 中国东北大学；1391. 北京科技大学；1407. 湖南师范大学；1411. 中国农业科学院；1422. 北京化工大学；1432. 河海大学；1436. 宁波大学；1452. 西北大学；1493. 北京林业大学；1494. 浙江工业大学；1499. 中国金融研究院；1524. 华侨大学；1530. 广东金融学院；1535. 北京工商大学；1548. 广州大学；1587. 南京师范大学；1620. 天津财经大学

三十八、考古学学科

表 2-62　考古学学科（5 强与中国大学）

排名	英文名称	中文名称	国家/地区	总得分
1	UNIVERSITY COLLEGE LONDON	伦敦大学学院	英国	100. 00
2	UNIVERSITY OF OXFORD	牛津大学	英国	98. 52
3	UNIVERSITY OF CAMBRIDGE	剑桥大学	英国	91. 57
4	AUSTRALIAN-NATL-UNIV	澳大利亚国立大学	澳大利亚	88. 27
5	CNRS	法国国家科学研究中心	法国	87. 31

其他中国机构：13. 中国科学院大学；52. 北京大学；85. 中国科学院大学；110. 中国社会科学院大学；196. 浙江大学；219. 北京科技大学；223. 中国科学技术大学；253. 山东大学；256. 西北大学；279. 兰州大学；327. 吉林大学；329. 四川大学；427. 敦煌学院；508. 复旦大学；529. 郑州大学；595. 中国地质大学；603. 中山大学；629. 南京大学；702. 武汉大学；713. 北京师范大学；756. 西安交通大学；796. 陕西师范大学；806. 厦门大学；860. 浙江工业大学；869. 山西大学；895. 宁波诺丁汉大学；909. 河南大学；936. 中国人民大学；1017. 香港大学；1023. 南开大学；1059. 安徽大学；1118. 云南大学；1182. 清华大学；1229. 河北师范大学；1371. 中国农业大学；1405. 华侨大学；1421. 同济大学；1428. 中国矿业大学；1456. 首都师范大学；1461. 浙江理工大学；1482. 北京建筑大学；1518. 上海大学；1548. 北京工商大学；1568. 西北工业大学；1627. 南京林业大学；1650. 天津大学；1662. 香港中文大学；1667. 北京联合大学；1721. 北京化工大学；1776. 北京科技大学；1868. 江西省国学文化研究会；1882. 江苏师范大学；1883. 南京农业大学；1897. 广西民族大学；1939. 中国农业科学院；1978. 中央民族大学；1991. 北京工业大学；2019. 中国科学院；2022. 宁波诺丁汉大学；2033. 景德镇陶瓷大学；2073. 中国计量大学；2211. 南方科技大学；2285. 华中科技大学；2290. 重庆大学；2662. 四川美术学院

三十九、科学技术史(可授理学、工学、农学、医学学位)学科

表 2-63　科学技术史（可授理学、工学、农学、医学学位）学科（5 强与中国大学）

排名	英文名称	中文名称	国家/地区	总得分
1	UNIV-CAMBRIDGE	剑桥大学	英国	100. 00
2	UNIVERSITY OF OXFORD	牛津大学	英国	99. 60
3	UNIV-PITTSBURGH	匹兹堡大学	美国	90. 98
4	UNIV-EDINBURGH	爱丁堡大学	英国	90. 17
5	UCL	伦敦大学学院	英国	90. 13

其他中国机构：178. 香港大学；267. 中山大学；301. 中山大学；362. 香港理工大学；410. 北京大学；454. 复旦大学；461. 清华大学；501. 中国科学院大学；644. 同济大学；769. 香港浸会大学；869. 武汉大学；875. 南京大学；964. 山东

续表

大学；974. 浙江大学；979. 澳门大学；1061. 中国科学技术大学；1086. 中国科学院大学；1128. 大连理工大学；1213. 西北农林科技大学；1216. 香港城市大学；1273. 中国人民大学；1323. 香港教育大学；1332. 宁波诺丁汉大学；1353. 中国社会科学院大学；1370. 华东师范大学；1399. 北京师范大学；1401. 华中科技大学；1413. 南京航空航天大学；1422. 四川大学；1460. 广东外语外贸大学；1479. 山西大学；1486. 温州医科大学；1524. 香港中文大学；1535. 华南理工大学；1570. 西安交通大学；1725. 苏州大学；1760. 西北大学；1828. 天津财经大学；1879. 中国农业科学院；1940. 中国医学科学院-北京协和医学院；1965. 广东药科大学；2070. 南京农业大学；2091. 海军军医大学；2092. 厦门大学；2163. 浙江师范大学；2165. 临沂大学；2170. 上海应用技术大学；2184. 中国矿业大学；2235. 天津大学；2249. 华中师范大学；2289. 重庆工商大学；2406. 上海纽约大学；2599. 华南师范大学；2614. 东北财经大学；2655. 浙江大学；2770. 中国医科大学；2812. 中国科学院大学；2913. 广东海洋大学；2932. 中国农业大学；3088. 南京信息工程大学；3256. 宁波诺丁汉大学；3301. 昆山杜克大学；3401. 常州工学院；3428. 恒生管理学院；3447. 青岛理工大学；3543. 中国矿业大学；3569. 北京邮电大学；3580. 北京航空航天大学；3646. 山东建筑大学；3707. 上海理工大学；3742. 中国科学院；3797. 西南大学；3842. 青岛大学；3888. 吉林大学；4019. 内蒙古师范大学；4034. 福建农林大学；4233. 北京林业大学；4245. 江苏第二师范大学；4406. 汕头大学；4411. 辽宁石油化工大学；4459. 中央财经大学；4577. 天津科技大学；4617. 西南财经大学；4666. 中南大学；4866. 中国政法大学；4909. 东北林业大学；5015. 西安交通大学；5133. 北京交通大学；5151. 大连海事大学；5168. 香港科技大学；5198. 北京理工大学

四十、控制科学与工程学科

表 2-64 控制科学与工程学科（5 强与中国大学）

排名	英文名称	中文名称	国家/地区	总得分
1	HARBIN INSTITUTE OF TECHNOLOGY	哈尔滨工业大学	中国	100.00
2	CHINESE ACADEMY OF SCIENCES	中国科学院	中国	91.76
3	BEIHANG UNIVERSITY	北京航空航天大学	中国	90.71
4	ZHEJIANG UNIVERSITY	浙江大学	中国	88.05
5	SOUTHEAST UNIVERSITY-CHINA	东南大学	中国	87.83
其他中国机构：6. 上海交通大学；7. 中国东北大学；8. 清华大学；9. 华中科技大学；11. 北京理工大学；12. 香港城市大学；13. 南京航空航天大学；15. 西北工业大学；16. 南京理工大学；17. 山东大学；19. 电子科技大学；20. 华南理工大学；21. 大连理工大学；22. 天津大学；25. 西安交通大学；30. 西安电子科技大学；31. 香港理工大学；32. 中国科学技术大学；33. 重庆大学；35. 北京大学；36. 香港大学；38. 广东工业大学；44. 北京科技大学；49. 同济大学；53. 渤海大学；54. 燕山大学；55. 江南大学；57. 山东科技大学；58. 中南大学；60. 北京交通大学；61. 曲阜师范大学；62. 澳门大学；64. 哈尔滨工程大学；66. 香港中文大学；67. 上海大学；69. 杭州电子科技大学；71. 湖南大学；72. 浙江工业大学；74. 吉林大学；83. 大连海事大学；86. 国防科技大学；92. 香港科技大学；98. 中国科学院大学；105. 合肥工业大学；107. 东华大学；115. 辽宁工业大学；116. 南京邮电大学；122. 华东理工大学；128. 西南交通大学；131. 中山大学；146. 江苏大学；147. 上海理工大学；148. 中国地质大学；150. 华北电力大学；153. 山东师范大学；154. 青岛大学；156. 武汉大学；165. 青岛科技大学；171. 南开大学；178. 厦门大学；179. 四川大学；182. 深圳大学；186. 北京工业大学；193. 武汉理工大学；194. 中国矿业大学；211. 北京化工大学；212. 河海大学；214. 南京师范大学；215. 中国石油大学；218. 北京邮电大学；219. 中南大学；222. 华东理工大学；223. 澳门科技大学；229. 扬州大学；235. 哈尔滨理工大学；239. 西南大学；252. 聊城大学；257. 安徽工业大学；279. 南京信息工程大学；282. 复旦大学；291. 天津工业大学；302. 河南理工大学；306. 安徽大学；313. 暨南大学；314. 上海海事大学；328. 苏州大学；330. 福州大学；333. 上海工程技术大学；336. 昆明理工大学；350. 中国人民解放军空军工程大学；353. 武汉科技大学；355. 重庆邮电大学；367. 华侨大学；369. 沈阳航空航天大学；375. 西安工业大学；379. 郑州大学；380. 浙江师范大学；390. 山西大学；393. 南通大学；428. 长沙理工大学；431. 南昌大学；432. 浙江理工大学；440. 哈尔滨工业大学；445. 鲁东大学；448. 中国海洋大学；451. 黑龙江大学；452. 湖北师范大学；459. 湖南工业大学；466. 宁波大学；469. 三峡大学；470. 英奈科(北京)智能系统有限公司；473. 南京大学；476. 南京工业大学				

四十一、口腔医学学科

表 2-65 口腔医学学科（5 强与中国大学）

排名	英文名称	中文名称	国家/地区	总得分
1	UNIVERSIDADE DE SAO PAULO	圣保罗大学	巴西	100.00
2	UNIVERSITY OF BERN	伯尔尼大学	瑞士	87.57
3	UNIV-MICHIGAN	密歇根大学	美国	86.85
4	UNIV-ZURICH	苏黎世大学	瑞士	84.63
5	KINGS-COLL-LONDON	伦敦国王学院	英国	81.58
其他中国机构：7. 香港大学；8. 四川大学；20. 北京大学；24. 上海交通大学；40. 武汉大学；49. 中山大学；71. 空军军医大学；125. 首都医科大学；208. 山东大学；212. 南京医科大学；230. 浙江大学；268. 中国医科大学；279. 重庆医科大学；299. 华中科技大学；305. 南方医科大学；334. 南京大学；352. 复旦大学；367. 同济大学；371. 西安交通大学；380. 福建医科大学；425. 北京大学；453. 广州医科大学；458. 中国科学院大学；467. 中南大学；487. 吉林大学；505. 温州医科大学；506. 郑州大学；518. 青岛大学；527. 天津医科大学；535. 安徽医科大学；544. 哈尔滨医科大学；605. 广西医科大学；636. 中国医学科学院；717. 昆明医科大学；726. 中南大学；733. 兰州大学；768. 暨南大学；781. 哈尔滨工程大学；811. 香港中文大学；822. 河北医科大学；919. 大连医科大学；925. 清华大学；953. 浙江中医药大学；968. 南开大学；988. 华南理工大学；1185. 中国医学科学院-北京协和医学院；1206. 北京化工大学；1209. 香港大学；1238. 陆军军医大学；1265. 苏州大学；1346. 海军军医大学；1396. 南昌大学；1407. 新疆医科大学；1550. 湖北医药学院；1582. 南京中医药大学；1653. 北京航空航天大学；1665. 滨州医学院；1841. 中国科学院大学；1842. 西南大学；1866. 深圳大学；1883. 南通大学；2023. 山西医科大学；2024. 潍坊医学院；2063. 北京大学；2141. 宁夏医科大学；2225. 济宁医学院；2233. 厦门大学；2366. 广东药科大学；2447. 福建师范大学；2463. 上海交通大学；2629. 福建大学；2669. 桂林医科大学；2674. 川北医学院；2710. 杭州师范大学；2756. 福建中医药大学				

四十二、矿业工程学科

表 2-66 矿业工程学科（5 强与中国大学）

排名	英文名称	中文名称	国家/地区	总得分
1	CHINESE ACADEMY OF SCIENCES	中国科学院	中国	100.00
2	CHINA-UNIV-GEOSCI	中国地质大学	中国	93.64
3	CHINA-UNIV-MIN-&-TECHNOL	中国矿业大学	中国	92.97
4	RUSSIAN-ACAD-SCI	俄罗斯科学院	俄罗斯	89.96
5	BEIJING-UNIV-SCI-&-TECHNOL	北京科技大学	中国	89.72
其他中国机构：6. 中南大学；7. 中国科学院；9. 中国东北大学；11. 中国科学院大学；13. 中南大学；15. 昆明理工大学；23. 北京大学；24. 山东科技大学；27. 南京大学；29. 重庆大学；31. 吉林大学；32. 武汉理工大学；33. 中国石油大学；43. 四川大学；49. 清华大学；56. 成都理工大学；58. 太原理工大学；59. 浙江大学；60. 大连理工大学；63. 河海大学；64. 中山大学；66. 武汉科技大学；70. 山东大学；73. 同济大学；76. 武汉大学；82. 中国地质大学(北京)；88. 中国科学技术大学；90. 江西科技学院；94. 河南理工大学；97. 香港大学；101. 天津大学；104. 合肥工业大学；111. 长安大学；113. 西南科技大学；127. 华东理工大学；128. 武汉工程大学；133. 广西大学；136. 上海交通大学；158. 东南大学；167. 哈尔滨工业大学；176. 福州大学；184. 西安交通大学；198. 上海大学；199. 西安科技大学；201. 西安建筑科技大学；203. 西北大学；211. 郑州大学；214. 香港理工大学；218. 西北工业大学；223. 安徽科技学院；231. 北京工业大学；246. 北京航空航天大学；247. 中国石油大学；260. 华中科技大学；267. 中国海洋大学；271. 桂林理工大学；278. 西南交通大学；300. 暨南大学；309. 西南石油大学；311. 湖南科技大学；313. 贵州大学；345. 新疆				

续表

大学；352. 辽宁工程技术大学；353. 中国地震局；356. 温州大学；365. 广州大学；366. 华南理工大学；369. 香港城市大学；371. 江苏大学；389. 云南大学；403. 湖南大学；404. 燕山大学；413. 河北地质大学；417. 安徽工业大学；428. 绍兴文理学院；445. 河北工业大学；449. 辽宁科技大学；464. 长江大学；470. 华北电力大学；474. 南方科技大学；484. 兰州大学；493. 中国人民解放军陆军工程大学；494. 南华大学；533. 北京理工大学；539. 内蒙古科技大学；551. 哈尔滨理工大学；554. 西安工业大学；559. 南昌大学；561. 南京工业大学；562. 华北理工大学

四十三、理论经济学科

表 2-67 理论经济学学科（5 强与中国大学）

排名	英文名称	中文名称	国家/地区	总得分
1	NATIONAL BUREAU OF ECONOMIC RESEARCH	全国经济研究所	美国	100.00
2	HARVARD UNIVERSITY	哈佛大学	美国	87.31
3	UNIV-CALIF-BERKELEY	加利福尼亚大学伯克利分校	美国	81.63
4	UNIV-CHICAGO	芝加哥大学	美国	80.26
5	STANFORD UNIVERSITY	斯坦福大学	美国	80.07
其他中国机构：40. 北京大学；52. 清华大学；63. 中国人民大学；76. 中国科学院大学；79. 香港大学；82. 厦门大学；84. 上海财经大学；89. 中央财经大学；97. 香港中文大学；98. 西南财经大学；105. 香港科技大学；121. 浙江大学；130. 香港理工大学；137. 上海交通大学；140. 对外经济贸易大学；148. 香港城市大学；165. 复旦大学；216. 暨南大学；252. 湖南大学；259. 南京大学；266. 中山大学；280. 武汉大学；281. 北京师范大学；282. 北京理工大学；317. 北京航空航天大学；327. 南开大学；346. 中南财经政法大学；354. 北京交通大学；381. 华中科技大学；383. 西安交通大学；414. 山东大学；417. 同济大学；420. 中国科学院大学；428. 中国社会科学院大学；430. 天津大学；442. 香港浸会大学；449. 西南交通大学；460. 东南大学；465. 中国农业大学；474. 首都经济贸易大学；499. 南京航空航天大学；507. 华南理工大学；510. 澳门大学；524. 江西财经大学；540. 南京审计大学；548. 四川大学；551. 中国科学技术大学；570. 中山大学；580. 华东师范大学；582. 上海大学；587. 华北电力大学；618. 南京农业大学；635. 大连理工大学；680. 重庆大学；681. 南京财经大学；687. 深圳大学；700. 中国矿业大学；710. 哈尔滨工业大学；738. 浙江财经大学；759. 西交利物浦大学；778. 中国海洋大学；782. 大连海事大学；792. 宁波诺丁汉大学；802. 河南大学；841. 中国石油大学；849. 苏州大学；894. 中南大学；905. 西北农林科技大学；916. 浙江工商大学；917. 华中农业大学；947. 华南农业大学；960. 电子科技大学；961. 广东外语外贸大学；966. 东北财经大学；971. 陕西师范大学；972. 合肥工业大学；991. 上海立信会计金融学院；995. 南京理工大学；1013. 中国地质大学；1038. 闽江学院；1065. 上海海事大学；1079. 中欧国际工商学院；1081. 青岛大学；1083. 南京信息工程大学；1112. 南昌大学；1114. 安徽财经大学；1115. 吉林大学；1130. 华南师范大学；1179. 湖北经济学院；1197. 云南财经大学；1234. 上海对外经贸大学；1266. 长江商学院；1297. 兰州大学；1299. 华东理工大学；1315. 福州大学；1335. 宁波大学；1348. 中南大学；1350. 中国东北大学；1356. 山东财经大学；1364. 北京科技大学；1371. 中国农业科学院；1381. 北京化工大学；1390. 湖南师范大学；1424. 北京工业大学；1439. 河海大学；1441. 西北大学；1487. 广东金融学院；1519. 浙江工业大学；1533. 南京师范大学；1547. 广州大学；1559. 北京工商大学；1577. 中国金融研究院；1590. 北京林业大学；1600. 华侨大学；1632. 山西财经大学				

四十四、力学(可授工学、理学学位)学科

表 2-68 力学（可授工学、理学学位）学科（5 强与中国大学）

排名	英文名称	中文名称	国家/地区	总得分
1	XI'AN JIAOTONG UNIVERSITY	西安交通大学	中国	100.00

续表

排名	英文名称	中文名称	国家/地区	总得分
2	SHANGHAI JIAO TONG UNIVERSITY	上海交通大学	中国	95.99
3	TSINGHUA UNIVERSITY	清华大学	中国	94.43
4	ISLAMIC AZAD UNIVERSITY	伊斯兰阿扎德大学	伊朗	92.97
5	CHINESE ACADEMY OF SCIENCES	中国科学院	中国	91.89
其他中国机构：6. 大连理工大学；9. 哈尔滨工业大学；10. 华中科技大学；11. 浙江大学；12. 北京航空航天大学；13. 西北工业大学；16. 同济大学；17. 湖南大学；18. 天津大学；22. 重庆大学；26. 南京航空航天大学；28. 中国科学技术大学；30. 香港城市大学；31. 北京理工大学；32. 香港理工大学；34. 华南理工大学；35. 东南大学；47. 北京大学；49. 北京交通大学；51. 华北电力大学；53. 北京工业大学；56. 西南交通大学；57. 中国矿业大学；61. 哈尔滨工程大学；62. 中南大学；63. 河海大学；64. 上海大学；69. 中国科学院大学；79. 中国东北大学；83. 台湾成功大学；88. 南京理工大学；90. 江苏大学；99. 武汉大学；107. 山东大学；110. 北京科技大学；121. 香港科技大学；139. 中国石油大学；140. 四川大学；162. 武汉理工大学；166. 国防科技大学；177. 合肥工业大学；181. 香港大学；186. 中山大学；200. 电子科技大学；203. 上海理工大学；205. 中南大学；224. 吉林大学；228. 宁波大学；232. 郑州大学；241. 南京工业大学；250. 厦门大学；258. 太原理工大学；282. 广东工业大学；297. 山东科技大学；308. 中国石油大学；316. 西南石油大学；323. 湘潭大学；326. 长沙理工大学；327. 中国工程物理学院；332. 东华大学；333. 兰州理工大学；350. 兰州大学；353. 浙江工业大学；359. 深圳大学；368. 燕山大学；371. 中国海洋大学；373. 沈阳航空航天大学；383. 中国地质大学；387. 长安大学；389. 华东理工大学；392. 香港中文大学；396. 复旦大学；400. 昆明理工大学；402. 西安电子科技大学；405. 广州大学；408. 江南大学；432. 河北工业大学；436. 华东理工大学；453. 北京邮电大学；459. 广西大学；466. 华侨大学；469. 西安工业大学；486. 中国人民解放军海军工程大学；492. 苏州大学；494. 上海海洋大学；498. 西安建筑科技大学；511. 石家庄铁道大学；516. 中国计量大学；523. 江苏科技大学；524. 浙江理工大学；530. 扬州大学；540. 西南大学；542. 中国人民解放军陆军工程大学；556. 福州大学；562. 河南理工大学；566. 杭州电子科技大学；567. 南方科技大学；570. 北京建筑大学；586. 北京化工大学；590. 西北农林科技大学；608. 南昌大学；610. 常州大学；612. 中国农业大学；621. 南京林业大学；626. 南京大学；631. 浙江师范大学；633. 浙江农林大学；643. 兰州交通大学；645. 新疆大学；646. 上海工程技术大学；647. 武汉科技大学；659. 南京师范大学				

四十五、林学学科

表 2-69　林学学科（5 强与中国大学）

排名	英文名称	中文名称	国家/地区	总得分
1	UNITED STATES FOREST SERVICE	美国森林服务局	美国	100.00
2	CHINESE ACADEMY OF SCIENCES	中国科学院	中国	93.22
3	SWEDISH UNIVERSITY OF AGRICULTURAL SCIENCES	瑞典农业科技大学	瑞典	82.04
4	OREGON STATE UNIVERSITY	俄勒冈州立大学	美国	79.28
5	THE NATIONAL INSTITUTE FOR AGRICULTURAL RESEARCH	法国国家农业科学研究院	法国	74.98
其他中国机构：6. 中国科学院；10. 北京林业大学；14. 中国科学院大学；21. 东北林业大学；27. 南京林业大学；41. 西北农林科技大学；79. 北京师范大学；98. 北京大学；104. 浙江农林大学；136. 兰州大学；151. 福建农林大学；197. 中国农业大学；239. 清华大学；242. 中南林业科技大学；258. 华南农业大学；294. 中国农业科学院；296. 华东师范大学；311. 南京农业大学；315. 广西大学；317. 四川农业大学；332. 中山大学；345. 南京大学；350. 华中农业大学；374. 河南大学；379. 浙江大学；399. 江西农业大学；409. 南京信息工程大学；411. 沈阳农业大学；420. 华南理工大学；424. 西南林业大学；446. 福建师范大学；451. 东北师范大学；458. 安徽农业大学；459. 香港大学；489. 复旦大学；541. 武汉大学；556. 西南大学；616. 山东农业大学；625. 中国科学院大学；658. 云南大学；673. 西北大学；694. 上海财经大学；696. 内蒙古农业大学；704. 陕西师范大学；720. 上海交通大学；725. 河南科技大学；733. 厦门大学；				

续表

773. 同济大学；795. 海南大学；827. 四川大学；829. 华南师范大学；855. 中国科学院大学；885. 河海大学；918. 西华师范大学；921. 贵州大学；936. 中国人民大学；977. 香港城市大学；990. 杭州师范大学；1001. 扬州大学；1003. 江西师范大学；1007. 甘肃农业大学；1010. 中国气象科学院；1015. 石河子大学；1022. 中国矿业大学；1041. 湖南省林业科学院；1071. 香港中文大学；1074. 南京师范大学；1089. 北华大学；1115. 山西农业大学；1142. 天津理工大学；1160. 浙江师范大学；1168. 电子科技大学；1171. 西安交通大学；1190. 河北农业大学；1194. 新疆大学；1195. 河南农业大学；1219. 台州学院；1246. 青岛农业大学；1252. 江苏师范大学；1276. 哈尔滨工业大学；1293. 新疆农业大学；1310. 河北农业大学；1351. 西南科技大学；1366. 鲁东大学；1388. 山东大学；1431. 南昌大学；1445. 江苏大学；1454. 东北农业大学；1483. 华中师范大学；1484. 天津师范大学；1513. 绵阳师范学院；1522. 重庆大学；1525. 山西大学；1537. 上海师范大学；1552. 天津大学；1579. 中国地质大学

四十六、林业工程学科

表 2-70 林业工程学科（5 强与中国大学）

排名	英文名称	中文名称	国家/地区	总得分
1	UNITED STATES FOREST SERVICE	美国森林服务局	美国	100.00
2	CHINESE ACADEMY OF SCIENCES	中国科学院	中国	93.22
3	SWEDISH UNIVERSITY OF AGRICULTURAL SCIENCES	瑞典农业科技大学	瑞典	82.04
4	OREGON STATE UNIVERSITY	俄勒冈州立大学	美国	79.28
5	THE NATIONAL INSTITUTE FOR AGRICULTURAL RESEARCH	法国国家农业科学研究院	法国	74.98
其他中国机构：6. 中国科学院；10. 北京林业大学；14. 中国科学院大学；21. 东北林业大学；27. 南京林业大学；41. 西北农林科技大学；79. 北京师范大学；98. 北京大学；105. 浙江农林大学；131. 兰州大学；149. 福建农林大学；197. 中国农业大学；240. 清华大学；242. 中南林业科技大学；258. 华南农业大学；292. 华东师范大学；294. 中国农业科学院；315. 广西大学；317. 四川农业大学；318. 南京农业大学；334. 中山大学；336. 南京大学；348. 华中农业大学；368. 河南大学；381. 浙江大学；406. 江西农业大学；407. 南京信息工程大学；420. 沈阳农业大学；428. 华南理工大学；430. 西南林业大学；433. 福建师范大学；451. 安徽农业大学；454. 东北师范大学；468. 香港大学；494. 复旦大学；543. 武汉大学；571. 西南大学；598. 中国科学院大学；609. 山东农业大学；661. 西北大学；675. 上海财经大学；683. 内蒙古农业大学；697. 云南大学；707. 上海交通大学；719. 河南科技大学；742. 陕西师范大学；744. 厦门大学；790. 海南大学；800. 同济大学；809. 中国科学院大学；857. 华南师范大学；861. 四川大学；884. 贵州大学；906. 中国人民大学；929. 西华师范大学；941. 河海大学；989. 甘肃农业大学；990. 杭州师范大学；993. 中国气象科学院；1000. 石河子大学；1001. 中国矿业大学；1015. 江西师范大学；1025. 香港城市大学；1036. 扬州大学；1044. 山西农业大学；1050. 西安交通大学；1060. 湖南省林业科学院；1068. 天津理工大学；1072. 电子科技大学；1085. 浙江师范大学；1104. 香港中文大学；1133. 北华大学；1168. 南京师范大学；1191. 江苏师范大学；1197. 河南农业大学；1203. 河北农业大学；1205. 河北农业大学；1208. 新疆农业大学；1218. 哈尔滨工业大学；1266. 台州学院；1276. 新疆大学；1294. 青岛农业大学；1378. 南昌大学；1382. 鲁东大学；1392. 江苏大学；1433. 东北农业大学；1438. 天津大学；1444. 西南科技大学；1468. 天津师范大学；1473. 华中师范大学；1501. 山东大学；1516. 绵阳师范学院；1522. 重庆大学；1524. 上海师范大学；1550. 山西大学；1599. 吉林大学				

四十七、临床医学学科

表 2-71 临床医学学科（5 强与中国大学）

排名	英文名称	中文名称	国家/地区	总得分
1	HARVARD UNIVERSITY	哈佛大学	美国	100.00

续表

排名	英文名称	中文名称	国家/地区	总得分
2	MAYO CLINIC	梅奥医学中心	美国	95.71
3	UNIV-CALIF-SAN-FRANCISCO	加利福尼亚大学旧金山分校	美国	92.34
4	UNIVERSITY OF TORONTO	多伦多大学	加拿大	90.47
5	UNIVERSITY OF WASHINGTON	华盛顿大学	美国	90.27
其他中国机构：38. 上海交通大学；51. 复旦大学；54. 中山大学；63. 首都医科大学；78. 北京大学；89. 中国医学科学院；97. 浙江大学；100. 四川大学；107. 香港中文大学；120. 南京医科大学；130. 香港大学；134. 华中科技大学；151. 山东大学；189. 南方医科大学；195. 中国科学院大学；211. 中国医学科学院-北京协和医学院；215. 中国医科大学；219. 中南大学；245. 武汉大学；246. 苏州大学；264. 海军军医大学；265. 重庆医科大学；273. 同济大学；277. 郑州大学；293. 吉林大学；294. 西安交通大学；299. 温州医科大学；300. 南京大学；305. 天津医科大学；316. 哈尔滨医科大学；322. 广州医科大学；351. 空军军医大学；395. 陆军军医大学；401. 安徽医科大学；434. 福建医科大学；474. 青岛大学；477. 中南大学；540. 广西医科大学；543. 河北医科大学；566. 南昌大学；580. 暨南大学；606. 东南大学；651. 香港理工大学；663. 厦门大学；669. 清华大学；671. 大连医科大学；734. 南通大学；736. 上海中医药大学；741. 北京中医药大学；767. 中国科学院大学；786. 兰州大学；823. 南京中医药大学；878. 昆明医科大学；971. 江苏大学；995. 广州中医药大学；1032. 新疆医科大学；1047. 中国药科大学；1057. 山西医科大学；1105. 汕头大学；1118. 深圳大学；1141. 浙江中医药大学；1275. 扬州大学；1388. 澳门大学；1421. 南开大学；1456. 徐州医科大学；1480. 湖北医药学院；1499. 中国科学技术大学；1529. 新乡医学院；1556. 北京师范大学；1563. 宁夏医科大学；1572. 电子科技大学；1609. 成都中医药大学；1626. 天津医科大学；1656. 宁波大学；1689. 天津中医药大学；1706. 南华大学；1727. 西南大学；1786. 河南大学；1787. 蚌埠医学院；1879. 徐州医科大学；2025. 广东医科大学；2082. 济宁医学院；2083. 山东中医药大学；2084. 华东师范大学；2090. 山东第一医科大学；2092. 香港浸会大学；2165. 中国人民解放军军事医学科学院；2175. 潍坊医学院；2178. 福建中医药大学；2191. 杭州师范大学；2215. 西南大学；2235. 贵州医科大学；2249. 广东药科大学；2279. 华南理工大学；2342. 湖南师范大学				

四十八、美术学学科

表 2-72　美术学学科（5 强与中国大学）

排名	英文名称	中文名称	国家/地区	总得分
1	DELFT-UNIV-TECHNOL	代尔夫特大学	荷兰	100.00
2	CONSIGLIO NAZIONALE DELLE RICERCHE	意大利国家研究委员会	意大利	99.87
3	UNIV-BOLOGNA	博洛尼亚大学	意大利	93.03
4	UNIVERSITY OF FLORENCE	佛罗伦萨大学	意大利	87.38
5	POLITECN-MILAN	米兰理工大学	意大利	83.37
其他中国机构：23. 中国科学院大学；24. 浙江大学；48. 敦煌学院；75. 台湾大学；92. 中国科学技术大学；111. 香港理工大学；131. 北京大学；134. 兰州大学；135. 西北大学；176. 南京大学；182. 四川大学；200. 中国科学院大学；210. 北京科技大学；236. 浙江工业大学；253. 清华大学；267. 同济大学；274. 中国地质大学；310. 中国人民大学；317. 西安交通大学；324. 河南大学；330. 北京工商大学；332. 南京林业大学；340. 北京建筑大学；377. 南开大学；390. 香港教育大学；420. 山东大学；439. 湖南大学；461. 中国矿业大学；532. 重庆大学；544. 北京化工大学；560. 天津大学；567. 华中科技大学；577. 复旦大学；611. 上海大学；630. 宁波诺丁汉大学；676. 北京师范大学；704. 广东工业大学；721. 北京工业大学；736. 江西省国学文化研究会；748. 香港城市大学；775. 四川美术学院；781. 重庆科技学院；794. 南昌大学；795. 南京工业大学；802. 武汉大学；861. 陕西师范大学；863. 西北工业大学；877. 中国东北大学；934. 北京农学院；1053. 菏泽学院；1074. 首都师范大学；1108. 景德镇陶瓷大学；1122. 中国社会科学院大学；1131. 中山大学；1133. 大连理工大学；1146. 黑龙江中医药大学；1243. 西交利物浦大学；1249. 浙江理工大学；				

续表

1318. 吉林大学；1344. 太原理工大学；1362. 中南大学；1370. 四川轻化工大学；1414. 上海交通大学；1415. 吉林师范大学；1421. 福建师范大学；1450. 云南师范大学；1451. 北京联合大学；1496. 北京理工大学；1502. 中国科学院；1506. 太原科技大学；1526. 香港知专设计学院；1531. 东南大学；1539. 闽江学院；1544. 忻州师范学院；1556. 福州大学；1581. 河北师范大学；1594. 河北大学；1601. 西南交通大学；1603. 中国计量大学

四十九、民族学学科

表 2-73　民族学学科（5 强与中国大学）

排名	英文名称	中文名称	国家/地区	总得分
1	UNIV-CALIF-LOS-ANGELES	加利福尼亚大学洛杉矶分校	美国	100.00
2	UNIV-MICHIGAN	密歇根大学	美国	92.62
3	HARVARD-UNIV	哈佛大学	美国	91.60
4	UNIV-OXFORD	牛津大学	英国	91.11
5	UNIVERSITY OF AMSTERDAM	阿姆斯特丹大学	荷兰	91.04
其他中国大学：182. 香港中文大学；365. 香港城市大学；409. 香港大学；430. 香港教育大学；438. 中山大学；464. 香港浸会大学；591. 香港科技大学；620. 东南大学；737. 澳门大学；797. 华南师范大学；838. 香港理工大学；843. 北京师范大学；930. 南京大学；946. 北京外国语大学；1064. 复旦大学；1068. 暨南大学；1112. 湖南大学；1115. 浙江理工大学；1152. 西南财经大学；1158. 华东师范大学；1188. 中国科学院大学中丹学院；1194. 中国社会科学院大学；1274. 广州大学；1307. 上海外国语大学；1316. 湖南师范大学；1346. 上海交通大学；1397. 西安交通大学；1399. 对外经济贸易大学；1532. 香港树仁大学；1582. 新疆医科大学；1597. 北京科技大学；1789. 上海体育学院；1845. 浙江师范大学；1918. 厦门大学；1942. 济宁医学院；1949. 中国科学院大学中丹学院；2019. 四川外国语大学；2063. 上海大学；2089. 广西医科大学；2091. 中山大学；2306. 浙江海洋大学；2510. 福州大学；2515. 香港浸会大学；2531. 上海财经大学；2537. 南方科技大学；2563. 中南大学；2587. 华东理工大学；2622. 陆军军医大学；2654. 西交利物浦大学；2708. 天津医科大学；2779. 四川大学				

五十、农林经济管理学科

表 2-74　农林经济管理学科（5 强与中国大学）

排名	英文名称	中文名称	国家/地区	总得分
1	MICHIGAN-STATE-UNIV	密歇根州立大学	美国	100.00
2	INT-FOOD-POLICY-RES-INST	国际食品政策研究所	美国	98.93
3	WAGENINGEN-UNIV	瓦格宁根大学	荷兰	98.20
4	PURDUE-UNIV	普渡大学	美国	97.24
5	CORNELL-UNIV	康奈尔大学	美国	97.24
其他中国机构：25. 中国农业大学；30. 中国科学院大学；38. 中国人民大学；39. 浙江大学；49. 南京农业大学；60. 北京大学；72. 华中农业大学；84. 台湾大学；100. 西北农林科技大学；110. 中国农业科学院；177. 中央财经大学；180. 华南农业大学；186. 西南财经大学；187. 江南大学；231. 暨南大学；240. 中国社会科学院大学；257. 北京师范大学；282. 曲阜师范大学；292. 兰州大学；301. 陕西师范大学；307. 吉林农业大学；324. 上海财经大学；326. 四川农业大学；329. 北京理工大学；333. 苏州大学；336. 南京大学；373. 对外经济贸易大学；413. 上海交通大学；419. 西北大学；				

续表

421. 河南农业大学；438. 国际食品政策研究所；479. 福建农林大学；487. 华中科技大学；495. 江西财经大学；503. 武汉大学；530. 内蒙古农业大学；540. 中国海洋大学；580. 南开大学；584. 湖南大学；585. 浙江财经大学；597. 中国科学院大学；605. 合肥工业大学；606. 闽江学院；609. 四川大学；625. 清华大学；628. 中南财经政法大学；632. 安徽农业大学；654. 南京师范大学；670. 西安交通大学；691. 北京工商大学；693. 福州大学；708. 华侨大学；724. 南京财经大学；742. 浙江工业大学；747. 中南大学；765. 广东外语外贸大学；779. 北京航空航天大学；804. 中山大学；821. 华南理工大学；829. 西南大学；838. 首都经济贸易大学；866. 沈阳农业大学；872. 青岛农业大学；880. 澳门科技大学；915. 中山大学；934. 上海海洋大学；943. 复旦大学；945. 中国矿业大学；949. 江西农业大学；986. 哈尔滨工业大学；987. 湖南农业大学；996. 南京信息工程大学；1010. 香港科技大学；1012. 厦门大学；1015. 天津大学；1020. 香港中文大学；1071. 东北农业大学；1077. 温州大学；1108. 安徽财经大学；1168. 四川大学；1227. 澳门大学；1236. 中国地质大学；1257. 浙江理工大学；1290. 青岛大学；1293. 浙江农林大学；1298. 西交利物浦大学；1346. 南京工业大学；1359. 香港理工大学；1373. 昆山杜克大学；1374. 杭州电子科技大学；1417. 同济大学；1446. 东北林业大学；1465. 北京工商大学；1470. 山东大学；1489. 华南师范大学；1494. 贵州大学；1497. 浙江工商大学；1498. 山东师范大学；1572. 澳门城市大学；1702. 山东财经大学；1707. 广东金融学院；1730. 宁波大学；1739. 郑州大学；1764. 东北财经大学；1787. 中国人民大学；1789. 吉林大学；1810. 南京晓庄学院；1823. 重庆大学

五十一、农业工程学科

表 2-75　农业工程学科（5 强与中国大学）

排名	英文名称	中文名称	国家/地区	总得分
1	CHINESE ACADEMY OF SCIENCES	中国科学院	中国	100.00
2	HARBIN INSTITUTE OF TECHNOLOGY	哈尔滨工业大学	中国	81.68
3	ZHEJIANG UNIVERSITY	浙江大学	中国	79.58
4	UNITED STATES DEPARTMENT OF AGRICULTURE	美国农业部	美国	79.28
5	CHINA-AGR-UNIV	中国农业大学	中国	77.19

其他中国机构：6. 华南理工大学；9. 西北农林科技大学；10. 清华大学；11. 中国科学院大学；12. 北京林业大学；16. 山东大学；17. 台湾成功大学；20. 台湾大学；21. 同济大学；24. 湖南大学；30. 上海交通大学；31. 南京林业大学；34. 大连理工大学；35. 江南大学；37. 北京工业大学；38. 华南农业大学；39. 天津大学；40. 江苏大学；48. 中国农业科学院；50. 台湾科技大学；51. 中国科学技术大学；53. 华中科技大学；58. 北京化工大学；59. 重庆大学；61. 东北农业大学；62. 南京农业大学；64. 南京工业大学；79. 华中农业大学；82. 华东理工大学；84. 东北林业大学；86. 天津理工大学；91. 中国海洋大学；93. 北京大学；94. 广西大学；96. 西安建筑科技大学；101. 东南大学；108. 南昌大学；113. 复旦大学；114. 南开大学；126. 北京师范大学；131. 中国科学院；132. 武汉大学；135. 香港浸会大学；136. 南京大学；151. 齐鲁工业大学；154. 四川大学；158. 浙江农林大学；159. 浙江工业大学；168. 厦门大学；169. 河海大学；170. 福建农林大学；183. 东华大学；186. 香港理工大学；187. 中山大学；188. 河南农业大学；192. 吉林大学；197. 广东工业大学；205. 华东理工大学；206. 上海大学；222. 中国石油大学；226. 中南大学；229. 天津工业大学；231. 北京科技大学；240. 浙江工商大学；244. 湖南农业大学；253. 暨南大学；258. 中国地质大学；267. 中国矿业大学；274. 杭州师范大学；278. 合肥工业大学；281. 昆明理工大学；285. 四川农业大学；291. 山东理工大学；305. 中国人民大学；309. 西南大学；313. 香港城市大学；325. 郑州大学；329. 西安交通大学；330. 天津城建大学；331. 武汉理工大学；337. 江西农业大学；338. 大连工业大学；339. 浙江理工大学；341. 华东师范大学；342. 石河子大学；357. 兰州大学；366. 南京师范大学；372. 海南大学；383. 中南林业科技大学；394. 南京理工大学；398. 太原理工大学；407. 浙江师范大学；411. 河南科技大学；412. 常州大学；421. 香港大学；422. 福州大学；459. 北京航空航天大学；463. 湖北工业大学；467. 沈阳农业大学；471. 华北电力大学；479. 北京工商大学；485. 山东农业大学；491. 青岛农业大学；495. 浙江海洋大学；497. 河南工业大学；501. 香港科技大学；505. 中国科学院大学；521. 青岛科技大学

五十二、农业资源与环境学科

表 2-76 农业资源与环境学科（5 强与中国大学）

排名	英文名称	中文名称	国家/地区	总得分
1	CHINESE ACADEMY OF SCIENCES	中国科学院	中国	100.00
2	UNIVERSITY OF CHINESE ACADEMY OF SCIENCES	中国科学院大学	中国	72.48
3	NORTHWEST A&F UNIVERSITY-CHINA	西北农林科技大学	中国	69.48
4	UNITED STATES DEPARTMENT OF AGRICULTURE	美国农业部	美国	64.95
5	THE NATIONAL INSTITUTE FOR AGRICULTURAL RESEARCH	法国国家农业科学研究院	法国	61.71
其他中国机构：7. 中国农业大学；9. 南京农业大学；11. 中国农业科学院；19. 浙江大学；27. 北京师范大学；31. 华中农业大学；41. 兰州大学；62. 南京师范大学；71. 西南大学；80. 南京大学；85. 浙江农林大学；98. 沈阳农业大学；99. 中山大学；107. 北京大学；116. 中国科学院大学；122. 北京林业大学；130. 四川农业大学；131. 中国科学院；134. 华南农业大学；141. 福建农林大学；156. 山东农业大学；161. 南京信息工程大学；170. 中国地质大学；175. 河海大学；177. 福建师范大学；181. 清华大学；182. 南京林业大学；186. 东北师范大学；196. 东北农业大学；224. 河南大学；260. 东北林业大学；264. 武汉大学；280. 湖南农业大学；284. 西安工业大学；310. 石河子大学；311. 江西农业大学；331. 扬州大学；333. 内蒙古农业大学；335. 华东师范大学；338. 广西大学；343. 吉林农业大学；361. 贵州大学；377. 山西农业大学；381. 天津大学；383. 河南农业大学；385. 西北大学；391. 海南大学；393. 甘肃农业大学；401. 吉林农业科技学院；405. 云南大学；408. 四川大学；417. 青岛农业大学；444. 复旦大学；449. 安徽农业大学；467. 香港浸会大学；473. 中国科学院大学；477. 宁夏大学；499. 厦门大学；506. 南开大学；514. 陕西师范大学；522. 西安科技大学；527. 云南农业大学；541. 佛山大学；553. 湖南大学；561. 山西大学；562. 中南林业科技大学；563. 临沂大学；579. 新疆大学；588. 上海交通大学；621. 杭州师范大学；627. 内蒙古大学；643. 中国矿业大学；644. 青海大学；656. 吉林大学；703. 同济大学；710. 长江大学；738. 江苏大学；745. 安徽师范大学；771. 香港理工大学；774. 河北农业大学；777. 昆明理工大学；778. 华南师范大学；793. 中南大学；794. 鲁东大学；797. 天津师范大学；800. 西北工业大学；801. 河南科技大学；810. 香港科技大学；826. 长安大学				

五十三、轻工技术与工程学科

表 2-77 轻工技术与工程学科（5 强与中国大学）

排名	英文名称	中文名称	国家/地区	总得分
1	SOUTH CHINA UNIVERSITY OF TECHNOLOGY	华南理工大学	中国	100.00
2	NANJING-FORESTRY-UNIV	南京林业大学	中国	98.93
3	BEIJING-FORESTRY-UNIV	北京林业大学	中国	96.33
4	AALTO-UNIV	阿尔托大学	芬兰	95.16
5	NORTHEAST FORESTRY UNIVERSITY-CHINA	东北林业大学	中国	89.79
其他中国机构：9. 中国科学院；16. 中国科学院大学；23. 天津理工大学；25. 福建农林大学；27. 齐鲁工业大学；35. 东华大学；40. 广西大学；48. 陕西科技大学；56. 武汉纺织大学；57. 江南大学；76. 武汉大学；77. 台湾大学；81. 浙江理工大学；84. 西南大学；86. 浙江农林大学；90. 中南林业科技大学；94. 江苏大学；103. 四川大学；110. 西南林业大学；116. 华南农业大学；122. 青岛大学；127. 中国科学技术大学；133. 中国科学院大学；139. 浙江大学；160. 香港				

续表

理工大学；167. 西北农林科技大学；173. 昆明理工大学；175. 安徽农业大学；189. 南京农业大学；200. 南京工业大学；209. 苏州大学；214. 青岛科技大学；222. 东南大学；226. 天津工业大学；231. 天津大学；240. 内蒙古农业大学；251. 清华大学；265. 郑州大学；270. 华北电力大学；271. 盐城工学院；273. 武汉理工大学；276. 四川农业大学；284. 华中科技大学；289. 厦门大学；290. 浙江科技学院；292. 上海交通大学；304. 华中农业大学；308. 中国农业大学；310. 南京理工大学；313. 北京理工大学；315. 北京化工大学；331. 哈尔滨工业大学；338. 暨南大学；346. 齐鲁工业大学；356. 河南农业大学；364. 湖北工业大学；367. 北华大学；368. 大连工业大学；373. 南京大学；374. 华东理工大学；379. 南开大学；394. 山东农业大学；437. 南昌大学；438. 中国农业科学院；445. 南京信息工程大学；459. 中国东北大学；462. 福州大学；466. 河南工业大学；472. 东北农业大学；478. 中国石油大学；479. 大连理工大学；486. 重庆大学；495. 北京工商大学；501. 武汉工程大学；507. 泰山学院；508. 山东大学；511. 福建师范大学；517. 海南大学；527. 广东工业大学；534. 北京科技大学；545. 复旦大学；548. 湖南师范大学；551. 东北师范大学；554. 西南交通大学；557. 山东科技大学；558. 同济大学；561. 贵州大学；562. 西南林业大学；577. 长沙理工大学；579. 合肥工业大学；581. 北京大学；582. 齐齐哈尔大学；595. 杭州电子科技大学；602. 鲁东大学；605. 太原理工大学；612. 西南科技大学；622. 闽江学院；633. 中南民族大学；634. 扬州大学；635. 安徽科技学院

五十四、软件工程学科

表 2-78　软件工程学科（5 强与中国大学）

排名	英文名称	中文名称	国家/地区	总得分
1	CHINESE ACADEMY OF SCIENCES	中国科学院	中国	100.00
2	TSINGHUA UNIVERSITY	清华大学	中国	93.52
3	ZHEJIANG UNIVERSITY	浙江大学	中国	91.11
4	STANFORD-UNIV	斯坦福大学	美国	87.04
5	NANYANG-TECHNOL-UNIV	南阳理工学院	新加坡	82.04

其他中国机构：7. 香港中文大学；8. 北京航空航天大学；10. 香港城市大学；11. 中国科学技术大学；12. 上海交通大学；14. 电子科技大学；17. 武汉大学；20. 北京大学；21. 国防科技大学；22. 华中科技大学；27. 南京大学；29. 大连理工大学；31. 西安电子科技大学；32. 中国科学院大学；39. 北京邮电大学；44. 香港理工大学；45. 西安交通大学；46. 香港科技大学；51. 天津大学；52. 哈尔滨工业大学；53. 山东大学；58. 中山大学；71. 北京理工大学；75. 东南大学；76. 南京信息工程大学；78. 香港大学；81. 湖南大学；89. 西北工业大学；93. 华南理工大学；94. 南京理工大学；95. 杭州电子科技大学；96. 上海大学；100. 北京交通大学；105. 南京航空航天大学；110. 深圳大学；112. 台湾交通大学；115. 同济大学；120. 合肥工业大学；136. 华东师范大学；140. 重庆大学；148. 复旦大学；149. 厦门大学；151. 南京邮电大学；165. 中国东北大学；179. 北京工业大学；192. 河海大学；197. 中南大学；200. 中国地质大学；202. 澳门大学；210. 香港浸会大学；216. 吉林大学；234. 北京科技大学；240. 四川大学；242. 广州大学；263. 中国矿业大学；284. 福建师范大学；286. 西南交通大学；305. 苏州大学；339. 中南大学；341. 武汉理工大学；342. 福州大学；356. 南京师范大学；361. 重庆邮电大学；368. 南开大学；374. 山东师范大学；379. 杭州师范大学；383. 桂林电子科技大学；398. 安徽大学；401. 长沙理工大学；403. 浙江工业大学；405. 江苏大学；426. 宁波大学；447. 河南大学；450. 哈尔滨工程大学；462. 中国人民大学；463. 北京师范大学；469. 暨南大学；474. 浙江工商大学；483. 山东科技大学；486. 西南大学；501. 澳门科技大学；508. 上海理工大学；513. 大连海事大学；514. 西安工业大学；519. 青岛大学；525. 广西师范大学；527. 华侨大学；537. 广东工业大学；548. 辽宁师范大学；554. 湖南科技大学；561. 武汉科技大学；569. 兰州大学；572. 江西财经大学；580. 陕西师范大学；584. 山东财经大学；589. 南昌大学；598. 中国海洋大学；602. 郑州大学；606. 扬州大学；615. 江南大学；646. 太原科技大学；655. 南京财经大学；663. 华南师范大学；665. 中国石油大学；674. 天津科技大学；678. 浙江师范大学；688. 温州大学；691. 西北大学；708. 西交利物浦大学；709. 华南农业大学；713. 曲阜师范大学；718. 河南理工大学；725. 中国人民解放军陆军工程大学；744. 西安邮电大学；746. 东华大学

五十五、商业与管理学科

表 2-79 商业与管理学科（5 强与中国大学）

排名	英文名称	中文名称	国家/地区	总得分
1	ERASMUS UNIVERSITY ROTTERDAM	鹿特丹大学	荷兰	100.00
2	PENN-STATE-UNIV	宾夕法尼亚州立大学	美国	94.99
3	ARIZONA-STATE-UNIV	亚利桑那州立大学	美国	94.87
4	HONG-KONG-POLYTECH-UNIV	香港理工大学	中国	94.25
5	MICHIGAN-STATE-UNIV	密歇根州立大学	美国	94.16
其他中国机构：15. 香港城市大学；61. 香港中文大学；67. 香港科技大学；77. 清华大学；91. 北京大学；92. 中山大学；96. 上海交通大学；97. 西安交通大学；101. 香港大学；115. 中国人民大学；116. 浙江大学；134. 香港浸会大学；145. 复旦大学；157. 华中科技大学；162. 中国科学技术大学；171. 西南财经大学；211. 南京大学；217. 同济大学；242. 厦门大学；273. 中国科学院大学；274. 对外经济贸易大学；276. 澳门大学；286. 武汉大学；289. 上海财经大学；291. 中欧国际工商学院；295. 天津大学；296. 上海大学；315. 哈尔滨工业大学；321. 华南理工大学；342. 四川大学；357. 湖南大学；364. 南开大学；368. 宁波诺丁汉大学；401. 中山大学；410. 大连理工大学；422. 暨南大学；427. 北京理工大学；465. 中国科学院大学；474. 电子科技大学；475. 北京交通大学；478. 北京航空航天大学；490. 合肥工业大学；492. 东南大学；501. 北京师范大学；541. 深圳大学；545. 重庆大学；547. 西北工业大学；549. 中央财经大学；554. 吉林大学；576. 东北财经大学；592. 山东大学；601. 西交利物浦大学；630. 江西财经大学；647. 西南交通大学；656. 中国东北大学；674. 中南财经政法大学；676. 浙江工商大学；686. 北京科技大学；695. 浙江财经大学；704. 中南大学；725. 苏州大学；726. 澳门科技大学；732. 华东理工大学；762. 南京审计大学；770. 华东师范大学；808. 南京航空航天大学；849. 南京财经大学；865. 中南大学；909. 东华大学；928. 西安电子科技大学；932. 河海大学；942. 华东理工大学；966. 武汉理工大学；971. 浙江工业大学；981. 华侨大学；999. 中国矿业大学；1005. 南京理工大学；1022. 北京邮电大学；1063. 江南大学；1069. 安徽财经大学；1071. 香港公开大学；1096. 广州大学；1105. 广东外语外贸大学；1118. 首都经济贸易大学；1144. 杭州电子科技大学；1151. 南京信息工程大学；1155. 澳门旅游学院；1175. 华北电力大学；1182. 兰州大学；1197. 华南师范大学；1199. 福州大学；1206. 长江商学院；1219. 广东工业大学；1233. 汕头大学；1234. 中国社会科学院大学；1242. 上海外国语大学；1277. 大连海事大学；1294. 浙江理工大学；1308. 陕西师范大学；1309. 华中师范大学；1314. 上海海事大学；1338. 上海立信会计金融学院；1353. 澳门城市大学；1359. 上海对外经贸大学；1378. 恒生管理学院；1383. 香港树仁大学；1393. 山东财经大学；1396. 华中农业大学；1411. 重庆工商大学；1426. 华南农业大学；1429. 安徽大学；1432. 广东金融学院；1443. 青岛大学；1471. 中国海洋大学；1475. 南方科技大学；1481. 北京第二外国语学院；1497. 山西大学；1511. 北京联合大学				

五十六、社会学学科

表 2-80 社会学学科（5 强与中国大学）

排名	英文名称	中文名称	国家/地区	总得分
1	UNIVERSITY OF MICHIGAN	密歇根大学	美国	100.00
2	UNIV-TORONTO	多伦多大学	加拿大	94.75
3	HARVARD-UNIV	哈佛大学	美国	93.95
4	UNIV-N-CAROLINA	北卡罗来纳大学	美国	93.28
5	UNIVERSITY OF OXFORD	牛津大学	英国	93.18
其他中国机构：111. 香港大学；133. 香港中文大学；144. 香港理工大学；186. 香港城市大学；238. 中国科学院大学；245. 北京大学；301. 北京师范大学；327. 中国人民大学；356. 中山大学；391. 香港浸会大学；394. 复旦大学；421. 清华大学；422. 澳门大学；423. 浙江大学；459. 东南大学；509. 南京大学；518. 同济大学；552. 中山大学；556. 西安交				

续表

通大学；582. 中国社会科学院大学；588. 中国农业大学；627. 中南大学；630. 西南大学；642. 四川大学；648. 中国科学院大学；652. 山东大学；653. 香港科技大学；661. 武汉大学；674. 香港教育大学；700. 华东师范大学；793. 华南师范大学；833. 上海大学；837. 上海交通大学；864. 厦门大学；871. 暨南大学；874. 华中科技大学；901. 吉林大学；940. 华中师范大学；975. 陕西师范大学；983. 哈尔滨工业大学；1020. 深圳大学；1058. 北京交通大学；1071. 中南大学；1127. 广州大学；1145. 中国科学技术大学；1147. 西南财经大学；1149. 上海财经大学；1177. 中央财经大学；1200. 湖南大学；1220. 武汉理工大学；1240. 北京航空航天大学；1264. 南开大学；1439. 首都师范大学；1468. 山东师范大学；1472. 西北大学；1479. 西南交通大学；1489. 上海师范大学；1495. 华南理工大学；1504. 郑州大学；1556. 兰州大学；1566. 北京工业大学；1582. 北京科技大学；1616. 南京师范大学；1661. 广东外语外贸大学；1671. 天津大学；1722. 福建师范大学；1725. 华东理工大学；1763. 浙江工商大学；1797. 山西大学；1854. 长安大学；1857. 重庆大学；1860. 华侨大学；1897. 浙江师范大学；1925. 中国政法大学；1929. 北京理工大学；1960. 中央民族大学；2023. 对外经济贸易大学；2052. 安徽大学；2058. 南京航空航天大学；2062. 空军军医大学；2064. 苏州大学；2113. 上海理工大学；2158. 南京农业大学；2164. 河海大学；2168. 香港公开大学；2207. 中南财经政法大学；2209. 浙江财经大学；2290. 天津师范大学；2296. 上海外国语大学；2337. 北京林业大学；2340. 河南大学；2342. 宁波诺丁汉大学；2352. 上海海事大学；2381. 西北农林科技大学；2418. 江西财经大学；2453. 东北师范大学；2466. 中国医学科学院；2474. 合肥工业大学；2500. 中国矿业大学；2528. 湖南师范大学；2534. 西交利物浦大学；2535. 云南大学；2537. 杭州师范大学；2641. 香港树仁大学；2647. 上海纽约大学；2692. 江苏大学；2702. 华北电力大学；2722. 首都医科大学；2751. 中国东北大学；2803. 曲阜师范大学；2878. 安徽医科大学；2895. 华东理工大学；2900. 电子科技大学

五十七、社会政策与管理学科

表 2-81　社会政策与管理学科（5 强与中国大学）

排名	英文名称	中文名称	国家/地区	总得分
1	UNIV-UTRECHT	乌得勒支大学	荷兰	100.00
2	ERASMUS-UNIV	鹿特丹大学	荷兰	91.86
3	ARIZONA-STATE-UNIV	亚利桑那州立大学	美国	90.24
4	CARDIFF-UNIV	卡迪夫大学	英国	88.19
5	UCL	伦敦大学学院	英国	87.27

其他中国机构：8. 中国科学院大学；23. 香港大学；30. 香港理工大学；32. 香港城市大学；41. 清华大学；44. 北京大学；53. 浙江大学；66. 北京师范大学；77. 中山大学；83. 武汉大学；93. 中国科学院大学；110. 中国人民大学；114. 南京大学；120. 同济大学；122. 华东师范大学；126. 香港中文大学；217. 复旦大学；244. 上海交通大学；299. 东南大学；319. 中央财经大学；322. 暨南大学；325. 大连理工大学；335. 重庆大学；344. 北京理工大学；347. 哈尔滨工业大学；371. 华中科技大学；373. 深圳大学；374. 湖南大学；377. 上海财经大学；380. 西安交通大学；389. 西南财经大学；390. 香港浸会大学；394. 中国地质大学；399. 浙江财经大学；445. 华南理工大学；457. 厦门大学；479. 广州大学；491. 南京师范大学；511. 中国农业大学；525. 西交利物浦大学；535. 江苏师范大学；536. 四川大学；554. 北京林业大学；595. 中国社会科学院大学；621. 山东大学；630. 江西财经大学；634. 北京航空航天大学；635. 安徽财经大学；641. 上海大学；642. 天津大学；645. 青岛大学；667. 南开大学；671. 西南大学；685. 河海大学；695. 华中农业大学；703. 浙江工商大学；707. 香港教育大学；719. 对外经济贸易大学；720. 香港科技大学；748. 河南大学；760. 陕西师范大学；780. 华中师范大学；798. 北京交通大学；803. 中国海洋大学；806. 中山大学；811. 华南师范大学；815. 南京农业大学；824. 广东外语外贸大学；834. 浙江工业大学；837. 中南大学；849. 东北师范大学；868. 吉林大学；883. 南京财经大学；889. 中国矿业大学；924. 中南财经政法大学；943. 西北农林科技大学；944. 西南交通大学；958. 宁波诺丁汉大学；962. 浙江农林大学；983. 澳门大学；989. 合肥工业大学；998. 兰州大学；1017. 长安大学；1044. 首都经济贸易大学；1083. 苏州大学；1090. 南京信息工程大学；1112. 内蒙古大学；1137. 西北大学；1144. 华侨大学；1176. 四川

续表

农业大学；1182. 北京邮电大学；1188. 中国东北大学；1210. 福州大学；1219. 武汉理工大学；1228. 中国科学技术大学；1242. 北京工业大学；1261. 上海海洋大学；1266. 西北师范大学；1291. 上海师范大学；1321. 曲阜师范大学；1335. 南京航空航天大学；1356. 电子科技大学；1373. 山东师范大学；1381. 中国石油大学；1397. 首都师范大学；1418. 中南大学；1465. 杭州师范大学；1471. 西安电子科技大学；1493. 湖南师范大学；1504. 江西师范大学；1544. 重庆交通大学；1564. 辽宁大学

五十八、生态学学科

表 2-82 生态学学科（5 强与中国大学）

排名	英文名称	中文名称	国家/地区	总得分
1	CHINESE ACADEMY OF SCIENCES	中国科学院	中国	100.00
2	UNITED STATES GEOLOGICAL SURVEY	美国地质勘探局	美国	86.35
3	SPANISH NATIONAL RESEARCH COUNCIL	国家科研委员会	西班牙	84.09
4	UNIV-CALIF-DAVIS	加利福尼亚大学戴维斯分校	美国	83.41
5	UNIV-CALIF-BERKELEY	加利福尼亚大学伯克利分校	美国	82.22
其他中国机构：41. 中国科学院大学；94. 北京师范大学；112. 北京大学；237. 中国科学院；251. 香港大学；257. 西北农林科技大学；266. 中国农业大学；269. 中国农业科学院；273. 北京林业大学；285. 中山大学；295. 浙江大学；303. 华东师范大学；313. 南京农业大学；328. 兰州大学；329. 南京大学；371. 清华大学；434. 复旦大学；435. 厦门大学；469. 中国海洋大学；521. 华中农业大学；560. 武汉大学；620. 东北师范大学；646. 四川大学；654. 中国地质大学；662. 南京师范大学；680. 上海交通大学；703. 云南大学；726. 华南农业大学；736. 四川农业大学；737. 南京林业大学；739. 河海大学；749. 内蒙古大学；786. 福建农林大学；789. 东北林业大学；800. 同济大学；819. 西南大学；850. 西北大学；864. 上海海洋大学；868. 河南大学；879. 南京信息工程大学；897. 广西大学；921. 天津大学；938. 浙江农林大学；960. 台州学院；1000. 香港科技大学；1026. 华南师范大学；1042. 山东大学；1058. 香港中文大学；1107. 暨南大学；1110. 陕西师范大学；1126. 中国矿业大学；1130. 内蒙古农业大学；1131. 中南林业科技大学；1147. 西华师范大学；1178. 福建师范大学；1205. 杭州师范大学；1209. 沈阳农业大学；1226. 香港城市大学；1258. 南开大学；1280. 重庆大学；1296. 南昌大学；1301. 扬州大学；1356. 香港理工大学；1366. 湖南农业大学；1370. 江苏大学；1381. 长安大学；1392. 广州大学；1432. 中央民族大学；1434. 江西农业大学；1447. 吉林大学；1452. 西南林业大学；1462. 海南大学；1476. 海南师范大学；1483. 安徽农业大学；1484. 中国科学技术大学；1532. 江西师范大学；1541. 河南农业大学；1549. 山东农业大学；1557. 东北农业大学；1561. 湖南大学；1563. 安徽师范大学；1568. 浙江海洋大学；1574. 华中师范大学；1584. 华北电力大学；1593. 首都师范大学；1597. 湖北大学；1629. 甘肃农业大学；1663. 山西大学；1667. 青岛农业大学；1680. 西安工业大学；1698. 哈尔滨工业大学；1713. 石河子大学；1717. 青海大学；1734. 昆明理工大学；1769. 中国人民大学；1770. 中国科学院大学；1786. 贵州师范大学；1798. 中国医学科学院；1800. 中国科学院大学；1815. 浙江师范大学；1840. 上海财经大学；1873. 西安交通大学；1876. 大连理工大学；1883. 新疆大学；1886. 华中科技大学				

五十九、生物学学科

表 2-83 生物学学科（5 强与中国大学）

排名	英文名称	中文名称	国家/地区	总得分
1	CHINESE-ACAD-SCI	中国科学院大学	中国	100.00
2	HARVARD-UNIV	哈佛大学	美国	97.83

续表

排名	英文名称	中文名称	国家/地区	总得分
3	UNIV-OXFORD	牛津大学	英国	83.79
4	UNIV-WASHINGTON	华盛顿大学	美国	83.41
5	UNIVERSITY OF CAMBRIDGE	剑桥大学	英国	82.89
其他中国机构：40. 上海交通大学；41. 浙江大学；45. 中国科学院大学；49. 复旦大学；55. 中山大学；61. 北京大学；76. 中国农业科学院；107. 中国医学科学院；110. 四川大学；111. 华中科技大学；113. 山东大学；117. 中国农业大学；135. 南京医科大学；139. 南京农业大学；141. 清华大学；142. 香港大学；145. 华中农业大学；151. 武汉大学；152. 吉林大学；188. 西北农林科技大学；211. 首都医科大学；225. 中国医学科学院-北京协和医学院；244. 同济大学；251. 南方医科大学；257. 香港中文大学；259. 南京大学；260. 中南大学；263. 苏州大学；266. 厦门大学；267. 西安交通大学；294. 中国科学院；295. 中国海洋大学；301. 华南农业大学；302. 郑州大学；304. 哈尔滨医科大学；315. 中国医科大学；328. 南开大学；329. 重庆医科大学；339. 海军军医大学；346. 暨南大学；348. 温州医科大学；354. 空军军医大学；368. 西南大学；374. 广州医科大学；400. 陆军军医大学；407. 中国科学技术大学；444. 四川农业大学；463. 天津医科大学；464. 南昌大学；470. 安徽医科大学；473. 扬州大学；475. 江南大学；489. 东南大学；498. 中国药科大学；523. 青岛大学；530. 江苏大学；531. 兰州大学；541. 福建农林大学；555. 山东农业大学；565. 华东师范大学；584. 华南理工大学；605. 上海海洋大学；624. 中南大学；632. 大连医科大学；634. 东北农业大学；652. 南通大学；654. 北京师范大学；668. 深圳大学；689. 天津大学；706. 北京林业大学；728. 福建医科大学；747. 南京师范大学；758. 香港科技大学；759. 河北医科大学；764. 汕头大学；780. 哈尔滨工业大学；781. 宁波大学；790. 云南大学；800. 西北大学；818. 广西医科大学；824. 沈阳药科大学；825. 香港城市大学；831. 南京中医药大学；835. 华南师范大学；849. 上海中医药大学；852. 电子科技大学；865. 香港理工大学；870. 重庆大学；881. 大连理工大学；897. 广西大学；919. 湖南农业大学；945. 东北林业大学；952. 香港浸会大学；955. 上海科技大学；968. 安徽农业大学；969. 贵州大学；974. 青岛农业大学；985. 湖南师范大学；988. 河南大学；989. 吉林农业大学；1002. 昆明医科大学；1012. 河南农业大学；1022. 上海大学；1027. 浙江工业大学；1029. 杭州师范大学；1047. 陕西师范大学；1059. 澳门大学；1065. 河北大学；1072. 湖南大学；1078. 南京林业大学				

六十、生物医学工程(可授工学、理学、医学学位)学科

表 2-84　生物医学工程（可授工学、理学、医学学位）学科（5 强与中国大学）

排名	英文名称	中文名称	国家/地区	总得分
1	CHINESE-ACAD-SCI	中国科学院大学	中国	100.00
2	HARVARD-UNIV	哈佛大学	美国	96.83
3	SHANGHAI-JIAO-TONG-UNIV	上海交通大学	中国	91.66
4	STANFORD-UNIV	斯坦福大学	美国	88.70
5	MIT	麻省理工学院	美国	85.04
其他中国机构：11. 四川大学；15. 浙江大学；16. 复旦大学；18. 北京大学；23. 清华大学；31. 中山大学；33. 苏州大学；54. 香港大学；68. 华中科技大学；72. 中国科学院大学；73. 台湾大学；74. 中国医学科学院；76. 西安交通大学；77. 空军军医大学；85. 南方医科大学；87. 首都医科大学；88. 吉林大学；94. 同济大学；98. 武汉大学；99. 香港中文大学；115. 天津大学；116. 山东大学；123. 东南大学；129. 北京航空航天大学；138. 南京大学；151. 中国医学科学院-北京协和医学院；157. 华南理工大学；159. 中国科学技术大学；162. 南京医科大学；168. 暨南大学；180. 陆军军医大学；181. 香港城市大学；212. 南开大学；214. 香港理工大学；219. 东华大学；222. 重庆大学；232. 郑州大学；240. 中南大学；249. 深圳大学；257. 天津医科大学；265. 重庆医科大学；270. 北京理工大学；273. 哈尔滨工业大学；274. 厦门大学；283. 温州医科大学；307. 海军军医大学；316. 西南交通大学；324. 广州医科大学；330. 中国医科大学；354. 哈尔滨医科大学；364. 北京工业大学；370. 大连理工大学；383. 中国药科大学；397. 上海大学；398. 青岛大学；401. 华东师范大学；407. 南通大学；409. 江苏大学；414. 中国东北大学；435. 大连医科大学；436. 西北工业大学；				

续表

441. 电子科技大学；447. 华东理工大学；456. 中南大学；476. 香港科技大学；514. 安徽医科大学；515. 湖南大学；522. 南昌大学；533. 澳门大学；570. 北京化工大学；583. 中国人民解放军军事医学科学院；612. 沈阳药科大学；638. 福建医科大学；642. 南京航空航天大学；644. 兰州大学；646. 华东理工大学；651. 上海理工大学；692. 华南师范大学；716. 西南大学；724. 北京科技大学；729. 西北大学；735. 南京理工大学；756. 武汉理工大学；760. 汕头大学；780. 北京师范大学；821. 哈尔滨工程大学；842. 昆明医科大学；849. 西安电子科技大学；851. 广西医科大学；862. 山西医科大学；875. 上海科技大学；883. 南方科技大学；901. 河北医科大学；903. 宁波大学；910. 合肥工业大学；925. 福州大学；939. 太原理工大学；959. 国防科技大学；962. 广州中医药大学；967. 南京工业大学；1003. 湖北大学；1011. 上海中医药大学；1012. 上海师范大学；1029. 浙江工业大学；1031. 江南大学；1034. 杭州电子科技大学；1035. 徐州医科大学；1041. 安徽大学；1043. 陆军军医大学；1054. 北京交通大学；1068. 南京中医药大学；1093. 宁夏医科大学；1112. 广东工业大学

六十一、石油与天然气工程学科

表 2-85 石油与天然气工程学科（5 强与中国大学）

排名	英文名称	中文名称	国家/地区	总得分
1	CHINESE ACADEMY OF SCIENCES	中国科学院	中国	100.00
2	TSINGHUA UNIVERSITY	清华大学	中国	80.60
3	UNIV-CHINESE-ACAD-SCI	中国科学院大学	中国	73.88
4	CHINA-UNIV-PETR	中国石油大学	中国	72.42
5	TIANJIN UNIVERSITY	天津大学	中国	71.61

其他中国机构：6. 西安交通大学；7. 上海交通大学；8. 浙江大学；9. 华中科技大学；10. 中国科学技术大学；11. 哈尔滨工业大学；12. 华南理工大学；13. 中国矿业大学；16. 华北电力大学；19. 重庆大学；20. 北京理工大学；22. 大连理工大学；29. 北京大学；31. 东南大学；32. 山东大学；35. 湖南大学；36. 中国地质大学；37. 香港理工大学；39. 同济大学；42. 吉林大学；44. 北京化工大学；47. 厦门大学；48. 香港城市大学；49. 武汉理工大学；53. 武汉大学；56. 中国石油大学；59. 复旦大学；61. 北京航空航天大学；62. 西南石油大学；63. 南京工业大学；64. 台湾成功大学；68. 南开大学；69. 北京科技大学；70. 江苏大学；71. 苏州大学；72. 中南大学；76. 四川大学；77. 中山大学；81. 台湾大学；89. 南京大学；98. 太原理工大学；99. 北京工业大学；109. 香港科技大学；113. 华东理工大学；129. 南京理工大学；131. 郑州大学；136. 南京航空航天大学；139. 上海大学；156. 合肥工业大学；161. 深圳大学；167. 华东理工大学；174. 电子科技大学；176. 福州大学；183. 中国石油大学；184. 山东科技大学；187. 北京交通大学；191. 哈尔滨工程大学；194. 广东工业大学；195. 兰州大学；201. 西北工业大学；206. 中国东北大学；213. 青岛科技大学；218. 东华大学；219. 香港大学；226. 中国农业大学；228. 浙江工业大学；233. 上海理工大学；235. 广西大学；237. 北京师范大学；247. 河南理工大学；263. 西北农林科技大学；264. 北京林业大学；275. 中国海洋大学；284. 南京林业大学；289. 香港中文大学；299. 暨南大学；301. 中南大学；305. 昆明理工大学；309. 南昌大学；313. 暨南大学；315. 华东师范大学；317. 西南交通大学；319. 湘潭大学；323. 青岛大学；332. 江南大学；342. 河海大学；357. 西北大学；360. 安徽工业大学；361. 西安建筑科技大学；362. 南京师范大学；364. 扬州大学；366. 东北石油大学；371. 陕西师范大学；380. 宁波大学；389. 湖北大学；392. 上海电力学院；395. 中国工程物理学院；396. 河北工业大学；405. 燕山大学；410. 华南农业大学；420. 西南大学；421. 南方科技大学；422. 华南师范大学；423. 常州大学；424. 东北师范大学；435. 武汉科技大学；439. 浙江师范大学；440. 成都理工大学；442. 兰州理工大学；448. 广州大学

六十二、食品科学与工程(可授工学、农学学位)学科

表 2-86 食品科学与工程(可授工学、农学学位)学科(5 强与中国大学)

排名	英文名称	中文名称	国家/地区	总得分
1	JIANGNAN UNIVERSITY	江南大学	中国	100.00
2	SPANISH NATIONAL RESEARCH COUNCIL	国家科研委员会	西班牙	93.22
3	CHINA-AGR-UNIV	中国农业大学	中国	92.97
4	ARS	美国农业科学研究院	美国	91.50
5	S-CHINA-UNIV-TECHNOL	华南理工大学	中国	88.84
其他中国机构：6. 中国科学院大学；9. 浙江大学；10. 中国农业科学院；12. 南京农业大学；21. 西北农林科技大学；24. 南昌大学；26. 华中农业大学；33. 江苏大学；56. 天津理工大学；58. 台湾大学；61. 上海交通大学；64. 中国医科大学；67. 东北农业大学；70. 中国海洋大学；74. 北京工商大学；81. 暨南大学；84. 吉林大学；103. 台湾中兴大学；104. 华南农业大学；107. 西南大学；118. 中国科学院大学；135. 福建农林大学；136. 浙江工商大学；141. 四川大学；146. 扬州大学；152. 河南工业大学；155. 合肥工业大学；160. 大连工业大学；162. 陕西师范大学；178. 安徽农业大学；181. 山东农业大学；196. 上海海洋大学；206. 中山大学；215. 青岛农业大学；217. 香港大学；235. 天津大学；243. 南开大学；244. 华中科技大学；249. 宁波大学；257. 南京财经大学；265. 浙江工业大学；274. 湖南农业大学；276. 哈尔滨工业大学；282. 武汉大学；284. 四川农业大学；290. 北京大学；304. 沈阳农业大学；318. 香港中文大学；319. 福州大学；322. 北京林业大学；328. 湖北工业大学；337. 苏州大学；339. 渤海大学；353. 山东大学；362. 中国药科大学；373. 厦门大学；374. 兰州大学；377. 海南大学；385. 武汉轻工大学；386. 西北大学；396. 澳门大学；399. 东北林业大学；406. 中国医学科学院；407. 中南大学；424. 上海应用技术大学；425. 沈阳药科大学；426. 河南科技大学；430. 郑州大学；434. 中国科学院大学；436. 北京工商大学；438. 吉林农业大学；439. 南京师范大学；444. 复旦大学；445. 深圳大学；447. 昆明理工大学；448. 中国科学院；459. 广西大学；472. 华东理工大学；475. 湖南大学；478. 内蒙古农业大学；481. 集美大学；483. 清华大学；491. 江西师范大学；502. 浙江海洋大学；506. 齐鲁工业大学；507. 江西农业大学；513. 郑州大学；517. 石河子大学；526. 河南科技学院；531. 山西大学；539. 广东药科大学；542. 北京化工大学；547. 河南农业大学；552. 南京林业大学；571. 西安交通大学；575. 香港浸会大学；577. 浙江农林大学；592. 上海理工大学；609. 南京大学；611. 南京工业大学；635. 贵州大学；636. 华东理工大学；642. 河北大学；648. 甘肃农业大学；649. 青岛大学；654. 中南林业科技大学；656. 中国医学科学院-北京协和医学院；662. 南方医科大学；682. 南京中医药大学				

六十三、世界史学科

表 2-87 世界史学科(5 强与中国大学)

排名	英文名称	中文名称	国家/地区	总得分
1	UNIV-CAMBRIDGE	剑桥大学	英国	100.00
2	UNIV-OXFORD	牛津大学	英国	98.18
3	HARVARD UNIVERSITY	哈佛大学	美国	97.18
4	UTRECHT UNIVERSITY	乌得勒支大学	荷兰	92.47
5	UNIVERSITY OF LONDON	伦敦大学	英国	91.86
其他中国机构：274. 香港大学；366. 北京大学；367. 香港中文大学；406. 中山大学；531. 香港科技大学；547. 香港城市大学；590. 上海交通大学；617. 香港浸会大学；623. 澳门大学；673. 暨南大学；768. 中国传媒大学；858. 复旦大学；860. 清华大学；884. 浙江大学；934. 华东师范大学；963. 上海体育学院；965. 中国人民大学；1066. 江西师范大学；1079. 成都体育学院；1126. 中国社会科学院大学；1161. 上海理工大学；1180. 上海大学；1208. 华南师范大学；1223. 宁波大学；1266. 香港理工大学；1341. 香港教育大学；1351. 厦门大学；1444. 东北师范大学；1587. 西交利物浦大学；				

续表

1627. 吉林大学；1689. 东南大学；1706. 武汉大学；1760. 北京体育大学；1806. 西南大学；1825. 宁波诺丁汉大学；1840. 江西财经大学；1861. 浙江师范大学；1869. 山东大学；1971. 苏州大学；2020. 广东外语外贸大学；2078. 北京外国语大学；2131. 恒生管理学院；2133. 昆山杜克大学；2170. 中央财经大学；2190. 香港高等科技教育学院；2214. 首都经济贸易大学；2248. 同济大学；2350. 上海纽约大学；2428. 天津大学；2520. 武汉体育学院；2523. 湖北工业大学；2564. 西北农林科技大学；2588. 西华师范大学；2595. 洛阳师范学院；2726. 电子科技大学；2766. 南洋理工学院；2893. 杭州师范大学；3312. 南京师范大学；3395. 陕西师范大学；3416. 外交学院；3581. 四川科技大学；3739. 东北财经大学；3806. 香港岭南大学；3872. 鲁东大学；3901. 中国城市规划设计研究院；4020. 岭南大学

六十四、兽医学学科

表2-88 兽医学学科（5强与中国大学）

排名	英文名称	中文名称	国家/地区	总得分
1	UNIV-CALIF-DAVIS	加利福尼亚大学戴维斯分校	美国	100.00
2	GHENT UNIVERSITY	根特大学	比利时	91.86
3	UNIVERSITY OF GUELPH	圭尔夫大学	加拿大	91.70
4	COLORADO-STATE-UNIV	科罗拉多州立大学	美国	89.20
5	UNIV-SAO-PAULO	圣保罗大学	巴西	88.05
其他中国机构：18. 中国科学院大学；34. 中国农业科学院；57. 南京农业大学；59. 中国科学院；83. 中国农业大学；86. 西北农林科技大学；87. 华中农业大学；93. 华南农业大学；111. 四川农业大学；114. 中山大学；126. 扬州大学；129. 中国科学院大学；144. 中国海洋大学；158. 东北农业大学；172. 浙江大学；195. 上海海洋大学；206. 山东农业大学；213. 宁波大学；214. 吉林大学；233. 广东海洋大学；263. 青岛农业大学；274. 大连海洋大学；306. 厦门大学；307. 吉林农业大学；313. 河南农业大学；315. 集美大学；317. 广西大学；322. 四川理工学院；325. 浙江海洋大学；357. 南京师范大学；400. 华南师范大学；403. 西南大学；418. 河南科技大学；430. 湖南农业大学；448. 华东师范大学；449. 安徽农业大学；450. 黑龙江八一农垦大学；454. 山东师范大学；461. 山东大学；481. 中国人民解放军军事医学科学院；506. 海南大学；530. 福建农林大学；546. 内蒙古农业大学；557. 甘肃农业大学；574. 河南师范大学；596. 汕头大学；626. 上海交通大学；660. 香港城市大学；666. 山西农业大学；670. 湖南师范大学；672. 香港大学；681. 石河子大学；683. 南昌大学；699. 佛山大学；724. 北京大学；728. 山东农业大学；744. 东北林业大学；747. 兰州大学；751. 江西农业大学；756. 长江大学；765. 复旦大学；780. 华东理工大学；795. 云南农业大学；853. 天津师范大学；865. 仲恺农业工程学院；872. 沈阳农业大学；905. 郑州大学；924. 华南理工大学；937. 四川大学；995. 盐城工学院；1011. 浙江农林大学；1018. 青海大学；1039. 暨南大学；1109. 中国医学科学院；1129. 淮海工学院；1140. 江苏大学；1173. 苏州大学；1181. 河南科技学院；1224. 中国科学院大学；1257. 西南民族大学；1264. 延边大学；1281. 河北农业大学；1341. 武汉轻工大学；1377. 武汉大学；1387. 南方医科大学；1401. 鲁东大学；1416. 榆林学院；1421. 首都医科大学；1473. 中国医学科学院-北京协和医学院；1485. 电子科技大学；1507. 温州医科大学；1519. 内蒙古大学；1534. 天津农业大学；1563. 香港理工大学；1575. 新疆农业大学				

六十五、数学学科

表2-89 数学学科（5强与中国大学）

排名	英文名称	中文名称	国家/地区	总得分
1	CHINESE ACADEMY OF SCIENCES	中国科学院	中国	100.00
2	UNIV-WISCONSIN	威斯康星大学	美国	94.51

续表

排名	英文名称	中文名称	国家/地区	总得分
3	RUSSIAN ACADEMY OF SCIENCES	俄罗斯科学院	俄罗斯	94.22
4	STANFORD-UNIV	斯坦福大学	美国	92.84
5	MIT	麻省理工学院	美国	91.40
其他中国机构：26. 北京大学；27. 清华大学；28. 上海交通大学；30. 哈尔滨工业大学；35. 东南大学；39. 浙江大学；40. 大连理工大学；43. 山东大学；44. 复旦大学；49. 华中科技大学；61. 南开大学；62. 北京师范大学；63. 香港城市大学；64. 厦门大学；65. 西安交通大学；66. 电子科技大学；68. 中山大学；70. 中国科学技术大学；75. 武汉大学；76. 同济大学；77. 华东师范大学；78. 香港中文大学；81. 中南大学；83. 北京航空航天大学；85. 上海大学；86. 曲阜师范大学；91. 湖南大学；101. 山东科技大学；103. 西北工业大学；109. 南京大学；110. 北京理工大学；114. 吉林大学；115. 天津大学；117. 兰州大学；121. 四川大学；122. 香港理工大学；123. 香港大学；127. 重庆大学；130. 南京航空航天大学；131. 中国矿业大学；135. 浙江师范大学；136. 华南师范大学；144. 南京师范大学；149. 河海大学；160. 华南理工大学；166. 北京交通大学；172. 中国东北大学；179. 南京理工大学；190. 华中师范大学；192. 香港浸会大学；202. 苏州大学；206. 西南大学；225. 中国科学院大学；226. 北京工业大学；228. 湘潭大学；231. 上海师范大学；244. 东北师范大学；262. 香港科技大学；280. 西安电子科技大学；287. 东华大学；303. 安徽大学；316. 长沙理工大学；320. 郑州大学；323. 新疆大学；332. 湖南师范大学；336. 河南理工大学；347. 中国人民大学；351. 华北电力大学；359. 山东师范大学；360. 河南师范大学；367. 上海财经大学；376. 南京信息工程大学；377. 杭州电子科技大学；378. 江苏大学；388. 哈尔滨工程大学；393. 云南大学；394. 西南交通大学；395. 北京科技大学；397. 首都师范大学；398. 深圳大学；400. 国防科技大学；401. 山西大学；403. 上海理工大学；408. 西南财经大学；410. 江苏师范大学；413. 天津工业大学；414. 广州大学；419. 西北师范大学；423. 江南大学；431. 澳门大学；434. 重庆师范大学；447. 福州大学；464. 北京邮电大学；467. 陕西师范大学；472. 中国地质大学；501. 中国石油大学；508. 合肥工业大学；509. 浙江工业大学；519. 中南大学；520. 扬州大学；535. 暨南大学；537. 福建师范大学；543. 贵州大学；555. 南昌大学；558. 青岛大学；561. 江西师范大学；567. 杭州师范大学；568. 太原理工大学；579. 宁波大学；596. 淮阴师范学院；604. 西北大学；607. 云南师范大学；609. 河南大学；611. 兰州理工大学；618. 中国海洋大学；620. 温州大学；622. 南京邮电大学				

六十六、水产学科

表 2-90　水产学科（5 强与中国大学）

排名	英文名称	中文名称	国家/地区	总得分
1	CHINESE ACADEMY OF SCIENCES	中国科学院	中国	100.00
2	CHINESE-ACAD-FISHERY-SCI	中国科学院	中国	95.85
3	NATIONAL OCEANIC AND ATMOSPHERIC ADMINISTRATION	美国国家海洋和大气管理局	美国	90.34
4	FISHERIES AND OCEANS CANADA	加拿大渔业及海洋部	加拿大	87.86
5	OCEAN-UNIV-CHINA	中国海洋大学	中国	86.00
其他中国机构：9. 上海海洋大学；15. 中国科学院大学；20. 华中农业大学；21. 中山大学；25. 宁波大学；30. 南京农业大学；33. 大连海洋大学；38. 广东海洋大学；43. 四川农业大学；61. 厦门大学；62. 浙江海洋大学；69. 集美大学；73. 西北农林科技大学；75. 华东师范大学；77. 华南农业大学；80. 浙江大学；81. 台湾海洋大学；110. 华南师范大学；113. 南京师范大学；122. 海南大学；123. 汕头大学；124. 四川理工学院；133. 青岛农业大学；154. 中国农业科学院；161. 西南大学；185. 山东大学；255. 河南师范大学；315. 东北农业大学；331. 湖南师范大学；344. 苏州大学；356. 南昌大学；370. 吉林农业大学；375. 天津农业大学；408. 暨南大学；428. 盐城工学院；429. 淮海工学院；441. 长江大学；458. 扬州大学；485. 仲恺农业工程学院；491. 福建农林大学；497. 大连理工大学；500. 天津师范大学；523. 华南理工大学；553. 安徽农业大学；573. 香港大学；579. 广西大学；625. 山东师范大学；632. 湖南农业大学；679. 云南农				

续表

业大学；685. 湖州师范学院；712. 鲁东大学；722. 中国农业大学；728. 山东农业大学；775. 电子科技大学；812. 华东理工大学；828. 大连工业大学；863. 长沙学院；872. 辽宁师范大学；889. 香港城市大学；894. 上海交通大学；895. 盐城师范学院；931. 江苏大学；971. 武汉轻工大学；978. 浙江农林大学；979. 浙江工商大学；986. 南京大学；1012. 江西农业大学；1015. 武汉大学；1025. 三峡大学；1026. 温州医科大学；1027. 河海大学；1031. 烟台大学；1039. 内江师范学院；1057. 浙江工业大学；1095. 天津理工大学；1120. 山东大学；1132. 浙江万里学院；1137. 华中师范大学；1141. 北京师范大学；1177. 上海大学；1186. 河北大学；1196. 四川大学；1214. 中国科学院大学；1216. 东北林业大学；1218. 香港中文大学

六十七、水利工程学科

表 2-91　水利工程学科（5 强与中国大学）

排名	英文名称	中文名称	国家/地区	总得分
1	CHINESE ACADEMY OF SCIENCES	中国科学院	中国	100.00
2	DELFT-UNIV-TECHNOL	代尔夫特大学	荷兰	74.56
3	UNITED STATES GEOLOGICAL SURVEY	美国地质勘探局	美国	72.22
4	HOHAI UNIVERSITY	河海大学	中国	71.20
5	UNIV-CHINESE-ACAD-SCI	中国科学院大学	中国	70.35
其他中国机构：6. 北京师范大学；8. 清华大学；11. 武汉大学；14. 同济大学；18. 西北农林科技大学；20. 中国地质大学；24. 南京大学；26. 哈尔滨工业大学；30. 浙江大学；32. 中山大学；37. 中国农业大学；50. 台湾大学；58. 中国矿业大学；64. 大连理工大学；70. 北京大学；72. 天津大学；85. 四川大学；94. 香港科技大学；114. 长安大学；135. 香港大学；139. 西安工业大学；147. 北京林业大学；151. 华中科技大学；153. 上海交通大学；180. 湖南大学；191. 中国科学技术大学；196. 中国海洋大学；201. 南京信息工程大学；206. 吉林大学；208. 华东师范大学；220. 兰州大学；222. 山东大学；240. 重庆大学；242. 香港理工大学；243. 华南理工大学；246. 华北电力大学；261. 中国农业科学院；263. 北京工业大学；274. 南开大学；281. 郑州大学；308. 南京师范大学；323. 华中农业大学；361. 西安建筑科技大学；373. 广东工业大学；388. 东南大学；398. 复旦大学；399. 暨南大学；401. 南京农业大学；403. 合肥工业大学；405. 西南大学；407. 中南大学；412. 中国科学院；425. 成都理工大学；427. 中国科学院；436. 东北农业大学；438. 天津工业大学；447. 南方科技大学；452. 西安交通大学；456. 山东科技大学；475. 浙江工业大学；483. 南京林业大学；489. 香港中文大学；493. 华北水利水电大学；498. 中国地震局；499. 西安科技大学；523. 北京理工大学；530. 东华大学；534. 广西大学；537. 中国地质大学(北京)；543. 江苏大学；551. 南京工业大学；563. 香港城市大学；566. 北京科技大学；569. 陕西师范大学；571. 武汉理工大学；574. 厦门大学；575. 西北大学；581. 中国科学院大学；611. 华南师范大学；638. 太原理工大学；646. 福建师范大学；648. 内蒙古农业大学；660. 天津师范大学；663. 北京建筑大学；669. 中南大学；673. 东北师范大学；681. 上海大学；685. 四川农业大学；691. 扬州大学；694. 中国石油大学；702. 长江大学；704. 云南大学；713. 北京化工大学；720. 暨南大学；723. 南京理工大学；726. 哈尔滨工程大学；754. 河南理工大学；757. 三峡大学；758. 青海大学；772. 中国人民大学；773. 新疆大学；789. 河北工程大学；800. 南昌大学；811. 青岛科技大学				

六十八、体育学学科

表 2-92　体育学学科（5 强与中国大学）

排名	英文名称	中文名称	国家/地区	总得分
1	UNIVERSITY OF QUEENSLAND	昆士兰大学	澳大利亚	100.00

续表

排名	英文名称	中文名称	国家/地区	总得分
2	UNIVERSIDADE DE SAO PAULO	圣保罗大学	巴西	95.82
3	UNIVERSITY OF PITTSBURGH	匹兹堡大学	美国	95.33
4	UNIV-N-CAROLINA	北卡罗来纳大学	美国	94.13
5	MCMASTER-UNIV	麦克马斯特大学	加拿大	93.71
其他中国机构：155. 香港理工大学；239. 香港大学；260. 上海体育学院；261. 香港中文大学；332. 上海交通大学；467. 北京大学；506. 四川大学；581. 北京体育大学；605. 复旦大学；642. 香港浸会大学；842. 南京医科大学；976. 浙江大学；1066. 河北医科大学；1074. 同济大学；1159. 福建医科大学；1167. 中山大学；1213. 重庆医科大学；1226. 中国国际体育科学院；1247. 中国科学院大学；1253. 香港教育大学；1279. 首都医科大学；1303. 苏州大学；1311. 天津体育学院；1326. 空军军医大学；1328. 深圳大学；1334. 温州医科大学；1365. 宁波大学；1386. 陆军军医大学；1443. 南方医科大学；1452. 中南大学；1458. 吉林大学；1534. 华中科技大学；1548. 澳门理工学院；1608. 海军军医大学；1637. 山东体育学院；1698. 西安交通大学；1806. 香港高等科技教育学院；1826. 山东大学；1859. 武汉大学；1870. 北京航空航天大学；1887. 华东师范大学；1925. 中国医科大学；1993. 沈阳体育学院；2038. 华南师范大学；2095. 北京师范大学；2126. 青岛大学；2143. 陕西师范大学；2184. 中南大学；2214. 清华大学；2245. 南京大学；2286. 东南大学；2318. 天津医科大学；2360. 首都体育学院；2447. 青海大学；2669. 暨南大学；2692. 成都体育学院；2862. 厦门大学；2870. 上海中医药大学；2922. 武汉体育学院；3116. 山东师范大学；3125. 福建中医药大学；3131. 中国科学技术大学；3141. 南通大学；3161. 河北师范大学；3198. 兰州大学；3229. 扬州大学；3260. 香港高等科技教育学院；3278. 中国医学科学院；3333. 郑州大学；3441. 澳门大学；3496. 广西医科大学；3781. 山东体育科技大学；3806. 广州体育学院；3811. 大连理工大学；3850. 广州中医药大学；3914. 哈尔滨医科大学；3920. 香港城市大学；3963. 湖南师范大学；3988. 山东体育科学院；4080. 上海大学；4104. 武汉体育学院；4114. 昆明医科大学；4220. 徐州医科大学；4282. 中国医学科学院-北京协和医学院；4338. 浙江师范大学；4431. 辽宁师范大学；4530. 西南大学；4580. 成都体育学院；4586. 南京中医药大学；4633. 福建师范大学；4803. 上海健康医学院；4810. 香港公开大学；4869. 南京体育学院；5076. 安徽医科大学；5166. 北京工业大学；5182. 滨州医学院；5319. 新疆医科大学；5327. 北京中医药大学；5363. 郑州大学				

六十九、天文学学科

表 2-93　天文学学科（5 强与中国大学）

排名	英文名称	中文名称	国家/地区	总得分
1	CALTECH	加利福尼亚理工学院	美国	100.00
2	NATIONAL AERONAUTICS AND SPACE ADMINISTRATION	美国航空航天局	美国	93.12
3	CHINESE ACADEMY OF SCIENCES	中国科学院	中国	92.65
4	UNIV-CALIF-BERKELEY	加利福尼亚大学伯克利分校	美国	91.50
5	HARVARD-SMITHSONIAN CENTER FOR ASTROPHYSICS	哈佛史密森尼天文学和天体物理学研究中心	美国	90.61
其他中国机构：47. 北京大学；65. 中国科学院；77. 中国科学院大学；90. 中国科学技术大学；119. 南京大学；142. 清华大学；267. 山东大学；281. 中山大学；287. 上海交通大学；341. 北京师范大学；395. 北京航空航天大学；421. 中国科学院高能物理研究所；436. 香港大学；444. 武汉大学；454. 华中师范大学；575. 香港中文大学；594. 兰州大学；688. 南京师范大学；727. 南开大学；735. 中国科学院大学；752. 广西大学；755. 复旦大学；779. 浙江大学；805. 华中科技大学；825. 香港科技大学；883. 云南大学；893. 湖南师范大学；911. 河南师范大学；941. 四川大学；1019. 广州大学；1023. 广西师范大学；1030. 厦门大学；1032. 郑州大学；1036. 澳门科技大学；1079. 南昌大学；1081. 湖南大学；1088. 哈尔滨工业大学；1143. 山西大学；1156. 辽宁大学；1158. 上海师范大学；1160. 南华大学；1162. 杭州师范大学；1177. 苏州大学；1222. 黄山学院；1232. 东南大学；1281. 河南科技大学；1312. 国防科技大学；1363. 重庆大学；				

续表

1404. 浙江工业大学；1406. 辽宁师范大学；1490. 北京石油化工学院；1497. 辽宁科技大学；1506. 扬州大学；1537. 天津师范大学；1539. 河北师范大学；1600. 云南师范大学；1604. 西华师范大学；1619. 重庆邮电大学；1657. 中国地质大学；1664. 吉林大学；1690. 大连理工大学；1710. 信阳师范学院；1732. 贵州大学；1794. 中国地震局；1838. 暨南大学；1847. 南京信息工程大学；1890. 北京理工大学；1971. 宁波大学；1972. 湘潭大学；1988. 新疆大学；1994. 西安交通大学；2000. 中国东北大学；2014. 昆明理工大学；2041. 天津大学；2056. 西南大学；2071. 南京航空航天大学；2081. 曲阜师范大学；2110. 同济大学；2116. 安徽师范大学；2142. 河北大学；2169. 西北工业大学；2227. 贵州师范大学；2236. 上海大学；2250. 华北电力大学；2275. 烟台大学；2285. 山东大学；2315. 电子科技大学；2316. 西南交通大学；2459. 西藏大学；2474. 暨南大学；2530. 西安电子科技大学；2546. 山西大同大学；2554. 北京工业大学；2606. 南方科技大学；2671. 华南师范大学

七十、统计学(可授理学、经济学学位)学科

表 2-94　统计学（可授理学、经济学学位）学科（5 强与中国大学）

排名	英文名称	中文名称	国家/地区	总得分
1	HARVARD UNIVERSITY	哈佛大学	美国	100.00
2	UNIVERSITY OF MICHIGAN	密歇根大学	美国	99.60
3	UNIVERSITY OF WISCONSIN-MADISON	威斯康星大学	美国	99.14
4	STANFORD-UNIV	斯坦福大学	美国	97.48
5	UNIV-N-CAROLINA	北卡罗来纳大学	美国	95.76
其他中国机构：13. 中国科学院大学；38. 香港大学；62. 北京大学；78. 华东师范大学；81. 南开大学；90. 香港中文大学；95. 复旦大学；98. 浙江大学；103. 清华大学；107. 上海财经大学；109. 北京师范大学；115. 香港城市大学；120. 厦门大学；125. 武汉大学；132. 山东大学；136. 中国人民大学；144. 上海交通大学；145. 香港浸会大学；157. 中国科学技术大学；176. 香港科技大学；177. 吉林大学；184. 中山大学；187. 中南大学；196. 同济大学；216. 东北师范大学；224. 北京工业大学；236. 华中科技大学；238. 北京理工大学；247. 天津大学；263. 电子科技大学；273. 香港理工大学；281. 哈尔滨工业大学；282. 西南财经大学；286. 安徽大学；288. 中国科学院大学；292. 东南大学；299. 苏州大学；300. 中央财经大学；304. 湖南大学；314. 云南大学；318. 大连理工大学；319. 西安交通大学；324. 深圳大学；335. 华中师范大学；346. 重庆大学；361. 四川大学；402. 曲阜师范大学；403. 西北工业大学；405. 暨南大学；436. 南京理工大学；441. 中国东北大学；446. 北京航空航天大学；455. 南京审计大学；459. 兰州大学；469. 华南理工大学；481. 浙江工商大学；491. 南京大学；507. 东华大学；508. 西南大学；514. 澳门大学；515. 河海大学；527. 北京交通大学；530. 安徽师范大学；532. 江苏师范大学；539. 中国矿业大学；565. 南京师范大学；569. 首都师范大学；597. 中南大学；608. 南京航空航天大学；623. 西安电子科技大学；639. 国防科技大学；640. 南京信息工程大学；650. 对外经济贸易大学；660. 上海大学；661. 中南财经政法大学；673. 华北电力大学；688. 上海师范大学；699. 江西财经大学；702. 华东理工大学；720. 首都经济贸易大学；722. 湖南师范大学；736. 合肥工业大学；738. 广州大学；754. 云南财经大学；758. 浙江财经大学；790. 广西师范大学；796. 浙江工业大学；814. 中国农业大学；848. 武汉理工大学；850. 河南师范大学；855. 西北大学；860. 重庆工商大学；865. 福建师范大学；877. 杭州电子科技大学；878. 上海对外经贸大学；888. 河南大学；903. 南通大学；919. 南方科技大学；931. 哈尔滨医科大学；952. 嘉兴大学；954. 南京农业大学；956. 江苏大学；964. 西南交通大学；989. 山东师范大学；992. 陕西师范大学；998. 华东理工大学；1012. 西北农林科技大学；1015. 苏州科技大学；1017. 上海海事大学；1024. 郑州大学；1037. 上海纽约大学；1038. 温州大学；1049. 广东工业大学；1050. 山西大同大学；1056. 中国海洋大学；1068. 长春工业大学；1076. 中国地质大学；1083. 华南师范大学				

七十一、统计学与运筹学学科

表 2-95　统计学与运筹学学科（5 强与中国大学）

排名	英文名称	中文名称	国家/地区	总得分
1	UNIVERSITY OF MICHIGAN	密歇根大学	美国	100.00
2	UNIV-WISCONSIN	威斯康星大学	美国	98.23
3	HONG-KONG-POLYTECH-UNIV	香港理工大学	中国	96.19
4	STANFORD-UNIV	斯坦福大学	美国	95.73
5	NATIONAL UNIVERSITY OF SINGAPORE	新加坡国立大学	新加坡	95.30
其他中国机构：8. 中国科学院大学；18. 清华大学；20. 香港城市大学；23. 上海交通大学；28. 香港大学；37. 华中科技大学；45. 中国科学技术大学；55. 北京航空航天大学；60. 香港中文大学；63. 香港科技大学；64. 浙江大学；66. 电子科技大学；68. 同济大学；77. 北京大学；82. 东南大学；83. 西安交通大学；88. 大连理工大学；92. 天津大学；98. 南开大学；101. 复旦大学；102. 中国东北大学；108. 北京交通大学；111. 哈尔滨工业大学；113. 台湾成功大学；117. 武汉大学；119. 中山大学；120. 北京理工大学；142. 华南理工大学；144. 西北工业大学；146. 厦门大学；147. 中南大学；148. 重庆大学；157. 四川大学；161. 上海财经大学；167. 华东师范大学；176. 上海大学；182. 山东大学；183. 南京理工大学；192. 西南财经大学；194. 湖南大学；195. 南京航空航天大学；198. 中国人民大学；200. 香港浸会大学；202. 国防科技大学；208. 合肥工业大学；210. 南京大学；214. 中国科学院大学；216. 西安电子科技大学；222. 北京师范大学；239. 深圳大学；240. 吉林大学；258. 北京工业大学；281. 北京科技大学；319. 西南交通大学；329. 中国矿业大学；331. 武汉理工大学；333. 暨南大学；345. 苏州大学；347. 东华大学；374. 东北师范大学；399. 曲阜师范大学；416. 广东工业大学；421. 中央财经大学；422. 安徽大学；434. 福州大学；470. 河海大学；487. 浙江工业大学；494. 云南大学；495. 西南大学；499. 中南大学；509. 杭州电子科技大学；518. 大连海事大学；520. 南京师范大学；522. 澳门大学；528. 南京信息工程大学；529. 兰州大学；530. 对外经济贸易大学；533. 上海海事大学；535. 南京审计大学；545. 华中师范大学；551. 浙江工商大学；560. 郑州大学；564. 华东理工大学；574. 华北电力大学；604. 东北财经大学；606. 北京邮电大学；610. 中国石油大学；614. 浙江财经大学；619. 江西财经大学；644. 中国地质大学；655. 燕山大学；661. 江苏师范大学；695. 中南财经政法大学；703. 重庆师范大学；714. 南京邮电大学；734. 宁波诺丁汉大学；735. 上海理工大学；744. 南昌大学；752. 安徽师范大学；755. 浙江师范大学；763. 华东理工大学；788. 长沙理工大学；794. 沈阳航空航天大学；805. 上海师范大学；806. 江南大学；815. 北京化工大学；819. 南京财经大学；829. 山东科技大学；846. 广州大学；850. 重庆工商大学；853. 江苏大学；854. 华南师范大学；858. 青岛大学；860. 哈尔滨工程大学；863. 山东师范大学；867. 天津工业大学；873. 广西大学；882. 湖南师范大学；884. 中国人民解放军空军工程大学				

七十二、图书情报与档案管理学科

表 2-96　图书情报与档案管理学科（5 强与中国大学）

排名	英文名称	中文名称	国家/地区	总得分
1	INDIANA UNIVERSITY	印第安纳大学	美国	100.00
2	WUHAN-UNIV	武汉大学	中国	99.82
3	CITY-UNIV-HONG-KONG	香港城市大学	美国	97.40
4	UNIV-MARYLAND	马里兰大学	美国	96.24
5	UNIVERSITY OF ILLINOIS CHICAGO	伊利诺伊大学	美国	96.10
其他中国机构：22. 中国科学院大学；32. 香港理工大学；47. 南京大学；48. 香港科技大学；54. 香港大学；60. 北京大学；62. 中国科学技术大学；78. 清华大学；80. 台湾大学；81. 中山大学；87. 复旦大学；93. 华中科技大学；96. 大连理工大学；106. 浙江大学；135. 香港中文大学；141. 哈尔滨工业大学；154. 香港浸会大学；166. 北京航空航天大学；				

续表

186. 同济大学；192. 中国科学院大学；228. 上海交通大学；229. 西安交通大学；243. 北京理工大学；246. 天津大学；261. 中国人民大学；267. 西南财经大学；275. 北京师范大学；322. 南京理工大学；328. 南开大学；338. 华东师范大学；343. 深圳大学；360. 上海财经大学；361. 吉林大学；376. 北京邮电大学；383. 华南理工大学；384. 合肥工业大学；390. 中国地质大学；400. 对外经济贸易大学；410. 南京师范大学；430. 武汉科技大学；437. 华中师范大学；450. 宁波诺丁汉大学；461. 四川大学；473. 上海大学；485. 西交利物浦大学；497. 暨南大学；500. 浙江财经大学；522. 电子科技大学；541. 北京交通大学；555. 杭州电子科技大学；563. 西南交通大学；576. 福州大学；578. 浙江工业大学；620. 苏州大学；645. 厦门大学；653. 武汉理工大学；666. 浙江工商大学；673. 东南大学；684. 华南师范大学；713. 中央财经大学；737. 广州大学；740. 湖南大学；767. 西安电子科技大学；782. 北京工业大学；784. 汕头大学；787. 澳门科技大学；826. 南京财经大学；830. 南京农业大学；832. 国防科技大学；845. 南京航空航天大学；859. 北京科技大学；870. 山东大学；881. 华中农业大学；886. 广东工业大学；887. 华南农业大学；902. 中南财经政法大学；904. 东北财经大学；907. 河海大学；915. 陕西师范大学；945. 中南大学；947. 西安理工大学；964. 重庆大学；970. 安徽大学；996. 西北工业大学；1003. 江苏大学；1004. 山东财经大学；1009. 天津师范大学；1063. 中国医学科学院；1072. 南京医科大学；1077. 武汉纺织大学；1083. 南京邮电大学；1097. 江苏科技大学；1123. 山西大学；1130. 东北林业大学；1159. 西南大学；1161. 澳门大学；1166. 中山大学；1245. 中南大学；1248. 温州大学；1262. 江南大学；1267. 山西医科大学；1274. 南方科技大学；1284. 南京审计大学；1292. 宁波大学；1299. 广东外语外贸大学；1326. 东华大学；1327. 华东理工大学；1337. 中国矿业大学；1362. 湘潭大学；1377. 河南师范大学；1467. 华北水利水电大学；1469. 首都经济贸易大学

七十三、土木工程学科

表 2-97 土木工程学科（5 强与中国大学）

排名	英文名称	中文名称	国家/地区	总得分
1	TONGJI-UNIV	同济大学	中国	100.00
2	TSINGHUA-UNIV	清华大学	中国	91.60
3	HONG-KONG-POLYTECH-UNIV	香港理工大学	中国	89.76
4	SOUTHEAST-UNIV	东南大学	中国	89.13
5	CHINESE-ACAD-SCI	中国科学院大学	中国	85.64
其他中国机构：6. 大连理工大学；8. 哈尔滨工业大学；11. 河海大学；12. 上海交通大学；15. 浙江大学；16. 天津大学；18. 湖南大学；21. 香港大学；25. 长安大学；26. 武汉理工大学；27. 重庆大学；28. 武汉大学；29. 西南交通大学；30. 北京交通大学；34. 华中科技大学；38. 香港城市大学；40. 香港科技大学；41. 中南大学；50. 北京工业大学；54. 中国矿业大学；55. 西安建筑科技大学；59. 华南理工大学；60. 台湾大学；99. 深圳大学；119. 南京工业大学；130. 山东大学；137. 长沙理工大学；140. 北京师范大学；141. 中国科学院大学；143. 中山大学；144. 四川大学；153. 中南大学；165. 中国地质大学；171. 广州大学；176. 哈尔滨工程大学；180. 北京航空航天大学；187. 南京大学；191. 合肥工业大学；206. 福州大学；213. 西安交通大学；219. 广东工业大学；223. 西北工业大学；231. 北京科技大学；241. 中国科学技术大学；244. 南京航空航天大学；255. 北京大学；259. 西安工业大学；265. 大连海事大学；274. 山东科技大学；280. 中国海洋大学；284. 中国东北大学；291. 华北电力大学；295. 南京林业大学；298. 西北农林科技大学；301. 广西大学；305. 浙江工业大学；313. 北京理工大学；316. 青岛理工大学；317. 郑州大学；325. 重庆交通大学；342. 吉林大学；354. 香港中文大学；366. 中国石油大学；373. 沈阳建筑大学；382. 北京建筑大学；386. 上海理工大学；388. 上海大学；389. 江苏科技大学；400. 中国地震局；403. 河南理工大学；404. 华侨大学；405. 国防科技大学；409. 澳门大学；415. 上海海事大学；418. 厦门大学；425. 太原理工大学；426. 南京理工大学；429. 西南石油大学；434. 山东建筑大学；444. 中国农业大学；479. 兰州大学；492. 华东师范大学；494. 宁波大学；495. 暨南大学；499. 江苏大学；507. 河北工业大学；524. 扬州大学；533. 湖南科技大学；563. 西南科技大学；595. 安徽科技学院；				

续表

600. 西安科技大学；601. 东北林业大学；604. 武汉科技大学；619. 华东交通大学；625. 复旦大学；626. 华北水利水电大学；627. 成都理工大学；643. 天津城建大学；644. 石家庄铁道大学；646. 苏州大学；653. 南京信息工程大学；657. 暨南大学；660. 电子科技大学；681. 北京林业大学；683. 三峡大学；689. 兰州理工大学

七十四、外国语言文学学科

表 2-98　外国语言文学学科（5 强与中国大学）

排名	英文名称	中文名称	国家/地区	总得分
1	UNIV-VALENCIA	巴伦西亚大学	西班牙	100.00
2	TEXAS-TECH-UNIV	得克萨斯理工大学	美国	97.80
3	UNIV-NAVARRA	西班牙纳瓦拉大学	西班牙	96.24
4	UNIV-N-CAROLINA	北卡罗来纳大学	美国	92.87
5	UNIV-SEVILLE	塞维利亚大学	西班牙	91.92
其他中国机构：无				

七十五、物理学学科

表 2-99　物理学学科（5 强与中国大学）

排名	英文名称	中文名称	国家/地区	总得分
1	CHINESE ACADEMY OF SCIENCES	中国科学院	中国	100.00
2	RUSSIAN ACADEMY OF SCIENCES	俄罗斯科学院	俄罗斯	79.63
3	MASSACHUSETTS INSTITUTE OF TECHNOLOGY	麻省理工学院	美国	74.56
4	UNIVERSITY OF TOKYO	东京大学	日本	73.32
5	TSINGHUA-UNIV	清华大学	中国	72.68
其他中国机构：8. 中国科学技术大学；10. 中国科学院大学；11. 北京大学；21. 浙江大学；23. 上海交通大学；24. 南京大学；31. 华中科技大学；43. 西安交通大学；49. 复旦大学；50. 哈尔滨工业大学；55. 山东大学；58. 吉林大学；63. 北京航空航天大学；69. 台湾大学；77. 天津大学；87. 电子科技大学；98. 苏州大学；99. 中山大学；123. 东南大学；141. 四川大学；148. 大连理工大学；149. 南开大学；155. 华南理工大学；165. 武汉大学；169. 北京理工大学；186. 西北工业大学；195. 香港城市大学；199. 上海大学；201. 香港科技大学；207. 兰州大学；209. 重庆大学；218. 深圳大学；222. 厦门大学；231. 湖南大学；237. 武汉理工大学；239. 香港中文大学；241. 北京科技大学；242. 香港理工大学；244. 同济大学；259. 香港大学；261. 国防科技大学；273. 南京理工大学；278. 南京航空航天大学；298. 中国工程物理学院；307. 北京师范大学；318. 北京邮电大学；321. 西安电子科技大学；325. 郑州大学；330. 华中师范大学；332. 华东师范大学；340. 中南大学；365. 华南师范大学；374. 北京化工大学；381. 江苏大学；383. 山西大学；392. 北京交通大学；420. 北京工业大学；421. 南京工业大学；446. 南京邮电大学；459. 中国东北大学；460. 西南交通大学；495. 中国科学院高能物理研究所；507. 哈尔滨工程大学；523. 福州大学；526. 宁波大学；549. 中国矿业大学；550. 上海理工大学；555. 太原理工大学；567. 南京师范大学；570. 陕西师范大学；571. 安徽大学；576. 合肥工业大学；589. 河南师范大学；591. 东华大学；604. 燕山大学；606. 西南大学；613. 南昌大学；619. 湘潭大学；623. 中国地质大学；633. 暨南大学；635. 华北电力大学；642. 浙江工业大学；646. 湖南师范大学；652. 西北大学；661. 广东工业大学；669. 中国计量大学；678. 河北工业大学；683. 长春理工大学；692. 青岛大学；699. 南方科技大学；705. 东北师范大学；708. 浙江师范大学；718. 山东师范大学；722. 中国石油大学；728. 河南大学；729. 暨南大学；734. 江南大学；				

续表

736. 广西大学；747. 杭州电子科技大学；762. 中南大学；771. 华东理工大学；820. 昆明理工大学；821. 南京信息工程大学；833. 天津科技大学；835. 首都师范大学；843. 扬州大学；850. 西安工业大学；853. 中国人民大学；884. 中北大学；893. 杭州师范大学；899. 西南科技大学；902. 湖北大学；904. 青岛科技大学

七十六、戏剧与影视学学科

表 2-100 戏剧与影视学学科（5 强与中国大学）

排名	英文名称	中文名称	国家/地区	总得分
1	UNIVERSITY OF AMSTERDAM	阿姆斯特丹大学	荷兰	100.00
2	INDIANA UNIVERSITY	印第安纳大学	美国	91.14
3	OHIO-STATE-UNIV	俄亥俄州立大学	美国	89.79
4	MICHIGAN-STATE-UNIV	密歇根州立大学	美国	89.27
5	PENN-STATE-UNIV	宾夕法尼亚州立大学	美国	88.63
其他中国机构：92. 台湾交通大学；105. 台湾政治大学；116. 香港中文大学；189. 香港浸会大学；201. 中国传媒大学；256. 澳门大学；272. 暨南大学；291. 南京大学；301. 香港大学；307. 上海交通大学；355. 香港城市大学；368. 西安大学；432. 香港教育大学；468. 西交利物浦大学；486. 浙江大学；487. 武汉大学；492. 常州大学；496. 中国科学技术大学；524. 澳门科技大学；560. 中山大学；653. 香港艺术学院；735. 上海理工大学；764. 宁波诺丁汉大学；777. 香港理工大学；839. 长江大学；882. 上海师范大学；908. 青岛大学；919. 杭州电子科技大学				

七十七、现代语言学学科

表 2-101 现代语言学学科（5 强与中国大学）

排名	英文名称	中文名称	国家/地区	总得分
1	UNIV-TORONTO	多伦多大学	加拿大	100.00
2	PENN-STATE-UNIV	宾夕法尼亚州立大学	美国	99.87
3	UNIV-ILLINOIS	伊利诺伊大学	美国	99.72
4	UNIVERSITY COLLEGE LONDON	伦敦大学学院	英国	99.65
5	RADBOUD-UNIV-NIJMEGEN	内梅亨大学	荷兰	98.86
其他中国机构：9. 香港大学；55. 香港中文大学；62. 香港理工大学；79. 香港城市大学；129. 广东外语外贸大学；146. 北京师范大学；159. 浙江大学；168. 澳门大学；197. 香港浸会大学；210. 香港教育大学；245. 北京大学；270. 中国科学院大学；305. 中山大学；318. 复旦大学；333. 上海交通大学；335. 上海外国语大学；338. 北京外国语大学；378. 华中科技大学；379. 华南师范大学；461. 厦门大学；464. 清华大学；468. 中国人民大学；488. 北京航空航天大学；489. 对外经济贸易大学；507. 中山大学；512. 华东师范大学；516. 西南大学；524. 北京语言大学；537. 汕头大学；548. 南京大学；585. 西安外国语大学；591. 深圳大学；597. 西安交通大学；599. 上海财经大学；618. 西交利物浦大学；632. 南京师范大学；636. 东南大学；652. 华中师范大学；665. 中国科学院大学；705. 暨南大学；710. 南开大学；731. 吉林大学；743. 杭州师范大学；755. 首都师范大学；784. 香港科技大学；802. 东北师范大学；850. 湖南大学；853. 香港公开大学；875. 首都医科大学；880. 北京第二外国语学院；885. 宁波大学；888. 中国社会科学院大学；896. 集美大学；898. 江苏师范大学；904. 西南财经大学；905. 同济大学；926. 中央民族大学；929. 辽宁师范大学；948. 山东大学；951. 大连理工大学；954. 江西师范大学；961. 天津师范大学；977. 哈尔滨工业大学；1008. 宁波诺丁				

续表

汉大学；1058. 中南财经政法大学；1078. 浙江财经大学；1084. 大连外国语大学；1099. 四川外国语大学；1114. 重庆大学；1127. 武汉大学；1145. 陕西师范大学；1176. 浙江工商大学；1222. 苏州大学；1236. 华南理工大学；1265. 澳门理工学院；1303. 上海海事大学；1344. 福建师范大学；1354. 中国海洋大学；1361. 北京科技大学；1365. 四川大学；1393. 中国地质大学；1406. 电子科技大学；1412. 曲阜师范大学；1430. 上海大学；1442. 西北农林科技大学；1443. 华侨大学；1450. 天津大学；1484. 贵州大学；1516. 上海师范大学；1548. 长江大学；1560. 四川师范大学；1566. 黑龙江大学；1578. 南京航空航天大学；1612. 大连海事大学；1621. 云南大学；1626. 北京联合大学；1685. 中南大学；1707. 莆田学院；1729. 浙江师范大学；1734. 浙江工业大学；1742. 东华大学；1770. 上海大学研究生院；1797. 江苏大学；1819. 中国东北大学；1827. 河南大学；1885. 澳门科技大学；1900. 南京理工大学；1903. 上海对外经贸大学；1920. 香港树仁大学；1930. 青岛大学；1932. 浙江大学；1975. 恒生管理学院；1991. 中国传媒大学；2044. 中央财经大学；2047. 山西大学

七十八、心理学(可授教育学、理学学位)学科

表 2-102　心理学（可授教育学、理学学位）学科（5 强与中国大学）

排名	英文名称	中文名称	国家/地区	总得分
1	HARVARD UNIVERSITY	哈佛大学	美国	100.00
2	UNIV-MICHIGAN	密歇根大学	美国	95.25
3	UNIV-TORONTO	多伦多大学	加拿大	94.93
4	UNIV-CALIF-LOS-ANGELES	加利福尼亚大学洛杉矶分校	美国	94.87
5	UCL	伦敦大学学院	英国	94.63

其他中国机构：109. 香港大学；111. 北京师范大学；121. 香港中文大学；139. 中国科学院大学；178. 北京大学；296. 西南大学；312. 香港理工大学；335. 香港城市大学；356. 澳门大学；369. 浙江大学；371. 中山大学；388. 华南师范大学；395. 华东师范大学；419. 中国科学院大学；421. 中国人民大学；454. 上海交通大学；455. 清华大学；502. 香港教育大学；524. 复旦大学；549. 深圳大学；568. 陕西师范大学；630. 首都医科大学；636. 南京大学；662. 华中师范大学；664. 华中科技大学；694. 四川大学；701. 香港浸会大学；705. 首都师范大学；711. 香港科技大学；740. 武汉大学；791. 上海师范大学；813. 杭州师范大学；821. 电子科技大学；849. 西安交通大学；868. 中南大学；870. 山东大学；875. 中山大学；887. 山东师范大学；922. 浙江师范大学；974. 南京师范大学；983. 中国科学技术大学；993. 广州大学；1022. 苏州大学；1033. 辽宁师范大学；1040. 东南大学；1055. 天津师范大学；1065. 安徽医科大学；1105. 同济大学；1151. 中央财经大学；1157. 南京医科大学；1187. 暨南大学；1206. 空军军医大学；1209. 东北师范大学；1215. 南开大学；1216. 重庆医科大学；1264. 中国医科大学；1265. 江西师范大学；1275. 郑州大学；1339. 宁波大学；1362. 香港树仁大学；1395. 广东外语外贸大学；1431. 上海体育学院；1442. 温州医科大学；1449. 湖南师范大学；1452. 北京航空航天大学；1476. 吉林大学；1477. 广州医科大学；1479. 中南大学；1482. 河南大学；1506. 天津医科大学；1576. 南方医科大学；1603. 厦门大学；1682. 北京理工大学；1688. 上海大学；1700. 陆军军医大学；1712. 天津大学；1745. 西南财经大学；1766. 哈尔滨工业大学；1769. 中欧国际工商学院；1782. 上海财经大学；1800. 浙江理工大学；1820. 西北师范大学；1875. 湖北大学；1933. 中国医学科学院；1934. 青岛大学；1980. 福建师范大学；1985. 上海外国语大学；1994. 大连理工大学；2007. 西安电子科技大学；2034. 山西医科大学；2053. 江苏师范大学；2059. 兰州大学；2094. 大连医科大学；2146. 北京交通大学；2156. 河北医科大学；2171. 哈尔滨医科大学；2225. 海军军医大学；2236. 新乡医学院；2250. 华南理工大学；2286. 山西大学；2330. 海南师范大学；2341. 南昌大学；2353. 四川师范大学；2359. 江苏大学；2366. 昆明医科大学；2402. 江南大学；2424. 武汉理工大学；2429. 中国医学科学院-北京协和医学院；2435. 浙江工业大学；2479. 对外经济贸易大学；2491. 中国东北大学；2501. 北京工业大学

七十九、新闻传播学学科

表 2-103 新闻传播学学科（5 强与中国大学）

排名	英文名称	中文名称	国家/地区	总得分
1	UNIVERSITY OF AMSTERDAM	阿姆斯特丹大学	荷兰	100.00
2	UNIV-TEXAS-AUSTIN	得克萨斯大学奥斯汀分校	美国	97.96
3	MICHIGAN STATE UNIVERSITY	密歇根州立大学	美国	90.98
4	OHIO STATE UNIVERSITY	俄亥俄州立大学	美国	88.88
5	UNIV-WISCONSIN	威斯康星大学	美国	87.31
其他中国机构：37. 香港中文大学；47. 香港城市大学；69. 香港浸会大学；159. 香港大学；224. 香港理工大学；245. 中山大学；257. 浙江大学；275. 复旦大学；299. 上海交通大学；350. 清华大学；372. 澳门大学；398. 中国人民大学；417. 北京师范大学；432. 北京大学；443. 暨南大学；449. 中国传媒大学；474. 华中科技大学；484. 武汉大学；496. 宁波诺丁汉大学；513. 南京大学；521. 中山大学；542. 中国科学技术大学；545. 澳门科技大学；590. 广东外语外贸大学；599. 深圳大学；645. 厦门大学；658. 北京邮电大学；683. 对外经济贸易大学；717. 西南交通大学；778. 中国社会科学院大学；798. 上海理工大学；814. 上海大学；825. 四川大学；835. 江西财经大学；863. 西交利物浦大学；868. 华中师范大学；888. 大连理工大学；891. 杭州电子科技大学；916. 中国科学院大学；919. 山东大学；937. 北京航空航天大学；998. 同济大学；1001. 哈尔滨工业大学；1024. 恒生管理学院；1049. 天津大学；1070. 华东师范大学；1123. 西南财经大学；1138. 浙江财经大学；1140. 南京财经大学；1160. 华南理工大学；1198. 香港教育大学；1249. 湖南大学；1260. 中国科学院大学；1284. 北京外国语大学；1291. 重庆大学；1301. 西南大学；1329. 华南师范大学；1347. 香港科技大学；1391. 上海师范大学；1405. 上海财经大学；1487. 江南大学；1496. 西安外国语大学；1504. 上海外国语大学；1514. 吉林大学；1515. 电子科技大学；1537. 香港公开大学；1627. 南京审计大学；1660. 浙江工商大学；1684. 北京交通大学；1707. 北京第二外国语学院；1731. 联合国际学院；1736. 西安交通大学；1780. 南开大学；1801. 东南大学；1804. 哈尔滨工程大学；1809. 宁波诺丁汉大学；1821. 北京语言大学；1834. 华南农业大学；1855. 上海社科院；1947. 南京师范大学；2046. 上海应用技术大学；2095. 中国东北大学；2098. 东北师范大学；2158. 江苏大学；2180. 汕头大学；2197. 华侨大学；2198. 西安电子科技大学；2251. 青岛大学；2259. 香港恒生大学；2269. 温州大学；2276. 山东师范大学；2314. 福建师范大学；2328. 上海海洋大学；2334. 浙江警察职业学院；2368. 腾讯；2389. 明爱专上学院；2392. 联合国际学院；2478. 宁波大学；2489. 北京体育大学；2541. 北京工业大学；2573. 中国青年政治学院；2609. 广州大学；2654. 西安大学；2695. 安徽省社会科学院；2697. 集美大学；2712. 武汉科技大学；2731. 广西大学；2749. 浙江大学；2752. 南昌大学；2786. 成都理工大学；2810. 天津财经大学；2815. 合肥工业大学；2845. 常州大学；2895. 河海大学				

八十、信息与通信工程学科

表 2-104 信息与通信工程学科（5 强与中国大学）

排名	英文名称	中文名称	国家/地区	总得分
1	XIDIAN-UNIV	西安电子科技大学	中国	100.00
2	BEIJING-UNIV-POSTS-&-TELECOMMUN	北京邮电大学	中国	99.67
3	UNIV-ELECT-SCI-&-TECHNOL-CHINA	电子科技大学	中国	99.14
4	TSINGHUA-UNIV	清华大学	中国	96.55
5	SOUTHEAST UNIVERSITY-CHINA	东南大学	中国	96.07
其他中国机构：6. 中国科学院大学；7. 上海交通大学；10. 浙江大学；11. 华中科技大学；12. 北京交通大学；13. 北京航空航天大学；14. 南京邮电大学；17. 香港城市大学；18. 北京理工大学；19. 华南理工大学；20. 国防科技大学；21. 哈尔滨工业大学；25. 大连理工大学；27. 西安交通大学；29. 中国科学技术大学；30. 深圳大学；31. 西北工业大学；				

续表

32. 武汉大学；33. 南京航空航天大学；35. 南京理工大学；36. 北京大学；37. 香港科技大学；40. 中山大学；45. 香港理工大学；47. 天津大学；49. 重庆大学；50. 中国科学院大学；52. 南京信息工程大学；54. 台湾交通大学；55. 香港中文大学；59. 台湾大学；64. 西南交通大学；65. 哈尔滨工程大学；66. 同济大学；67. 重庆邮电大学；71. 香港大学；73. 中国东北大学；76. 南京大学；77. 台湾成功大学；84. 山东大学；85. 广东工业大学；87. 北京科技大学；88. 中国人民解放军陆军工程大学；96. 上海大学；97. 湖南大学；98. 厦门大学；112. 吉林大学；115. 杭州电子科技大学；128. 广州大学；133. 中南大学；136. 河海大学；139. 复旦大学；140. 中国人民解放军空军工程大学；149. 桂林电子科技大学；150. 澳门大学；155. 华北电力大学；157. 合肥工业大学；164. 四川大学；174. 中南大学；175. 浙江工业大学；182. 中国矿业大学；196. 北京工业大学；208. 福州大学；220. 暨南大学；226. 武汉理工大学；227. 大连海事大学；231. 苏州大学；232. 西南大学；238. 山东科技大学；243. 中国人民解放军陆军工程大学；245. 中国地质大学；254. 燕山大学；256. 江苏大学；261. 华侨大学；271. 西安邮电大学；274. 郑州大学；294. 西安工业大学；299. 南昌大学；304. 华东师范大学；311. 青岛大学；323. 宁波大学；327. 澳门科技大学；331. 长沙理工大学；337. 上海海事大学；350. 福建师范大学；355. 南通大学；363. 南开大学；365. 山东师范大学；368. 上海科技大学；374. 湖南科技大学；375. 曲阜师范大学；382. 安徽大学；384. 江南大学；391. 长安大学；396. 广东石油化工学院；403. 浙江工商大学；426. 华东交通大学；428. 南方科技大学；439. 中国石油大学；470. 天津师范大学；474. 扬州大学；477. 陕西师范大学；479. 东华大学；481. 华南师范大学；490. 福建工程学院；495. 天津科技大学；501. 华中师范大学；516. 上海理工大学；520. 中南财经政法大学；522. 中国海洋大学；528. 南京师范大学

八十一、药学(可授医学、理学学位)学科

表 2-105　药学（可授医学、理学学位）学科（5 强与中国大学）

排名	英文名称	中文名称	国家/地区	总得分
1	CHINESE ACADEMY OF SCIENCES	中国科学院	中国	100.00
2	CHINA-PHARMACEUT-UNIV	中国药科大学	中国	86.62
3	HARVARD-UNIV	哈佛大学	美国	86.23
4	UNIVERSIDADE DE SAO PAULO	圣保罗大学	巴西	83.41
5	NORTH CAROLINA STATE UNIVERSITY	北卡罗来纳大学	美国	83.06

其他中国机构：6. 上海交通大学；7. 中国医学科学院；9. 浙江大学；10. 中山大学；11. 复旦大学；13. 北京大学；14. 沈阳药科大学；15. 山东大学；23. 四川大学；37. 中国医学科学院-北京协和医学院；46. 南京医科大学；62. 华中科技大学；64. 首都医科大学；65. 吉林大学；76. 苏州大学；77. 海军军医大学；85. 中国科学院大学；87. 温州医科大学；89. 暨南大学；97. 郑州大学；99. 香港中文大学；102. 南京大学；103. 南方医科大学；105. 南京中医药大学；106. 西安交通大学；108. 中国医科大学；116. 台湾大学；120. 上海中医药大学；129. 中南大学；131. 武汉大学；145. 中国医科大学；154. 重庆医科大学；177. 安徽医科大学；191. 北京中医药大学；199. 香港大学；204. 哈尔滨医科大学；210. 空军军医大学；216. 兰州大学；223. 同济大学；237. 广州中医药大学；238. 大连医科大学；244. 青岛大学；247. 东南大学；260. 澳门大学；274. 广州医科大学；286. 天津医科大学；288. 南开大学；320. 南昌大学；323. 陆军军医大学；329. 清华大学；331. 天津中医药大学；338. 河北医科大学；341. 中国海洋大学；363. 厦门大学；372. 浙江中医药大学；377. 南通大学；378. 西南大学；386. 成都中医药大学；388. 江苏大学；428. 广东药科大学；449. 广西医科大学；454. 中南大学；459. 香港浸会大学；479. 河南大学；487. 福建医科大学；499. 西北农林科技大学；500. 华东理工大学；535. 中国农业大学；546. 天津大学；554. 香港理工大学；559. 浙江工业大学；563. 中国农业科学院；568. 江西中医药大学；576. 昆明医科大学；577. 烟台大学；594. 中国科学技术大学；621. 延边大学；624. 徐州医科大学；628. 华东师范大学；640. 深圳大学；641. 澳门科技大学；659. 西北大学；671. 宁夏医科大学；672. 山西医科大学；689. 华南农业大学；711. 扬州大学；721. 华南理工大学；722. 黑龙江中医药大学；735. 江南大学；742. 云南大学；743. 华中农业大学；765. 新疆医科大学；767. 西南大学；769. 北京师范大学；780. 新乡医学院；801. 南京农业大学；813. 湖南中医药大学；820. 山东中医药大学；821. 大连理工大学；

续表

833. 香港科技大学；843. 南华大学；845. 河北大学；848. 电子科技大学；850. 辽宁中医药大学；851. 广西师范大学；853. 重庆大学；865. 华东理工大学；877. 徐州医科大学；902. 贵州医科大学；918. 滨州医学院；923. 济宁医学院；926. 福建中医药大学；936. 遵义医学院

八十二、冶金工程学科

表 2-106 冶金工程学科（5 强与中国大学）

排名	英文名称	中文名称	国家/地区	总得分
1	CHINESE ACADEMY OF SCIENCES	中国科学院	中国	100.00
2	UNIVERSITY OF SCIENCE & TECHNOLOGY BEIJING	北京科技大学	中国	90.44
3	CENTRAL SOUTH UNIVERSITY	中南大学	中国	85.44
4	NORTHEASTERN-UNIV	中国东北大学	中国	82.62
5	NORTHWESTERN POLYTECHNICAL UNIVERSITY	西北工业大学	中国	79.18
其他中国机构：6. 哈尔滨工业大学；8. 上海交通大学；10. 重庆大学；11. 清华大学；13. 西安交通大学；15. 北京航空航天大学；17. 华中科技大学；20. 上海大学；22. 大连理工大学；23. 浙江大学；25. 中国科学技术大学；26. 天津大学；27. 中国科学院大学；28. 华南理工大学；30. 燕山大学；31. 中南大学；33. 昆明理工大学；34. 吉林大学；35. 山东大学；44. 四川大学；45. 太原理工大学；51. 北京工业大学；53. 南京航空航天大学；55. 香港城市大学；57. 湖南大学；58. 武汉理工大学；60. 北京理工大学；61. 南京理工大学；62. 江苏大学；64. 武汉科技大学；75. 东南大学；79. 哈尔滨工程大学；83. 南京工业大学；97. 北京大学；100. 香港理工大学；102. 中国工程物理学院；103. 西安工业大学；104. 同济大学；109. 兰州理工大学；114. 中国矿业大学；121. 郑州大学；123. 安徽工业大学；131. 江苏科技大学；133. 电子科技大学；140. 厦门大学；147. 西南交通大学；150. 合肥工业大学；154. 西安建筑科技大学；155. 河北工业大学；159. 湘潭大学；163. 南昌航空大学；171. 深圳大学；173. 南京大学；178. 河海大学；189. 广西大学；193. 江西科技学院；195. 中国石油大学；196. 陕西科技大学；199. 武汉大学；203. 沈阳工业大学；205. 复旦大学；208. 中国地质大学；210. 中北大学；215. 山东科技大学；221. 苏州大学；222. 广东工业大学；229. 常州大学；232. 杭州电子科技大学；236. 南昌大学；241. 河南科技大学；246. 北京交通大学；253. 哈尔滨理工大学；254. 北京化工大学；256. 福州大学；259. 西南大学；261. 国防科技大学；262. 重庆理工大学；263. 兰州大学；264. 内蒙古科技大学；275. 暨南大学；281. 浙江工业大学；283. 重庆科技学院；284. 宁波大学；285. 太原科技大学；291. 香港大学；295. 长沙理工大学；303. 中山大学；304. 上海工程技术大学；306. 西安理工大学；307. 桂林电子科技大学；308. 长安大学；311. 沈阳航空航天大学；315. 西南石油大学；320. 安徽大学；326. 湖南科技大学；336. 中国计量大学；345. 东华大学；358. 上海理工大学；361. 西南科技大学；368. 武汉工程大学；372. 辽宁科技大学；387. 浙江理工大学；391. 河南理工大学；402. 贵州大学；410. 内蒙古工业大学；412. 沈阳理工大学；414. 哈尔滨工业大学；415. 中国海洋大学				

八十三、仪器科学与技术学科

表 2-107 仪器科学与技术学科（5 强与中国大学）

排名	英文名称	中文名称	国家/地区	总得分
1	CHINESE ACADEMY OF SCIENCES	中国科学院	中国	100.00
2	HARBIN INSTITUTE OF TECHNOLOGY	哈尔滨工业大学	中国	83.37
3	TSINGHUA UNIVERSITY	清华大学	中国	81.40
4	BEIHANG-UNIV	北京航空航天大学	中国	79.23

续表

排名	英文名称	中文名称	国家/地区	总得分
5	ZHEJIANG-UNIV	浙江大学	中国	78.51
其他中国机构：8. 华中科技大学；10. 西安交通大学；11. 中国科学院大学；12. 吉林大学；13. 东南大学；15. 上海交通大学；19. 天津大学；21. 中国科学技术大学；22. 大连理工大学；23. 重庆大学；25. 电子科技大学；26. 南京航空航天大学；27. 中国东北大学；31. 北京大学；37. 北京理工大学；39. 西北工业大学；40. 武汉大学；50. 台湾大学；51. 台湾成功大学；56. 山东大学；65. 香港理工大学；67. 国防科技大学；75. 香港城市大学；84. 湖南大学；86. 南京理工大学；88. 华南理工大学；118. 同济大学；132. 北京交通大学；137. 哈尔滨工程大学；139. 合肥工业大学；153. 上海大学；157. 暨南大学；160. 西安电子科技大学；168. 四川大学；170. 西南交通大学；173. 深圳大学；176. 南京大学；185. 北京化工大学；190. 中南大学；196. 厦门大学；202. 江苏大学；209. 中山大学；213. 北京科技大学；215. 西南大学；220. 武汉理工大学；228. 南开大学；235. 江南大学；239. 中国工程物理学院；256. 中国矿业大学；261. 复旦大学；265. 山西大学；266. 杭州电子科技大学；277. 苏州大学；283. 燕山大学；284. 香港中文大学；288. 兰州大学；291. 中北大学；294. 郑州大学；320. 华中师范大学；328. 华北电力大学；333. 浙江工业大学；335. 北京工业大学；336. 青岛科技大学；339. 香港大学；341. 中国科学院高能物理研究所；362. 香港科技大学；374. 澳门大学；381. 山东科技大学；394. 河海大学；413. 中国计量大学；414. 福州大学；425. 大连海事大学；428. 中国地质大学；434. 北京邮电大学；438. 中国石油大学；439. 广东工业大学；457. 西北大学；458. 安徽大学；465. 曲阜师范大学；471. 东华大学；479. 南京工业大学；491. 宁波大学；498. 渤海大学；503. 太原理工大学；511. 华南师范大学；515. 中南大学；530. 华东理工大学；535. 南京师范大学；536. 青岛大学；537. 上海理工大学；541. 南京邮电大学；545. 暨南大学；553. 天津工业大学；555. 华东理工大学；556. 陕西师范大学；557. 南昌大学；559. 北京师范大学；599. 扬州大学；600. 中国石油大学；605. 西北农林科技大学；651. 中国农业大学；654. 浙江师范大学；658. 河北工业大学；659. 首都师范大学；664. 广西大学；669. 长安大学；672. 山东师范大学；686. 华东师范大学；697. 东北师范大学；706. 湘潭大学；708. 中国海洋大学；727. 黑龙江大学；728. 桂林电子科技大学；729. 天津科技大学；743. 湖北大学				

八十四、艺术理论学学科

表2-108 艺术理论学学科（5强与中国大学）

排名	英文名称	中文名称	国家/地区	总得分
1	DELFT-UNIV-TECHNOL	代尔夫特大学	荷兰	100.00
2	CONSIGLIO NAZIONALE DELLE RICERCHE	意大利国家研究委员会	意大利	99.87
3	UNIV-BOLOGNA	博洛尼亚大学	意大利	93.03
4	UNIVERSITY OF FLORENCE	佛罗伦萨大学	意大利	87.38
5	UNIVERSITY COLLEGE LONDON	伦敦大学学院	英国	83.37
其他中国机构：23. 中国科学院大学；24. 浙江大学；48. 敦煌学院；74. 台湾科技大学；92. 中国科学技术大学；112. 香港理工大学；130. 北京大学；133. 兰州大学；137. 西北大学；175. 南京大学；183. 四川大学；201. 中国科学院大学；211. 北京科技大学；241. 浙江工业大学；254. 清华大学；266. 同济大学；271. 中国地质大学；310. 西安交通大学；311. 中国人民大学；323. 河南大学；331. 北京工商大学；334. 南京林业大学；341. 北京建筑大学；376. 南开大学；387. 香港教育大学；414. 山东大学；437. 湖南大学；448. 中国矿业大学；524. 重庆大学；561. 北京化工大学；573. 华中科技大学；579. 天津大学；581. 复旦大学；605. 上海大学；649. 宁波诺丁汉大学；676. 北京师范大学；707. 北京工业大学；723. 广东工业大学；751. 南昌大学；757. 武汉大学；768. 四川美术学院；771. 香港城市大学；785. 南京工业大学；795. 重庆科技学院；814. 西北工业大学；824. 陕西师范大学；844. 中国东北大学；905. 北京农学院；1030. 菏泽学院；1054. 首都师范大学；1110. 中山大学；1115. 黑龙江中医药大学；1132. 景德镇陶瓷大学；1134. 中国社会科学院大学；1140. 大连理工大学；1161. 西交利物浦大学；1220. 浙江理工大学；1335. 北京联合大学；1360. 吉林师范大学；1361. 上海交通大学；1366. 云南师范大学；1383. 福建师范大学；1408. 吉林大学；1412. 太原理工大学；1435. 中南大学；1460. 四川轻化工大学；1485. 中国科学院；1493. 北京理工大学；1501. 福州大学；1509. 忻州师范学院；1534. 香港知专设计学院；1550. 太原科技大学；1552. 闽江学院；1559. 东南大学；1576. 中国计量大学				

八十五、音乐与舞蹈学学科

表2-109　音乐与舞蹈学学科（5强与中国大学）

排名	英文名称	中文名称	国家/地区	总得分
1	UNIVERSITY OF JYVASKYLA	尤瓦斯吉拉大学	芬兰	100.00
2	UNIVERSITY OF LONDON	伦敦大学	英国	99.01
3	UNIV-MELBOURNE	墨尔本大学	澳大利亚	92.59
4	UNIV-SYDNEY	悉尼大学	澳大利亚	90.78
5	UNIV-QUEENSLAND	昆士兰大学	澳大利亚	88.19
其他中国机构：84. 香港浸会大学；110. 香港教育大学；315. 香港大学；339. 上海师范大学；567. 中国科学院大学；592. 华南师范大学；752. 陕西师范大学；808. 南京师范大学；812. 华东师范大学；814. 西南大学；991. 香港中文大学；1075. 上海交通大学；1129. 中国人民大学；1193. 浙江大学；1238. 香港理工大学；1282. 香港城市大学；1311. 香港演艺学院；1332. 通化师范学院；1364. 苏州科技大学；1502. 云南大学；1513. 首都医科大学；1530. 中国科学院大学；1545. 广西师范大学；1548. 北京体育大学；1585. 深圳大学；1588. 福建师范大学；1669. 澳门科技大学；1702. 哈尔滨音乐学院；1710. 中国矿业大学；1718. 香港科技大学；1720. 湖南第一师范学院；1734. 湖南民族职业学院；1748. 北京舞蹈学院；1749. 首都师范大学；1751. 徐州广播电视大学；1789. 河南理工大学				

八十六、应用经济学学科

表2-110　应用经济学学科（5强与中国大学）

排名	英文名称	中文名称	国家/地区	总得分
1	NATIONAL BUREAU OF ECONOMIC RESEARCH	全国经济研究所	美国	100.00
2	HARVARD UNIVERSITY	哈佛大学	美国	87.31
3	UNIV-CALIF-BERKELEY	加利福尼亚大学伯克利分校	美国	81.63
4	UNIV-CHICAGO	芝加哥大学	美国	80.26
5	STANFORD UNIVERSITY	斯坦福大学	美国	80.07
其他中国机构：40. 北京大学；52. 清华大学；63. 中国人民大学；76. 中国科学院大学；79. 香港大学；81. 厦门大学；85. 上海财经大学；91. 中央财经大学；97. 西南财经大学；98. 香港中文大学；106. 香港科技大学；121. 浙江大学；129. 香港理工大学；136. 上海交通大学；139. 对外经济贸易大学；148. 香港城市大学；166. 复旦大学；218. 暨南大学；252. 湖南大学；261. 南京大学；265. 中山大学；277. 北京师范大学；278. 武汉大学；284. 北京理工大学；318. 北京航空航天大学；330. 南开大学；348. 中南财经政法大学；355. 北京交通大学；380. 华中科技大学；382. 西安交通大学；411. 同济大学；413. 中国科学院大学；416. 山东大学；422. 天津大学；424. 中国社会科学院大学；447. 香港浸会大学；455. 西南交通大学；459. 东南大学；470. 中国农业大学；485. 首都经济贸易大学；493. 南京航空航天大学；507. 澳门大学；520. 华南理工大学；535. 江西财经大学；541. 中国科学技术大学；546. 四川大学；548. 南京审计大学；570. 中山大学；572. 华东师范大学；575. 华北电力大学；576. 上海大学；606. 南京农业大学；629. 大连理工大学；675. 重庆大学；683. 南京财经大学；689. 深圳大学；708. 中国矿业大学；717. 哈尔滨工业大学；728. 浙江财经大学；769. 中国海洋大学；774. 西交利物浦大学；777. 大连海事大学；791. 河南大学；794. 宁波诺丁汉大学；819. 中国石油大学；841. 苏州大学；906. 西北农林科技大学；916. 浙江工商大学；923. 中南大学；935. 华中农业大学；944. 合				

续表

肥工业大学；949. 陕西师范大学；954. 电子科技大学；956. 东北财经大学；978. 上海立信会计金融学院；980. 华南农业大学；985. 广东外语外贸大学；992. 南京理工大学；1011. 闽江学院；1055. 上海海事大学；1063. 中国地质大学；1074. 华南师范大学；1087. 中欧国际工商学院；1091. 南昌大学；1102. 吉林大学；1110. 青岛大学；1119. 安徽财经大学；1129. 南京信息工程大学；1192. 湖北经济学院；1221. 云南财经大学；1233. 兰州大学；1256. 上海对外经贸大学；1284. 福州大学；1304. 长江商学院；1332. 华东理工大学；1334. 西北大学；1337. 宁波大学；1340. 中国东北大学；1346. 北京工业大学；1348. 中南大学；1350. 北京科技大学；1360. 山东财经大学；1368. 中国农业科学院；1379. 湖南师范大学；1396. 河海大学；1416. 北京化工大学；1488. 北京林业大学；1493. 中国金融研究院；1499. 华侨大学；1529. 广州大学；1549. 北京工商大学；1589. 广东金融学院；1595. 浙江工业大学；1603. 南京师范大学；1626. 江南大学

八十七、语言学学科

表2-111　语言学学科（5强与中国大学）

排名	英文名称	中文名称	国家/地区	总得分
1	UNIV-TORONTO	多伦多大学	加拿大	100.00
2	PENN-STATE-UNIV	宾夕法尼亚州立大学	美国	99.87
3	UNIV-ILLINOIS	伊利诺伊大学	美国	99.72
4	UNIVERSITY COLLEGE LONDON	伦敦大学学院	英国	99.65
5	RADBOUD-UNIV-NIJMEGEN	内梅亨大学	荷兰	98.86
其他中国机构：9. 香港大学；55. 香港中文大学；62. 香港理工大学；78. 香港城市大学；129. 广东外语外贸大学；146. 北京师范大学；159. 浙江大学；168. 澳门大学；201. 香港浸会大学；210. 香港教育大学；243. 北京大学；270. 中国科学院大学；304. 中山大学；316. 复旦大学；332. 上海交通大学；336. 上海外国语大学；338. 北京外国语大学；375. 华中科技大学；381. 华南师范大学；464. 清华大学；465. 厦门大学；470. 中国人民大学；486. 北京航空航天大学；488. 对外经济贸易大学；507. 中山大学；511. 西南大学；518. 华东师范大学；525. 北京语言大学；535. 汕头大学；547. 南京大学；582. 西安外国语大学；590. 上海财经大学；595. 西安交通大学；600. 深圳大学；627. 西交利物浦大学；630. 南京师范大学；634. 东南大学；653. 华中师范大学；671. 中国科学院大学；706. 南开大学；709. 暨南大学；735. 吉林大学；752. 杭州师范大学；760. 首都师范大学；777. 香港科技大学；811. 东北师范大学；855. 香港公开大学；856. 湖南大学；857. 首都医科大学；875. 北京第二外国语学院；894. 集美大学；896. 宁波大学；901. 中国社会科学院大学；905. 江苏师范大学；911. 同济大学；912. 西南财经大学；917. 山东大学；919. 辽宁师范大学；930. 中央民族大学；953. 大连理工大学；968. 哈尔滨工业大学；972. 天津师范大学；976. 江西师范大学；1015. 宁波诺丁汉大学；1045. 大连外国语大学；1063. 中南财经政法大学；1093. 四川外国语大学；1099. 浙江财经大学；1124. 武汉大学；1131. 陕西师范大学；1150. 重庆大学；1192. 浙江工商大学；1209. 澳门理工学院；1239. 苏州大学；1260. 华南理工大学；1295. 上海海事大学；1351. 四川大学；1368. 北京科技大学；1376. 中国海洋大学；1382. 中国地质大学；1390. 福建师范大学；1411. 曲阜师范大学；1427. 西北农林科技大学；1448. 华侨大学；1455. 天津大学；1461. 电子科技大学；1477. 上海大学；1479. 上海师范大学；1488. 四川师范大学；1495. 南京航空航天大学；1508. 长江大学；1546. 贵州大学；1551. 黑龙江大学；1615. 中南大学；1635. 北京联合大学；1648. 云南大学；1665. 莆田学院；1674. 大连海事大学；1761. 东华大学；1784. 江苏大学；1793. 上海大学研究生院；1795. 河南大学；1808. 浙江工业大学；1830. 浙江师范大学；1831. 中国东北大学；1869. 青岛大学；1884. 南京理工大学；1915. 香港树仁大学；1920. 上海对外经贸大学；1944. 澳门科技大学；1959. 浙江大学；2003. 外交学院；2006. 中国传媒大学；2027. 西南政法大学				

八十八、园艺学学科

表 2-112　园艺学学科（5 强与中国大学）

排名	英文名称	中文名称	国家/地区	总得分
1	AGRICULTURAL RESEARCH SERVICE	美国农业科学研究院	美国	100.00
2	UNITED STATES DEPARTMENT OF AGRICULTURE	美国农业部	美国	98.02
3	CHINESE-ACAD-AGR-SCI	中国农业科学院	中国	96.74
4	UNIV-FLORIDA	佛罗里达大学	美国	94.04
5	NANJING-AGR-UNIV	南京农业大学	中国	92.31
其他中国机构：7. 中国科学院大学；8. 中国农业大学；10. 西北农林科技大学；11. 华中农业大学；17. 浙江大学；23. 山东农业大学；30. 华南农业大学；46. 四川农业大学；52. 沈阳农业大学；57. 北京林业大学；60. 西南大学；69. 台湾大学；73. 中国科学院大学；88. 福建农林大学；89. 东北农业大学；93. 河南农业大学；95. 中国科学院大学；106. 扬州大学；126. 安徽农业大学；144. 上海交通大学；147. 南京林业大学；151. 浙江农林大学；153. 甘肃农业大学；172. 中国科学院；184. 长江大学；186. 海南大学；192. 青岛农业大学；224. 湖南农业大学；247. 江苏大学；252. 江西农业大学；279. 山西农业大学；289. 河北农业大学；291. 河南科技大学；301. 新疆农业大学；309. 山东农业大学；311. 广西大学；326. 东北林业大学；333. 兰州大学；334. 合肥工业大学；335. 中南林业科技大学；351. 宁波大学；359. 山东理工大学；361. 石河子大学；394. 河北农业大学；402. 重庆大学；409. 江南大学；424. 杭州师范大学；426. 北京农学院；430. 河南科技学院；453. 贵州大学；470. 昆明理工大学；474. 吉林农业科技学院；484. 武汉大学；556. 云南农业大学；560. 浙江工商大学；565. 仲恺农业工程学院；567. 云南大学；571. 西北大学；575. 黑龙江八一农垦大学；600. 中国科学院大学；622. 天津理工大学；641. 渤海大学；663. 南京信息工程大学；679. 南京师范大学；693. 四川大学；694. 沈阳师范大学；698. 重庆文理学院；720. 鲁东大学；739. 天津大学；746. 内蒙古农业大学；755. 浙江师范大学；775. 浙江万里学院；781. 复旦大学；807. 河北科技师范学院；823. 河海大学；828. 江苏科技大学；854. 山西大学；861. 上海理工大学；868. 郑州大学；880. 北京农学院；887. 广州大学；901. 河南大学；913. 电子科技大学；914. 吉林大学；935. 南京大学；940. 山东大学；976. 中国人民大学				

八十九、哲学学科

表 2-113　哲学学科（5 强与中国大学）

排名	英文名称	中文名称	国家/地区	总得分
1	UNIVERSITY OF OXFORD	牛津大学	英国	100.00
2	HARVARD UNIVERSITY	哈佛大学	美国	83.58
3	UNIV-TORONTO	多伦多大学	加拿大	81.21
4	UNIV-OSLO	奥斯陆大学	挪威	80.79
5	UNIV-MICHIGAN	密歇根大学	美国	80.69
其他中国机构：142. 厦门大学；161. 北京大学；172. 香港城市大学；175. 香港大学；184. 上海交通大学；204. 中国人民大学；209. 西南财经大学；221. 香港中文大学；225. 香港浸会大学；244. 中山大学；278. 西安交通大学；282. 武汉大学；283. 中欧国际工商学院；287. 华中科技大学；306. 浙江大学；309. 香港理工大学；323. 澳门大学；340. 复旦大学；363. 中山大学；430. 同济大学；448. 对外经济贸易大学；476. 上海财经大学；499. 暨南大学；502. 山东大学；503. 上海大学；529. 南京大学；535. 宁波诺丁汉大学；543. 清华大学；626. 宁夏医科大学；635. 西北工业大学；657. 中央财经大学；734. 南开大学；739. 湖南大学；743. 北京师范大学；745. 汕头大学；836. 中南大学；884. 中国科学院大学；951. 北京科技大学；1014. 深圳大学；1174. 澳门科技大学；1175. 湖南商学院；1200. 北京工商大学；1202. 香港教育大学；1210. 西交利物浦大学；1223. 恒生管理学院；1242. 华南理工大学；1248. 中国医学科学院；1269. 中国				

续表

医学科学院-北京协和医学院；1274. 东南大学；1287. 西南交通大学；1295. 华东理工大学；1297. 四川大学；1312. 华东师范大学；1378. 东北财经大学；1381. 天津大学；1405. 山西大学；1409. 中南财经政法大学；1424. 华南师范大学；1450. 苏州大学；1621. 哈尔滨工业大学；1732. 广州大学；1749. 中国科学院大学；1771. 南京工业大学；1788. 湘潭大学；1794. 中国科学技术大学；1811. 温州医科大学；1951. 中国政法大学；1953. 华中师范大学；1956. 香港公开大学；2010. 南方医科大学；2082. 南京审计大学；2092. 遵义医学院；2093. 浙江工业大学；2094. 厦门海洋职业技术学院；2098. 河北工业大学；2139. 大连理工大学；2209. 中国社会科学院大学；2234. 华中农业大学；2267. 江苏大学；2311. 广东技术师范学院；2371. 北大光华管理学院；2384. 中国矿业大学；2393. 浙江财经大学；2453. 新疆财经大学；2455. 浙江工商大学；2458. 华侨大学；2479. 常州大学；2503. 香港科技大学；2514. 西北大学；2531. 河海大学；2550. 南京医科大学；2623. 上海社科院；2671. 澳门大学；2765. 上海理工大学；2783. 浙江金融职业学院；2803. 大连海事大学；2855. 兰州大学；2887. 云南财经大学；3035. 科尔科沃莫斯科管理学院 ；3061. 西安交通大学；3084. 重庆大学；3121. 上海师范大学；3171. 东北农业大学；3187. 上海纽约大学；3234. 南京理工大学；3254. 河南大学；3331. 河北医科大学；3334. 西南大学；3448. 石河子大学；3508. 河南财经政法大学；3532. 湖南师范大学；3683. 北京工业大学

九十、政治学学科

表 2-114　政治学学科（5 强与中国大学）

排名	英文名称	中文名称	国家/地区	总得分
1	HARVARD UNIVERSITY	哈佛大学	美国	100. 00
2	UNIVERSITY OF OXFORD	牛津大学	英国	95. 33
3	STANFORD UNIVERSITY	斯坦福大学	美国	92. 15
4	PRINCETON UNIVERSITY	普林斯顿大学	美国	91. 24
5	YALE UNIVERSITY	阿姆斯特丹大学	荷兰	89. 06
其他中国机构：191. 香港城市大学；207. 中国人民大学；221. 香港大学；232. 复旦大学；244. 清华大学；253. 北京大学；277. 香港中文大学；318. 浙江大学；331. 厦门大学；370. 西南财经大学；410. 上海交通大学；413. 武汉大学；442. 对外经济贸易大学；495. 上海财经大学；501. 中山大学；504. 湖南大学；540. 澳门大学；552. 中央财经大学；582. 香港科技大学；591. 北京师范大学；601. 西安交通大学；635. 中国社会科学院大学；641. 暨南大学；644. 南京大学；686. 中国海洋大学；704. 中山大学；716. 华东师范大学；720. 山东大学；732. 南开大学；736. 香港理工大学；759. 宁波诺丁汉大学；771. 香港浸会大学；776. 外交学院；790. 华北电力大学；830. 中国科学院大学；860. 中国农业大学；862. 香港教育大学；873. 中国政法大学；876. 四川大学；881. 华中科技大学；885. 吉林大学；891. 大连海事大学；912. 哈尔滨工业大学；960. 江西财经大学；1058. 中南财经政法大学；1098. 南京财经大学；1117. 南京审计大学；1125. 上海立信会计金融学院；1130. 首都经济贸易大学；1183. 东南大学；1256. 西北农林科技大学；1258. 西交利物浦大学；1280. 广州大学；1306. 上海外国语大学；1319. 华南理工大学；1327. 北京航空航天大学；1331. 同济大学；1352. 上海对外经贸大学；1386. 大连理工大学；1400. 天津师范大学；1404. 天津大学；1417. 西南交通大学；1441. 东北财经大学；1467. 重庆大学；1502. 中南大学；1513. 上海海洋大学；1537. 深圳大学；1554. 广东外语外贸大学；1641. 浙江工商大学；1689. 南京农业大学；1702. 北京理工大学；1735. 华中农业大学；1743. 合肥工业大学；1751. 河南大学；1754. 南京信息工程大学；1777. 重庆工商大学；1806. 上海海事大学；1840. 北京外国语大学；1926. 浙江财经大学；1973. 广东金融学院；1984. 广西大学；2038. 闽江学院；2094. 海南大学；2113. 中国科学院大学；2121. 云南大学；2141. 北京工业大学；2179. 中南大学；2184. 上海大学；2214. 华东政法大学；2219. 华侨大学；2236. 江南大学；2264. 中国科学技术大学；2265. 中国石油大学；2292. 西南大学；2321. 中欧国际工商学院；2331. 北京工商大学；2360. 湖南师范大学；2405. 苏州大学；2417. 北京邮电大学；2477. 南京师范大学；2497. 西南政法大学；2556. 中国矿业大学；2574. 上海社科院；2630. 南昌大学；2631. 杭州电子科技大学；2638. 陕西师范大学；2683. 电子科技大学；2713. 中国科学院；2749. 青岛大学；2765. 福建农林大学；2803. 天津财经大学；2804. 河海大学；2810. 浙江理工大学；2847. 汕头大学				

九十一、植物保护学科

表 2-115　植物保护学科（5 强与中国大学）

排名	英文名称	中文名称	国家/地区	总得分
1	CHINESE ACADEMY OF SCIENCES	中国科学院	中国	100.00
2	UNITED STATES DEPARTMENT OF AGRICULTURE	美国农业部	美国	96.55
3	AGRICULTURAL RESEARCH SERVICE	美国农业科学研究院	美国	89.69
4	CHINESE-ACAD-AGR-SCI	中国农业科学院	中国	88.45
5	CHINA AGRICULTURAL UNIVERSITY	中国农业大学	中国	85.80
其他中国机构：8. 西北农林科技大学；10. 南京农业大学；19. 华中农业大学；25. 中国科学院大学；38. 浙江大学；51. 山东农业大学；59. 华南农业大学；60. 四川农业大学；76. 兰州大学；79. 北京林业大学；82. 扬州大学；102. 北京师范大学；104. 东北农业大学；108. 沈阳农业大学；109. 西南大学；110. 广西大学；124. 福建农林大学；139. 河南农业大学；155. 甘肃农业大学；173. 湖南农业大学；178. 南京林业大学；189. 东北林业大学；190. 山东农业大学；198. 华南理工大学；213. 中国水产研究院；218. 北京大学；219. 长江大学；223. 浙江农林大学；232. 武汉大学；242. 河海大学；270. 青岛农业大学；273. 石河子大学；274. 内蒙古农业大学；291. 中国科学院大学；308. 中山大学；312. 安徽农业大学；315. 江苏大学；323. 清华大学；355. 海南大学；374. 山西农业大学；379. 江西农业大学；404. 南京信息工程大学；410. 上海交通大学；419. 吉林农业大学；434. 南京大学；444. 云南农业大学；445. 东北师范大学；448. 河南科技大学；451. 河北农业大学；480. 吉林农业科技学院；497. 河北农业大学；499. 天津理工大学；537. 复旦大学；539. 中国科学院大学；545. 贵州大学；553. 香港中文大学；568. 中南林业科技大学；576. 南京师范大学；592. 江南大学；594. 南开大学；597. 云南大学；601. 杭州师范大学；604. 吉林大学；614. 四川大学；640. 天津大学；675. 厦门大学；676. 西安工业大学；700. 华东师范大学；737. 齐鲁工业大学；749. 山东大学；762. 新疆农业大学；767. 福建师范大学；802. 河南大学；818. 山东理工大学；826. 黑龙江八一农垦大学；843. 重庆大学；850. 河南科技学院；908. 青海大学；912. 山西大学；933. 香港浸会大学；943. 宁波大学；945. 宁夏大学；953. 鲁东大学；959. 湖南大学；960. 陕西师范大学；981. 郑州大学；984. 昆明理工大学；1003. 合肥工业大学；1017. 浙江工业大学				

九十二、作物学学科

表 2-116　作物学学科（5 强与中国大学）

排名	英文名称	中文名称	国家/地区	总得分
1	CHINESE ACADEMY OF SCIENCES	中国科学院	中国	100.00
2	UNITED STATES DEPARTMENT OF AGRICULTURE	美国农业部	美国	96.55
3	AGRICULTURAL RESEARCH SERVICE	美国农业科学研究院	美国	89.69
4	CHINESE-ACAD-AGR-SCI	中国农业科学院	中国	88.45
5	CHINA AGRICULTURAL UNIVERSITY	中国农业大学	中国	85.80
其他中国机构：8. 西北农林科技大学；10. 南京农业大学；19. 华中农业大学；25. 中国科学院大学；37. 浙江大学；52. 山东农业大学；59. 华南农业大学；60. 四川农业大学；76. 兰州大学；79. 北京林业大学；82. 扬州大学；102. 北京师范大学；106. 东北农业大学；108. 西南大学；109. 沈阳农业大学；110. 广西大学；124. 福建农林大学；142. 河南农业大学；152. 甘肃农业大学；174. 湖南农业大学；179. 南京林业大学；187. 东北林业大学；190. 山东农业大学；199. 华南理工大学；215. 中国科学院；218. 北京大学；219. 长江大学；224. 浙江农林大学；231. 武汉大学；243. 河海				

续表

大学；269. 内蒙古农业大学；273. 石河子大学；275. 青岛农业大学；286. 中国科学院大学；303. 中山大学；312. 江苏大学；314. 清华大学；324. 安徽农业大学；369. 海南大学；379. 江西农业大学；380. 山西农业大学；403. 南京信息工程大学；416. 吉林农业大学；423. 上海交通大学；428. 南京大学；442. 云南农业大学；448. 东北师范大学；449. 河南科技大学；458. 河北农业大学；484. 吉林农业科技学院；496. 天津理工大学；520. 复旦大学；521. 中国科学院大学；545. 香港中文大学；562. 贵州大学；580. 中南林业科技大学；584. 南京师范大学；595. 四川大学；603. 江南大学；605. 杭州师范大学；611. 吉林大学；619. 南开大学；620. 云南大学；638. 天津大学；657. 厦门大学；672. 西安工业大学；720. 华东师范大学；730. 福建师范大学；737. 山东大学；753. 新疆农业大学；763. 齐鲁工业大学；801. 河南大学；861. 重庆大学；866. 山东理工大学；867. 河南科技学院；871. 黑龙江八一农垦大学；885. 香港浸会大学；894. 青海大学；933. 山西大学；943. 鲁东大学；944. 昆明理工大学；948. 宁夏大学；952. 合肥工业大学；961. 湖南大学；984. 郑州大学；987. 宁波大学；998. 陕西师范大学；1029. 华中科技大学

九十三、工程学科

表 2-117　工程学科（5 强与中国大学）

排名	英文名称	中文名称	国家/地区	总得分
1	CHINESE-ACAD-SCI	中国科学院大学	中国	100.00
2	TSINGHUA-UNIV	清华大学	中国	93.67
3	SHANGHAI-JIAO-TONG-UNIV	上海交通大学	中国	86.12
4	HARBIN-INST-TECHNOL	哈尔滨工业大学	中国	85.92
5	XI-AN-JIAO-TONG-UNIV	西安交通大学	中国	83.79

其他中国机构：6. 浙江大学；7. 东南大学；8. 华中科技大学；11. 北京航空航天大学；12. 天津大学；14. 大连理工大学；15. 同济大学；16. 香港理工大学；18. 重庆大学；19. 电子科技大学；20. 北京理工大学；21. 华南理工大学；25. 香港城市大学；26. 中国科学院大学；27. 西北工业大学；29. 南京航空航天大学；30. 中国科学技术大学；33. 湖南大学；34. 西安电子科技大学；38. 华北电力大学；40. 中国矿业大学；45. 山东大学；47. 北京交通大学；48. 中国东北大学；50. 南京理工大学；52. 北京大学；54. 武汉大学；58. 西南交通大学；60. 台湾成功大学；63. 国防科技大学；66. 中国石油大学；67. 香港大学；68. 香港科技大学；72. 台湾大学；73. 四川大学；75. 中南大学；84. 河海大学；88. 哈尔滨工程大学；93. 北京工业大学；94. 中山大学；95. 江苏大学；96. 上海大学；99. 北京科技大学；101. 吉林大学；105. 合肥工业大学；110. 武汉理工大学；113. 台湾交通大学；127. 北京邮电大学；130. 南京大学；135. 厦门大学；141. 深圳大学；143. 中国地质大学；147. 广东工业大学；150. 香港中文大学；176. 复旦大学；190. 山东科技大学；210. 浙江工业大学；225. 燕山大学；228. 江南大学；231. 澳门大学；236. 中南大学；249. 长安大学；251. 苏州大学；252. 北京化工大学；253. 南京邮电大学；254. 南京工业大学；256. 上海理工大学；259. 西南石油大学；261. 北京师范大学；265. 南开大学；266. 太原理工大学；267. 大连海事大学；276. 福州大学；278. 中国石油大学；279. 杭州电子科技大学；283. 郑州大学；313. 东华大学；332. 南京信息工程大学；340. 西安工业大学；342. 兰州大学；345. 华东理工大学；351. 华东理工大学；356. 长沙理工大学；357. 广州大学；369. 昆明理工大学；372. 西安建筑科技大学；376. 中国海洋大学；385. 广西大学；392. 暨南大学；398. 中国农业大学；400. 中国工程物理学院；404. 河南理工大学；408. 西南大学；410. 上海海事大学；411. 华东师范大学；413. 宁波大学；424. 河北工业大学；430. 南京师范大学；447. 青岛大学；458. 中国人民解放军空军工程大学；460. 南昌大学；466. 青岛科技大学；483. 江苏科技大学；492. 扬州大学；494. 华侨大学；495. 西北农林科技大学；522. 南京林业大学；524. 武汉科技大学；529. 重庆邮电大学；539. 中国人民解放军陆军工程大学；541. 曲阜师范大学；544. 安徽大学；550. 浙江理工大学；558. 天津工业大学；568. 渤海大学；575. 山东师范大学

九十四、电子电气工程学科

表 2-118　电子电气工程学科（5 强与中国大学）

排名	英文名称	中文名称	国家/地区	总得分
1	CHINESE-ACAD-SCI	中国科学院大学	中国	100.00
2	TSINGHUA-UNIV	清华大学	中国	92.59
3	UNIV-ELECT-SCI-&-TECHNOL-CHINA	电子科技大学	中国	88.27
4	XIDIAN-UNIV	西安电子科技大学	中国	87.64
5	SOUTHEAST-UNIV	东南大学	中国	87.08
其他中国机构：7. 哈尔滨工业大学；8. 浙江大学；9. 华中科技大学；10. 上海交通大学；11. 北京航空航天大学；12. 西安交通大学；14. 香港城市大学；15. 北京邮电大学；17. 香港理工大学；18. 武汉大学；20. 北京理工大学；23. 国防科技大学；24. 天津大学；25. 西北工业大学；27. 北京大学；30. 华南理工大学；31. 南京航空航天大学；32. 南京理工大学；33. 中国科学院大学；34. 重庆大学；36. 北京交通大学；39. 中国科学技术大学；40. 台湾交通大学；41. 香港中文大学；42. 香港科技大学；44. 大连理工大学；45. 中国东北大学；48. 台湾成功大学；49. 中山大学；54. 台湾大学；56. 西南交通大学；58. 香港大学；60. 深圳大学；63. 南京邮电大学；64. 湖南大学；65. 山东大学；77. 华北电力大学；80. 南京大学；82. 台湾“清华大学”；86. 同济大学；92. 复旦大学；95. 澳门大学；102. 上海大学；104. 哈尔滨工程大学；109. 合肥工业大学；110. 广东工业大学；112. 四川大学；113. 厦门大学；117. 杭州电子科技大学；118. 南京信息工程大学；119. 吉林大学；133. 北京科技大学；136. 中南大学；169. 中国矿业大学；178. 江南大学；194. 重庆邮电大学；196. 江苏大学；198. 大连海事大学；203. 中国地质大学；204. 河海大学；206. 武汉理工大学；227. 燕山大学；230. 北京工业大学；237. 山东科技大学；254. 浙江工业大学；259. 中国人民解放军空军工程大学；281. 苏州大学；284. 中国人民解放军陆军工程大学；287. 桂林电子科技大学；290. 西南大学；291. 福州大学；303. 南开大学；308. 安徽大学；312. 华东师范大学；318. 广州大学；319. 青岛大学；321. 中南大学；327. 渤海大学；341. 西安工业大学；357. 暨南大学；361. 曲阜师范大学；371. 北京师范大学；378. 上海理工大学；380. 南京师范大学；382. 北京化工大学；387. 宁波大学；399. 东华大学；401. 中国石油大学；406. 辽宁工业大学；421. 郑州大学；429. 南昌大学；431. 山东师范大学；445. 长沙理工大学；473. 河北工业大学；474. 哈尔滨理工大学；475. 南通大学；479. 上海海事大学；486. 华侨大学；490. 扬州大学；500. 华南师范大学；503. 中国计量大学；505. 华东理工大学；513. 中北大学；521. 天津工业大学；529. 长安大学；532. 兰州大学；534. 上海科技大学；537. 陕西师范大学；543. 香港浸会大学；545. 澳门科技大学；548. 中国海洋大学；551. 福建师范大学；560. 西北大学；563. 太原理工大学；566. 昆明理工大学				

九十五、农学学科

表 2-119　农学学科（5 强与中国大学）

排名	英文名称	中文名称	国家/地区	总得分
1	CHINESE-ACAD-SCI	中国科学院大学	中国	100.00
2	CHINA-AGR-UNIV	中国农业大学	中国	88.63
3	ARS	美国农业科学研究院	美国	88.34
4	INRA	法国国家农业科学研究院	法国	86.08
5	CHINESE-ACAD-AGR-SCI	中国农业科学院	中国	85.28
其他中国机构：9. 西北农林科技大学；11. 江南大学；14. 南京农业大学；16. 浙江大学；22. 华南理工大学；24. 中国科学院大学；27. 华中农业大学；74. 南昌大学；75. 华南农业大学；82. 江苏大学；84. 东北农业大学；99. 山东农业大学；101. 台湾大学；106. 上海交通大学；108. 西南大学；121. 四川农业大学；122. 天津理工大学；123. 扬州大学；142. 福建农林大学；164. 北京林业大学；165. 中国海洋大学；167. 北京工商大学；180. 沈阳农业大学；182. 兰州大学；				

续表

185. 吉林大学；199. 北京师范大学；208. 中山大学；210. 北京大学；216. 暨南大学；232. 安徽农业大学；242. 湖南农业大学；265. 四川大学；273. 浙江工商大学；274. 青岛农业大学；293. 广西大学；297. 陕西师范大学；298. 中国科学院；306. 河南工业大学；313. 合肥工业大学；321. 浙江农林大学；330. 大连工业大学；332. 南京林业大学；334. 南京师范大学；349. 河南农业大学；358. 香港大学；365. 东北林业大学；373. 武汉大学；379. 甘肃农业大学；393. 香港中文大学；396. 上海海洋大学；400. 天津大学；405. 石河子大学；417. 南京大学；421. 南开大学；424. 河南科技大学；427. 内蒙古农业大学；431. 吉林农业大学；434. 江西农业大学；445. 中国科学院大学；447. 海南大学；451. 宁波大学；454. 华中科技大学；469. 南京财经大学；477. 浙江工业大学；491. 清华大学；505. 复旦大学；513. 苏州大学；519. 哈尔滨工业大学；523. 山东农业大学；525. 长江大学；565. 厦门大学；582. 山西农业大学；585. 贵州大学；586. 渤海大学；589. 武汉轻工大学；591. 河海大学；592. 湖北工业大学；603. 中国医学科学院；621. 山东大学；632. 西北大学；639. 中南林业科技大学；644. 云南农业大学；674. 昆明理工大学；680. 福州大学；692. 南京信息工程大学；699. 河南科技学院；721. 中南大学；726. 深圳大学；738. 齐鲁工业大学；739. 上海应用技术大学；743. 香港浸会大学；749. 北京工商大学；753. 河北农业大学；755. 山西大学；763. 青岛大学；771. 郑州大学；775. 江西师范大学；794. 东北师范大学；803. 中国科学院大学；823. 澳门大学；824. 河南大学；841. 中国药科大学；843. 郑州大学；850. 西安交通大学；854. 广东药科大学

九十六、艺术与设计学科

表 2-120　艺术与设计学科（5 强与中国大学）

排名	英文名称	中文名称	国家/地区	总得分
1	DELFT-UNIV-TECHNOL	代尔夫特大学	荷兰	100.00
2	CNR	意大利国家研究委员会	意大利	99.87
3	UNIV-BOLOGNA	博洛尼亚大学	意大利	93.03
4	UNIV-FLORENCE	佛罗伦萨大学	意大利	87.38
5	UCL	伦敦大学学院	英国	83.37
其他中国机构：23. 中国科学院大学；24. 浙江大学；49. 敦煌学院；74. 台湾大学；92. 中国科学技术大学；112. 香港理工大学；130. 北京大学；133. 西北大学；136. 兰州大学；175. 南京大学；182. 四川大学；200. 中国科学院大学；211. 北京科技大学；238. 浙江工业大学；254. 清华大学；266. 同济大学；276. 中国地质大学；316. 中国人民大学；318. 西安交通大学；326. 河南大学；330. 北京工商大学；335. 南京林业大学；342. 北京建筑大学；376. 南开大学；395. 香港教育大学；414. 山东大学；427. 湖南大学；460. 中国矿业大学；525. 重庆大学；550. 天津大学；576. 北京化工大学；577. 华中科技大学；581. 复旦大学；608. 上海大学；631. 宁波诺丁汉大学；691. 北京师范大学；703. 江西省国学文化研究会；709. 广东工业大学；719. 北京工业大学；748. 南京工业大学；750. 重庆科技学院；775. 四川美术学院；779. 武汉大学；782. 香港城市大学；806. 南昌大学；862. 陕西师范大学；866. 中国东北大学；867. 西北工业大学；903. 北京农学院；1023. 菏泽学院；1029. 首都师范大学；1116. 景德镇陶瓷大学；1119. 中山大学；1144. 中国社会科学院大学；1148. 大连理工大学；1155. 黑龙江中医药大学；1160. 浙江理工大学；1223. 西交利物浦大学；1327. 中南大学；1356. 北京联合大学；1370. 吉林大学；1371. 云南师范大学；1391. 吉林师范大学；1394. 上海交通大学；1399. 四川轻化工大学；1415. 太原理工大学；1443. 福建师范大学；1482. 东南大学；1490. 忻州师范学院；1492. 太原科技大学；1493. 闽江学院；1538. 香港知专设计学院；1550. 北京理工大学；1554. 福州大学；1563. 中国科学院；1566. 河北大学；1634. 西南交通大学				

九十七、系统科学学科

该学科没有 ESI 收录数据。

九十八、公安学学科

该学科没有 ESI 收录数据。

九十九、中药学学科

该学科没有 ESI 收录数据。

一〇〇、兵器科学与技术学科

该学科没有 ESI 收录数据。

一〇一、中医学学科

该学科没有 ESI 收录数据。

一〇二、中国语言文学学科

该学科没有 ESI 收录数据。

一〇三、风景园林学学科

该学科没有 ESI 收录数据。

一〇四、设计学学科

该学科没有 ESI 收录数据。

一〇五、马克思主义理论学科

该学科没有 ESI 收录数据。

一〇六、中西医结合学科

该学科没有 ESI 收录数据。

一〇七、草学学科

该学科没有 ESI 收录数据。

一〇八、中国史学科

该学科没有 ESI 收录数据。

一〇九、集成电路科学与工程学科

该学科没有 ESI 收录数据。

第五节　世界一流大学一级指标排行榜（2023）（分3个指标）

一、教学水平排行榜

表2-121　教学水平排行榜（10强与中国大学）

排名	英文名称	中文名称	国家/地区	总得分
1	HARVARD UNIVERSITY	哈佛大学	美国	100.00
2	UNIVERSITY OF CAMBRIDGE	剑桥大学	英国	93.72
3	UNIVERSITE PARIS SACLAY	巴黎萨克雷大学	法国	92.86
4	CALIFORNIA INSTITUTE OF TECHNOLOGY	加利福尼亚理工学院	美国	92.60
5	UNIVERSITY OF COPENHAGEN	哥本哈根大学	丹麦	92.55
6	STANFORD UNIVERSITY	斯坦福大学	美国	92.31
7	UNIVERSITY OF BONN	波恩大学	德国	92.24
8	UNIVERSITY OF VIENNA	维也纳大学	奥地利	92.14
8	SEOUL NATIONAL UNIVERSITY	首尔大学	韩国	92.14
10	UPPSALA UNIVERSITY	乌普萨拉大学	瑞典	92.05

其他中国机构：17. 清华大学；30. 香港大学；40. 湖南大学；40. 西北大学；48. 北京大学；53. 香港城市大学；55. 浙江大学；56. 复旦大学；56. 北京理工大学；59. 中国科学技术大学；60. 电子科技大学；71. 上海交通大学；77. 中山大学；80. 南开大学；80. 华南理工大学；85. 天津大学；86. 武汉大学；86. 中南大学；86. 哈尔滨工业大学；94. 中国农业大学；94. 西北工业大学；101. 南京大学；101. 东南大学；109. 华中科技大学；109. 南方科技大学；117. 四川大学；117. 香港理工大学；129. 吉林大学；129. 中国地质大学；139. 福州大学；139. 武汉理工大学；147. 山东大学；147. 台湾“中国医药大学”；147. 北京航空航天大学；147. 北京化工大学；160. 厦门大学；160. 深圳大学；160. 华东理工大学；160. 南京工业大学；174. 香港中文大学；174. 西安交通大学；174. 江苏大学；174. 大连理工大学；174. 台湾阳明交通大学；174. 辽宁工业大学；190. 华东师范大学；190. 重庆大学；190. 青岛大学；190. 上海大学；190. 南京理工大学；222. 华中农业大学；222. 南昌大学；222. 南京航空航天大学；245. 郑州大学；245. 同济大学；245. 香港科技大学；245. 南京农业大学；245. 北京科技大学；245. 浙江工业大学；245. 中国石油大学；245. 浙江师范大学；245. 广东工业大学；280. 台湾大学；280. 北京师范大学；280. 暨南大学；280. 台湾成功大学；280. 澳门大学；280. 华中师范大学；280. 中国东北大学；280. 澳门科技大学；280. 上海理工大学；280. 山东科技大学；280. 上海科技大学；280. 黑龙江大学；325. 兰州大学；325. 扬州大学；325. 华南农业大学；325. 中国矿业大学；325. 南京信息工程大学；325. 陕西师范大学；325. 广西大学；325. 南京邮电大学；325. 香港中文大学(深圳)；325. 杭州电子科技大学；325. 西北农林科技大学；325. 青岛科技大学；325. 台湾云林科技大学；325. 青岛理工大学；396. 中国海洋大学；396. 华南师范大学；396. 南京医科大学；396. 中国医学科学院-北京协和医学院；396. 台湾“中山大学”；396. 河南大学；396. 江南大学；396. 北京交通大学；396. 西安电子科技大学；396. 广州大学；396. 北京工业大学；396. 湖南师范大学；396. 南京林业大学；396. 广州医科大学；396. 山东师范大学；396. 济南大学；396. 长安大学；396. 台湾科技大学；396. 长沙理工大学；396. 北京邮电大学；396. 海南大学；396. 山东农业大学；396. 大连海事大学；396. 哈尔滨工程大学；396. 温州大学；396. 曲阜师范大学；396. 佛山科学技术学院；396. 常州大学；396. 湖南科技大学；396. 安徽工业大学；396. 南昌航空大学；396. 湖南工业大学；396. 淮阴师范学院；396. 太原科技大学；527. 中国科学院大学；527. 苏州大学-中国；527. 香港浸会大学；527. 南京师范大学；527. 中国人民大学；527. 台湾“清华大学”；527. 河海大学；527. 北京协和医

续表

学院；527. 合肥工业大学；527. 西南交通大学；527. 亚洲大学(中国)；527. 安徽大学；527. 云南大学；527. 福建师范大学；527. 昆明理工大学；527. 香港教育大学；527. 浙江农林大学；527. 西安理工大学；527. 湖南农业大学；527. 西南财经大学；527. 西安建筑科技大学；527. 河南师范大学；527. 三峡大学；527. 苏州科技大学；527. 西安科技大学；527. 对外经济贸易大学；527. 重庆邮电大学；527. 青岛农业大学；527. 聊城大学；527. 天津理工大学；527. 郑州轻工业大学；527. 南京中医药大学；527. 江西财经大学；527. 集美大学；527. 兰州理工大学；527. 广东外语外贸大学；527. 哈尔滨理工大学；527. 北京建筑大学土木与交通工程学院；527. 渤海大学；527. 大连工业大学；527. 浙江中医药大学；527. 沈阳工业大学；527. 安徽财经大学；527. 天津工业大学；527. 山东财经大学；851. 西南大学；851. 首都医科大学；851. 宁波大学；851. 台北医学大学；851. 南方医科大学；851. 长庚大学；851. 高雄医科大学；851. 台湾中兴大学；851. 台湾"中央大学"；851. 杭州师范大学；851. 北京林业大学；851. 汕头大学；851. 四川农业大学；851. 温州医科大学；851. 重庆医科大学；851. 山西大学；851. 东华大学；851. 天津医科大学；851. 福建农林大学；851. 南通大学；851. 中国人民解放军海军军医大学；851. 东北师范大学；851. 哈尔滨医科大学；851. 华北电力大学；851. 中国药科大学；851. 国防科学技术大学；851. 中国医科大学；851. 东北农业大学；851. 上海师范大学；851. 东北林业大学；851. 台湾师范大学；851. 安徽医科大学；851. 齐鲁工业大学；851. 贵州大学；851. 首都师范大学；851. 中国人民解放军陆军军医大学；851. 福建医科大学；851. 湘潭大学；851. 武汉科技大学；851. 浙江工商大学；851. 河南理工大学；851. 台北科技大学；851. 燕山大学；851. 华侨大学；851. 西南石油大学；851. 河南科技大学；851. 太原理工大学；851. 成都理工大学；851. 江苏师范大学；851. 陕西科技大学；851. 逢甲大学；851. 河北工业大学；851. 天津科技大学；851. 台湾中原大学；851. 西南科技大学；851. 台湾海洋大学；851. 长江大学；851. 山东理工大学；851. 河北大学；851. 湖北大学；851. 淡江大学；851. 安徽农业大学；851. 桂林电子科技大学；851. 浙江理工大学；851. 中国计量大学；851. 高雄科技大学；851. 东莞理工学院；851. 西交利物浦大学；851. 河南农业大学；851. 桂林工业大学；851. 中南林业科技大学；851. 江西师范大学；851. 内蒙古大学；851. 上海海事大学；851. 沈阳药科大学；851. 湖北工业大学；851. 新疆大学；851. 上海海洋大学；851. 台湾中正大学；851. 中央财经大学；851. 武汉工程大学；851. 北京工商大学；851. 元智大学；851. 大连医科大学；851. 宁波诺丁汉大学；851. 安徽师范大学；851. 山东第一医科大学；851. 四川师范大学；851. 台湾政治大学；851. 辅仁大学；851. 河北医科大学；851. 石河子大学；851. 烟台大学；851. 东海大学；851. 北京中医药大学；851. 上海财经大学；851. 上海工程技术大学；851. 中南财经政法大学；851. 西北师范大学；851. 上海中医药大学；851. 南华大学；851. 岭南大学；851. 中北大学；851. 河北农业大学；851. 台湾"东华大学"；851. 广西医科大学；851. 广州中医药大学；851. 华北理工大学；851. 安徽理工大学；851. 天津师范大学；851. 义守大学；851. 中山医学大学；851. 西华师范大学；851. 重庆工商大学；851. 广西师范大学；851. 河南工业大学；851. 上海电力大学；851. 成都大学；851. 徐州医科大学；851. 长春科技大学；851. 广东药科大学；851. 沈阳农业大学；851. 彰化师范大学；851. 上海应用技术大学；851. 广东医科大学；851. 江西农业大学；851. 武汉纺织大学；851. 重庆理工大学；851. 云南师范大学；851. 辽宁大学；851. 长春工业大学；851. 宁夏大学；851. 山西医科大学；851. 湖州学院；851. 台湾嘉义大学；851. 绍兴文理学院；851. 嘉兴大学；851. 兰州交通大学；851. 河北师范大学；851. 东北财经大学；851. 成都中医药大学；851. 延边大学；851. 成都信息工程大学；851. 南京财经大学；851. 山西农业大学；851. 明志科技大学；851. 浙江海洋大学；851. 吉林农业大学；851. 浙江财经大学；851. 鲁东大学；851. 盐城工学院；851. 临沂大学；851. 广东海洋大学；851. 昆明医科大学；851. 西安工业大学；851. 河北科技大学；851. 天津中医药大学；851. 泰州学院；851. 哈尔滨师范大学；851. 西安邮电大学；851. 甘肃农业大学；851. 东华理工大学；851. 闽江学院；851. 新乡医学院；851. 中原工学院；851. 吉林师范大学；851. 内蒙古农业大学；851. 云南农业大学；851. 四川轻化工大学；851. 辽宁石油化工大学；851. 仲恺农业工程学院；851. 山东中医药大学；851. 信阳师范学院；851. 河南科技学院；851. 五邑大学；851. 内蒙古科技大学；851. 新疆医科大学；851. 宁夏医科大学；851. 湖北大学医学院；851. 潍坊医学院；851. 河南中医药大学；851. 遵义医学院；851. 湖南中医学院；851. 屏东科技大学；851. 黑龙江中医药大学；851. 滨州医学院；851. 辽宁中医药大学；851. 锦州医科大学；851. 长庚科技大学；851. 江西科技学院；851. 江苏科技大学；851. 西南医科大学；851. 西安医学院；851. 中南民族大学；851. 台湾医学院；851. 北京农林科学院；851. 贵州医科大学；851. 中国人民解放军陆军工程大学；851. 中国人民解放军信息工程大学

二、科研能力排行榜

表 2-122　科研能力排行榜（10 强与中国大学）

排名	英文名称	中文名称	国家/地区	总得分
1	HARVARD UNIVERSITY	哈佛大学	美国	100.00
2	STANFORD UNIVERSITY	斯坦福大学	美国	95.11
3	UNIVERSITY OF TORONTO	多伦多大学	加拿大	94.95
4	UNIVERSITY COLLEGE LONDON	伦敦大学学院	英国	94.62
5	UNIVERSITY OF CHINESE ACADEMY OF SCIENCES, CAS	中国科学院大学	中国	94.45
6	UNIVERSITY OF OXFORD	牛津大学	英国	94.38
7	NORTHEASTERN UNIVERSITY	美国东北大学	美国	94.30
8	JOHNS HOPKINS UNIVERSITY	约翰·霍普金斯大学	美国	94.17
9	UNIVERSITY OF WASHINGTON	华盛顿大学	美国	94.01
10	MASSACHUSETTS INSTITUTE OF TECHNOLOGY	麻省理工学院	美国	93.98

其他中国机构：15. 清华大学；25. 上海交通大学；26. 浙江大学；28. 北京大学；39. 南京大学；43. 中山大学；44. 华中科技大学；47. 复旦大学；60. 武汉大学；65. 四川大学；66. 中国科学技术大学；68. 中南大学；69. 山东大学；77. 西安交通大学；89. 哈尔滨工业大学；90. 浙江工业大学；98. 吉林大学；99. 天津大学；118. 东南大学；122. 华南理工大学；123. 北京工业大学；128. 同济大学；129. 香港大学；141. 郑州大学；147. 重庆大学；151. 湖南大学；157. 台湾大学；158. 苏州大学-中国；161. 香港中文大学；180. 厦门大学；182. 香港理工大学；186. 电子科技大学；188. 大连理工大学；190. 中国医学科学院-北京协和医学院；191. 北京理工大学；195. 西北工业大学；199. 福州大学；202. 西南交通大学；206. 南开大学；207. 合肥工业大学；211. 香港城市大学；218. 北京航空航天大学；226. 深圳大学；232. 南京信息工程大学；234. 扬州大学；235. 江苏大学；258. 青岛大学；267. 首都医科大学；268. 中国地质大学；269. 北京师范大学；273. 兰州大学；276. 武汉理工大学；281. 中国农业大学；286. 北京交通大学；288. 北京科技大学；292. 北京协和医学院；308. 西南大学；311. 中国矿业大学；314. 香港科技大学；317. 中国石油大学；320. 温州大学；326. 南京医科大学；342. 华东师范大学；344. 南方科技大学；347. 上海大学；358. 暨南大学；360. 台湾阳明交通大学；365. 台湾"中国医药大学"；375. 华东理工大学；380. 西北农林科技大学；381. 北京化工大学；394. 江南大学；397. 南京理工大学；406. 西安电子科技大学；415. 南京航空航天大学；420. 中国东北大学；422. 南京农业大学；428. 广东工业大学；435. 台湾成功大学；440. 南方医科大学；449. 南京工业大学；454. 重庆医科大学；460. 华中农业大学；479. 南昌大学；480. 山东科技大学；482. 广州医科大学；511. 南京林业大学；521. 山东理工大学；525. 国防科学技术大学；527. 东华大学；534. 华南农业大学；537. 中国海洋大学；545. 河海大学；549. 台湾"清华大学"；561. 天津医科大学；566. 南京邮电大学；567. 南京师范大学；574. 中国人民解放军海军军医大学；576. 温州医科大学；583. 华北电力大学；586. 北京邮电大学；588. 武汉工程大学；589. 广州大学；590. 西北大学；593. 澳门大学；599. 长庚大学；602. 华中师范大学；604. 哈尔滨医科大学；605. 华南师范大学；610. 宁波大学；613. 中国医科大学；622. 昆明理工大学；628. 台北医学大学；634. 哈尔滨工程大学；636. 广西大学；640. 河南大学；641. 青岛科技大学；653. 中国人民解放军陆军军医大学；656. 济南大学；669. 浙江师范大学；680. 山东第一医科大学；692. 安徽医科大学；696. 长沙理工大学；697. 陕西师范大学；702. 浙江农林大学；703. 长安大学；707. 上海科技大学；718. 中北大学；720. 山东师范大学；726. 上海理工大学；728. 安徽大学；739. 杭州电子科技大学；743. 香港浸会大学；747. 北京林业大学；751. 燕山大学；753. 南通大学；765. 太原理工大学；776. 西南石油大学；781. 东北农业大学；791. 东北师范大学；793. 福建农林大学；796. 海南大学；798. 中国药科大学；800. 杭州师范大学；801. 浙江理工大学；818. 山西大学；828. 高雄医科大学；829. 中国人民大学；832. 西安理工大学；833. 四川农业大学；836. 江苏科技大学；843. 台湾"中央大学"；864. 聊城大学；869. 福建医科大学；870. 湘潭大学；877. 陕西科技大学；878. 河北工业大学；894. 曲阜师范大学；895. 辽宁工业大学；898. 西安建筑科技大学；918. 武汉科技大学；923. 河南师范大学；933. 河南理工大学；939. 台湾科技大学；940. 东北林业大学；947. 贵州大学；954. 齐鲁工业大学；956. 青岛理工大学；969. 天津理工大学；973. 台湾中兴大学；979. 澳门科技大学；985. 渤海大学；993. 山东农业大学；1005. 汕头大学；1006. 常州大学；1013. 天津工业大学；1014. 大连海事大学；1020. 湖南师范大学；1035. 湖南农业大学；1041. 湖北大学；1043. 台湾"中山大学"；

续表

1044. 湖州学院；1047. 亚洲大学(中国)；1048. 黑龙江大学；1051. 西南科技大学；1075. 安徽工业大学；1077. 河南科技大学；1085. 广西医科大学；1088. 南京中医药大学；1089. 桂林电子科技大学；1097. 华侨大学；1103. 重庆工商大学；1104. 福建师范大学；1105. 云南大学；1112. 成都理工大学；1116. 三峡大学；1128. 河北医科大学；1130. 大连医科大学；1132. 中国计量大学；1135. 上海师范大学；1140. 江西师范大学；1144. 重庆邮电大学；1150. 天津科技大学；1154. 西南财经大学；1179. 哈尔滨理工大学；1189. 西安科技大学；1194. 安徽农业大学；1205. 北京工商大学；1208. 安徽理工大学；1213. 江苏师范大学；1215. 上海中医药大学；1221. 兰州理工大学；1226. 河南农业大学；1227. 青岛农业大学；1232. 安徽师范大学；1238. 郑州轻工业大学；1239. 浙江工商大学；1240. 成都大学；1244. 沈阳药科大学；1246. 湖南科技大学；1253. 四川师范大学；1256. 徐州医科大学；1262. 哈尔滨师范大学；1263. 湖南工业大学；1264. 烟台大学；1275. 首都师范大学；1276. 南华大学；1280. 新疆大学；1283. 中南林业科技大学；1297. 东莞理工学院；1299. 华北理工大学；1304. 南昌航空大学；1307. 台北科技大学；1311. 北京农林科学院；1317. 江西科技学院；1318. 河北大学；1327. 北京中医药大学；1333. 广东医科大学；1334. 西华师范大学；1344. 西安工业大学；1345. 中南民族大学；1346. 绍兴文理学院；1348. 上海海事大学；1352. 西北师范大学；1362. 佛山科学技术学院；1364. 广州中医药大学；1379. 上海电力大学；1383. 香港中文大学(深圳)；1390. 桂林工业大学；1395. 湖北工业大学；1397. 香港教育大学；1399. 长江大学；1402. 闽江学院；1424. 安徽财经大学；1429. 台湾中原大学；1434. 湖北大学医学院；1443. 泰州学院；1448. 中山医学大学；1452. 苏州科技大学；1456. 盐城工学院；1459. 信阳师范学院；1460. 武汉纺织大学；1461. 台湾医学院；1466. 兰州交通大学；1469. 石河子大学；1487. 上海海洋大学；1492. 内蒙古大学；1495. 东北财经大学；1498. 广西师范大学；1512. 上海财经大学；1514. 河南工业大学；1519. 宁波诺丁汉大学；1527. 浙江中医药大学；1552. 天津师范大学；1570. 江西财经大学；1581. 五邑大学；1583. 台湾师范大学；1584. 对外经济贸易大学；1586. 中南财经政法大学；1590. 嘉兴大学；1593. 大连工业大学；1602. 南京财经大学；1605. 长春科技大学；1606. 昆明医科大学；1608. 辅仁大学；1613. 西南医科大学；1615. 河北农业大学；1617. 山西医科大学；1643. 临沂大学；1645. 辽宁大学；1652. 淡江大学；1653. 新疆医科大学；1657. 广东药科大学；1672. 太原科技大学；1674. 吉林师范大学；1675. 沈阳农业大学；1682. 云南师范大学；1684. 上海工程技术大学；1686. 淮阴师范学院；1687. 西交利物浦大学；1688. 山东财经大学；1693. 成都中医药大学；1700. 逢甲大学；1701. 浙江财经大学；1702. 北京建筑大学土木与交通工程学院；1708. 长春工业大学；1712. 浙江海洋大学；1716. 河北科技大学；1718. 台湾云林科技大学；1720. 上海应用技术大学；1721. 江西农业大学；1737. 广东海洋大学；1738. 台湾海洋大学；1742. 宁夏医科大学；1749. 沈阳工业大学；1754. 新乡医学院；1758. 河北师范大学；1759. 东华理工大学；1763. 宁夏大学；1770. 中国人民解放军陆军工程大学；1772. 鲁东大学；1773. 东海大学；1774. 滨州医学院；1782. 天津中医药大学；1787. 重庆理工大学；1788. 山西农业大学；1789. 甘肃农业大学；1793. 西安医学院；1800. 贵州医科大学；1801. 云南农业大学；1804. 高雄科技大学；1809. 延边大学；1812. 集美大学；1828. 义守大学；1833. 山东中医药大学；1835. 吉林农业大学；1838. 台湾“东华大学”；1841. 仲恺农业工程学院；1850. 中原工学院；1852. 中央财经大学；1855. 锦州医科大学；1858. 元智大学；1870. 西安邮电大学；1899. 成都信息工程大学；1910. 台湾嘉义大学；1931. 辽宁石油化工大学；1936. 台湾中正大学；1937. 湖南中医学院；1938. 潍坊医学院；1940. 长庚科技大学；1943. 广东外语外贸大学；1951. 明志科技大学；1952. 四川轻化工大学；1961. 遵义医学院；1963. 内蒙古科技大学；1981. 辽宁中医药大学；1986. 黑龙江中医药大学；1991. 内蒙古农业大学；2006. 河南科技学院；2009. 屏东科技大学；2013. 台湾政治大学；2016. 岭南大学；2026. 河南中医药大学；2030. 中国人民解放军信息工程大学；2031. 彰化师范大学

三、影响力排行榜

表 2-123　影响力排行榜（10 强与中国大学）

排名	英文名称	中文名称	国家/地区	总得分
1	HARVARD UNIVERSITY	哈佛大学	美国	100.00
2	UNIVERSITY COLLEGE LONDON	伦敦大学学院	英国	95.00
3	UNIVERSITY OF TORONTO	多伦多大学	加拿大	94.98
4	UNIVERSITY OF OXFORD	牛津大学	英国	93.26

续表

排名	英文名称	中文名称	国家/地区	总得分
5	SWISS FEDERAL INSTITUTES OF TECHNOLOGY DOMAIN	瑞士联邦理工学院	瑞士	92.46
6	IMPERIAL COLLEGE LONDON	伦敦帝国学院	英国	91.71
7	UNIVERSITY OF CAMBRIDGE	剑桥大学	英国	91.35
8	UNIVERSITY OF SYDNEY	悉尼大学	澳大利亚	90.88
9	JOHNS HOPKINS UNIVERSITY	约翰·霍普金斯大学	美国	90.43
10	UNIVERSITY OF COPENHAGEN	哥本哈根大学	丹麦	90.43

其他中国机构：19. 中国科学院大学；32. 北京大学；36. 上海交通大学；37. 浙江大学；45. 清华大学；69. 复旦大学；81. 中山大学；106. 香港大学；112. 华中科技大学；120. 香港中文大学；121. 四川大学；133. 武汉大学；138. 南京大学；158. 中南大学；160. 台湾大学；165. 山东大学；174. 中国科学技术大学；196. 厦门大学；207. 西安交通大学；230. 吉林大学；250. 郑州大学；257. 同济大学；259. 香港理工大学；289. 深圳大学；296. 北京师范大学；301. 暨南大学；321. 苏州大学-中国；322. 电子科技大学；328. 华东师范大学；329. 南开大学；334. 东南大学；342. 台湾成功大学；349. 香港城市大学；374. 兰州大学；381. 天津大学；387. 台湾“中国医药大学”；402. 中国农业大学；404. 香港科技大学；405. 哈尔滨工业大学；430. 江苏大学；432. 西南大学；436. 华南理工大学；441. 重庆大学；443. 大连理工大学；472. 香港浸会大学；473. 北京理工大学；476. 南京师范大学；489. 华中农业大学；490. 湖南大学；493. 中国海洋大学；497. 首都医科大学；498. 北京航空航天大学；507. 青岛大学；514. 南昌大学；517. 扬州大学；519. 华南农业大学；540. 宁波大学；541. 台北医学大学；549. 澳门大学；550. 中国人民大学；556. 华南师范大学；559. 上海大学；562. 南京医科大学；564. 西北工业大学；573. 台湾“清华大学”；577. 西北大学；587. 南方科技大学；596. 南方医科大学；601. 长庚大学；606. 中国医学科学院-北京协和医学院；622. 华中师范大学；624. 台湾“中山大学”；627. 河海大学；631. 河南大学；636. 北京协和医学院；639. 江南大学；644. 华东理工大学；652. 高雄医科大学；657. 台湾中兴大学；663. 南京农业大学；666. 北京科技大学；668. 浙江工业大学；674. 南京航空航天大学；678. 中国矿业大学；680. 台湾“中央大学”；681. 中国石油大学；684. 南京信息工程大学；695. 陕西师范大学；701. 北京交通大学；709. 杭州师范大学；712. 北京化工大学；714. 福州大学；715. 北京林业大学；717. 合肥工业大学；728. 西安电子科技大学；737. 中国东北大学；745. 武汉理工大学；751. 广州大学；761. 汕头大学；762. 西南交通大学；764. 四川农业大学；777. 温州医科大学；779. 重庆医科大学；788. 北京工业大学；804. 山西大学；810. 湖南师范大学；811. 南京林业大学；813. 东华大学；819. 广西大学；820. 天津医科大学；825. 南京理工大学；832. 福建农林大学；839. 南通大学；844. 中国人民解放军海军军医大学；850. 澳门科技大学；851. 上海理工大学；854. 东北师范大学；856. 广州医科大学；862. 山东科技大学；873. 亚洲大学(中国)；876. 山东师范大学；877. 哈尔滨医科大学；888. 浙江师范大学；893. 华北电力大学；902. 济南大学；906. 南京工业大学；913. 中国药科大学；914. 长安大学；922. 台湾科技大学；926. 国防科学技术大学；932. 中国医科大学；934. 安徽大学；936. 东北农业大学；941. 上海师范大学；943. 云南大学；946. 广东工业大学；949. 上海科技大学；958. 东北林业大学；976. 台湾师范大学；982. 安徽医科大学；986. 福建师范大学；995. 长沙理工大学；1000. 南京邮电大学；1003. 齐鲁工业大学；1004. 贵州大学；1010. 首都师范大学；1014. 香港中文大学(深圳)；1019. 北京邮电大学；1027. 昆明理工大学；1038. 中国人民解放军陆军军医大学；1049. 海南大学；1061. 香港教育大学；1063. 山东农业大学；1073. 浙江农林大学；1082. 台湾阳明交通大学；1085. 大连海事大学；1092. 哈尔滨工程大学；1097. 福建医科大学；1103. 湘潭大学；1107. 武汉科技大学；1109. 浙江工商大学；1110. 杭州电子科技大学；1112. 西北农林科技大学；1121. 西安理工大学；1138. 河南理工大学；1147. 湖南农业大学；1153. 台北科技大学；1159. 燕山大学；1169. 青岛科技大学；1172. 西南财经大学；1179. 华侨大学；1190. 西南石油大学；1196. 河南科技大学；1202. 西安建筑科技大学；1205. 太原理工大学；1206. 成都理工大学；1208. 江苏师范大学；1219. 温州大学；1221. 陕西科技大学；1224. 逢甲大学；1236. 曲阜师范大学；1240. 河北工业大学；1245. 天津科技大学；1255. 台湾中原大学；1256. 西南科技大学；1263. 台湾海洋大学；1268. 长江大学；1271. 山东理工大学；1274. 河北大学；1276. 湖北大学；1279. 淡江大学；1286. 安徽农业大学；1289. 桂林电子科技大学；1295. 浙江理工大学；1302. 中国计量大学；1303. 高雄科技大学；1305. 东莞理工学院；1309. 西交利物浦大学；1313. 河南农业大学；1323. 桂林工业大学；1325. 中南林业科技大学；1345. 江西师范大学；1346. 佛山科学技术学院；1347. 内蒙古大学；1351. 河南师范大学；1354. 上海海事大学；1370. 沈阳药科大学；1372. 三峡大学；1377. 苏州科技大学；1381. 湖北工业大学；1385. 常州大学；1386. 新疆大学；1390. 上海海洋大学；1392. 西安科技大学；1398. 台湾中正大学；1409. 中央财经大学；1414. 对外经济贸易大学；1422. 武汉工程大学；1423. 重庆邮电大学；1424. 北京工商大学；1431. 元智大学；1449. 大连医科大学；

续表

1450. 宁波诺丁汉大学；1460. 安徽师范大学；1462. 青岛农业大学；1470. 山东第一医科大学；1473. 四川师范大学；1475. 台湾政治大学；1478. 聊城大学；1487. 辅仁大学；1488. 河北医科大学；1491. 石河子大学；1494. 烟台大学；1498. 东海大学；1500. 北京中医药大学；1502. 湖南科技大学；1509. 上海财经大学；1529. 天津理工大学；1536. 台湾云林科技大学；1548. 安徽工业大学；1553. 郑州轻工业大学；1568. 上海工程技术大学；1571. 中南财经政法大学；1582. 南京中医药大学；1590. 西北师范大学；1604. 上海中医药大学；1607. 南华大学；1610. 岭南大学；1611. 中北大学；1612. 河北农业大学；1616. 台湾"东华大学"；1620. 江西财经大学；1628. 广西医科大学；1650. 广州中医药大学；1662. 集美大学；1673. 黑龙江大学；1674. 中国地质大学；1677. 华北理工大学；1680. 兰州理工大学；1693. 安徽理工大学；1695. 广东外语外贸大学；1697. 天津师范大学；1701. 南昌航空大学；1705. 义守大学；1706. 中山医学大学；1714. 西华师范大学；1715. 重庆工商大学；1717. 广西师范大学；1721. 河南工业大学；1726. 哈尔滨理工大学；1729. 上海电力大学；1732. 成都大学；1736. 徐州医科大学；1754. 长春科技大学；1762. 北京建筑大学土木与交通工程学院；1763. 湖南工业大学；1765. 广东药科大学；1769. 沈阳农业大学；1774. 彰化师范大学；1776. 上海应用技术大学；1780. 广东医科大学；1781. 江西农业大学；1784. 武汉纺织大学；1786. 渤海大学；1791. 重庆理工大学；1794. 云南师范大学；1795. 辽宁大学；1803. 长春工业大学；1807. 宁夏大学；1808. 山西医科大学；1809. 大连工业大学；1812. 湖州学院；1813. 台湾嘉义大学；1814. 绍兴文理学院；1815. 嘉兴大学；1822. 青岛理工大学；1825. 兰州交通大学；1826. 淮阴师范学院；1828. 河北师范大学；1829. 东北财经大学；1833. 太原科技大学；1838. 成都中医药大学；1839. 延边大学；1840. 浙江中医药大学；1841. 成都信息工程大学；1842. 南京财经大学；1844. 山西农业大学；1845. 明志科技大学；1846. 浙江海洋大学；1849. 吉林农业大学；1853. 浙江财经大学；1861. 鲁东大学；1862. 盐城工学院；1864. 临沂大学；1867. 广东海洋大学；1868. 昆明医科大学；1873. 沈阳工业大学；1875. 西安工业大学；1876. 河北科技大学；1877. 天津中医药大学；1878. 泰州学院；1879. 哈尔滨师范大学；1885. 西安邮电大学；1886. 甘肃农业大学；1888. 东华理工大学；1889. 闽江学院；1892. 新乡医学院；1893. 中原工学院；1895. 吉林师范大学；1903. 内蒙古农业大学；1904. 云南农业大学；1905. 四川轻化工大学；1906. 安徽财经大学；1908. 辽宁石油化工大学；1909. 仲恺农业工程学院；1912. 山东中医药大学；1919. 信阳师范学院；1920. 河南科技学院；1923. 五邑大学；1925. 内蒙古科技大学；1927. 新疆医科大学；1928. 辽宁工业大学；1931. 宁夏医科大学；1932. 湖北大学医学院；1933. 潍坊医学院；1938. 河南中医药大学；1950. 遵义医学院；1951. 湖南中医学院；1952. 屏东科技大学；1955. 黑龙江中医药大学；1956. 滨州医学院；1957. 辽宁中医药大学；1960. 锦州医科大学；1965. 长庚科技大学；1970. 江西科技学院；1976. 江苏科技大学；1985. 天津工业大学；1987. 西南医科大学；1996. 西安医学院；2004. 中南民族大学；2009. 台湾医学院；2017. 北京农林科学院；2018. 山东财经大学；2025. 贵州医科大学；2032. 中国人民解放军陆军工程大学；2033. 中国人民解放军信息工程大学

第六节　世界一流大学基本指标排行榜（2023）（分 9 个指标）

一、高被引论文数排行榜

表 2-124　高被引论文数排行榜（10 强与中国大学）

排名	英文名称	中文名称	国家/地区	总得分
1	HARVARD UNIVERSITY	哈佛大学	美国	100.00
2	STANFORD UNIVERSITY	斯坦福大学	美国	90.43
3	UNIVERSITY COLLEGE LONDON	伦敦大学学院	英国	88.36
4	UNIVERSITY OF TORONTO	多伦多大学	加拿大	88.35
5	MASSACHUSETTS INSTITUTE OF TECHNOLOGY (MIT)	麻省理工学院	美国	88.27
6	UNIVERSITY OF OXFORD	牛津大学	英国	88.08
7	UNIVERSITY OF WASHINGTON	华盛顿大学	美国	87.30
8	UNIVERSITY OF WASHINGTON SEATTLE	华盛顿大学(西雅图)	美国	87.16
9	JOHNS HOPKINS UNIVERSITY	约翰·霍普金斯大学	美国	87.05
10	UNIVERSITY OF CAMBRIDGE	剑桥大学	英国	86.27

其他中国机构：17. 中国科学院大学；23. 清华大学；34. 北京大学；39. 浙江大学；42. 上海交通大学；61. 中国科学技术大学；64. 华中科技大学；70. 复旦大学；72. 中山大学；88. 武汉大学；95. 南京大学；100. 中南大学；115. 郑州大学；116. 香港大学；125. 四川大学；126. 西安交通大学；129. 香港中文大学；134. 哈尔滨工业大学；138. 湖南大学；141. 天津大学；147. 华南理工大学；150. 电子科技大学；154. 北京理工大学；155. 香港理工大学；162. 东南大学；171. 香港城市大学；175. 苏州大学-中国；184. 山东大学；184. 同济大学；190. 南开大学；191. 台湾大学；195. 吉林大学；204. 厦门大学；208. 重庆大学；211. 中国医学科学院-北京协和医学院；215. 深圳大学；215. 西北工业大学；233. 北京航空航天大学；241. 大连理工大学；245. 青岛大学；264. 中国地质大学；264. 香港科技大学；267. 武汉理工大学；270. 北京师范大学；274. 江苏大学；282. 台湾"中国医药大学"；289. 中国农业大学；309. 北京化工大学；318. 上海大学；319. 华东师范大学；323. 福州大学；328. 南方科技大学；340. 北京协和医学院；346. 南京理工大学；354. 北京科技大学；358. 兰州大学；376. 首都医科大学；376. 中国矿业大学；380. 广东工业大学；383. 山东科技大学；386. 华东理工大学；389. 南京信息工程大学；396. 西北农林科技大学；398. 中国石油大学；398. 暨南大学；406. 南京农业大学；407. 南京航空航天大学；410. 南京工业大学；416. 华中农业大学；425. 南京医科大学；434. 中国东北大学；439. 扬州大学；444. 浙江工业大学；448. 南昌大学；462. 广州大学；473. 西安电子科技大学；474. 江南大学；487. 澳门大学；496. 西南大学；499. 华北电力大学；504. 南方医科大学；504. 东华大学；518. 西南交通大学；519. 台湾阳明交通大学；519. 南京林业大学；521. 台湾成功大学；521. 河海大学；530. 浙江师范大学；531. 华中师范大学；532. 南京师范大学；537. 北京工业大学；542. 长沙理工大学；547. 台湾"清华大学"；548. 中国海洋大学；554. 华南农业大学；558. 河南大学；566. 山东师范大学；571. 上海科技大学；572. 广州医科大学；572. 上海理工大学；578. 南京邮电大学；581. 广西大学；587. 北京交通大学；595. 合肥工业大学；601. 北京邮电大学；609. 中国人民解放军海军军医大学；614. 温州医科大学；614. 陕西师范大学；619. 湖州学院；623. 青岛科技大学；624. 杭州师范大学；625. 华南师范大学；634. 天津医科大学；641. 香港浸会大学；641. 温州大学；641. 东北农业大学；645. 曲阜师范大学；650. 安徽大学；654. 哈尔滨医科大学；659. 福建农林大学；663. 西北大学；674. 长安大学；691. 海南大学；700. 宁波大学；

续表

712. 中国人民解放军陆军军医大学；715. 河南理工大学；719. 哈尔滨工程大学；723. 西南财经大学；732. 东北师范大学；735. 渤海大学；738. 中国人民大学；742. 中国医科大学；742. 国防科学技术大学；742. 成都大学；742. 河南师范大学；749. 澳门科技大学；752. 西安建筑科技大学；772. 济南大学；781. 亚洲大学(中国)；782. 昆明理工大学；782. 西南科技大学；787. 北京林业大学；787. 燕山大学；787. 西安理工大学；798. 重庆医科大学；801. 四川农业大学；807. 山东第一医科大学；807. 浙江农林大学；816. 台北医学大学；816. 江苏科技大学；821. 安徽医科大学；830. 台湾"中央大学"；837. 杭州电子科技大学；840. 青岛理工大学；840. 湘潭大学；846. 大连海事大学；851. 河北工业大学；865. 福建师范大学；869. 山西大学；869. 贵州大学；869. 武汉科技大学；869. 天津理工大学；876. 长庚大学；879. 湖南农业大学；879. 武汉工程大学；883. 聊城大学；890. 北京工商大学；892. 陕西科技大学；896. 福建医科大学；910. 台湾科技大学；910. 河南科技大学；917. 上海师范大学；917. 西安科技大学；924. 湖南师范大学；932. 太原理工大学；935. 香港中文大学(深圳)；940. 西南石油大学；947. 安徽工业大学；947. 四川师范大学；952. 汕头大学；962. 齐鲁工业大学；970. 高雄医科大学；974. 台湾"中山大学"；977. 南通大学；977. 上海海事大学；977. 中国药科大学；983. 天津工业大学；988. 佛山科学技术学院；988. 山东农业大学；1000. 湖北大学；1004. 黑龙江大学；1006. 浙江理工大学；1006. 中南林业科技大学；1013. 云南大学；1013. 河南农业大学；1019. 东北林业大学；1019. 辽宁工业大学；1027. 三峡大学；1039. 浙江工商大学；1044. 中北大学；1052. 华侨大学；1065. 台湾中兴大学；1065. 江苏师范大学；1077. 重庆邮电大学；1077. 南华大学；1082. 烟台大学；1090. 长江大学；1090. 上海财经大学；1090. 绍兴文理学院；1099. 桂林电子科技大学；1099. 中南财经政法大学；1105. 对外经济贸易大学；1105. 重庆工商大学；1125. 北京农林科学院；1134. 江西科技学院；1140. 安徽农业大学；1140. 青岛农业大学；1150. 台湾云林科技大学；1150. 成都理工大学；1150. 常州大学；1157. 新疆大学；1179. 郑州轻工业大学；1187. 河北大学；1187. 安徽财经大学；1198. 南京中医药大学；1198. 江西师范大学；1209. 东莞理工学院；1209. 华北理工大学；1221. 香港教育大学；1228. 苏州科技大学；1228. 广西医科大学；1228. 兰州理工大学；1237. 中国计量大学；1243. 湖南工业大学；1253. 安徽师范大学；1253. 湖南科技大学；1260. 首都师范大学；1260. 山东理工大学；1268. 宁波诺丁汉大学；1282. 成都中医药大学；1294. 西交利物浦大学；1294. 南昌航空大学；1303. 天津科技大学；1303. 哈尔滨理工大学；1315. 西安工业大学；1315. 上海中医药大学；1315. 南京财经大学；1337. 上海海洋大学；1337. 广州中医药大学；1337. 哈尔滨师范大学；1348. 太原科技大学；1355. 河北医科大学；1355. 泰州学院；1355. 云南师范大学；1355. 西北师范大学；1364. 广东医科大学；1364. 西华师范大学；1380. 西南医科大学；1380. 临沂大学；1392. 北京中医药大学；1392. 湖北工业大学；1404. 大连工业大学；1404. 淮阴师范学院；1420. 广西师范大学；1420. 大连医科大学；1420. 中南民族大学；1435. 台湾师范大学；1435. 淡江大学；1446. 上海电力大学；1459. 内蒙古大学；1459. 浙江中医药大学；1459. 浙江海洋大学；1474. 山东财经大学；1496. 河南工业大学；1496. 江西财经大学；1507. 昆明医科大学；1507. 兰州交通大学；1521. 台湾中原大学；1521. 天津师范大学；1521. 徐州医科大学；1521. 广东外语外贸大学；1521. 沈阳药科大学；1538. 仲恺农业工程学院；1538. 沈阳工业大学；1550. 东海大学；1550. 北京建筑大学土木与交通工程学院；1568. 山西医科大学；1568. 嘉兴大学；1568. 东北财经大学；1583. 台北科技大学；1583. 闽江学院；1583. 江西农业大学；1597. 河北农业大学；1597. 桂林工业大学；1597. 广东海洋大学；1597. 石河子大学；1608. 台湾海洋大学；1608. 武汉纺织大学；1608. 新疆医科大学；1623. 辽宁大学；1623. 贵州医科大学；1623. 西安邮电大学；1638. 上海工程技术大学；1638. 安徽理工大学；1638. 浙江财经大学；1638. 盐城工学院；1652. 吉林师范大学；1659. 辅仁大学；1675. 高雄科技大学；1675. 集美大学；1675. 吉林农业大学；1675. 宁夏医科大学；1691. 中央财经大学；1691. 沈阳农业大学；1691. 信阳师范学院；1691. 河北科技大学；1702. 河北师范大学；1702. 五邑大学；1714. 宁夏大学；1714. 四川轻化工大学；1714. 鲁东大学；1729. 中山医学大学；1729. 义守大学；1729. 重庆理工大学；1729. 云南农业大学；1729. 滨州医学院；1746. 成都信息工程大学；1746. 天津中医药大学；1746. 湖北大学医学院；1759. 山西农业大学；1759. 广东药科大学；1759. 中国人民解放军陆军工程大学；1778. 台湾医学院；1791. 东华理工大学；1791. 长春科技大学；1791. 山东中医药大学；1805. 中原工学院；1830. 逢甲大学；1830. 台湾"东华大学"；1830. 台湾嘉义大学；1846. 甘肃农业大学；1846. 上海应用技术大学；1861. 台湾中正大学；1861. 潍坊医学院；1861. 辽宁石油化工大学；1892. 新乡医学院；1892. 遵义医学院；1903. 湖南中医学院；1911. 明志科技大学；1911. 中国人民解放军信息工程大学；1926. 河南科技学院；1926. 西安医学院；1926. 长春工业大学；1941. 岭南大学；1941. 锦州医科大学；1951. 元智大学；1966. 长庚科技大学；1975. 内蒙古农业大学；1987. 台湾屏东科技大学；1987. 内蒙古科技大学；1995. 台湾政治大学；1995. 延边大学；2016. 彰化师范大学；2025. 黑龙江中医药大学；2025. 辽宁中医药大学；2030. 河南中医药大学

二、高被引科学家数排行榜

表 2-125　高被引科学家数排行榜（10 强与中国大学）

排名	英文名称	中文名称	国家/地区	总得分
1	HARVARD UNIVERSITY	哈佛大学	美国	100.00
2	STANFORD UNIVERSITY	斯坦福大学	美国	74.54
3	TSINGHUA UNIVERSITY	清华大学	中国	56.17
4	MASSACHUSETTS INSTITUTE OF TECHNOLOGY（MIT）	麻省理工学院	美国	55.38
5	UNIVERSITY OF PENNSYLVANIA	宾夕法尼亚大学	美国	52.92
6	UNIVERSITY OF OXFORD	牛津大学	英国	52.07
7	JOHNS HOPKINS UNIVERSITY	约翰·霍普金斯大学	美国	50.33
8	COLUMBIA UNIVERSITY	哥伦比亚大学	美国	47.61
9	UNIVERSITY OF CALIFORNIA BERKELEY	加利福尼亚大学伯克利分校	美国	47.14
10	UNIVERSITY COLLEGE LONDON	伦敦大学学院	英国	46.67

其他中国机构：17. 香港大学；27. 湖南大学；27. 西北大学；35. 北京大学；40. 香港城市大学；42. 浙江大学；43. 复旦大学；43. 北京理工大学；46. 中国科学技术大学；47. 电子科技大学；59. 上海交通大学；65. 中山大学；68. 华南理工大学；68. 南开大学；74. 天津大学；76. 武汉大学；76. 中南大学；76. 哈尔滨工业大学；84. 西北工业大学；84. 中国农业大学；91. 南京大学；91. 东南大学；99. 华中科技大学；99. 南方科技大学；107. 四川大学；107. 香港理工大学；119. 吉林大学；119. 中国地质大学；129. 武汉理工大学；129. 福州大学；138. 山东大学；138. 北京航空航天大学；138. 台湾"中国医药大学"；138. 北京化工大学；151. 厦门大学；151. 深圳大学；151. 华东理工大学；151. 南京工业大学；167. 西安交通大学；167. 香港中文大学；167. 大连理工大学；167. 江苏大学；167. 台湾阳明交通大学；167. 辽宁工业大学；183. 重庆大学；183. 青岛大学；183. 上海大学；183. 华东师范大学；183. 南京理工大学；216. 南京航空航天大学；216. 华中农业大学；216. 南昌大学；239. 郑州大学；239. 同济大学；239. 香港科技大学；239. 北京科技大学；239. 广东工业大学；239. 中国石油大学；239. 南京农业大学；239. 浙江工业大学；239. 浙江师范大学；275. 台湾大学；275. 北京师范大学；275. 山东科技大学；275. 暨南大学；275. 中国东北大学；275. 澳门大学；275. 台湾成功大学；275. 华中师范大学；275. 上海科技大学；275. 上海理工大学；275. 澳门科技大学；275. 黑龙江大学；322. 兰州大学；322. 中国矿业大学；322. 南京信息工程大学；322. 西北农林科技大学；322. 扬州大学；322. 华南农业大学；322. 南京邮电大学；322. 广西大学；322. 陕西师范大学；322. 青岛科技大学；322. 杭州电子科技大学；322. 青岛理工大学；322. 香港中文大学(深圳)；322. 台湾云林科技大学；393. 中国医学科学院-北京协和医学院；393. 南京医科大学；393. 广州大学；393. 西安电子科技大学；393. 江南大学；393. 南京林业大学；393. 北京工业大学；393. 长沙理工大学；393. 中国海洋大学；393. 河南大学；393. 山东师范大学；393. 广州医科大学；393. 北京交通大学；393. 北京邮电大学；393. 华南师范大学；393. 温州大学；393. 曲阜师范大学；393. 长安大学；393. 海南大学；393. 哈尔滨工程大学；393. 济南大学；393. 大连海事大学；393. 台湾科技大学；393. 湖南师范大学；393. 安徽工业大学；393. 台湾"中山大学"；393. 佛山科学技术学院；393. 山东农业大学；393. 常州大学；393. 湖南工业大学；393. 湖南科技大学；393. 南昌航空大学；393. 太原科技大学；393. 淮阴师范学院；525. 中国科学院大学；525. 苏州大学-中国；525. 北京协和医学院；525. 西南交通大学；525. 河海大学；525. 南京师范大学；525. 台湾"清华大学"；525. 合肥工业大学；525. 香港浸会大学；525. 安徽大学；525. 西南财经大学；525. 渤海大学；525. 中国人民大学；525. 河南师范大学；525. 西安建筑科技大学；525. 亚洲大学(中国)；525. 昆明理工大学；525. 西安理工大学；525. 浙江农林大学；525. 福建师范大学；525. 天津理工大学；525. 湖南农业大学；525. 聊城大学；525. 西安科技大学；525. 天津工业大学；525. 云南大学；525. 三峡大学；525. 重庆邮电大学；525. 对外经济贸易大学；525. 青岛农业大学；525. 郑州轻工业大学；525. 安徽财经大学；525. 南京中医药大学；525. 香港教育大学；525. 苏州科技大学；525. 兰州理工大学；525. 哈尔滨理工大学；525. 大连工业大学；525. 浙江中医药大学；525. 山东财经大学；525. 江西财经大学；525. 广东外语外贸大学；525. 沈阳工业大学；525. 北京建筑大学土木与交通工程学院；525. 集美大学；850. 首都医科大学；850. 西南大学；850. 华北电力大学；850. 南方医科大学；850. 东华大学；850. 中国人民解放军海军军医大学；850. 温州医科大学；850. 湖州学院；850. 杭州师范大学；850. 天津医科大学；850. 东北农业大学；850. 哈尔滨医科大学；850. 福建农林大学；

续表

850. 宁波大学；850. 中国人民解放军陆军军医大学；850. 河南理工大学；850. 东北师范大学；850. 中国医科大学；850. 国防科学技术大学；850. 成都大学；850. 西南科技大学；850. 北京林业大学；850. 燕山大学；850. 重庆医科大学；850. 四川农业大学；850. 山东第一医科大学；850. 台北医学大学；850. 江苏科技大学；850. 安徽医科大学；850. 台湾“中央大学”；850. 湘潭大学；850. 河北工业大学；850. 山西大学；850. 贵州大学；850. 武汉科技大学；850. 长庚大学；850. 武汉工程大学；850. 北京工商大学；850. 陕西科技大学；850. 福建医科大学；850. 河南科技大学；850. 上海师范大学；850. 太原理工大学；850. 西南石油大学；850. 四川师范大学；850. 汕头大学；850. 齐鲁工业大学；850. 高雄医科大学；850. 南通大学；850. 上海海事大学；850. 中国药科大学；850. 湖北大学；850. 浙江理工大学；850. 中南林业科技大学；850. 河南农业大学；850. 东北林业大学；850. 浙江工商大学；850. 中北大学；850. 华侨大学；850. 台湾中兴大学；850. 江苏师范大学；850. 南华大学；850. 烟台大学；850. 长江大学；850. 上海财经大学；850. 绍兴文理学院；850. 桂林电子科技大学；850. 中南财经政法大学；850. 重庆工商大学；850. 北京农林科学院；850. 江西科技学院；850. 安徽农业大学；850. 成都理工大学；850. 新疆大学；850. 河北大学；850. 江西师范大学；850. 东莞理工学院；850. 华北理工大学；850. 广西医科大学；850. 中国计量大学；850. 安徽师范大学；850. 首都师范大学；850. 山东理工大学；850. 宁波诺丁汉大学；850. 成都中医药大学；850. 西交利物浦大学；850. 天津科技大学；850. 西安工业大学；850. 上海中医药大学；850. 南京财经大学；850. 上海海洋大学；850. 广州中医药大学；850. 哈尔滨师范大学；850. 河北医科大学；850. 泰州学院；850. 云南师范大学；850. 西北师范大学；850. 广东医科大学；850. 西华师范大学；850. 西南医科大学；850. 临沂大学；850. 北京中医药大学；850. 湖北工业大学；850. 广西师范大学；850. 大连医科大学；850. 中南民族大学；850. 台湾师范大学；850. 淡江大学；850. 上海电力大学；850. 内蒙古大学；850. 浙江海洋大学；850. 河南工业大学；850. 昆明医科大学；850. 兰州交通大学；850. 台湾中原大学；850. 天津师范大学；850. 徐州医科大学；850. 沈阳药科大学；850. 仲恺农业工程学院；850. 东海大学；850. 山西医科大学；850. 嘉兴大学；850. 东北财经大学；850. 台北科技大学；850. 闽江学院；850. 江西农业大学；850. 河北农业大学；850. 桂林工业大学；850. 广东海洋大学；850. 石河子大学；850. 台湾海洋大学；850. 武汉纺织大学；850. 新疆医科大学；850. 辽宁大学；850. 贵州医科大学；850. 西安邮电大学；850. 上海工程技术大学；850. 安徽理工大学；850. 浙江财经大学；850. 盐城工学院；850. 吉林师范大学；850. 辅仁大学；850. 高雄科技大学；850. 吉林农业大学；850. 宁夏医科大学；850. 中央财经大学；850. 沈阳农业大学；850. 信阳师范学院；850. 河北科技大学；850. 河北师范大学；850. 五邑大学；850. 宁夏大学；850. 四川轻化工大学；850. 鲁东大学；850. 中山医学大学；850. 义守大学；850. 重庆理工大学；850. 云南农业大学；850. 滨州医学院；850. 成都信息工程大学；850. 天津中医药大学；850. 湖北大学医学院；850. 山西农业大学；850. 广东药科大学；850. 中国人民解放军陆军工程大学；850. 台湾医学院；850. 东华理工大学；850. 长春科技大学；850. 山东中医药大学；850. 中原工学院；850. 逢甲大学；850. 台湾“东华大学”；850. 台湾嘉义大学；850. 甘肃农业大学；850. 上海应用技术大学；850. 台湾中正大学；850. 潍坊医学院；850. 辽宁石油化工大学；850. 新乡医学院；850. 遵义医学院；850. 湖南中医学院；850. 明志科技大学；850. 中国人民解放军信息工程大学；850. 河南科技学院；850. 西安医学院；850. 长春工业大学；850. 岭南大学；850. 锦州医科大学；850. 元智大学；850. 长庚科技大学；850. 内蒙古农业大学；850. 台湾屏东科技大学；850. 内蒙古科技大学；850. 台湾政治大学；850. 延边大学；850. 彰化师范大学；850. 黑龙江中医药大学；850. 辽宁中医药大学；850. 河南中医药大学

三、杰出校友数排行榜

表 2-126　杰出校友数排行榜（13 强与中国大学）

排名	英文名称	中文名称	国家/地区	总得分
1	HARVARD UNIVERSITY	哈佛大学	美国	100.00
2	UNIVERSITY OF CAMBRIDGE	剑桥大学	英国	70.71
2	UNIVERSITE PARIS SACLAY	巴黎萨克雷大学	法国	70.71
2	CALIFORNIA INSTITUTE OF TECHNOLOGY	加利福尼亚理工学院	美国	70.71
2	UNIVERSITY OF COPENHAGEN	哥本哈根大学	丹麦	70.71
2	UNIVERSITY OF BONN	波恩大学	德国	70.71

续表

排名	英文名称	中文名称	国家/地区	总得分
2	SEOUL NATIONAL UNIVERSITY (SNU)	首尔大学	韩国	70.71
2	UNIVERSITY OF VIENNA	维也纳大学	奥地利	70.71
2	UPPSALA UNIVERSITY	乌普萨拉大学	瑞典	70.71
2	INDIANA UNIVERSITY BLOOMINGTON	印第安纳大学伯明顿分校	美国	70.71
2	UNIVERSITY OF GENEVA	日内瓦大学	瑞士	70.71
2	BROWN UNIVERSITY	布朗大学	美国	70.71
2	DARTMOUTH COLLEGE	达特茅斯学院	美国	70.71
2	ILLINOIS INSTITUTE OF TECHNOLOGY	伊利诺伊理工大学	美国	70.71
2	UNIVERSITE DE ROUEN NORMANDIE	诺曼底鲁昂大学	法国	70.71
1	HARVARD UNIVERSITY	哈佛大学	美国	100.00
其他中国机构：无				

四、进入 ESI 学科数排行榜

表 2-127　进入 ESI 学科数排行榜（28 强与中国大学）

排名	英文名称	中文名称	国家/地区	总得分
1	HARVARD UNIVERSITY	哈佛大学	美国	100.00
1	UNIVERSITY OF CAMBRIDGE	剑桥大学	英国	100.00
1	UNIVERSITE PARIS SACLAY	巴黎萨克雷大学	法国	100.00
1	UNIVERSITY OF COPENHAGEN	哥本哈根大学	丹麦	100.00
1	STANFORD UNIVERSITY	斯坦福大学	美国	100.00
1	UNIVERSITY OF OXFORD	牛津大学	英国	100.00
1	JOHNS HOPKINS UNIVERSITY	约翰·霍普金斯大学	美国	100.00
1	COLUMBIA UNIVERSITY	哥伦比亚大学	美国	100.00
1	UNIVERSITY OF CALIFORNIA BERKELEY	加利福尼亚大学伯克利分校	美国	100.00
1	UNIVERSITY COLLEGE LONDON	伦敦大学学院	英国	100.00
1	YALE UNIVERSITY	耶鲁大学	美国	100.00
1	UNIVERSITY OF CALIFORNIA SAN DIEGO	加利福尼亚大学圣迭戈分校	美国	100.00
1	CORNELL UNIVERSITY	康奈尔大学	美国	100.00
1	UNIVERSITY OF TORONTO	多伦多大学	加拿大	100.00
1	IMPERIAL COLLEGE LONDON	伦敦帝国学院	英国	100.00
1	UNIVERSITY OF CALIFORNIA LOS ANGELES	加利福尼亚大学洛杉矶分校	美国	100.00
1	UNIVERSITY OF WASHINGTON SEATTLE	华盛顿大学(西雅图)	美国	100.00
1	UNIVERSITY OF MICHIGAN	密歇根大学	美国	100.00
1	PEKING UNIVERSITY	北京大学	中国	100.00
1	UNIVERSITY OF EDINBURGH	爱丁堡大学	英国	100.00
1	UNIVERSITY OF MINNESOTA TWIN CITIES	明尼苏达大学双城分校	美国	100.00

续表

排名	英文名称	中文名称	国家/地区	总得分
1	UNIVERSITY OF CHICAGO	芝加哥大学	美国	100.00
1	UNIVERSITY OF SYDNEY	悉尼大学	澳大利亚	100.00
1	UNIVERSITY OF BRITISH COLUMBIA	英属哥伦比亚大学	加拿大	100.00
1	UNIVERSITY OF TEXAS AUSTIN	得克萨斯大学奥斯汀分校	美国	100.00
1	MONASH UNIVERSITY	莫纳什大学	澳大利亚	100.00
1	KU LEUVEN	鲁汶大学	比利时	100.00
1	ETH ZURICH	苏黎世联邦理工学院	瑞士	100.00
1	UNIVERSITY OF MANCHESTER	曼彻斯特大学	英国	100.00
1	UNIVERSITY OF WISCONSIN MADISON	威斯康星大学麦迪逊分校	美国	100.00
1	UNIVERSITY OF MUNICH	慕尼黑大学	伊朗	100.00
1	UNIVERSITY OF WASHINGTON	华盛顿大学	美国	100.00
1	UNIVERSITY OF FLORIDA	佛罗里达大学	美国	100.00
1	UNIVERSITY OF CALIFORNIA DAVIS	加利福尼亚大学戴维斯分校	美国	100.00
1	UNIVERSITY OF TOKYO	东京大学	日本	100.00
1	AIX-MARSEILLE UNIVERSITE	艾克斯-马赛大学	法国	100.00
1	OHIO STATE UNIVERSITY	俄亥俄州立大学	美国	100.00
1	UNIVERSITY OF CHINESE ACADEMY OF SCIENCES, CAS	中国科学院大学	中国	100.00
1	PENNSYLVANIA STATE UNIVERSITY	宾夕法尼亚州立大学	美国	100.00
1	PENNSYLVANIA STATE UNIVERSITY-UNIVERSITY PARK	宾夕法尼亚州立大学帕克分校	美国	100.00
1	SWISS FEDERAL INSTITUTES OF TECHNOLOGY DOMAIN	瑞士联邦理工学院	瑞士	100.00

其他中国机构：42. 清华大学；42. 浙江大学；42. 复旦大学；42. 上海交通大学；78. 香港大学；78. 中山大学；78. 武汉大学；78. 南京大学；78. 华中科技大学；78. 四川大学；78. 香港中文大学；142. 中南大学；142. 山东大学；142. 厦门大学；142. 台湾大学；199. 中国科学技术大学；199. 吉林大学；243. 西安交通大学；243. 郑州大学；243. 暨南大学；280. 南开大学；280. 香港理工大学；280. 深圳大学；280. 华东师范大学；280. 同济大学；280. 北京师范大学；280. 台湾成功大学；280. 苏州大学-中国；337. 电子科技大学；337. 香港科技大学；337. 兰州大学；380. 香港城市大学；380. 中国农业大学；380. 东南大学；380. 台湾“中国医药大学”；380. 台湾阳明交通大学；380. 西北农林科技大学；380. 西南大学；418. 天津大学；418. 江苏大学；418. 中国医学科学院-北京协和医学院；418. 北京协和医学院；418. 南京师范大学；418. 香港浸会大学；465. 华南理工大学；465. 哈尔滨工业大学；465. 大连理工大学；465. 重庆大学；465. 青岛大学；465. 华中农业大学；465. 南昌大学；465. 扬州大学；465. 华南农业大学；465. 中国海洋大学；465. 首都医科大学；465. 宁波大学；465. 台北医学大学；519. 湖南大学；519. 西北大学；519. 北京理工大学；519. 澳门大学；519. 南京医科大学；519. 华南师范大学；519. 中国人民大学；519. 南方医科大学；519. 长庚大学；579. 北京航空航天大学；579. 上海大学；579. 南京农业大学；579. 华中师范大学；579. 河南大学；579. 广州医科大学；579. 台湾“中山大学”；579. 台湾“清华大学”；579. 中国人民解放军海军军医大学；579. 杭州师范大学；579. 高雄医科大学；579. 台湾中兴大学；655. 西北工业大学；655. 南方科技大学；655. 华东理工大学；655. 浙江工业大学；655. 陕西师范大学；655. 江南大学；655. 河海大学；655. 温州医科大学；655. 天津医科大学；655. 北京林业大学；655. 重庆医科大学；655. 四川农业大学；655. 台湾“中央大学”；655. 汕头大学；728. 中国地质大学；728. 福州大学；728. 北京化工大学；728. 南京航空航天大学；728. 北京科技大学；728. 中国石油大学；728. 澳门科技大学；728. 中国矿业大学；728. 南京信息工程大学；728. 广州大学；728. 北京交通大学；728. 湖南师范大学；728. 合肥工业大学；728. 东北农业大学；728. 哈尔滨医科大学；728. 福建农林大学；728. 中国人民解放军陆军军医大学；728. 山东第一医科大学；728. 安徽医科大学；728. 山西大学；728. 南通大学；822. 武汉理工大学；822. 浙江师范大学；822. 山东科技大学；822. 中国

续表

东北大学；822. 广西大学；822. 西安电子科技大学；822. 南京林业大学；822. 北京工业大学；822. 山东师范大学；822. 济南大学；822. 西南交通大学；822. 亚洲大学(中国)；822. 昆明理工大学；822. 东华大学；822. 东北师范大学；822. 中国医科大学；822. 上海师范大学；822. 齐鲁工业大学；822. 中国药科大学；822. 东北林业大学；919. 南京工业大学；919. 南京理工大学；919. 上海科技大学；919. 上海理工大学；919. 长沙理工大学；919. 长安大学；919. 海南大学；919. 台湾科技大学；919. 山东农业大学；919. 安徽大学；919. 浙江农林大学；919. 福建师范大学；919. 湖南农业大学；919. 云南大学；919. 华北电力大学；919. 国防科学技术大学；919. 贵州大学；919. 福建医科大学；919. 河南科技大学；919. 中南林业科技大学；919. 浙江工商大学；919. 首都师范大学；919. 大连医科大学；919. 沈阳药科大学；1024. 广东工业大学；1024. 南京邮电大学；1024. 曲阜师范大学；1024. 大连海事大学；1024. 河南师范大学；1024. 西安理工大学；1024. 青岛农业大学；1024. 南京中医药大学；1024. 香港教育大学；1024. 河南理工大学；1024. 湘潭大学；1024. 武汉科技大学；1024. 河南农业大学；1024. 江苏师范大学；1024. 长江大学；1024. 河北大学；1024. 华北理工大学；1024. 天津科技大学；1024. 河北医科大学；1024. 广东医科大学；1024. 台湾师范大学；1024. 徐州医科大学；1024. 桂林工业大学；1024. 石河子大学；1157. 青岛科技大学；1157. 杭州电子科技大学；1157. 北京邮电大学；1157. 温州大学；1157. 哈尔滨工程大学；1157. 佛山科学技术学院；1157. 湖南工业大学；1157. 湖南科技大学；1157. 西南财经大学；1157. 渤海大学；1157. 西安建筑科技大学；1157. 天津理工大学；1157. 聊城大学；1157. 西安科技大学；1157. 天津工业大学；1157. 三峡大学；1157. 郑州轻工业大学；1157. 苏州科技大学；1157. 西南科技大学；1157. 燕山大学；1157. 陕西科技大学；1157. 西南石油大学；1157. 湖北大学；1157. 华侨大学；1157. 南华大学；1157. 烟台大学；1157. 桂林电子科技大学；1157. 安徽农业大学；1157. 成都理工大学；1157. 新疆大学；1157. 江西师范大学；1157. 东莞理工学院；1157. 广西医科大学；1157. 中国计量大学；1157. 山东理工大学；1157. 上海中医药大学；1157. 上海海洋大学；1157. 西华师范大学；1157. 北京中医药大学；1157. 湖北工业大学；1157. 内蒙古大学；1157. 台湾中原大学；1157. 台北科技大学；1157. 河北农业大学；1157. 台湾海洋大学；1157. 中山医学大学；1157. 广东药科大学；1157. 台湾医学院；1157. 逢甲大学；1157. 上海应用技术大学；1350. 黑龙江大学；1350. 香港中文大学(深圳)；1350. 安徽工业大学；1350. 常州大学；1350. 南昌航空大学；1350. 太原科技大学；1350. 淮阴师范学院；1350. 对外经济贸易大学；1350. 兰州理工大学；1350. 哈尔滨理工大学；1350. 大连工业大学；1350. 浙江中医药大学；1350. 江西财经大学；1350. 集美大学；1350. 湖州学院；1350. 成都大学；1350. 江苏科技大学；1350. 河北工业大学；1350. 武汉工程大学；1350. 北京工商大学；1350. 太原理工大学；1350. 四川师范大学；1350. 上海海事大学；1350. 浙江理工大学；1350. 中北大学；1350. 上海财经大学；1350. 绍兴文理学院；1350. 中南财经政法大学；1350. 重庆工商大学；1350. 北京农林科学院；1350. 江西科技学院；1350. 安徽师范大学；1350. 西交利物浦大学；1350. 南京财经大学；1350. 广州中医药大学；1350. 云南师范大学；1350. 西北师范大学；1350. 西南医科大学；1350. 中南民族大学；1350. 淡江大学；1350. 上海电力大学；1350. 浙江海洋大学；1350. 河南工业大学；1350. 昆明医科大学；1350. 天津师范大学；1350. 山西医科大学；1350. 嘉兴大学；1350. 江西农业大学；1350. 武汉纺织大学；1350. 上海工程技术大学；1350. 安徽理工大学；1350. 盐城工学院；1350. 高雄科技大学；1350. 中央财经大学；1350. 沈阳农业大学；1350. 山西农业大学；1350. 东华理工大学；1350. 长春科技大学；1350. 台湾中正大学；1350. 长春工业大学；1350. 元智大学；1350. 台湾屏东科技大学；1350. 延边大学；1617. 辽宁工业大学；1617. 青岛理工大学；1617. 台湾云林科技大学；1617. 重庆邮电大学；1617. 安徽财经大学；1617. 山东财经大学；1617. 广东外语外贸大学；1617. 沈阳工业大学；1617. 北京建筑大学土木与交通工程学院；1617. 宁波诺丁汉大学；1617. 成都中医药大学；1617. 西安工业大学；1617. 哈尔滨师范大学；1617. 泰州学院；1617. 临沂大学；1617. 广西师范大学；1617. 兰州交通大学；1617. 仲恺农业工程学院；1617. 东海大学；1617. 东北财经大学；1617. 闽江学院；1617. 广东海洋大学；1617. 新疆医科大学；1617. 辽宁大学；1617. 贵州医科大学；1617. 西安邮电大学；1617. 浙江财经大学；1617. 吉林师范大学；1617. 辅仁大学；1617. 吉林农业大学；1617. 宁夏医科大学；1617. 信阳师范学院；1617. 河北科技大学；1617. 河北师范大学；1617. 五邑大学；1617. 宁夏大学；1617. 四川轻化工大学；1617. 鲁东大学；1617. 义守大学；1617. 重庆理工大学；1617. 云南农业大学；1617. 滨州医学院；1617. 成都信息工程大学；1617. 天津中医药大学；1617. 湖北大学医学院；1617. 中国人民解放军陆军工程大学；1617. 山东中医药大学；1617. 中原工学院；1617. 台湾"东华大学"；1617. 台湾嘉义大学；1617. 甘肃农业大学；1617. 潍坊医学院；1617. 辽宁石油化工大学；1617. 新乡医学院；1617. 遵义医学院；1617. 湖南中医学院；1617. 明志科技大学；1617. 中国人民解放军信息工程大学；1617. 河南科技学院；1617. 西安医学院；1617. 岭南大学；1617. 锦州医科大学；1617. 长庚科技大学；1617. 内蒙古农业大学；1617. 内蒙古科技大学；1617. 台湾政治大学；1617. 彰化师范大学；1617. 黑龙江中医药大学；1617. 辽宁中医药大学；1617. 河南中医药大学

五、ESI收录论文数排行榜

表2-128　ESI收录论文数排行榜（10强与中国大学）

排名	英文名称	中文名称	国家/地区	总得分
1	HARVARD UNIVERSITY	哈佛大学	美国	100.00
2	UNIVERSITY OF CHINESE ACADEMY OF SCIENCES, CAS	中国科学院大学	中国	90.08
3	UNIVERSITY OF TORONTO	多伦多大学	加拿大	85.88
4	SHANGHAI JIAO TONG UNIVERSITY	上海交通大学	中国	83.63
5	ZHEJIANG UNIVERSITY	浙江大学	中国	83.44
6	UNIVERSITY COLLEGE LONDON	伦敦大学学院	英国	82.97
7	JOHNS HOPKINS UNIVERSITY	约翰·霍普金斯大学	美国	81.66
8	UNIVERSITY OF MICHIGAN	密歇根大学	美国	80.91
9	UNIVERSIDADE DE SAO PAULO	圣保罗大学	巴西	80.85
10	UNIVERSITY OF OXFORD	牛津大学	英国	80.84
其他中国机构：14. 清华大学；15. 北京大学；25. 中山大学；33. 复旦大学；34. 华中科技大学；36. 四川大学；44. 中南大学；49. 山东大学；50. 西安交通大学；63. 中国科学技术大学；64. 吉林大学；67. 哈尔滨工业大学；71. 武汉大学；72. 南京大学；82. 同济大学；91. 天津大学；92. 东南大学；98. 台湾大学；121. 郑州大学；134. 华南理工大学；135. 中国医学科学院-北京协和医学院；145. 香港大学；147. 苏州大学-中国；149. 大连理工大学；152. 首都医科大学；157. 北京航空航天大学；166. 重庆大学；167. 厦门大学；170. 电子科技大学；175. 香港中文大学；180. 西北工业大学；188. 香港理工大学；194. 北京理工大学；201. 南京医科大学；204. 北京协和医学院；209. 台湾阳明交通大学；216. 中国地质大学；219. 南开大学；223. 北京师范大学；239. 兰州大学；243. 深圳大学；248. 北京科技大学；251. 香港城市大学；255. 湖南大学；256. 中国石油大学；262. 中国农业大学；267. 江苏大学；271. 中国矿业大学；283. 台湾成功大学；286. 中国东北大学；290. 上海大学；292. 南方医科大学；293. 南京航空航天大学；294. 暨南大学；310. 西北农林科技大学；321. 华东师范大学；338. 华东理工大学；339. 南京理工大学；345. 江南大学；346. 西安电子科技大学；349. 台湾"中国医药大学"；366. 南京农业大学；368. 青岛大学；372. 武汉理工大学；378. 长庚大学；379. 香港科技大学；380. 南昌大学；391. 西南大学；401. 中国海洋大学；403. 国防科学技术大学；407. 河海大学；409. 华中农业大学；410. 北京化工大学；412. 中国医科大学；417. 南京工业大学；418. 温州医科大学；419. 天津医科大学；428. 北京交通大学；436. 扬州大学；441. 重庆医科大学；450. 西南交通大学；463. 浙江工业大学；466. 中国人民解放军海军军医大学；467. 北京工业大学；478. 山东第一医科大学；481. 广州医科大学；482. 台北医学大学；484. 南京信息工程大学；488. 福州大学；490. 南方科技大学；493. 台湾"清华大学"；496. 合肥工业大学；500. 华南农业大学；512. 宁波大学；522. 华南师范大学；525. 哈尔滨医科大学；528. 南京师范大学；531. 北京邮电大学；535. 东华大学；546. 华北电力大学；555. 安徽医科大学；556. 中国人民解放军陆军军医大学；561. 广东工业大学；562. 山东科技大学；563. 西北大学；566. 南京林业大学；580. 福建医科大学；582. 高雄医科大学；594. 哈尔滨工程大学；598. 广西大学；600. 澳门大学；612. 北京林业大学；616. 南京邮电大学；617. 南通大学；626. 中国药科大学；631. 昆明理工大学；639. 太原理工大学；644. 长安大学；650. 山西大学；663. 济南大学；664. 华中师范大学；667. 台湾中兴大学；672. 四川农业大学；676. 台湾"中央大学"；681. 中国人民大学；682. 河南大学；686. 燕山大学；691. 青岛科技大学；696. 陕西师范大学；700. 台湾科技大学；706. 河北医科大学；722. 广州大学；727. 西南石油大学；730. 东北师范大学；733. 台湾"中山大学"；740. 安徽大学；746. 香港浸会大学；748. 齐鲁工业大学；749. 大连医科大学；750. 上海理工大学；754. 南京中医药大学；761. 福建农林大学；771. 东北农业大学；772. 河北工业大学；778. 贵州大学；782. 东北林业大学；784. 广西医科大学；795. 西安理工大学；808. 湘潭大学；810. 天津工业大学；813. 杭州电子科技大学；816. 湖南师范大学；820. 上海中医药大学；828. 山东师范大学；835. 山东农业大学；848. 武汉科技大学；857. 汕头大学；858. 浙江师范大学；860. 徐州医科大学；862. 河南理工大学；863. 西安建筑科技大学；864. 北京中医药大学；870. 沈阳药科大学；871. 浙江理工大学；877. 常州大学；880. 台北科技大学；886. 长沙理工大学；891. 杭州师范大学；896. 海南大学；903. 成都理工大学；905. 广州中医药大学；920. 云南大学；923. 亚洲大学(中国)；941. 江苏科技大学；944. 陕西科技大学；945. 曲阜师范大学；946. 河南师范大学；952. 中北大学；955. 河南科技大学；960. 西南科技大学；961. 台				

续表

湾医学院；963. 大连海事大学；980. 天津科技大学；986. 兰州理工大学；988. 上海科技大学；1002. 河北大学；1013. 福建师范大学；1017. 上海师范大学；1024. 浙江中医药大学；1027. 桂林电子科技大学；1030. 中山医学大学；1039. 湖南农业大学；1045. 湖北大学；1047. 天津理工大学；1059. 桂林工业大学；1063. 新疆大学；1065. 华侨大学；1089. 温州大学；1090. 聊城大学；1094. 浙江农林大学；1096. 山东理工大学；1105. 武汉工程大学；1106. 昆明医科大学；1112. 山西医科大学；1116. 广东医科大学；1118. 首都师范大学；1120. 石河子大学；1124. 安徽工业大学；1126. 青岛农业大学；1130. 上海工程技术大学；1131. 澳门科技大学；1142. 长江大学；1150. 江苏师范大学；1152. 哈尔滨理工大学；1156. 中国计量大学；1163. 湖南科技大学；1164. 上海海洋大学；1166. 香港教育大学；1168. 西南医科大学；1169. 南华大学；1169. 北京工商大学；1169. 西北师范大学；1172. 台湾师范大学；1173. 河南农业大学；1175. 安徽农业大学；1177. 西安科技大学；1180. 中国人民解放军陆军工程大学；1183. 长春科技大学；1184. 烟台大学；1186. 浙江工商大学；1189. 逢甲大学；1190. 华北理工大学；1196. 江西师范大学；1200. 三峡大学；1204. 台湾中原大学；1213. 黑龙江大学；1218. 江西科技学院；1238. 重庆邮电大学；1253. 沈阳农业大学；1256. 成都中医药大学；1257. 上海应用技术大学；1258. 西南财经大学；1263. 中南林业科技大学；1269. 苏州科技大学；1275. 广东药科大学；1280. 南昌航空大学；1287. 新疆医科大学；1289. 安徽理工大学；1291. 郑州轻工业大学；1299. 上海海事大学；1310. 河北农业大学；1312. 河南工业大学；1318. 东莞理工学院；1319. 高雄科技大学；1327. 湖北工业大学；1329. 台湾海洋大学；1332. 辅仁大学；1335. 安徽师范大学；1347. 武汉纺织大学；1380. 东华理工大学；1390. 青岛理工大学；1392. 内蒙古大学；1408. 上海电力大学；1416. 渤海大学；1417. 大连工业大学；1419. 长春工业大学；1420. 盐城工学院；1439. 上海财经大学；1442. 天津中医药大学；1444. 山西农业大学；1450. 中南民族大学；1454. 义守大学；1455. 沈阳工业大学；1456. 广西师范大学；1464. 兰州交通大学；1466. 佛山科学技术学院；1467. 江西农业大学；1470. 贵州医科大学；1471. 太原科技大学；1479. 嘉兴大学；1484. 遵义医学院；1487. 宁夏大学；1494. 北京农林科学院；1499. 山东中医药大学；1506. 天津师范大学；1509. 对外经济贸易大学；1510. 中国人民解放军信息工程大学；1516. 中央财经大学；1517. 吉林农业大学；1518. 成都大学；1519. 滨州医学院；1526. 湖南工业大学；1531. 西安工业大学；1532. 宁夏医科大学；1536. 湖北大学医学院；1541. 湖州学院；1551. 淡江大学；1558. 西安医学院；1559. 吉林师范大学；1567. 甘肃农业大学；1571. 重庆理工大学；1573. 台湾云林科技大学；1587. 北京建筑大学土木与交通工程学院；1588. 辽宁石油化工大学；1590. 新乡医学院；1593. 长庚科技大学；1604. 潍坊医学院；1606. 元智大学；1607. 延边大学；1608. 辽宁大学；1628. 台湾中正大学；1631. 四川师范大学；1631. 明志科技大学；1633. 西华师范大学；1642. 四川轻化工大学；1643. 香港中文大学(深圳)；1647. 台湾政治大学；1648. 哈尔滨师范大学；1650. 成都信息工程大学；1655. 锦州医科大学；1657. 重庆工商大学；1659. 内蒙古农业大学；1668. 绍兴文理学院；1669. 广东海洋大学；1672. 河北科技大学；1677. 西安邮电大学；1683. 西交利物浦大学；1688. 鲁东大学；1689. 河北师范大学；1698. 云南师范大学；1702. 泰州学院；1704. 内蒙古科技大学；1707. 淮阴师范学院；1711. 集美大学；1721. 云南农业大学；1723. 宁波诺丁汉大学；1727. 临沂大学；1733. 五邑大学；1737. 湖南中医学院；1742. 浙江海洋大学；1744. 台湾屏东科技大学；1757. 河南中医药大学；1778. 南京财经大学；1781. 江西财经大学；1781. 信阳师范学院；1796. 中原工学院；1813. 黑龙江中医药大学；1824. 中南财经政法大学；1850. 河南科技学院；1862. 山东财经大学；1876. 辽宁工业大学；1895. 浙江财经大学；1902. 彰化师范大学；1904. 岭南大学；1905. 仲恺农业工程学院；1910. 台湾"东华大学"；1920. 东海大学；1929. 广东外语外贸大学；1935. 辽宁中医药大学；1947. 东北财经大学；1972. 台湾嘉义大学；1999. 闽江学院；2021. 安徽财经大学

六、篇均被引次数排行榜

表 2-129　篇均被引次数排行榜（10 强与中国大学）

排名	英文名称	中文名称	国家/地区	总得分
1	ST PETERSBURG ACADEMIC UNIVERSITY	圣彼得堡学术大学	俄罗斯	100.00
2	JACKSON STATE UNIVERSITY	杰克逊州立大学	美国	81.37
3	MEKELLE UNIVERSITY	默克莱大学	埃塞俄比亚	81.33
4	DANUBE UNIVERSITY KREMS	克雷姆斯多瑙河大学	奥地利	81.15
5	REYKJAVIK UNIVERSITY	雷克雅未克大学	冰岛	79.40

续表

排名	英文名称	中文名称	国家/地区	总得分
6	HARAMAYA UNIVERSITY	原马大学	埃塞俄比亚	79.19
7	DURBAN UNIVERSITY OF TECHNOLOGY	德班理工学院	南非	79.01
8	AN NAJAH NATIONAL UNIVERSITY	纳迦国立大学	巴勒斯坦	78.47
9	CAG UNIVERSITY-TURKEY	土耳其卡格大学	土耳其	78.42
10	VALL D'HEBRON INSTITUT D'ONCOLOGIA (VHIO)	韦伯斯特学院霍里戴分校	西班牙	78.01
其他中国机构：102. 辽宁工业大学；216. 香港科技大学；298. 重庆工商大学；330. 香港大学；351. 香港中文大学；473. 哈尔滨师范大学；486. 清华大学；494. 北京化工大学；524. 渤海大学；532. 上海科技大学；554. 湖南大学；554. 黑龙江大学；564. 香港城市大学；568. 南开大学；595. 西华师范大学；609. 闽江学院；613. 信阳师范学院；619. 中国科学技术大学；627. 台湾"清华大学"；631. 武汉理工大学；633. 福州大学；638. 北京大学；640. 东北财经大学；641. 湖北大学医学院；646. 南京大学；678. 江西师范大学；709. 香港理工大学；732. 华南理工大学；735. 中南民族大学；739. 华中师范大学；754. 湖南工业大学；758. 苏州大学-中国；767. 华东理工大学；768. 安徽师范大学；781. 台湾大学；781. 香港浸会大学；795. 南京工业大学；803. 安徽财经大学；807. 东华大学；815. 复旦大学；816. 澳门科技大学；832. 湖北大学；839. 中国人民解放军海军军医大学；860. 浙江师范大学；871. 华中科技大学；874. 中国人民解放军陆军军医大学；877. 厦门大学；878. 武汉大学；888. 温州大学；898. 四川师范大学；903. 天津理工大学；909. 华中农业大学；914. 南方科技大学；921. 东北师范大学；929. 济南大学；935. 中山大学；941. 江西财经大学；958. 南京农业大学；969. 中国农业大学；971. 中国科学院大学；977. 上海交通大学；990. 浙江大学；990. 陕西师范大学；1006. 天津大学；1008. 华东师范大学；1008. 澳门大学；1010. 中国医学科学院-北京协和医学院；1010. 浙江农林大学；1019. 河南师范大学；1031. 绍兴文理学院；1035. 广州医科大学；1041. 武汉工程大学；1048. 青岛科技大学；1059. 湖南农业大学；1062. 北京师范大学；1062. 杭州师范大学；1066. 兰州大学；1067. 宁波诺丁汉大学；1072. 北京协和医学院；1078. 山东师范大学；1089. 哈尔滨医科大学；1090. 华侨大学；1091. 北京农林科学院；1093. 中国药科大学；1096. 大连理工大学；1107. 北京理工大学；1112. 曲阜师范大学；1114. 同济大学；1119. 台湾中原大学；1119. 天津师范大学；1121. 首都师范大学；1124. 泰州学院；1125. 北京科技大学；1130. 深圳大学；1131. 中国地质大学；1133. 台北医学大学；1135. 中南大学；1139. 上海电力大学；1141. 南昌航空大学；1144. 哈尔滨工业大学；1144. 西北农林科技大学；1144. 台湾"中央大学"；1144. 广东医科大学；1160. 华北电力大学；1165. 南京邮电大学；1166. 江苏大学；1172. 浙江财经大学；1177. 吉林大学；1177. 天津医科大学；1185. 长沙理工大学；1188. 广东工业大学；1189. 西北师范大学；1197. 西安交通大学；1198. 北京航空航天大学；1201. 东南大学；1204. 南京理工大学；1210. 河南大学；1211. 福建师范大学；1213. 江苏师范大学；1214. 浙江理工大学；1217. 西北大学；1220. 浙江工业大学；1223. 湘潭大学；1229. 南京信息工程大学；1235. 华南农业大学；1240. 汕头大学；1242. 暨南大学；1245. 郑州轻工业大学；1246. 西南大学；1246. 五邑大学；1250. 南京师范大学；1258. 武汉科技大学；1262. 山东大学；1262. 南京财经大学；1265. 青岛大学；1274. 东莞理工学院；1278. 上海大学；1278. 内蒙古大学；1283. 南京医科大学；1284. 重庆大学；1293. 北京林业大学；1295. 安徽工业大学；1304. 台湾"中国医药大学"；1307. 山东财经大学；1312. 台湾阳明交通大学；1314. 江南大学；1317. 台湾科技大学；1318. 中国计量大学；1321. 台湾成功大学；1325. 山东科技大学；1335. 聊城大学；1336. 四川大学；1337. 郑州大学；1343. 广西师范大学；1345. 西南科技大学；1347. 合肥工业大学；1356. 陕西科技大学；1358. 辅仁大学；1360. 江苏科技大学；1360. 台湾"东华大学"；1366. 首都医科大学；1366. 南方医科大学；1366. 福建农林大学；1366. 中山医学大学；1372. 电子科技大学；1373. 南昌大学；1381. 上海师范大学；1385. 天津科技大学；1389. 扬州大学；1389. 华北理工大学；1395. 西北工业大学；1400. 三峡大学；1401. 温州医科大学；1402. 高雄医科大学；1405. 大连医科大学；1406. 山东农业大学；1411. 北京工业大学；1412. 湖州学院；1415. 香港中文大学(深圳)；1419. 吉林师范大学；1425. 中国人民大学；1428. 安徽大学；1429. 哈尔滨工程大学；1433. 中国石油大学；1433. 武汉纺织大学；1439. 沈阳药科大学；1439. 延边大学；1443. 重庆医科大学；1445. 淮阴师范学院；1449. 中国海洋大学；1449. 广州大学；1453. 长庚大学；1456. 浙江工商大学；1457. 常州大学；1460. 山西大学；1468. 香港教育大学；1472. 淡江大学；1472. 东海大学；1475. 山东第一医科大学；1475. 台北科技大学；1486. 湖南科技大学；1495. 太原理工大学；1496. 中南财经政法大学；1502. 辽宁大学；1502. 云南师范大学；1505. 中南林业科技大学；1510. 河北师范大学；1511. 东北农业大学；1516. 安徽医科大学；1516. 湖南师范大学；1524. 台湾中兴大学；1532. 西南财经大学；1539. 台湾嘉义大学；1540. 青岛农业大学；1542. 华南师范大学；1545. 天津工业大学；1552. 中国医科大学；1560. 上海				

续表

理工大学；1563. 元智大学；1570. 南京中医药大学；1574. 盐城工学院；1577. 烟台大学；1579. 安徽农业大学；1581. 西南交通大学；1583. 台湾医学院；1587. 西安医学院；1589. 佛山科学技术学院；1592. 青岛理工大学；1598. 新乡医学院；1598. 临沂大学；1606. 西交利物浦大学；1609. 锦州医科大学；1614. 燕山大学；1614. 南华大学；1617. 嘉兴大学；1631. 东北林业大学；1633. 四川农业大学；1636. 上海财经大学；1641. 南京林业大学；1644. 北京工商大学；1647. 江西科技学院；1647. 长春工业大学；1651. 南京航空航天大学；1654. 中国矿业大学；1654. 杭州电子科技大学；1661. 广西大学；1661. 河南工业大学；1668. 海南大学；1673. 宁夏医科大学；1674. 兰州交通大学；1678. 广西医科大学；1678. 徐州医科大学；1678. 云南大学；1678. 河南农业大学；1683. 上海应用技术大学；1686. 台湾"中山大学"；1686. 滨州医学院；1696. 中国东北大学；1696. 新疆医科大学；1702. 鲁东大学；1705. 宁波大学；1706. 广东药科大学；1707. 亚洲大学(中国)；1707. 湖北工业大学；1713. 河北科技大学；1718. 南通大学；1721. 辽宁中医药大学；1724. 上海中医药大学；1725. 大连工业大学；1727. 北京交通大学；1727. 大连海事大学；1736. 中原工学院；1740. 昆明理工大学；1743. 河南理工大学；1745. 新疆大学；1746. 对外经济贸易大学；1753. 河北大学；1757. 北京建筑大学土木与交通工程学院；1759. 苏州科技大学；1763. 西安建筑科技大学；1763. 上海海事大学；1769. 河海大学；1774. 逢甲大学；1776. 西南石油大学；1783. 河北工业大学；1792. 桂林工业大学；1793. 西安电子科技大学；1801. 台湾师范大学；1806. 齐鲁工业大学；1810. 兰州理工大学；1818. 成都大学；1822. 长庚科技大学；1829. 浙江海洋大学；1830. 天津中医药大学；1831. 北京邮电大学；1832. 义守大学；1847. 台湾海洋大学；1850. 桂林电子科技大学；1851. 明志科技大学；1854. 北京中医药大学；1856. 河南科技大学；1857. 西安理工大学；1857. 上海海洋大学；1859. 长安大学；1860. 西安科技大学；1861. 中北大学；1861. 山东理工大学；1863. 台湾中正大学；1865. 黑龙江中医药大学；1866. 河北农业大学；1869. 西安工业大学；1870. 石河子大学；1871. 东华理工大学；1871. 辽宁石油化工大学；1873. 长春科技大学；1873. 云南农业大学；1876. 河北医科大学；1879. 昆明医科大学；1879. 江西农业大学；1882. 中央财经大学；1889. 宁夏大学；1892. 重庆邮电大学；1892. 沈阳农业大学；1894. 哈尔滨理工大学；1899. 贵州医科大学；1900. 集美大学；1902. 仲恺农业工程学院；1915. 国防科学技术大学；1917. 重庆理工大学；1918. 湖南中医学院；1921. 广东外语外贸大学；1923. 福建医科大学；1924. 山东中医药大学；1925. 广州中医药大学；1925. 上海工程技术大学；1928. 山西医科大学；1930. 岭南大学；1932. 太原科技大学；1933. 西南医科大学；1934. 山西农业大学；1939. 四川轻化工大学；1940. 成都理工大学；1943. 台湾屏东科技大学；1944. 潍坊医学院；1947. 台湾云林科技大学；1955. 内蒙古科技大学；1957. 贵州大学；1958. 高雄科技大学；1962. 浙江中医药大学；1964. 中国人民解放军陆军工程大学；1965. 甘肃农业大学；1966. 长江大学；1976. 广东海洋大学；1978. 成都信息工程大学；1979. 台湾政治大学；1983. 河南科技学院；1984. 安徽理工大学；1990. 吉林农业大学；1992. 遵义医学院；1998. 彰化师范大学；2002. 西安邮电大学；2005. 成都中医药大学；2010. 河南中医药大学；2012. 沈阳工业大学；2015. 内蒙古农业大学；2032. 中国人民解放军信息工程大学

七、国际合作论文数排行榜

表 2-130　国际合作论文数排行榜（10 强与中国大学）

排名	英文名称	中文名称	国家/地区	总得分
1	HARVARD UNIVERSITY	哈佛大学	美国	100.00
2	UNIVERSITY COLLEGE LONDON	伦敦大学学院	英国	95.23
3	UNIVERSITY OF TORONTO	多伦多大学	加拿大	95.22
4	UNIVERSITY OF OXFORD	牛津大学	英国	93.13
5	SWISS FEDERAL INSTITUTES OF TECHNOLOGY DOMAIN	瑞士联邦理工学院	瑞士	92.14
6	IMPERIAL COLLEGE LONDON	伦敦帝国学院	英国	91.09
7	UNIVERSITE PARIS CITE	巴黎西岱大学	法国	90.72
8	UNIVERSITY OF CAMBRIDGE	剑桥大学	英国	90.49
9	UNIVERSITY OF SYDNEY	悉尼大学	澳大利亚	89.86

续表

排名	英文名称	中文名称	国家/地区	总得分
10	NATIONAL UNIVERSITY OF SINGAPORE	新加坡国立大学	新加坡	89.83
其他中国机构：21. 中国科学院大学；31. 上海交通大学；32. 浙江大学；49. 北京大学；50. 清华大学；73. 中山大学；92. 复旦大学；125. 香港大学；127. 西安交通大学；132. 华中科技大学；137. 中南大学；140. 中国科学技术大学；148. 四川大学；168. 香港中文大学；175. 台湾大学；176. 东南大学；180. 山东大学；186. 武汉大学；187. 同济大学；198. 香港理工大学；201. 南京大学；205. 哈尔滨工业大学；215. 台湾"中国医药大学"；218. 天津大学；224. 电子科技大学；228. 郑州大学；233. 深圳大学；256. 香港城市大学；259. 中国地质大学；273. 南方科技大学；286. 厦门大学；293. 北京理工大学；298. 北京师范大学；307. 北京航空航天大学；309. 吉林大学；315. 重庆大学；320. 西北工业大学；324. 华南理工大学；342. 大连理工大学；344. 中国医学科学院-北京协和医学院；357. 江苏大学；362. 苏州大学-中国；368. 首都医科大学；383. 湖南大学；387. 台湾阳明交通大学；402. 中国农业大学；411. 南京信息工程大学；415. 华东师范大学；422. 上海大学；431. 中国石油大学；433. 香港科技大学；434. 台湾成功大学；435. 兰州大学；437. 暨南大学；458. 南开大学；460. 北京科技大学；471. 西北农林科技大学；486. 河海大学；488. 南京航空航天大学；495. 西安电子科技大学；501. 中国矿业大学；506. 华中农业大学；508. 武汉理工大学；509. 中国东北大学；517. 北京协和医学院；518. 中国海洋大学；534. 南京理工大学；536. 西南交通大学；536. 南京林业大学；538. 亚洲大学(中国)；547. 江南大学；550. 南京农业大学；580. 台北医学大学；584. 南京医科大学；587. 青岛大学；590. 台湾"清华大学"；596. 扬州大学；607. 南方医科大学；620. 北京工业大学；623. 澳门大学；630. 西南大学；638. 长庚大学；641. 广东工业大学；642. 广州大学；649. 福州大学；672. 广西大学；673. 北京交通大学；679. 南京工业大学；681. 南京师范大学；688. 华南师范大学；691. 华东理工大学；720. 宁波大学；733. 南昌大学；740. 浙江工业大学；755. 广州医科大学；758. 中国人民大学；762. 西北大学；769. 云南大学；773. 合肥工业大学；774. 华南农业大学；777. 北京化工大学；779. 高雄医科大学；787. 华北电力大学；792. 北京邮电大学；795. 东华大学；814. 海南大学；824. 温州医科大学；827. 上海科技大学；835. 河南大学；847. 香港浸会大学；847. 长安大学；851. 台湾"中山大学"；852. 天津医科大学；859. 台湾"中央大学"；875. 华中师范大学；885. 台湾中兴大学；888. 福建农林大学；896. 台湾科技大学；897. 台湾云林科技大学；911. 陕西师范大学；917. 山东科技大学；922. 香港中文大学(深圳)；925. 北京林业大学；933. 哈尔滨工程大学；947. 杭州电子科技大学；950. 南京邮电大学；950. 台北科技大学；952. 西交利物浦大学；956. 上海理工大学；964. 中国医科大学；973. 浙江师范大学；977. 重庆医科大学；983. 河北工业大学；989. 汕头大学；1002. 安徽大学；1007. 山西大学；1015. 南通大学；1016. 齐鲁工业大学；1017. 杭州师范大学；1034. 湖南师范大学；1038. 昆明理工大学；1040. 台湾师范大学；1049. 福建师范大学；1052. 澳门科技大学；1054. 太原理工大学；1054. 贵州大学；1067. 东北师范大学；1072. 宁波诺丁汉大学；1074. 成都理工大学；1076. 安徽医科大学；1077. 山东第一医科大学；1080. 福建医科大学；1100. 四川农业大学；1114. 山东师范大学；1118. 温州大学；1118. 长沙理工大学；1124. 湖州学院；1136. 国防科学技术大学；1149. 燕山大学；1154. 济南大学；1154. 大连海事大学；1165. 浙江理工大学；1166. 哈尔滨医科大学；1177. 西南财经大学；1177. 西南石油大学；1189. 东北林业大学；1193. 成都大学；1215. 武汉科技大学；1215. 重庆邮电大学；1215. 高雄科技大学；1218. 佛山科学技术学院；1239. 浙江农林大学；1246. 陕西科技大学；1250. 浙江工商大学；1261. 西安理工大学；1265. 上海师范大学；1268. 青岛科技大学；1269. 华侨大学；1276. 河南农业大学；1283. 天津工业大学；1287. 江苏科技大学；1287. 香港教育大学；1295. 河南师范大学；1332. 长江大学；1334. 上海海事大学；1338. 中国人民解放军陆军军医大学；1351. 曲阜师范大学；1357. 西安建筑科技大学；1360. 台湾中原大学；1363. 首都师范大学；1364. 桂林电子科技大学；1366. 台湾海洋大学；1373. 中国人民解放军海军军医大学；1374. 湖北大学；1385. 北京工商大学；1389. 河南理工大学；1398. 西南科技大学；1398. 青岛理工大学；1404. 逢甲大学；1407. 河南科技大学；1409. 上海海洋大学；1409. 山东理工大学；1418. 中国药科大学；1425. 山东农业大学；1442. 东莞理工学院；1442. 东海大学；1451. 湘潭大学；1459. 广西师范大学；1460. 常州大学；1460. 苏州科技大学；1467. 淡江大学；1470. 南京中医药大学；1478. 辅仁大学；1478. 东北农业大学；1478. 台湾医学院；1484. 南华大学；1487. 河北大学；1498. 大连医科大学；1504. 安徽农业大学；1512. 聊城大学；1515. 上海财经大学；1516. 新疆大学；1516. 明志科技大学；1519. 山西医科大学；1529. 广州中医药大学；1533. 湖南农业大学；1534. 中南财经政法大学；1538. 三峡大学；1538. 对外经济贸易大学；1552. 西安工业大学；1552. 宁夏大学；1554. 西南医科大学；1556. 中国计量大学；1556. 上海工程技术大学；1558. 北京中医药大学；1559. 上海中医药大学；1566. 安徽师范大学；1569. 中山医学大学；1579. 江苏师范大学；1585. 青岛农业大学；1590. 烟台大学；1596. 广西医科大学；1598. 武汉工程大学；				

1601. 湖北工业大学；1606. 天津理工大学；1612. 中南林业科技大学；1614. 天津科技大学；1619. 西安科技大学；1629. 义守大学；1630. 河北农业大学；1632. 中央财经大学；1638. 天津师范大学；1640. 辽宁大学；1642. 闽江学院；1644. 临沂大学；1644. 集美大学；1650. 山西农业大学；1653. 元智大学；1653. 桂林工业大学；1656. 江西科技学院；1658. 台湾中正大学；1658. 昆明医科大学；1663. 河北医科大学；1667. 台湾"东华大学"；1667. 吉林农业大学；1675. 贵州医科大学；1676. 徐州医科大学；1676. 沈阳农业大学；1680. 江西师范大学；1680. 湖南科技大学；1689. 江西农业大学；1696. 安徽工业大学；1696. 台湾政治大学；1700. 仲恺农业工程学院；1702. 四川师范大学；1702. 广东海洋大学；1713. 内蒙古大学；1715. 河北师范大学；1721. 重庆工商大学；1721. 中北大学；1725. 甘肃农业大学；1726. 成都信息工程大学；1729. 武汉纺织大学；1736. 嘉兴大学；1740. 河南工业大学；1742. 石河子大学；1742. 台湾屏东科技大学；1754. 信阳师范学院；1760. 南京财经大学；1760. 东华理工大学；1765. 浙江中医药大学；1771. 安徽理工大学；1773. 西安邮电大学；1775. 岭南大学；1780. 广东医科大学；1783. 泰州学院；1785. 广东外语外贸大学；1789. 成都中医药大学；1797. 江西财经大学；1797. 北京建筑大学土木与交通工程学院；1801. 兰州理工大学；1802. 中南民族大学；1805. 新乡医学院；1805. 浙江海洋大学；1813. 长春科技大学；1815. 山东财经大学；1822. 东北财经大学；1827. 遵义医学院；1829. 延边大学；1829. 哈尔滨理工大学；1829. 内蒙古农业大学；1842. 大连工业大学；1852. 沈阳工业大学；1857. 郑州轻工业大学；1857. 四川轻化工大学；1861. 太原科技大学；1862. 黑龙江大学；1868. 重庆理工大学；1871. 五邑大学；1872. 云南师范大学；1875. 云南农业大学；1878. 绍兴文理学院；1881. 浙江财经大学；1884. 盐城工学院；1886. 安徽财经大学；1888. 华北理工大学；1895. 西北师范大学；1895. 广东药科大学；1902. 南昌航空大学；1906. 河南科技学院；1912. 沈阳药科大学；1912. 鲁东大学；1919. 西华师范大学；1923. 上海电力大学；1923. 潍坊医学院；1925. 上海应用技术大学；1927. 天津中医药大学；1931. 滨州医学院；1931. 河北科技大学；1933. 长庚科技大学；1942. 宁夏医科大学；1944. 湖北大学医学院；1944. 新疆医科大学；1950. 台湾嘉义大学；1950. 彰化师范大学；1953. 淮阴师范学院；1955. 中原工学院；1960. 兰州交通大学；1966. 山东中医药大学；1969. 渤海大学；1976. 西安医学院；1977. 哈尔滨师范大学；1978. 河南中医药大学；1982. 辽宁石油化工大学；1982. 湖南中医学院；1986. 吉林师范大学；1989. 长春工业大学；1991. 湖南工业大学；1994. 中国人民解放军陆军工程大学；1995. 内蒙古科技大学；2001. 中国人民解放军信息工程大学；2002. 锦州医科大学；2004. 黑龙江中医药大学；2005. 辽宁工业大学；2007. 辽宁中医药大学；2011. 北京农林科学院

八、发明专利数排行榜

表 2-131 发明专利数排行榜（10 强与中国大学）

排名	英文名称	中文名称	国家/地区	总得分
1	NORTHEASTERN UNIVERSITY	美国东北大学	美国	100.00
2	UNIVERSITY OF SEOUL	首尔市立大学	韩国	98.79
3	ZHEJIANG UNIVERSITY OF TECHNOLOGY	浙江工业大学	中国	88.75
4	BEIJING UNIVERSITY OF TECHNOLOGY	北京工业大学	中国	86.39
5	NANJING UNIVERSITY	南京大学	中国	85.20
6	KONKUK UNIVERSITY	韩国康都大学	韩国	85.01
7	NORTHWESTERN UNIVERSITY	美国西北大学	美国	83.39
8	HEFEI UNIVERSITY OF TECHNOLOGY	合肥工业大学	中国	81.84
9	SOUTHWEST JIAOTONG UNIVERSITY	西南交通大学	中国	81.65
10	SHANDONG UNIVERSITY	山东大学	中国	78.96

续表

其他中国机构；11. 温州大学；12. 福州大学；13. 扬州大学；14. 南京信息工程大学；15. 武汉大学；16. 北京交通大学；17. 山东理工大学；18. 重庆大学；19. 四川大学；22. 西南大学；23. 西安交通大学；24. 清华大学；26. 中南大学；27. 吉林大学；28. 天津大学；29. 哈尔滨工业大学；30. 武汉工程大学；31. 江苏大学；35. 中山大学；36. 重庆医科大学；40. 湖南大学；41. 华中科技大学；42. 东南大学；43. 华南理工大学；44. 青岛大学；45. 中北大学；51. 复旦大学；53. 南方科技大学；54. 上海交通大学；55. 北京大学；57. 中国矿业大学；60. 浙江农林大学；61. 西北工业大学；63. 昆明理工大学；64. 武汉理工大学；66. 西安电子科技大学；68. 南京林业大学；70. 厦门大学；71. 同济大学；72. 大连理工大学；73. 兰州大学；74. 广东工业大学；75. 广州医科大学；76. 杭州电子科技大学；78. 国防科学技术大学；80. 深圳大学；81. 江南大学；81. 安徽理工大学；83. 中国石油大学；84. 青岛理工大学；85. 聊城大学；86. 浙江理工大学；87. 中国科学技术大学；88. 苏州大学-中国；89. 北京科技大学；93. 西南石油大学；97. 南京邮电大学；102. 西北大学；105. 陕西科技大学；108. 重庆邮电大学；109. 江苏科技大学；110. 哈尔滨理工大学；111. 北京邮电大学；114. 西安理工大学；114. 西安工业大学；117. 南通大学；118. 暨南大学；119. 海南大学；120. 哈尔滨工程大学；123. 桂林电子科技大学；124. 济南大学；129. 燕山大学；130. 华南农业大学；131. 广州大学；132. 宁波大学；135. 中国农业大学；136. 山东科技大学；139. 长安大学；141. 河北工业大学；143. 青岛科技大学；146. 太原理工大学；147. 成都理工大学；150. 东北林业大学；151. 西安建筑科技大学；151. 中国计量大学；153. 贵州大学；156. 常州大学；157. 安徽大学；158. 三峡大学；166. 华东理工大学；170. 西北农林科技大学；172. 安徽农业大学；177. 盐城工学院；177. 兰州交通大学；184. 河南科技大学；187. 湖北工业大学；190. 华南师范大学；192. 齐鲁工业大学；193. 湘潭大学；195. 武汉科技大学；196. 南开大学；196. 安徽工业大学；198. 广西大学；200. 西安科技大学；201. 长沙理工大学；202. 大连海事大学；203. 东华大学；205. 辽宁工业大学；206. 安徽医科大学；207. 华东师范大学；208. 天津科技大学；210. 广东海洋大学；212. 中国科学院大学；213. 湖南科技大学；214. 河南大学；218. 香港大学；219. 兰州理工大学；220. 甘肃农业大学；221. 河南理工大学；221. 东北农业大学；223. 桂林工业大学；225. 郑州轻工业大学；227. 云南大学；230. 石河子大学；231. 哈尔滨医科大学；232. 广西医科大学；236. 华侨大学；237. 武汉纺织大学；238. 河南农业大学；243. 青岛农业大学；245. 上海理工大学；247. 山东农业大学；248. 山西大学；249. 天津理工大学；250. 南京师范大学；250. 五邑大学；252. 沈阳工业大学；254. 东莞理工学院；256. 四川农业大学；257. 江西科技学院；259. 烟台大学；262. 上海电力大学；263. 河南工业大学；264. 天津工业大学；265. 河北农业大学；266. 长春科技大学；267. 泰州学院；269. 嘉兴大学；271. 云南农业大学；272. 台北医学大学；273. 河北科技大学；274. 新疆大学；274. 南昌航空大学；276. 重庆理工大学；280. 中国药科大学；282. 南华大学；283. 北京林业大学；284. 浙江海洋大学；287. 山东师范大学；288. 杭州师范大学；291. 集美大学；295. 北京师范大学；296. 西安邮电大学；299. 福建农林大学；300. 华北理工大学；301. 北京农林科学院；303. 浙江师范大学；305. 湖州学院；305. 浙江工商大学；309. 浙江大学；310. 长江大学；311. 湖南农业大学；312. 河南师范大学；313. 天津医科大学；315. 佛山科学技术学院；316. 上海海事大学；316. 徐州医科大学；318. 长春工业大学；320. 闽江学院；321. 辽宁大学；324. 成都大学；325. 内蒙古农业大学；326. 苏州科技大学；326. 吉林农业大学；328. 汕头大学；329. 仲恺农业工程学院；329. 太原科技大学；335. 湖北大学；336. 成都信息工程大学；341. 中南林业科技大学；342. 宁夏大学；342. 山西农业大学；342. 北京建筑大学土木与交通工程学院；342. 内蒙古科技大学；346. 陕西师范大学；351. 绍兴文理学院；356. 南京农业大学；356. 南京医科大学；356. 新乡医学院；361. 上海海洋大学；361. 广西师范大学；363. 临沂大学；363. 湖南工业大学；370. 江西农业大学；370. 大连工业大学；373. 湖南中医学院；380. 河北医科大学；385. 北京工商大学；385. 山东中医药大学；389. 湖南师范大学；392. 上海科技大学；397. 亚洲大学(中国)；398. 鲁东大学；400. 沈阳农业大学；401. 东华理工大学；403. 江西师范大学；403. 黑龙江大学；411. 河南中医药大学；415. 江苏师范大学；416. 华中师范大学；417. 内蒙古大学；422. 浙江中医药大学；423. 中原工学院；428. 重庆工商大学；435. 上海大学；435. 福建医科大学；435. 曲阜师范大学；443. 中国医学科学院-北京协和医学院；445. 广州中医药大学；446. 安徽师范大学；453. 南京中医药大学；456. 河北大学；457. 台湾大学；460. 上海师范大学；460. 沈阳药科大学；462. 广东药科大学；467. 西安医学院；471. 香港理工大学；472. 西北师范大学；473. 潍坊医学院；478. 北京中医药大学；479. 黑龙江中医药大学；480. 河南科技学院；486. 山西医科大学；506. 首都师范大学；507. 宁夏医科大学；508. 台湾阳明交通大学；508. 香港中文大学(深圳)；508. 上海中医药大学；528. 吉林师范大学；540. 香港科技大学；541. 延边大学；546. 中南民族大学；546. 哈尔滨师范大学；554. 香港城市大学；555. 天津中医药大学；565. 锦州医科大学；572. 广东医科大学；572. 辽宁中医药大学；574. 贵州医科大学；584. 中国人民大学；585. 四川师范大学；590. 澳门大学；590. 河北师范大学；592. 香港中文大学；593. 西南医科大学；604. 东北师范大学；605. 长庚大学；605. 遵义医学院；614. 信阳师范学院；615. 天津师范大学；

续表

615. 西华师范大学；617. 高雄科技大学；638. 南京财经大学；639. 台北科技大学；655. 台湾科技大学；656. 南京工业大学；656. 安徽财经大学；658. 滨州医学院；677. 浙江财经大学；678. 成都中医药大学；702. 江西财经大学；722. 山东财经大学；723. 宁波诺丁汉大学；724. 台湾"中央大学"；747. 台湾中兴大学；748. 中国人民解放军陆军军医大学；777. 大连医科大学；777. 台湾中正大学；779. 澳门科技大学；808. 逢甲大学；809. 广东外语外贸大学；844. 东海大学；845. 台湾海洋大学；846. 台湾师范大学；847. 中国东北大学；847. 南京理工大学；847. 长庚科技大学；882. 新疆医科大学；882. 辽宁石油化工大学；919. 明志科技大学；920. 高雄医科大学；920. 中央财经大学；922. 福建师范大学；922. 台湾中原大学；959. 南昌大学；959. 湖北大学医学院；961. 西南财经大学；961. 辅仁大学；1042. 淡江大学；1043. 上海财经大学；1044. 北京理工大学；1044. 南京航空航天大学；1044. 中南财经政法大学；1044. 中山医学大学；1144. 义守大学；1144. 台湾嘉义大学；1144. 彰化师范大学；1147. 电子科技大学；1147. 华北电力大学；1147. 温州医科大学；1147. 香港浸会大学；1147. 香港教育大学；1152. 中国地质大学；1152. 台湾"中山大学"；1152. 东北财经大学；1299. 台湾政治大学；1299. 岭南大学；1301. 台湾医学院；1302. 台湾"清华大学"；1302. 西交利物浦大学；1302. 中国医科大学；1302. 台湾屏东科技大学；1302. 四川轻化工大学；1302. 淮阴师范学院；1302. 中国人民解放军信息工程大学；1309. 台湾"中国医药大学"；1309. 郑州大学；1309. 北京航空航天大学；1309. 首都医科大学；1309. 台湾成功大学；1309. 河海大学；1309. 华中农业大学；1309. 北京协和医学院；1309. 中国海洋大学；1309. 南方医科大学；1309. 北京化工大学；1309. 台湾云林科技大学；1309. 山东第一医科大学；1309. 中国人民解放军海军军医大学；1309. 西南科技大学；1309. 对外经济贸易大学；1309. 上海工程技术大学；1309. 元智大学；1309. 昆明医科大学；1309. 台湾"东华大学"；1309. 云南师范大学；1309. 上海应用技术大学；1309. 渤海大学；1309. 中国人民解放军陆军工程大学

九、网络影响力排行榜

表 2-132　网络影响力排行榜（10 强与中国大学）

排名	英文名称	中文名称	国家/地区	总得分
1	HARVARD UNIVERSITY	哈佛大学	美国	100.000
2	STANFORD UNIVERSITY	斯坦福大学	美国	99.996
3	MASSACHUSETTS INSTITUTE OF TECHNOLOGY (MIT)	麻省理工学院	美国	99.991
4	UNIVERSITY OF CALIFORNIA BERKELEY	加利福尼亚大学伯克利分校	美国	99.987
5	UNIVERSITY OF OXFORD	牛津大学	英国	99.983
6	UNIVERSITY OF MICHIGAN	密歇根大学	美国	99.979
7	UNIVERSITY OF WASHINGTON	华盛顿大学	美国	99.974
7	CORNELL UNIVERSITY	康奈尔大学	美国	99.974
9	COLUMBIA UNIVERSITY	哥伦比亚大学	美国	99.970
10	JOHNS HOPKINS UNIVERSITY	约翰·霍普金斯大学	美国	99.962

其他中国机构：27. 清华大学；36. 北京大学；75. 浙江大学；76. 上海交通大学；84. 香港大学；92. 香港中文大学(深圳)；92. 香港中文大学；101. 香港城市大学；107. 中国科学技术大学；119. 复旦大学；149. 华中科技大学；159. 台湾大学；162. 武汉大学；173. 南京大学；191. 香港理工大学；193. 中山大学；203. 山东大学；212. 哈尔滨工业大学；213. 西安交通大学；233. 四川大学；246. 同济大学；250. 中南大学；252. 天津大学；264. 中国科学院大学；270. 东南大学；274. 北京航空航天大学；280. 厦门大学；303. 北京师范大学；307. 华南理工大学；320. 吉林大学；327. 北京理工大学；329. 南开大学；341. 大连理工大学；347. 电子科技大学；358. 重庆大学；379. 西北工业大学；392. 郑州大学；396. 苏州大学-中国；398. 湖南大学；400. 华东师范大学；404. 深圳大学；429. 中国农业大学；451. 上海理工大学；466. 台湾成功大学；474. 台湾"清华大学"；480. 兰州大学；481. 西安电子科技大学；485. 暨南大学；488. 北京科技大学；494. 中国东北大学；519. 武汉理工大学；530. 南京航空航天大学；531. 上海大学；544. 中国矿业大学；548. 香港

续表

浸会大学；551. 北京交通大学；554. 江苏大学；565. 中国人民大学；572. 南京理工大学；587. 华东理工大学；591. 北京邮电大学；595. 西南交通大学；595. 北京化工大学；615. 合肥工业大学；627. 西南大学；629. 华中农业大学；635. 台湾师范大学；638. 澳门大学；640. 中国石油大学；651. 河海大学；653. 华南师范大学；659. 福州大学；667. 江南大学；674. 中国海洋大学；676. 浙江工业大学；679. 南方科技大学；687. 南昌大学；688. 华南农业大学；688. 南京师范大学；698. 广东工业大学；704. 北京工业大学；708. 南京信息工程大学；713. 华北电力大学；714. 台湾“中央大学”；716. 东华大学；724. 青岛大学；734. 华中师范大学；755. 台湾“中国医药大学”；764. 南京医科大学；778. 国防科学技术大学；783. 陕西师范大学；783. 台湾“中山大学”；785. 扬州大学；805. 哈尔滨工程大学；807. 长安大学；810. 广州大学；817. 东北师范大学；819. 广西大学；820. 西北大学；823. 香港科技大学；825. 南京工业大学；826. 河南大学；836. 台湾科技大学；839. 南京邮电大学；857. 南京林业大学；860. 安徽大学；873. 杭州电子科技大学；888. 太原理工大学；896. 宁波大学；900. 山东科技大学；902. 山东师范大学；919. 北京林业大学；935. 首都医科大学；950. 台湾中兴大学；961. 高雄医科大学；966. 山西大学；975. 湖南师范大学；975. 台北医学大学；985. 香港教育大学；996. 上海科技大学；998. 济南大学；1004. 浙江师范大学；1012. 燕山大学；1013. 云南大学；1031. 中国药科大学；1033. 南方医科大学；1041. 青岛科技大学；1042. 河北工业大学；1043. 台北科技大学；1046. 淡江大学；1059. 长庚大学；1076. 西南财经大学；1087. 四川农业大学；1090. 湘潭大学；1093. 大连海事大学；1096. 华侨大学；1107. 福建师范大学；1111. 汕头大学；1117. 重庆邮电大学；1133. 长沙理工大学；1137. 西南石油大学；1139. 福建农林大学；1142. 首都师范大学；1144. 南通大学；1147. 武汉科技大学；1147. 亚洲大学(中国)；1152. 南京农业大学；1155. 浙江理工大学；1164. 台湾政治大学；1173. 高雄科技大学；1174. 西安建筑科技大学；1176. 澳门科技大学；1179. 贵州大学；1187. 西安理工大学；1193. 杭州师范大学；1195. 上海师范大学；1195. 重庆医科大学；1204. 宁波诺丁汉大学；1223. 中国医科大学；1227. 逢甲大学；1236. 成都理工大学；1237. 辅仁大学；1237. 温州医科大学；1239. 河南理工大学；1244. 陕西科技大学；1248. 西交利物浦大学；1258. 哈尔滨医科大学；1261. 东北林业大学；1262. 东海大学；1262. 温州大学；1270. 上海海事大学；1301. 山东农业大学；1312. 西南科技大学；1316. 台湾中原大学；1318. 常州大学；1319. 台湾中正大学；1332. 台湾海洋大学；1339. 中央财经大学；1351. 山东理工大学；1357. 对外经济贸易大学；1358. 浙江农林大学；1361. 湖北大学；1367. 武汉工程大学；1370. 海南大学；1378. 元智大学；1384. 安徽农业大学；1389. 北京工商大学；1405. 桂林电子科技大学；1405. 天津医科大学；1412. 台湾云林科技大学；1414. 中国计量大学；1424. 安徽师范大学；1425. 东莞理工学院；1425. 东北农业大学；1431. 福建医科大学；1433. 浙江工商大学；1439. 江苏师范大学；1442. 四川师范大学；1446. 岭南大学；1453. 齐鲁工业大学；1461. 台湾“东华大学”；1473. 江西师范大学；1473. 内蒙古大学；1489. 湖南农业大学；1497. 昆明理工大学；1504. 上海财经大学；1511. 天津科技大学；1516. 佛山科学技术学院；1522. 三峡大学；1522. 曲阜师范大学；1530. 湖北工业大学；1533. 苏州科技大学；1540. 安徽工业大学；1540. 新疆大学；1542. 西安科技大学；1550. 上海海洋大学；1558. 河北大学；1563. 长江大学；1572. 广东外语外贸大学；1579. 上海工程技术大学；1582. 中国人民解放军海军军医大学；1585. 安徽医科大学；1586. 中南财经政法大学；1591. 西北师范大学；1597. 义守大学；1604. 河南科技大学；1611. 桂林工业大学；1620. 中北大学；1621. 河南农业大学；1625. 广西师范大学；1626. 江西财经大学；1629. 聊城大学；1647. 中国人民解放军陆军军医大学；1648. 烟台大学；1649. 湖南科技大学；1651. 北京中医药大学；1656. 河南师范大学；1660. 天津理工大学；1662. 广州医科大学；1668. 广州中医药大学；1671. 北京建筑大学土木与交通工程学院；1672. 彰化师范大学；1676. 郑州轻工业大学；1678. 集美大学；1680. 黑龙江大学；1689. 兰州理工大学；1701. 中国医学科学院-北京协和医学院；1701. 北京协和医学院；1704. 安徽理工大学；1705. 重庆理工大学；1712. 南昌航空大学；1715. 天津师范大学；1721. 辽宁大学；1729. 台湾嘉义大学；1730. 青岛农业大学；1734. 重庆工商大学；1735. 宁夏大学；1738. 中南林业科技大学；1741. 河南工业大学；1742. 上海中医药大学；1743. 上海电力大学；1744. 哈尔滨理工大学；1747. 河北农业大学；1748. 南华大学；1750. 兰州交通大学；1754. 石河子大学；1756. 河北医科大学；1758. 东北财经大学；1760. 河北师范大学；1761. 广西医科大学；1762. 沈阳药科大学；1765. 青岛理工大学；1766. 成都中医药大学；1770. 长春科技大学；1772. 成都信息工程大学；1774. 成都大学；1781. 吉林农业大学；1784. 浙江财经大学；1785. 明志科技大学；1786. 沈阳农业大学；1795. 江西农业大学；1798. 武汉纺织大学；1799. 鲁东大学；1805. 云南师范大学；1809. 长春工业大学；1814. 西华师范大学；1815. 广东海洋大学；1815. 临沂大学；1819. 南京中医药大学；1820. 沈阳工业大学；1821. 中山医学大学；1822. 大连医科大学；1824. 大连工业大学；1825. 河北科技大学；1826. 哈尔滨师范大学；1826. 绍兴文理学院；1829. 天津中医药大学；1831. 嘉兴大学；1832. 泰州学院；1832. 山西医科大学；1836. 西安工业大学；1839. 淮阴师范学院；1841. 西安邮电大学；1842. 太原科技大学；1845. 甘肃农业大学；1846. 湖州学院；1848. 延边大学；1849. 浙江中医药大学；

续表

1850. 闽江学院；1851. 吉林师范大学；1853. 湖南工业大学；1854. 中原工学院；1854. 南京财经大学；1857. 新乡医学院；1860. 浙江海洋大学；1861. 广东药科大学；1863. 山西农业大学；1865. 上海应用技术大学；1869. 华北理工大学；1870. 内蒙古农业大学；1871. 云南农业大学；1873. 渤海大学；1874. 四川轻化工大学；1877. 辽宁石油化工大学；1880. 安徽财经大学；1881. 盐城工学院；1885. 山东中医药大学；1886. 仲恺农业工程学院；1890. 昆明医科大学；1892. 河南科技学院；1897. 信阳师范学院；1898. 内蒙古科技大学；1900. 五邑大学；1905. 辽宁工业大学；1907. 新疆医科大学；1908. 徐州医科大学；1911. 东华理工大学；1914. 宁夏医科大学；1915. 湖北大学医学院；1916. 潍坊医学院；1921. 河南中医药大学；1922. 广东医科大学；1935. 山东第一医科大学；1936. 湖南中医学院；1937. 遵义医学院；1941. 黑龙江中医药大学；1943. 滨州医学院；1944. 辽宁中医药大学；1947. 锦州医科大学；1952. 长庚科技大学；1954. 屏东科技大学；1963. 江西科技学院；1964. 中国地质大学；1966. 西北农林科技大学；1967. 台湾阳明交通大学；1976. 江苏科技大学；1985. 西南医科大学；1986. 天津工业大学；1994. 西安医学院；2001. 中南民族大学；2002. 山东财经大学；2003. 中国人民解放军陆军工程大学；2003. 贵州医科大学；2003. 中国人民解放军信息工程大学；2003. 北京农林科学院；2003. 台湾医学院

第七节　世界一流大学各大洲排行榜（2023）

一、亚洲一流大学排行榜(前100名)

表2-133　亚洲一流大学排行榜（前100名）

所在洲排名	英文名称	中文名称	国家/地区	世界排名	总得分
1	SEOUL NATIONAL UNIVERSITY	首尔大学	韩国	19	89. 60
2	UNIVERSITY OF CHINESE ACADEMY OF SCIENCES, CAS	中国科学院大学	中国	23	90. 28
3	TSINGHUA UNIVERSITY	清华大学	中国	25	90. 30
4	NATIONAL UNIVERSITY OF SINGAPORE	新加坡国立大学	新加坡	27	89. 37
5	PEKING UNIVERSITY	北京大学	中国	29	89. 29
6	ZHEJIANG UNIVERSITY	浙江大学	中国	30	89. 28
7	SHANGHAI JIAO TONG UNIVERSITY	上海交通大学	中国	31	89. 28
8	UNIVERSITY OF TOKYO	东京大学	日本	45	88. 45
9	FUDAN UNIVERSITY	复旦大学	中国	54	88. 20
10	SUN YAT SEN UNIVERSITY	中山大学	中国	60	88. 10
11	NANYANG TECHNOLOGICAL UNIVERSITY	南洋理工大学	新加坡	62	88. 04
12	NANJING UNIVERSITY	南京大学	中国	65	87. 97
13	UNIVERSITY OF MUNICH	慕尼黑大学	伊朗	66	87. 89
14	UNIVERSITY OF SCIENCE & TECHNOLOGY OF CHINA, CAS	中国科学技术大学	中国	71	87. 31
15	WUHAN UNIVERSITY	武汉大学	中国	79	87. 47
16	SICHUAN UNIVERSITY	四川大学	中国	82	87. 35
17	KING ABDULAZIZ UNIVERSITY	阿卜杜勒阿齐兹国王大学	沙特阿拉伯	84	87. 34
18	HUAZHONG UNIVERSITY OF SCIENCE & TECHNOLOGY	华中科技大学	中国	85	87. 75
19	CENTRAL SOUTH UNIVERSITY	中南大学	中国	89	87. 25
20	KING SAUD UNIVERSITY	沙特国王大学	沙特阿拉伯	94	87. 13
21	UNIVERSITY OF HONG KONG	香港大学	中国	96	87. 11
22	XI'AN JIAOTONG UNIVERSITY	西安交通大学	中国	100	86. 65
23	KYOTO UNIVERSITY	京都大学	日本	113	86. 70
24	SHANDONG UNIVERSITY	山东大学	中国	121	87. 03
25	TEL AVIV UNIVERSITY	特拉维夫大学	以色列	142	86. 26
26	CHINESE UNIVERSITY OF HONG KONG	香港中文大学	中国	144	86. 22
27	JILIN UNIVERSITY	吉林大学	中国	145	86. 20
28	YONSEI UNIVERSITY	延世大学	韩国	146	86. 20

续表

所在洲排名	英文名称	中文名称	国家/地区	世界排名	总得分
29	TAIWAN UNIVERSITY	台湾大学	中国	160	85. 95
30	SUNGKYUNKWAN UNIVERSITY	成均馆大学	韩国	163	85. 89
31	EBERHARD KARLS UNIVERSITY OF TUBINGEN	图宾根大学	巴勒斯坦	171	85. 79
32	XIAMEN UNIVERSITY	厦门大学	中国	177	85. 65
33	HARBIN INSTITUTE OF TECHNOLOGY	哈尔滨工业大学	中国	181	85. 61
34	TONGJI UNIVERSITY	同济大学	中国	183	85. 61
35	TIANJIN UNIVERSITY	天津大学	中国	185	85. 58
36	ZHENGZHOU UNIVERSITY	郑州大学	中国	186	85. 57
37	SOUTHEAST UNIVERSITY-CHINA	东南大学	中国	187	85. 56
38	HONG KONG POLYTECHNIC UNIVERSITY	香港理工大学	中国	205	85. 36
39	KOREA UNIVERSITY	高丽大学	韩国	206	85. 35
40	UNIVERSITY OF ELECTRONIC SCIENCE & TECHNOLOGY OF CHINA	电子科技大学	中国	208	85. 32
41	UNIVERSITY OF SEOUL	首尔市立大学	韩国	213	85. 22
42	HEBREW UNIVERSITY OF JERUSALEM	耶路撒冷希伯来大学	哈萨克斯坦	216	85. 21
43	TOHOKU UNIVERSITY	日本东北大学	日本	219	85. 19
44	ISLAMIC AZAD UNIVERSITY	伊斯兰阿扎德大学	伊朗	221	85. 18
45	OSAKA UNIVERSITY	大阪大学	日本	222	85. 18
46	CITY UNIVERSITY OF HONG KONG	香港城市大学	中国	226	85. 10
47	NANKAI UNIVERSITY	南开大学	中国	232	85. 01
48	SOUTH CHINA UNIVERSITY OF TECHNOLOGY	华南理工大学	中国	234	85. 00
49	SOOCHOW UNIVERSITY-CHINA	苏州大学-中国	中国	235	84. 99
50	SHENZHEN UNIVERSITY	深圳大学	中国	243	84. 89
51	UNIVERSITI MALAYA	马来亚大学	马来西亚	249	84. 83
52	HUNAN UNIVERSITY	湖南大学	中国	259	84. 75
53	KYUSHU UNIVERSITY	九州大学	日本	261	84. 74
54	NAGOYA UNIVERSITY	名古屋大学	日本	277	84. 56
55	CHONGQING UNIVERSITY	重庆大学	中国	282	84. 54
56	BEIJING NORMAL UNIVERSITY	北京师范大学	中国	286	84. 51
57	BEIJING INSTITUTE OF TECHNOLOGY	北京理工大学	中国	290	84. 48
58	BEIHANG UNIVERSITY	北京航空航天大学	中国	300	83. 72
59	HANYANG UNIVERSITY	汉阳大学	韩国	310	84. 32
60	HOKKAIDO UNIVERSITY	北海道大学	日本	320	84. 24
61	DALIAN UNIVERSITY OF TECHNOLOGY	大连理工大学	中国	323	84. 21
62	EAST CHINA NORMAL UNIVERSITY	华东师范大学	中国	326	84. 18
63	CAIRO UNIVERSITY	开罗大学	埃及	327	84. 18
64	KONKUK UNIVERSITY	韩国康都大学	韩国	329	84. 17

续表

所在洲排名	英文名称	中文名称	国家/地区	世界排名	总得分
65	CHINA AGRICULTURAL UNIVERSITY	中国农业大学	中国	330	84.17
66	KING ABDULLAH UNIVERSITY OF SCIENCE & TECHNOLOGY	阿卜杜拉国王理工大学	沙特阿拉伯	331	84.17
67	TECHNION ISRAEL INSTITUTE OF TECHNOLOGY	以色列理工大学	以色列	333	84.16
68	KYUNG HEE UNIVERSITY	庆熙大学	韩国	345	84.06
69	LANZHOU UNIVERSITY	兰州大学	中国	347	84.05
70	JIANGSU UNIVERSITY	江苏大学	中国	351	84.03
71	NORTHWESTERN POLYTECHNICAL UNIVERSITY	西北工业大学	中国	359	83.73
72	TEHRAN UNIVERSITY OF MEDICAL SCIENCES	德黑兰医科大学	伊朗	366	83.90
73	BEN GURION UNIVERSITY	本古里安大学	以色列	367	83.87
74	CHINA MEDICAL UNIVERSITY TAIWAN	台湾"中国医药大学"	中国	368	83.87
75	TAIWAN CHENG KUNG UNIVERSITY	台湾成功大学	中国	371	83.84
76	HONG KONG UNIVERSITY OF SCIENCE & TECHNOLOGY	香港科技大学	中国	376	83.80
77	JUSTUS LIEBIG UNIVERSITY GIESSEN	贾斯塔利耶大学	伊朗	379	83.78
78	UNIVERSITY OF TEHRAN	德黑兰大学	伊朗	391	83.67
79	UNIVERSITY OF TSUKUBA	筑波大学	日本	395	83.56
80	JINAN UNIVERSITY	暨南大学	中国	398	84.23
81	SOUTHWEST UNIVERSITY-CHINA	西南大学	中国	408	83.48
82	KYUNGPOOK NATIONAL UNIVERSITY	庆北国立大学	韩国	411	83.46
83	KOREA ADVANCED INSTITUTE OF SCIENCE & TECHNOLOGY	韩国科学技术院	韩国	414	83.43
84	YANGZHOU UNIVERSITY	扬州大学	中国	416	83.42
85	COMSATS UNIVERSITY ISLAMABAD	伊斯兰堡通信卫星大学	巴基斯坦	417	83.42
86	QINGDAO UNIVERSITY	青岛大学	中国	421	83.39
87	HIROSHIMA UNIVERSITY	广岛大学	日本	425	83.36
88	CHINESE ACADEMY OF MEDICAL SCIENCES-PEKING UNION MEDICAL COLLEGE	中国医学科学院-北京协和医学院	中国	432	83.26
89	PUSAN NATIONAL UNIVERSITY	釜山国立大学	韩国	434	83.20
90	CAPITAL MEDICAL UNIVERSITY	首都医科大学	中国	435	83.20
91	CHULALONGKORN UNIVERSITY	朱拉隆功大学	泰国	436	83.17
92	KEIO UNIVERSITY	庆应义塾大学	日本	440	83.11
93	UNIVERSITY OF LOUISVILLE	路易斯威尔大学	伊拉克	444	83.07
94	MAHIDOL UNIVERSITY	国立玛希隆大学	泰国	448	83.03
95	UNIVERSITI PUTRA MALAYSIA	马来西亚布特拉大学	马来西亚	456	82.96
96	TOKYO INSTITUTE OF TECHNOLOGY	东京工业大学	日本	457	82.95
97	SOUTHERN UNIVERSITY OF SCIENCE & TECHNOLOGY	南方科技大学	中国	467	82.89

续表

所在洲排名	英文名称	中文名称	国家/地区	世界排名	总得分
98	HUAZHONG AGRICULTURAL UNIVERSITY	华中农业大学	中国	469	82.85
99	SHANGHAI UNIVERSITY	上海大学	中国	472	82.84
100	NANJING MEDICAL UNIVERSITY	南京医科大学	中国	480	82.77

亚洲100强主要由中国、日本、韩国高校占据。中国高校占据了亚洲100强的半壁江山，共有56所高校进入，中国科学院大学、清华大学、北京大学分别位列亚洲第2名、第3名和第5名；前十名中共有7所中国高校，在亚洲的实力不容小觑。日本共有11所高校进入亚洲一流高校前一百强，其中东京大学位居亚洲第8名，京都大学位列亚洲第23名，较去年有下降。韩国共有11所高校进入亚洲前一百强，其中首尔大学位列亚洲第1名，实力非常强。而中国台湾和中国香港地区分别有3所和5所高校进入前一百强，其中香港大学位列亚洲第21名，台湾大学位列亚洲第29名，仍有上升空间。亚洲一流高校前十名的中国内地高校有中国科学院大学、清华大学、北京大学、浙江大学、上海交通大学、复旦大学、中山大学。

二、北美洲一流大学排行榜(前100名)

表2-134 北美洲一流大学排行榜（前100名）

所在洲排名	英文名称	中文名称	国家/地区	世界排名	总得分
1	HARVARD UNIVERSITY	哈佛大学	美国	1	100.00
2	STANFORD UNIVERSITY	斯坦福大学	美国	2	92.43
3	MASSACHUSETTS INSTITUTE OF TECHNOLOGY	麻省理工学院	美国	5	90.63
4	UNIVERSITY OF TORONTO	多伦多大学	加拿大	6	91.93
5	JOHNS HOPKINS UNIVERSITY	约翰·霍普金斯大学	美国	7	91.01
6	UNIVERSITY OF PENNSYLVANIA	宾夕法尼亚大学	美国	8	90.25
7	UNIVERSITY OF CALIFORNIA LOS ANGELES	加利福尼亚大学洛杉矶分校	美国	9	89.72
8	COLUMBIA UNIVERSITY	哥伦比亚大学	美国	10	90.12
9	UNIVERSITY OF WASHINGTON SEATTLE	华盛顿大学(西雅图)	美国	13	90.23
10	UNIVERSITY OF MICHIGAN	密歇根大学	美国	15	90.09
11	UNIVERSITY OF WASHINGTON	华盛顿大学	美国	16	90.09
12	YALE UNIVERSITY	耶鲁大学	美国	20	89.55
13	UNIVERSITY OF CALIFORNIA SAN DIEGO	加利福尼亚大学圣迭戈分校	美国	21	89.50
14	UNIVERSITY OF CALIFORNIA BERKELEY	加利福尼亚大学伯克利分校	美国	22	89.43
15	CORNELL UNIVERSITY	康奈尔大学	美国	28	89.37
16	NORTHWESTERN UNIVERSITY	美国西北大学	美国	32	89.26
17	UNIVERSITY OF BRITISH COLUMBIA	英属哥伦比亚大学	加拿大	33	89.16
18	DUKE UNIVERSITY	杜克大学	美国	38	88.74
19	CALIFORNIA INSTITUTE OF TECHNOLOGY	加利福尼亚理工学院	美国	39	88.68

续表

所在洲排名	英文名称	中文名称	国家/地区	世界排名	总得分
20	NORTHEASTERN UNIVERSITY	美国东北大学	美国	41	88.65
21	MCGILL UNIVERSITY	麦吉尔大学	加拿大	52	88.21
22	WASHINGTON UNIVERSITY	圣路易斯华盛顿大学	美国	53	88.20
23	UNIVERSITY OF MINNESOTA TWIN CITIES	明尼苏达大学双城分校	美国	55	88.19
24	UNIVERSITY OF NORTH CAROLINA CHAPEL HILL	北卡罗来纳大学教堂山分校	美国	56	88.19
25	UNIVERSITY OF CALIFORNIA SAN FRANCISCO	加利福尼亚大学旧金山分校	美国	59	88.16
26	UNIVERSITY OF PITTSBURGH	匹兹堡大学	美国	61	88.06
27	OHIO STATE UNIVERSITY	俄亥俄州立大学	美国	63	88.02
28	INDIANA UNIVERSITY BLOOMINGTON	印第安纳大学伯明顿分校	美国	64	88.01
29	UNIVERSITY OF FLORIDA	佛罗里达大学	美国	67	87.86
30	UNIVERSITY OF WISCONSIN MADISON	威斯康星大学麦迪逊分校	美国	68	87.81
31	UNIVERSITY OF CHICAGO	芝加哥大学	美国	69	87.78
32	BROWN UNIVERSITY	布朗大学	美国	73	87.67
33	NEW YORK UNIVERSITY	纽约大学	美国	74	87.64
34	UNIVERSITY OF CALIFORNIA DAVIS	加利福尼亚大学戴维斯分校	美国	77	87.51
35	UNIVERSITY OF TEXAS AUSTIN	得克萨斯大学奥斯汀分校	美国	80	87.42
36	PENNSYLVANIA STATE UNIVERSITY	宾夕法尼亚州立大学	美国	86	87.30
37	UNIVERSITY OF ALBERTA	阿尔伯塔大学	加拿大	90	87.23
38	UNIVERSITY OF MARYLAND COLLEGE PARK	马里兰大学帕克分校	美国	91	87.17
39	UNIVERSITY OF SOUTHERN CALIFORNIA	南加利福尼亚大学	美国	98	87.07
40	PRINCETON UNIVERSITY	普林斯顿大学	美国	107	86.84
41	DARTMOUTH COLLEGE	达特茅斯学院	美国	108	86.77
42	MCMASTER UNIVERSITY	麦克马斯特大学	加拿大	110	86.73
43	UNIVERSITY OF ILLINOIS URBANA-CHAMPAIGN	伊利诺伊大学厄巴纳-香槟分校	美国	111	86.72
44	VANDERBILT UNIVERSITY	范德比尔特大学	美国	112	86.71
45	EMORY UNIVERSITY	埃默里大学	美国	117	86.66
46	BOSTON UNIVERSITY	波士顿大学	美国	119	86.66
47	UNIVERSITY OF CALIFORNIA IRVINE	加利福尼亚大学尔湾分校	美国	120	86.65
48	PENNSYLVANIA STATE UNIVERSITY-UNIVERSITY PARK	宾夕法尼亚州立大学帕克分校	美国	124	86.54
49	UNIVERSITE DE MONTREAL	蒙特利尔大学	加拿大	125	86.53
50	RUTGERS STATE UNIVERSITY NEW BRUNSWICK	罗格斯大学新不斯维克分校	美国	128	86.41
51	UNIVERSITY OF ARIZONA	亚利桑那大学	美国	129	86.39

续表

所在洲排名	英文名称	中文名称	国家/地区	世界排名	总得分
52	UNIVERSITY OF COLORADO BOULDER	科罗拉多大学博尔德分校	美国	138	86.29
53	UNIVERSITY OF UTAH	犹他大学	美国	141	86.27
54	MICHIGAN STATE UNIVERSITY	密歇根州立大学	美国	143	86.24
55	UNIVERSITY OF NORTH CAROLINA	北卡罗来纳大学	美国	147	86.17
56	TEXAS A&M UNIVERSITY COLLEGE STATION	德州农工大学	美国	149	86.16
57	UNIVERSITY OF CALGARY	卡尔加里大学	加拿大	150	86.15
58	PURDUE UNIVERSITY	普渡大学	美国	151	86.13
59	UNIVERSITY OF OTTAWA	渥太华大学	加拿大	153	86.12
60	PURDUE UNIVERSITY WEST LAFAYETTE CAMPUS	普渡大学-西拉斐特	美国	156	86.06
61	GEORGIA INSTITUTE OF TECHNOLOGY	佐治亚理工学院	美国	164	85.86
62	ICAHN SCHOOL OF MEDICINE AT MOUNT SINAI	西奈山伊坎医学院	美国	165	85.84
63	UNIVERSITY OF VIRGINIA	弗吉尼亚大学	美国	167	85.83
64	ARIZONA STATE UNIVERSITY	亚利桑那州立大学	美国	170	85.81
65	UNIVERSITY OF WATERLOO	滑铁卢大学	加拿大	189	85.54
66	UNIVERSITY OF CALIFORNIA SANTA BARBARA	加利福尼亚大学圣塔芭芭拉分校	美国	193	85.48
67	UNIVERSIDAD NACIONAL AUTONOMA DE MEXICO	墨西哥国立自治大学	墨西哥	196	85.45
68	NORTH CAROLINA STATE UNIVERSITY	北卡罗来纳州立大学	美国	197	85.45
69	ARIZONA STATE UNIVERSITY-TEMPE	亚利桑那州立大学	美国	204	85.39
70	UNIVERSITY OF WESTERN ONTARIO	西安大略大学	加拿大	207	85.34
71	UNIVERSITY OF IOWA	艾奥瓦大学	美国	209	85.28
72	VIRGINIA POLYTECHNIC INSTITUTE & STATE UNIVERSITY	弗吉尼亚理工学院暨州立大学	美国	211	85.24
73	UNIVERSITY OF ILLINOIS CHICAGO	伊利诺伊大学	美国	215	85.21
74	UNIVERSITY OF MASSACHUSETTS AMHERST	马萨诸塞大学阿默斯特分校	美国	217	85.21
75	UNIVERSITY OF CONNECTICUT	康涅狄格大学	美国	223	85.16
76	CASE WESTERN RESERVE UNIVERSITY	凯斯西储大学	美国	224	85.15
77	UNIVERSITY OF CINCINNATI	辛辛那提大学	美国	242	84.91
78	COLORADO STATE UNIVERSITY	科罗拉多州立大学	美国	244	84.87
79	LAVAL UNIVERSITY	拉瓦尔大学	加拿大	247	84.85
80	UNIVERSITY OF GEORGIA	佐治亚大学	美国	248	84.85
81	UNIVERSITY OF SOUTH FLORIDA	南佛罗里达大学	美国	250	84.82
82	UNIVERSITY OF KENTUCKY	肯塔基大学	美国	252	84.81
83	UNIVERSITY OF MIAMI	迈阿密大学	美国	254	84.79
84	RICE UNIVERSITY	莱斯大学	美国	257	84.76
85	IOWA STATE UNIVERSITY	艾奥瓦州立大学	美国	266	84.67

续表

所在洲排名	英文名称	中文名称	国家/地区	世界排名	总得分
86	UNIVERSITY OF TENNESSEE KNOXVILLE	田纳西大学诺克斯维尔分校	美国	270	84.64
87	STATE UNIVERSITY OF NEW YORK BUFFALO	纽约州立大学布法罗分校	美国	271	84.64
88	UNIVERSITY OF ROCHESTER	罗切斯特大学	美国	272	84.63
89	BAYLOR COLLEGE OF MEDICINE	贝勒医学院	美国	274	84.61
90	UNIVERSITY OF MANITOBA	曼尼托巴大学	加拿大	276	84.58
91	TUFTS UNIVERSITY	塔夫茨大学	美国	280	84.55
92	UNIVERSITY OF SOUTH CAROLINA COLUMBIA	南卡罗来纳大学哥伦比亚分校	美国	287	84.50
93	STATE UNIVERSITY OF NEW YORK STONY BROOK	纽约州立大学石溪分校	美国	288	84.50
94	WASHINGTON STATE UNIVERSITY	华盛顿州立大学	美国	289	84.49
95	UNIVERSITY OF SASKATCHEWAN	萨省大学	加拿大	291	84.48
96	UNIVERSITY OF KANSAS	堪萨斯大学	美国	293	84.46
97	UNIVERSITY OF QUEBEC	魁北克大学	加拿大	296	84.43
98	UNIVERSITY OF NEW MEXICO	新墨西哥大学	美国	298	84.42
99	FLORIDA STATE UNIVERSITY	佛罗里达州立大学	美国	301	84.41
100	UNIVERSITY OF NEBRASKA LINCOLN	内布拉斯加大学林肯分校	美国	303	84.40

北美洲一流高校100强中只有美国、加拿大和墨西哥三国的高校进入。其中美国高校为85所，加拿大高校为14所，墨西哥高校为1所。结合全球高校30强排行榜来看，美国进入了14所，可见美国高校仍然占据绝对优势。加拿大高校排名最靠前的是多伦多大学，位列第6名，英属哥伦比亚大学位列第33名，今年排名稍有后退，麦吉尔大学位列第52名，阿尔伯塔大学位列第90名，而这四所高校也已进入全球一流高校排行榜的100强，表现值得关注。

三、南美洲一流大学排行榜(前30名)

表2-135 南美洲一流大学排行榜（前30名）

所在洲排名	英文名称	中文名称	国家/地区	世界排名	总得分
1	UNIVERSIDADE DE SAO PAULO	圣保罗大学	巴西	47	88.35
2	UNIVERSIDADE ESTADUAL DE CAMPINAS	坎皮纳斯州立大学	巴西	262	84.73
3	UNIVERSIDADE FEDERAL DO RIO DE JANEIRO	里约热内卢联邦大学	巴西	319	84.25
4	UNIVERSIDADE ESTADUAL PAULISTA	圣保罗州立大学	巴西	337	84.13
5	UNIVERSIDADE FEDERAL DE MINAS GERAIS	米纳斯吉拉斯联邦大学	巴西	344	84.07
6	UNIVERSITY OF BUENOS AIRES	布宜诺斯艾利斯大学	阿根廷	355	83.99
7	PONTIFICIA UNIVERSIDAD CATOLICA DE CHILE	智利天主教大学	智利	393	83.62
8	UNIVERSIDADE FEDERAL DO RIO GRANDE DO SUL	南大河联邦大学	巴西	405	83.49
9	UNIVERSIDADE FEDERAL DE SAO PAULO	圣保罗联邦大学	巴西	498	82.61

续表

所在洲排名	英文名称	中文名称	国家/地区	世界排名	总得分
10	UNIVERSIDADE FEDERAL DE SANTA CATARINA	圣卡塔琳娜联邦大学(UFSC)	巴西	554	82.17
11	UNIVERSIDADE FEDERAL DO PARANA	巴拉那联邦大学	巴西	633	81.71
12	NATIONAL UNIVERSITY OF LA PLATA	拉普拉塔国立大学	阿根廷	659	81.58
13	UNIVERSIDADE FEDERAL DE SAO CARLOS	巴西圣保罗联邦大学	巴西	680	81.46
14	UNIVERSIDAD DE CONCEPCION	康塞普森大学	智利	711	81.28
15	UNIVERSIDADE FEDERAL DE PERNAMBUCO	贝南博古联邦大学	巴西	734	81.18
16	UNIVERSIDADE FEDERAL DE SANTA MARIA	圣玛丽亚联邦大学	巴西	772	81.03
17	UNIVERSIDADE DO ESTADO DO RIO DE JANEIRO	里约热内卢天主教大学	巴西	782	80.99
18	UNIVERSIDADE FEDERAL DO CEARA	塞阿拉联邦大学	巴西	794	80.91
19	UNIVERSIDADE FEDERAL FLUMINENSE	弗鲁米嫩塞联邦大学	巴西	797	80.88
20	UNIVERSIDADE FEDERAL DO RIO GRANDE DO NORTE	北里奥格兰德联邦大学	巴西	800	80.85
21	UNIVERSIDAD NACIONAL DE COLOMBIA	哥伦比亚国立大学	哥伦比亚	830	80.74
22	UNIVERSIDAD DE LOS ANDES	安第斯大学	哥伦比亚	848	80.65
23	UNIVERSIDAD DE ANTIOQUIA	安蒂奥基亚大学	哥伦比亚	860	80.61
24	UNIVERSIDADE FEDERAL DA BAHIA	巴伊亚州联邦大学	巴西	879	80.51
25	UNIVERSIDADE FEDERAL DA PARAIBA	帕拉伊巴联邦大学	巴西	921	80.33
26	NATIONAL UNIVERSITY OF CORDOBA	国立科尔多瓦大学	阿根廷	952	80.18
27	UNIVERSIDADE FEDERAL DE VICOSA	维索萨联邦大学	巴西	960	80.14
28	UNIVERSIDADE FEDERAL DO PARA	帕拉联邦大学	巴西	963	80.13
29	UNIVERSIDADE FEDERAL DE GOIAS	戈亚斯联邦大学	巴西	967	80.12
30	UNIVERSIDAD DE LA REPUBLICA, URUGUAY	乌拉圭共和国大学	乌拉圭	1020	79.86

南美洲一流高校30强中巴西占据了21席，表现不俗，其中圣保罗大学、坎皮纳斯州立大学、里约热内卢联邦大学，分别位列南美洲一流高校第1、2、3名。阿根廷布宜诺斯艾利斯大学位列第6名。智利虽然只有2所大学进入30强，但是智利大学、智利天主教大学分别以第7名和第14名的身份进入前十强，表现不错。

四、欧洲一流大学排行榜(前30名)

表2-136 欧洲一流大学排行榜（前30名）

所在洲排名	英文名称	中文名称	国家/地区	世界排名	总得分
1	UNIVERSITY OF CAMBRIDGE	剑桥大学	英国	3	92.06
2	UNIVERSITY OF OXFORD	牛津大学	英国	4	91.63
3	UNIVERSITY COLLEGE LONDON	伦敦大学学院	英国	11	91.89
4	IMPERIAL COLLEGE LONDON	伦敦帝国学院	英国	12	90.25

续表

所在洲排名	英文名称	中文名称	国家/地区	世界排名	总得分
5	SWISS FEDERAL INSTITUTES OF TECHNOLOGY DOMAIN	瑞士联邦理工学院	瑞士	14	90.13
6	UNIVERSITE PARIS CITE	巴黎西岱大学	法国	17	89.84
7	UNIVERSITE PARIS SACLAY	巴黎萨克雷大学	法国	18	91.23
8	UNIVERSITY OF COPENHAGEN	哥本哈根大学	丹麦	34	90.89
9	SORBONNE UNIVERSITE	索邦大学	法国	35	89.09
10	UPPSALA UNIVERSITY	乌普萨拉大学	瑞典	40	88.67
11	KU LEUVEN	鲁汶大学	比利时	42	88.64
12	UNIVERSITY OF AMSTERDAM	阿姆斯特丹大学	荷兰	43	88.52
13	UNIVERSITY OF EDINBURGH	爱丁堡大学	英国	44	88.47
14	UNIVERSITY OF BONN	波恩大学	德国	48	88.27
15	UNIVERSITY OF GENEVA	日内瓦大学	瑞士	49	88.25
16	KING'S COLLEGE LONDON	伦敦国王学院	英国	50	88.23
17	UTRECHT UNIVERSITY	乌得勒支大学	荷兰	51	88.22
18	ETH ZURICH	苏黎世联邦理工学院	瑞士	57	88.18
19	UNIVERSITY OF MANCHESTER	曼彻斯特大学	英国	58	88.18
20	UNIVERSITY OF ZURICH	苏黎世大学	瑞士	70	87.77
21	GHENT UNIVERSITY	根特大学	比利时	72	87.74
22	UNIVERSITY OF VIENNA	维也纳大学	奥地利	75	87.64
23	UNIVERSITY OF BARCELONA	巴塞罗那大学	西班牙	76	87.60
24	RUPRECHT KARLS UNIVERSITY HEIDELBERG	海德堡大学	德国	78	87.48
25	HUMBOLDT UNIVERSITY OF BERLIN	柏林洪堡大学	德国	81	87.36
26	KAROLINSKA INSTITUTET	卡罗林斯卡医学院	瑞典	83	87.35
27	UNIVERSITY OF GRONINGEN	格罗宁根大学	荷兰	87	87.29
28	TECHNICAL UNIVERSITY OF MUNICH	慕尼黑理工大学	德国	88	87.25
29	VRIJE UNIVERSITEIT AMSTERDAM	阿姆斯特丹自由大学	荷兰	92	87.16
30	UNIVERSITY OF OSLO	奥斯陆大学	挪威	93	87.14

欧洲一流高校排行榜30强中各国大学表现较为均衡，英国、丹麦、法国、瑞士、德国、芬兰、荷兰、西班牙、比利时、意大利等国均有高校进入30强。其中英国共有7名高校进入，10名中有4所高校为英国高校，分别为剑桥大学、牛津大学、伦敦大学学院、伦敦帝国学院。

五、非洲一流大学排行榜(前30名)

表2-137 非洲一流大学排行榜（前30名）

所在洲排名	英文名称	中文名称	国家/地区	世界排名	总得分
1	UNIVERSITY OF CAPE TOWN	开普敦大学	南非	281	84.55

续表

所在洲排名	英文名称	中文名称	国家/地区	世界排名	总得分
2	UNIVERSIDAD DE CHILE	智利大学	塞内加尔达喀尔	309	84.33
3	STELLENBOSCH UNIVERSITY	斯坦陵布什大学	南非	364	83.91
4	UNIVERSITY OF WITWATERSRAND	金山大学	南非	382	83.76
5	UNIV NANTES ANGERS LE MANS	勒芒大学	贝宁共和国	386	83.71
6	UNIVERSITY OF KWAZULU NATAL	夸祖鲁纳塔尔大学	南非	396	83.55
7	UNIVERSITY OF PRETORIA	比勒陀利亚大学	南非	433	83.24
8	UNIVERSITY OF JOHANNESBURG	约翰内斯堡大学	南非	557	82.17
9	NORTH WEST UNIVERSITY-SOUTH AFRICA	南非西北大学	南非	744	81.17
10	UNIVERSITE DE SFAX	斯法克斯大学	突尼斯	884	80.49
11	UNIVERSITY OF SOUTH AFRICA	南非大学	南非	888	80.48
12	ADDIS ABABA UNIVERSITY	亚的斯亚贝巴大学	埃塞俄比亚	905	80.40
13	UNIVERSITY OF THE FREE STATE	自由州大学	南非	941	80.23
14	UNIVERSITY OF IBADAN	伊巴丹大学	尼日利亚	997	79.98
15	MAKERERE UNIVERSITY	麦克雷雷大学	乌干达	1002	79.97
16	UNIVERSITE DE TUNIS-EL-MANAR	突尼斯玛纳尔大学	突尼斯	1069	79.73
17	UNIVERSITY OF GHANA	加纳大学	加纳	1085	79.68
18	UNIVERSITY OF THE WESTERN CAPE	南非西开普大学	南非	1131	79.49
19	UNIVERSITY OF NAIROBI	内罗毕大学	肯尼亚	1162	79.38
20	CADI AYYAD UNIVERSITY OF MARRAKECH	卡迪阿亚德大学	摩洛哥	1180	79.32
21	RHODES UNIVERSITY	罗得斯大学	南非	1221	79.16
22	MOHAMMED V UNIVERSITY IN RABAT	拉巴特穆罕默德五世大学	摩洛哥	1225	79.14
23	KWAME NKRUMAH UNIVERSITY SCIENCE & TECHNOLOGY	夸梅恩克鲁玛科技大学	加纳	1240	79.08
24	MEKELLE UNIVERSITY	默克莱大学	埃塞俄比亚	1259	79.02
25	TSHWANE UNIVERSITY OF TECHNOLOGY	茨瓦内科技大学	南非	1265	79.00
26	DURBAN UNIVERSITY OF TECHNOLOGY	德班理工学院	南非	1295	78.92
27	UNIVERSITY OF LAGOS	拉各斯大学	尼日利亚	1410	78.57
28	HASSAN II UNIVERSITY OF CASABLANCA	哈桑二世卡萨布兰卡大学	摩洛哥	1446	78.50
29	BAHIR DAR UNIVERSITY	巴尔达尔大学	埃塞俄比亚	1483	78.41
30	OBAFEMI AWOLOWO UNIVERSITY	奥巴费米阿沃洛沃大学	尼日利亚	1492	78.38

非洲一流高校排行榜30强中南非有13所高校进入，数量最多。南非开普敦大学、斯坦陵布什、金山大学大学分别位列第1名、第3名、第4名。

六、大洋洲一流大学排行榜(前30名)

表2-138 大洋洲一流大学排行榜（前30名）

所在洲排名	英文名称	中文名称	国家/地区	世界排名	总得分
1	UNIVERSITY OF SYDNEY	悉尼大学	澳大利亚	24	89.42
2	UNIVERSITY OF MELBOURNE	墨尔本大学	澳大利亚	26	89.39
3	UNIVERSITY OF QUEENSLAND	昆士兰大学	澳大利亚	36	88.85
4	MONASH UNIVERSITY	莫纳什大学	澳大利亚	37	88.81
5	UNIVERSITY OF NEW SOUTH WALES SYDNEY	新南威尔士大学	澳大利亚	46	88.40
6	AUSTRALIAN NATIONAL UNIVERSITY	澳大利亚国立大学	澳大利亚	134	86.31
7	UNIVERSITY OF ADELAIDE	阿德莱德大学	澳大利亚	136	86.30
8	UNIVERSITY OF AUCKLAND	奥克兰大学	新西兰	178	85.64
9	UNIVERSITY OF TECHNOLOGY SYDNEY	悉尼科技大学	澳大利亚	227	85.09
10	CURTIN UNIVERSITY	科廷大学	澳大利亚	236	84.97
11	QUEENSLAND UNIVERSITY OF TECHNOLOGY	昆士兰科技大学	澳大利亚	245	84.86
12	GRIFFITH UNIVERSITY	格里菲斯大学	澳大利亚	263	84.72
13	UNIVERSITY OF NEWCASTLE	澳大利亚纽卡索大学	澳大利亚	302	84.40
14	DEAKIN UNIVERSITY	迪肯大学	澳大利亚	306	84.36
15	MACQUARIE UNIVERSITY	麦考瑞大学	澳大利亚	311	84.30
16	ROYAL MELBOURNE INSTITUTE OF TECHNOLOGY	皇家墨尔本理工大学	澳大利亚	340	84.12
17	UNIVERSITY OF WOLLONGONG	伍伦贡大学	澳大利亚	349	84.04
18	UNIVERSITY OF OTAGO	奥塔哥大学	新西兰	363	83.91
19	FLINDERS UNIVERSITY SOUTH AUSTRALIA	南澳大利亚佛林德斯大学	澳大利亚	401	83.52
20	LA TROBE UNIVERSITY	拉特巴大学	澳大利亚	402	83.52
21	WESTERN SYDNEY UNIVERSITY	西悉尼大学	澳大利亚	407	83.48
22	UNIVERSITY OF TASMANIA	塔斯马尼亚大学	澳大利亚	412	83.45
23	UNIVERSITY OF SOUTH AUSTRALIA	南澳大利亚大学	澳大利亚	415	83.43
24	SWINBURNE UNIVERSITY OF TECHNOLOGY	斯文本科技大学	澳大利亚	459	82.93
25	JAMES COOK UNIVERSITY	詹姆斯库克大学	澳大利亚	500	82.60
26	MASSEY UNIVERSITY	梅西大学	新西兰	515	82.52
27	UNIVERSITY OF CANTERBURY	坎特伯雷大学	新西兰	561	82.16
28	VICTORIA UNIVERSITY WELLINGTON	惠灵顿瑞士维多利亚大学	新西兰	594	81.98
29	MURDOCH UNIVERSITY	莫道克大学	澳大利亚	625	81.78
30	EDITH COWAN UNIVERSITY	埃迪科文大学	澳大利亚	674	81.48

大洋洲一流高校排行榜30强中，澳大利亚进入25所，新西兰进入5所。澳大利亚悉尼大学、墨尔本大学和昆士兰大学占据了前3名。10强中，只有奥克兰大学来自新西兰，其余9所均为澳大利亚的大学。

第三章

数据分析

第一节　我们离世界一流大学还有多远？

一、国家(地区)科研竞争力排名与分析

本次的国家(地区)科研竞争力评价以进入 ESI 学科数大于等于 2 个学科的所有大学作为统计样本，得出国家(地区)科研竞争力排行榜。在科研竞争力方面，美国牢牢占据了榜首位置，除专利和篇均被引次数外其他指标的得分都位居首位，显示了绝对领先的科研水平；紧随其后的是中国、英国、法国、德国、澳大利亚、加拿大、意大利、荷兰、韩国、西班牙(表 3-1)。中国大陆(内地)位于第 2 位，中国香港位于第 28 位，中国台湾未进入前 30。从各个具体指标来看，中国大学的 ESI 收录论文数和专利数继续保持较高水平，篇均被引次数、高被引论文数相对偏低。这说明中国大学的科研能力和影响力发展不均衡，虽然科研能力迅速提高，但影响力水平提高不是特别显著。因此，中国大学未来努力的重点和方向是在保持科研产出数量稳定的前提下适当偏重质量，以求得科研能力和影响力水平的同步发展。

表 3-1　国家（地区）科研竞争力 30 强（2023）

排名	国家/地区	发表论文得分	论文被引得分	专利得分	高被引论文得分	国际合作论文得分	总分
1	美国	100.00	87.05	87.96	100.00	100.00	100.00
2	中国大陆(内地)	94.21	81.86	100.00	84.13	88.38	95.60
3	英国	73.04	86.25	55.32	73.81	83.05	87.85
4	法国	70.92	86.02	57.90	66.02	71.70	83.12
5	德国	66.94	86.27	57.67	63.70	73.09	82.28
6	澳大利亚	62.34	86.16	55.57	59.80	69.70	80.34
7	加拿大	63.17	84.76	55.88	59.92	69.61	79.96
8	意大利	63.07	86.25	49.60	58.83	68.67	79.93
9	荷兰	56.31	87.50	45.29	55.75	62.38	77.99
10	韩国	59.79	82.50	86.26	49.54	56.37	77.54
11	西班牙	57.35	84.97	53.79	51.72	62.83	76.51
12	莫桑比克	10.09	100.00	0.00	12.41	16.08	76.34
13	日本	60.57	83.13	71.71	50.37	58.34	76.09
14	瑞士	51.79	87.23	43.87	51.71	58.91	75.89
15	埃塞俄比亚	20.98	97.89	0.00	24.00	29.01	75.11
16	冰岛	19.48	97.58	0.00	20.73	24.16	74.67
17	瑞典	49.53	86.83	50.26	47.61	56.04	74.27
18	巴勒斯坦	28.24	96.21	0.00	27.09	31.65	74.07
19	俄罗斯	40.68	93.90	57.61	33.73	45.06	73.89
20	比利时	45.92	88.36	40.54	44.54	52.15	73.45
21	伊朗	52.88	83.29	46.73	45.72	55.53	72.94
22	沙特阿拉伯	40.71	84.51	47.75	41.76	57.76	72.10
23	奥地利	39.68	89.19	50.79	38.26	47.07	71.91

续表

排名	国家/地区	发表论文得分	论文被引得分	专利得分	高被引论文得分	国际合作论文得分	总分
24	丹麦	44.72	86.34	38.17	42.82	50.15	71.85
25	新加坡	39.47	88.02	52.04	40.45	45.34	71.55
26	赞比亚	12.83	93.42	0.00	13.55	18.60	71.34
27	巴西	54.35	80.56	58.17	41.75	55.74	71.20
28	中国香港	42.38	85.64	47.10	41.66	44.06	71.10
29	菲律宾	14.85	92.12	36.89	18.34	23.03	70.52
30	南非	39.52	85.99	48.29	37.10	47.21	70.43

从进入国家(地区)世界科研竞争力排行榜前600名的大学来看，国家或地区科研竞争力前10位为美国、中国、英国、法国、德国、意大利、澳大利亚、加拿大、韩国、西班牙。如表3-2所示，从具体的科研竞争力前600名大学国家分布来看，美国有125所，中国有102所，英国有42所，法国有32所，德国有31所，意大利有28所，澳大利亚有23所，加拿大有20所，韩国17所，西班牙有16所。这10个国家一共占前600名的70.8%。可见世界上优秀的大学和科研院所大多集中在这几个国家，它们拥有其他国家地区难以企及的科研实力。中国大陆(内地)有15所大学进入前100位，101名至200名中有15所，前300名中有47所，前400名中有59所；前500名中有78所；前600名中有91所。

表3-2 科研竞争力前600名大学国家（地区）分布与比例

国家/地区	前600名		前500名		前400名		前300名		前200名		前100位	
	数量/所	比例/%	数量/所	比例/%	数量/所	比例/%	数量/所	比例/%	数量/所	比例/%	数量/所	比例/%
美国	125	20.83	106	21.20	97	24.25	72	24.00	54	27.00	34	34.00
中国大陆(内地)	91	15.17	78	15.60	59	14.75	47	15.67	30	15.00	15	15.00
英国	42	7.00	36	7.20	29	7.25	25	8.33	22	11.00	9	9.00
法国	32	5.33	26	5.20	22	5.50	17	5.67	10	5.00	5	5.00
德国	31	5.17	28	5.60	27	6.75	20	6.67	8	4.00	4	4.00
意大利	28	4.67	20	4.00	15	3.75	12	4.00	6	3.00	1	1.00
澳大利亚	23	3.83	21	4.20	16	4.00	11	3.67	6	3.00	5	5.00
加拿大	20	3.33	18	3.60	16	4.00	10	3.33	9	4.50	4	4.00
韩国	17	2.83	12	2.40	8	2.00	5	1.67	3	1.50	1	1.00
西班牙	16	2.67	13	2.60	8	2.00	5	1.67	2	1.00	1	1.00
中国香港	5	0.83	5	1.00	5	1.25	5	1.67	4	2.00	0	0.00
中国台湾	5	0.83	4	0.80	2	0.50	2	0.67	1	0.50	0	0.00

从ESI收录论文数来看，2023年国家科研竞争力排名前5位的国家发文量均达到了1190251篇以上，其中排名第1位的美国发文量达到了惊人的5928494篇。中国的发文量位居世界第2位，达4671106篇。从篇均被引次数来看，中国居于第5位，排名比去年更低。从高被引论文数来看，国家科研竞争力排名前5位的国家高被引论文数均在2714篇以上，排名第1位的美国为168878篇。中国的高被引论文数排名世界第2位，为84592篇，较去年67433篇有了较大幅度的提高。从绝对数量来看，占排名第1位的美国的27.75%，而上一年为29.80%。这反映出虽然中国的科研影响力在不断提升，但与发达国家相比还存在较大的差距。从国际合作论文数来看，国家科研竞争力排名前5位的国家国际合作论文数均在190881篇以

上，排名第 1 位的美国为 722424 篇，中国排名第 2，为 440793 篇。排名与 2022 年相同，但与第 1 名的美国的差距仍然较大，在国际合作论文方面还有很大的进步空间。从发明专利来看，国家科研竞争力前 5 位的国家差异比较大。一个国家的专利水平反映了它在世界上的科研创新力。中国的专利数排名世界第 1 位，证明了我国在专利方面生产能力比较强大，但同时也可以看到我国的专利核心竞争力不足、层次比较低。在今后一段时间内，我们在继续保持这种创新优势的同时，也要扩大专利成果的转化力度，将我国大学所具有的创新能力转化为实际的生产力，以此推动我国的经济发展和社会进步。

二、中国进入 ESI 排行的大学排名与分析

2023 年世界大学综合竞争力评价中，有 2 个及以上学科进入 ESI 排行的大学有 2033 所。其中，中国有 366 所，美国有 311 所，英国有 107 所，法国有 90 所，日本有 74 所，德国有 73 所，意大利有 67 所，西班牙有 57 所，加拿大有 47 所，澳大利亚有 40 所。上述 10 个国家 2 个及以上学科进入 ESI 排行的大学数目约占总数的 60. 6%，说明世界上比较优秀的大学集中分布在少数国家，特别是中国、美国、英国、法国、日本、德国、意大利七国在进入 ESI 排行大学总数方面占据着绝对优势。通过以上数据可以看出，中国的整体科研实力是在稳步提升的，学校总数从去年第二上升至第一。而且中国是唯一以发展中国家身份进入科研竞争力世界 10 强的国家，这一点是值得充分肯定的。

表 3-3 中显示的是世界顶尖大学，即进入此次排行的前 1%的 20 所大学，以及中国进入此次排行的大学名单。可以看出，美国的大学依旧牢牢占据世界顶尖大学军团的阵容。

2023 年中国大学科学研究在世界大学中的表现不凡，国内名牌大学在本次评价中的排名普遍上升，这是中国大学加大加强科研力度的重要表现。另外，中国香港进入排行的共有 8 所学校，其中有 5 所进入了世界大学科研竞争力排行榜的前 600 名；中国台湾进入此次排行的大学有 35 所，其中有 5 所学校进入世界大学科研竞争力排行榜的前 600 名；此外，中国澳门的澳门大学以 11 个 ESI 学科保持在此次排行之列。

以上大学的大学科研竞争力排行如表 3-3 所示。

表 3-3 世界顶尖大学与中国进入 ESI 排行的大学科研竞争力排名

排名	学校名称	国家/地区
1	哈佛大学	美国
2	伦敦大学学院	英国
3	牛津大学	英国
4	多伦多大学	加拿大
5	斯坦福大学	美国
6	约翰·霍普金斯大学	美国
7	华盛顿大学	美国
8	华盛顿大学(西雅图)	美国
9	伦敦帝国学院	英国
10	剑桥大学	英国
11	中国科学院大学	中国
12	麻省理工学院	美国
13	巴黎西岱大学	法国
14	瑞士联邦理工学院	瑞士
15	宾夕法尼亚大学	美国
16	密歇根大学	美国

续表

排名	学校名称	国家/地区
17	清华大学	中国
18	哥伦比亚大学	美国
19	加利福尼亚大学洛杉矶分校	美国
20	加利福尼亚大学旧金山分校	美国
29	浙江大学	中国
31	上海交通大学	中国
36	北京大学	中国
52	复旦大学	中国
57	中山大学	中国
62	华中科技大学	中国
63	南京大学	中国
71	中国科学技术大学	中国
72	武汉大学	中国
79	西安交通大学	中国
84	中南大学	中国
90	四川大学	中国
92	郑州大学	中国
103	山东大学	中国
113	香港大学	中国
127	香港中文大学	中国
128	北京理工大学	中国
134	哈尔滨工业大学	中国
144	电子科技大学	中国
147	天津大学	中国
150	华南理工大学	中国
154	东南大学	中国
158	同济大学	中国
159	吉林大学	中国
171	重庆大学	中国
172	香港理工大学	中国
178	湖南大学	中国
181	香港城市大学	中国
184	台湾大学	中国
189	苏州大学	中国
192	浙江工业大学	中国
195	深圳大学	中国
200	大连理工大学	中国

续表

排名	学校名称	国家/地区
202	中国医学科学院-北京协和医学院	中国
203	西北工业大学	中国
204	厦门大学	中国
214	北京航空航天大学	中国
217	南开大学	中国
251	青岛大学	中国
253	江苏大学	中国
254	台湾“中国医药大学”	中国
265	北京师范大学	中国
270	北京工业大学	中国
274	中国地质大学	中国
283	中国农业大学	中国
287	福州大学	中国
288	香港科技大学	中国
289	武汉理工大学	中国
292	南方科技大学	中国
294	首都医科大学	中国
297	扬州大学	中国
299	北京协和医学院	中国
309	北京科技大学	中国
320	华东师范大学	中国
322	南京信息工程大学	中国
324	上海大学	中国
335	西南交通大学	中国
337	南昌大学	中国
343	兰州大学	中国
344	南京航空航天大学	中国
362	中国石油大学	中国
379	合肥工业大学	中国
388	中国矿业大学	中国
396	北京化工大学	中国
403	温州大学	中国
407	暨南大学	中国
414	南京医科大学	中国
424	西南大学	中国
426	台湾阳明交通大学	中国
428	南京理工大学	中国

续表

排名	学校名称	国家/地区
434	华中农业大学	中国
440	南京农业大学	中国
442	北京交通大学	中国
443	中国东北大学	中国
448	西北农林科技大学	中国
455	广东工业大学	中国
462	西安电子科技大学	中国
465	华东理工大学	中国
469	北京邮电大学	中国
478	江南大学	中国
480	华北电力大学	中国
490	台湾成功大学	中国
491	山东科技大学	中国
492	南京工业大学	中国
495	南京林业大学	中国
508	华南农业大学	中国
518	广州大学	中国
529	澳门大学	中国
533	南方医科大学	中国
541	中国海洋大学	中国
542	东华大学	中国
543	河海大学	中国
551	上海理工大学	中国
555	台湾“清华大学”	中国
560	杭州师范大学	中国
561	温州医科大学	中国
567	南京邮电大学	中国
577	华南师范大学	中国
586	重庆医科大学	中国
589	广西大学	中国
602	广州医科大学	中国
603	国防科学技术大学	中国
607	南京师范大学	中国
610	天津医科大学	中国
614	哈尔滨医科大学	中国
615	河南大学	中国
616	上海科技大学	中国

续表

排名	学校名称	国家/地区
618	青岛理工大学	中国
628	华中师范大学	中国
634	宁波大学	中国
635	山东师范大学	中国
638	西南科技大学	中国
640	青岛科技大学	中国
648	长沙理工大学	中国
658	长安大学	中国
660	山东理工大学	中国
662	台北医学大学	中国
663	香港浸会大学	中国
664	浙江师范大学	中国
671	昆明理工大学	中国
672	西北大学	中国
688	长庚大学	中国
691	中国人民解放军海军军医大学	中国
692	成都大学	中国
695	陕西师范大学	中国
715	东北农业大学	中国
720	中国人民解放军陆军军医大学	中国
730	河南理工大学	中国
731	亚洲大学(中国)	中国
738	安徽大学	中国
743	中国医科大学	中国
745	海南大学	中国
753	哈尔滨工程大学	中国
754	山东第一医科大学	中国
762	安徽医科大学	中国
777	福建农林大学	中国
785	福建医科大学	中国
790	湖州学院	中国
791	河北工业大学	中国
799	杭州电子科技大学	中国
806	中国人民大学	中国
816	绍兴文理学院	中国
817	北京林业大学	中国
822	西安建筑科技大学	中国

续表

排名	学校名称	国家/地区
834	武汉工程大学	中国
836	西南财经大学	中国
845	济南大学	中国
849	澳门科技大学	中国
851	聊城大学	中国
855	燕山大学	中国
859	北京工商大学	中国
879	东北师范大学	中国
887	江苏科技大学	中国
888	四川农业大学	中国
889	武汉科技大学	中国
896	南通大学	中国
913	台湾“中央大学”	中国
925	浙江农林大学	中国
926	大连海事大学	中国
927	台湾“中山大学”	中国
931	太原理工大学	中国
932	河南师范大学	中国
937	西安理工大学	中国
946	汕头大学	中国
951	浙江理工大学	中国
955	曲阜师范大学	中国
959	渤海大学	中国
966	高雄医科大学	中国
973	湖南农业大学	中国
979	湖南师范大学	中国
990	兰州理工大学	中国
995	云南大学	中国
999	山西大学	中国
1005	福建师范大学	中国
1006	陕西科技大学	中国
1007	贵州大学	中国
1012	台湾科技大学	中国
1020	长江大学	中国
1023	台湾中兴大学	中国
1028	齐鲁工业大学	中国
1030	西南石油大学	中国

续表

排名	学校名称	国家/地区
1031	浙江工商大学	中国
1032	中北大学	中国
1038	成都理工大学	中国
1055	华侨大学	中国
1061	中国药科大学	中国
1068	东北林业大学	中国
1074	辽宁工业大学	中国
1075	香港中文大学(深圳)	中国
1078	河南科技大学	中国
1094	常州大学	中国
1096	山东农业大学	中国
1101	湘潭大学	中国
1107	湖北大学	中国
1108	天津理工大学	中国
1124	烟台大学	中国
1136	桂林电子科技大学	中国
1145	西安科技大学	中国
1148	台湾云林科技大学	中国
1167	黑龙江大学	中国
1184	大连医科大学	中国
1188	广西医科大学	中国
1189	重庆邮电大学	中国
1193	安徽工业大学	中国
1199	天津科技大学	中国
1200	宁波诺丁汉大学	中国
1203	南华大学	中国
1204	上海财经大学	中国
1208	上海师范大学	中国
1211	天津工业大学	中国
1212	南昌航空大学	中国
1219	中国计量大学	中国
1220	南京中医药大学	中国
1224	新疆大学	中国
1233	江西师范大学	中国
1235	对外经济贸易大学	中国
1236	上海海事大学	中国
1245	河北大学	中国

续表

排名	学校名称	国家/地区
1249	重庆工商大学	中国
1263	青岛农业大学	中国
1272	三峡大学	中国
1274	浙江海洋大学	中国
1280	内蒙古大学	中国
1282	上海中医药大学	中国
1287	江苏师范大学	中国
1289	台湾师范大学	中国
1290	河南农业大学	中国
1292	安徽财经大学	中国
1299	四川师范大学	中国
1312	中南林业科技大学	中国
1314	泰州学院	中国
1325	西交利物浦大学	中国
1327	武汉纺织大学	中国
1331	北京中医药大学	中国
1345	河北医科大学	中国
1348	河北师范大学	中国
1349	太原科技大学	中国
1352	江西科技学院	中国
1371	首都师范大学	中国
1378	北京农林科学院	中国
1380	佛山科学技术学院	中国
1385	安徽农业大学	中国
1386	西安工业大学	中国
1392	徐州医科大学	中国
1397	安徽理工大学	中国
1398	华北理工大学	中国
1404	广州中医药大学	中国
1408	哈尔滨理工大学	中国
1417	郑州轻工业大学	中国
1426	山东财经大学	中国
1431	昆明医科大学	中国
1432	台北科技大学	中国
1437	上海海洋大学	中国
1438	中南民族大学	中国
1448	中南财经政法大学	中国

续表

排名	学校名称	国家/地区
1449	西华师范大学	中国
1452	成都中医药大学	中国
1464	上海工程技术大学	中国
1466	湖南科技大学	中国
1467	香港教育大学	中国
1476	山西医科大学	中国
1483	广东医科大学	中国
1489	湖北工业大学	中国
1493	广东海洋大学	中国
1500	东莞理工学院	中国
1504	安徽师范大学	中国
1518	广西师范大学	中国
1523	桂林工业大学	中国
1533	东海大学	中国
1535	湖南工业大学	中国
1538	南京财经大学	中国
1539	盐城工学院	中国
1540	兰州交通大学	中国
1544	台湾中原大学	中国
1549	沈阳药科大学	中国
1552	江西财经大学	中国
1555	河北农业大学	中国
1570	新疆医科大学	中国
1571	西北师范大学	中国
1579	西南医科大学	中国
1587	苏州科技大学	中国
1590	淡江大学	中国
1601	哈尔滨师范大学	中国
1603	吉林农业大学	中国
1616	湖北大学医学院	中国
1618	中山医学大学	中国
1624	嘉兴大学	中国
1648	河南工业大学	中国
1652	贵州医科大学	中国
1653	信阳师范学院	中国
1654	闽江学院	中国
1661	仲恺农业工程学院	中国

续表

排名	学校名称	国家/地区
1663	五邑大学	中国
1667	山西农业大学	中国
1669	辅仁大学	中国
1675	临沂大学	中国
1676	上海电力大学	中国
1684	台湾医学院	中国
1687	北京建筑大学土木与交通工程学院	中国
1697	高雄科技大学	中国
1701	石河子大学	中国
1704	滨州医学院	中国
1707	天津师范大学	中国
1709	浙江中医药大学	中国
1713	成都信息工程大学	中国
1717	东北财经大学	中国
1719	集美大学	中国
1722	云南师范大学	中国
1731	义守大学	中国
1732	沈阳农业大学	中国
1738	江西农业大学	中国
1740	中央财经大学	中国
1747	大连工业大学	中国
1750	甘肃农业大学	中国
1751	新乡医学院	中国
1758	台湾海洋大学	中国
1766	西安邮电大学	中国
1773	辽宁大学	中国
1781	浙江财经大学	中国
1785	逢甲大学	中国
1810	长春科技大学	中国
1821	宁夏医科大学	中国
1824	淮阴师范学院	中国
1834	宁夏大学	中国
1840	云南农业大学	中国
1851	天津中医药大学	中国
1852	广东药科大学	中国
1859	沈阳工业大学	中国
1867	广东外语外贸大学	中国

续表

排名	学校名称	国家/地区
1871	吉林师范大学	中国
1874	明志科技大学	中国
1876	延边大学	中国
1877	中国人民解放军陆军工程大学	中国
1882	河北科技大学	中国
1884	东华理工大学	中国
1887	辽宁石油化工大学	中国
1890	长庚科技大学	中国
1902	西安医学院	中国
1905	上海应用技术大学	中国
1909	台湾“东华大学”	中国
1913	重庆理工大学	中国
1914	鲁东大学	中国
1932	长春工业大学	中国
1936	遵义医学院	中国
1937	元智大学	中国
1939	潍坊医学院	中国
1947	台湾中正大学	中国
1950	山东中医药大学	中国
1957	中原工学院	中国
1962	四川轻化工大学	中国
1975	台湾嘉义大学	中国
1976	河南科技学院	中国
1977	内蒙古科技大学	中国
1980	中国人民解放军信息工程大学	中国
1984	锦州医科大学	中国
1993	湖南中医学院	中国
2000	内蒙古农业大学	中国
2005	台湾政治大学	中国
2006	台湾屏东科技大学	中国
2009	岭南大学	中国
2023	黑龙江中医药大学	中国
2025	辽宁中医药大学	中国
2031	河南中医药大学	中国
2032	彰化师范大学	中国

为了更详细、更有针对性地分析排名结果，在这一部分，我们对中国进入世界一流大学综合竞争力排行榜前100名的15所大学进行单个指标的科研竞争力比较分析。

2023 年，中国进入世界一流大学综合竞争力排行榜前 100 名的大学有 15 所，分别是中国科学院大学(第 23 位)、清华大学(第 25 位)、北京大学(第 29 位)、浙江大学(第 30 位)、上海交通大学(第 31 位)、复旦大学(第 54 位)、中山大学(第 60 位)、南京大学(第 65)、中国科学科技大学(第 71 位)、武汉大学(第 79 位)、四川大学(第 82 位)、华中科技大学(第 85 位)、中南大学(第 89 位)、香港大学(第 96 位)、西安交通大学(第 100 位)。

我们按照各项评价指标，将其与它们同档次的大学进行比较，因中国科学院大学、清华大学、北京大学的名次接近，故我们放在一起进行比较，浙江大学与上海交通大学一起比较，复旦大学、中山大学、南京大学一起比较、中国科学技术大学、武汉大学、四川大学一起比较，华中科技大学、中南大学、西安交通大学一起比较，以更好地分析排名结果。

(一) 中国科学院大学、清华大学与北京大学

中国科学院大学在此次排名中处于第 23 位，清华大学处于第 25 位，北京大学位于第 29 位，在 2033 所大学中，相对来说比较靠前。我们选取与中国科学院大学、清华大学和北京大学排名处于同一阶段的其他 7 所大学进行比较分析，分别是耶鲁大学(美国)、加利福尼亚大学圣迭戈分校(美国)、加利福尼亚大学伯克利分校(美国)、悉尼大学(澳大利亚)、墨尔本大学(澳大利亚)、新加坡国立大学(新加坡)、康奈尔大学(美国)。

1. 综合竞争力排名分析

这 10 所大学的综合竞争力排名如表 3-4 所示。其中，只有中国科学院大学、清华大学和北京大学是在发展中国家，其余 7 所均分布在美国、澳大利亚和新加坡三个发达国家和地区。

表 3-4 中国科学院大学、清华大学、北京大学与同档次大学综合竞争力排名比较

排名	学校名称	国家/地区	排名	学校名称	国家/地区
20	耶鲁大学	美国	25	清华大学	中国
21	加利福尼亚大学圣迭戈分校	美国	26	墨尔本大学	澳大利亚
22	加利福尼亚大学伯克利分校	美国	27	新加坡国立大学	新加坡
23	中国科学院大学	中国	28	康奈尔大学	美国
24	悉尼大学	澳大利亚	29	北京大学	中国

注：阴影覆盖的表单元是本书所列举的中国大学范例的情况，下同。

2. 高被引科学家数排名分析

从表 3-5 中可以看出，清华大学的高被引科学家数排名领先于其综合竞争力排名，北京大学的高被引科学家排名与其综合排名相差不大，而中国科学院大学的高被引科学家数排名明显落后于其综合竞争力排名。这说明仍需要进一步加强高影响力科研队伍的建设。

表 3-5 中国科学院大学、清华大学、北京大学与同档次大学高被引科学家数排名比较

综合竞争力排名	学校名称	国家/地区	高被引科学家数排名
20	耶鲁大学	美国	10
21	加利福尼亚大学圣迭戈分校	美国	14
22	加利福尼亚大学伯克利分校	美国	9
23	中国科学院大学	中国	525
24	悉尼大学	澳大利亚	47

续表

综合竞争力排名	学校名称	国家/地区	高被引科学家数排名
25	清华大学	中国	3
26	墨尔本大学	澳大利亚	20
27	新加坡国立大学	新加坡	23
28	康奈尔大学	美国	17
29	北京大学	中国	35

3. 进入 ESI 学科数排名分析

从学科数来看，如表 3-6 所示，中国科学院进入 ESI 的学科数为 22 个。北京大学进入 ESI 的学科数为 22 个。清华大学进入 ESI 的学科数为 21 个，仅一个学科未进入 ESI 排名，与 2022 年学科数量一致。

表 3-6 中国科学院大学、清华大学、北京大学与同档次大学进入 ESI 学科数比较

综合竞争力排名	学校名称	国家/地区	学科数
20	耶鲁大学	美国	22
21	加利福尼亚大学圣迭戈分校	美国	22
22	加利福尼亚大学伯克利分校	美国	22
23	中国科学院大学	中国	22
24	悉尼大学	澳大利亚	22
25	清华大学	中国	21
26	墨尔本大学	澳大利亚	21
27	新加坡国立大学	新加坡	21
28	康奈尔大学	美国	22
29	北京大学	中国	22

4. ESI 收录论文数排名分析

从 ESI 收录论文数来看，中国科学院大学在 ESI 收录论文数的排名为 2，清华大学在 ESI 收录论文数的排名为 14，北京大学的排名为 15。从表 3-7 中可以看出，与同档次的大学相比，中国科学院大学、清华大学和北京大学排名都相对靠前，表明其论文产出较多。而且，相较于 2022 年，清华大学和北京大学两所高校的 ESI 收录论文数排名均上升 3 位。

表 3-7 中国科学院大学、清华大学、北京大学与同档次大学 ESI 收录论文数排名比较

综合竞争力排名	学校名称	国家/地区	ESI 收录论文数排名
20	耶鲁大学	美国	43
21	加利福尼亚大学圣迭戈分校	美国	38
22	加利福尼亚大学伯克利分校	美国	48
23	中国科学院大学	中国	2
24	悉尼大学	澳大利亚	26
25	清华大学	中国	14

续表

综合竞争力排名	学校名称	国家/地区	ESI 收录论文数排名
26	墨尔本大学	澳大利亚	30
27	新加坡国立大学	新加坡	39
28	康奈尔大学	美国	40
29	北京大学	中国	15

5. 篇均被引次数排名分析

从篇均被引次数来看，在综合竞争力排名相近的 10 所大学中，加利福尼亚大学伯克利分校的篇均被引次数最多，高居榜首。如表 3-8 所示，在 10 所排名相近的大学中，中国科学院大学、清华大学与北京大学的篇均被引次数排名均靠后，三所高校的篇均被引次数排名位次明显落后于其综合竞争力排名位次，三所学校都需要提高论文质量与影响力。

表 3-8　中国科学院大学、清华大学、北京大学与同档次大学篇均被引次数排名比较

综合竞争力排名	学校名称	国家/地区	篇均被引次数排名
20	耶鲁大学	美国	105
21	加利福尼亚大学圣迭戈分校	美国	95
22	加利福尼亚大学伯克利分校	美国	63
23	中国科学院大学	中国	971
24	悉尼大学	澳大利亚	346
25	清华大学	中国	486
26	墨尔本大学	澳大利亚	309
27	新加坡国立大学	新加坡	248
28	康奈尔大学	美国	129
29	北京大学	中国	638

6. 高被引论文数排名分析

从高被引论文数来看，在综合竞争力排名相近的 10 所大学中，中国科学院大学的高被引论文数是 3007 篇，排名第 17。清华大学高被引论文数是 2842 篇，北京大学高被引论文数是 2253 篇，与中国科学院大学有一定的差距。如表 3-9 所示，清华大学的高被引论文数排名在第 23 位，北京大学排名在第 34 位，和同档次的学校相比，中国科学院大学排名靠前，清华大学排名位于中段，北京大学的高被引论文数排名处于相对落后的位置。

表 3-9　中国科学院大学、清华大学、北京大学与同档次大学高被引论文数排名比较

综合竞争力排名	学校名称	国家/地区	高被引论文数排名
20	耶鲁大学	美国	22
21	加利福尼亚大学圣迭戈分校	美国	21
22	加利福尼亚大学伯克利分校	美国	20
23	中国科学院大学	中国	17

续表

综合竞争力排名	学校名称	国家/地区	高被引论文数排名
24	悉尼大学	澳大利亚	32
25	清华大学	中国	23
26	墨尔本大学	澳大利亚	33
27	新加坡国立大学	新加坡	30
28	康奈尔大学	美国	24
29	北京大学	中国	34

7. 国际合作论文数排名分析

如表 3-10 所示，在这 10 所大学中，排名最靠前的是悉尼大学，中国科学院大学的国际合作论文数排名处于中间靠前的位置，清华大学与北京大学的国际合作论文数排名处于中间靠后的位置，仍有较大进步空间。

表 3-10　中国科学院大学、清华大学、北京大学与同档次大学国际合作论文数排名比较

综合竞争力排名	学校名称	国家/地区	国际合作论文数排名
20	耶鲁大学	美国	54
21	加利福尼亚大学圣迭戈分校	美国	59
22	加利福尼亚大学伯克利分校	美国	79
23	中国科学院大学	中国	21
24	悉尼大学	澳大利亚	9
25	清华大学	中国	50
26	墨尔本大学	澳大利亚	11
27	新加坡国立大学	新加坡	10
28	康奈尔大学	美国	53
29	北京大学	中国	49

8. 发明专利数排名分析

从发明专利数来看，清华大学排名为第 24 名，北京大学排名为第 55 名，中国科学院大学排名为 212 名。如表 3-11 所示，与同档次的大学(除美国的加利福尼亚大学伯克利分校和加利福尼亚大学圣迭戈分校外)相比，清华大学与北京大学的发明专利数排名有显著优势。中国科学院大学排名处于中间位置。

表 3-11　中国科学院大学、清华大学、北京大学与同档次大学发明专利数排名比较

综合竞争力排名	学校名称	国家/地区	发明专利数排名
20	耶鲁大学	美国	270
21	加利福尼亚大学圣迭戈分校	美国	925
22	加利福尼亚大学伯克利分校	美国	1156
23	中国科学院大学	中国	212
24	悉尼大学	澳大利亚	431

续表

综合竞争力排名	学校名称	国家/地区	发明专利数排名
25	清华大学	中国	24
26	墨尔本大学	澳大利亚	508
27	新加坡国立大学	新加坡	116
28	康奈尔大学	美国	173
29	北京大学	中国	55

9. 网络影响力排名分析

从表 3-12 中可以看出，相对于同档次的大学，中国科学院大学的网络影响力排名靠后，落后于其他同档次的大学，表明中国科学院大学在国际上的影响力仍有待进一步提升。

表 3-12　中国科学院大学、清华大学、北京大学与同档次大学网络影响力排名比较

综合竞争力排名	学校名称	国家/地区	网络影响力排名
20	耶鲁大学	美国	14
21	加利福尼亚大学圣迭戈分校	美国	17
22	加利福尼亚大学伯克利分校	美国	4
23	中国科学院大学	中国	248
24	悉尼大学	澳大利亚	50
25	清华大学	中国	24
26	墨尔本大学	澳大利亚	40
27	新加坡国立大学	新加坡	47
28	康奈尔大学	美国	7
29	北京大学	中国	32

(二)浙江大学与上海交通大学

浙江大学在综合竞争力排名中处于第 30 名，上海交通大学在综合竞争力排名中处于第 31 名，我们选取与两所高校排名处于同一阶段的其他 3 所大学进行比较分析。

1. 综合竞争力排名分析

这 5 所大学的综合竞争力排名如表 3-13 所示。与浙江大学、上海交通大学排名处同一阶段的其他大学分别为美国的美国西北大学、加拿大的英属哥伦比亚大学、丹麦的哥本哈根大学。

表 3-13　浙江大学、上海交通大学与同档次大学综合竞争力排名比较

排名	学校名称	国家/地区
30	浙江大学	中国
31	上海交通大学	中国
32	美国西北大学	美国

续表

排名	学校名称	国家/地区
33	英属哥伦比亚大学	加拿大
34	哥本哈根大学	丹麦

2. 高被引科学家数排名分析

从表 3-14 中可以看出，除美国西北大学表现突出以外，浙江大学、上海交通大学和其他同档次大学的高被引科学家数排名较其综合竞争力排名均与各自的综合竞争力排名有一定差距，表明浙江大学、上海交通大学均需要引进和培育更高影响力的科研人才。

表 3-14　浙江大学、上海交通大学与同档次大学高被引科学家数排名分析

综合竞争力排名	学校名称	国家/地区	高被引科学家数排名
30	浙江大学	中国	42
31	上海交通大学	中国	59
32	美国西北大学	美国	27
33	英属哥伦比亚大学	加拿大	47
34	哥本哈根大学	丹麦	74

3. 进入 ESI 学科数排名分析

从进入 ESI 学科数来看，如表 3-15 所示，浙江大学和上海交通大学进入 ESI 的学科数均为 21，仅一个科学未进入 ESI 排名表中。

表 3-15　浙江大学、上海交通大学与同档次大学进入 ESI 学科数比较

综合竞争力排名	学校名称	国家/地区	学科数
30	浙江大学	中国	21
31	上海交通大学	中国	21
32	美国西北大学	美国	21
33	英属哥伦比亚大学	加拿大	22
34	哥本哈根大学	丹麦	22

4. ESI 收录论文数排名分析

从 ESI 收录论文数排名来看，如表 3-16 所示，上海交通大学排行第 4 位，与同档次的大学比较其表现最佳，共 131036 篇，浙江大学排行第 5 位。与 2022 年相比，上海交通大学与浙江大学的 ESI 收录数量排名进步显著。

表 3-16　浙江大学、上海交通大学与同档次大学 ESI 收录论文数排名比较

综合竞争力排名	学校名称	国家/地区	ESI 收录论文数排名
30	浙江大学	中国	5

续表

综合竞争力排名	学校名称	国家/地区	ESI 收录论文数排名
31	上海交通大学	中国	4
32	美国西北大学	美国	65
33	英属哥伦比亚大学	加拿大	35
34	哥本哈根大学	丹麦	31

5. 篇均被引次数排名分析

从篇均被引次数来看，浙江大学的篇均被引次数排名为第 990 名，上海交通大学的篇均被引次数排名为第 977 名，说明两所高校在科研影响力方面距离世界顶尖大学水平还有很大的差距。如表 3-17 所示，在科研竞争力排名相近的 5 所大学中，浙江大学和上海交通大学的篇均被引次数排在最后，严重落后于其综合竞争力排名。

表 3-17　浙江大学、上海交通大学与同档次大学篇均被引次数排名比较

综合竞争力排名	学校名称	国家/地区	篇均被引次数排名
30	浙江大学	中国	990
31	上海交通大学	中国	977
32	美国西北大学	美国	104
33	英属哥伦比亚大学	加拿大	306
34	哥本哈根大学	丹麦	198

6. 高被引论文数排名分析

从高被引论文数来看，浙江大学的高被引论文数为 2105 篇，上海交通大学的高被引论文数为 2038 篇。如表 3-18 所示，和同档次的学校相比，浙江大学的高被引论文数排在第 39 位，上海交通大学排在第 42 位，相对于两所高校较高的 ESI 收录论文数，高被引论文数较低，表明其论文质量还有待提高。

表 3-18　浙江大学、上海交通大学与同档次大学高被引论文数排名比较

综合竞争力排名	学校名称	国家/地区	高被引论文数排名
30	浙江大学	中国	39
31	上海交通大学	中国	42
32	美国西北大学	美国	31
33	英属哥伦比亚大学	加拿大	35
34	哥本哈根大学	丹麦	28

7. 国际合作论文数排名分析

如表 3-19 所示，浙江大学的国际合作论文数排名第 32 位，上海交通大学的国际合作论文数排名第 31 位，与同档次的大学比较排名处于居中位置，其国际合作程度表现较为良好。

表 3-19 浙江大学、上海交通大学与同档次大学国际合作论文数排名比较

综合竞争力排名	学校名称	国家/地区	国际合作论文数排名
30	浙江大学	中国	32
31	上海交通大学	中国	31
32	美国西北大学	美国	107
33	英属哥伦比亚大学	加拿大	16
34	哥本哈根大学	丹麦	12

8. 发明专利数排名分析

从发明专利数来看，如表 3-20 所示，与同档次的大学相比，浙江大学排在第 309 位，上海交通大学排在第 54 位。与其综合竞争力排名相比，浙江大学的发明专利数排名明显低于其综合竞争力排名，表明其科技创新能力比较弱。

表 3-20 浙江大学、上海交通大学与同档次大学发明专利数排名比较

综合竞争力排名	学校名称	国家/地区	发明专利数排名
30	浙江大学	中国	309
31	上海交通大学	中国	54
32	美国西北大学	美国	7
33	英属哥伦比亚大学	加拿大	337
34	哥本哈根大学	丹麦	556

9. 网络影响力排名分析

从表 3-21 中可以看出，浙江大学、上海交通大学相对于同档次的大学，其网络影响力排名处于较为落后的位置，低于其综合竞争力排名，表明浙江大学需进一步提升国际知名度。

表 3-21 浙江大学、上海交通大学与同档次大学网络影响力排名比较

综合竞争力排名	学校名称	国家/地区	网络影响力排名
30	浙江大学	中国	68
31	上海交通大学	中国	69
32	美国西北大学	美国	22
33	英属哥伦比亚大学	加拿大	27
34	哥本哈根大学	丹麦	74

(三) 复旦大学、中山大学与南京大学

复旦大学、中山大学与南京大学在综合竞争力排名排行中分别处于第 54 名、第 60 名、第 65 名，在 2033 所大学中比较靠前。我们选取与复旦大学、中山大学与南京大学排名处于同一范围其他 9 所大学进行比较分析。

1. 综合竞争力排名分析

这 12 所大学的综合竞争力排名如表 3-22 所示。除中国的三所大学外，其余 9 所大学均来自发达国家

或地区，它们分别是美国的明尼苏达大学双城分校、北卡罗来纳大学教堂山分校、加利福尼亚大学旧金山分校、匹兹堡大学、俄亥俄州立大学、第安纳大学伯明顿分校、瑞士的苏黎世联邦理工学院、新加坡的南洋理工大学。

表 3-22　复旦大学、中山大学与南京大学与同档次大学综合竞争力排名比较

排名	学校名称	国家/地区	排名	学校名称	国家/地区
54	复旦大学	中国	60	中山大学	中国
55	明尼苏达大学双城分校	美国	61	匹兹堡大学	美国
56	北卡罗来纳大学教堂山分校	美国	62	南洋理工大学	新加坡
57	苏黎世联邦理工学院	瑞士	63	俄亥俄州立大学	美国
58	曼彻斯特大学	英国	64	印第安纳大学伯明顿分校	美国
59	加利福尼亚大学旧金山分校	美国	65	南京大学	中国

2. 高被引科学家数排名分析

从表 3-23 中可以看出，和其他同档次大学相比，复旦大学、中山大学与南京大学的高被引科学家数排名靠后，表明其科研队伍还有待加强。

表 3-23　复旦大学、中山大学与南京大学与同档次大学高被引科学家数排名比较

综合竞争力排名	学校名称	国家/地区	高被引科学家数排名
54	复旦大学	中国	43
55	明尼苏达大学双城分校	美国	35
56	北卡罗来纳大学教堂山分校	美国	22
57	苏黎世联邦理工学院	瑞士	59
58	曼彻斯特大学	英国	68
59	加利福尼亚大学旧金山分校	美国	20
60	中山大学	中国	65
61	匹兹堡大学	美国	54
62	南洋理工大学	新加坡	16
63	俄亥俄州立大学	美国	183
64	印第安纳大学伯明顿分校	美国	239
65	南京大学	中国	91

3. 进入 ESI 学科数分析

从学科数来看，如表 3-24 所示，复旦大学、中山大学与南京大学进入 ESI 学科数分别为 21 个、20 个、20 个。和同档次的大学相比，学科有待进一步发展，期待其建立更加完善、强大的学科体系。

表 3-24　复旦大学、中山大学与南京大学与同档次大学进入 ESI 学科数比较

综合竞争力排名	学校名称	国家/地区	学科数
54	复旦大学	中国	21

续表

综合竞争力排名	学校名称	国家/地区	学科数
55	明尼苏达大学双城分校	美国	22
56	北卡罗来纳大学教堂山分校	美国	21
57	苏黎世联邦理工学院	瑞士	22
58	曼彻斯特大学	英国	22
59	加利福尼亚大学旧金山分校	美国	14
60	中山大学	中国	20
61	匹兹堡大学	美国	20
62	南洋理工大学	新加坡	19
63	俄亥俄州立大学	美国	22
64	印第安纳大学伯明顿分校	美国	20
65	南京大学	中国	20

4. ESI 收录论文数排名分析

从 ESI 收录论文数来看，在 ESI 中收录复旦大学、中山大学与南京大学的论文数排名分别是第 33 位、第 25 位和第 72 位，从表 3-25 中可以看出，与同档次的大学相比，中山大学和复旦大学依次位列第 1 名和第 2 名，表明其发表国际论文数多，科研产出率高。

表 3-25　复旦大学、中山大学与南京大学与同档次大学 ESI 收录论文数排名比较

综合竞争力排名	学校名称	国家/地区	ESI 收录论文数排名
54	复旦大学	中国	33
55	明尼苏达大学双城分校	美国	45
56	北卡罗来纳大学教堂山分校	美国	66
57	苏黎世联邦理工学院	瑞士	79
58	曼彻斯特大学	英国	68
59	加利福尼亚大学旧金山分校	美国	54
60	中山大学	中国	25
61	匹兹堡大学	美国	52
62	南洋理工大学	新加坡	103
63	俄亥俄州立大学	美国	41
64	印第安纳大学伯明顿分校	美国	169
65	南京大学	中国	72

5. 篇均被引次数排名分析

从篇均被引次数来看，复旦大学、中山大学与南京大学的篇均被引次数排名均远低于综合竞争力排名。如表 3-26 所示，在综合竞争力排名相近的 10 所大学中，复旦大学、中山大学与南京大学的篇均被引次数排名落后，且与其他高校差距较大，这与复旦大学、中山大学、南京大学发表国际论文数量多有一定的关系，同时也在一定程度上表明这三所大学需要进一步提高论文的质量与影响力。

表 3-26　复旦大学、中山大学与南京大学与同档次大学篇均被引次数排名比较

综合竞争力排名	学校名称	国家/地区	篇均被引次数排名
54	复旦大学	中国	815
55	明尼苏达大学双城分校	美国	308
56	北卡罗来纳大学教堂山分校	美国	153
57	苏黎世联邦理工学院	瑞士	147
58	曼彻斯特大学	英国	270
59	加利福尼亚大学旧金山分校	美国	69
60	中山大学	中国	935
61	匹兹堡大学	美国	182
62	南洋理工大学	新加坡	138
63	俄亥俄州立大学	美国	343
64	印第安纳大学伯明顿分校	美国	388
65	南京大学	中国	646

6. 高被引论文数排名分析

从高被引论文数来看，复旦大学高被引论文数是 1626 篇，中山大学高被引论文数是 1616 篇，南京大学高被引论文数是 1311。如表 3-27 所示，复旦大学、中山大学与南京大学的高被引论文数排名分别在第 70 位、第 72 位和 95 位。和同档次的学校相比，复旦大学、中山大学与南京大学的高被引论文数排名靠后。

表 3-27　复旦大学、中山大学与南京大学与同档次大学高被引论文数排名比较

综合竞争力排名	学校名称	国家/地区	高被引论文数排名
54	复旦大学	中国	70
55	明尼苏达大学双城分校	美国	47
56	北卡罗来纳大学教堂山分校	美国	43
57	苏黎世联邦理工学院	瑞士	55
58	曼彻斯特大学	英国	58
59	加利福尼亚大学旧金山分校	美国	19
60	中山大学	中国	72
61	匹兹堡大学	美国	40
62	南洋理工大学	新加坡	48
63	俄亥俄州立大学	美国	46
64	印第安纳大学伯明顿分校	美国	157
65	南京大学	中国	95

7. 国际合作论文数排名分析

如表 3-28 所示，在这 10 所大学中，复旦大学和中山大学的国际合作论文数排名均居中，南京大学的国际合作论文数排名靠后。这 3 所高校需要更加注重国际论文合作。

表 3-28 复旦大学、中山大学与南京大学与同档次大学国际合作论文数排名比较

综合竞争力排名	学校名称	国家/地区	国际合作论文数排名
54	复旦大学	中国	92
55	明尼苏达大学双城分校	美国	93
56	北卡罗来纳大学教堂山分校	美国	124
57	苏黎世联邦理工学院	瑞士	43
58	曼彻斯特大学	英国	37
59	加利福尼亚大学旧金山分校	美国	68
60	中山大学	中国	73
61	匹兹堡大学	美国	90
62	南洋理工大学	新加坡	47
63	俄亥俄州立大学	美国	89
64	印第安纳大学伯明顿分校	美国	248
65	南京大学	中国	201

8. 发明专利数排名分析

从发明专利数来看，复旦排名第 51，中山大学排名第 35，南京大学排名第 5。如表 3-29 所示，与同档次的大学相比，复旦大学、中山大学与南京大学发明专利数排名有明显的优势。

表 3-29 复旦大学、中山大学与南京大学与同档次大学发明专利数排名比较

综合竞争力排名	学校名称	国家/地区	发明专利数排名
54	复旦大学	中国	51
55	明尼苏达大学双城分校	美国	1319
56	北卡罗来纳大学教堂山分校	美国	1324
57	苏黎世联邦理工学院	瑞士	780
58	曼彻斯特大学	英国	529
59	加利福尼亚大学旧金山分校	美国	1048
60	中山大学	中国	35
61	匹兹堡大学	美国	189
62	南洋理工大学	新加坡	163
63	俄亥俄州立大学	美国	1050
64	印第安纳大学伯明顿分校	美国	374
65	南京大学	中国	5

9. 网络影响力排名分析

从表 3-30 中可以看出，复旦大学、中山大学与南京大学相对于同档次的大学，网络影响力排名均靠后，表明这 3 所大学在国际上的网络影响力仍需进一步提升。

表 3-30 复旦大学、中山大学与南京大学与同档次大学网络影响力排名比较

综合竞争力排名	学校名称	国家/地区	网络影响力排名
54	复旦大学	中国	106
55	明尼苏达大学双城分校	美国	534
56	北卡罗来纳大学教堂山分校	美国	28
57	苏黎世联邦理工学院	瑞士	30
58	曼彻斯特大学	英国	61
59	加利福尼亚大学旧金山分校	美国	39
60	中山大学	中国	179
61	匹兹堡大学	美国	46
62	南洋理工大学	新加坡	87
63	俄亥俄州立大学	美国	36
64	印第安纳大学伯明顿分校	美国	98
65	南京大学	中国	159

(四)中国科学技术大学、武汉大学和四川大学

中国科学技术大学、武汉大学和四川大学在综合竞争力排名中分别位于第 71 名、第 79 名、第 82 名，我们选取与其排名处于同一范围的其他 9 所大学进行比较分析。

1. 综合竞争力排名分析

这 12 所大学的综合竞争力排名如表 3-31 所示。除中国的 3 所大学外，其余 9 所大学分别为美国的布朗大学、纽约大学、加利福尼亚大学戴维斯分校、得克萨斯大学奥斯汀分校，比利时的根特大学，奥地利的维也纳大学，西班牙的巴塞罗那大学，德国的海德堡大学、柏林洪堡大学。

表 3-31 中国科学技术大学、武汉大学、四川大学与同档次大学综合竞争力排名比较

排名	学校名称	国家/地区	排名	学校名称	国家/地区
71	中国科学技术大学	中国	77	加利福尼亚大学戴维斯分校	美国
72	根特大学	比利时	78	海德堡大学	德国
73	布朗大学	美国	79	武汉大学	中国
74	纽约大学	美国	80	得克萨斯大学奥斯汀分校	美国
75	维也纳大学	奥地利	81	柏林洪堡大学	德国
76	巴塞罗那大学	西班牙	82	四川大学	中国

2. 高被引科学家数排名分析

从表 3-32 中可以看出，中国科学技术大学的高被引科学家数量排名相对靠前，高于其综合竞争力排名，和其他同档次大学相比，科研队伍实力较强。武汉大学高被引科学家数量排名靠前，四川大学高被引科学家数量排名居中，还需进一步加强科研队伍的建设，提高科研队伍影响力。

表 3-32 中国科学技术大学、武汉大学、四川大学与同档次大学高被引科学家数排名比较

综合竞争力排名	学校名称	国家/地区	高被引科学家数排名
71	中国科学技术大学	中国	46
72	根特大学	比利时	51
73	布朗大学	美国	276
74	纽约大学	美国	54
75	维也纳大学	奥地利	154
76	巴塞罗那大学	西班牙	153
77	加利福尼亚大学戴维斯分校	美国	109
78	海德堡大学	德国	101
79	武汉大学	中国	76
80	得克萨斯大学奥斯汀分校	美国	58
81	柏林洪堡大学	德国	251
82	四川大学	中国	107

3. 进入 ESI 学科数分析

从进入 ESI 学科数来看，如表 3-33 所示，武汉大学和四川大学进入 ESI 的学科数为 20 个。中国科学技术大学进入 ESI 的学科数为 18，相较于同档次的根特大学、纽约大学，中国科学技术大学的学科体系有待进一步完善。

表 3-33 中国科学技术大学、武汉大学、四川大学同档次大学进入 ESI 学科数比较

综合竞争力排名	学校名称	国家/地区	学科数
71	中国科学技术大学	中国	18
72	根特大学	比利时	20
73	布朗大学	美国	19
74	纽约大学	美国	21
75	维也纳大学	奥地利	20
76	巴塞罗那大学	西班牙	20
77	加利福尼亚大学戴维斯分校	美国	22
78	海德堡大学	德国	19
79	武汉大学	中国	20
80	得克萨斯大学奥斯汀分校	美国	22
81	柏林洪堡大学	德国	20
82	四川大学	中国	20

4. ESI 收录论文数排名分析

从 ESI 收录论文数排名来看，如表 3-34 所示，四川大学、中国科学技术大学和武汉大学 ESI 收录论文数分别排第 36 位、第 63 位和第 71 位，高于同档次其他大学，而且高于其综合竞争力排名，可见 3 所高校在论文发表方面表现较高的产出率。

表 3-34　中国科学技术大学、武汉大学、四川大学同档次大学 ESI 收录论文数排名比较

综合竞争力排名	学校名称	国家/地区	ESI 收录论文数排名
71	中国科学技术大学	中国	63
72	根特大学	比利时	73
73	布朗大学	美国	213
74	纽约大学	美国	86
75	维也纳大学	奥地利	272
76	巴塞罗那大学	西班牙	76
77	加利福尼亚大学戴维斯分校	美国	70
78	海德堡大学	德国	80
79	武汉大学	中国	71
80	得克萨斯大学奥斯汀分校	美国	95
81	柏林洪堡大学	德国	84
82	四川大学	中国	36

5. 篇均被引次数排名分析

从篇均被引次数来看，如表 3-35 所示，在综合竞争力排名相近的 12 所大学中，四川大学、中国科学技术大学和武汉大学虽在 ESI 收录论文数指标上表现较为优异，但在篇均被引次数指标上表现较弱，可见需继续努力提高论文质量。

表 3-35　中国科学技术大学、武汉大学、四川大学与同档次大学篇均被引次数排名比较

综合竞争力排名	学校名称	国家/地区	篇均被引次数排名
71	中国科学技术大学	中国	619
72	根特大学	比利时	424
73	布朗大学	美国	238
74	纽约大学	美国	172
75	维也纳大学	奥地利	608
76	巴塞罗那大学	西班牙	266
77	加利福尼亚大学戴维斯分校	美国	329
78	海德堡大学	德国	146
79	武汉大学	中国	878
80	得克萨斯大学奥斯汀分校	美国	269
81	柏林洪堡大学	德国	299
82	四川大学	中国	1336

6. 高被引论文数排名分析

从高被引论文数来看，2023 年中国科学技术大学的高被引论文数为 1713 篇，武汉大学的高被引论文数为 1393 篇，四川大学的高被引论文数为 1127 篇。如表 3-36 所示，和同档次的学校相比，四川大学的高被引论文数排名靠后，表明四川大学需要产出更多具有高影响力的论文。

表 3-36　中国科学技术大学、武汉大学、四川大学与同档次大学高被引论文数排名比较

综合竞争力排名	学校名称	国家/地区	高被引论文数排名
71	中国科学技术大学	中国	61
72	根特大学	比利时	83
73	布朗大学	美国	178
74	纽约大学	美国	57
75	维也纳大学	奥地利	296
76	巴塞罗那大学	西班牙	59
77	加利福尼亚大学戴维斯分校	美国	84
78	海德堡大学	德国	56
79	武汉大学	中国	88
80	得克萨斯大学奥斯汀分校	美国	82
81	柏林洪堡大学	德国	65
82	四川大学	中国	125

7. 国际合作论文数排名分析

如表 3-37 所示，中国科学技术大学、武汉大学和四川大学的国际合作论文数排名与同档次的大学比较排名处于较为靠后的位置，其国际合作程度还有待进一步提高。

表 3-37　中国科学技术大学、武汉大学、四川大学与同档次大学国际合作论文数排名比较

综合竞争力排名	学校名称	国家/地区	国际合作论文数排名
71	中国科学技术大学	中国	140
72	根特大学	比利时	39
73	布朗大学	美国	301
74	纽约大学	美国	113
75	维也纳大学	奥地利	163
76	巴塞罗那大学	西班牙	44
77	加利福尼亚大学戴维斯分校	美国	108
78	海德堡大学	德国	55
79	武汉大学	中国	186
80	得克萨斯大学奥斯汀分校	美国	167
81	柏林洪堡大学	德国	46
82	四川大学	中国	148

8. 发明专利数排名分析

从发明专利数来看，如表 3-38 所示，中国科学技术大学排名第 87，武汉大学排名第 15，四川大学排名第 19。这 3 所大学的发明专利数与同档次大学相比位于前列，且与它们拉开了明显的差距，科技创新能力值得肯定。

表 3-38　中国科学技术大学、武汉大学、四川大学与同档次大学发明专利数排名比较

综合竞争力排名	学校名称	国家/地区	发明专利数排名
71	中国科学技术大学	中国	87
72	根特大学	比利时	962
73	布朗大学	美国	426
74	纽约大学	美国	1322
75	维也纳大学	奥地利	1168
76	巴塞罗那大学	西班牙	574
77	加利福尼亚大学戴维斯分校	美国	1321
78	海德堡大学	德国	1153
79	武汉大学	中国	15
80	得克萨斯大学奥斯汀分校	美国	1170
81	柏林洪堡大学	德国	922
82	四川大学	中国	19

9. 网络影响力排名分析

从表 3-39 中可以看出，中国科学技术大学、武汉大学和四川大学相对于同档次的大学，其网络影响力排名均处于较为靠后的位置，仍需要进一步提升国际知名度。

表 3-39　中国科学技术大学、武汉大学、四川大学与同档次大学网络影响力排名比较

综合竞争力排名	学校名称	国家/地区	网络影响力排名
71	中国科学技术大学	中国	95
72	根特大学	比利时	104
73	布朗大学	美国	80
74	纽约大学	美国	23
75	维也纳大学	奥地利	184
76	巴塞罗那大学	西班牙	113
77	加利福尼亚大学戴维斯分校	美国	37
78	海德堡大学	德国	109
79	武汉大学	中国	148
80	得克萨斯大学奥斯汀分校	美国	25
81	柏林洪堡大学	德国	232
82	四川大学	中国	218

(五)华中科技大学、中南大学、香港大学与西安交通大学

华中科技大学、中南大学、香港大学与西安交通大学在综合竞争力排名中分别处于第 85 名、第 89 名、第 96 名、第 100 名，我们选取与四所高校排名处于同一阶段的其他 12 所大学进行比较分析。

1. 综合竞争力排名分析

华中科技大学、中南大学、香港大学、西安交通大学与同档次大学综合竞争力排名比较如表 3-40 所示。其余 12 所大学分别为美国的宾夕法尼亚州立大学、马里兰大学帕克分校、南加利福尼亚大学，荷兰的格罗宁根大学、阿姆斯特丹自由大学，德国的慕尼黑理工大学，加拿大的阿尔伯塔大学，挪威的奥斯陆大学，丹麦的奥尔胡斯大学，沙特阿拉伯的沙特国王大学，意大利的帕多瓦大学，法国的艾克斯-马赛大学。

表 3-40　华中科技大学、中南大学、香港大学、西安交通大学与同档次大学综合竞争力排名比较

综合竞争力排名	学校名称	国家/地区	综合竞争力排名	学校名称	国家/地区
85	华中科技大学	中国内地	93	奥斯陆大学	挪威
86	宾夕法尼亚州立大学	美国	94	沙特国王大学	沙特阿拉伯
87	格罗宁根大学	荷兰	95	奥尔胡斯大学	丹麦
88	慕尼黑理工大学	德国	96	香港大学	中国香港
89	中南大学	中国内地	97	帕多瓦大学	意大利
90	阿尔伯塔大学	加拿大	98	南加利福尼亚大学	美国
91	马里兰大学帕克分校	美国	99	艾克斯-马赛大学	法国
92	阿姆斯特丹自由大学	荷兰	100	西安交通大学	中国内地

2. 高被引科学家数排名分析

从表 3-41 中可以看出，和其他同档次大学相比，香港大学和中南大学的高被引科学家数排名均处于靠前位置，西安交通大学的高被引科学家数排名均处于靠后位置。其中，香港大学的高被引科学家数排名第 17，与其综合竞争力相比表现较为突出。

表 3-41　华中科技大学、中南大学、香港大学、西安交通大学与同档次大学高被引科学家数排名比较

综合竞争力排名	学校名称	国家/地区	高被引科学家数排名
85	华中科技大学	中国内地	99
86	宾夕法尼亚州立大学	美国	525
87	格罗宁根大学	荷兰	120
88	慕尼黑理工大学	德国	131
89	中南大学	中国内地	76
90	阿尔伯塔大学	加拿大	111
91	马里兰大学帕克分校	美国	57
92	阿姆斯特丹自由大学	荷兰	93
93	奥斯陆大学	挪威	189
94	沙特国王大学	沙特阿拉伯	19
95	奥尔胡斯大学	丹麦	122
96	香港大学	中国香港	17

续表

综合竞争力排名	学校名称	国家/地区	高被引科学家数排名
97	帕多瓦大学	意大利	173
98	南加利福尼亚大学	美国	49
99	艾克斯-马赛大学	法国	179
100	西安交通大学	中国内地	167

3. 进入 ESI 学科数排名分析

从进入 ESI 学科数来看，如表 3-42 所示，2023 年华中科技大学、中南大学、香港大学、西安交通大学进入 ESI 的学科数分别为 20 个、19 个、20 个、17 个。和同档次的大学相比，西安交通大学的学科体系有待进一步完善。

表 3-42　华中科技大学、中南大学、香港大学、西安交通大学与同档次大学进入 ESI 学科数比较

综合竞争力排名	学校名称	国家/地区	学科数
85	华中科技大学	中国内地	20
86	宾夕法尼亚州立大学	美国	22
87	格罗宁根大学	荷兰	20
88	慕尼黑理工大学	德国	21
89	中南大学	中国内地	19
90	阿尔伯塔大学	加拿大	20
91	马里兰大学帕克分校	美国	21
92	阿姆斯特丹自由大学	荷兰	19
93	奥斯陆大学	挪威	21
94	沙特国王大学	沙特阿拉伯	19
95	奥尔胡斯大学	丹麦	20
96	香港大学	中国香港	20
97	帕多瓦大学	意大利	21
98	南加利福尼亚大学	美国	20
99	艾克斯-马赛大学	法国	22
100	西安交通大学	中国内地	17

4. ESI 收录论文数排名分析

从 ESI 收录论文数排名来看，如表 3-43 所示，华中科技大学、中南大学、西安交通大学 ESI 收录论文数分别排在第 34 位、第 44 位、第 50 位，与同档次的大学相比处于靠前位置，表现较为良好。而香港大学 ESI 收录论文数排在第 145 位，与同档次的大学相比处于靠后位置，论文产出量有待于进一步增加。

表 3-43 华中科技大学、中南大学、香港大学、西安交通大学与同档次大学 ESI 收录论文数排名比较

综合竞争力排名	学校名称	国家/地区	ESI 收录论文数排名
85	华中科技大学	中国内地	34
86	宾夕法尼亚州立大学	美国	62
87	格罗宁根大学	荷兰	97
88	慕尼黑理工大学	德国	96
89	中南大学	中国内地	44
90	阿尔伯塔大学	加拿大	77
91	马里兰大学帕克分校	美国	132
92	阿姆斯特丹自由大学	荷兰	102
93	奥斯陆大学	挪威	110
94	沙特国王大学	沙特阿拉伯	123
95	奥尔胡斯大学	丹麦	88
96	香港大学	中国香港	145
97	帕多瓦大学	意大利	90
98	南加利福尼亚大学	美国	109
99	艾克斯-马赛大学	法国	93
100	西安交通大学	中国内地	50

5. 篇均被引次数排名分析

从篇均被引次数来看，如表 3-44 所示，香港大学的篇均被引次数排名是第 330 名，华中科技大学、中南大学、西安交通大学的篇均被引次数排名分别为第 871 名、第 1135 名、第 1197 名，这 3 所高校在科研影响力方面距离世界顶尖大学水平还有较大距离，说明论文的质量有待加强。

表 3-44 华中科技大学、中南大学、香港大学、西安交通大学与同档次大学篇均被引次数排名比较

综合竞争力排名	学校名称	国家/地区	篇均被引次数排名
85	华中科技大学	中国内地	871
86	宾夕法尼亚州立大学	美国	478
87	格罗宁根大学	荷兰	223
88	慕尼黑理工大学	德国	427
89	中南大学	中国内地	1135
90	阿尔伯塔大学	加拿大	569
91	马里兰大学帕克分校	美国	173
92	阿姆斯特丹自由大学	荷兰	192
93	奥斯陆大学	挪威	305
94	沙特国王大学	沙特阿拉伯	1271
95	奥尔胡斯大学	丹麦	395

续表

综合竞争力排名	学校名称	国家/地区	篇均被引次数排名
96	香港大学	中国香港	330
97	帕多瓦大学	意大利	468
98	南加利福尼亚大学	美国	242
99	艾克斯-马赛大学	法国	390
100	西安交通大学	中国内地	1197

6. 高被引论文数排名分析

从高被引论文数来看，华中科技大学的高被引论文数在同档次的学校中排在第一。中南大学、香港大学、西安交通大学的高被引论文数排名分别是第 100 名、第 116 名、第 127 名，如表 3-45 所示，和同档次的学校相比，这三所高校的高被引论文数排名较为靠后，表明其被引论文数有待提升，需要产出更多有质量的论文。

表 3-45　华中科技大学、中南大学、香港大学、西安交通大学与同档次大学高被引论文数排名比较

综合竞争力排名	学校名称	国家/地区	高被引论文数排名
85	华中科技大学	中国内地	64
86	宾夕法尼亚州立大学	美国	86
87	格罗宁根大学	荷兰	81
88	慕尼黑理工大学	德国	94
89	中南大学	中国内地	100
90	阿尔伯塔大学	加拿大	99
91	马里兰大学帕克分校	美国	76
92	阿姆斯特丹自由大学	荷兰	71
93	奥斯陆大学	挪威	93
94	沙特国王大学	沙特阿拉伯	183
95	奥尔胡斯大学	丹麦	110
96	香港大学	中国香港	116
97	帕多瓦大学	意大利	111
98	南加利福尼亚大学	美国	90
99	艾克斯-马赛大学	法国	109
100	西安交通大学	中国内地	126

7. 国际合作论文数排名分析

如表 3-46 所示，华中科技大学、中南大学、香港大学、西安交通大学的国际合作论文数排名分别为第 132 位、第 137 位、第 125 位、第 127 位，与同档次的大学相比排名处于较为靠后的位置，这四所大学的国际合作程度有待于进一步提高。

表 3-46 华中科技大学、中南大学、香港大学、西安交通大学与同档次大学国际合作论文数排名比较

综合竞争力排名	学校名称	国家/地区	国际合作论文数排名
85	华中科技大学	中国内地	132
86	宾夕法尼亚州立大学	美国	106
87	格罗宁根大学	荷兰	56
88	慕尼黑理工大学	德国	58
89	中南大学	中国内地	137
90	阿尔伯塔大学	加拿大	57
91	马里兰大学帕克分校	美国	196
92	阿姆斯特丹自由大学	荷兰	72
93	奥斯陆大学	挪威	60
94	沙特国王大学	沙特阿拉伯	26
95	奥尔胡斯大学	丹麦	48
96	香港大学	中国香港	125
97	帕多瓦大学	意大利	64
98	南加利福尼亚大学	美国	139
99	艾克斯-马赛大学	法国	85
100	西安交通大学	中国内地	127

8. 发明专利数排名分析

从发明专利数来看，如表 3-47 所示，华中科技大学、中南大学、西安交通大学这三所高校与同档次大学相比位于前列，科技创新能力值得肯定。其中，西安交通大学的发明专利数排名第 23 位，成为同档次大学中的佼佼者。

表 3-47 华中科技大学、中南大学、香港大学、西安交通大学与同档次大学发明专利数排名比较

综合竞争力排名	学校名称	国家/地区	发明专利数排名
85	华中科技大学	中国内地	41
86	宾夕法尼亚州立大学	美国	1051
87	格罗宁根大学	荷兰	1154
88	慕尼黑理工大学	德国	924
89	中南大学	中国内地	26
90	阿尔伯塔大学	加拿大	575
91	马里兰大学帕克分校	美国	307
92	阿姆斯特丹自由大学	荷兰	363

续表

综合竞争力排名	学校名称	国家/地区	发明专利数排名
93	奥斯陆大学	挪威	627
94	沙特国王大学	沙特阿拉伯	748
95	奥尔胡斯大学	丹麦	605
96	香港大学	中国香港	218
97	帕多瓦大学	意大利	1315
98	南加利福尼亚大学	美国	253
99	艾克斯-马赛大学	法国	702
100	西安交通大学	中国内地	23

9. 网络影响力排名分析

从表3-48中可以看出，华中科技大学、中南大学、香港大学、西安交通大学的网络影响力排名分别为第135位、第233位、第75位、第198位。相对于同档次的大学，中南大学的网络影响力排名处于较为靠后的位置，特别是相比美国的宾夕法尼亚州立大学，网络影响力较为落后，说明其国际知名度需要进一步提高。

表3-48　华中科技大学、中南大学、香港大学、西安交通大学与同档次大学网络影响力排名比较

综合竞争力排名	学校名称	国家/地区	发明专利数排名
85	华中科技大学	中国内地	135
86	宾夕法尼亚州立大学	美国	19
87	格罗宁根大学	荷兰	84
88	慕尼黑理工大学	德国	85
89	中南大学	中国内地	233
90	阿尔伯塔大学	加拿大	71
91	马里兰大学帕克分校	美国	43
92	阿姆斯特丹自由大学	荷兰	130
93	奥斯陆大学	挪威	97
94	沙特国王大学	沙特阿拉伯	322
95	奥尔胡斯大学	丹麦	108
96	香港大学	中国香港	75
97	帕多瓦大学	意大利	146
98	南加利福尼亚大学	美国	31
99	艾克斯-马赛大学	法国	354
100	西安交通大学	中国内地	198

第二节　我们离世界一流学科还有多远?

一、中国大学进入 ESI 学科排行的学科详细列表与分析

表 3-49 给出了中国大学进入 ESI 学科排行的学科数量及学科排名情况，经过综合分析此表和"世界一流大学综合竞争力排行榜"(表 2-2)，我们得出以下结论。

(1)从进入 ESI 学科排行的学科排名来看，中国大学学科的总体实力不是很强，虽然我国很多大学在化学、工程学、材料科学、临床医学、计算机科学、农业科学、生物学与生物化学、环境学与生态学、植物学与动物学领域有不俗的表现，但是主要还是集中在浙江大学、清华大学、东南大学、上海交通大学、中国科学院大学、北京大学、中国科学技术大学、哈尔滨工业大学、中国地质大学、中国农业大学、江南大学等少数大学，没有形成一个较大的一流学科建设群。由此可以表明，我国大学的世界一流学科建设任重而道远。

(2)从进入 ESI 学科排行的学科数排名来看，北京大学、中国科学院大学有 22 个学科进入 ESI 学科排行，复旦大学、清华大学、上海交通大学、浙江大学、中山大学有 21 个学科进入 ESI 学科排行，华中科技大学、南京大学、四川大学、武汉大学有 20 个学科进入 ESI 学科排行。

(3)从进入 ESI 学科排行的覆盖面来看，中国大学所有进入 ESI 学科排行的学科共计 22 个，与 2022 年世界大学评价的结果相比较，进入 ESI 学科排行学科数量。

表 3-49　进入 ESI 学科排行的中国大学及其学科排名表

学校名称	进入 ESI 学科排行的学科数	详细情况
北京大学	22	材料科学(12/912)、地球科学(11/603)、分子生物学与遗传学(44/95)、工程学(81/1630)、化学(21/1265)、环境科学与生态学(11/1107)、计算机科学(95/580)、经济学和商学(26/389)、精神病学与行为科学(93/688)、空间科学(56/122)、临床医学(98/1686)、免疫学(126/504)、农业科学(215/776)、社会科学(81/1328)、神经科学与行为科学(130/620)、生物学与生物化学(45/845)、数学(60/287)、微生物学(92/399)、物理学(24/608)、药理学与毒物学(63/778)、植物学与动物学(122/129)、综合交叉学(37/1125)
中国科学院大学	22	材料科学(3/912)、地球科学(3/603)、分子生物学与遗传学(41/95)、工程学(21/1630)、化学(2/1265)、环境科学与生态学(4/1107)、计算机科学(41/580)、经济学和商学(347/389)、精神病学与行为科学(408/688)、空间科学(37/122)、临床医学(556/1686)、免疫学(273/504)、农业科学(15/776)、社会科学(121/1328)、神经科学与行为科学(297/620)、生物学与生物化学(34/845)、数学(192/287)、微生物学(31/399)、物理学(14/608)、药理学与毒物学(72/778)、植物学与动物学(5/129)、综合交叉学(54/1125)
复旦大学	21	材料科学(5/912)、地球科学(187/603)、分子生物学与遗传学(51/95)、工程学(154/1630)、化学(20/1265)、环境科学与生态学(144/1107)、计算机科学(155/580)、经济学和商学(66/389)、精神病学与行为科学(471/688)、临床医学(83/1686)、免疫学(136/504)、农业科学(455/776)、社会科学(364/1328)、神经科学与行为科学(99/620)、生物学与生物化学(73/845)、数学(44/287)、微生物学(16/399)、物理学(69/608)、药理学与毒物学(19/778)、植物学与动物学(302/129)、综合交叉学(25/1125)

续表

学校名称	进入 ESI 学科排行的学科数	详细情况
清华大学	21	材料科学(1/912)、地球科学(5/603)、分子生物学与遗传学(193/95)、工程学(2/1630)、化学(1/1265)、环境科学与生态学(1/1107)、计算机科学(5/580)、经济学和商学(49/389)、精神病学与行为科学(479/688)、临床医学(216/1686)、免疫学(167/504)、农业科学(383/776)、社会科学(76/1328)、神经科学与行为科学(398/620)、生物学与生物化学(67/845)、数学(75/287)、微生物学(189/399)、物理学(7/608)、药理学与毒物学(388/778)、植物学与动物学(352/129)、综合交叉学(20/1125)
上海交通大学	21	材料科学(16/912)、地球科学(261/603)、分子生物学与遗传学(38/95)、工程学(12/1630)、化学(36/1265)、环境科学与生态学(24/1107)、计算机科学(15/580)、经济学和商学(145/389)、精神病学与行为科学(86/688)、临床医学(85/1686)、免疫学(146/504)、农业科学(51/776)、社会科学(193/1328)、神经科学与行为科学(164/620)、生物学与生物化学(28/845)、数学(20/287)、微生物学(65/399)、物理学(20/608)、药理学与毒物学(22/778)、植物学与动物学(108/129)、综合交叉学(61/1125)
浙江大学	21	材料科学(24/912)、地球科学(149/603)、分子生物学与遗传学(45/95)、工程学(6/1630)、化学(5/1265)、环境科学与生态学(15/1107)、计算机科学(8/580)、经济学和商学(43/389)、精神病学与行为科学(340/688)、临床医学(150/1686)、免疫学(94/504)、农业科学(5/776)、社会科学(110/1328)、神经科学与行为科学(190/620)、生物学与生物化学(36/845)、数学(103/287)、微生物学(48/399)、物理学(60/608)、药理学与毒物学(20/778)、植物学与动物学(19/129)、综合交叉学(49/1125)
中山大学	21	材料科学(49/912)、地球科学(20/603)、分子生物学与遗传学(37/95)、工程学(102/1630)、化学(35/1265)、环境科学与生态学(55/1107)、计算机科学(55/580)、经济学和商学(186/389)、精神病学与行为科学(257/688)、临床医学(99/1686)、免疫学(145/504)、农业科学(106/776)、社会科学(129/1328)、神经科学与行为科学(242/620)、生物学与生物化学(71/845)、生物学与生物化学(794/845)、数学(73/287)、微生物学(95/399)、物理学(108/608)、药理学与毒物学(36/778)、植物学与动物学(177/129)
华中科技大学	20	材料科学(28/912)、地球科学(461/603)、分子生物学与遗传学(130/95)、工程学(11/1630)、化学(41/1265)、环境科学与生态学(205/1107)、计算机科学(16/580)、经济学和商学(244/389)、精神病学与行为科学(379/688)、临床医学(119/1686)、免疫学(172/504)、农业科学(217/776)、社会科学(175/1328)、神经科学与行为科学(220/620)、生物学与生物化学(121/845)、数学(31/287)、微生物学(226/399)、物理学(115/608)、药理学与毒物学(71/778)、植物学与动物学(576/129)
南京大学	20	材料科学(33/912)、地球科学(40/603)、分子生物学与遗传学(309/95)、工程学(83/1630)、化学(25/1265)、环境科学与生态学(30/1107)、计算机科学(108/580)、经济学和商学(245/389)、精神病学与行为科学(633/688)、临床医学(280/1686)、免疫学(328/504)、农业科学(450/776)、社会科学(196/1328)、神经科学与行为科学(367/620)、生物学与生物化学(198/845)、数学(115/287)、物理学(21/608)、药理学与毒物学(145/778)、植物学与动物学(379/129)、综合交叉学(72/1125)

续表

学校名称	进入 ESI 学科排行的学科数	详细情况
四川大学	20	材料科学(47/912)、地球科学(169/603)、分子生物学与遗传学(72/95)、工程学(60/1630)、化学(27/1265)、环境科学与生态学(247/1107)、计算机科学(38/580)、经济学和商学(164/389)、精神病学与行为科学(252/688)、临床医学(151/1686)、免疫学(254/504)、农业科学(294/776)、社会科学(514/1328)、神经科学与行为科学(187/620)、生物学与生物化学(100/845)、数学(113/287)、微生物学(197/399)、物理学(291/608)、药理学与毒物学(41/778)、植物学与动物学(202/129)
武汉大学	20	材料科学(54/912)、地球科学(8/603)、分子生物学与遗传学(224/95)、工程学(33/1630)、化学(45/1265)、环境科学与生态学(52/1107)、计算机科学(13/580)、经济学和商学(157/389)、精神病学与行为科学(484/688)、临床医学(215/1686)、免疫学(192/504)、农业科学(327/776)、社会科学(87/1328)、神经科学与行为科学(283/620)、生物学与生物化学(181/845)、数学(52/287)、微生物学(73/399)、物理学(272/608)、药理学与毒物学(187/778)、植物学与动物学(473/129)
厦门大学	19	材料科学(71/912)、地球科学(165/603)、分子生物学与遗传学(352/95)、工程学(148/1630)、化学(24/1265)、环境科学与生态学(230/1107)、计算机科学(111/580)、经济学和商学(32/389)、临床医学(492/1686)、免疫学(354/504)、农业科学(282/776)、社会科学(216/1328)、神经科学与行为科学(207/620)、生物学与生物化学(221/845)、数学(69/287)、微生物学(212/399)、物理学(354/608)、药理学与毒物学(419/778)、植物学与动物学(462/129)
山东大学	19	材料科学(42/912)、地球科学(397/603)、分子生物学与遗传学(202/95)、工程学(47/1630)、化学(64/1265)、环境科学与生态学(167/1107)、计算机科学(88/580)、精神病学与行为科学(504/688)、临床医学(236/1686)、免疫学(249/504)、农业科学(588/776)、社会科学(310/1328)、神经科学与行为科学(347/620)、生物学与生物化学(89/845)、数学(26/287)、微生物学(158/399)、物理学(67/608)、药理学与毒物学(73/778)、植物学与动物学(252/129)
香港大学	19	材料科学(132/912)、地球科学(115/603)、分子生物学与遗传学(143/95)、工程学(73/1630)、化学(161/1265)、环境科学与生态学(114/1107)、计算机科学(102/580)、经济学和商学(61/389)、精神病学与行为科学(122/688)、临床医学(125/1686)、免疫学(4/504)、农业科学(336/776)、社会科学(108/1328)、生物学与生物化学(233/845)、微生物学(2/399)、物理学(77/608)、药理学与毒物学(232/778)、植物学与动物学(555/129)、综合交叉学(11/1125)为科学(147/596)、药理学与毒物学(142/712)、物理学(259/569)、植物学与动物学(499/933)、社会科学(202/1198)
香港中文大学	19	材料科学(121/912)、地球科学(358/603)、分子生物学与遗传学(128/95)、工程学(120/1630)、化学(187/1265)、环境科学与生态学(308/1107)、计算机科学(121/580)、经济学和商学(44/389)、精神病学与行为科学(189/688)、临床医学(58/1686)、免疫学(260/504)、农业科学(203/776)、社会科学(143/1328)、生物学与生物化学(357/845)、数学(45/287)、微生物学(357/399)、物理学(215/608)、药理学与毒物学(203/778)、植物学与动物学(491/129)
中南大学	19	材料科学(15/912)、地球科学(126/603)、分子生物学与遗传学(91/95)、工程学(62/1630)、化学(39/1265)、环境科学与生态学(58/1107)、计算机科学(42/580)、经济学和商学(55/389)、精神病学与行为科学(229/688)、临床医学(196/1686)、免疫学(144/504)、农业科学(452/776)、社会科学(147/1328)、神经科学与行为科学(246/620)、生物学与生物化学(78/845)、数学(39/287)、微生物学(293/399)、物理学(254/608)、药理学与毒物学(85/778)

续表

学校名称	进入 ESI 学科排行的学科数	详细情况
吉林大学	18	材料科学(41/912)、地球科学(148/603)、分子生物学与遗传学(189/95)、工程学(99/1630)、化学(44/1265)、环境科学与生态学(547/1107)、计算机科学(172/580)、临床医学(311/1686)、免疫学(286/504)、农业科学(231/776)、社会科学(390/1328)、神经科学与行为科学(419/620)、生物学与生物化学(166/845)、数学(152/287)、微生物学(207/399)、物理学(127/608)、药理学与毒物学(78/778)、植物学与动物学(641/129)
台湾大学	18	材料科学(122/912)、地球科学(229/603)、分子生物学与遗传学(166/95)、工程学(285/1630)、化学(89/1265)、环境科学与生态学(220/1107)、计算机科学(312/580)、经济学和商学(222/389)、精神病学与行为科学(234/688)、临床医学(123/1686)、免疫学(225/504)、农业科学(281/776)、社会科学(467/1328)、生物学与生物化学(227/845)、微生物学(238/399)、物理学(166/608)、药理学与毒物学(131/778)、植物学与动物学(226/129)
中国科学技术大学	18	材料科学(17/912)、地球科学(188/603)、分子生物学与遗传学(280/95)、工程学(53/1630)、化学(3/1265)、环境科学与生态学(204/1107)、计算机科学(76/580)、经济学和商学(193/389)、临床医学(541/1686)、免疫学(320/504)、社会科学(646/1328)、神经科学与行为科学(391/620)、生物学与生物化学(286/845)、数学(104/287)、物理学(11/608)、药理学与毒物学(319/778)、植物学与动物学(760/129)、综合交叉学(99/1125)
暨南大学	17	材料科学(148/912)、地球科学(482/603)、分子生物学与遗传学(332/95)、工程学(436/1630)、化学(157/1265)、环境科学与生态学(330/1107)、计算机科学(221/580)、经济学和商学(305/389)、临床医学(569/1686)、免疫学(412/504)、农业科学(288/776)、社会科学(508/1328)、神经科学与行为科学(450/620)、生物学与生物化学(203/845)、微生物学(324/399)、药理学与毒物学(158/778)、植物学与动物学(854/129)
西安交通大学	17	材料科学(8/912)、地球科学(78/603)、分子生物学与遗传学(144/95)、工程学(3/1630)、化学(50/1265)、环境科学与生态学(273/1107)、计算机科学(90/580)、经济学和商学(191/389)、临床医学(250/1686)、免疫学(367/504)、农业科学(713/776)、社会科学(378/1328)、神经科学与行为科学(258/620)、生物学与生物化学(238/845)、数学(87/287)、物理学(151/608)、药理学与毒物学(109/778)
郑州大学	17	材料科学(13/912)、分子生物学与遗传学(209/95)、工程学(69/1630)、化学(12/1265)、环境科学与生态学(341/1107)、计算机科学(348/580)、临床医学(205/1686)、免疫学(127/504)、农业科学(499/776)、社会科学(389/1328)、神经科学与行为科学(261/620)、生物学与生物化学(134/845)、数学(256/287)、微生物学(333/399)、物理学(138/608)、药理学与毒物学(141/778)、植物学与动物学(805/129)
北京师范大学	16	材料科学(209/912)、地球科学(26/603)、工程学(298/1630)、化学(177/1265)、环境科学与生态学(25/1107)、计算机科学(339/580)、经济学和商学(335/389)、精神病学与行为科学(196/688)、临床医学(1458/1686)、农业科学(232/776)、社会科学(176/1328)、神经科学与行为科学(85/620)、生物学与生物化学(640/845)、数学(70/287)、物理学(257/608)、植物学与动物学(444/129)
华东师范大学	16	材料科学(181/912)、地球科学(138/603)、分子生物学与遗传学(488/95)、工程学(85/1630)、化学(68/1265)、环境科学与生态学(39/1107)、计算机科学(286/580)、精神病学与行为科学(464/688)、临床医学(1322/1686)、社会科学(223/1328)、神经科学与行为科学(503/620)、生物学与生物化学(264/845)、数学(88/287)、物理学(489/608)、药理学与毒物学(737/778)、植物学与动物学(421/129)

续表

学校名称	进入ESI学科排行的学科数	详细情况
南开大学	16	材料科学(52/912)、分子生物学与遗传学(287/95)、工程学(142/1630)、化学(22/1265)、环境科学与生态学(181/1107)、计算机科学(176/580)、经济学和商学(36/389)、临床医学(659/1686)、农业科学(247/776)、社会科学(213/1328)、生物学与生物化学(320/845)、数学(80/287)、微生物学(342/399)、物理学(192/608)、药理学与毒物学(285/778)、植物学与动物学(298/129)
深圳大学	16	材料科学(39/912)、地球科学(306/603)、分子生物学与遗传学(418/95)、工程学(84/1630)、化学(56/1265)、环境科学与生态学(315/1107)、计算机科学(20/580)、精神病学与行为科学(205/688)、临床医学(751/1686)、农业科学(520/776)、社会科学(241/1328)、神经科学与行为科学(359/620)、生物学与生物化学(424/845)、物理学(250/608)、药理学与毒物学(452/778)、植物学与动物学(481/129)
同济大学	16	材料科学(44/912)、地球科学(185/603)、分子生物学与遗传学(210/95)、工程学(27/1630)、化学(115/1265)、环境科学与生态学(109/1107)、计算机科学(72/580)、经济学和商学(311/389)、临床医学(233/1686)、免疫学(323/504)、社会科学(333/1328)、神经科学与行为科学(435/620)、生物学与生物化学(114/845)、数学(179/287)、物理学(277/608)、药理学与毒物学(130/778)
电子科技大学	15	材料科学(62/912)、地球科学(76/603)、工程学(25/1630)、化学(42/1265)、环境科学与生态学(193/1107)、计算机科学(1/580)、精神病学与行为科学(516/688)、临床医学(908/1686)、社会科学(631/1328)、神经科学与行为科学(274/620)、生物学与生物化学(294/845)、数学(28/287)、物理学(80/608)、药理学与毒物学(160/778)、植物学与动物学(63/129)
兰州大学	15	材料科学(139/912)、地球科学(84/603)、分子生物学与遗传学(337/95)、工程学(493/1630)、化学(116/1265)、环境科学与生态学(288/1107)、计算机科学(414/580)、临床医学(675/1686)、农业科学(134/776)、社会科学(858/1328)、生物学与生物化学(492/845)、数学(96/287)、物理学(369/608)、药理学与毒物学(361/778)、植物学与动物学(183/129)
台湾成功大学	15	材料科学(276/912)、地球科学(495/603)、分子生物学与遗传学(413/95)、工程学(95/1630)、化学(568/1265)、环境科学与生态学(571/1107)、计算机科学(287/580)、精神病学与行为科学(499/688)、临床医学(528/1686)、免疫学(429/504)、社会科学(298/1328)、生物学与生物化学(261/845)、物理学(364/608)、药理学与毒物学(126/778)、植物学与动物学(816/129)
香港理工大学	15	材料科学(58/912)、地球科学(197/603)、工程学(8/1630)、化学(306/1265)、环境科学与生态学(80/1107)、计算机科学(44/580)、经济学和商学(38/389)、精神病学与行为科学(318/688)、临床医学(557/1686)、农业科学(725/776)、社会科学(61/1328)、生物学与生物化学(589/845)、数学(114/287)、物理学(309/608)、药理学与毒物学(485/778)
东南大学	14	材料科学(57/912)、地球科学(323/603)、分子生物学与遗传学(278/95)、工程学(4/1630)、化学(78/1265)、环境科学与生态学(313/1107)、计算机科学(3/580)、临床医学(462/1686)、社会科学(273/1328)、神经科学与行为科学(446/620)、生物学与生物化学(336/845)、数学(22/287)、物理学(126/608)、药理学与毒物学(336/778)
青岛大学	14	材料科学(112/912)、材料科学(163/912)、分子生物学与遗传学(281/95)、工程学(130/1630)、化学(154/1265)、环境科学与生态学(60/1107)、环境科学与生态学(323/1107)、计算机科学(107/580)、临床医学(480/1686)、农业科学(269/776)、社会科学(96/1328)、神经科学与行为科学(400/620)、生物学与生物化学(370/845)、药理学与毒物学(186/778)

续表

学校名称	进入 ESI 学科排行的学科数	详细情况
苏州大学	14	材料科学(35/912)、分子生物学与遗传学(267/95)、工程学(138/1630)、化学(32/1265)、环境科学与生态学(349/1107)、计算机科学(321/580)、临床医学(329/1686)、免疫学(312/504)、农业科学(521/776)、社会科学(959/1328)、生物学与生物化学(239/845)、数学(53/287)、物理学(251/608)、药理学与毒物学(144/778)
西北农林科技大学	14	材料科学(902/912)、地球科学(313/603)、分子生物学与遗传学(350/95)、工程学(483/1630)、化学(615/1265)、环境科学与生态学(176/1107)、计算机科学(527/580)、临床医学(1624/1686)、农业科学(9/776)、社会科学(592/1328)、生物学与生物化学(204/845)、微生物学(214/399)、药理学与毒物学(555/778)、植物学与动物学(42/129)
西南大学	14	材料科学(195/912)、工程学(360/1630)、化学(212/1265)、环境科学与生态学(340/1107)、计算机科学(235/580)、精神病学与行为科学(393/688)、临床医学(1505/1686)、农业科学(107/776)、社会科学(575/1328)、神经科学与行为科学(239/620)、生物学与生物化学(489/845)、数学(129/287)、药理学与毒物学(456/778)、植物学与动物学(184/129)
香港城市大学	14	材料科学(6/912)、地球科学(447/603)、工程学(14/1630)、化学(55/1265)、环境科学与生态学(54/1107)、计算机科学(19/580)、经济学和商学(118/389)、精神病学与行为科学(463/688)、临床医学(1140/1686)、社会科学(174/1328)、生物学与生物化学(376/845)、数学(109/287)、物理学(214/608)、植物学与动物学(887/129)
香港科技大学	14	材料科学(63/912)、地球科学(129/603)、分子生物学与遗传学(537/95)、工程学(65/1630)、化学(59/1265)、环境科学与生态学(141/1107)、计算机科学(84/580)、经济学和商学(142/389)、精神病学与行为科学(669/688)、临床医学(1150/1686)、社会科学(800/1328)、生物学与生物化学(639/845)、物理学(159/608)、药理学与毒物学(686/778)
中国农业大学	14	地球科学(430/603)、分子生物学与遗传学(221/95)、工程学(397/1630)、化学(502/1265)、环境科学与生态学(143/1107)、计算机科学(455/580)、临床医学(1449/1686)、免疫学(431/504)、农业科学(2/776)、社会科学(503/1328)、生物学与生物化学(217/845)、微生物学(54/399)、药理学与毒物学(483/778)、植物学与动物学(1/129)
江苏大学	13	材料科学(130/912)、分子生物学与遗传学(411/95)、工程学(40/1630)、化学(54/1265)、环境科学与生态学(200/1107)、计算机科学(424/580)、临床医学(912/1686)、农业科学(23/776)、社会科学(296/1328)、生物学与生物化学(430/845)、物理学(455/608)、药理学与毒物学(375/778)、植物学与动物学(882/129)
南京师范大学	13	材料科学(425/912)、地球科学(238/603)、工程学(503/1630)、化学(180/1265)、环境科学与生态学(503/1107)、计算机科学(482/580)、临床医学(1658/1686)、农业科学(405/776)、社会科学(787/1328)、生物学与生物化学(730/845)、数学(112/287)、物理学(357/608)、植物学与动物学(620/129)
台湾阳明交通大学	13	材料科学(174/912)、分子生物学与遗传学(365/95)、工程学(290/1630)、化学(404/1265)、环境科学与生态学(816/1107)、计算机科学(248/580)、精神病学与行为科学(461/688)、临床医学(253/1686)、免疫学(317/504)、社会科学(632/1328)、生物学与生物化学(372/845)、物理学(463/608)、药理学与毒物学(368/778)

续表

学校名称	进入 ESI 学科排行的学科数	详细情况
天津大学	13	材料科学(20/912)、地球科学(180/603)、工程学(23/1630)、化学(16/1265)、环境科学与生态学(129/1107)、计算机科学(45/580)、临床医学(1309/1686)、农业科学(440/776)、社会科学(779/1328)、生物学与生物化学(290/845)、数学(215/287)、物理学(311/608)、药理学与毒物学(519/778)
香港浸会大学	13	材料科学(641/912)、工程学(583/1630)、化学(628/1265)、环境科学与生态学(370/1107)、计算机科学(158/580)、经济学和商学(352/389)、临床医学(1066/1686)、农业科学(550/776)、社会科学(291/1328)、生物学与生物化学(412/845)、数学(173/287)、药理学与毒物学(466/778)、植物学与动物学(912/129)
大连理工大学	12	材料科学(75/912)、地球科学(309/603)、工程学(22/1630)、化学(31/1265)、环境科学与生态学(88/1107)、计算机科学(14/580)、临床医学(1545/1686)、社会科学(86/1328)、生物学与生物化学(464/845)、数学(140/287)、物理学(343/608)、药理学与毒物学(668/778)
哈尔滨工业大学	12	材料科学(38/912)、地球科学(236/603)、工程学(1/1630)、化学(65/1265)、环境科学与生态学(77/1107)、计算机科学(37/580)、临床医学(1426/1686)、农业科学(555/776)、社会科学(707/1328)、生物学与生物化学(285/845)、数学(49/287)、物理学(107/608)
华南理工大学	12	材料科学(21/912)、工程学(10/1630)、化学(28/1265)、环境科学与生态学(170/1107)、计算机科学(21/580)、临床医学(1041/1686)、农业科学(3/776)、社会科学(855/1328)、生物学与生物化学(210/845)、数学(168/287)、物理学(172/608)、药理学与毒物学(365/778)
华南农业大学	12	材料科学(236/912)、分子生物学与遗传学(417/95)、工程学(329/1630)、化学(135/1265)、环境科学与生态学(557/1107)、计算机科学(513/580)、免疫学(476/504)、农业科学(52/776)、生物学与生物化学(480/845)、微生物学(135/399)、药理学与毒物学(632/778)、植物学与动物学(48/129)
华中农业大学	12	材料科学(722/912)、分子生物学与遗传学(220/95)、工程学(605/1630)、化学(440/1265)、环境科学与生态学(264/1107)、免疫学(419/504)、农业科学(44/776)、社会科学(648/1328)、生物学与生物化学(298/845)、微生物学(74/399)、药理学与毒物学(316/778)、植物学与动物学(7/129)
南昌大学	12	材料科学(320/912)、分子生物学与遗传学(514/95)、工程学(238/1630)、化学(155/1265)、环境科学与生态学(213/1107)、计算机科学(453/580)、临床医学(481/1686)、农业科学(7/776)、神经科学与行为科学(479/620)、生物学与生物化学(361/845)、药理学与毒物学(328/778)、植物学与动物学(970/129)
宁波大学	12	材料科学(238/912)、工程学(261/1630)、化学(508/1265)、环境科学与生态学(475/1107)、计算机科学(501/580)、临床医学(1082/1686)、农业科学(365/776)、社会科学(1149/1328)、生物学与生物化学(434/845)、物理学(572/608)、药理学与毒物学(697/778)、植物学与动物学(387/129)
首都医科大学	12	材料科学(875/912)、分子生物学与遗传学(122/95)、化学(998/1265)、环境科学与生态学(1010/1107)、精神病学与行为科学(278/688)、临床医学(124/1686)、免疫学(108/504)、社会科学(555/1328)、神经科学与行为科学(71/620)、生物学与生物化学(208/845)、微生物学(232/399)、药理学与毒物学(81/778)
台湾“中国医药大学”	12	材料科学(706/912)、分子生物学与遗传学(348/95)、工程学(71/1630)、化学(359/1265)、环境科学与生态学(222/1107)、临床医学(337/1686)、免疫学(373/504)、农业科学(367/776)、社会科学(152/1328)、生物学与生物化学(470/845)、数学(2/287)、药理学与毒物学(118/778)

续表

学校名称	进入 ESI 学科排行的学科数	详细情况
扬州大学	12	材料科学(78/912)、分子生物学与遗传学(419/95)、工程学(208/1630)、化学(163/1265)、环境科学与生态学(447/1107)、计算机科学(272/580)、临床医学(947/1686)、农业科学(24/776)、生物学与生物化学(353/845)、微生物学(228/399)、药理学与毒物学(544/778)、植物学与动物学(145/129)
中国海洋大学	12	材料科学(443/912)、地球科学(113/603)、工程学(220/1630)、化学(496/1265)、环境科学与生态学(216/1107)、计算机科学(141/580)、农业科学(239/776)、社会科学(623/1328)、生物学与生物化学(421/845)、微生物学(274/399)、药理学与毒物学(435/778)、植物学与动物学(173/129)
中国医学科学院-北京协和医学院	12	材料科学(582/912)、分子生物学与遗传学(78/95)、化学(520/1265)、环境科学与生态学(968/1107)、临床医学(69/1686)、免疫学(90/504)、农业科学(451/776)、社会科学(821/1328)、生物学与生物化学(109/845)、微生物学(46/399)、药理学与毒物学(35/778)、植物学与动物学(642/129)
重庆大学	12	材料科学(43/912)、地球科学(205/603)、工程学(9/1630)、化学(118/1265)、环境科学与生态学(73/1107)、计算机科学(85/580)、临床医学(1251/1686)、社会科学(361/1328)、生物学与生物化学(526/845)、数学(188/287)、物理学(460/608)、植物学与动物学(510/129)
澳门大学	11	材料科学(225/912)、工程学(203/1630)、化学(528/1265)、计算机科学(67/580)、精神病学与行为科学(327/688)、临床医学(1283/1686)、农业科学(225/776)、社会科学(236/1328)、社会科学(657/1328)、生物学与生物化学(393/845)、药理学与毒物学(111/778)
北京理工大学	11	材料科学(19/912)、地球科学(176/603)、工程学(7/1630)、化学(49/1265)、环境科学与生态学(28/1107)、计算机科学(64/580)、经济学和商学(14/389)、临床医学(1572/1686)、社会科学(16/1328)、数学(183/287)、物理学(111/608)
北京协和医学院	11	材料科学(686/912)、分子生物学与遗传学(132/95)、化学(587/1265)、临床医学(118/1686)、免疫学(133/504)、农业科学(656/776)、社会科学(1019/1328)、生物学与生物化学(153/845)、微生物学(59/399)、药理学与毒物学(52/778)、植物学与动物学(682/129)
湖南大学	11	材料科学(36/912)、地球科学(213/603)、工程学(16/1630)、化学(29/1265)、环境科学与生态学(57/1107)、计算机科学(60/580)、经济学和商学(138/389)、社会科学(385/1328)、生物学与生物化学(339/845)、数学(58/287)、物理学(209/608)
华南师范大学	11	材料科学(177/912)、工程学(725/1630)、化学(108/1265)、环境科学与生态学(376/1107)、精神病学与行为科学(427/688)、临床医学(1575/1686)、社会科学(885/1328)、神经科学与行为科学(545/620)、数学(142/287)、物理学(279/608)、植物学与动物学(582/129)
南方医科大学	11	材料科学(593/912)、分子生物学与遗传学(213/95)、化学(864/1265)、临床医学(260/1686)、免疫学(171/504)、农业科学(741/776)、社会科学(1099/1328)、神经科学与行为科学(350/620)、生物学与生物化学(222/845)、微生物学(256/399)、药理学与毒物学(64/778)
南京医科大学	11	材料科学(665/912)、分子生物学与遗传学(94/95)、化学(810/1265)、环境科学与生态学(306/1107)、精神病学与行为科学(363/688)、临床医学(185/1686)、免疫学(245/504)、社会科学(998/1328)、神经科学与行为科学(247/620)、生物学与生物化学(160/845)、药理学与毒物学(77/778)

续表

学校名称	进入ESI学科排行的学科数	详细情况
台北医学大学	11	材料科学(891/912)、分子生物学与遗传学(407/95)、化学(972/1265)、环境科学与生态学(997/1107)、精神病学与行为科学(655/688)、临床医学(341/1686)、免疫学(361/504)、农业科学(598/776)、社会科学(861/1328)、生物学与生物化学(487/845)、药理学与毒物学(279/778)
西北大学	11	材料科学(377/912)、地球科学(123/603)、工程学(726/1630)、化学(273/1265)、环境科学与生态学(452/1107)、临床医学(1379/1686)、农业科学(483/776)、社会科学(1229/1328)、生物学与生物化学(688/845)、药理学与毒物学(540/778)、植物学与动物学(789/129)
中国人民大学	11	材料科学(701/912)、工程学(967/1630)、化学(537/1265)、环境科学与生态学(716/1107)、计算机科学(297/580)、经济学和商学(89/389)、精神病学与行为科学(294/688)、临床医学(1584/1686)、社会科学(287/1328)、数学(253/287)、物理学(375/608)
北京航空航天大学	10	材料科学(23/912)、地球科学(177/603)、工程学(13/1630)、化学(114/1265)、环境科学与生态学(271/1107)、计算机科学(31/580)、临床医学(1250/1686)、社会科学(715/1328)、数学(187/287)、物理学(56/608)
广州医科大学	10	材料科学(772/912)、分子生物学与遗传学(249/95)、化学(691/1265)、精神病学与行为科学(589/688)、临床医学(394/1686)、免疫学(263/504)、神经科学与行为科学(328/620)、生物学与生物化学(362/845)、微生物学(254/399)、药理学与毒物学(287/778)
杭州师范大学	10	材料科学(440/912)、工程学(730/1630)、化学(652/1265)、环境科学与生态学(867/1107)、临床医学(953/1686)、农业科学(762/776)、神经科学与行为科学(487/620)、生物学与生物化学(771/845)、数学(5/287)、植物学与动物学(650/129)
河南大学	10	材料科学(187/912)、工程学(805/1630)、化学(408/1265)、环境科学与生态学(394/1107)、临床医学(1011/1686)、农业科学(258/776)、社会科学(589/1328)、生物学与生物化学(686/845)、药理学与毒物学(510/778)、植物学与动物学(100/129)
华东理工大学	10	材料科学(116/912)、地球科学(515/603)、工程学(68/1630)、化学(37/1265)、环境科学与生态学(602/1107)、计算机科学(276/580)、临床医学(1639/1686)、农业科学(668/776)、生物学与生物化学(341/845)、药理学与毒物学(531/778)
华中师范大学	10	材料科学(509/912)、工程学(661/1630)、化学(67/1265)、环境科学与生态学(717/1107)、计算机科学(534/580)、精神病学与行为科学(593/688)、社会科学(793/1328)、数学(146/287)、物理学(280/608)、植物学与动物学(920/129)
南京农业大学	10	分子生物学与遗传学(336/95)、工程学(760/1630)、化学(731/1265)、环境科学与生态学(295/1107)、农业科学(4/776)、社会科学(640/1328)、生物学与生物化学(274/845)、微生物学(111/399)、药理学与毒物学(556/778)、植物学与动物学(10/129)
上海大学	10	材料科学(72/912)、工程学(56/1630)、化学(92/1265)、环境科学与生态学(329/1107)、计算机科学(112/580)、临床医学(1344/1686)、社会科学(292/1328)、生物学与生物化学(600/845)、数学(50/287)、物理学(252/608)
台湾"清华大学"	10	材料科学(141/912)、工程学(365/1630)、化学(191/1265)、环境科学与生态学(782/1107)、计算机科学(387/580)、临床医学(1085/1686)、社会科学(1018/1328)、生物学与生物化学(604/845)、物理学(164/608)、药理学与毒物学(747/778)

续表

学校名称	进入 ESI 学科排行的学科数	详细情况
台湾中兴大学	10	材料科学(578/912)、工程学(528/1630)、化学(682/1265)、环境科学与生态学(799/1107)、临床医学(1116/1686)、农业科学(422/776)、社会科学(633/1328)、生物学与生物化学(594/845)、药理学与毒物学(564/778)、植物学与动物学(332/129)
长庚大学	10	材料科学(602/912)、分子生物学与遗传学(296/95)、工程学(1011/1630)、化学(760/1265)、精神病学与行为科学(562/688)、临床医学(338/1686)、免疫学(297/504)、社会科学(1107/1328)、生物学与生物化学(301/845)、药理学与毒物学(323/778)
中国人民解放军海军军医大学	10	材料科学(304/912)、分子生物学与遗传学(374/95)、化学(882/1265)、临床医学(378/1686)、免疫学(314/504)、社会科学(1280/1328)、神经科学与行为科学(454/620)、生物学与生物化学(185/845)、药理学与毒物学(122/778)、植物学与动物学(872/129)
北京林业大学	9	材料科学(344/912)、地球科学(564/603)、工程学(810/1630)、化学(661/1265)、环境科学与生态学(360/1107)、农业科学(152/776)、社会科学(1202/1328)、生物学与生物化学(593/845)、植物学与动物学(93/129)
河海大学	9	材料科学(373/912)、地球科学(221/603)、工程学(107/1630)、化学(822/1265)、环境科学与生态学(232/1107)、计算机科学(142/580)、农业科学(460/776)、社会科学(576/1328)、数学(72/287)
江南大学	9	材料科学(200/912)、工程学(280/1630)、化学(181/1265)、环境科学与生态学(768/1107)、计算机科学(324/580)、临床医学(1062/1686)、农业科学(6/776)、生物学与生物化学(177/845)、药理学与毒物学(535/778)
南方科技大学	9	材料科学(48/912)、地球科学(278/603)、工程学(189/1630)、化学(103/1265)、环境科学与生态学(133/1107)、计算机科学(93/580)、临床医学(1024/1686)、生物学与生物化学(438/845)、物理学(169/608)
陕西师范大学	9	材料科学(136/912)、工程学(843/1630)、化学(174/1265)、环境科学与生态学(676/1107)、计算机科学(350/580)、临床医学(1631/1686)、农业科学(192/776)、社会科学(407/1328)、植物学与动物学(855/129)
汕头大学	9	材料科学(878/912)、分子生物学与遗传学(448/95)、工程学(599/1630)、化学(924/1265)、环境科学与生态学(766/1107)、临床医学(788/1686)、生物学与生物化学(449/845)、药理学与毒物学(748/778)、植物学与动物学(949/129)
四川农业大学	9	分子生物学与遗传学(519/95)、工程学(1306/1630)、化学(1072/1265)、环境科学与生态学(619/1107)、农业科学(61/776)、社会科学(996/1328)、生物学与生物化学(518/845)、微生物学(292/399)、植物学与动物学(97/129)
台湾"中山大学"	9	材料科学(630/912)、工程学(668/1630)、化学(367/1265)、环境科学与生态学(832/1107)、计算机科学(374/580)、临床医学(1212/1686)、社会科学(850/1328)、药理学与毒物学(575/778)、植物学与动物学(938/129)
天津医科大学	9	材料科学(741/912)、分子生物学与遗传学(286/95)、化学(1038/1265)、临床医学(269/1686)、免疫学(336/504)、社会科学(1240/1328)、神经科学与行为科学(340/620)、生物学与生物化学(235/845)、药理学与毒物学(317/778)
温州医科大学	9	材料科学(597/912)、分子生物学与遗传学(206/95)、工程学(1314/1630)、化学(424/1265)、临床医学(331/1686)、免疫学(372/504)、神经科学与行为科学(302/620)、生物学与生物化学(234/845)、药理学与毒物学(134/778)

续表

学校名称	进入 ESI 学科排行的学科数	详细情况
西北工业大学	9	材料科学(14/912)、地球科学(111/603)、工程学(29/1630)、化学(75/1265)、计算机科学(25/580)、临床医学(1562/1686)、生物学与生物化学(802/845)、数学(124/287)、物理学(46/608)
浙江工业大学	9	材料科学(74/912)、工程学(49/1630)、化学(121/1265)、环境科学与生态学(450/1107)、计算机科学(178/580)、农业科学(201/776)、社会科学(439/1328)、生物学与生物化学(540/845)、药理学与毒物学(577/778)
重庆医科大学	9	材料科学(779/912)、分子生物学与遗传学(300/95)、化学(1064/1265)、临床医学(352/1686)、免疫学(195/504)、社会科学(1223/1328)、神经科学与行为科学(163/620)、生物学与生物化学(389/845)、药理学与毒物学(178/778)
台湾"中央大学"	8	材料科学(585/912)、地球科学(407/603)、工程学(740/1630)、化学(748/1265)、环境科学与生态学(917/1107)、计算机科学(412/580)、临床医学(1590/1686)、社会科学(894/1328)
安徽医科大学	8	分子生物学与遗传学(481/95)、环境科学与生态学(533/1107)、临床医学(375/1686)、免疫学(279/504)、社会科学(1103/1328)、神经科学与行为科学(324/620)、生物学与生物化学(440/845)、药理学与毒物学(207/778)
澳门科技大学	8	分子生物学与遗传学(494/95)、工程学(194/1630)、化学(1137/1265)、计算机科学(320/580)、临床医学(1431/1686)、社会科学(594/1328)、生物学与生物化学(450/845)、药理学与毒物学(486/778)
北京化工大学	8	材料科学(51/912)、地球科学(504/603)、工程学(265/1630)、化学(18/1265)、环境科学与生态学(311/1107)、计算机科学(491/580)、农业科学(749/776)、生物学与生物化学(535/845)
北京交通大学	8	材料科学(246/912)、工程学(67/1630)、化学(848/1265)、环境科学与生态学(790/1107)、计算机科学(68/580)、社会科学(891/1328)、数学(251/287)、物理学(555/608)
北京科技大学	8	材料科学(25/912)、地球科学(453/603)、工程学(59/1630)、化学(94/1265)、环境科学与生态学(240/1107)、计算机科学(40/580)、社会科学(666/1328)、物理学(318/608)
东北农业大学	8	工程学(966/1630)、化学(679/1265)、环境科学与生态学(321/1107)、农业科学(30/776)、生物学与生物化学(502/845)、微生物学(298/399)、药理学与毒物学(387/778)、植物学与动物学(84/129)
福建农林大学	8	材料科学(877/912)、工程学(1111/1630)、化学(828/1265)、环境科学与生态学(380/1107)、农业科学(90/776)、生物学与生物化学(616/845)、微生物学(281/399)、植物学与动物学(64/129)
福州大学	8	材料科学(124/912)、工程学(269/1630)、化学(26/1265)、环境科学与生态学(418/1107)、计算机科学(130/580)、临床医学(1623/1686)、农业科学(431/776)、物理学(482/608)
高雄医科大学	8	分子生物学与遗传学(451/95)、化学(658/1265)、精神病学与行为科学(654/688)、临床医学(497/1686)、农业科学(766/776)、社会科学(986/1328)、生物学与生物化学(564/845)、药理学与毒物学(333/778)
广州大学	8	材料科学(218/912)、工程学(177/1630)、化学(402/1265)、环境科学与生态学(122/1107)、计算机科学(39/580)、社会科学(914/1328)、数学(155/287)、植物学与动物学(900/129)

续表

学校名称	进入 ESI 学科排行的学科数	详细情况
哈尔滨医科大学	8	分子生物学与遗传学(356/95)、化学(1208/1265)、临床医学(264/1686)、免疫学(417/504)、社会科学(1270/1328)、神经科学与行为科学(472/620)、生物学与生物化学(283/845)、药理学与毒物学(266/778)
合肥工业大学	8	材料科学(231/912)、地球科学(417/603)、工程学(159/1630)、化学(475/1265)、环境科学与生态学(769/1107)、计算机科学(132/580)、农业科学(96/776)、社会科学(577/1328)
湖南师范大学	8	材料科学(726/912)、工程学(266/1630)、化学(472/1265)、环境科学与生态学(904/1107)、临床医学(1284/1686)、生物学与生物化学(761/845)、物理学(367/608)、植物学与动物学(849/129)
空军军医大学	8	材料科学(430/912)、分子生物学与遗传学(321/95)、化学(1216/1265)、临床医学(398/1686)、免疫学(401/504)、神经科学与行为科学(361/620)、生物学与生物化学(346/845)、药理学与毒物学(196/778)
南京航空航天大学	8	材料科学(45/912)、工程学(34/1630)、化学(203/1265)、环境科学与生态学(855/1107)、计算机科学(99/580)、社会科学(822/1328)、数学(170/287)、物理学(322/608)
南京信息工程大学	8	材料科学(408/912)、地球科学(49/603)、工程学(255/1630)、化学(566/1265)、环境科学与生态学(304/1107)、计算机科学(35/580)、农业科学(543/776)、社会科学(574/1328)
南通大学	8	材料科学(415/912)、分子生物学与遗传学(518/95)、工程学(408/1630)、化学(891/1265)、临床医学(753/1686)、神经科学与行为科学(404/620)、生物学与生物化学(559/845)、药理学与毒物学(391/778)
山东第一医科大学	8	分子生物学与遗传学(357/95)、化学(657/1265)、临床医学(305/1686)、免疫学(381/504)、神经科学与行为科学(471/620)、生物学与生物化学(358/845)、微生物学(369/399)、药理学与毒物学(255/778)
山西大学	8	材料科学(516/912)、工程学(847/1630)、化学(434/1265)、环境科学与生态学(770/1107)、计算机科学(479/580)、农业科学(676/776)、物理学(433/608)、植物学与动物学(911/129)
中国地质大学	8	材料科学(96/912)、地球科学(6/603)、工程学(70/1630)、化学(79/1265)、环境科学与生态学(137/1107)、计算机科学(126/580)、农业科学(667/776)、社会科学(243/1328)
中国矿业大学	8	材料科学(185/912)、地球科学(46/603)、工程学(63/1630)、化学(431/1265)、环境科学与生态学(154/1107)、计算机科学(147/580)、社会科学(527/1328)、数学(89/287)
中国人民解放军陆军军医大学	8	材料科学(770/912)、分子生物学与遗传学(302/95)、化学(985/1265)、临床医学(351/1686)、免疫学(295/504)、神经科学与行为科学(342/620)、生物学与生物化学(268/845)、药理学与毒物学(223/778)
中国石油大学	8	材料科学(120/912)、地球科学(65/603)、工程学(55/1630)、化学(117/1265)、环境科学与生态学(248/1107)、计算机科学(156/580)、社会科学(586/1328)、数学(271/287)
北京工业大学	7	材料科学(167/912)、工程学(123/1630)、化学(153/1265)、环境科学与生态学(339/1107)、计算机科学(94/580)、社会科学(1081/1328)、生物学与生物化学(680/845)

续表

学校名称	进入 ESI 学科排行的学科数	详细情况
东北林业大学	7	材料科学(506/912)、工程学(1010/1630)、化学(464/1265)、环境科学与生态学(760/1107)、农业科学(185/776)、生物学与生物化学(784/845)、植物学与动物学(262/129)
东北师范大学	7	材料科学(273/912)、工程学(616/1630)、化学(220/1265)、环境科学与生态学(565/1107)、农业科学(690/776)、数学(203/287)、植物学与动物学(443/129)
东华大学	7	材料科学(70/912)、工程学(304/1630)、化学(109/1265)、环境科学与生态学(414/1107)、计算机科学(331/580)、生物学与生物化学(772/845)、数学(261/287)
广西大学	7	材料科学(92/912)、工程学(396/1630)、化学(364/1265)、环境科学与生态学(389/1107)、农业科学(331/776)、生物学与生物化学(652/845)、植物学与动物学(325/129)
济南大学	7	材料科学(253/912)、工程学(623/1630)、化学(285/1265)、环境科学与生态学(861/1107)、临床医学(805/1686)、生物学与生物化学(737/845)、药理学与毒物学(724/778)
昆明理工大学	7	材料科学(194/912)、工程学(279/1630)、化学(294/1265)、环境科学与生态学(416/1107)、临床医学(1507/1686)、农业科学(582/776)、植物学与动物学(717/129)
南京林业大学	7	材料科学(137/912)、工程学(221/1630)、化学(267/1265)、环境科学与生态学(346/1107)、农业科学(148/776)、生物学与生物化学(521/845)、植物学与动物学(114/129)
齐鲁工业大学	7	材料科学(413/912)、工程学(716/1630)、化学(521/1265)、环境科学与生态学(944/1107)、计算机科学(267/580)、农业科学(435/776)、生物学与生物化学(479/845)
山东科技大学	7	材料科学(248/912)、地球科学(128/603)、工程学(79/1630)、化学(225/1265)、环境科学与生态学(761/1107)、计算机科学(240/580)、数学(10/287)
山东师范大学	7	材料科学(252/912)、工程学(334/1630)、化学(287/1265)、环境科学与生态学(866/1107)、计算机科学(202/580)、数学(254/287)、植物学与动物学(323/129)
上海师范大学	7	材料科学(595/912)、工程学(1267/1630)、化学(725/1265)、环境科学与生态学(542/1107)、社会科学(1168/1328)、数学(206/287)、植物学与动物学(390/129)
武汉理工大学	7	材料科学(26/912)、工程学(78/1630)、化学(61/1265)、环境科学与生态学(358/1107)、计算机科学(148/580)、社会科学(999/1328)、物理学(350/608)
西安电子科技大学	7	材料科学(223/912)、地球科学(298/603)、工程学(124/1630)、化学(672/1265)、计算机科学(6/580)、临床医学(1457/1686)、物理学(410/608)
西南交通大学	7	材料科学(160/912)、地球科学(406/603)、工程学(90/1630)、化学(525/1265)、环境科学与生态学(822/1107)、计算机科学(150/580)、社会科学(402/1328)
浙江师范大学	7	材料科学(472/912)、工程学(629/1630)、化学(223/1265)、环境科学与生态学(381/1107)、计算机科学(469/580)、数学(36/287)、植物学与动物学(631/129)
中国药科大学	7	材料科学(607/912)、化学(360/1265)、临床医学(1107/1686)、农业科学(745/776)、神经科学与行为科学(616/620)、生物学与生物化学(476/845)、药理学与毒物学(23/778)
中国医科大学	7	分子生物学与遗传学(361/95)、临床医学(304/1686)、免疫学(359/504)、社会科学(1233/1328)、神经科学与行为科学(362/620)、生物学与生物化学(324/845)、药理学与毒物学(200/778)

续表

学校名称	进入 ESI 学科排行的学科数	详细情况
安徽大学	6	材料科学(352/912)、工程学(276/1630)、化学(298/1265)、环境科学与生态学(934/1107)、计算机科学(199/580)、数学(198/287)
大连医科大学	6	分子生物学与遗传学(394/95)、化学(1204/1265)、临床医学(520/1686)、神经科学与行为科学(526/620)、生物学与生物化学(541/845)、药理学与毒物学(299/778)
福建师范大学	6	材料科学(601/912)、工程学(556/1630)、化学(244/1265)、环境科学与生态学(415/1107)、计算机科学(295/580)、农业科学(669/776)
福建医科大学	6	分子生物学与遗传学(391/95)、化学(324/1265)、临床医学(359/1686)、神经科学与行为科学(495/620)、生物学与生物化学(532/845)、药理学与毒物学(436/778)
贵州大学	6	材料科学(432/912)、工程学(544/1630)、化学(410/1265)、环境科学与生态学(857/1107)、农业科学(415/776)、植物学与动物学(307/129)
国防科学技术大学	6	材料科学(442/912)、地球科学(244/603)、工程学(101/1630)、化学(323/1265)、计算机科学(77/580)、物理学(411/608)
海南大学	6	材料科学(558/912)、工程学(612/1630)、化学(489/1265)、环境科学与生态学(659/1107)、农业科学(156/776)、植物学与动物学(180/129)
河南科技大学	6	材料科学(310/912)、工程学(882/1630)、化学(988/1265)、临床医学(977/1686)、农业科学(371/776)、植物学与动物学(419/129)
湖南农业大学	6	工程学(458/1630)、化学(591/1265)、环境科学与生态学(245/1107)、农业科学(101/776)、生物学与生物化学(719/845)、植物学与动物学(343/129)
华北电力大学	6	材料科学(437/912)、工程学(44/1630)、化学(207/1265)、环境科学与生态学(26/1107)、计算机科学(371/580)、社会科学(1009/1328)
南京工业大学	6	材料科学(59/912)、工程学(237/1630)、化学(69/1265)、环境科学与生态学(477/1107)、生物学与生物化学(561/845)、物理学(258/608)
南京理工大学	6	材料科学(64/912)、工程学(52/1630)、化学(202/1265)、环境科学与生态学(384/1107)、计算机科学(91/580)、物理学(399/608)
山东农业大学	6	生物学与生物化学(666/790)、化学(580/1149)、临床医学(1229/1456)、工程学(637/1455)
上海科技大学	6	材料科学(164/912)、分子生物学与遗传学(294/95)、工程学(700/1630)、化学(466/1265)、临床医学(1223/1686)、生物学与生物化学(455/845)
上海理工大学	6	材料科学(90/912)、工程学(125/1630)、化学(98/1265)、环境科学与生态学(459/1107)、计算机科学(227/580)、农业科学(581/776)
沈阳药科大学	6	材料科学(828/912)、化学(702/1265)、临床医学(1531/1686)、农业科学(738/776)、生物学与生物化学(769/845)、药理学与毒物学(76/778)
首都师范大学	6	材料科学(718/912)、地球科学(455/603)、工程学(1397/1630)、化学(761/1265)、环境科学与生态学(973/1107)、植物学与动物学(312/129)
台湾科技大学	6	材料科学(398/912)、工程学(384/1630)、化学(561/1265)、计算机科学(209/580)、社会科学(750/1328)、生物学与生物化学(823/845)
亚洲大学(中国)	6	工程学(531/1630)、计算机科学(87/580)、临床医学(767/1686)、农业科学(559/776)、社会科学(191/1328)、药理学与毒物学(520/778)
云南大学	6	材料科学(667/912)、地球科学(468/603)、工程学(1195/1630)、化学(653/1265)、环境科学与生态学(695/1107)、植物学与动物学(188/129)

续表

学校名称	进入 ESI 学科排行的学科数	详细情况
长安大学	6	材料科学(201/912)、地球科学(143/603)、工程学(275/1630)、化学(964/1265)、环境科学与生态学(64/1107)、社会科学(568/1328)
长沙理工大学	6	材料科学(306/912)、工程学(181/1630)、化学(505/1265)、环境科学与生态学(516/1107)、计算机科学(280/580)、数学(13/287)
浙江工商大学	6	工程学(628/1630)、化学(1135/1265)、环境科学与生态学(299/1107)、计算机科学(448/580)、农业科学(149/776)、社会科学(228/1328)
浙江农林大学	6	材料科学(803/912)、工程学(559/1630)、化学(911/1265)、环境科学与生态学(582/1107)、农业科学(326/776)、植物学与动物学(287/129)
中南林业科技大学	6	材料科学(771/912)、工程学(593/1630)、化学(1223/1265)、环境科学与生态学(431/1107)、农业科学(501/776)、植物学与动物学(528/129)
大连海事大学	5	材料科学(796/912)、工程学(184/1630)、环境科学与生态学(535/1107)、计算机科学(82/580)、社会科学(652/1328)
广东工业大学	5	材料科学(103/912)、工程学(46/1630)、化学(300/1265)、环境科学与生态学(435/1107)、计算机科学(52/580)
广东医科大学	5	分子生物学与遗传学(461/95)、化学(1174/1265)、临床医学(820/1686)、生物学与生物化学(735/845)、药理学与毒物学(554/778)
河北大学	5	材料科学(230/912)、工程学(1236/1630)、化学(473/1265)、临床医学(1451/1686)、植物学与动物学(518/129)
河北医科大学	5	分子生物学与遗传学(527/95)、临床医学(538/1686)、神经科学与行为科学(474/620)、生物学与生物化学(581/845)、药理学与毒物学(424/778)
河南理工大学	5	材料科学(243/912)、地球科学(297/603)、工程学(306/1630)、化学(758/1265)、数学(41/287)
河南农业大学	5	工程学(447/1630)、环境科学与生态学(763/1107)、农业科学(382/776)、微生物学(356/399)、植物学与动物学(326/129)
河南师范大学	5	材料科学(280/912)、工程学(581/1630)、化学(231/1265)、环境科学与生态学(747/1107)、植物学与动物学(888/129)
湖南工业大学	5	材料科学(639/912)、工程学(694/1630)、工程学(1382/1630)、化学(1029/1265)、生物学与生物化学(839/845)
华北理工大学	5	材料科学(213/912)、工程学(1208/1630)、化学(842/1265)、临床医学(1318/1686)、生物学与生物化学(687/845)
江苏师范大学	5	材料科学(732/912)、工程学(1037/1630)、化学(452/1265)、社会科学(1169/1328)、数学(252/287)
南京邮电大学	5	材料科学(196/912)、工程学(114/1630)、化学(185/1265)、计算机科学(48/580)、物理学(323/608)
南京中医药大学	5	化学(844/1265)、临床医学(379/1686)、神经科学与行为科学(594/620)、生物学与生物化学(525/845)、药理学与毒物学(140/778)
青岛农业大学	5	工程学(1242/1630)、化学(398/1265)、环境科学与生态学(962/1107)、农业科学(122/776)、植物学与动物学(300/129)
曲阜师范大学	5	材料科学(671/912)、工程学(315/1630)、化学(381/1265)、计算机科学(307/580)、数学(25/287)

续表

学校名称	进入 ESI 学科排行的学科数	详细情况
石河子大学	5	工程学(1536/1630)、化学(785/1265)、临床医学(1385/1686)、农业科学(394/776)、植物学与动物学(742/129)
台湾师范大学	5	工程学(1370/1630)、化学(949/1265)、精神病学与行为科学(549/688)、临床医学(1022/1686)、社会科学(664/1328)
天津科技大学	5	材料科学(220/912)、工程学(1252/1630)、化学(646/1265)、农业科学(72/776)、生物学与生物化学(542/845)
武汉科技大学	5	材料科学(217/912)、工程学(604/1630)、化学(549/1265)、计算机科学(255/580)、临床医学(1004/1686)
西安理工大学	5	材料科学(237/912)、工程学(411/1630)、化学(1024/1265)、环境科学与生态学(798/1107)、计算机科学(253/580)
香港教育大学	5	工程学(1465/1630)、化学(1218/1265)、环境科学与生态学(649/1107)、精神病学与行为科学(441/688)、社会科学(469/1328)
湘潭大学	5	材料科学(322/912)、工程学(689/1630)、化学(476/1265)、计算机科学(484/580)、数学(212/287)
徐州医科大学	5	分子生物学与遗传学(415/95)、临床医学(634/1686)、神经科学与行为科学(485/620)、生物学与生物化学(656/845)、药理学与毒物学(412/778)
长江大学	5	地球科学(307/603)、工程学(1026/1630)、临床医学(1192/1686)、农业科学(218/776)、植物学与动物学(372/129)
中国东北大学	5	材料科学(83/912)、地球科学(423/603)、工程学(31/1630)、化学(301/1265)、计算机科学(28/580)
安徽农业大学	4	化学(1090/1265)、环境科学与生态学(901/1107)、农业科学(199/776)、植物学与动物学(331/129)
北京邮电大学	4	材料科学(654/912)、工程学(153/1630)、计算机科学(7/580)、物理学(100/608)
北京中医药大学	4	化学(1188/1265)、临床医学(627/1686)、生物学与生物化学(448/845)、药理学与毒物学(115/778)
渤海大学	4	工程学(175/1630)、化学(1045/1265)、计算机科学(79/580)、农业科学(211/776)
成都理工大学	4	地球科学(154/603)、工程学(426/1630)、化学(969/1265)、环境科学与生态学(448/1107)
东莞理工学院	4	材料科学(565/912)、工程学(842/1630)、化学(1061/1265)、环境科学与生态学(1036/1107)
逢甲大学	4	材料科学(697/912)、工程学(793/1630)、化学(1249/1265)、计算机科学(510/580)
广东药科大学	4	化学(959/1265)、临床医学(1289/1686)、农业科学(583/776)、药理学与毒物学(431/778)
广西医科大学	4	分子生物学与遗传学(401/95)、临床医学(494/1686)、生物学与生物化学(588/845)、药理学与毒物学(478/778)
桂林电子科技大学	4	材料科学(337/912)、工程学(463/1630)、化学(1093/1265)、计算机科学(294/580)
哈尔滨工程大学	4	材料科学(173/912)、工程学(158/1630)、化学(413/1265)、计算机科学(254/580)
杭州电子科技大学	4	材料科学(289/912)、工程学(325/1630)、化学(565/1265)、计算机科学(161/580)
河北农业大学	4	化学(1142/1265)、环境科学与生态学(1024/1107)、农业科学(398/776)、植物学与动物学(410/129)

续表

学校名称	进入 ESI 学科排行的学科数	详细情况
湖北大学	4	材料科学(216/912)、工程学(679/1630)、化学(571/1265)、植物学与动物学(838/129)
湖北工业大学	4	材料科学(790/912)、工程学(909/1630)、化学(1133/1265)、农业科学(482/776)
湖南科技大学	4	材料科学(744/912)、工程学(517/1630)、化学(738/1265)、计算机科学(493/580)
华侨大学	4	材料科学(370/912)、工程学(342/1630)、化学(706/1265)、计算机科学(340/580)
江西师范大学	4	材料科学(649/912)、工程学(1361/1630)、化学(465/1265)、农业科学(526/776)
聊城大学	4	材料科学(357/912)、工程学(379/1630)、化学(595/1265)、计算机科学(289/580)
南华大学	4	工程学(1185/1630)、化学(383/1265)、临床医学(905/1686)、药理学与毒物学(628/778)
内蒙古大学	4	材料科学(485/912)、工程学(1371/1630)、化学(312/1265)、环境科学与生态学(864/1107)
三峡大学	4	材料科学(713/912)、工程学(505/1630)、化学(784/1265)、临床医学(1366/1686)
山东理工大学	4	材料科学(650/912)、工程学(263/1630)、化学(767/1265)、农业科学(299/776)
陕西科技大学	4	材料科学(285/912)、工程学(578/1630)、化学(290/1265)、农业科学(449/776)
上海海洋大学	4	工程学(772/1630)、环境科学与生态学(715/1107)、农业科学(187/776)、植物学与动物学(267/129)
上海应用技术大学	4	材料科学(707/912)、工程学(1363/1630)、化学(803/1265)、农业科学(670/776)
上海中医药大学	4	化学(1202/1265)、临床医学(602/1686)、生物学与生物化学(551/845)、药理学与毒物学(95/778)
苏州科技大学	4	材料科学(688/912)、工程学(831/1630)、化学(852/1265)、环境科学与生态学(1013/1107)
台北科技大学	4	材料科学(536/912)、工程学(508/1630)、化学(606/1265)、环境科学与生态学(1045/1107)
台湾海洋大学	4	材料科学(851/912)、工程学(1035/1630)、社会科学(1309/1328)、植物学与动物学(572/129)
天津工业大学	4	材料科学(371/912)、工程学(215/1630)、化学(351/1265)、数学(197/287)
天津理工大学	4	材料科学(416/912)、工程学(873/1630)、化学(246/1265)、计算机科学(553/580)
温州大学	4	材料科学(327/912)、工程学(133/1630)、化学(425/1265)、计算机科学(36/580)
西安建筑科技大学	4	材料科学(458/912)、工程学(399/1630)、化学(932/1265)、环境科学与生态学(354/1107)
西安科技大学	4	材料科学(392/912)、地球科学(281/603)、工程学(487/1630)、环境科学与生态学(808/1107)
西华师范大学	4	材料科学(879/912)、工程学(799/1630)、化学(854/1265)、植物学与动物学(1002/129)
西南财经大学	4	工程学(253/1630)、计算机科学(405/580)、经济学和商学(11/389)、社会科学(308/1328)
西南科技大学	4	材料科学(244/912)、工程学(300/1630)、化学(58/1265)、环境科学与生态学(302/1107)
西南石油大学	4	材料科学(505/912)、地球科学(387/603)、工程学(359/1630)、化学(385/1265)

续表

学校名称	进入 ESI 学科排行的学科数	详细情况
新疆大学	4	材料科学(635/912)、工程学(850/1630)、化学(759/1265)、环境科学与生态学(460/1107)
烟台大学	4	材料科学(205/912)、工程学(659/1630)、化学(726/1265)、药理学与毒物学(546/778)
燕山大学	4	材料科学(145/912)、工程学(249/1630)、化学(618/1265)、计算机科学(400/580)
郑州轻工业大学	4	材料科学(792/912)、工程学(926/1630)、化学(697/1265)、农业科学(473/776)
中国计量大学	4	材料科学(341/912)、工程学(782/1630)、化学(580/1265)、环境科学与生态学(986/1107)
中山医学大学	4	临床医学(698/1686)、农业科学(664/776)、生物学与生物化学(798/845)、药理学与毒物学(529/778)
安徽工业大学	3	材料科学(393/912)、工程学(151/1630)、化学(849/1265)
安徽理工大学	3	材料科学(763/912)、工程学(942/1630)、化学(1028/1265)
安徽师范大学	3	材料科学(702/912)、工程学(1369/1630)、化学(538/1265)
北京工商大学	3	工程学(509/1630)、化学(813/1265)、农业科学(16/776)
常州大学	3	材料科学(407/912)、工程学(406/1630)、化学(248/1265)
成都大学	3	工程学(132/1630)、化学(423/1265)、农业科学(53/776)
大连工业大学	3	工程学(1186/1630)、化学(1030/1265)、农业科学(245/776)
淡江大学	3	工程学(686/1630)、化学(918/1265)、社会科学(1127/1328)
对外经济贸易大学	3	工程学(510/1630)、经济学和商学(57/389)、社会科学(340/1328)
佛山科学技术学院	3	材料科学(644/912)、环境科学与生态学(385/1107)、植物学与动物学(522/129)
高雄科技大学	3	工程学(489/1630)、环境科学与生态学(954/1107)、社会科学(1038/1328)
广州中医药大学	3	化学(1245/1265)、临床医学(752/1686)、药理学与毒物学(96/778)
桂林理工大学	3	地球科学(548/603)、工程学(1316/1630)、环境科学与生态学(319/1107)
哈尔滨理工大学	3	材料科学(343/912)、工程学(500/1630)、化学(938/1265)
河北工业大学	3	材料科学(297/912)、工程学(274/1630)、化学(242/1265)
河南工业大学	3	工程学(957/1630)、化学(878/1265)、农业科学(352/776)
黑龙江大学	3	材料科学(500/912)、工程学(995/1630)、化学(221/1265)
湖州学院	3	工程学(1056/1630)、临床医学(1391/1686)、数学(16/287)
淮阴师范学院	3	工程学(1426/1630)、化学(1112/1265)、数学(101/287)
集美大学	3	工程学(1344/1630)、农业科学(226/776)、植物学与动物学(763/129)
嘉兴大学	3	材料科学(797/912)、工程学(816/1630)、化学(827/1265)
江苏科技大学	3	材料科学(162/912)、工程学(262/1630)、化学(610/1265)
江西财经大学	3	工程学(975/1630)、计算机科学(552/580)、社会科学(431/1328)
江西农业大学	3	工环境科学与生态学(548/1107)、农业科学(347/776)、植物学与动物学(520/129)
昆明医科大学	3	临床医学(713/1686)、神经科学与行为科学(396/620)、药理学与毒物学(573/778)
兰州理工大学	3	材料科学(375/912)、工程学(498/1630)、化学(107/1265)
南昌航空大学	3	材料科学(328/912)、工程学(568/1630)、化学(297/1265)

续表

学校名称	进入 ESI 学科排行的学科数	详细情况
南京财经大学	3	工程学(1124/1630)、农业科学(369/776)、社会科学(435/1328)
青岛科技大学	3	材料科学(191/912)、工程学(457/1630)、化学(99/1265)
山西农业大学	3	环境科学与生态学(1048/1107)、农业科学(210/776)、植物学与动物学(540/129)
山西医科大学	3	临床医学(663/1686)、神经科学与行为科学(527/620)、药理学与毒物学(545/778)
上海财经大学	3	工程学(636/1630)、经济学和商学(48/389)、社会科学(353/1328)
上海电力大学	3	材料科学(684/912)、工程学(836/1630)、化学(1105/1265)
上海工程技术大学	3	材料科学(255/912)、工程学(409/1630)、化学(973/1265)
上海海事大学	3	工程学(471/1630)、计算机科学(364/580)、社会科学(643/1328)
绍兴文理学院	3	工程学(986/1630)、化学(668/1265)、环境科学与生态学(43/1107)
沈阳农业大学	3	环境科学与生态学(868/1107)、农业科学(235/776)、植物学与动物学(470/129)
四川师范大学	3	工程学(430/1630)、化学(851/1265)、计算机科学(260/580)
台湾中原大学	3	材料科学(759/912)、工程学(895/1630)、化学(693/1265)
太原科技大学	3	材料科学(123/912)、工程学(1085/1630)、计算机科学(83/580)
太原理工大学	3	材料科学(183/912)、工程学(273/1630)、化学(286/1265)
天津师范大学	3	材料科学(742/912)、工程学(1552/1630)、化学(808/1265)
武汉纺织大学	3	材料科学(369/912)、工程学(719/1630)、化学(933/1265)
武汉工程大学	3	材料科学(441/912)、工程学(764/1630)、化学(577/1265)
西北师范大学	3	材料科学(632/912)、工程学(1205/1630)、化学(372/1265)
西交利物浦大学	3	工程学(1069/1630)、计算机科学(466/580)、社会科学(994/1328)
西南医科大学	3	临床医学(957/1686)、生物学与生物化学(628/845)、药理学与毒物学(484/778)
延边大学	3	化学(1240/1265)、临床医学(1384/1686)、药理学与毒物学(688/778)
盐城工学院	3	材料科学(672/912)、工程学(1246/1630)、化学(460/1265)
元智大学	3	材料科学(895/912)、工程学(988/1630)、社会科学(1320/1328)
云南师范大学	3	工程学(1294/1630)、化学(1124/1265)、植物学与动物学(621/129)
长春工业大学	3	材料科学(735/912)、工程学(1325/1630)、化学(968/1265)
长春科技大学	3	材料科学(581/912)、工程学(1194/1630)、化学(816/1265)
浙江海洋大学	3	工程学(530/1630)、农业科学(596/776)、植物学与动物学(842/129)
浙江理工大学	3	材料科学(178/912)、工程学(747/1630)、化学(429/1265)
浙江中医药大学	3	临床医学(887/1686)、生物学与生物化学(646/845)、药理学与毒物学(283/778)
中北大学	3	材料科学(263/912)、工程学(486/1630)、化学(671/1265)
中南民族大学	3	材料科学(766/912)、工程学(1160/1630)、化学(486/1265)
中央财经大学	3	工程学(1351/1630)、经济学和商学(65/389)、社会科学(1021/1328)
重庆工商大学	3	材料科学(829/912)、工程学(875/1630)、化学(296/1265)
安徽财经大学	2	工程学(363/1630)、社会科学(403/1328)
北京建筑大学	2	工程学(511/1630)、环境科学与生态学(505/1107)
滨州医学院	2	临床医学(940/1686)、药理学与毒物学(650/778)
成都信息工程大学	2	地球科学(198/603)、工程学(767/1630)

续表

学校名称	进入ESI学科排行的学科数	详细情况
成都中医药大学	2	临床医学(967/1686)、药理学与毒物学(152/778)
东北财经大学	2	工程学(887/1630)、社会科学(1025/1328)
东北大学	2	环境科学与生态学(847/1107)、临床医学(1567/1686)
东海大学	2	工程学(499/1630)、环境科学与生态学(970/1107)
东华理工大学	2	工程学(1403/1630)、化学(862/1265)
辅仁大学	2	临床医学(739/1686)、社会科学(1131/1328)
甘肃农业大学	2	农业科学(375/776)、植物学与动物学(617/129)
广东海洋大学	2	工程学(858/1630)、植物学与动物学(335/129)
广东外语外贸大学	2	工程学(1438/1630)、社会科学(523/1328)
广西师范大学	2	工程学(648/1630)、化学(733/1265)
贵州医科大学	2	临床医学(815/1686)、药理学与毒物学(515/778)
桂林工业大学	2	材料科学(535/912)、化学(838/1265)
台湾屏东科技大学	2	工程学(1542/1630)、植物学与动物学(896/129)
台湾云林科技大学	2	工程学(160/1630)、社会科学(1065/1328)
哈尔滨师范大学	2	材料科学(600/912)、化学(789/1265)
河北科技大学	2	工程学(1187/1630)、化学(1056/1265)
河北师范大学	2	化学(446/1265)、植物学与动物学(401/129)
河南科技学院	2	农业科学(597/776)、植物学与动物学(843/129)
黑龙江中医药大学	2	临床医学(1481/1686)、药理学与毒物学(651/778)
湖北医药学院	2	临床医学(726/1686)、药理学与毒物学(741/778)
湖南中医学院	2	临床医学(1388/1686)、药理学与毒物学(595/778)
吉林农业大学	2	农业科学(216/776)、植物学与动物学(465/129)
吉林师范大学	2	材料科学(687/912)、化学(875/1265)
江西科技学院	2	工程学(1001/1630)、化学(794/1265)
锦州医科大学	2	临床医学(1253/1686)、药理学与毒物学(620/778)
兰州交通大学	2	工程学(1024/1630)、化学(380/1265)
辽宁大学	2	工程学(1429/1630)、化学(856/1265)
辽宁工业大学	2	工程学(41/1630)、计算机科学(27/580)
辽宁石油化工大学	2	工程学(1231/1630)、化学(1004/1265)
辽宁中医药大学	2	临床医学(1605/1686)、药理学与毒物学(712/778)
临沂大学	2	工程学(1379/1630)、化学(1001/1265)
岭南大学	2	精神病学与行为科学(686/688)、社会科学(898/1328)
闽江学院	2	工程学(1002/1630)、社会科学(1218/1328)
明志科技大学	2	材料科学(725/912)、工程学(1235/1630)
内蒙古科技大学	2	材料科学(781/912)、工程学(1415/1630)
内蒙古农业大学	2	农业科学(469/776)、植物学与动物学(775/129)
宁波诺丁汉大学	2	工程学(246/1630)、社会科学(543/1328)

续表

学校名称	进入 ESI 学科排行的学科数	详细情况
宁夏大学	2	工程学(1177/1630)、化学(829/1265)
宁夏医科大学	2	临床医学(1124/1686)、药理学与毒物学(567/778)
山东财经大学	2	工程学(376/1630)、计算机科学(474/580)
山东中医药大学	2	临床医学(1160/1686)、药理学与毒物学(521/778)
香港中文大学(深圳)	2	工程学(1063/1630)、临床医学(1442/1686)
沈阳工业大学	2	材料科学(623/912)、工程学(287/1630)
四川轻化工大学	2	工程学(1383/1630)、化学(992/1265)
苏州大学	2	神经科学与行为科学(374/620)、综合交叉学(100/1125)
台湾"东华大学"	2	化学(1259/1265)、社会科学(1308/1328)
台湾政治大学	2	经济学和商学(292/389)、社会科学(842/1328)
台湾中正大学	2	工程学(1027/1630)、社会科学(1048/1328)
台州学院	2	材料科学(479/912)、化学(416/1265)
天津中医药大学	2	临床医学(1228/1686)、药理学与毒物学(325/778)
潍坊医学院	2	临床医学(1229/1686)、药理学与毒物学(671/778)
五邑大学	2	材料科学(488/912)、化学(1131/1265)
西安工业大学	2	材料科学(563/912)、工程学(1096/1630)
西安邮电大学	2	工程学(1076/1630)、计算机科学(237/580)
新疆医科大学	2	临床医学(543/1686)、药理学与毒物学(644/778)
新乡医学院	2	临床医学(852/1686)、药理学与毒物学(667/778)
信阳师范学院	2	材料科学(911/912)、化学(614/1265)
义守大学	2	工程学(1583/1630)、临床医学(870/1686)
云南农业大学	2	农业科学(544/776)、植物学与动物学(564/129)
彰化师范大学	2	工程学(1558/1630)、社会科学(1089/1328)
长庚科技大学	2	临床医学(1227/1686)、药理学与毒物学(630/778)
浙江财经大学	2	工程学(1079/1630)、社会科学(554/1328)
中国人民解放军陆军工程大学	2	工程学(608/1630)、计算机科学(243/580)
中南财经政法大学	2	计算机科学(269/580)、社会科学(547/1328)
中原工学院	2	材料科学(793/912)、工程学(1298/1630)
仲恺农业工程学院	2	工程学(1337/1630)、植物学与动物学(337/129)
重庆理工大学	2	材料科学(737/912)、工程学(1031/1630)
重庆邮电大学	2	工程学(572/1630)、计算机科学(86/580)
遵义医学院	2	临床医学(997/1686)、药理学与毒物学(576/778)
安徽工程大学	1	工程学(656/1630)
安徽中医药大学	1	药理学与毒物学(524/778)
安阳师范学院	1	化学(1050/1265)
澳门旅游学院	1	社会科学(1265/1328)

续表

学校名称	进入ESI学科排行的学科数	详细情况
北方工业大学	1	工程学(1003/1630)
北京农学院	1	植物学与动物学(787/129)
北京信息科技大学	1	工程学(646/1630)
朝阳科技大学	1	工程学(786/1630)
川北医学院	1	临床医学(1220/1686)
慈济大学	1	临床医学(948/1686)
大理大学	1	植物学与动物学(736/129)
大连大学	1	临床医学(1428/1686)
大连海洋大学	1	植物学与动物学(785/129)
大连交通大学	1	工程学(1247/1630)
大连民族大学	1	工程学(1343/1630)
东北电力大学	1	工程学(111/1630)
东北石油大学	1	工程学(904/1630)
东吴大学	1	社会科学(1313/1328)
佛山大学	1	工程学(940/1630)
福建工程学院	1	工程学(1219/1630)
福建中医药大学	1	临床医学(1323/1686)
赣南师范大学	1	化学(1060/1265)
赣南医学院	1	临床医学(1523/1686)
高雄大学	1	工程学(1615/1630)
高雄医学大学	1	环境科学与生态学(994/1107)
广东石油化工大学	1	工程学(713/1630)
广西中医药大学	1	临床医学(1498/1686)
贵州师范大学	1	环境科学与生态学(1005/1107)
桂林医学院	1	临床医学(1297/1686)
台北教育大学	1	植物学与动物学(1017/129)
海南医学院	1	临床医学(1205/1686)
河北工程大学	1	工程学(693/1630)
河南中医学院	1	临床医学(1479/1686)
河南中医药大学	1	药理学与毒物学(656/778)
黑龙江八一农垦大学	1	植物学与动物学(577/129)
弘光科技大学	1	临床医学(1346/1686)
湖北理工学院	1	临床医学(1359/1686)
湖北师范大学	1	工程学(1445/1630)
湖北文理大学	1	临床医学(1539/1686)
湖北中医药大学	1	临床医学(1513/1686)

续表

学校名称	进入 ESI 学科排行的学科数	详细情况
华北水利电力大学	1	工程学(1028/1630)
华东交通大学	1	工程学(507/1630)
淮北师范大学	1	化学(790/1265)
淮阴工学院	1	工程学(1139/1630)
吉首大学	1	化学(33/1265)
济宁医学院	1	临床医学(927/1686)
嘉南药理科技大学	1	临床医学(1348/1686)
嘉义大学	1	植物学与动物学(795/129)
江汉大学	1	环境科学与生态学(527/1107)
江西科技师范学院	1	化学(893/1265)
江西理工大学	1	材料科学(445/912)
江西中医药大学	1	药理学与毒物学(297/778)
解放军信息工程大学	1	工程学(724/1630)
昆山杜克大学	1	临床医学(1095/1686)
辽宁工程技术大学	1	工程学(1251/1630)
辽宁科技大学	1	工程学(1418/1630)
辽宁师范大学	1	化学(1070/1265)
鲁东大学	1	化学(1167/1265)
鲁东学院	1	工程学(1138/1630)
洛阳师范学院	1	化学(340/1265)
铭传大学	1	社会科学(1046/1328)
南京工程学院	1	工程学(1036/1630)
南京审计大学	1	工程学(1485/1630)
南台科技大学	1	临床医学(1552/1686)
内蒙古工业大学	1	工程学(1341/1630)
内蒙古医科大学	1	临床医学(869/1686)
台湾屏东科技大学	1	农业科学(705/776)
勤益科技大学	1	工程学(453/1630)
青岛理工大学	1	工程学(19/1630)
青海大学	1	环境科学与生态学(1019/1107)
厦门理工学院	1	工程学(1143/1630)
山东建筑大学	1	工程学(937/1630)
山西师范大学	1	化学(966/1265)
上海第二工业大学	1	工程学(1503/1630)
上海健康医学院	1	临床医学(1406/1686)
上海体育大学	1	临床医学(1401/1686)

续表

学校名称	进入 ESI 学科排行的学科数	详细情况
深圳信息职业技术学院	1	工程学(1317/1630)
沈阳航空航天大学	1	工程学(888/1630)
沈阳化工大学	1	化学(1080/1265)
沈阳建筑大学	1	工程学(1168/1630)
石家庄铁道学院	1	工程学(1192/1630)
首都经济贸易大学	1	社会科学(645/1328)
台北大学	1	社会科学(1140/1328)
台北护理健康大学	1	临床医学(1303/1686)
台南大学	1	工程学(1607/1630)
台湾虎尾科技大学	1	工程学(1324/1630)
台湾嘉义大学	1	社会科学(1055/1328)
台湾联合大学	1	工程学(1556/1630)
台湾南开科技大学	1	社会科学(1325/1328)
台湾“中央大学”	1	物理学(396/608)
台中科技大学	1	社会科学(1206/1328)
天津城建学院	1	工程学(1243/1630)
天津商业大学	1	工程学(201/1630)
武汉轻工大学	1	农业科学(409/776)
西安工程大学	1	工程学(1394/1630)
西安石油大学	1	工程学(1284/1630)
西安医科大学	1	临床医学(1115/1686)
西安医学院	1	药理学与毒物学(726/778)
西华大学	1	工程学(1057/1630)
西南林业大学	1	植物学与动物学(745/129)
香港中文大学深圳分校	1	计算机科学(188/580)
新疆农业大学	1	植物学与动物学(869/129)
徐州工程学院	1	工程学(763/1630)
亚洲大学	1	环境科学与生态学(752/1107)
宜兰大学	1	工程学(1358/1630)
长春中医药大学	1	药理学与毒物学(721/778)
长江师范学院	1	化学(1134/1265)
浙江科技学院	1	工程学(1328/1630)
正修科技大学	1	工程学(1603/1630)
中国民航大学	1	工程学(219/1630)
中国人民解放军海军工程大学	1	工程学(613/1630)

续表

学校名称	进入 ESI 学科排行的学科数	详细情况
中国人民解放军空军工程大学	1	工程学(748/1630)
中国人民解放军信息工程大学	1	计算机科学(423/580)
中国医药大学	1	计算机科学(140/580)
中南财经大学大学	1	工程学(1158/1630)
中欧国际工商学院	1	经济学和商学(387/389)
中台科技大学	1	临床医学(1480/1686)
中央民族大学	1	材料科学(283/912)
台湾中原大学	1	环境科学与生态学(560/1107)
台湾中正大学	1	临床医学(1628/1686)
重庆交通大学	1	工程学(820/1630)
重庆科技学院	1	工程学(1411/1630)
重庆师范大学	1	工程学(739/1630)
重庆文理学院	1	材料科学(846/912)

二、22 个学科的评价分析

本书对 ESI 收录的 22 个学科通过学科竞争力的综合排名、科研能力排名、影响力排名、师资力量排名四个方面进行评价，选取具有代表性的指标进行分析。学科竞争力的综合排名评价是对学科的整体情况进行分析；学科科研能力评价是通过选取 ESI 收录论文数、总被引次数或发明专利数进行分析；学科的影响力评价是通过选取高被引论文指标进行分析；师资力量评价是通过选取高被引科学家进行分析。对 ESI 收录的 22 个学科的具体评价分析结果如下。

(一)农业科学

进入 ESI 农业科学学科排名的大学共有 776 所。从国家或地区分布来看，这些大学隶属于中国(包含港澳台)、美国、意大利、西班牙、巴西、英国、法国等 65 个国家或地区。这些大学的国家或地区分布如图 3-1 所示。

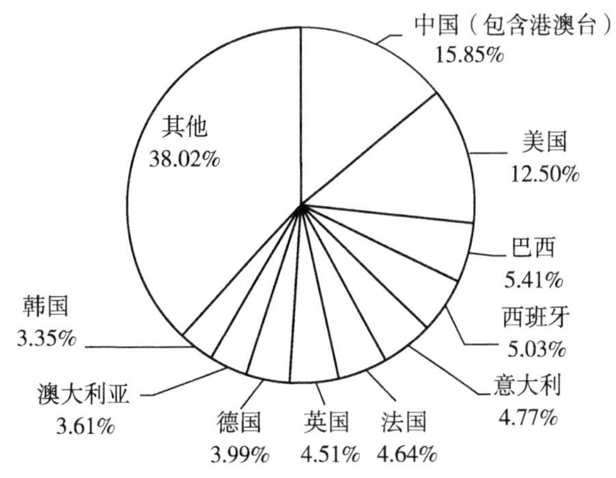

图 3-1　进入 ESI 农业科学学科排名的大学国家或地区分布

注：图中所列数据之和应为 100%，如不等于 100%，则是由四舍五入造成的，余同。

中国高校的数量位居世界第 1 位，中国(包含港澳台)共有 123 所大学，占 15.85%，远高于其他国家或地区。接下来依次是美国(97 所)、巴西(42 所)、西班牙(39 所)、意大利(37 所)、法国(36 所)、英国(35 所)，中国香港有 4 所大学。

1. 农业科学学科竞争力综合排名分析

进入前 100 位的中国大学有 20 所，中国(包含港澳台)其他大学进入 ESI 农业科学排名的名次如表 3-50 所示。

表 3-50　农业科学学科综合排名（前 10 位与中国大学）

综合排名	机构名称	星级	档次	国家/地区	综合排名	机构名称	星级	档次	国家/地区
1	瓦格宁根大学	5★+	一流学科	荷兰	6	江南大学	5★+	一流学科	中国
2	中国农业大学	5★+	一流学科	中国	7	南昌大学	5★+	一流学科	中国
3	华南理工大学	5★+	一流学科	中国	8	马萨诸塞大学阿默斯特分校	5★	一流学科	美国
4	南京农业大学	5★+	一流学科	中国	9	西北农林科技大学	5★	一流学科	中国
5	浙江大学	5★+	一流学科	中国	10	康奈尔大学	5★	一流学科	美国
其他中国机构：15. 中国科学院大学；16. 北京工商大学；23. 江苏大学；24. 扬州大学；30. 东北农业大学；44. 华中农业大学；51. 上海交通大学；52. 华南农业大学；53. 成都大学；61. 四川农业大学；72. 天津科技大学；90. 福建农林大学；96. 合肥工业大学；101. 湖南农业大学；106. 中山大学；107. 西南大学；122. 青岛农业大学；134. 兰州大学；148. 南京林业大学；149. 浙江工商大学；152. 北京林业大学；156. 海南大学；168. 山东农业大学；185. 东北林业大学；187. 上海海洋大学；192. 陕西师范大学；199. 安徽农业大学；201. 浙江工业大学；203. 香港中文大学；210. 山西农业大学；211. 渤海大学；215. 北京大学；216. 吉林农业大学；217. 华中科技大学；218. 长江大学；225. 澳门大学；226. 集美大学；231. 吉林大学；232. 北京师范大学；235. 沈阳农业大学；239. 中国海洋大学；245. 大连工业大学；247. 南开大学；258. 河南大学；269. 青岛大学；281. 台湾大学；282. 厦门大学；288. 暨南大学；294. 四川大学；299. 山东理工大学；326. 浙江农林大学；327. 武汉大学；331. 广西大学；336. 香港大学；347. 江西农业大学；352. 河南工业大学；365. 宁波大学；367. 台湾“中国医药大学”；369. 南京财经大学；371. 河南科技大学；375. 甘肃农业大学；382. 河南农业大学；383. 清华大学；394. 石河子大学；398. 河北农业大学；405. 南京师范大学；409. 武汉轻工大学；415. 贵州大学；422. 台湾中兴大学；431. 福州大学；435. 齐鲁工业大学；440. 天津大学；449. 陕西科技大学；450. 南京大学；451. 中国医学科学院-北京协和医学院；452. 中南大学；455. 复旦大学；460. 河海大学；469. 内蒙古农业大学；473. 郑州轻工业大学；482. 湖北工业大学；483. 西北大学；499. 郑州大学；501. 中南林业科技大学；520. 深圳大学；521. 苏州大学；526. 江西师范大学；543. 南京信息工程大学；544. 云南农业大学；550. 香港浸会大学；555. 哈尔滨工业大学；559. 亚洲大学(中国)；581. 上海理工大学；582. 昆明理工大学；583. 广东药科大学；588. 山东大学；596. 浙江海洋大学；597. 河南科技学院；598. 台北医学大学；656. 北京协和医学院；664. 中山医学大学；667. 中国地质大学；668. 华东理工大学；669. 福建师范大学；670. 上海应用技术大学；676. 山西大学；690. 东北师范大学；705. 台湾屏东科技大学；713. 西安交通大学；725. 香港理工大学；738. 沈阳药科大学；741. 南方医科大学；745. 中国药科大学；749. 北京化工大学；762. 杭州师范大学；766. 高雄医科大学									

2. 农业科学学科的科研能力排名分析

从发文量来看，中国农业大学以 7619 篇位居发文量榜首，发文量超过 3000 篇的有 19 所，它们分别是中国农业大学、瓦格宁根大学、西北农林科技大学、圣保罗大学、江南大学、圣保罗州立大学、南京农业大学、中国科学院大学、浙江大学、佛罗里达大学、维索萨联邦大学、加利福尼亚大学戴维斯分校、华中农业大学、康奈尔大学、坎皮纳斯州立大学、费萨拉巴德农业大学、伊斯兰阿扎德大学、拉夫拉斯联邦大学、昆士兰大学。超过 2000 篇但少于等于 3000 篇的有 33 所；超过 1000 篇但少于等于 2000 篇的有 142 所；超过 500 篇但少于等于 1000 篇的有 220 所；超过 100 篇但少于等于 500 篇的有 360 所，100 篇及以下的有2所。中国大陆(内地)在发文量进入前100名的大学共有19所，中国(包含港澳台)其他进入ESI农业科学排名的大学发文量排名如表3-51所示。

表3-51　农业科学学科发文量排名（前10位与中国大学）

发文量排名	机构名称	国家/地区	发文量排名	机构名称	国家/地区
1	中国农业大学	中国	6	圣保罗州立大学	巴西
2	瓦格宁根大学	荷兰	7	南京农业大学	中国
3	西北农林科技大学	中国	8	中国科学院大学	中国
4	圣保罗大学	巴西	9	浙江大学	中国
5	江南大学	中国	10	佛罗里达大学	美国

其他中国机构：13. 华中农业大学；24. 华南理工大学；31. 东北农业大学；32. 江苏大学；35. 华南农业大学；60. 北京工商大学；64. 南昌大学；66. 扬州大学；67. 西南大学；73. 四川农业大学；76. 山东农业大学；84. 上海交通大学；93. 福建农林大学；104. 沈阳农业大学；108. 天津科技大学；124. 吉林大学；126. 北京林业大学；142. 大连工业大学；145. 中国海洋大学；150. 湖南农业大学；150. 台湾大学；152. 安徽农业大学；156. 南京林业大学；166. 兰州大学；181. 青岛农业大学；190. 北京大学；200. 中山大学；203. 四川大学；203. 广西大学；205. 暨南大学；210. 河南工业大学；219. 河北农业大学；223. 浙江工商大学；223. 河南农业大学；232. 海南大学；232. 北京师范大学；243. 石河子大学；251. 山西农业大学；261. 贵州大学；263. 甘肃农业大学；266. 陕西师范大学；268. 江西农业大学；270. 吉林农业大学；272. 浙江农林大学；276. 合肥工业大学；276. 上海海洋大学；294. 宁波大学；295. 内蒙古农业大学；304. 河南科技大学；315. 台湾“中国医药大学”；318. 台湾中兴大学；325. 东北林业大学；340. 武汉大学；347. 南京师范大学；357. 浙江工业大学；362. 长江大学；374. 齐鲁工业大学；384. 天津大学；388. 郑州大学；395. 清华大学；396. 河海大学；397. 南开大学；399. 南京财经大学；409. 华中科技大学；413. 中国医学科学院-北京协和医学院；423. 南京大学；424. 武汉轻工大学；431. 香港大学；434. 苏州大学；438. 西北大学；446. 云南农业大学；448. 渤海大学；458. 台北医学大学；463. 湖北工业大学；464. 中南林业科技大学；465. 香港中文大学；469. 复旦大学；473. 青岛大学；473. 昆明理工大学；476. 河南科技学院；477. 深圳大学；479. 成都大学；501. 福州大学；511. 山东大学；532. 南京信息工程大学；536. 中南大学；539. 河南大学；540. 哈尔滨工业大学；542. 华东理工大学；547. 陕西科技大学；553. 北京协和医学院；562. 上海理工大学；573. 中山医学大学；578. 厦门大学；578. 江西师范大学；584. 西安交通大学；587. 郑州轻工业大学；588. 亚洲大学(中国)；588. 山西大学；588. 台湾屏东科技大学；595. 上海应用技术大学；610. 集美大学；610. 山东理工大学；616. 福建师范大学；622. 东北师范大学；642. 南方医科大学；651. 浙江海洋大学；657. 中国地质大学；669. 中国药科大学；674. 香港浸会大学；686. 广东药科大学；690. 沈阳药科大学；696. 杭州师范大学；704. 澳门大学；710. 高雄医科大学；715. 北京化工大学；740. 香港理工大学

3. 农业科学学科科研影响力排名分析

从总被引次数来看，瓦格宁根大学和中国农业大学总被引次数超过100000次，总被引次数超过30000次的大学共有62所；总被引次数在20000次以上30000次及以下的有59所；总被引次数在10000次以上20000次及以下的有186所；总被引次数在5000次以上10000次及以下的有258所；总被引次数在2000次以上5000次及以下的有211所；所有大学的总被引次数均在3000次及以上。中国(包含港澳台)在总被引次数方面进入前100名的大学共有14所，进入ESI农业科学排名的高校总被引次数排名如表3-52所示。

表3-52　农业科学学科总被引次数排名（前10位与中国大学）

总被引次数排名	机构名称	国家/地区	总被引次数排名	机构名称	国家/地区
1	瓦格宁根大学	荷兰	3	西北农林科技大学	中国
2	中国农业大学	中国	4	江南大学	中国

续表

总被引次数排名	机构名称	国家/地区	总被引次数排名	机构名称	国家/地区
5	南京农业大学	中国	8	浙江大学	中国
6	南京农业大学	中国	9	加利福尼亚大学戴维斯分校	美国
7	中国科学院大学	中国	10	华南理工大学	中国
其他中国机构：18. 华中农业大学；35. 南昌大学；55. 江苏大学；65. 东北农业大学；68. 华南农业大学；72. 北京工商大学；97. 上海交通大学；100. 山东农业大学；101. 西南大学；105. 天津科技大学；108. 扬州大学；110. 福建农林大学；114. 四川农业大学；137. 中山大学；140. 北京师范大学；145. 中国海洋大学；146. 北京大学；158. 台湾大学；160. 兰州大学；161. 北京林业大学；171. 吉林大学；173. 沈阳农业大学；177. 安徽农业大学；184. 暨南大学；206. 合肥工业大学；209. 湖南农业大学；211. 浙江工商大学；220. 四川大学；230. 青岛农业大学；242. 大连工业大学；250. 台湾"中国医药大学"；255. 陕西师范大学；262. 浙江农林大学；263. 南京林业大学；270. 广西大学；290. 香港大学；295. 河南工业大学；299. 东北林业大学；304. 武汉大学；307. 南京师范大学；308. 上海海洋大学；311. 海南大学；327. 江西农业大学；335. 南京财经大学；336. 宁波大学；338. 香港中文大学；339. 甘肃农业大学；347. 河南农业大学；349. 台湾中兴大学；360. 清华大学；367. 石河子大学；370. 浙江工业大学；371. 天津大学；372. 南京大学；381. 华中科技大学；382. 河南科技大学；388. 中南大学；399. 吉林农业大学；410. 山西农业大学；418. 渤海大学；419. 武汉轻工大学；420. 南开大学；431. 河北农业大学；437. 长江大学；442. 湖北工业大学；443. 内蒙古农业大学；447. 台北医学大学；450. 复旦大学；451. 福州大学；460. 西北大学；464. 贵州大学；472. 苏州大学；474. 齐鲁工业大学；489. 中国医学科学院-北京协和医学院；494. 中山医学大学；495. 河海大学；496. 厦门大学；498. 哈尔滨工业大学；503. 澳门大学；505. 亚洲大学(中国)；511. 中南林业科技大学；515. 香港浸会大学；518. 深圳大学；548. 山东大学；560. 南京信息工程大学；564. 郑州轻工业大学；572. 上海应用技术大学；574. 华东理工大学；576. 青岛大学；578. 江西师范大学；581. 广东药科大学；584. 昆明理工大学；590. 郑州大学；597. 北京协和医学院；599. 浙江海洋大学；606. 河南大学；619. 成都大学；621. 云南农业大学；627. 河南科技学院；658. 山西大学；666. 陕西科技大学；668. 东北师范大学；676. 中国药科大学；702. 福建师范大学；708. 集美大学；710. 北京化工大学；724. 西安交通大学；726. 中国地质大学；729. 香港理工大学；733. 杭州师范大学；735. 山东理工大学；736. 上海理工大学；744. 高雄医科大学；746. 沈阳药科大学；758. 台湾屏东科技大学；764. 南方医科大学					

4. 农业科学学科的影响力排名分析

从高被引论文数来看，高被引论文数最高的是瓦格宁根大学，高被引论文数为158篇，其次是中国农业大学、江南大学，高被引论文数分别为121篇、103篇。高被引论文数在30篇以上的大学共有65所；20篇以上30篇及以下的大学有54所；10篇以上20篇及以下的大学有183所；1篇以上10篇及以下的大学有422所；剩下的52所大学的高被引论文数合计为35篇。中国大陆(内地)有20所大学进入高被引论文数排名前100位，其他大学高被引论文数排名如表3-53所示。

表3-53　农业科学学科高被引论文数排名（前10位与中国大学）

高被引论文数排名	机构名称	国家/地区	高被引论文数排名	机构名称	国家/地区
1	瓦格宁根大学	荷兰	6	马萨诸塞大学阿默斯特分校	美国
2	中国农业大学	中国	7	西北农林科技大学	中国
3	江南大学	中国	8	南京农业大学	中国
4	华南理工大学	中国	9	都柏林大学学院	爱尔兰
5	浙江大学	中国	10	康奈尔大学	美国

续表

其他中国机构：11. 中国科学院大学；12. 东北农业大学；16. 江苏大学；18. 南昌大学；19. 北京工商大学；27. 华中农业大学；42. 福建农林大学；45. 扬州大学；67. 四川农业大学；70. 安徽农业大学；80. 上海交通大学；80. 中山大学；82. 成都大学；82. 合肥工业大学；97. 海南大学；106. 天津科技大学；112. 北京大学；120. 华南农业大学；120. 北京师范大学；120. 大连工业大学；134. 西南大学；134. 浙江工商大学；134. 香港大学；148. 南京林业大学；148. 澳门大学；148. 武汉大学；162. 青岛农业大学；169. 湖南农业大学；169. 兰州大学；169. 吉林大学；169. 陕西科技大学；189. 山东农业大学；189. 浙江工业大学；189. 香港中文大学；189. 南京财经大学；210. 东北林业大学；210. 渤海大学；210. 中国海洋大学；210. 四川大学；210. 清华大学；210. 郑州轻工业大学；231. 浙江农林大学；231. 河南科技大学；231. 武汉轻工大学；231. 福州大学；252. 上海海洋大学；252. 暨南大学；252. 江西农业大学；268. 沈阳农业大学；268. 宁波大学；303. 华中科技大学；303. 长江大学；303. 河南大学；303. 齐鲁工业大学；303. 中国医学科学院-北京协和医学院；303. 中南大学；303. 复旦大学；303. 江西师范大学；340. 广西大学；340. 甘肃农业大学；340. 河海大学；340. 香港浸会大学；340. 上海理工大学；340. 广东药科大学；387. 台湾大学；387. 台湾“中国医药大学”；387. 湖北工业大学；387. 西北大学；387. 郑州大学；387. 中南林业科技大学；387. 南京信息工程大学；387. 浙江海洋大学；430. 北京林业大学；430. 陕西师范大学；430. 山西农业大学；430. 河南工业大学；430. 南京师范大学；430. 贵州大学；430. 天津大学；430. 南京大学；430. 深圳大学；430. 云南农业大学；430. 亚洲大学(中国)；495. 青岛大学；495. 山东理工大学；495. 河南农业大学；495. 石河子大学；495. 河北农业大学；495. 哈尔滨工业大学；495. 中国地质大学；547. 吉林农业大学；547. 南开大学；547. 厦门大学；547. 台湾中兴大学；547. 苏州大学；547. 昆明理工大学；547. 山东大学；547. 河南科技学院；547. 福建师范大学；547. 香港理工大学；613. 山西大学；613. 东北师范大学；613. 台湾屏东科技大学；613. 沈阳药科大学；667. 内蒙古农业大学；667. 北京协和医学院；667. 上海应用技术大学；667. 西安交通大学；667. 南方医科大学；667. 北京化工大学；725. 集美大学；725. 华东理工大学；725. 中国药科大学；725. 杭州师范大学；725. 高雄医科大学；760. 台北医学大学；760. 中山医学大学

5. 农业科学学科的师资力量排名分析

从高被引科学家数来看，数量最多的是华南理工大学(中国)、中国农业大学(中国)其高被引科学家数分别为6位和5位。拥有4位高被引科学家的大学有3所，分别是瓦格宁根大学(荷兰)、南昌大学(中国)和沙特国王大学(沙特阿拉伯)。拥有3位高被引科学家的大学有4所，分别是浙江大学(中国)、马萨诸塞大学阿默斯特分校(美国)、康奈尔大学(美国)和悉尼大学(澳大利亚)。拥有2位高被引科学家的大学有7所，拥有1位高被引科学家的大学有41所，其余719所大学的高被引科学家数均为0位。其中华南理工大学、南昌大学高被引科学家分别为6位和4位，中国农业大学、浙江大学、南京农业大学高被引科学家分别为5位、3位和2位，江南大学、扬州大学、上海交通大学、中山大学、青岛农业大学、集美大学高被引科学家均为1位。中国(包含港澳台)其他高校高被引科学家数排名如表3-54所示。

表3-54　农业科学学科高被引科学家数排名（前4位与中国大学）

高被引科学家数排名	机构名称	国家/地区	高被引科学家数排名	机构名称	国家/地区
1	华南理工大学	中国	6	浙江大学	中国
2	中国农业大学	中国	6	马萨诸塞大学阿默斯特分校	美国
3	瓦格宁根大学	荷兰	6	康奈尔大学	美国
3	南昌大学	中国	6	悉尼大学	澳大利亚
3	沙特国王大学	沙特阿拉伯	10	南京农业大学	中国
其他中国机构：17. 江南大学；17. 扬州大学；17. 上海交通大学；17. 中山大学；17. 青岛农业大学；17. 集美大学					

综合分析上述指标，可以看出美国在各指标中都占据要位，可见其在农业科学领域有着较强的科研

实力。中国(包含港澳台)进入 ESI 排行的大学共有 127 所。中国农业大学(第 2 位)、华南理工大学(第 3 位)、南京农业大学(第 4 位)、浙江大学(第 5 位)、江南大学(第 6 位)、南昌大学(第 7 位)、西北农林科技大学(第 9 位)、中国科学院大学(第 15 位)、北京工商大学(第 16 位)、江苏大学(第 23 位)、扬州大学(第 24 位)、东北农业大学(第 30 位)12 所院校进入 ESI 农业科学排行前 5%。由此可见，中国在农业科学领域有着一定的研究实力，但实力突出的大学仍然较少，仍需进一步提升科研实力，争取早日跻身世界一流学科行列。

(二)生物学与生物化学

进入 ESI 生物学与生物化学学科排名的大学共有 844 所。从国家或地区分布来看，这些高校隶属于美国、中国、德国、英国、日本、意大利、法国、韩国等 56 个国家或地区。从图 3-2 可以很直观地看出这些高校的国家或地区分布情况。

从图 3-2 可以看出，美国的大学数量最多，位居首位，远远多于其他国家或地区。而中国大陆(内地)只有 107 所，中国台湾有 12 所，中国香港有 6 所。

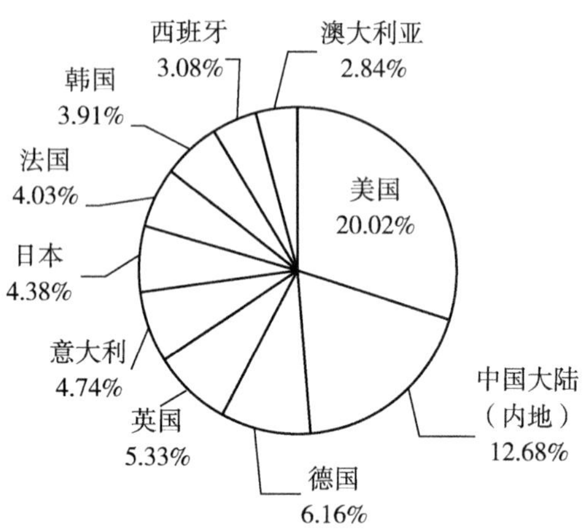

图 3-2　进入 ESI 生物学与生物化学学科排名的大学的国家或地区分布

1. 生物学与生物化学学科竞争力综合排名分析

从综合排名来看，进入前 100 位的中国大陆(内地)的大学只有 10 所。中国(包含港澳台)其他进入 ESI 生物学与生物化学排名的大学如表 3-55 所示。

表 3-55　生物学与生物化学学科综合排名(前 10 位与中国大学)

综合排名	机构名称	星级	档次	国家/地区	综合排名	机构名称	星级	档次	国家/地区
1	哈佛大学	5★+	一流学科	美国	6	加利福尼亚大学圣迭戈分校	5★+	一流学科	美国
2	麻省理工学院	5★+	一流学科	美国	7	加利福尼亚大学伯克利分校	5★+	一流学科	美国
3	斯坦福大学	5★+	一流学科	美国	8	华盛顿大学	5★+	一流学科	英国
4	乌普萨拉大学	5★+	一流学科	瑞典	9	多伦多大学	5★	一流学科	加拿大
5	剑桥大学	5★+	一流学科	英国	10	哥本哈根大学	5★	一流学科	英国
其他中国机构：28. 上海交通大学；34. 中国科学院大学；36. 浙江大学；45. 北京大学；67. 清华大学；71. 中山大学；73. 复旦大学；78. 中南大学；89. 山东大学；100. 四川大学；109. 中国医学科学院-北京协和医学院；114. 同济大学；									

续表

121. 华中科技大学；134. 郑州大学；153. 北京协和医学院；160. 南京医科大学；166. 吉林大学；177. 江南大学；181. 武汉大学；185. 中国人民解放军海军军医大学；198. 南京大学；203. 暨南大学；204. 西北农林科技大学；208. 首都医科大学；210. 华南理工大学；217. 中国农业大学；221. 厦门大学；222. 南方医科大学；227. 台湾大学；233. 香港大学；234. 温州医科大学；235. 天津医科大学；238. 西安交通大学；239. 苏州大学；261. 台湾成功大学；264. 华东师范大学；268. 中国人民解放军陆军军医大学；274. 南京农业大学；283. 哈尔滨医科大学；285. 哈尔滨工业大学；286. 中国科学技术大学；290. 天津大学；294. 电子科技大学；298. 华中农业大学；301. 长庚大学；320. 南开大学；324. 中国医科大学；336. 东南大学；339. 湖南大学；341. 华东理工大学；346. 空军军医大学；353. 扬州大学；357. 香港中文大学；358. 山东第一医科大学；361. 南昌大学；362. 广州医科大学；370. 青岛大学；372. 台湾阳明交通大学；376. 香港城市大学；389. 重庆医科大学；393. 澳门大学；412. 香港浸会大学；421. 中国海洋大学；424. 深圳大学；430. 江苏大学；434. 宁波大学；438. 南方科技大学；440. 安徽医科大学；448. 北京中医药大学；449. 汕头大学；450. 澳门科技大学；455. 上海科技大学；464. 大连理工大学；470. 台湾"中国医药大学"；476. 中国药科大学；479. 齐鲁工业大学；480. 华南农业大学；487. 台北医学大学；489. 西南大学；492. 兰州大学；502. 东北农业大学；518. 四川农业大学；521. 南京林业大学；525. 南京中医药大学；526. 重庆大学；532. 福建医科大学；535. 北京化工大学；540. 浙江工业大学；541. 大连医科大学；542. 天津科技大学；551. 上海中医药大学；559. 南通大学；561. 南京工业大学；564. 高雄医科大学；581. 河北医科大学；588. 广西医科大学；589. 香港理工大学；593. 北京林业大学；594. 台湾中兴大学；600. 上海大学；604. 台湾"清华大学"；616. 福建农林大学；628. 西南医科大学；639. 香港科技大学；640. 北京师范大学；646. 浙江中医药大学；652. 广西大学；656. 徐州医科大学；680. 北京工业大学；686. 河南大学；687. 华北理工大学；688. 西北大学；719. 湖南农业大学；730. 南京师范大学；735. 广东医科大学；737. 济南大学；761. 湖南师范大学；765. 山东农业大学；769. 沈阳药科大学；771. 杭州师范大学；772. 东华大学；784. 东北林业大学；794. 中山大学；798. 中山医学大学；802. 西北工业大学；823. 台湾科技大学；839. 湖南工业大学

2. 生物学与生物化学学科的科研能力排名分析

生物学与生物化学学科发文量最多的是哈佛大学，共发文 15186 篇。发文量超过 5000 篇的大学有 23 所，分别是哈佛大学(15186 篇)、上海交通大学(7865 篇)、中国科学院大学(7207 篇)、圣保罗大学(6838 篇)、牛津大学(6704 篇)、浙江大学(6469 篇)、哥本哈根大学(6148 篇)、多伦多大学(6136 篇)、东京大学(6108 篇)、剑桥大学(5981 篇)、加利福尼亚大学圣迭戈分校(5944 篇)、约翰·霍普金斯大学(5897 篇)、斯坦福大学(5848 篇)、瑞士联邦理工学院(5628 篇)、复旦大学(5583 篇)、伦敦大学学院(5527 篇)、密歇根大学(5498 篇)、巴黎-萨克雷大学(5449 篇)、巴黎萨克雷大学(5355 篇)、麻省理工学院(5122 篇)、巴黎西岱大学(5078 篇)、宾夕法尼亚大学(5057 篇)、北京大学(5040 篇)。超过 4000 篇但少于等于 5000 篇的有 17 所，超过 3000 篇但少于等于 4000 篇的有 44 所，超过 2000 篇但少于等于 3000 篇的有 86 所，超过 1000 篇但少于等于 2000 篇的有 239 所，超过 100 篇但少于等于 1000 篇的有 433 所，有 2 大所大学的发文量少于等于 100 篇。中国大陆(内地)在发文量进入前 100 名的大学有 20 所。中国(包含港澳台)其他进入 ESI 生物学与生物化学学科排名的高校发文量排名如表 3-56 所示。

表 3-56　生物学与生物化学学科发文量排名（前 10 位与中国大学）

发文量排名	机构名称	国家/地区	发文量排名	机构名称	国家/地区
1	哈佛大学	美国	6	浙江大学	中国
2	上海交通大学	中国	7	哥本哈根大学	丹麦
3	中国科学院大学	中国	8	多伦多大学	加拿大
4	圣保罗大学	巴西	9	东京大学	日本
5	牛津大学	英国	10	剑桥大学	英国

续表

其他中国机构：15. 复旦大学；23. 北京大学；25. 中山大学；29. 山东大学；42. 华中科技大学；46. 四川大学；52. 中国医学科学院-北京协和医学院；53. 南京医科大学；64. 中南大学；66. 吉林大学；67. 清华大学；71. 江南大学；76. 首都医科大学；82. 武汉大学；84. 郑州大学；87. 同济大学；92. 北京协和医学院；104. 南方医科大学；107. 苏州大学；119. 西安交通大学；142. 台湾大学；146. 中国农业大学；152. 中国医科大学；155. 温州医科大学；156. 南京大学；167. 哈尔滨医科大学；172. 南京农业大学；178. 暨南大学；180. 山东第一医科大学；185. 华中农业大学；189. 中国科学技术大学；192. 天津医科大学；203. 西北农林科技大学；209. 华南理工大学；211. 厦门大学；213. 华东理工大学；213. 重庆医科大学；218. 天津大学；220. 中国人民解放军海军军医大学；224. 青岛大学；229. 香港大学；229. 南昌大学；237. 南开大学；244. 广州医科大学；246. 空军军医大学；247. 中国人民解放军陆军军医大学；251. 哈尔滨工业大学；266. 东南大学；271. 台湾阳明交通大学；272. 安徽医科大学；279. 香港中文大学；280. 长庚大学；296. 中国海洋大学；301. 江苏大学；308. 深圳大学；313. 福建医科大学；326. 台湾“中国医药大学”；328. 兰州大学；329. 台湾成功大学；332. 台北医学大学；333. 中国药科大学；365. 南京中医药大学；368. 河北医科大学；370. 华南农业大学；374. 扬州大学；377. 西南大学；387. 南通大学；389. 广西医科大学；392. 大连医科大学；393. 大连理工大学；401. 天津科技大学；403. 浙江工业大学；410. 四川农业大学；412. 上海中医药大学；432. 南京工业大学；441. 东北农业大学；443. 重庆大学；449. 南京林业大学；465. 徐州医科大学；467. 高雄医科大学；472. 北京化工大学；511. 上海科技大学；515. 台湾中兴大学；523. 华东师范大学；549. 浙江中医药大学；557. 福建农林大学；559. 电子科技大学；563. 宁波大学；563. 上海大学；566. 西南医科大学；578. 西北大学；584. 台湾“清华大学”；596. 北京林业大学；599. 广西大学；603. 香港科技大学；604. 北京中医药大学；613. 南京师范大学；620. 汕头大学；625. 香港城市大学；626. 河南大学；642. 北京师范大学；647. 南方科技大学；647. 广东医科大学；647. 沈阳药科大学；651. 北京工业大学；654. 湖南大学；659. 澳门大学；669. 香港理工大学；674. 齐鲁工业大学；676. 山东农业大学；681. 香港浸会大学；695. 湖南师范大学；708. 东北林业大学；719. 杭州师范大学；721. 济南大学；730. 中山大学；735. 湖南农业大学；739. 中山医学大学；753. 西北工业大学；765. 东华大学；812. 台湾科技大学；818. 华北理工大学；831. 澳门科技大学；842. 湖南工业大学

3. 生物学与生物化学学科科研影响力排名分析

从生物学与生物化学学科总被引次数来看，被引次数最高的高校是哈佛大学，达 765722 次；麻省理工学院以 360492 次在被引次数排名中位于第 2 位。总被引次数在 200000 次以上 300000 次及以下的有 10 所；总被引次数在 100000 次以上 200000 次及以下的有 43 所；总被引次数在 50000 次以上 100000 次及以下的有 125 所；总被引次数在 10000 次以上 50000 次及以下的有 520 所；总被引在 7000 次以上 10000 次及以下的有 144 所。所有大学的总被引次数均在 6000 次及以上。中国(包含港澳台)进入 ESI 生物学与生物化学学科总被引次数排名的大学如表 3-57 所示。

表 3-57　生物学与生物化学学科总被引次数排名（前 10 位与中国大学）

高被引论文数排名	机构名称	国家/地区	高被引论文数排名	机构名称	国家/地区
1	哈佛大学	美国	6	加利福尼亚大学圣迭戈分校	美国
2	麻省理工学院	美国	7	剑桥大学	英国
3	斯坦福大学	美国	8	牛津大学	英国
4	加利福尼亚大学伯克利分校	美国	9	加利福尼亚大学旧金山分校	美国
5	约翰·霍普金斯大学	美国	10	哥本哈根大学	英国
其他中国机构：32. 中国科学院大学；33. 上海交通大学；46. 浙江大学；48. 北京大学；69. 清华大学；77. 复旦大学；83. 中山大学；105. 华中科技大学；106. 山东大学；135. 四川大学；146. 中国医学科学院-北京协和医学院；157. 中南大学；163. 江南大学；168. 同济大学；173. 吉林大学；174. 香港大学；176. 南京医科大学；181. 中国农业大学；184. 武汉大学；199. 台湾大学；204. 北京协和医学院；220. 哈尔滨工业大学；228. 暨南大学；229. 华南理工大学；245. 西					

续表

北农林科技大学；250. 南京农业大学；253. 苏州大学；256. 中国科学技术大学；259. 南方医科大学；260. 西安交通大学；263. 南京大学；265. 郑州大学；266. 华中农业大学；267. 天津大学；278. 首都医科大学；286. 厦门大学；288. 南开大学；289. 哈尔滨医科大学；294. 东南大学；310. 华东理工大学；315. 空军军医大学；319. 香港中文大学；324. 台湾成功大学；346. 中国人民解放军海军军医大学；353. 温州医科大学；354. 天津医科大学；357. 台湾阳明交通大学；360. 中国医科大学；368. 中国人民解放军陆军军医大学；371. 南昌大学；376. 广州医科大学；407. 中国海洋大学；413. 大连理工大学；414. 湖南大学；417. 青岛大学；427. 深圳大学；428. 电子科技大学；436. 长庚大学；442. 山东第一医科大学；444. 上海科技大学；450. 江苏大学；454. 重庆医科大学；456. 华南农业大学；469. 西南大学；480. 中国药科大学；484. 北京化工大学；487. 台湾"中国医药大学"；496. 安徽医科大学；499. 东北农业大学；501. 重庆大学；506. 台北医学大学；510. 天津科技大学；511. 四川农业大学；519. 北京林业大学；522. 南京工业大学；529. 兰州大学；531. 华东师范大学；532. 台湾"清华大学"；535. 浙江工业大学；558. 南京林业大学；563. 大连医科大学；564. 南京中医药大学；570. 香港理工大学；573. 台湾中兴大学；575. 上海中医药大学；578. 扬州大学；580. 香港城市大学；583. 澳门大学；587. 香港科技大学；591. 香港浸会大学；595. 北京师范大学；617. 华北理工大学；621. 高雄医科大学；622. 上海大学；632. 北京工业大学；639. 福建农林大学；653. 南通大学；675. 广西大学；692. 广西医科大学；702. 福建医科大学；704. 东华大学；706. 河北医科大学；723. 河南大学；730. 澳门科技大学；732. 湖南农业大学；733. 济南大学；736. 浙江中医药大学；737. 西南医科大学；740. 汕头大学；745. 西北大学；760. 杭州师范大学；763. 徐州医科大学；768. 宁波大学；769. 南京师范大学；781. 台湾科技大学；799. 山东农业大学；802. 南方科技大学；812. 西北工业大学；813. 广东医科大学；819. 中山大学；822. 北京中医药大学；823. 中山医学大学；826. 东北林业大学；828. 湖南工业大学；832. 湖南师范大学；840. 齐鲁工业大学；844. 沈阳药科大学

4. 生物学与生物化学学科影响力排名分析

从高被引论文数来看，数量最多的大学是哈佛大学，达784篇。拥有100篇以上高被引论文数的大学共27所；拥有50篇以上100篇及以下高被引论文数的大学共71所；拥有10篇以上50篇及以下高被引论文数的大学共401所；拥有1篇以上10篇及以下高被引论文数的大学有341所；剩下的4所大学的高被引论文数为0篇。中国大陆(内地)、中国香港、中国澳门、中国台湾共有7所大学进入ESI生物学与生物化学学科排名前100位。除此之外，中国(包含港澳台)其他进入ESI生物学与生物化学学科高被引论文数排名的大学如表3-58所示。

表3-58 生物学与生物化学学科高被引论文数排名（前10位与中国大学）

高被引论文数排名	机构名称	国家/地区	高被引论文数排名	机构名称	国家/地区
1	哈佛大学	美国	6	加利福尼亚大学伯克利分校	美国
2	麻省理工学院	美国	7	加利福尼亚大学旧金山分校	美国
3	斯坦福大学	美国	8	华盛顿大学	美国
4	加利福尼亚大学圣迭戈分校	美国	9	华盛顿大学(西雅图)	美国
5	剑桥大学	英国	10	哥本哈根大学	丹麦
其他中国机构：19. 中国科学院大学；38. 清华大学；41. 上海交通大学；43. 北京大学；61. 浙江大学；68. 复旦大学；72. 中山大学；101. 华中科技大学；109. 四川大学；123. 电子科技大学；127. 中国医学科学院-北京协和医学院；127. 香港大学；141. 中南大学；159. 中国农业大学；167. 上海科技大学；188. 天津大学；197. 湖南大学；211. 南京医科大学；211. 台湾大学；211. 哈尔滨工业大学；226. 北京协和医学院；226. 南方医科大学；232. 武汉大学；232. 西北农林科技大学；232. 台湾成功大学；232. 哈尔滨医科大学；246. 吉林大学；246. 厦门大学；251. 山东大学；251. 同济大学；270. 郑州大学；270. 首都医科大学；270. 南开大学；270. 东南大学；281. 西安交通大学；293. 天津医科大学；293. 香港理工大学；300. 南京大学；300. 南京农业大学；300. 中国科学技术大学；300. 澳门大学；300. 南京林业大学；					

续表

315. 华北理工大学；326. 华南理工大学；326. 东北农业大学；347. 华中农业大学；347. 香港中文大学；347. 台湾阳明交通大学；366. 暨南大学；366. 华东师范大学；366. 广州医科大学；386. 空军军医大学；386. 青岛大学；386. 香港浸会大学；404. 中国人民解放军海军军医大学；404. 苏州大学；404. 长庚大学；404. 香港城市大学；404. 深圳大学；404. 澳门科技大学；404. 重庆大学；404. 高雄医科大学；436. 江苏大学；436. 南方科技大学；436. 大连理工大学；436. 华南农业大学；436. 上海大学；436. 湖南工业大学；468. 江南大学；468. 中国医科大学；468. 南昌大学；468. 台湾“中国医药大学”；468. 四川农业大学；468. 北京化工大学；468. 西南医科大学；500. 中国人民解放军陆军军医大学；500. 中国药科大学；500. 北京林业大学；500. 湖南农业大学；529. 温州医科大学；529. 华东理工大学；529. 扬州大学；529. 山东第一医科大学；529. 中国海洋大学；529. 西南大学；529. 广西大学；563. 重庆医科大学；563. 北京中医药大学；563. 台北医学大学；563. 兰州大学；563. 南京中医药大学；563. 福建农林大学；563. 北京师范大学；563. 浙江中医药大学；605. 安徽医科大学；605. 浙江工业大学；605. 大连医科大学；605. 上海中医药大学；605. 台湾中兴大学；605. 台湾“清华大学”；605. 河南大学；605. 济南大学；654. 福建医科大学；654. 南通大学；654. 湖南师范大学；654. 台湾科技大学；704. 宁波大学；704. 汕头大学；704. 香港科技大学；704. 北京工业大学；704. 广东医科大学；704. 东华大学；741. 齐鲁工业大学；741. 天津科技大学；741. 南京工业大学；741. 西北大学；741. 杭州师范大学；741. 东北林业大学；741. 中山大学；741. 中山医学大学；741. 西北工业大学；795. 山东农业大学；822. 河北医科大学；822. 广西医科大学；822. 徐州医科大学；822. 南京师范大学；822. 沈阳药科大学

5. 生物学与生物化学师资力量排名分析

从高被引科学家数来看，数量最多的大学是美国的哈佛大学，其高被引科学家数为22位。其次是加利福尼亚大学圣克鲁兹分校、斯坦福大学、华盛顿大学(西雅图)、阿尔伯塔大学、南加利福尼亚大学和阿尔伯塔大学，其高被引科学家数分别为14位、12位、7位、7位和7位。麻省理工学院和剑桥大学都拥有6位，拥有4位高被引科学家的大学有2所，即加利福尼亚大学圣迭戈分校、苏黎世大学。拥有3位高被引科学家的大学有6所，即加利福尼亚大学伯克利分校、加利福尼亚大学旧金山分校、多伦多大学、宾夕法尼亚大学、京都大学、丹麦科技大学。拥有2位高被引科学家的大学有14所，是哥本哈根大学、加利福尼亚大学洛杉矶分校、伦敦大学学院、苏黎世联邦理工学院、圣路易斯华盛顿大学、哥伦比亚大学、杜克大学、明尼苏达大学双城分校、莫纳什大学、麦吉尔大学、芝加哥大学、西奈山伊坎医学院、阿卜杜勒阿齐兹国王大学、悉尼科技大学。拥有1位高被引科学家的大学有38所，其余776所大学的高被引科学家数均为0。中国(包含港澳台)的大学中，高被引科学家数为1的是清华大学、北京大学、电子科技大学、香港城市大学和澳门科技大学。中国(包含港澳台)其他进入ESI生物学与生物化学学科的大学如表3-59所示。

表3-59　生物学与生物化学学科高被引科学家数排名(前10位与中国大学)

高被引科学家数排名	机构名称	国家/地区	高被引科学家数排名	机构名称	国家/地区
1	哈佛大学	美国	4	南加利福尼亚大学	美国
2	加利福尼亚大学圣克鲁兹分校	美国	7	麻省理工学院	美国
3	斯坦福大学	美国	7	剑桥大学	英国
4	华盛顿大学(西雅图)	美国	9	加利福尼亚大学圣迭戈分校	美国
4	阿尔伯塔大学	加拿大	9	苏黎世大学	瑞士
其他中国机构：31. 北京大学；31. 清华大学；31. 电子科技大学；31. 香港城市大学；31. 澳门科技大学					

从以上几个指标的分析可以看出：每个指标最强的大学基本上分布在美国，各个指标排名前 10 位的大学也大多属于美国，这说明美国在生物学与生物化学方面具有突出的研究实力。中国(包含港澳台)的所有大学中按照综合排名来看，仅有中国科学院大学、上海交通大学、浙江大学、北京大学、清华大学、复旦大学、中山大学七所处于一流学科档次，华中科技大学、山东大学、四川大学、中国医学科学院-北京协和医学院、中南大学、同济大学、吉林大学、南京医科大学和北京协和医学院处于一流培育学科档次，其他中国大学未区分级别；在发文量前 100 名中，中国(包含港澳台)大学有 20 所；总被引次数前 100 名的中国(包含港澳台)大学只有 7 所。由此可见中国(包含港澳台)的大学在生物学与生物化学学科上的研究实力较薄弱，应该重点加强该领域的科学研究，在强调发文数量的同时，提高论文的质量，以增强我国在该领域的科研竞争力和影响力。

(三)化学

进入 ESI 化学学科排名的大学共有 1265 所。从国家或地区分布来看，这些大学主要隶属于中国、美国、德国、法国、印度、日本、英国、韩国、意大利、西班牙等 68 个国家或地区，如图 3-3 所示。

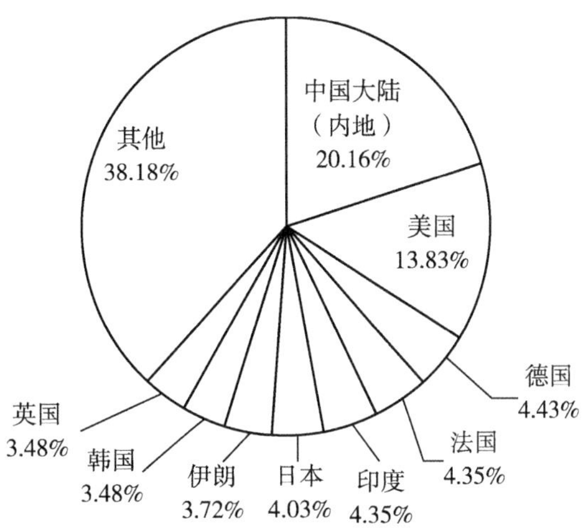

图 3-3　进入 ESI 化学学科排名的大学国家或地区分布

中国大陆(内地)化学学科的大学数量位居第 1 位，遥遥领先于其他国家或地区。排行榜中大学数量排名前 10 名的国家或地区分别是：中国大陆(内地)有 255 所，美国有 175 所，德国有 56 所，法国有 55 所，印度有 55 所，日本有 51 所，伊朗有 47 所，英国有 44 所，韩国有 44 所，意大利有 42 所，西班牙有 37 所，中国台湾有 18 所，中国香港有 7 所，中国澳门有 2 所。

1. 化学学科竞争力综合排名分析

从化学学科竞争力综合排名来看，进入前 100 位的研究机构，中国大陆(内地)有 45 所，中国香港有 2 所。中国(包含港澳台)其他进入 ESI 化学学科排名的大学如表 3-60 所示。

表 3-60　化学学科综合排名（前 10 位与中国大学）

综合排名	机构名称	星级	档次	国家/地区	综合排名	机构名称	星级	档次	国家/地区
1	清华大学	5★+	一流学科	中国	4	加利福尼亚大学伯克利分校	5★+	一流学科	美国
2	中国科学院大学	5★+	一流学科	中国	5	浙江大学	5★+	一流学科	中国
3	中国科学技术大学	5★+	一流学科	中国	6	得克萨斯大学奥斯汀分校	5★+	一流学科	美国

续表

综合排名	机构名称	星级	档次	国家/地区	综合排名	机构名称	星级	档次	国家/地区
7	南洋理工大学	5★+	一流学科	新加坡	9	普林斯顿大学	5★+	一流学科	美国
8	哈佛大学	5★+	一流学科	美国	10	新加坡国立大学	5★+	一流学科	新加坡
其他中国机构：12. 郑州大学；16. 天津大学；18. 北京化工大学；20. 复旦大学；21. 北京大学；22. 南开大学；24. 厦门大学；25. 南京大学；26. 福州大学；27. 四川大学；28. 华南理工大学；29. 湖南大学；31. 大连理工大学；32. 苏州大学；33. 吉首大学；35. 中山大学；36. 上海交通大学；37. 华东理工大学；39. 中南大学；41. 华中科技大学；42. 电子科技大学；44. 吉林大学；45. 武汉大学；49. 北京理工大学；50. 西安交通大学；54. 江苏大学；55. 香港城市大学；56. 深圳大学；58. 西南科技大学；59. 香港科技大学；61. 武汉理工大学；64. 山东大学；65. 哈尔滨工业大学；67. 华中师范大学；68. 华东师范大学；69. 南京工业大学；75. 西北工业大学；78. 东南大学；79. 中国地质大学；89. 台湾大学；92. 上海大学；94. 北京科技大学；98. 上海理工大学；99. 青岛科技大学；103. 南方科技大学；107. 兰州理工大学；108. 华南师范大学；109. 东华大学；114. 北京航空航天大学；115. 同济大学；116. 兰州大学；117. 中国石油大学；118. 重庆大学；121. 浙江工业大学；135. 华南农业大学；153. 北京工业大学；154. 青岛大学；155. 南昌大学；157. 暨南大学；161. 香港大学；163. 扬州大学；174. 陕西师范大学；177. 北京师范大学；180. 南京师范大学；181. 江南大学；185. 南京邮电大学；187. 香港中文大学；191. 台湾“清华大学”；202. 南京理工大学；203. 南京航空航天大学；207. 华北电力大学；212. 西南大学；220. 东北师范大学；221. 黑龙江大学；223. 浙江师范大学；225. 山东科技大学；231. 河南师范大学；242. 河北工业大学；244. 福建师范大学；246. 天津理工大学；248. 常州大学；267. 南京林业大学；273. 西北大学；285. 济南大学；286. 太原理工大学；287. 山东师范大学；290. 陕西科技大学；294. 昆明理工大学；296. 重庆工商大学；297. 南昌航空大学；298. 安徽大学；300. 广东工业大学；301. 中国东北大学；306. 香港理工大学；312. 内蒙古大学；323. 国防科学技术大学；324. 福建医科大学；340. 洛阳师范学院；351. 天津工业大学；359. 台湾“中国医药大学”；360. 中国药科大学；364. 广西大学；367. 台湾“中山大学”；372. 西北师范大学；380. 兰州交通大学；381. 曲阜师范大学；383. 南华大学；385. 西南石油大学；398. 青岛农业大学；402. 广州大学；404. 台湾阳明交通大学；408. 河南大学；410. 贵州大学；413. 哈尔滨工程大学；416. 台州学院；423. 成都大学；424. 温州医科大学；425. 温州大学；429. 浙江理工大学；431. 中国矿业大学；434. 山西大学；440. 华中农业大学；446. 河北师范大学；452. 江苏师范大学；460. 盐城工学院；464. 东北林业大学；465. 江西师范大学；466. 上海科技大学；472. 湖南师范大学；473. 河北大学；475. 合肥工业大学；476. 湘潭大学；486. 中南民族大学；489. 海南大学；496. 中国海洋大学；502. 中国农业大学；505. 长沙理工大学；508. 宁波大学；520. 中国医学科学院-北京协和医学院；521. 齐鲁工业大学；525. 西南交通大学；528. 澳门大学；537. 中国人民大学；538. 安徽师范大学；549. 武汉科技大学；561. 台湾科技大学；565. 杭州电子科技大学；566. 南京信息工程大学；568. 台湾成功大学；571. 湖北大学；577. 武汉工程大学；580. 中国计量大学；587. 北京协和医学院；591. 湖南农业大学；595. 聊城大学；606. 台北科技大学；610. 江苏科技大学；614. 信阳师范学院；615. 西北农林科技大学；618. 燕山大学；628. 香港浸会大学；646. 天津科技大学；652. 杭州师范大学；653. 云南大学；657. 山东第一医科大学；658. 高雄医科大学；661. 北京林业大学；668. 绍兴文理学院；671. 中北大学；672. 西安电子科技大学；679. 东北农业大学；682. 台湾中兴大学；691. 广州医科大学；693. 台湾中原大学；697. 郑州轻工业大学；702. 沈阳药科大学；706. 华侨大学；725. 上海师范大学；726. 烟台大学；731. 南京农业大学；733. 广西师范大学；738. 湖南科技大学；748. 台湾“中央大学”；758. 河南理工大学；759. 新疆大学；760. 长庚大学；761. 首都师范大学；767. 山东理工大学；784. 三峡大学；785. 石河子大学；789. 哈尔滨师范大学；790. 淮北师范大学；794. 江西科技学院；803. 上海应用技术大学；808. 天津师范大学；810. 南京医科大学；813. 北京工商大学；816. 长春科技大学；822. 河海大学；827. 嘉兴大学；828. 福建农林大学；829. 宁夏大学；838. 桂林工业大学；842. 华北理工大学；844. 南京中医药大学；848. 北京交通大学；849. 安徽工业大学；851. 四川师范大学；852. 苏州科技大学；854. 西华师范大学；856. 辽宁大学；862. 东华理工大学；864. 南方医科大学；875. 吉林师范大学；878. 河南工业大学；882. 中国人民解放军海军军医大学；891. 南通大学；893. 江西科技师范学院；897. 山东农业大学；911. 浙江农林大学；918. 淡江大学；924. 汕头大学；932. 西安建筑科技大学；933. 武汉纺织大学；938. 哈尔滨理工大学；949. 台湾师范大学；959. 广东药科大学；964. 长安大学；966. 山西师范大学；968. 长春工业大学；969. 成都理工大学；972. 台北医学大学；973. 上海工程技术大学；985. 中国人民解放军陆军军医大学；988. 河南科技大学；992. 四川轻化工大学；998. 首都医科大学；1001. 临沂大学；1004. 辽宁石油化工大学；1024. 西安理工大学；1028. 安徽理工大学；1029. 湖南工业大学；1030. 大连工业大学；1038. 天津医科大学；1045. 渤海大学；1050. 安阳师范学院；1056. 河北科技大学；									

续表

1060. 赣南师范大学；1061. 东莞理工学院；1064. 重庆医科大学；1070. 辽宁师范大学；1072. 四川农业大学；1080. 沈阳化工大学；1090. 安徽农业大学；1093. 桂林电子科技大学；1105. 上海电力大学；1112. 淮阴师范学院；1120. 中国科技大学；1124. 云南师范大学；1131. 五邑大学；1133. 湖北工业大学；1134. 长江师范学院；1135. 浙江工商大学；1137. 澳门科技大学；1142. 河北农业大学；1167. 鲁东大学；1174. 广东医科大学；1188. 北京中医药大学；1202. 上海中医药大学；1204. 大连医科大学；1208. 哈尔滨医科大学；1216. 空军军医大学；1218. 香港教育大学；1223. 中南林业科技大学；1240. 延边大学；1245. 广州中医药大学；1249. 逢甲大学；1259. 台湾"东华大学"

2. 化学学科科研能力排名分析

从化学学科发文量来看，超过10000篇的有21所，不少于5000篇但少于10000篇的有76所，不少于4000篇但少于等于5000篇的有51所，不少于3000篇但少于4000篇的有91所，不少于2000篇但少于3000篇的有205所，不少于1000篇但少于2000篇的有420所，发文量在1000篇以下的有401所。中国（含港澳台）在发文量进入前100名的大学共有42所，进入ESI化学学科发文量排名的大学如表3-61所示。

表3-61　化学学科发文量排名（前10位与中国大学）

发文量排名	机构名称	国家/地区	发文量排名	机构名称	国家/地区
1	中国科学院大学	中国	6	四川大学	中国
2	浙江大学	中国	7	中国科学技术大学	中国
3	吉林大学	中国	8	伊斯兰阿扎德大学	伊朗
4	清华大学	中国	9	天津大学	中国
5	瑞士联邦理工学院	瑞士	10	华东理工大学	中国
其他中国机构：11. 南京大学；13. 华南理工大学；14. 北京大学；16. 山东大学；18. 南开大学；21. 上海交通大学；22. 北京化工大学；23. 大连理工大学；24. 复旦大学；25. 郑州大学；26. 苏州大学；27. 哈尔滨工业大学；28. 中山大学；35. 厦门大学；37. 南京工业大学；38. 西安交通大学；39. 华中科技大学；40. 中南大学；43. 武汉大学；45. 中国石油大学；50. 北京理工大学；51. 兰州大学；57. 湖南大学；58. 东南大学；62. 福州大学；63. 浙江工业大学；64. 江苏大学；65. 台湾大学；67. 重庆大学；78. 青岛科技大学；84. 江南大学；92. 华东师范大学；94. 上海大学；99. 北京科技大学；100. 南京理工大学；108. 西南大学；110. 西北大学；119. 同济大学；132. 西北工业大学；142. 深圳大学；145. 武汉理工大学；147. 东华大学；149. 中国药科大学；152. 东北师范大学；155. 济南大学；160. 中国东北大学；165. 中国矿业大学；168. 台湾阳明交通大学；169. 扬州大学；171. 太原理工大学；173. 北京航空航天大学；186. 陕西师范大学；187. 北京师范大学；188. 台湾"清华大学"；195. 中国地质大学；198. 南昌大学；199. 暨南大学；203. 南方科技大学；206. 常州大学；210. 电子科技大学；210. 南京林业大学；220. 中国医学科学院-北京协和医学院；226. 青岛大学；228. 香港科技大学；234. 香港城市大学；238. 河南师范大学；239. 中国农业大学；244. 河南大学；245. 山西大学；247. 齐鲁工业大学；256. 昆明理工大学；265. 合肥工业大学；270. 中国海洋大学；273. 宁波大学；276. 浙江理工大学；285. 湘潭大学；286. 北京协和医学院；288. 华南师范大学；293. 安徽大学；301. 广东工业大学；303. 天津工业大学；310. 香港理工大学；312. 贵州大学；315. 广西大学；319. 台湾成功大学；323. 西南石油大学；329. 西北师范大学；338. 河北工业大学；339. 北京工业大学；340. 山东师范大学；342. 南京师范大学；356. 香港大学；357. 华中师范大学；364. 沈阳药科大学；368. 山东科技大学；377. 聊城大学；380. 江西师范大学；386. 河北大学；387. 香港中文大学；401. 浙江师范大学；402. 西北农林科技大学；412. 陕西科技大学；414. 高雄医科大学；418. 台北科技大学；422. 中北大学；425. 台湾科技大学；438. 西南科技大学；442. 武汉工程大学；445. 湖北大学；453. 哈尔滨工程大学；453. 台湾中兴大学；462. 天津科技大学；468. 华南农业大学；477. 曲阜师范大学；480. 安徽师范大学；482. 南京航空航天大学；488. 黑龙江大学；502. 台湾"中国医药大学"；503. 燕山大学；506. 上海理工大学；508. 福建师范大学；					

续表

510. 天津理工大学；513. 新疆大学；514. 广西师范大学；517. 上海科技大学；518. 南京邮电大学；528. 杭州师范大学；530. 华中农业大学；541. 温州大学；544. 湖南师范大学；550. 华北电力大学；552. 云南大学；554. 台湾“中山大学”；558. 江苏科技大学；560. 山东理工大学；563. 东北林业大学；566. 长庚大学；568. 北京林业大学；569. 上海应用技术大学；572. 江苏师范大学；575. 烟台大学；587. 南京农业大学；595. 长春科技大学；599. 石河子大学；609. 台湾中原大学；612. 西南交通大学；614. 海南大学；616. 香港浸会大学；617. 南京中医药大学；623. 广州大学；627. 北京工商大学；632. 桂林工业大学；645. 中南民族大学；648. 洛阳师范学院；649. 首都师范大学；658. 华侨大学；661. 台湾“中央大学”；674. 河南理工大学；679. 宁夏大学；681. 南京医科大学；689. 兰州理工大学；690. 湖南科技大学；698. 武汉科技大学；702. 安徽工业大学；711. 福建农林大学；714. 辽宁大学；718. 天津师范大学；720. 河南工业大学；728. 东华理工大学；732. 南方医科大学；736. 上海师范大学；739. 广东药科大学；741. 江西科技学院；747. 中国计量大学；749. 兰州交通大学；752. 澳门大学；753. 上海工程技术大学；755. 杭州电子科技大学；759. 江西科技师范学院；761. 国防科学技术大学；771. 南通大学；772. 成都理工大学；773. 嘉兴大学；783. 郑州轻工业大学；798. 南华大学；800. 温州医科大学；800. 长春工业大学；802. 南京信息工程大学；802. 台北医学大学；808. 中国人民大学；815. 安徽理工大学；823. 山西师范大学；824. 山东农业大学；824. 中国人民解放军海军军医大学；833. 吉林师范大学；834. 四川轻化工大学；835. 长沙理工大学；837. 辽宁石油化工大学；843. 武汉纺织大学；847. 沈阳化工大学；852. 河北师范大学；859. 盐城工学院；861. 三峡大学；869. 青岛农业大学；875. 辽宁师范大学；879. 渤海大学；884. 北京交通大学；886. 内蒙古大学；886. 大连工业大学；889. 苏州科技大学；890. 重庆医科大学；891. 河海大学；897. 台州学院；898. 河南科技大学；904. 华北理工大学；912. 山东第一医科大学；917. 西安电子科技大学；922. 南昌航空大学；928. 首都医科大学；934. 北京中医药大学；938. 哈尔滨理工大学；942. 四川农业大学；944. 河北科技大学；949. 西安建筑科技大学；954. 长安大学；958. 台湾师范大学；966. 上海中医药大学；968. 临沂大学；971. 哈尔滨师范大学；978. 福建医科大学；988. 西安理工大学；989. 湖南农业大学；989. 鲁东大学；997. 浙江农林大学；998. 天津医科大学；1002. 成都大学；1008. 淮北师范大学；1009. 四川师范大学；1010. 汕头大学；1012. 桂林电子科技大学；1030. 淡江大学；1038. 东北农业大学；1045. 东莞理工学院；1055. 信阳师范学院；1057. 湖北工业大学；1059. 河北农业大学；1070. 绍兴文理学院；1073. 云南师范大学；1074. 五邑大学；1076. 大连医科大学；1088. 浙江工商大学；1100. 广州医科大学；1100. 西华师范大学；1103. 广州中医药大学；1105. 长江师范学院；1114. 安徽农业大学；1129. 中国人民解放军陆军军医大学；1146. 中国科技大学；1147. 安阳师范学院；1149. 上海电力大学；1151. 逢甲大学；1160. 淮阴师范学院；1160. 空军军医大学；1163. 赣南师范大学；1169. 重庆工商大学；1178. 台湾“东华大学”；1183. 延边大学；1186. 广东医科大学；1188. 哈尔滨医科大学；1192. 中南林业科技大学；1205. 澳门科技大学；1216. 湖南工业大学；1239. 吉首大学；1265. 香港教育大学

3. 化学学科科研影响力排名分析

从化学学科总被引次数来看，总被引次数超过100000次的大学共有127所；总被引次数在50000次以上100000次及以下的有203所；总被引次数在10000次以上50000次及以下的有836所；总被引次数在5000次以上10000次及以下的有99所；所有大学的总被引次数均在8500次及以上。中国大陆(包含港澳台)在总被引次数进入前100名的大学共有37所。中国(包含港澳台)其他进入ESI化学学科总被引次数指标排名的大学如表3-62所示。

表3-62　化学学科总被引次数排名（前10位与中国大学）

总被引次数排名	机构名称	国家/地区	总被引次数排名	机构名称	国家/地区
1	中国科学院大学	中国	6	南洋理工大学	新加坡
2	瑞士联邦理工学院	瑞士	6	新加坡国立教育学院	新加坡
3	清华大学	中国	8	加利福尼亚大学伯克利分校	美国
4	中国科学技术大学	中国	9	吉林大学	中国
5	浙江大学	中国	10	南京大学	中国

续表

其他中国机构：12. 南开大学；13. 北京大学；14. 天津大学；16. 华南理工大学；18. 华东理工大学；20. 四川大学；22. 复旦大学；25. 大连理工大学；27. 苏州大学；28. 中山大学；29. 北京化工大学；31. 厦门大学；32. 上海交通大学；34. 湖南大学；39. 山东大学；41. 武汉大学；43. 福州大学；46. 郑州大学；47. 华中科技大学；48. 哈尔滨工业大学；51. 兰州大学；54. 南京工业大学；62. 西安交通大学；67. 中南大学；75. 武汉理工大学；79. 华东师范大学；80. 北京理工大学；85. 台湾大学；87. 江苏大学；91. 东南大学；98. 中国石油大学；105. 香港科技大学；116. 北京科技大学；120. 重庆大学；123. 上海大学；124. 浙江工业大学；136. 西南大学；139. 同济大学；148. 北京航空航天大学；150. 南京理工大学；154. 青岛科技大学；156. 东华大学；162. 江南大学；165. 东北师范大学；168. 香港城市大学；178. 济南大学；188. 西北工业大学；193. 华中师范大学；199. 深圳大学；202. 西北大学；215. 台湾"清华大学"；216. 南方科技大学；219. 扬州大学；221. 香港理工大学；229. 北京师范大学；230. 陕西师范大学；238. 电子科技大学；239. 中国地质大学；240. 香港中文大学；246. 南昌大学；247. 香港大学；248. 青岛大学；250. 中国药科大学；268. 南京师范大学；282. 北京工业大学；289. 暨南大学；297. 浙江师范大学；300. 台湾阳明交通大学；309. 太原理工大学；311. 山东师范大学；313. 浙江理工大学；321. 山东科技大学；325. 山西大学；330. 湘潭大学；332. 中国东北大学；333. 常州大学；334. 江西师范大学；335. 河南大学；338. 河南师范大学；342. 合肥工业大学；343. 南京林业大学；347. 中国矿业大学；360. 安徽大学；364. 华南师范大学；365. 黑龙江大学；374. 中国海洋大学；376. 中国农业大学；388. 南京邮电大学；392. 广东工业大学；404. 天津工业大学；411. 中国医学科学院-北京协和医学院；414. 天津理工大学；422. 宁波大学；423. 安徽师范大学；424. 上海科技大学；432. 西北师范大学；433. 香港浸会大学；435. 曲阜师范大学；450. 齐鲁工业大学；453. 台北科技大学；455. 哈尔滨工程大学；457. 台湾成功大学；464. 台湾科技大学；466. 北京协和医学院；469. 湖北大学；474. 西南石油大学；483. 西北农林科技大学；484. 华南农业大学；488. 南京航空航天大学；491. 昆明理工大学；499. 广西大学；515. 北京林业大学；517. 武汉工程大学；519. 江苏师范大学；520. 华中农业大学；522. 陕西科技大学；524. 河北工业大学；527. 聊城大学；528. 湖南师范大学；534. 温州大学；539. 台湾中原大学；541. 西南科技大学；544. 杭州师范大学；546. 华北电力大学；548. 燕山大学；549. 贵州大学；552. 东北林业大学；563. 华侨大学；566. 福建师范大学；567. 云南大学；570. 台湾中兴大学；573. 天津科技大学；581. 中南民族大学；585. 广西师范大学；587. 上海理工大学；589. 上海师范大学；591. 高雄医科大学；593. 广州大学；603. 河北大学；608. 沈阳药科大学；616. 江苏科技大学；629. 澳门大学；634. 首都师范大学；640. 中国人民大学；641. 南京农业大学；646. 湖南科技大学；652. 郑州轻工业大学；655. 中北大学；666. 台湾"中央大学"；669. 海南大学；673. 长庚大学；687. 石河子大学；689. 烟台大学；691. 台湾"中山大学"；694. 台湾"中国医药大学"；695. 新疆大学；700. 山东理工大学；702. 洛阳师范学院；708. 长沙理工大学；710. 西南交通大学；718. 淮北师范大学；724. 青岛农业大学；731. 福建农林大学；734. 上海应用技术大学；735. 武汉科技大学；736. 南京医科大学；742. 兰州交通大学；747. 天津师范大学；748. 三峡大学；751. 南华大学；756. 河南理工大学；757. 重庆工商大学；764. 南昌航空大学；767. 杭州电子科技大学；768. 中国计量大学；772. 长春科技大学；774. 哈尔滨师范大学；776. 桂林工业大学；790. 南方医科大学；791. 安徽工业大学；798. 北京工商大学；801. 西华师范大学；805. 辽宁大学；806. 河南工业大学；809. 中国人民解放军海军军医大学；810. 兰州理工大学；822. 温州医科大学；823. 南京中医药大学；824. 山东农业大学；829. 湖南农业大学；832. 江西科技学院；833. 江西科技师范学院；839. 南京信息工程大学；841. 台湾师范大学；850. 东华理工大学；851. 宁夏大学；852. 信阳师范学院；853. 嘉兴大学；856. 华北理工大学；877. 内蒙古大学；878. 汕头大学；881. 河海大学；884. 北京交通大学；886. 广东药科大学；894. 安阳师范学院；902. 武汉纺织大学；910. 中国人民解放军陆军军医大学；918. 四川师范大学；937. 吉林师范大学；938. 河北师范大学；939. 浙江农林大学；940. 台北医学大学；941. 台州学院；946. 淡江大学；964. 长春工业大学；965. 南通大学；974. 福建医科大学；985. 盐城工学院；991. 山西师范大学；992. 上海工程技术大学；993. 山东第一医科大学；995. 苏州科技大学；1006. 临沂大学；1007. 大连工业大学；1010. 渤海大学；1012. 哈尔滨理工大学；1013. 重庆医科大学；1014. 四川农业大学；1021. 辽宁石油化工大学；1030. 中国科技大学；1031. 国防科学技术大学；1036. 天津医科大学；1049. 赣南师范大学；1056. 河北科技大学；1059. 首都医科大学；1061. 上海电力大学；1066. 西安建筑科技大学；1078. 河南科技大学；1087. 成都理工大学；1095. 东莞理工学院；1096. 浙江工商大学；1102. 沈阳化工大学；1104. 辽宁师范大学；1105. 绍兴文理学院；1109. 四川轻化工大学；1120. 长安大学；1127. 安徽农业大学；1131. 河北农业大学；1132. 安徽理工大学；1141. 云南师范大学；1143. 淮阴师范学院；1151. 吉首大学；1161. 西安理工大学；1166. 五邑大学；1167. 湖南工业大学；1170. 上海中

续表

医药大学；1181. 北京中医药大学；1182. 湖北工业大学；1184. 大连医科大学；1187. 桂林电子科技大学；1191. 成都大学；1196. 哈尔滨医科大学；1198. 东北农业大学；1202. 台湾“东华大学”；1206. 鲁东大学；1207. 香港教育大学；1208. 空军军医大学；1217. 延边大学；1221. 广州医科大学；1224. 西安电子科技大学；1226. 澳门科技大学；1251. 广州中医药大学；1253. 长江师范学院；1256. 广东医科大学；1258. 逢甲大学；1259. 中南林业科技大学

4. 化学学科影响力排名分析

从化学学科高被引论文数来看，400 篇以上的大学有 5 所；300 篇以上 400 篇及以下的大学有 4 所；200 篇以上 300 篇及以下的大学有 18 所；100 篇以上 200 篇及以下的大学有 56 所；50 篇以上 100 篇及以下的大学有 136 所；10 篇以上 50 篇及以下的大学有 570 所；1 篇以上 10 篇及以下的大学有 464 所；剩下的 12 所大学的高被引论文数为 0 篇。中国(包含港澳台)有 44 所大学进入 ESI 化学学科高被引论文数排名前 100 位。在这 44 所大学中，中国科学院大学的高被引论文篇数在 500 篇以上，中国科学院大学、中国科学技术大学、清华大学的高被引论文数在 400 篇以上。中国(包含港澳台)进入 ESI 化学学科高被引论文数排名的大学如表 3-63 所示。

表 3-63　化学学科高被引论文数排名（前 10 位与中国大学）

高被引论文数排名	机构名称	国家/地区	高被引论文数排名	机构名称	国家/地区
1	中国科学院大学	中国	6	瑞士联邦理工学院	瑞士
2	中国科学技术大学	中国	7	斯坦福大学	美国
3	清华大学	中国	8	加利福尼亚大学伯克利分校	美国
4	南洋理工大学	新加坡	8	浙江大学	中国
4	新加坡国立教育学院	新加坡	10	郑州大学	中国
其他中国机构：11. 天津大学；12. 南开大学；15. 北京大学；17. 福州大学；18. 湖南大学；20. 苏州大学；21. 吉林大学；22. 南京大学；23. 华南理工大学；24. 厦门大学；25. 复旦大学；27. 中山大学；28. 上海交通大学；29. 北京化工大学；30. 武汉理工大学；32. 华东理工大学；32. 武汉大学；37. 北京理工大学；40. 南京工业大学；41. 四川大学；43. 华中科技大学；47. 哈尔滨工业大学；48. 电子科技大学；50. 大连理工大学；50. 西安交通大学；57. 香港科技大学；60. 中南大学；60. 深圳大学；62. 山东大学；63. 华东师范大学；68. 香港城市大学；68. 南方科技大学；73. 东南大学；73. 青岛大学；75. 西北工业大学；77. 江苏大学；79. 北京航空航天大学；91. 台湾大学；97. 中国石油大学；100. 华中师范大学；100. 上海大学；104. 重庆大学；117. 兰州大学；117. 浙江师范大学；117. 山东科技大学；125. 同济大学；127. 北京科技大学；134. 南京师范大学；142. 浙江工业大学；146. 青岛科技大学；146. 香港中文大学；146. 天津理工大学；151. 扬州大学；151. 香港理工大学；155. 东华大学；157. 中国地质大学；159. 南京理工大学；162. 北京工业大学；162. 南京林业大学；166. 陕西师范大学；174. 上海科技大学；182. 上海理工大学；182. 河南师范大学；188. 南京邮电大学；195. 暨南大学；195. 北京师范大学；195. 山东师范大学；195. 广东工业大学；207. 东北师范大学；209. 安徽大学；213. 广州大学；216. 香港大学；236. 华南农业大学；249. 南昌大学；249. 黑龙江大学；253. 西南科技大学；257. 吉首大学；257. 西北大学；261. 南京航空航天大学；267. 河南大学；270. 华南师范大学；270. 济南大学；277. 陕西科技大学；277. 江苏科技大学；283. 华北电力大学；293. 江南大学；293. 长沙理工大学；311. 广西大学；311. 温州大学；311. 浙江理工大学；311. 江西师范大学；311. 郑州轻工业大学；323. 太原理工大学；323. 洛阳师范学院；323. 安徽师范大学；341. 台湾“清华大学”；341. 西南大学；341. 曲阜师范大学；341. 山西大学；341. 武汉工程大学；358. 成都大学；370. 海南大学；376. 福建师范大学；376. 华中农业大学；389. 台湾科技大学；389. 燕山大学；402. 重庆工商大学；402. 湖北大学；402. 哈尔滨师范大学；412. 河北工业大学；412. 天津工业大学；412. 宁波大学；426. 常州大学；426. 江苏师范大学；446. 中国东北大学；446. 西北师范大学；446. 东北林业大学；446. 淮北师范					

续表

大学；446. 河海大学；446. 四川师范大学；463. 西南石油大学；463. 贵州大学；463. 台州学院；463. 中国矿业大学；463. 中南民族大学；463. 齐鲁工业大学；463. 云南大学；463. 三峡大学；463. 苏州科技大学；487. 南华大学；487. 哈尔滨工程大学；487. 合肥工业大学；487. 中国海洋大学；487. 南京信息工程大学；487. 聊城大学；487. 中北大学；487. 烟台大学；487. 河南理工大学；487. 江西科技学院；516. 兰州交通大学；516. 台湾阳明交通大学；516. 湘潭大学；516. 西南交通大学；526. 南昌航空大学；526. 上海师范大学；526. 湖南科技大学；526. 华北理工大学；526. 北京交通大学；526. 西华师范大学；526. 湖南工业大学；544. 中国药科大学；544. 天津科技大学；544. 杭州师范大学；559. 澳门大学；559. 中国人民大学；559. 湖南农业大学；559. 华侨大学；559. 嘉兴大学；559. 淡江大学；559. 西安建筑科技大学；590. 兰州理工大学；590. 台湾"中国医药大学"；590. 青岛农业大学；590. 杭州电子科技大学；590. 台湾中原大学；590. 台湾"中央大学"；590. 浙江农林大学；590. 长安大学；618. 湖南师范大学；618. 中国农业大学；618. 武汉科技大学；618. 香港浸会大学；618. 高雄医科大学；618. 北京林业大学；618. 南京农业大学；618. 吉林师范大学；647. 昆明理工大学；647. 内蒙古大学；647. 台湾成功大学；647. 信阳师范学院；647. 哈尔滨理工大学；647. 香港教育大学；682. 天津师范大学；682. 宁夏大学；682. 汕头大学；682. 西安理工大学；707. 台湾"中山大学"；707. 河北师范大学；707. 河北大学；707. 台湾中兴大学；707. 南通大学；707. 赣南师范大学；707. 澳门科技大学；737. 福建医科大学；737. 温州医科大学；737. 中国医学科学院-北京协和医学院；737. 中国计量大学；737. 台北科技大学；737. 西北农林科技大学；737. 绍兴文理学院；737. 东北农业大学；737. 广州医科大学；737. 北京工商大学；737. 中国人民解放军陆军军医大学；790. 西安电子科技大学；790. 南京医科大学；790. 东华理工大学；790. 河南科技大学；790. 首都医科大学；790. 东莞理工学院；790. 安徽农业大学；790. 淮阴师范学院；790. 长江师范学院；790. 广东医科大学；843. 山东理工大学；843. 成都理工大学；843. 四川轻化工大学；843. 临沂大学；843. 天津医科大学；843. 桂林电子科技大学；885. 盐城工学院；885. 新疆大学；885. 长庚大学；885. 首都师范大学；885. 福建农林大学；885. 安徽工业大学；885. 辽宁大学；885. 中国人民解放军海军军医大学；885. 武汉纺织大学；885. 山西师范大学；885. 上海电力大学；885. 中南林业科技大学；941. 国防科学技术大学；941. 石河子大学；941. 长春科技大学；941. 南方医科大学；941. 山东农业大学；941. 台湾师范大学；941. 安徽理工大学；941. 安阳师范学院；941. 河北科技大学；941. 云南师范大学；941. 五邑大学；941. 湖北工业大学；941. 哈尔滨医科大学；1004. 北京协和医学院；1004. 上海应用技术大学；1004. 桂林工业大学；1004. 南京中医药大学；1004. 江西科技师范学院；1004. 长春工业大学；1004. 辽宁石油化工大学；1004. 中国科技大学；1004. 空军军医大学；1067. 山东第一医科大学；1067. 广西师范大学；1067. 河南工业大学；1067. 台北医学大学；1067. 上海工程技术大学；1067. 大连工业大学；1067. 辽宁师范大学；1067. 浙江工商大学；1067. 河北农业大学；1067. 延边大学；1128. 沈阳药科大学；1128. 渤海大学；1128. 四川农业大学；1128. 鲁东大学；1128. 大连医科大学；1128. 逢甲大学；1187. 重庆医科大学；1187. 沈阳化工大学；1187. 广州中医药大学；1227. 广东药科大学

5. 化学学科师资力量排名分析

从化学学科高被引科学家数来看，高被引科学家数最多的是清华大学，为 10 人，加利福尼亚大学伯克利分校、美国西北大学高被引科学家是 8 人；新加坡国立大学高被引科学家是 6 人，有 5 位高被引科学家的高校有 1 所，阿德莱德大学；有 4 位高被引科学家的大学有 5 所，分别是得南洋理工大学、斯坦福大学、多伦多大学、电子科技大学、阿卜杜拉国王理工大学；有 3 位高被引科学家的大学有 11 所，分别是浙江大学、得克萨斯大学奥斯汀分校、北京化工大学、麻省理工学院、复旦大学、福州大学、中山大学、洛桑联邦理工学院、沙特国王大学、华中师范大学、中国地质大学；有 2 位高被引科学家的大学有 16 所，有 1 位高被引科学家的大学有 72 所；其他 1156 所大学均没有高被引科学家。中国(含港澳台)有 246 所高校有高被引科学家，中国高被引科学家最多的大学是清华大学，有 10 名高被引科学家；电子科技大学有 4 名高被引科学家；浙江大学、福州大学、复旦大学、中山大学、北京化工大学、华中师范大学、中国地质大学有 3 名高被引科学家；郑州大学、南开大学、南京大学、华南理工大学、武汉理工大学、武汉大学、南京工业大学、华中科技大学、东南大学、台湾大学、南京师范大学、北京工业大学、上海理工大学、华南师范大学、福建师范大学有 1 名高被引科学家，如表 3-64 所示。

表 3-64　化学学科高被引科学家数排名（前 10 位与中国大学）

高被引科学家数排名	机构名称	国家/地区	高被引科学家数排名	机构名称	国家/地区
1	清华大学	中国	6	南洋理工学院	新加坡
2	加利福尼亚大学伯克利分校	美国	6	斯坦福大学	美国
2	美国西北大学	美国	6	多伦多大学	美国
4	新加坡国立大学	新加坡	6	电子科技大学	中国
5	阿德莱德大学	澳大利亚	6	阿卜杜拉国王理工大学	沙特阿拉伯
其他中国机构：11. 浙江大学；11. 北京化工大学；11. 复旦大学；11. 福州大学；11. 中山大学；11. 华中师范大学；11. 中国地质大学；22. 天津大学；22. 北京大学；22. 厦门大学；22. 湖南大学；22. 大连理工大学；22. 上海交通大学；22. 华东理工大学；22. 北京理工大学；22. 江苏大学；22. 香港城市大学；22. 香港科技大学；22. 南方科技大学；38. 郑州大学；38. 南开大学；38. 南京大学；38. 华南理工大学；38. 华中科技大学；38. 武汉大学；38. 武汉理工大学；38. 南京工业大学；38. 东南大学；38. 台湾大学；38. 上海理工大学；38. 华南师范大学；38. 北京工业大学；38. 南京师范大学；38. 福建师范大学					

从以上几个指标的分析可以看出：与往年相比，化学学科的每个指标中最强的大学基本上分布在美国。从综合排名、发文数量和高被引论文数等指标看，中国高校，特别是中国科学院大学在多项指标上表现优异。在高被引科学家数这一指标上，美国的大学仍处于领先位置，说明美国在化学学科方面具有优秀的科研团队和突出的研究实力，我国的清华大学、浙江大学、中国科学院大学、中国科学技术大学也进入了前 10 位。在发文量前 100 名中，中国大学有 42 所；总被引次数前 100 名的中国大学有 37 所；高被引论文前 100 名的中国大学有 44 所。由此可见，中国在化学学科上的研究实力有了很大提升，在该领域的科研实践、科研竞争力和影响力有了很大的提升。

(四) 临床医学

进入 ESI 临床医学学科排名的大学共有 1686 所。从国家或地区分布来看，这些大学隶属于美国、中国、瑞士、英国、日本、土耳其、西班牙、德国、意大利、巴西、法国等 100 多个国家或地区，如图 3-4 所示。

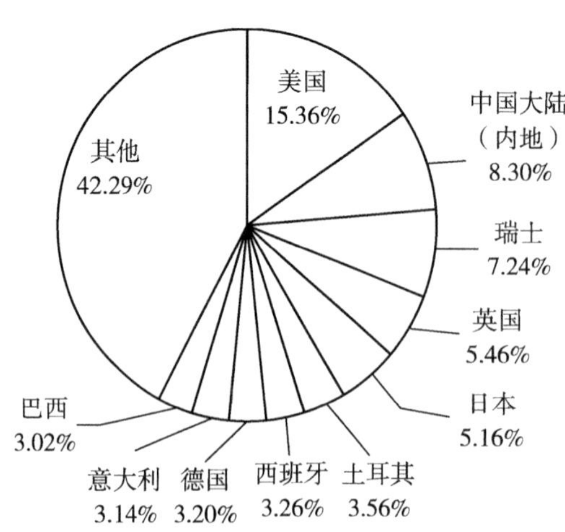

图 3-4　进入 ESI 临床医学学科排名的大学的国家或地区分布

从图 3-4 可以看出，美国的大学数量位居第 1 位，达 259 所，遥遥领先于其他国家或地区，中国、瑞士、英国、日本、土耳其的大学占比也比较大。中国大陆(内地)有 140 所，中国台湾有 24 所，中国香港有 6 所，中国澳门有 2 所。

1. 临床医学学科竞争力综合排名分析

从临床医学学科竞争力综合排名来看，前 10 名中美国占了 6 席，占据绝对优势。中国(包含港澳台)在临床医学学科排名前 100 位的大学仅有 6 所，进入前 200 位的大学有 15 所，进入前 400 位的大学为 42 所。中国(包含港澳台)进入 ESI 临床医学学科综合排名的大学如表 3-65 所示。

表 3-65 临床医学学科综合排名（前 10 位与中国大学）

综合排名	机构名称	名次所居比例/%	档次	国家/地区	综合排名	机构名称	名次所居比例/%	档次	国家/地区
1	哈佛大学	5★+	一流学科	美国	6	乌普萨拉大学	5★+	一流学科	瑞典
2	牛津大学	5★+	一流学科	英国	7	宾夕法尼亚大学	5★+	一流学科	美国
3	约翰·霍普金斯大学	5★+	一流学科	加拿大	8	加利福尼亚大学旧金山分校	5★+	一流学科	美国
4	多伦多大学	5★+	一流学科	美国	9	斯坦福大学	5★+	一流学科	美国
5	伦敦大学学院	5★+	一流学科	英国	10	华盛顿大学	5★+	一流学科	美国
其他中国机构：58. 香港中文大学；69. 中国医学科学院–北京协和医学院；83. 复旦大学；85. 上海交通大学；98. 北京大学；99. 中山大学；118. 北京协和医学院；119. 华中科技大学；123. 台湾大学；124. 首都医科大学；125. 香港大学；150. 浙江大学；151. 四川大学；185. 南京医科大学；196. 中南大学；205. 郑州大学；215. 武汉大学；216. 清华大学；233. 同济大学；236. 山东大学；250. 西安交通大学；253. 台湾阳明交通大学；260. 南方医科大学；264. 哈尔滨医科大学；269. 天津医科大学；280. 南京大学；304. 中国医科大学；305. 山东第一医科大学；311. 吉林大学；329. 苏州大学；331. 温州医科大学；337. 台湾“中国医药大学”；338. 长庚大学；341. 台北医学大学；351. 中国人民解放军陆军军医大学；352. 重庆医科大学；359. 福建医科大学；375. 安徽医科大学；378. 中国人民解放军海军军医大学；379. 南京中医药大学；394. 广州医科大学；398. 空军军医大学；462. 东南大学；480. 青岛大学；481. 南昌大学；492. 厦门大学；494. 广西医科大学；497. 高雄医科大学；520. 大连医科大学；528. 台湾成功大学；538. 河北医科大学；541. 中国科学技术大学；543. 新疆医科大学；556. 中国科学院大学；557. 香港理工大学；569. 暨南大学；602. 上海中医药大学；627. 北京中医药大学；634. 徐州医科大学；659. 南开大学；663. 山西医科大学；675. 兰州大学；698. 中山医学大学；713. 昆明医科大学；726. 湖北医药学院；739. 辅仁大学；751. 深圳大学；752. 广州中医药大学；753. 南通大学；767. 亚洲大学(中国)；788. 汕头大学；805. 济南大学；815. 贵州医科大学；820. 广东医科大学；852. 新乡医学院；869. 内蒙古医科大学；870. 义守大学；887. 浙江中医药大学；905. 南华大学；908. 电子科技大学；912. 江苏大学；927. 济宁医学院；940. 滨州医学院；947. 扬州大学；948. 慈济大学；953. 杭州师范大学；957. 西南医科大学；967. 成都中医药大学；977. 河南科技大学；997. 遵义医学院；1004. 武汉科技大学；1011. 河南大学；1022. 台湾师范大学；1024. 南方科技大学；1041. 华南理工大学；1062. 江南大学；1066. 香港浸会大学；1082. 宁波大学；1085. 台湾“清华大学”；1095. 昆山杜克大学；1107. 中国药科大学；1115. 西安医科大学；1116. 台湾中兴大学；1124. 宁夏医科大学；1140. 香港城市大学；1150. 香港科技大学；1160. 山东中医药大学；1192. 长江大学；1205. 海南医学院；1212. 台湾“中山大学”；1220. 川北医学院；1223. 上海科技大学；1227. 长庚科技大学；1228. 天津中医药大学；1229. 潍坊医学院；1250. 北京航空航天大学；1251. 重庆大学；1253. 锦州医科大学；1283. 澳门大学；1284. 湖南师范大学；1289. 广东药科大学；1297. 桂林医学院；1303. 台北护理健康大学；1309. 天津大学；1318. 华北理工大学；1322. 华东师范大学；1323. 福建中医药大学；1344. 上海大学；1346. 弘光科技大学；1348. 嘉南药理科技大学；1359. 湖北理工学院；1366. 三峡大学；1379. 西北大学；1384. 延边大学；1385. 石河子大学；1388. 湖南中医学院；1391. 湖州学院；1401. 上海体育大学；1406. 上海健康医学院；1426. 哈尔滨工业大学；1428. 大连大学；1431. 澳门科技大学；1442. 香港中文大学(深圳)；1449. 中国农业大学；1451. 河北大学；1457. 西安电子科技大学；1458. 北京师范大学；1479. 河南中医学院；1480. 中台科技大学；1481. 黑龙江中医药大学；1498. 广西中医药大学；1505. 西南大学；1507. 昆明理工大学；1513. 湖北中医药大学；1523. 赣南医学院；1531. 沈阳药科大学；1539. 湖北文理大学；1545. 大连理工大学；1552. 南台科技大学；1562. 西北工业大学；1567. 东北大学；1572. 北京理工大学；1575. 华南师范大学；1584. 中国人民大学；1590. 台湾“中央大学”；1605. 辽宁中医药大学；1623. 福州大学；1624. 西北农林科技大学；1628. 中正大学；1631. 陕西师范大学；1639. 华东理工大学；1658. 南京师范大学									

2. 临床医学学科科研能力排名分析

从临床医学学科竞争力发文量来看，哈佛大学发文量高达111068篇，多伦多大学发文超过了50000篇，另外约翰·霍普金斯大学、宾夕法尼亚大学、伦敦大学学院、巴黎西岱大学、加利福尼亚大学旧金山分校、密歇根大学、华盛顿大学、斯坦福大学、华盛顿大学(西雅图)、悉尼大学、上海交通大学、杜克大学、匹兹堡大学、卡罗林斯卡医学院都超过了30000篇。不少于20000篇但少于30000篇的有38所，不少于10000篇但少于20000篇的有111所，不少于5000篇但少于10000篇的有182所，不少于3000篇但少于5000篇的有165所，不少于1000篇但少于3000篇的有402所，不少于500篇但少于1000篇的有324所，500篇以下的有448所。中国(包含港澳台)发文量进入前100名的大学共有12所，位于100名以后200名以前的大学共有19所，进入临床医学学科发文量排名的大学如表3-66所示。

表3-66　临床医学学科发文量排名（前10位与中国大学）

发文量排名	机构名称	国家/地区	发文量排名	机构名称	国家/地区
1	哈佛大学	美国	6	巴黎西岱大学	法国
2	多伦多大学	加拿大	7	加利福尼亚大学旧金山分校	美国
3	约翰·霍普金斯大学	美国	8	密歇根大学	美国
4	宾夕法尼亚大学	美国	9	华盛顿大学	美国
5	伦敦大学学院	英国	10	斯坦福大学	美国
其他中国机构：13. 上海交通大学；25. 复旦大学；26. 中山大学；28. 中国医学科学院-北京协和医学院；29. 首都医科大学；44. 北京大学；52. 四川大学；56. 浙江大学；68. 北京协和医学院；69. 南京医科大学；82. 华中科技大学；98. 中南大学；105. 山东大学；112. 南方医科大学；113. 台湾大学；127. 郑州大学；131. 台湾阳明交通大学；136. 长庚大学；142. 中国医科大学；152. 香港大学；153. 天津医科大学；157. 香港中文大学；175. 吉林大学；176. 苏州大学；180. 同济大学；181. 武汉大学；189. 西安交通大学；191. 山东第一医科大学；192. 重庆医科大学；195. 温州医科大学；198. 台湾"中国医药大学"；203. 中国人民解放军海军军医大学；213. 台北医学大学；216. 福建医科大学；232. 广州医科大学；238. 南京大学；242. 哈尔滨医科大学；251. 空军军医大学；256. 安徽医科大学；267. 中国人民解放军陆军军医大学；269. 青岛大学；295. 高雄医科大学；309. 河北医科大学；319. 南昌大学；340. 暨南大学；341. 广西医科大学；353. 台湾成功大学；401. 东南大学；403. 大连医科大学；410. 厦门大学；430. 中国科学院大学；432. 广州中医药大学；438. 南通大学；443. 中山医学大学；458. 上海中医药大学；468. 南京中医药大学；471. 兰州大学；475. 清华大学；486. 北京中医药大学；491. 昆明医科大学；492. 徐州医科大学；499. 浙江中医药大学；508. 山西医科大学；532. 香港理工大学；541. 新疆医科大学；549. 亚洲大学(中国)；560. 深圳大学；567. 西南医科大学；568. 慈济大学；576. 辅仁大学；592. 江苏大学；614. 汕头大学；645. 电子科技大学；656. 中国科学技术大学；662. 广东医科大学；667. 成都中医药大学；676. 义守大学；679. 南开大学；691. 华南理工大学；703. 南华大学；714. 扬州大学；721. 江南大学；726. 宁波大学；728. 遵义医学院；735. 贵州医科大学；741. 湖北医药学院；742. 济南大学；747. 滨州医学院；766. 台湾中兴大学；770. 宁夏医科大学；771. 西安医科大学；771. 川北医学院；779. 山东中医药大学；813. 长庚科技大学；817. 潍坊医学院；823. 新乡医学院；826. 海南医学院；827. 台湾"中山大学"；829. 天津中医药大学；839. 中国药科大学；849. 河南大学；862. 内蒙古医科大学；874. 济宁医学院；889. 锦州医科大学；890. 北京航空航天大学；893. 湖南师范大学；899. 重庆大学；900. 台北护理健康大学；945. 福建中医药大学；948. 华北理工大学；967. 桂林医学院；970. 广东药科大学；972. 南方科技大学；978. 天津大学；989. 杭州师范大学；1002. 嘉南药理科技大学；1008. 台湾"清华大学"；1029. 石河子大学；1033. 弘光科技大学；1042. 河南科技大学；1047. 香港浸会大学；1050. 湖南中医学院；1055. 上海健康医学院；1056. 澳门大学；1076. 三峡大学；1082. 湖州学院；1090. 华东师范大学；1106. 大连大学；1110. 河南中医学院；1113. 上海体育大学；1121. 西北大学；1126. 河北大学；1132. 延边大学；1146. 中台科技大学；1152. 上海大学；1161. 香港城市大学；1167. 广西中医药大学；1169. 哈尔滨工业大学；1178. 黑龙江中医药大学；1180. 长江大学；1192. 武汉科技大学；1195. 赣南医学院；1203. 香港科技大学；1205. 昆明理工大学；1227. 台湾师范大学；1236. 北京师范大学；1238. 湖北中医药大学；1251. 中国农业大学；1261. 南台科技大学；1262. 澳门科技大学；1280. 大连理工大学；1298. 东北大学；1336. 沈阳药科大学；1341. 西安电子科技大学；1346. 北京理工大学；					

续表

1349. 台湾"中央大学"；1356. 香港中文大学(深圳)；1358. 西南大学；1360. 湖北文理大学；1380. 陕西师范大学；1392. 西北工业大学；1400. 辽宁中医药大学；1416. 中正大学；1427. 华南师范大学；1436. 福州大学；1444. 华东理工大学；1451. 上海科技大学；1480. 西北农林科技大学；1480. 南京师范大学；1496. 昆山杜克大学；1512. 中国人民大学；1521. 湖北理工学院

3. 临床医学学科科研影响力排名分析

从临床医学学科总被引次数来看，总被引次数超过100万次的大学共有14所，哈佛大学的被引次数超过390万次。总被引次数在50万次以上100万次及以下的有51所；总被引次数在40万次以上50万次及以下的有31所；总被引次数在10万次以上40万次及以下的有287所；总被引次数在5万次以上10万次及以下的有216所；总被引次数在1万次以上5万次及以下的有650所；总被引在5000次以上1万次及以下的有344所；少于等于5000次的有93所。所有大学的总被引次数均在4000次以上。中国(包含港澳台)有4所大学论文总被引次数进入前100名，有16所大学进入前200名，如表3-67所示。

表3-67 临床医学学科总被引次数排名（前10位与中国大学）

总被引次数排名	机构名称	国家/地区	总被引次数排名	机构名称	国家/地区
1	哈佛大学	美国	6	宾夕法尼亚大学	美国
2	多伦多大学	加拿大	7	华盛顿大学	美国
3	约翰·霍普金斯大学	美国	8	巴黎西岱大学	法国
4	伦敦大学学院	英国	9	密歇根大学	美国
5	加利福尼亚大学旧金山分校	美国	10	牛津大学	美国
其他中国机构：55. 上海交通大学；80. 复旦大学；87. 中山大学；91. 中国医学科学院-北京协和医学院；107. 首都医科大学；108. 北京大学；113. 香港中文大学；117. 香港大学；124. 台湾大学；134. 华中科技大学；141. 浙江大学；142. 北京协和医学院；165. 四川大学；174. 南京医科大学；177. 中南大学；195. 武汉大学；222. 南方医科大学；223. 山东大学；234. 台湾阳明交通大学；256. 南京大学；271. 天津医科大学；276. 长庚大学；277. 中国人民解放军海军军医大学；283. 台北医学大学；289. 郑州大学；290. 同济大学；296. 中国医科大学；302. 台湾"中国医药大学"；313. 山东第一医科大学；323. 西安交通大学；331. 广州医科大学；342. 空军军医大学；350. 温州医科大学；353. 重庆医科大学；355. 哈尔滨医科大学；359. 吉林大学；360. 苏州大学；371. 中国人民解放军陆军军医大学；384. 清华大学；410. 高雄医科大学；419. 台湾成功大学；423. 安徽医科大学；467. 福建医科大学；476. 东南大学；505. 青岛大学；509. 香港理工大学；513. 广西医科大学；529. 中国科学院大学；531. 南昌大学；534. 暨南大学；567. 河北医科大学；576. 厦门大学；579. 中山医学大学；598. 大连医科大学；607. 南京中医药大学；684. 南通大学；688. 上海中医药大学；701. 辅仁大学；710. 兰州大学；717. 湖北医药学院；726. 昆山杜克大学；727. 南方科技大学；740. 新疆医科大学；742. 北京中医药大学；754. 徐州医科大学；758. 广州中医药大学；762. 昆明医科大学；771. 深圳大学；782. 江苏大学；784. 亚洲大学(中国)；791. 广东医科大学；796. 汕头大学；808. 山西医科大学；825. 慈济大学；856. 武汉科技大学；862. 浙江中医药大学；865. 南开大学；897. 义守大学；899. 中国科学技术大学；900. 中国药科大学；901. 西南医科大学；922. 济南大学；926. 南华大学；937. 江南大学；938. 华南理工大学；939. 宁波大学；945. 滨州医学院；951. 西安医科大学；958. 台湾中兴大学；982. 湖北理工学院；1001. 宁夏医科大学；1008. 新乡医学院；1012. 扬州大学；1024. 内蒙古医科大学；1029. 贵州医科大学；1054. 河南大学；1070. 山东中医药大学；1074. 香港浸会大学；1079. 台湾"中山大学"；1088. 澳门大学；1096. 电子科技大学；1103. 锦州医科大学；1116. 台湾"清华大学"；1123. 长庚科技大学；1132. 遵义医学院；1151. 海南医学院；1158. 天津中医药大学；1164. 潍坊医学院；1173. 北京航空航天大学；1183. 成都中医药大学；1186. 华东师范大学；1201. 广东药科大学；1205. 川北医学院；1207. 桂林医学院；1208. 重庆大学；1250. 香港科技大学；1251. 福建中医药大学；1268. 台北护理健康大学；1269. 湖南师范大学；1275. 延边大学；					

续表

1279. 济宁医学院；1280. 杭州师范大学；1291. 华北理工大学；1293. 弘光科技大学；1304. 香港中文大学(深圳)；1309. 天津大学；1311. 嘉南药理科技大学；1316. 上海大学；1360. 北京师范大学；1361. 河南科技大学；1363. 西安电子科技大学；1365. 哈尔滨工业大学；1368. 西北大学；1387. 三峡大学；1392. 香港城市大学；1395. 石河子大学；1401. 西南大学；1409. 上海体育大学；1415. 澳门科技大学；1423. 大连大学；1427. 湖北文理大学；1430. 中国农业大学；1434. 湖南中医学院；1436. 湖州学院；1466. 沈阳药科大学；1467. 上海科技大学；1474. 中台科技大学；1491. 黑龙江中医药大学；1532. 湖北中医药大学；1537. 河北大学；1541. 台湾师范大学；1547. 河南中医学院；1549. 大连理工大学；1551. 中国人民大学；1569. 昆明理工大学；1577. 上海健康医学院；1590. 广西中医药大学；1599. 华南师范大学；1600. 台湾"中央大学"；1601. 南台科技大学；1605. 长江大学；1619. 东北大学；1622. 西北农林科技大学；1650. 辽宁中医药大学；1651. 中正大学；1656. 华东理工大学；1661. 福州大学；1662. 南京师范大学；1667. 北京理工大学；1670. 赣南医学院；1670. 陕西师范大学；1677. 西北工业大学

4. 临床医学学科影响力排名分析

从高被引论文数来看，排在前 10 位的大学有 1 所是加拿大的高校，2 所是英国的高校，其他 7 所均隶属于美国。其中，哈佛大学高被引论文数超过 5100 篇，多伦多大学、约翰·霍普金斯大学高被引论文数均超过 1900 篇，高被引论文数在 1900 篇以下 1000 篇及以上的大学有 17 所；1000 篇以下 500 篇及以上的大学有 65 所。高被引论文数为 500 篇以下 100 篇及以上的大学有 281 所；50 篇以上 100 篇及以下的大学有 191 所；20 篇以上 50 篇及以下的大学有 339 所；20 篇以下 10 篇及以上的大学有 305 所；10 篇以下 1 篇及以上的大学有 478 所；剩下的 7 所大学的高被引论文数为 0 篇。高被引论文数排名在前 100 名的中国(包含港澳台)高校为 4 所，进入前 200 名的为 11 所，这 11 所大学的高被引论文数均超过了 200 篇，如表 3-68 所示。

表 3-68　临床医学学科高被引论文数排名（前 10 位与中国大学）

高被引论文数排名	机构名称	国家/地区	高被引论文数排名	机构名称	国家/地区
1	哈佛大学	美国	6	加利福尼亚大学旧金山分校	美国
2	多伦多大学	加拿大	7	华盛顿大学	美国
2	约翰·霍普金斯大学	美国	8	巴黎西岱大学	法国
4	伦敦大学学院	英国	9	伦敦帝国学院	英国
5	宾夕法尼亚大学	美国	10	牛津大学	英国

其他中国机构：93. 中国医学科学院-北京协和医学院；96. 香港中文大学；98. 复旦大学；99. 上海交通大学；121. 中山大学；127. 北京大学；132. 华中科技大学；138. 香港大学；159. 台湾大学；172. 北京协和医学院；188. 浙江大学；207. 首都医科大学；218. 四川大学；238. 中南大学；241. 南京医科大学；249. 武汉大学；267. 郑州大学；300. 南方医科大学；320. 台湾阳明交通大学；325. 同济大学；347. 天津医科大学；347. 广州医科大学；354. 中国人民解放军海军军医大学；358. 南京大学；361. 山东大学；364. 哈尔滨医科大学；367. 西安交通大学；385. 中国医科大学；393. 温州医科大学；393. 中国人民解放军陆军军医大学；399. 台湾"中国医药大学"；403. 山东第一医科大学；403. 吉林大学；408. 清华大学；420. 台北医学大学；429. 福建医科大学；432. 苏州大学；447. 空军军医大学；447. 中国科学院大学；461. 重庆医科大学；471. 安徽医科大学；477. 台湾成功大学；480. 东南大学；501. 长庚大学；501. 厦门大学；519. 香港理工大学；526. 暨南大学；571. 青岛大学；577. 高雄医科大学；621. 南京中医药大学；621. 南昌大学；662. 广西医科大学；671. 中国科学技术大学；695. 河北医科大学；734. 深圳大学；734. 昆山杜克大学；758. 兰州大学；780. 上海中医药大学；780. 南方科技大学；795. 新疆医科大学；795. 广州中医药大学；813. 汕头大学；828. 南开大学；828. 广东医科大学；839. 大连医科大学；839. 昆明医科大学；849. 江苏大学；874. 徐州医科大学；874. 中山医学大学；

续表

874. 辅仁大学；874. 武汉科技大学；874. 华南理工大学；874. 江南大学；897. 湖北医药学院；922. 北京中医药大学；922. 义守大学；922. 中国药科大学；947. 电子科技大学；947. 西南医科大学；974. 亚洲大学(中国)；974. 贵州医科大学；1000. 山西医科大学；1016. 南华大学；1016. 香港浸会大学；1016. 宁波大学；1016. 重庆大学；1057. 滨州医学院；1084. 宁夏医科大学；1084. 上海大学；1114. 济南大学；1114. 河南大学；1114. 香港城市大学；1114. 海南医学院；1114. 澳门科技大学；1152. 南通大学；1152. 扬州大学；1152. 西安医科大学；1152. 北京航空航天大学；1152. 天津大学；1152. 香港中文大学(深圳)；1152. 西安电子科技大学；1202. 成都中医药大学；1202. 台湾中兴大学；1202. 上海科技大学；1202. 澳门大学；1202. 中国农业大学；1248. 新乡医学院；1248. 浙江中医药大学；1248. 山东中医药大学；1248. 天津中医药大学；1248. 广东药科大学；1248. 华东师范大学；1248. 三峡大学；1248. 西北工业大学；1248. 中国人民大学；1306. 慈济大学；1306. 杭州师范大学；1306. 台湾"清华大学"；1306. 潍坊医学院；1306. 湖南师范大学；1306. 西北大学；1368. 内蒙古医科大学；1368. 香港科技大学；1368. 长江大学；1368. 桂林医学院；1368. 湖州学院；1368. 上海健康医学院；1368. 华南师范大学；1428. 济宁医学院；1428. 台湾师范大学；1428. 台湾"中山大学"；1428. 川北医学院；1428. 锦州医科大学；1428. 湖北理工学院；1428. 上海体育大学；1428. 西南大学；1428. 北京理工大学；1490. 河南科技大学；1490. 遵义医学院；1490. 长庚科技大学；1490. 华北理工大学；1490. 湖南中医学院；1490. 哈尔滨工业大学；1490. 河北大学；1490. 北京师范大学；1490. 沈阳药科大学；1490. 辽宁中医药大学；1490. 西北农林科技大学；1543. 弘光科技大学；1543. 延边大学；1543. 赣南医学院；1543. 湖北文理大学；1543. 福州大学；1592. 台北护理健康大学；1592. 大连大学；1592. 黑龙江中医药大学；1592. 昆明理工大学；1592. 湖北中医药大学；1592. 大连理工大学；1592. 东北大学；1592. 台湾"中央大学"；1592. 中正大学；1592. 华东理工大学；1647. 嘉南药理科技大学；1647. 石河子大学；1647. 广西中医药大学；1647. 南台科技大学；1647. 陕西师范大学；1647. 南京师范大学

5. 临床医学学科师资力量排名分析

从高被引科学家数来看，高被引科学家数最多的是 21 人，为美国的哈佛大学；其次是巴黎萨克雷大学(法国)，高被引科学家数为 9 人；再次是约翰·霍普金斯大学(美国)其高被引科学家为 8 人；斯坦福大学(美国)、加利福尼亚大学洛杉矶分校(美国)、麦克马斯特大学(加拿大)有 6 位高被引科学家；有 5 位高被引科学家的科研机构有 3 所，分别是宾夕法尼亚大学(美国)、耶鲁大学(美国)、西奈山伊坎医学院(美国)。有 4 位高被引科学家的科研机构有 12 所，分别是牛津大学(英国)、杜克大学(美国)、悉尼大学(澳大利亚)、哥伦比亚大学(美国)、加利福尼亚大学圣迭戈分校(美国)、鲁汶大学(比利时)、墨尔本大学(澳大利亚)、米兰比可卡大学(意大利)、格罗宁根大学(荷兰)、格拉斯哥大学(英国)、新南威尔士大学悉尼分校(澳大利亚)、香港中文大学(中国香港)。有 3 位高被引科学家数的科研机构有 10 所，分别是多伦多大学(加拿大)、伦敦大学学院(英国)、伦敦帝国学院(英国)、埃默里大学(美国)、美国西北大学(美国)、范德比尔特大学(美国)、海德堡大学(德国)、英属哥伦比亚大学(加拿大)、首尔大学(韩国)、塔夫茨大学(美国)；有 2 位高被引科学家的科研机构有 22 所；有 1 位高被引科学家的科研机构有 75 所；其他 1558 所科研机构的高产作者数为 0 人。中国(包含港澳台)只有香港中文大学有 3 位高被引科学家和华中科技大学、台湾大学有 1 位高被引科学家，这说明我国在临床医学领域的高水平研究人员还相当欠缺，如表 3-69 所示。

表 3-69 临床医学学科高被引科学家数排名（前 8 位与中国大学）

高被引科学家数排名	机构名称	国家/地区	高被引科学家数排名	机构名称	国家/地区
1	哈佛大学	美国	4	斯坦福大学	美国
2	巴黎萨克雷大学	法国	4	加利福尼亚大学洛杉矶分校	美国
3	约翰·霍普金斯大学	美国	4	麦克马斯特大学	加拿大

续表

高被引科学家数排名	机构名称	国家/地区	高被引科学家数排名	机构名称	国家/地区
7	宾夕法尼亚大学	美国	10	牛津大学	英国
7	耶鲁大学	美国	10	杜克大学	美国
7	西奈山伊坎医学院	美国	10	悉尼大学	澳大利亚
其他中国机构：10. 香港中文大学；54. 华中科技大学；54. 台湾大学；54. 清华大学；54. 同济大学；54. 南京中医药大学					

(五)计算机科学

进入 ESI 计算机科学学科排名的大学共有 579 所。从国家或地区分布来看，这些大学分别隶属于中国、美国、英国、加拿大、法国、澳大利亚、德国、意大利、西班牙、瑞士、韩国、印度等 48 个国家或地区，如图 3-5 所示。

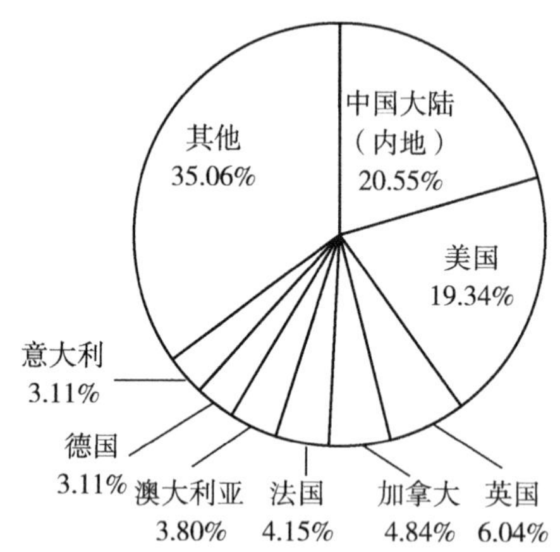

图 3-5　进入 ESI 计算机科学学科排名的大学的国家或地区分布

中国(包含港澳台)进入 ESI 计算机科学学科排名的大学数量仍以绝对优势排在首位(137 所，占比 23. 66%)，其数量超过了分别排在第 2 位与第 3 位的美国(112 所，占比 19. 34%)与英国(35 所，占比 6. 04%)。中国大陆(内地)进入 ESI 计算机科学学科的大学数量排在第 1 位，中国台湾有 10 所(占比 1. 72%)，中国香港有 6 所(占比 1. 03%)，中国澳门有 2 所(占比 0. 35%)。

总体来看，中国(包含港澳台)共有 137 所大学进入 ESI 计算机科学学科排名之列。

1. 计算机科学学科竞争力综合排名分析

从计算机科学学科的综合排名进入前 10 位的国家或地区来看，中国有 6 所，新加坡有 3 所，美国 1 所，中国的大学在计算机学科领域的发展速度不可小觑。中国(包含港澳台)进入 ESI 计算机科学学科研竞争力前 50 名的还有 28 所，进入 ESI 计算机科学学科排名的中国(包含港澳台)大学如表 3-70 所示。

表 3-70　计算机科学学科综合排名(前 10 位与中国大学)

综合排名	机构名称	名次所居比例/%	档次	国家/地区	综合排名	机构名称	名次所居比例/%	档次	国家/地区
1	电子科技大学	5★+	一流学科	中国	3	东南大学	5★+	一流学科	中国
2	南洋理工大学	5★+	一流学科	新加坡	4	新加坡国立教育学院	5★+	一流学科	新加坡

续表

综合排名	机构名称	名次所居比例/%	档次	国家/地区	综合排名	机构名称	名次所居比例/%	档次	国家/地区
5	清华大学	5★+	一流学科	中国	8	浙江大学	5★	一流学科	中国
6	西安电子科技大学	5★	一流学科	中国	9	新加坡国立大学	5★	一流学科	新加坡
7	北京邮电大学	5★	一流学科	中国	10	麻省理工学院	5★	一流学科	美国
其他中国机构：13. 武汉大学；14. 大连理工大学；15. 上海交通大学；16. 华中科技大学；19. 香港城市大学；20. 深圳大学；21. 华南理工大学；25. 西北工业大学；27. 辽宁工业大学；28. 中国东北大学；31. 北京航空航天大学；35. 南京信息工程大学；36. 温州大学；37. 哈尔滨工业大学；38. 四川大学；39. 广州大学；40. 北京科技大学；41. 中国科学院大学；42. 中南大学；44. 香港理工大学；45. 天津大学；48. 南京邮电大学；52. 广东工业大学；55. 中山大学；60. 湖南大学；64. 北京理工大学；67. 澳门大学；68. 北京交通大学；72. 同济大学；76. 中国科学技术大学；77. 国防科学技术大学；79. 渤海大学；82. 大连海事大学；83. 太原科技大学；84. 香港科技大学；85. 重庆大学；86. 重庆邮电大学；87. 亚洲大学(中国)；88. 山东大学；90. 西安交通大学；91. 南京理工大学；93. 南方科技大学；94. 北京工业大学；95. 北京大学；99. 南京航空航天大学；102. 香港大学；107. 青岛大学；108. 南京大学；111. 厦门大学；112. 上海大学；121. 香港中文大学；126. 中国地质大学；130. 福州大学；132. 合肥工业大学；140. 中国医药大学；141. 中国海洋大学；142. 河海大学；147. 中国矿业大学；148. 武汉理工大学；150. 西南交通大学；155. 复旦大学；156. 中国石油大学；158. 香港浸会大学；161. 杭州电子科技大学；172. 吉林大学；176. 南开大学；178. 浙江工业大学；188. 香港中文大学深圳分校；199. 安徽大学；202. 山东师范大学；209. 台湾科技大学；221. 暨南大学；227. 上海理工大学；235. 西南大学；237. 西安邮电大学；240. 山东科技大学；243. 中国人民解放军陆军工程大学；248. 台湾阳明交通大学；253. 西安理工大学；254. 哈尔滨工程大学；255. 武汉科技大学；260. 四川师范大学；267. 齐鲁工业大学；269. 中南财经政法大学；272. 扬州大学；276. 华东理工大学；280. 长沙理工大学；286. 华东师范大学；287. 台湾成功大学；289. 聊城大学；294. 桂林电子科技大学；295. 福建师范大学；297. 中国人民大学；307. 曲阜师范大学；312. 台湾大学；320. 澳门科技大学；321. 苏州大学；324. 江南大学；331. 东华大学；339. 北京师范大学；340. 华侨大学；348. 郑州大学；350. 陕西师范大学；364. 上海海事大学；371. 华北电力大学；374. 台湾"中山大学"；387. 台湾"清华大学"；400. 燕山大学；405. 西南财经大学；412. 台湾"中央大学"；414. 兰州大学；423. 中国人民解放军信息工程大学；424. 江苏大学；448. 浙江工商大学；453. 南昌大学；455. 中国农业大学；466. 西交利物浦大学；469. 浙江师范大学；474. 山东财经大学；479. 山西大学；482. 南京师范大学；484. 湘潭大学；491. 北京化工大学；493. 湖南科技大学；501. 宁波大学；510. 逢甲大学；513. 华南农业大学；527. 西北农林科技大学；534. 华中师范大学；552. 江西财经大学；553. 天津理工大学									

2. 计算机科学学科的科研能力排名分析

从发文量来看，计算机科学学科发文量大于等于2000篇的高校有58所，不少于1500篇但少于2000篇的有43所，不少于1000篇但少于1500篇的有102所，不少于500篇但少于1000篇的有242所，少于500篇的有134所。只有203所大学的发文量在1000篇以上，其他376所大学的发文量均在1000篇以下。中国(包含港澳台)大学中计算机科学学科领域的发文量在1000篇及以上的共有71所，超过全世界范围内该学科发文量在1000篇及以上大学数量(203所)的1/3，说明中国在计算机科学学科领域有一大批具有高科研生产力的大学。中国(包含港澳台)在发文量进入前100名的大学共有48所，进入ESI计算机科学学科发文量排名的大学如表3-71所示。

表3-71　计算机科学学科发文量排名（前10位与中国大学）

发文量排名	机构名称	国家/地区	发文量排名	机构名称	国家/地区
1	清华大学	中国	4	浙江大学	中国
2	西安电子科技大学	中国	5	电子科技大学	中国
3	北京邮电大学	中国	6	布列塔尼-卢瓦尔大学	瑞士

续表

发文量排名	机构名称	国家/地区	发文量排名	机构名称	国家/地区
7	上海交通大学	中国	9	华中科技大学	中国
8	东南大学	中国	10	新加坡国立教育学院	新加坡
其他中国机构：12. 北京航空航天大学；13. 中国科学院大学；14. 哈尔滨工业大学；16. 国防科学技术大学；18. 武汉大学；19. 大连理工大学；20. 香港城市大学；22. 中国科学技术大学；23. 北京理工大学；24. 西安交通大学；26. 中山大学；27. 西北工业大学；29. 北京交通大学；30. 北京大学；31. 天津大学；32. 中南大学；33. 中国东北大学；34. 华南理工大学；35. 香港理工大学；37. 南京邮电大学；39. 南京航空航天大学；41. 深圳大学；42. 同济大学；44. 山东大学；46. 四川大学；47. 南京大学；48. 湖南大学；49. 南京理工大学；55. 南京信息工程大学；57. 重庆大学；63. 香港科技大学；64. 香港中文大学；73. 复旦大学；75. 台湾阳明交通大学；76. 上海大学；78. 西南交通大学；88. 厦门大学；93. 杭州电子科技大学；94. 北京工业大学；96. 合肥工业大学；104. 北京科技大学；105. 重庆邮电大学；107. 吉林大学；116. 澳门大学；120. 中国矿业大学；121. 香港大学；128. 中国地质大学；129. 广东工业大学；136. 台湾成功大学；137. 河海大学；145. 台湾大学；146. 广州大学；147. 中国人民解放军陆军工程大学；153. 台湾科技大学；161. 哈尔滨工程大学；165. 华东师范大学；170. 中国人民解放军信息工程大学；172. 安徽大学；180. 桂林电子科技大学；184. 福州大学；185. 苏州大学；190. 武汉理工大学；198. 浙江工业大学；213. 山东科技大学；220. 大连海事大学；224. 西南大学；227. 中国石油大学；228. 暨南大学；234. 郑州大学；240. 台湾“清华大学”；244. 燕山大学；254. 南开大学；256. 江南大学；263. 南方科技大学；273. 华东理工大学；275. 亚洲大学(中国)；278. 北京师范大学；278. 陕西师范大学；289. 江苏大学；293. 山东师范大学；294. 福建师范大学；304. 青岛大学；312. 台湾“中央大学”；320. 澳门科技大学；325. 中国农业大学；328. 中国人民大学；344. 东华大学；348. 台湾“中山大学”；358. 西安理工大学；361. 上海理工大学；361. 逢甲大学；365. 西安邮电大学；368. 华北电力大学；374. 上海海事大学；378. 扬州大学；382. 华中师范大学；385. 齐鲁工业大学；386. 华侨大学；413. 长沙理工大学；415. 曲阜师范大学；421. 浙江工商大学；428. 中国医药大学；438. 南昌大学；443. 宁波大学；444. 中国海洋大学；448. 香港浸会大学；450. 南京师范大学；464. 山东财经大学；477. 山西大学；489. 兰州大学；491. 华南农业大学；493. 武汉科技大学；498. 湖南科技大学；501. 香港中文大学深圳分校；510. 西南财经大学；515. 西交利物浦大学；519. 温州大学；526. 江西财经大学；528. 天津理工大学；531. 湘潭大学；533. 西北农林科技大学；535. 浙江师范大学；542. 北京化工大学；548. 四川师范大学；552. 聊城大学；555. 中南财经政法大学；559. 太原科技大学；567. 辽宁工业大学；568. 渤海大学					

3. 计算机科学学科科研影响力排名分析

从总被引次数来看，进入前10位的大学中，新加坡有3所、中国有5所、瑞士有2所。中国(包含港澳台)的大学中总被引次数最高的是清华大学(99322次，第1位)，除此之外，进入计算机科学学科总被引次数排名前100位的中国大学还有47所，其他进入计算机科学学科总被引次数排名的中国(包含港澳台)大学如表3-72所示。从总被引次数的情况来看，中国(包含港澳台)进入计算机科学学科总被引次数排名的137所大学中，总被引次数大于等于10000次的有81所，不少于5000次但少于10000次的有54所，不少于3000次但少于5000次的2所。总被引次数表明我国大学在计算机学科领域的科研影响力取得了很大的进步，但还有进步空间。

表3-72　计算机科学学科总被引次数排名（前10位与中国大学）

总被引次数排名	机构名称	国家/地区	总被引次数排名	机构名称	国家/地区
1	清华大学	中国	6	西安电子科技大学	中国
2	新加坡国立教育学院	新加坡	7	华中科技大学	中国
3	南洋理工大学	新加坡	8	电子科技大学	中国
4	瑞士联邦理工学院	瑞士	9	新加坡国立大学	新加坡
5	东南大学	中国	10	苏黎世联邦理工学院	瑞士

续表

其他中国机构：11. 浙江大学；12. 香港城市大学；13. 上海交通大学；14. 北京邮电大学；16. 哈尔滨工业大学；17. 大连理工大学；20. 北京航空航天大学；22. 武汉大学；25. 中南大学；28. 香港理工大学；30. 南京信息工程大学；32. 中国科学技术大学；35. 华南理工大学；38. 西安交通大学；40. 中国东北大学；41. 中山大学；42. 香港科技大学；43. 深圳大学；44. 北京理工大学；45. 同济大学；46. 北京大学；47. 中国科学院大学；50. 天津大学；52. 西北工业大学；53. 四川大学；56. 湖南大学；61. 香港中文大学；62. 国防科学技术大学；64. 北京交通大学；66. 澳门大学；71. 南京理工大学；73. 南京邮电大学；74. 南京大学；76. 南京航空航天大学；78. 西南交通大学；81. 山东大学；82. 重庆大学；84. 广东工业大学；93. 香港大学；94. 厦门大学；96. 中国地质大学；99. 北京科技大学；103. 合肥工业大学；110. 上海大学；126. 广州大学；140. 河海大学；141. 杭州电子科技大学；145. 台湾科技大学；151. 中国矿业大学；161. 重庆邮电大学；162. 复旦大学；171. 大连海事大学；173. 西南大学；175. 安徽大学；184. 台湾阳明交通大学；188. 中国人民解放军陆军工程大学；190. 北京工业大学；191. 青岛大学；196. 福州大学；206. 台湾成功大学；210. 扬州大学；214. 浙江工业大学；215. 温州大学；221. 哈尔滨工程大学；223. 山东科技大学；227. 吉林大学；237. 台湾大学；242. 华东理工大学；247. 辽宁工业大学；248. 南开大学；250. 华东师范大学；251. 长沙理工大学；257. 渤海大学；258. 武汉理工大学；266. 山东师范大学；273. 中国石油大学；279. 福建师范大学；281. 桂林电子科技大学；282. 东华大学；284. 香港浸会大学；290. 澳门科技大学；291. 亚洲大学(中国)；297. 苏州大学；308. 曲阜师范大学；316. 北京师范大学；330. 华侨大学；337. 南方科技大学；339. 陕西师范大学；345. 华北电力大学；347. 暨南大学；350. 台湾“中山大学”；358. 台湾“清华大学”；359. 江南大学；369. 郑州大学；375. 台湾“中央大学”；376. 燕山大学；380. 上海理工大学；398. 上海海事大学；402. 中国农业大学；406. 湖南科技大学；415. 江苏大学；426. 山西大学；433. 西南财经大学；439. 南昌大学；449. 山东财经大学；450. 兰州大学；453. 西交利物浦大学；455. 浙江工商大学；467. 西安邮电大学；469. 西北农林科技大学；473. 南京师范大学；480. 西安理工大学；482. 浙江师范大学；488. 武汉科技大学；489. 江西财经大学；490. 四川师范大学；490. 中国人民解放军信息工程大学；499. 中国海洋大学；505. 北京化工大学；507. 太原科技大学；523. 逢甲大学；530. 中南财经政法大学；535. 中国医药大学；538. 华南农业大学；547. 香港中文大学深圳分校；550. 中国人民大学；552. 宁波大学；553. 华中师范大学；567. 聊城大学；569. 湘潭大学；576. 齐鲁工业大学；578. 天津理工大学

4. 计算机科学学科影响力排名分析

从高被引论文数来看，高被引论文数大于等于50篇的大学仅有36所，不少于10篇但少于50篇的有274所，其他的266所大学均为小于10篇，其中有3所大学的高被引论文数为0篇。中国(包含港澳台)有50所大学进入高被引论文指标排名的前100位，其中电子科技大学(第1位)、东南大学(第2位)、清华大学(第5位)、西安电子科技大学(第6位)、香港城市大学(第9位)、南京信息工程大学(第10位)的高被引论文数分别为140篇、137篇、120篇、119篇、81篇、77篇，进入了该学科高被引论文数排名前10强。其他进入计算机科学学科高被引论文数排名的中国(包含港澳台)大学如表3-73所示。

表3-73 计算机科学学科高被引论文数排名（前10位与中国大学）

高被引论文数排名	机构名称	国家/地区	高被引论文数排名	机构名称	国家/地区
1	电子科技大学	中国内地	6	西安电子科技大学	中国内地
2	东南大学	中国内地	7	新加坡国立大学	新加坡
3	南洋理工大学	新加坡	8	阿卜杜勒阿齐兹国王大学	沙特阿拉伯
3	新加坡国立教育学院	新加坡	9	香港城市大学	中国香港
5	清华大学	中国内地	10	南京信息工程大学	中国内地

续表

其他中国机构：11. 浙江大学；13. 大连理工大学；14. 武汉大学；14. 中南大学；16. 北京邮电大学；17. 华南理工大学；18. 华中科技大学；19. 上海交通大学；19. 哈尔滨工业大学；21. 天津大学；24. 西北工业大学；27. 澳门大学；31. 广东工业大学；32. 中国东北大学；36. 四川大学；37. 温州大学；40. 香港理工大学；40. 北京理工大学；40. 大连海事大学；40. 青岛大学；44. 深圳大学；44. 中国科学院大学；46. 中山大学；46. 湖南大学；51. 北京航空航天大学；51. 广州大学；55. 中国科学技术大学；56. 渤海大学；57. 南京大学；62. 同济大学；62. 南京理工大学；62. 北京大学；65. 辽宁工业大学；65. 杭州电子科技大学；72. 南京邮电大学；75. 上海大学；79. 厦门大学；79. 安徽大学；84. 西安交通大学；85. 香港科技大学；85. 香港中文大学；92. 北京科技大学；92. 南京航空航天大学；92. 西南交通大学；101. 北京交通大学；105. 中国地质大学；109. 河海大学；109. 南开大学；109. 长沙理工大学；112. 国防科学技术大学；112. 重庆大学；112. 曲阜师范大学；119. 山东科技大学；124. 重庆邮电大学；124. 扬州大学；124. 福建师范大学；134. 香港大学；134. 中国矿业大学；134. 华东理工大学；140. 亚洲大学(中国)；140. 福州大学；140. 合肥工业大学；153. 北京工业大学；161. 山东师范大学；161. 台湾科技大学；169. 太原科技大学；169. 南方科技大学；169. 浙江工业大学；181. 西南大学；181. 四川师范大学；181. 澳门科技大学；194. 山东大学；194. 哈尔滨工程大学；194. 中南财经政法大学；194. 桂林电子科技大学；194. 江南大学；194. 华侨大学；194. 上海海事大学；194. 西南财经大学；212. 香港浸会大学；212. 上海理工大学；212. 西安邮电大学；212. 武汉科技大学；212. 兰州大学；227. 武汉理工大学；227. 东华大学；244. 吉林大学；244. 华东师范大学；255. 中国医药大学；255. 复旦大学；255. 中国人民解放军陆军工程大学；255. 齐鲁工业大学；255. 聊城大学；255. 北京师范大学；255. 陕西师范大学；255. 华北电力大学；255. 浙江师范大学；255. 湘潭大学；272. 中国海洋大学；272. 中国石油大学；272. 香港中文大学深圳分校；272. 西安理工大学；272. 郑州大学；272. 台湾“中山大学”；288. 暨南大学；288. 西交利物浦大学；288. 北京化工大学；311. 苏州大学；311. 浙江工商大学；349. 南昌大学；375. 山东财经大学；375. 宁波大学；375. 华南农业大学；375. 天津理工大学；418. 台湾“中央大学”；418. 江苏大学；418. 南京师范大学；454. 台湾“清华大学”；454. 山西大学；454. 西北农林科技大学；491. 台湾成功大学；491. 燕山大学；491. 湖南科技大学；491. 江西财经大学；523. 中国农业大学；523. 逢甲大学；523. 华中师范大学；546. 中国人民大学；546. 台湾大学；568. 台湾阳明交通大学；568. 中国人民解放军信息工程大学

5. 计算机科学学科师资力量排名分析

拥有4位高被引科学家的大学有2所，分别是斯文本科技大学(澳大利亚)、格拉纳达大学(西班牙)；有3位高被引科学家的科研院所有4所，分别是电子科技大学(中国)、东南大学(中国)、沙特国王大学(沙特阿拉伯)、辽宁工业大学(中国)。其中有高被引科学家的大学中美国有7所，中国(包含港澳台)有33所，英国有5所。其他进入计算机科学学科师资力量排名的中国(包含港澳台)大学如表3-74所示。

表3-74　计算机科学学科高被引科学家数排名（前7位与中国大学）

高被引科学家数排名	机构名称	国家/地区	高被引科学家数排名	机构名称	国家/地区
1	斯文本科技大学	澳大利亚	7	武汉大学	中国
1	格拉纳达大学	西班牙	7	深圳大学	中国
3	电子科技大学	中国	7	巴黎萨克雷大学	法国
3	东南大学	中国	7	弗吉尼亚理工学院暨州立大学	美国
3	沙特国王大学	沙特阿拉伯	7	西北工业大学	中国
7	辽宁工业大学	中国	7	中国东北大学	中国
7	南洋理工大学	新加坡	7	四川大学	中国

续表

高被引科学家数排名	机构名称	国家/地区	高被引科学家数排名	机构名称	国家/地区
7	浙江大学	中国	7	北京科技大学	中国
7	新加坡国立大学	新加坡	7	太原科技大学	中国
其他中国机构：21. 清华大学；21. 西安电子科技大学；21. 北京邮电大学；21. 大连理工大学；21. 上海交通大学；21. 香港城市大学；21. 华南理工大学；21. 南京信息工程大学；21. 广州大学；21. 香港理工大学；21. 广东工业大学；21. 湖南大学；21. 渤海大学；21. 大连海事大学；21. 重庆邮电大学；21. 亚洲大学(中国)；21. 山东大学；21. 南方科技大学；21. 香港大学；21. 青岛大学；21. 中国海洋大学；21. 中国石油大学					

(六)经济学与商学

进入ESI经济学与商学学科排名的大学共有389所。从国家或地区分布来看，这些大学分别隶属于美国、英国、中国、法国、澳大利亚、加拿大、德国、西班牙、瑞士、意大利等30个国家或地区。

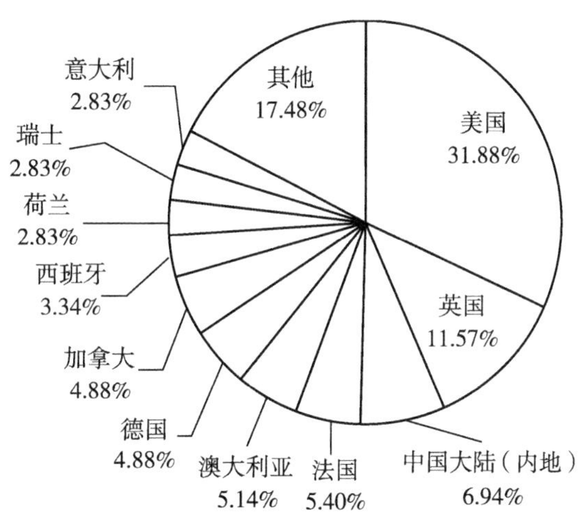

图3-6　进入ESI经济学与商学学科排名的大学的国家或地区分布

从图3-6可以很直观地看出各个国家进入排名的大学数量的比例。其中美国(124所)占31.88%，英国(45所)占11.57%，中国大陆(内地)(27所)占6.94%，法国(21所)占5.40%等。从进入ESI经济学与商学学科排名的大学数量来看，美国属于经济学与商学学科领域的绝对“霸主”。此外，英国的45所和中国的27所大学也属于该学科领域不可低估的重要科研主力军。中国目前只有36所大学进入该排名，其中中国大陆(内地)27所、中国香港6所、中国台湾2所、中国澳门1所。

1. 经济学与商学学科竞争力综合排名分析

如表3-75所示，ESI经济学与商学学科的科研竞争力综合排名位居前10位的大学有8所来自美国，更值得注意的是，该学科的综合排名居前20位的有11所来自美国，居该学科前40位的有18所来自美国，居前100位的有38所来自美国。可见美国在经济学与商学学科领域的科研竞争综合实力是目前世界上任何一个国家或地区都无法超越的。中国(包含港澳台)进入该学科综合排名前100位的大学有16所。

表3-75　经济学与商学学科综合排名（前10位与中国大学）

综合排名	机构名称	星级	档次	国家/地区	综合排名	机构名称	星级	档次	国家/地区
1	哈佛大学	5★+	一流学科	美国	2	麻省理工学院	5★+	一流学科	美国

续表

综合排名	机构名称	星级	档次	国家/地区	综合排名	机构名称	星级	档次	国家/地区
3	加利福尼亚大学伯克利分校	5★+	一流学科	美国	7	牛津大学	5★	一流学科	英国
4	斯坦福大学	5★+	一流学科	美国	8	哥伦比亚大学	5★	一流学科	美国
5	鹿特丹大学	5★	一流学科	荷兰	9	宾夕法尼亚大学	5★	一流学科	美国
6	芝加哥大学	5★	一流学科	美国	10	纽约大学	5★	一流学科	美国
其他中国机构：11. 西南财经大学；14. 北京理工大学；26. 北京大学；32. 厦门大学；36. 南开大学；38. 香港理工大学；43. 浙江大学；44. 香港中文大学；48. 上海财经大学；49. 清华大学；55. 中南大学；57. 对外经济贸易大学；61. 香港大学；65. 中央财经大学；66. 复旦大学；89. 中国人民大学；118. 香港城市大学；138. 湖南大学；142. 香港科技大学；145. 上海交通大学；157. 武汉大学；164. 四川大学；186. 中山大学；191. 西安交通大学；193. 中国科学技术大学；222. 台湾大学；244. 华中科技大学；245. 南京大学；292. 台湾政治大学；305. 暨南大学；311. 同济大学；335. 北京师范大学；347. 中国科学院大学；352. 香港浸会大学；372. 澳门大学；387. 中欧国际工商学院									

2. 经济学与商学学科的科研能力排名分析

从发文量来看，如表 3-76 所示，位居前 10 位的大学中有 5 所来自美国，而发文量居前 20 位、前 30 位、前 40 位、前 100 位中分别有 11 所、13 所、15 所、36 所大学来自美国，可见美国是该学科领域绝对的超级科研生产大国。发文量居前 100 位中英国大学占据 13 所，其中除伦敦政治经济学院(第 2 名)和牛津大学(第 6 位)进入前 10 位外，曼彻斯特大学(第 18 位)、华威大学(第 21 位)、剑桥大学(第 23 位)、诺丁汉大学(第 34 位)等英国学校在该学科领域的科研生产力也是不容忽视的。中国(包含港澳台)有 36 所大学进入排名。

从发文数量来看，该学科发文量大于等于 2000 篇的大学有 22 所，不少于 1500 篇但少于 2000 篇的有 33 所，不少于 1000 篇但少于 1500 篇的有 77 所，不少于 500 篇但少于 1000 篇的有 207 所，少于 500 篇的有 50 所(发文量最少的为 78 篇)。由此可见，发文量在 1000 篇以上的大学(132 所)占到入选 ESI 经济学与商学学科排名大学数(389 所)的 33. 93%，发文总量(203556 篇)占到入选 ESI 经济学与商学学科排名的 389 所大学发文总量(375638 篇)的 54. 19%。其中，发文量在 1000 篇以上的大学有 41 所来自美国，占到入选 ESI 经济学与商学学科排名大学数(389 所)的 10. 54%，总发文量(70204 篇)占到了入选 ESI 经济学与商学学科的 389 所大学发文总量(375638 篇)的 18. 69%，占到了发文数量在 1000 篇以上的大学发文总量(203556 篇)的 34. 49%，该学科领域发文量排名前 1/4 的大学承担了该学科近 4/9 的科研生产力，其中美国的前 41 所大学承担了近 1/4 的科研生产力。中国(包含港澳台)的 36 所大学发文量如下：中国人民大学(2018 篇)、北京大学(1891 篇)、西南财经大学(1588 篇)、清华大学(1526 篇)、浙江大学(1472 篇)、香港城市大学(1361 篇)、上海财经大学(1356 篇)、香港理工大学(1343 篇)、中央财经大学(1336 篇)、厦门大学(1219 篇)、香港中文大学(1219 篇)、对外经济贸易大学(1216 篇)、上海交通大学(1186 篇)、复旦大学(1179 篇)、西安交通大学(1153 篇)、香港大学(1145 篇)、中山大学(1048 篇)、台湾大学(975 篇)、香港科技大学(936 篇)、湖南大学(867 篇)、台湾政治大学(842 篇)、南京大学(822 篇)、武汉大学(816 篇)、华中科技大学(805 篇)、暨南大学(732 篇)、南开大学(691 篇)、北京师范大学(640 篇)、同济大学(604 篇)、四川大学(603 篇)、香港浸会大学(535 篇)、中国科学技术大学(524 篇)、北京理工大学(507 篇)、中国科学院大学(440 篇)、中南大学(392 篇)、中欧国际工商学院(368 篇)，除前 17 所大学外，发文量均在 1000 篇以下，与美国排名靠前的大学的科研生产力有着十分巨大的差距。可见，中国想要在该学科领域建设世界高水平知名、著名乃至顶尖水准的学科，在增强学科科研生产力方面还有很长的路要走。

表 3-76 经济学与商学学科发文量排名（前 10 位与中国大学）

发文量排名	机构名称	国家/地区	发文量排名	机构名称	国家/地区
1	哈佛大学	美国	6	牛津大学	英国
2	伦敦政治经济学院	英国	7	斯坦福大学	美国
3	莫纳什大学	澳大利亚	8	宾夕法尼亚大学	美国
4	北卡罗来纳大学	美国	9	哥伦比亚大学	美国
5	鹿特丹大学	荷兰	10	加利福尼亚大学伯克利分校	美国
其他中国机构：22. 中国人民大学；31. 北京大学；48. 西南财经大学；51. 清华大学；57. 浙江大学；68. 香港城市大学；69. 上海财经大学；71. 香港理工大学；73. 中央财经大学；87. 厦门大学；88. 香港中文大学；90. 对外经济贸易大学；93. 上海交通大学；95. 复旦大学；100. 西安交通大学；103. 香港大学；126. 中山大学；142. 台湾大学；151. 香港科技大学；177. 湖南大学；186. 台湾政治大学；197. 南京大学；200. 武汉大学；206. 华中科技大学；236. 暨南大学；252. 南开大学；272. 北京师范大学；290. 同济大学；293. 四川大学；322. 澳门大学；326. 香港浸会大学；331. 中国科学技术大学；336. 北京理工大学；360. 中国科学院大学；370. 中南大学；375. 中欧国际工商学院					

3. 经济学与商学学科科研影响力排名分析

从总被引次数来看，位居前 10 位的大学中美国占据 8 所。居前 20 位的美国的大学有 16 所，居前 30 位的美国的大学有 20 所，居前 60 位的美国的大学有 34 所，可见，美国有一大批大学在经济学与商学学科领域有着巨大的科研影响力。除了美国外，在总被引次数方面，荷兰、英国、加拿大等国家的一些大学也值得关注，例如，荷兰的鹿特丹大学、蒂尔堡大学排在第 10 位、20 位，英国的伦敦政治经济学院、牛津大学、剑桥大学分别排在第 7 位、第 15 位、第 26 位，加拿大的多伦多大学排在第 24 位，这些大学在该领域也具有较大的科研影响力。中国（包含港澳台）的 36 所大学进入总排名，其中有 8 所进入前 100 位之列，在该学科领域具有一定的科研影响力，如表 3-77 所示。

从总被引次数的统计数据看，总被引次数大于等于 50000 次的大学共有 12 所，分别是哈佛大学（美国）、麻省理工学院（美国）、斯坦福大学（美国）、宾夕法尼亚大学（美国）、加利福尼亚大学伯克利分校（美国）、芝加哥大学（美国）、伦敦政治经济学院（英国）、哥伦比亚大学（美国）、纽约大学（美国）、鹿特丹大学（荷兰）、密歇根大学（美国）、北卡罗来纳大学（美国），其中有 10 所来自美国；不少于 30000 次但少于 50000 次的有 31 所，其中 18 所来自美国；不少于 20000 次但少于 30000 次的有 58 所，其中 20 所来自美国；不少于 10000 次但少于 20000 次的有 163 所；不少于 5000 次但少于 10000 次的有 125 所。中国（包含港澳台）的 36 所大学总被引次数如下：北京大学（26964 次）、香港城市大学（24199 次）、清华大学（23494 次）、香港理工大学（23399 次）、中国人民大学（22421 次）、香港科技大学（22328 次）、香港中文大学（22019 次）、香港大学（20514 次）、西南财经大学（18819 次）、上海交通大学（18683 次）、浙江大学（17125 次）、厦门大学（16449 次）、上海财经大学（16235 次）、中山大学（14697 次）、复旦大学（14069 次）、中央财经大学（13197 次）、对外经济贸易大学（12966 次）、西安交通大学（12547 次）、湖南大学（10508 次）、台湾大学（10301 次）、华中科技大学（10133 次）、北京理工大学（9670 次）、南京大学（9642 次）、台湾政治大学（8214 次）、香港浸会大学（8199 次）、武汉大学（7949 次）、同济大学（7748 次）、南开大学（7729 次）、暨南大学（7546 次）、中南大学（7379 次）、中国科学技术大学（7238 次）、中欧国际工商学院（7231 次）、中国科学院大学（6884 次）、四川大学（6593 次）、北京师范大学（6525 次）、澳门大学（6522 次）。中国在该学科领域有一定的科研影响力，但与美国、英国、加拿大、荷兰等国家相比，还存在不小的差距。

表 3-77　经济学与商学学科总被引次数排名（前 10 位与中国大学）

总被引次数排名	机构名称	国家/地区	总被引次数排名	机构名称	国家/地区
1	哈佛大学	美国	6	芝加哥大学	美国
2	麻省理工学院	美国	7	伦敦政治经济学院	英国
3	斯坦福大学	美国	8	哥伦比亚大学	美国
4	宾夕法尼亚大学	美国	9	纽约大学	美国
5	加利福尼亚大学伯克利分校	美国	10	鹿特丹大学	荷兰
其他中国机构：55. 北京大学；71. 香港城市大学；79. 清华大学；81. 香港理工大学；87. 中国人民大学；88. 香港科技大学；90. 香港中文大学；97. 香港大学；105. 西南财经大学；107. 上海交通大学；119. 浙江大学；128. 厦门大学；133. 上海财经大学；158. 中山大学；172. 复旦大学；187. 中央财经大学；192. 对外经济贸易大学；205. 西安交通大学；247. 湖南大学；254. 台湾大学；259. 华中科技大学；270. 北京理工大学；272. 南京大学；315. 台湾政治大学；317. 香港浸会大学；327. 武汉大学；336. 同济大学；337. 南开大学；344. 暨南大学；349. 中南大学；352. 中国科学技术大学；353. 中欧国际工商学院；366. 中国科学院大学；380. 四川大学；384. 北京师范大学；386. 澳门大学					

4. 经济学与商学学科影响力排名分析

高被引论文数排名前 10 位的大学均来自美国，可见美国有一批数量众多的大学始终走在经济学与商科学科的前面。

表 3-78　经济学与商学学科高被引论文数排名（前 10 位与中国大学）

高被引论文数排名	机构名称	国家/地区	高被引论文数排名	机构名称	国家/地区
1	哈佛大学	美国	6	宾夕法尼亚大学	美国
2	麻省理工学院	美国	7	哥伦比亚大学	美国
3	芝加哥大学	美国	8	耶鲁大学	美国
4	斯坦福大学	美国	9	印第安纳大学伯明顿分校	美国
5	加利福尼亚大学伯克利分校	美国	10	纽约大学	美国
其他中国机构：13. 西南财经大学；33. 北京理工大学；35. 清华大学；46. 中南大学；52. 厦门大学；55. 香港科技大学；57. 北京大学；63. 香港大学；68. 香港理工大学；78. 对外经济贸易大学；82. 香港中文大学；88. 香港城市大学；98. 浙江大学；99. 上海财经大学；105. 上海交通大学；112. 四川大学；124. 中国人民大学；129. 湖南大学；148. 复旦大学；176. 华中科技大学；177. 南京大学；182. 南开大学；198. 中国科学院大学；201. 武汉大学；202. 中山大学；222. 中央财经大学；228. 台湾大学；237. 同济大学；245. 西安交通大学；264. 中国科学技术大学；320. 暨南大学；326. 北京师范大学；348. 香港浸会大学；372. 台湾政治大学；378. 中欧国际工商学院；384. 澳门大学					

5. 经济学与商学学科师资力量排名分析

从高被引科学家数来看，哈佛大学(美国)、加利福尼亚大学伯克利分校(美国)的高被引科学家有 5 人；麻省理工学院(美国)的高被引科学家有 4 人；有 3 位高被引科学家数的大学有 3 所，分别是芝加哥大学(美国)、斯坦福大学(美国)、蒙彼利埃高等商学院(美国)；有 2 位高被引科学家的大学有 8 所；有 1 位高被引科学家的大学有 36 所；其他 339 所大学均没有高被引科学家。中国(包含港澳台)拥有经济学与商学学科高被引科学家的大学有 3 所，如表 3-79 所示。中国的经济学与商学学科师资力量亟待加强。

表 3-79　经济学与商学学科高被引科学家数排名（前 6 位与中国大学）

高被引科学家数排名	机构名称	国家/地区	高被引科学家数排名	机构名称	国家/地区
1	哈佛大学	美国	4	斯坦福大学	美国
1	加利福尼亚大学伯克利分校	美国	4	芝加哥大学	美国
3	麻省理工学院	美国	4	蒙彼利埃高等商学院	法国
其他中国机构：16. 西南财经大学；20. 厦门大学；24. 香港大学					

（七）工程学

进入 ESI 工程学学科排名的大学共有 1630 所。从国家或地区分布来看，这些大学分别隶属于中国、美国、英国、印度、法国、土耳其、韩国、德国、伊朗、意大利等 71 个国家或地区。这些大学的国家或地区分布情况如图 3-7 所示。

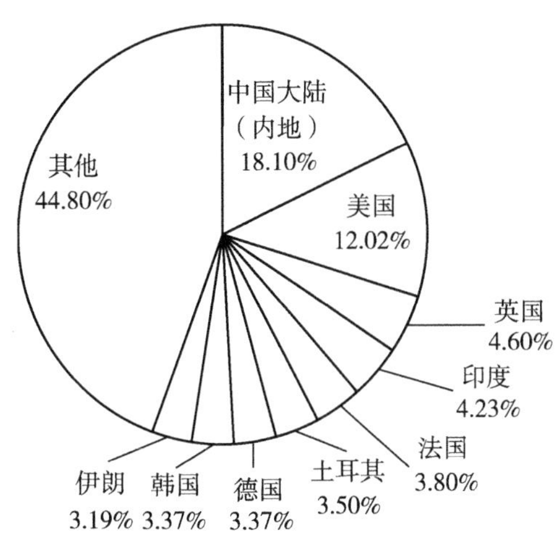

图 3-7　进入 ESI 工程学学科排名的大学的国家或地区分布

中国(包含港澳台)的大学数量位居第 1 位，美国的大学数量位居第 2 位，中国大陆(内地)有 295 所大学，中国台湾有 34 所，中国香港有 7 所，中国澳门地区有 2 所。

1. 工程学学科竞争力综合排名分析

从综合排名来看，进入前 100 位的中国(包含港澳台)的大学有 54 所，包括 4 个中国香港的大学。中国(包含港澳台)其他进入 ESI 工程学学科排名的大学如表 3-80 所示。

表 3-80　工程学学科综合排名（前 10 位与中国大学）

综合排名	机构名称	名次所居比例/%	档次	国家/地区	综合排名	机构名称	名次所居比例/%	档次	国家/地区
1	哈尔滨工业大学	5★+	一流学科	中国内地	6	浙江大学	5★+	一流学科	中国内地
2	清华大学	5★+	一流学科	中国内地	7	北京理工大学	5★+	一流学科	中国内地
3	西安交通大学	5★+	一流学科	中国内地	8	香港理工大学	5★+	一流学科	中国香港
4	东南大学	5★+	一流学科	中国内地	9	重庆大学	5★+	一流学科	中国内地
5	斯坦福大学	5★+	一流学科	美国	10	华南理工大学	5★+	一流学科	中国内地

续表

其他中国机构：11. 华中科技大学；12. 上海交通大学；13. 北京航空航天大学；14. 香港城市大学；16. 湖南大学；19. 青岛理工大学；21. 中国科学院大学；22. 大连理工大学；23. 天津大学；25. 电子科技大学；27. 同济大学；29. 西北工业大学；31. 中国东北大学；33. 武汉大学；34. 南京航空航天大学；40. 江苏大学；41. 辽宁工业大学；44. 华北电力大学；46. 广东工业大学；47. 山东大学；49. 浙江工业大学；52. 南京理工大学；53. 中国科学技术大学；55. 中国石油大学；56. 上海大学；59. 北京科技大学；60. 四川大学；62. 中南大学；63. 中国矿业大学；65. 香港科技大学；67. 北京交通大学；68. 华东理工大学；69. 郑州大学；70. 中国地质大学；71. 台湾"中国医药大学"；73. 香港大学；78. 武汉理工大学；79. 山东科技大学；81. 北京大学；83. 南京大学；84. 深圳大学；85. 华东师范大学；90. 西南交通大学；95. 台湾成功大学；99. 吉林大学；101. 国防科学技术大学；102. 中山大学；107. 河海大学；111. 东北电力大学；114. 南京邮电大学；120. 香港中文大学；123. 北京工业大学；124. 西安电子科技大学；125. 上海理工大学；130. 青岛大学；132. 成都大学；133. 温州大学；138. 苏州大学；142. 南开大学；148. 厦门大学；151. 安徽工业大学；153. 北京邮电大学；154. 复旦大学；158. 哈尔滨工程大学；159. 合肥工业大学；160. 台湾云林科技大学；175. 渤海大学；177. 广州大学；181. 长沙理工大学；184. 大连海事大学；189. 南方科技大学；194. 澳门科技大学；201. 天津商业大学；203. 澳门大学；208. 扬州大学；215. 天津工业大学；219. 中国民航大学；220. 中国海洋大学；221. 南京林业大学；237. 南京工业大学；238. 南昌大学；246. 宁波诺丁汉大学；249. 燕山大学；253. 西南财经大学；255. 南京信息工程大学；261. 宁波大学；262. 江苏科技大学；263. 山东理工大学；265. 北京化工大学；266. 湖南师范大学；269. 福州大学；273. 太原理工大学；274. 河北工业大学；275. 长安大学；276. 安徽大学；279. 昆明理工大学；280. 江南大学；285. 台湾大学；287. 沈阳工业大学；290. 台湾阳明交通大学；298. 北京师范大学；300. 西南科技大学；304. 东华大学；306. 河南理工大学；315. 曲阜师范大学；325. 杭州电子科技大学；329. 华南农业大学；334. 山东师范大学；342. 华侨大学；359. 西南石油大学；360. 西南大学；363. 安徽财经大学；365. 台湾"清华大学"；376. 山东财经大学；379. 聊城大学；384. 台湾科技大学；396. 广西大学；397. 中国农业大学；399. 西安建筑科技大学；406. 常州大学；408. 南通大学；409. 上海工程技术大学；411. 西安理工大学；426. 成都理工大学；430. 四川师范大学；436. 暨南大学；447. 河南农业大学；453. 勤益科技大学；457. 青岛科技大学；458. 湖南农业大学；463. 桂林电子科技大学；471. 上海海事大学；483. 西北农林科技大学；486. 中北大学；487. 西安科技大学；489. 高雄科技大学；493. 兰州大学；498. 兰州理工大学；499. 东海大学；500. 哈尔滨理工大学；503. 南京师范大学；505. 三峡大学；507. 华东交通大学；508. 台北科技大学；509. 北京工商大学；510. 对外经济贸易大学；511. 北京建筑大学；517. 湖南科技大学；528. 台湾中兴大学；530. 浙江海洋大学；531. 亚洲大学(中国)；544. 贵州大学；556. 福建师范大学；559. 浙江农林大学；568. 南昌航空大学；572. 重庆邮电大学；578. 陕西科技大学；581. 河南师范大学；583. 香港浸会大学；593. 中南林业科技大学；599. 汕头大学；604. 武汉科技大学；605. 华中农业大学；608. 中国人民解放军陆军工程大学；612. 海南大学；613. 中国人民解放军海军工程大学；616. 东北师范大学；623. 济南大学；628. 浙江工商大学；629. 浙江师范大学；636. 上海财经大学；646. 北京信息科技大学；648. 广西师范大学；656. 安徽工程大学；659. 烟台大学；661. 华中师范大学；668. 台湾"中山大学"；679. 湖北大学；686. 淡江大学；689. 湘潭大学；693. 河北工程大学；694. 湖南工业大学；700. 上海科技大学；713. 广东石油化工大学；716. 齐鲁工业大学；719. 武汉纺织大学；724. 解放军信息工程大学；725. 华南师范大学；726. 西北大学；730. 杭州师范大学；739. 重庆师范大学；740. 台湾"中央大学"；747. 浙江理工大学；748. 中国人民解放军空军工程大学；760. 南京农业大学；763. 徐州工程学院；764. 武汉工程大学；767. 成都信息工程大学；772. 上海海洋大学；782. 中国计量大学；786. 朝阳科技大学；793. 逢甲大学；799. 西华师范大学；805. 河南大学；810. 北京林业大学；816. 嘉兴大学；820. 重庆交通大学；831. 苏州科技大学；836. 上海电力大学；842. 东莞理工学院；843. 陕西师范大学；847. 山西大学；850. 新疆大学；858. 广东海洋大学；873. 天津理工大学；875. 重庆工商大学；882. 河南科技大学；887. 东北财经大学；888. 沈阳航空航天大学；895. 台湾中原大学；904. 东北石油大学；909. 湖北工业大学；926. 郑州轻工业大学；937. 山东建筑大学；940. 佛山大学；942. 安徽理工大学；957. 河南工业大学；966. 东北农业大学；967. 中国人民大学；975. 江西财经大学；986. 绍兴文理学院；988. 元智大学；995. 黑龙江大学；1001. 江西科技学院；1002. 闽江学院；1003. 北方工业大学；1010. 东北林业大学；1011. 长庚大学；1024. 兰州交通大学；1026. 长江大学；1027. 台湾中正大学；1028. 华北水利电力大学；1031. 重庆理工大学；1035. 台湾海洋大学；1036. 南京工程学院；1037. 江苏师范大学；1056. 湖州学院；1057. 西华大学；1063. 香港中文大学(深圳)；1069. 西交利物浦大学；1076. 西安邮电大学；1079. 浙江财经大学；1085. 太原科技大学；1096. 西安工业大学；1111. 福建农林大学；

续表

1124. 南京财经大学；1138. 鲁东学院；1139. 淮阴工学院；1143. 厦门理工学院；1158. 中南财经大学大学；1160. 中南民族大学；1168. 沈阳建筑大学；1177. 宁夏大学；1185. 南华大学；1186. 大连工业大学；1187. 河北科技大学；1192. 石家庄铁道学院；1194. 长春科技大学；1195. 云南大学；1205. 西北师范大学；1208. 华北理工大学；1219. 福建工程学院；1231. 辽宁石油化工大学；1235. 明志科技大学；1236. 河北大学；1242. 青岛农业大学；1243. 天津城建学院；1246. 盐城工学院；1247. 大连交通大学；1251. 辽宁工程技术大学；1252. 天津科技大学；1267. 上海师范大学；1284. 西安石油大学；1294. 云南师范大学；1298. 中原工学院；1306. 四川农业大学；1314. 温州医科大学；1316. 桂林理工大学；1317. 深圳信息职业技术学院；1324. 台湾虎尾科技大学；1325. 长春工业大学；1328. 浙江科技学院；1337. 仲恺农业工程学院；1341. 内蒙古工业大学；1343. 大连民族大学；1344. 集美大学；1351. 中央财经大学；1358. 宜兰大学；1361. 江西师范大学；1363. 上海应用技术大学；1369. 安徽师范大学；1370. 台湾师范大学；1371. 内蒙古大学；1379. 临沂大学；1382. 湖南工业大学；1383. 四川轻化工大学；1394. 西安工程大学；1397. 首都师范大学；1403. 东华理工大学；1411. 重庆科技学院；1415. 内蒙古科技大学；1418. 辽宁科技大学；1426. 淮阴师范学院；1429. 辽宁大学；1438. 广东外语外贸大学；1445. 湖北师范大学；1465. 香港教育大学；1485. 南京审计大学；1503. 上海第二工业大学；1505. 山东农业大学；1536. 石河子大学；1542. 台湾屏东科技大学；1552. 天津师范大学；1556. 台湾联合大学；1558. 彰化师范大学；1583. 义守大学；1603. 正修科技大学；1607. 台南大学；1615. 高雄大学

2. 工程学学科科研能力排名分析

工程学学科发文量超过6000篇的大学有79所，它们分别是：清华大学(中国)、哈尔滨工业大学(中国)、上海交通大学(中国)、西安交通大学(中国)、浙江大学(中国)、东南大学(中国)、北京航空航天大学(中国)、天津大学(中国)、华中科技大学(中国)、中国科学院大学(中国)、伊斯兰阿扎德大学(伊朗)、同济大学(中国)、大连理工大学(中国)、重庆大学(中国)、瑞士联邦理工学院(瑞士)、西北工业大学(中国)、南京航空航天大学(中国)、电子科技大学(中国)、北京理工大学(中国)、南洋理工大学(新加坡)、新加坡国立教育学院(新加坡)、华南理工大学(中国)、香港理工大学(中国香港)、中国矿业大学(中国)、中南大学(中国)、西安电子科技大学(中国)、中国科学技术大学(中国)、新加坡国立大学(新加坡)、中国石油大学(中国)、代尔夫特理工大学(荷兰)、山东大学(中国)、湖南大学(中国)、中国东北大学(中国)、北京交通大学(中国)、华北电力大学(中国)、佐治亚理工学院(美国)、布列塔尼-卢瓦尔大学(瑞士)、西南交通大学(中国)、德黑兰大学(伊朗)、南京理工大学(中国)、伦敦帝国学院(英国)、武汉大学(中国)、香港城市大学(中国香港)、巴黎-萨克雷大学(瑞士)、麻省理工学院(美国)、首尔大学(韩国)、伦敦大学(英国)、国防科学技术大学(中国)、德州农工大学(美国)、米兰大学理工学院(意大利)、巴黎萨克雷大学(法国)、普渡大学(美国)、四川大学(中国)、韩国科学技术院(韩国)、新南威尔士大学悉尼分校(澳大利亚)、密歇根大学(美国)、普渡大学西拉法叶分校(美国)、阿米尔卡比尔理工大学(伊朗)、北京工业大学(中国)、丹麦科技大学(丹麦)、河海大学(中国)、哈尔滨工程大学(中国)、伊朗科技大学(伊朗)、北京大学(中国)、伊利诺伊大学厄巴纳-香槟分校(美国)、挪威科技大学(挪威)、阿卜杜勒阿齐兹国王大学(沙特阿拉伯)、吉林大学(中国)、阿尔伯塔大学(加拿大)、瑞典皇家理工学院(瑞典)、谢里夫理工大学(伊朗)、奥尔堡大学(丹麦)、里斯本大学(葡萄牙)、汉阳大学(韩国)、中山大学(中国)、江苏大学(中国)、苏黎世联邦理工学院(瑞士)、武汉理工大学(中国)、都灵大学理工学院(意大利)。发文量超过5000篇但少于等于6000篇的有25所，超过4000篇但少于等于5000篇的有45所，超过3000篇但少于等于4000篇的有72所，超过2000篇但少于等于3000篇的有143所，超过1000篇但少于等于2000篇的有342所，发文量在100篇以上但少于等于1000篇的有921所，100篇及以下的有3所。中国(包含港澳台)在ESI工程学学科发文量排名进入前100名的大学共有50所。其他进入ESI工程学学科发文量排名的中国(包含港澳台)大学如表3-81所示。

表 3-81　工程学学科发文量排名（前 10 位与中国大学）

发文量排名	机构名称	国家/地区	发文量排名	机构名称	国家/地区
1	清华大学	中国	6	东南大学	中国
2	哈尔滨工业大学	中国	7	北京航空航天大学	中国
3	上海交通大学	中国	8	天津大学	中国
4	西安交通大学	中国	9	华中科技大学	中国
5	浙江大学	中国	10	中国科学院大学	中国
其他中国机构：12. 同济大学；13. 大连理工大学；14. 重庆大学；16. 西北工业大学；17. 南京航空航天大学；18. 电子科技大学；19. 北京理工大学；22. 华南理工大学；23. 香港理工大学；24. 中国矿业大学；25. 中南大学；26. 西安电子科技大学；27. 中国科学技术大学；29. 中国石油大学；31. 山东大学；32. 湖南大学；33. 中国东北大学；34. 北京交通大学；35. 华北电力大学；38. 西南交通大学；40. 南京理工大学；42. 武汉大学；43. 香港城市大学；48. 国防科学技术大学；53. 四川大学；59. 北京工业大学；61. 河海大学；62. 哈尔滨工程大学；64. 北京大学；68. 吉林大学；75. 中山大学；76. 江苏大学；78. 武汉理工大学；81. 合肥工业大学；82. 北京科技大学；83. 上海大学；88. 台湾成功大学；91. 深圳大学；93. 中国地质大学；102. 台湾大学；104. 北京邮电大学；106. 香港科技大学；109. 香港大学；112. 广东工业大学；132. 厦门大学；133. 台湾阳明交通大学；135. 山东科技大学；147. 长安大学；148. 复旦大学；159. 南京大学；162. 华东理工大学；163. 浙江工业大学；168. 燕山大学；170. 郑州大学；171. 上海理工大学；181. 台湾科技大学；182. 西南石油大学；186. 福州大学；191. 南京邮电大学；194. 杭州电子科技大学；202. 大连海事大学；203. 南京工业大学；209. 太原理工大学；215. 西安理工大学；224. 澳门大学；227. 台湾“清华大学”；228. 香港中文大学；231. 江南大学；232. 苏州大学；237. 西安建筑科技大学；240. 河北工业大学；247. 广西大学；260. 广州大学；278. 南开大学；279. 南京信息工程大学；282. 长沙理工大学；283. 中国人民解放军陆军工程大学；289. 台北科技大学；292. 南方科技大学；299. 北京化工大学；302. 昆明理工大学；305. 北京师范大学；314. 河南理工大学；316. 宁波大学；319. 东华大学；325. 中国海洋大学；333. 上海海事大学；345. 暨南大学；355. 高雄科技大学；361. 中国人民解放军空军工程大学；363. 南京林业大学；364. 青岛大学；370. 江苏科技大学；373. 中国农业大学；377. 重庆邮电大学；386. 扬州大学；398. 兰州大学；399. 台湾“中央大学”；400. 西南大学；403. 南京师范大学；412. 安徽大学；416. 天津工业大学；417. 台湾“中山大学”；419. 兰州理工大学；420. 南昌大学；423. 华东师范大学；427. 武汉科技大学；431. 华侨大学；437. 青岛科技大学；443. 哈尔滨理工大学；444. 青岛理工大学；445. 中北大学；449. 浙江理工大学；450. 桂林电子科技大学；460. 重庆交通大学；465. 西安科技大学；486. 齐鲁工业大学；492. 上海工程技术大学；493. 台湾云林科技大学；496. 逢甲大学；502. 山东理工大学；504. 台湾中兴大学；506. 山东师范大学；516. 东北电力大学；528. 湘潭大学；529. 西北农林科技大学；530. 台湾“中国医药大学”；536. 华东交通大学；539. 湖南科技大学；542. 中国计量大学；543. 温州大学；546. 济南大学；556. 南通大学；565. 西南科技大学；573. 贵州大学；574. 上海电力大学；576. 安徽理工大学；577. 曲阜师范大学；580. 华南师范大学；581. 台湾海洋大学；582. 西北大学；589. 三峡大学；590. 北京建筑大学；593. 成都理工大学；594. 新疆大学；602. 常州大学；610. 河南科技大学；614. 安徽工业大学；616. 中国人民解放军海军工程大学；624. 天津理工大学；627. 山东建筑大学；641. 台湾中原大学；642. 南京工程学院；646. 澳门科技大学；660. 山西大学；668. 沈阳工业大学；671. 兰州交通大学；681. 郑州轻工业大学；682. 长庚大学；690. 勤益科技大学；703. 长江大学；704. 湖北工业大学；709. 西华大学；712. 浙江师范大学；714. 沈阳航空航天大学；715. 东北石油大学；720. 元智大学；728. 北京林业大学；738. 宁波诺丁汉大学；739. 石家庄铁道学院；740. 东莞理工学院；742. 武汉工程大学；744. 苏州科技大学；772. 重庆理工大学；779. 北京信息科技大学；781. 台湾中正大学；783. 长春科技大学；785. 东北林业大学；791. 亚洲大学(中国)；792. 南昌航空大学；795. 海南大学；796. 解放军信息工程大学；797. 陕西师范大学；798. 汕头大学；809. 华南农业大学；811. 北方工业大学；820. 华北水利电力大学；822. 聊城大学；831. 中国民航大学；833. 西安工业大学；839. 西安邮电大学；844. 辽宁工程技术大学；849. 陕西科技大学；852. 宁夏大学；858. 太原科技大学；862. 沈阳建筑大学；864. 南京农业大学；873. 河南工业大学；884. 河南大学；886. 淡江大学；889. 渤海大学；898. 浙江工商大学；901. 云南大学；902. 成都大学；903. 西南财经大学；904. 湖南师范大学；919. 香港中文大学(深圳)；922. 烟台大学；927. 中国人民大学；932. 西安石油大学；936. 内蒙古工业大学；940. 河南师范大学；941. 华中农业大学；951. 江西科技学院；952. 西交利物浦大学；959. 江苏师范大学；963. 上海科技大学；967. 台湾虎尾科技大学；968. 黑龙江大学；977. 佛山大学；993. 福建师范大学；996. 天津城建学院；1002. 辽宁石油化工大学；1013. 重庆工商大学；1014. 淮阴工学院；1021. 重庆科技学院；1024. 安徽工程大学；1033. 河北工程大学；1042. 辽宁工业大学；1044. 东北师范大学；1045. 长春工业大学；1047. 香港浸会大学；					

续表

1054. 台湾师范大学；1063. 成都信息工程大学；1072. 厦门理工学院；1083. 湖州学院；1085. 福建工程学院；1086. 集美大学；1088. 朝阳科技大学；1089. 明志科技大学；1093. 桂林理工大学；1102. 盐城工学院；1104. 湖北大学；1107. 河北大学；1108. 华中师范大学；1127. 鲁东学院；1128. 南华大学；1129. 河北科技大学；1131. 绍兴文理学院；1134. 西安工程大学；1140. 辽宁科技大学；1160. 江西财经大学；1162. 上海师范大学；1163. 浙江科技学院；1168. 中南林业科技大学；1169. 华北理工大学；1172. 天津科技大学；1175. 中原工学院；1177. 大连交通大学；1190. 北京工商大学；1201. 浙江财经大学；1213. 西北师范大学；1216. 彰化师范大学；1219. 内蒙古大学；1220. 天津商业大学；1221. 湖南工业大学；1228. 福建农林大学；1230. 上海应用技术大学；1231. 广西师范大学；1234. 东北财经大学；1247. 东北农业大学；1257. 宜兰大学；1259. 内蒙古科技大学；1264. 四川轻化工大学；1271. 东海大学；1278. 上海财经大学；1284. 台湾联合大学；1289. 重庆师范大学；1297. 河南农业大学；1300. 山东财经大学；1305. 闽江学院；1307. 武汉纺织大学；1309. 四川农业大学；1310. 四川师范大学；1314. 临沂大学；1327. 首都师范大学；1328. 上海海洋大学；1329. 中南民族大学；1335. 石河子大学；1336. 安徽师范大学；1338. 义守大学；1339. 浙江农林大学；1342. 云南师范大学；1351. 中南财经大学大学；1362. 台湾屏东科技大学；1363. 嘉兴大学；1365. 东华理工大学；1373. 辽宁大学；1375. 南京财经大学；1379. 广东石油化工大学；1382. 大连民族大学；1391. 对外经济贸易大学；1393. 江西师范大学；1396. 浙江海洋大学；1397. 杭州师范大学；1399. 南京审计大学；1400. 高雄大学；1421. 湖南农业大学；1429. 天津师范大学；1437. 中央财经大学；1446. 广东海洋大学；1462. 大连工业大学；1479. 青岛农业大学；1487. 正修科技大学；1492. 山东农业大学；1495. 徐州工程学院；1512. 台南大学；1523. 湖北师范大学；1548. 上海第二工业大学；1550. 深圳信息职业技术学院；1555. 仲恺农业工程学院；1562. 淮阴师范学院；1564. 安徽财经大学；1574. 广东外语外贸大学；1577. 温州医科大学；1584. 香港教育大学；1591. 湖南工业大学；1593. 西华师范大学

3. 工程学学科科研影响力排名分析

从总被引次数来看，总被引次数超过 50000 次的大学共有 189 所，分别是清华大学(中国)、哈尔滨工业大学(中国)、上海交通大学(中国)、西安交通大学(中国)、浙江大学(中国)、华中科技大学(中国)、瑞士联邦理工学院(瑞士)、东南大学(中国)、伊斯兰阿扎德大学(伊朗)、南洋理工大学(新加坡)、新加坡国立教育学院(新加坡)、天津大学(中国)、香港理工大学(中国香港)、同济大学(中国)、新加坡国立大学(新加坡)、北京航空航天大学(中国)、中国科学院大学(中国)、重庆大学(中国)、大连理工大学(中国)、华南理工大学(中国)、麻省理工学院(美国)、北京理工大学(中国)、香港城市大学(中国香港)、湖南大学(中国)、中国科学技术大学(中国)、伦敦帝国学院(英国)、电子科技大学(中国)、中南大学(中国)、代尔夫特理工大学(荷兰)、西北工业大学(中国)、德黑兰大学(伊朗)、佐治亚理工学院(美国)、奥尔堡大学(丹麦)、新南威尔士大学悉尼分校(澳大利亚)、马来亚大学(马来西亚)、加利福尼亚大学伯克利分校(美国)、密歇根大学(美国)、阿卜杜勒阿齐兹国王大学(沙特阿拉伯)、中国石油大学(中国)、华北电力大学(中国)、丹麦科技大学(丹麦)、中国矿业大学(中国)、南京航空航天大学(中国)、苏黎世联邦理工学院(瑞士)、米兰大学理工学院(意大利)、伦敦大学(英国)、布列塔尼-卢瓦尔大学(瑞士)、斯坦福大学(美国)、山东大学(中国)、中国东北大学(中国)、普渡大学(美国)、武汉大学(中国)、马来西亚理工大学(马来西亚)、北京大学(中国)、瑞典皇家理工学院(瑞典)、伊利诺伊大学厄巴纳-香槟分校(美国)、普渡大学西拉法叶分校(美国)、巴黎-萨克雷大学(瑞士)、滑铁卢大学(加拿大)、德州农工大学(美国)、北京交通大学(中国)、洛桑联邦理工学院(瑞士)、巴黎萨克雷大学(法国)、西安电子科技大学(中国)、西南交通大学(中国)、南京理工大学(中国)、多伦多大学(加拿大)、剑桥大学(英国)、香港科技大学(中国香港)、得克萨斯大学奥斯汀分校(美国)、香港大学(中国香港)、里斯本大学(葡萄牙)、鲁汶大学(比利时)、挪威科技大学(挪威)、阿尔伯塔大学(加拿大)、四川大学(中国)、悉尼科技大学(澳大利亚)、韩国科学技术院(韩国)、江苏大学(中国)、伊朗科技大学(伊朗)、阿米尔卡比尔理工大学(伊朗)、诺丁汉大学(英国)、悉尼大学(澳大利亚)、宾夕法尼亚州立大学(美国)、北京科技大学(中国)、首尔大学(韩国)、中山大学(中国)、莫纳什大学(澳大利亚)、谢里夫理工大学(伊朗)、弗吉尼亚理工学院暨州立大学(美国)、中国地质大学(中国)、曼彻斯特大学(英国)、都灵大学理工学院

(意大利)、马里兰大学帕克分校(美国)、加泰罗尼亚理工大学(西班牙)、法赫德国王石油矿产大学(沙特阿拉伯)、阿德莱德大学(澳大利亚)、科廷大学(澳大利亚)、皇家墨尔本理工大学(澳大利亚)、昆士兰大学(澳大利亚)、蒙特利尔大学(加拿大)、高丽大学(韩国)、南京大学(中国)、英属哥伦比亚大学(加拿大)、北京工业大学(中国)、荷兰埃因霍温科技大学(荷兰)、武汉理工大学(中国)、河海大学(中国)、广东工业大学(中国)、加利福尼亚大学圣迭戈分校(美国)、国防科学技术大学(中国)、那不勒斯费德里克二世大学(意大利)、上海大学(中国)、亚琛工业大学(德国)、沙特国王大学(沙特阿拉伯)、卡尔斯鲁厄理工学院(德国)、宾夕法尼亚州立大学帕克分校(美国)、深圳大学(中国)、合肥工业大学(中国)、汉阳大学(韩国)、伦敦大学学院(英国)、南安普敦大学(英国)、佛罗里达大学(美国)、查尔姆斯理工大学(瑞典)、哈尔滨工程大学(中国)、波尔图大学(葡萄牙)、阿尔托大学(芬兰)、台湾成功大学(中国台湾)、牛津大学(英国)、亚利桑那州立大学(美国)、德里印度理工学院孟买校区(印度)、厦门大学(中国)、慕尼黑理工大学(德国)、马来西亚国民大学(马来西亚)、罗马大学(意大利)、吉林大学(中国)、帕多瓦大学(意大利)、格勒诺布尔阿尔卑斯公社大学(法国)、东京大学(日本)、俄亥俄州立大学(美国)、亚利桑那州立大学(美国)、伊斯兰堡通信卫星大学(巴基斯坦)、延世大学(韩国)、哈佛大学(美国)、雅典国家技术大学(希腊)、北卡罗来纳州立大学(美国)、香港中文大学(中国香港)、台湾大学(中国台湾)、马德里理工大学(西班牙)、格勒诺布尔-阿尔卑斯大学(法国)、图卢兹大学(法国)、大不里士大学(伊朗)、卡内基梅隆大学(美国)、根特大学(比利时)、加利福尼亚大学洛杉矶分校(美国)、谢菲尔德大学(英国)、华东理工大学(中国)、威斯康星大学麦迪逊分校(美国)、明尼苏达大学双城分校(美国)、麦吉尔大学(加拿大)、印度理工学院孟买校区卡拉格普尔分校(印度)、孙德盛大学(越南)、哈里发理工大学(阿拉伯联合酋长国)、魁北克大学(加拿大)、田纳西大学诺克斯维尔分校(美国)、印度理工学院孟买校区鲁尔基分校(印度)、利兹大学(英国)、塔比阿特莫达勒斯大学(伊朗)、塞维利亚大学(西班牙)、里昂大学(瑞士)、圣保罗大学(巴西)、伍伦贡大学(澳大利亚)、肯高迪亚大学(加拿大)、普林斯顿大学(美国)、博洛尼亚大学(意大利)、隆德大学(瑞典)、斯凯莱德大学(英国)、墨尔本大学(澳大利亚)、瓦伦西亚理工大学(西班牙)、华盛顿大学(美国)、山东科技大学(中国)、伯明翰大学(英国)、纽约大学(美国)、华盛顿大学(西雅图)(美国)、西澳大学(澳大利亚)、马来西亚大学(马来西亚)、昆士兰科技大学(澳大利亚)、印度马德拉斯技术学院(印度)、奥克兰大学(新西兰);总被引次数在 30000 次以上 40000 次及以下的有 87 所;总被引次数在 20000 次以上 30000 次及以下的有 161 所;总被引次数在 10000 次以上 20000 次及以下的有 378 所;总被引次数在 5000 次以上 10000 次及以下的有 475 所;总被引次数在 5000 次及以下的有 283 所;所有大学的总被引次数均在 3200 次以上。中国(包含港澳台)进入 ESI 工程学学科总被引次数排名前 100 名的大学共有 41 所。其他进入 ESI 工程学学科总被引次数排名的中国(包含港澳台)大学如表 3-82 所示。

表 3-82 工程学学科总被引次数排名(前 10 位与中国大学)

总被引次数排名	机构名称	国家/地区	总被引次数排名	机构名称	国家/地区
1	清华大学	中国	6	华中科技大学	中国
2	哈尔滨工业大学	中国	7	瑞士联邦理工学院	瑞士
3	上海交通大学	中国	8	东南大学	中国
4	西安交通大学	中国	9	伊斯兰阿扎德大学	伊朗
5	浙江大学	中国	10	南洋理工大学	新加坡
其他中国机构:12. 天津大学;13. 香港理工大学;14. 同济大学;16. 北京航空航天大学;17. 中国科学院大学;18. 重庆大学;19. 大连理工大学;20. 华南理工大学;22. 北京理工大学;23. 香港城市大学;24. 湖南大学;25. 中国科学技术大学;27. 电子科技大学;28. 中南大学;30. 西北工业大学;39. 中国石油大学;40. 华北电力大学;					

续表

42. 中国矿业大学；43. 南京航空航天大学；49. 山东大学；50. 中国东北大学；52. 武汉大学；54. 北京大学；61. 北京交通大学；64. 西安电子科技大学；65. 西南交通大学；66. 南京理工大学；69. 香港科技大学；71. 香港大学；76. 四川大学；79. 江苏大学；85. 北京科技大学；87. 中山大学；91. 中国地质大学；103. 南京大学；105. 北京工业大学；107. 武汉理工大学；108. 河海大学；109. 广东工业大学；111. 国防科学技术大学；113. 上海大学；118. 深圳大学；119. 合肥工业大学；125. 哈尔滨工程大学；128. 台湾成功大学；132. 厦门大学；136. 吉林大学；147. 香港中文大学；148. 台湾大学；157. 华东理工大学；181. 山东科技大学；190. 北京邮电大学；194. 复旦大学；196. 浙江工业大学；210. 澳门大学；211. 北京化工大学；214. 郑州大学；216. 南开大学；218. 台湾阳明交通大学；219. 北京师范大学；224. 苏州大学；249. 上海理工大学；250. 南京工业大学；252. 台湾科技大学；254. 江南大学；255. 福州大学；263. 大连海事大学；266. 西南石油大学；270. 长安大学；276. 太原理工大学；282. 东华大学；284. 南京邮电大学；285. 南京信息工程大学；286. 燕山大学；289. 广州大学；299. 台湾“清华大学”；305. 青岛大学；309. 西安建筑科技大学；314. 昆明理工大学；320. 广西大学；323. 杭州电子科技大学；331. 长沙理工大学；334. 兰州大学；343. 暨南大学；346. 台北科技大学；352. 华东师范大学；355. 南方科技大学；356. 西南大学；359. 西安理工大学；361. 中国农业大学；373. 中国海洋大学；375. 青岛科技大学；377. 西北农林科技大学；379. 河北工业大学；381. 南京林业大学；387. 河南理工大学；397. 扬州大学；398. 上海海事大学；402. 渤海大学；404. 南京师范大学；413. 南昌大学；444. 宁波大学；461. 青岛理工大学；465. 中国人民解放军陆军工程大学；472. 天津工业大学；475. 济南大学；477. 华侨大学；479. 曲阜师范大学；480. 江苏科技大学；491. 武汉科技大学；493. 台湾“中山大学”；500. 山东师范大学；505. 台湾“中央大学”；507. 重庆邮电大学；514. 安徽大学；525. 温州大学；533. 辽宁工业大学；534. 高雄科技大学；545. 宁波诺丁汉大学；551. 西北大学；554. 浙江理工大学；555. 安徽工业大学；563. 华南师范大学；566. 逢甲大学；567. 湘潭大学；590. 台湾“中国医药大学”；594. 中国人民解放军空军工程大学；596. 西南科技大学；605. 桂林电子科技大学；606. 北京林业大学；607. 南京农业大学；608. 台湾中兴大学；612. 兰州理工大学；614. 齐鲁工业大学；617. 浙江师范大学；621. 澳门科技大学；641. 东北电力大学；643. 中国计量大学；646. 西安科技大学；650. 湖南科技大学；652. 台湾云林科技大学；653. 常州大学；656. 武汉工程大学；663. 上海电力大学；669. 三峡大学；681. 北京建筑大学；683. 南通大学；687. 天津理工大学；690. 中北大学；691. 台湾中原大学；696. 华南农业大学；701. 香港浸会大学；706. 聊城大学；721. 上海工程技术大学；729. 东北财经大学；733. 华东交通大学；734. 山西大学；737. 东莞理工学院；738. 河南大学；748. 重庆交通大学；756. 新疆大学；761. 南昌航空大学；763. 哈尔滨理工大学；766. 陕西师范大学；769. 华中农业大学；780. 西南财经大学；786. 元智大学；788. 福建师范大学；796. 成都理工大学；797. 沈阳航空航天大学；806. 江西财经大学；808. 山东理工大学；813. 中国人民大学；815. 重庆工商大学；818. 亚洲大学(中国)；821. 江苏师范大学；823. 汕头大学；836. 贵州大学；837. 东北石油大学；839. 东北师范大学；842. 浙江农林大学；844. 浙江工商大学；848. 苏州科技大学；851. 河南科技大学；854. 陕西科技大学；855. 河南师范大学；857. 中国人民解放军海军工程大学；873. 湖北工业大学；883. 浙江财经大学；885. 山东建筑大学；889. 长庚大学；899. 北方工业大学；902. 郑州轻工业大学；904. 河南工业大学；906. 台湾中正大学；915. 湖南师范大学；921. 闽江学院；939. 东北林业大学；944. 安徽理工大学；946. 西交利物浦大学；951. 中南林业科技大学；952. 四川师范大学；955. 成都大学；965. 兰州交通大学；967. 绍兴文理学院；969. 中国民航大学；973. 淡江大学；976. 长江大学；986. 台湾海洋大学；988. 西华大学；993. 湖北大学；1006. 烟台大学；1007. 黑龙江大学；1014. 南京工程学院；1018. 勤益科技大学；1030. 鲁东学院；1032. 湖南农业大学；1035. 江西科技学院；1039. 华中师范大学；1040. 福建农林大学；1044. 华北水利电力大学；1048. 香港中文大学(深圳)；1053. 佛山大学；1055. 河南农业大学；1061. 上海财经大学；1062. 沈阳建筑大学；1065. 重庆理工大学；1069. 中南民族大学；1081. 山东财经大学；1082. 海南大学；1087. 太原科技大学；1095. 东北农业大学；1112. 武汉纺织大学；1122. 湖州学院；1123. 湖南工业大学；1125. 上海科技大学；1134. 宁夏大学；1136. 云南大学；1139. 天津城建学院；1140. 北京信息科技大学；1146. 石家庄铁道学院；1164. 广东石油化工大学；1168. 盐城工学院；1170. 上海师范大学；1174. 沈阳工业大学；1178. 河北工程大学；1183. 淮阴工学院；1184. 安徽工程大学；1185. 厦门理工学院；1190. 天津科技大学；1192. 杭州师范大学；1198. 广西师范大学；1202. 西北师范大学；1203. 辽宁石油化工大学；1205. 河北科技大学；1207. 西安工业大学；1208. 台湾师范大学；1209. 内蒙古大学；1211. 南京财经大学；1228. 华北理工大学；1229. 重庆师范大学；1231. 中南财经大学大学；1235. 西安邮电大学；1255. 台湾虎尾科技大学；1260. 解放军信息工程大学；1263. 福建工程学院；1265. 东海大学；1266. 明志科技大学；1270. 长春科技大学；1287. 江西师范大学；1289. 对外经济贸易大学；1290. 内蒙古工业大学；1295. 安徽财经大学；1296. 西安石油大学；1301. 云南师范大学；1309. 长春工业大学；1311. 朝阳科技大学；1313. 河北大学；1314. 大连工业大学；

续表

1323. 南华大学；1327. 辽宁大学；1334. 宜兰大学；1341. 上海海洋大学；1344. 中央财经大学；1349. 集美大学；1350. 天津商业大学；1357. 浙江科技学院；1360. 辽宁工程技术大学；1367. 香港教育大学；1368. 上海应用技术大学；1373. 桂林理工大学；1374. 四川农业大学；1376. 辽宁科技大学；1387. 北京工商大学；1401. 中原工学院；1405. 东华理工大学；1408. 成都信息工程大学；1416. 首都师范大学；1425. 安徽师范大学；1432. 青岛农业大学；1435. 大连交通大学；1456. 重庆科技学院；1466. 南京审计大学；1470. 四川轻化工大学；1472. 临沂大学；1478. 台南大学；1484. 浙江海洋大学；1488. 内蒙古科技大学；1496. 嘉兴大学；1514. 温州医科大学；1515. 台湾屏东科技大学；1524. 大连民族大学；1530. 淮阴师范学院；1535. 西华师范大学；1541. 西安工程大学；1550. 高雄大学；1558. 广东外语外贸大学；1559. 湖北师范大学；1565. 山东农业大学；1568. 深圳信息职业技术学院；1579. 彰化师范大学；1581. 天津师范大学；1584. 台湾联合大学；1594. 上海第二工业大学；1596. 徐州工程学院；1599. 仲恺农业工程学院；1600. 义守大学；1608. 湖南工业大学；1609. 正修科技大学；1626. 广东海洋大学；1628. 石河子大学

4. 工程学学科影响力排名分析

从高被引论文数来看，排在前10位的大学中，中国(包含港澳台)有7所，伊朗有1所，新加坡有2所。高被引论文数最高的是中国的清华大学。有100篇以上高被引论文的大学有81所，它们分别是清华大学(中国)、哈尔滨工业大学(中国)、华中科技大学(中国)、西安交通大学(中国)、重庆大学(中国)、南洋理工大学(新加坡)、新加坡国立教育学院(新加坡)、湖南大学(中国)、上海交通大学(中国)、伊斯兰阿扎德大学(伊朗)、香港理工大学(中国香港)、阿卜杜勒阿齐兹国王大学(沙特阿拉伯)、东南大学(中国)、北京理工大学(中国)、浙江大学(中国)、新加坡国立大学(新加坡)、瑞士联邦理工学院(瑞士)、华南理工大学(中国)、电子科技大学(中国)、中国科学院大学(中国)、香港城市大学(中国香港)、中南大学(中国)、同济大学(中国)、马来亚大学(马来西亚)、北京航空航天大学(中国)、大连理工大学(中国)、天津大学(中国)、奥尔堡大学(丹麦)、中国科学技术大学(中国)、西北工业大学(中国)、悉尼科技大学(澳大利亚)、麻省理工学院(美国)、江苏大学(中国)、中国东北大学(中国)、德黑兰大学(伊朗)、广东工业大学(中国)、武汉大学(中国)、斯坦福大学(美国)、新南威尔士大学悉尼分校(澳大利亚)、四川大学(中国)、加利福尼亚大学伯克利分校(美国)、伦敦帝国学院(英国)、法赫德国王石油矿产大学(沙特阿拉伯)、沙特国王大学(沙特阿拉伯)、南京理工大学(中国)、马来西亚理工大学(马来西亚)、佐治亚理工学院(美国)、伦敦大学(英国)、山东大学(中国)、中国石油大学(中国)、南京航空航天大学(中国)、郑州大学(中国)、苏黎世联邦理工学院(瑞士)、南京大学(中国)、滑铁卢大学(加拿大)、青岛大学(中国)、华北电力大学(中国)、孙德盛大学(越南)、上海大学(中国)、伊斯兰堡通信卫星大学(巴基斯坦)、中国矿业大学(中国)、北京大学(中国)、中山大学(中国)、香港大学(中国香港)、悉尼大学(澳大利亚)、北京科技大学(中国)、高丽大学(韩国)、皇家墨尔本理工大学(澳大利亚)、位于岘港，暂无可靠中文译名(越南)、阿德莱德大学(澳大利亚)、代尔夫特理工大学(荷兰)、深圳大学(中国)、中国地质大学(中国)、科廷大学(澳大利亚)、丹麦科技大学(丹麦)、阿尔伯塔大学(加拿大)、武汉理工大学(中国)、西南交通大学(中国)、延世大学(韩国)、北京交通大学(中国)、密歇根大学(美国)；有50篇以上100篇及以下的大学有120所；有10篇以上50篇及以下的大学有703所；有1篇以上10篇及以下的大学有702所；有24所大学的高被引论文数为0篇。中国(包含港澳台)进入ESI工程学学科排名的所有大学中有53所进入排名前100位，这53所大学的高被引论文数均在70篇以上。其他进入ESI工程学学科高被引论文数排名的中国(包含港澳台)大学如表3-83所示。

表 3-83 工程学学科高被引论文数排名（前 10 位与中国大学）

高被引论文数排名	机构名称	国家/地区	高被引论文数排名	机构名称	国家/地区
1	清华大学	中国	6	南洋理工大学	新加坡
2	哈尔滨工业大学	中国	6	新加坡国立教育学院	新加坡
3	华中科技大学	中国	8	湖南大学	中国
4	西安交通大学	中国	9	上海交通大学	中国
5	重庆大学	中国	9	伊斯兰阿扎德大学	伊朗

其他中国机构：11. 香港理工大学；13. 东南大学；14. 北京理工大学；15. 浙江大学；18. 华南理工大学；19. 电子科技大学；20. 中国科学院大学；21. 香港城市大学；22. 中南大学；23. 同济大学；25. 北京航空航天大学；26. 大连理工大学；27. 天津大学；29. 中国科学技术大学；30. 西北工业大学；33. 江苏大学；34. 中国东北大学；36. 广东工业大学；37. 武汉大学；40. 四川大学；45. 南京理工大学；49. 山东大学；50. 中国石油大学；51. 南京航空航天大学；52. 郑州大学；54. 南京大学；56. 青岛大学；57. 华北电力大学；59. 上海大学；61. 中国矿业大学；62. 北京大学；63. 中山大学；64. 香港大学；66. 北京科技大学；72. 深圳大学；73. 中国地质大学；77. 武汉理工大学；78. 西南交通大学；80. 北京交通大学；82. 西安电子科技大学；85. 渤海大学；89. 苏州大学；90. 浙江工业大学；92. 香港科技大学；95. 广州大学；98. 山东科技大学；101. 华东理工大学；103. 南开大学；108. 厦门大学；111. 青岛理工大学；114. 香港中文大学；120. 扬州大学；122. 河海大学；123. 合肥工业大学；126. 复旦大学；129. 吉林大学；134. 华东师范大学；135. 北京工业大学；138. 北京化工大学；139. 江南大学；140. 台湾“中国医药大学”；144. 澳门大学；146. 国防科学技术大学；153. 福州大学；154. 东华大学；157. 哈尔滨工程大学；158. 大连海事大学；159. 辽宁工业大学；162. 南京林业大学；164. 南京邮电大学；169. 上海理工大学；170. 成都大学；171. 温州大学；176. 长安大学；177. 曲阜师范大学；178. 青岛科技大学；188. 中国海洋大学；190. 广西大学；191. 暨南大学；192. 东北电力大学；199. 北京师范大学；201. 西北农林科技大学；203. 北京邮电大学；209. 南京信息工程大学；211. 台湾成功大学；212. 南昌大学；214. 河北工业大学；217. 西南大学；218. 西安建筑科技大学；219. 西安理工大学；226. 西南石油大学；240. 昆明理工大学；243. 浙江师范大学；248. 长沙理工大学；250. 南京工业大学；253. 山东师范大学；255. 上海海事大学；264. 南方科技大学；267. 安徽工业大学；274. 聊城大学；277. 西南财经大学；278. 江苏科技大学；281. 杭州电子科技大学；284. 南京师范大学；291. 安徽大学；300. 澳门科技大学；303. 燕山大学；312. 兰州大学；316. 西南科技大学；322. 浙江农林大学；328. 河南理工大学；335. 四川师范大学；338. 亚洲大学(中国)；339. 重庆邮电大学；347. 台湾科技大学；349. 桂林电子科技大学；350. 河南大学；358. 河南农业大学；361. 济南大学；362. 宁波大学；365. 安徽财经大学；369. 中国农业大学；375. 武汉科技大学；376. 南京农业大学；377. 武汉工程大学；379. 台湾云林科技大学；380. 宁波诺丁汉大学；382. 太原理工大学；384. 华侨大学；388. 中北大学；391. 三峡大学；392. 华东交通大学；396. 福建师范大学；398. 中南林业科技大学；400. 苏州科技大学；401. 重庆工商大学；402. 中国民航大学；408. 北京建筑大学；412. 东北农业大学；423. 湖南农业大学；424. 西安科技大学；425. 哈尔滨理工大学；428. 湘潭大学；432. 东北财经大学；433. 天津工业大学；435. 台湾大学；436. 台湾阳明交通大学；445. 河南师范大学；450. 陕西师范大学；451. 佛山大学；457. 湖南师范大学；460. 华南农业大学；465. 陕西科技大学；468. 齐鲁工业大学；469. 华南师范大学；486. 上海财经大学；487. 广西师范大学；492. 西北大学；493. 东莞理工学院；509. 贵州大学；511. 海南大学；526. 台北科技大学；527. 湖南科技大学；533. 南昌航空大学；543. 常州大学；550. 香港浸会大学；555. 北京林业大学；557. 山西大学；560. 沈阳航空航天大学；564. 绍兴文理学院；565. 闽江学院；567. 山东理工大学；581. 东北师范大学；582. 安徽工程大学；587. 中国计量大学；590. 河南科技大学；591. 东北石油大学；593. 湖北工业大学；598. 南京财经大学；602. 南通大学；605. 兰州理工大学；618. 新疆大学；622. 河南工业大学；623. 黑龙江大学；624. 江西科技学院；625. 湖州学院；627. 大连工业大学；629. 天津商业大学；641. 汕头大学；643. 华中农业大学；655. 郑州轻工业大学；657. 江西财经大学；662. 中南财经大学大学；664. 青岛农业大学；665. 台湾“清华大学”；666. 山东财经大学；668. 上海工程技术大学；670. 成都理工大学；673. 勤益科技大学；680. 华中师范大学；681. 台湾“中山大学”；682. 广东石油化工大学；683. 徐州工程学院；695. 温州医科大学；696. 深圳信息职业技术学院；698. 沈阳工业大学；707. 北京信息科技大学；710. 湖南工业大学；713. 杭州师范大学；727. 中国人民大学；731. 西安邮电大学；736. 仲恺农业工程学院；740. 东海大学；741. 台湾中兴大学；748. 浙江工商大学；753. 河北工程大学；759. 重庆交通大学；761. 上海电力大学；765. 天津理工大学；783. 华北水利电力大学；785. 福建农林大学；787. 南华大学；791. 湖南工业大学；795. 对外经济贸易大学；802. 烟台大学；806. 湖北大学；810. 武汉纺织大学；811. 重庆师范大学；813. 浙江理工大学；817. 西华师范大学；828. 山东建筑大学；831. 重庆理工大学；835. 香港中文大学(深圳)；839. 西安工业大学；842. 淮阴工学院；843. 厦门理工学院；

续表

844. 中南民族大学；847. 大连交通大学；850. 北京工商大学；871. 台湾中原大学；880. 安徽理工大学；884. 北方工业大学；885. 东北林业大学；890. 浙江财经大学；891. 太原科技大学；895. 河北科技大学；896. 西北师范大学；897. 华北理工大学；903. 大连民族大学；911. 中国人民解放军陆军工程大学；913. 中国人民解放军海军工程大学；917. 上海科技大学；923. 逢甲大学；936. 西交利物浦大学；946. 鲁东学院；951. 福建工程学院；954. 河北大学；957. 云南师范大学；958. 四川农业大学；962. 淮阴师范学院；963. 广东外语外贸大学；966. 高雄科技大学；970. 浙江海洋大学；984. 上海海洋大学；1008. 长江大学；1009. 台湾中正大学；1011. 江苏师范大学；1031. 明志科技大学；1036. 中原工学院；1039. 中央财经大学；1042. 湖北师范大学；1055. 中国人民解放军空军工程大学；1076. 兰州交通大学；1095. 天津科技大学；1105. 安徽师范大学；1107. 临沂大学；1128. 淡江大学；1131. 解放军信息工程大学；1132. 成都信息工程大学；1151. 长庚大学；1154. 南京工程学院；1157. 西华大学；1174. 辽宁石油化工大学；1176. 盐城工学院；1178. 上海师范大学；1182. 桂林理工大学；1183. 浙江科技学院；1184. 江西师范大学；1186. 四川轻化工大学；1189. 首都师范大学；1190. 东华理工大学；1197. 香港教育大学；1202. 上海第二工业大学；1211. 台湾“中央大学”；1217. 嘉兴大学；1225. 元智大学；1244. 宁夏大学；1248. 长春科技大学；1249. 云南大学；1255. 辽宁工程技术大学；1271. 宜兰大学；1272. 上海应用技术大学；1276. 西安工程大学；1281. 内蒙古科技大学；1292. 山东农业大学；1334. 沈阳建筑大学；1344. 天津城建学院；1352. 西安石油大学；1359. 长春工业大学；1362. 集美大学；1377. 辽宁大学；1385. 南京审计大学；1405. 朝阳科技大学；1410. 台湾海洋大学；1473. 石河子大学；1477. 天津师范大学；1498. 广东海洋大学；1504. 石家庄铁道学院；1515. 台湾虎尾科技大学；1520. 内蒙古大学；1523. 重庆科技学院；1524. 辽宁科技大学；1536. 台湾屏东科技大学；1546. 正修科技大学；1561. 内蒙古工业大学；1584. 台湾联合大学；1588. 义守大学；1593. 台南大学

5. 工程学学科师资力量排名分析

从高被引科学家数来看，哈尔滨工业大学(中国)有 5 位高被引科学家；东南大学(中国)、奥尔堡大学(丹麦)、辽宁工业大学(中国)有 4 位高被引科学家；有 3 位高被引科学家的大学有 6 所；有 2 位高被引科学家的大学有 25 所；有 1 位高被引科学家的大学有 55 所；其他 1540 所大学高被引科学家数均为 0。中国(包含港澳台)进入 ESI 工程学学科高被引科学家数排名的大学中有 19 所在 2 人及以上，它们是哈尔滨工业大学、东南大学、辽宁工业大学、西安交通大学、北京理工大学、香港理工大学、香港城市大学、青岛理工大学、清华大学、浙江大学、重庆大学、华南理工大学、北京航空航天大学、湖南大学、西北工业大学、中国东北大学、广东工业大学、华东理工大学、台湾“中国医药大学”；有 1 位高被引科学家的大学有 55 所，如表 3-84 所示。

表 3-84　工程学学科高被引科学家数排名（前 10 位与中国大学）

高被引科学家数排名	机构名称	国家/地区	高被引科学家数排名	机构名称	国家/地区
1	哈尔滨工业大学	中国内地	5	北京理工大学	中国内地
2	东南大学	中国内地	5	香港理工大学	中国香港
2	奥尔堡大学	丹麦	5	香港城市大学	中国香港
2	辽宁工业大学	中国内地	5	阿卜杜勒阿齐德国王大学	沙特阿拉伯
5	西安交通大学	中国内地	5	青岛理工大学	中国内地
其他中国机构：11. 清华大学；11. 浙江大学；11. 重庆大学；11. 华南理工大学；11. 北京航空航天大学；11. 湖南大学；11. 西北工业大学；11. 中国东北大学；11. 广东工业大学；11. 华东理工大学；11. 台湾“中国医药大学”；36. 华中科技大学；36. 江苏大学；36. 南京理工大学；36. 上海大学；36. 北京科技大学；36. 四川大学；36. 中国地质大学；36. 武汉理工大学；36. 山东科技大学；36. 华东师范大学；36. 台湾成功大学；36. 南京邮电大学；36. 安徽工业大学；36. 台湾云林科技大学；36. 天津工业大学；36. 湖南师范大学；36. 沈阳工业大学					

(八)环境科学与生态学

进入ESI环境科学与生态学学科排名高校共有1107所。这些高校分别隶属于美国、中国、英国、法国、德国、意大利、西班牙、加拿大、巴西、澳大利亚等72个国家或地区。这些高校的国家或地区分布情况如图3-8所示。

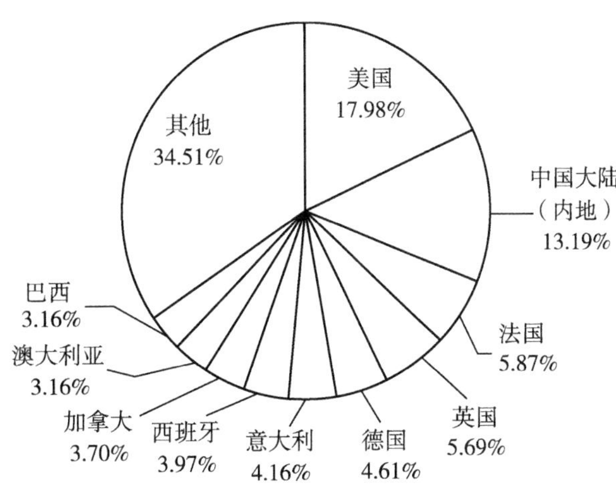

图3-8　进入ESI环境科学与生态学领域排名的大学的国家或地区分布

从图3-8可以看出，美国进入ESI环境科学与生态学学科排名的高校数量位居第1位，遥遥领先于其他国家或地区。中国大陆(内地)有146所高校；中国香港有7所；中国台湾有15所。由此可见，中国在环境科学与生态学领域仍存在很大的发展空间。

1. 环境科学与生态学学科竞争力综合排名分析

从综合排名来看，位居环境科学与生态学学科综合排名前10位的高校分布在荷兰、美国、瑞士、澳大利亚、中国5个国家，其中美国占了3所。排名前100位的高校中的中国(含港澳台)大学共有22所，其他进入ESI环境科学与生态学学科综合排名的中国(包含港澳台)高校如表3-85所示。

表3-85　环境科学与生态学学科综合排名（前10位与中国大学）

综合排名	机构名称	星级	档次	国家/地区	综合排名	机构名称	星级	档次	国家/地区
1	清华大学	5★+	一流学科	中国	6	昆士兰大学	5★+	一流学科	澳大利亚
2	瑞士联邦理工学院	5★+	一流学科	瑞士	7	苏黎世联邦理工学院	5★+	一流学科	瑞士
3	瓦格宁根大学	5★+	一流学科	荷兰	8	斯坦福大学	5★+	一流学科	美国
4	中国科学院大学	5★+	一流学科	中国	9	加利福尼亚大学伯克利分校	5★+	一流学科	美国
5	明尼苏达大学双城分校	5★+	一流学科	美国	10	乌得勒支大学	5★+	一流学科	荷兰
其他中国机构：11. 北京大学；15. 浙江大学；24. 上海交通大学；25. 北京师范大学；26. 华北电力大学；28. 北京理工大学；30. 南京大学；39. 华东师范大学；43. 绍兴文理学院；52. 武汉大学；54. 香港城市大学；55. 中山大学；57. 湖南大学；58. 中南大学；60. 青岛大学；64. 长安大学；73. 重庆大学；77. 哈尔滨工业大学；80. 香港理工大学；88. 大连理工大学；109. 同济大学；114. 香港大学；122. 广州大学；129. 天津大学；133. 南方科技大学；137. 中国地质大学；141. 香港科技大学；143. 中国农业大学；144. 复旦大学；154. 中国矿业大学；167. 山东大学；170. 华南理工大学；176. 西北农林科技大学；181. 南开大学；193. 电子科技大学；200. 江苏大学；204. 中国科学技术大学；205. 华中									

续表

科技大学；213. 南昌大学；216. 中国海洋大学；220. 台湾大学；222. 台湾"中国医药大学"；230. 厦门大学；232. 河海大学；240. 北京科技大学；245. 湖南农业大学；247. 四川大学；248. 中国石油大学；264. 华中农业大学；271. 北京航空航天大学；273. 西安交通大学；288. 兰州大学；295. 南京农业大学；299. 浙江工商大学；302. 西南科技大学；304. 南京信息工程大学；306. 南京医科大学；308. 香港中文大学；311. 北京化工大学；313. 东南大学；315. 深圳大学；319. 桂林理工大学；321. 东北农业大学；323. 青岛大学；329. 上海大学；330. 暨南大学；339. 北京工业大学；340. 西南大学；341. 郑州大学；346. 南京林业大学；349. 苏州大学；354. 西安建筑科技大学；358. 武汉理工大学；360. 北京林业大学；370. 香港浸会大学；376. 华南师范大学；380. 福建农林大学；381. 浙江师范大学；384. 南京理工大学；385. 佛山科学技术学院；389. 广西大学；394. 河南大学；414. 东华大学；415. 福建师范大学；416. 昆明理工大学；418. 福州大学；431. 中南林业科技大学；435. 广东工业大学；447. 扬州大学；448. 成都理工大学；450. 浙江工业大学；452. 西北大学；459. 上海理工大学；460. 新疆大学；473. 山东农业大学；475. 宁波大学；477. 南京工业大学；503. 南京师范大学；505. 北京建筑大学；516. 长沙理工大学；527. 江汉大学；533. 安徽医科大学；535. 大连海事大学；542. 上海师范大学；547. 吉林大学；548. 江西农业大学；557. 华南农业大学；560. 中原大学；565. 东北师范大学；571. 台湾成功大学；582. 浙江农林大学；602. 华东理工大学；619. 四川农业大学；649. 香港教育大学；659. 海南大学；676. 陕西师范大学；695. 云南大学；715. 上海海洋大学；716. 中国人民大学；717. 华中师范大学；747. 河南师范大学；752. 亚洲大学；760. 东北林业大学；761. 山东科技大学；763. 河南农业大学；766. 汕头大学；768. 江南大学；769. 合肥工业大学；770. 山西大学；782. 台湾"清华大学"；790. 北京交通大学；798. 西安理工大学；799. 台湾中兴大学；808. 西安科技大学；816. 台湾阳明交通大学；822. 西南交通大学；832. 台湾"中山大学"；847. 东北大学；855. 南京航空航天大学；857. 贵州大学；861. 济南大学；864. 内蒙古大学；866. 山东师范大学；867. 杭州师范大学；868. 沈阳农业大学；901. 安徽农业大学；904. 湖南师范大学；917. 台湾"中央大学"；934. 安徽大学；944. 齐鲁工业大学；954. 高雄科技大学；962. 青岛农业大学；968. 中国医学科学院-北京协和医学院；970. 东海大学；973. 首都师范大学；986. 中国计量大学；994. 高雄医学大学；997. 台北医学大学；1005. 贵州师范大学；1010. 首都医科大学；1013. 苏州科技大学；1019. 青海大学；1024. 河北农业大学；1036. 东莞理工学院；1045. 台北科技大学；1048. 山西农业大学

2. 环境科学与生态学学科科研能力排名分析

从发文量来看，超过3000篇的有61所，分别是中国科学院大学(中国)、瑞士联邦理工学院(瑞士)、清华大学(中国)、北京师范大学(中国)、瓦格宁根大学(荷兰)、昆士兰大学(澳大利亚)、浙江大学(中国)、圣保罗大学(巴西)、北京大学(中国)、佛罗里达大学(美国)、布列塔尼-卢瓦尔大学(0)、加利福尼亚大学戴维斯分校(美国)、加利福尼亚大学伯克利分校(美国)、蒙彼利埃大学(法国)、南京大学(中国)、墨西哥国立自治大学(墨西哥)、瑞典农业科学大学(瑞典)、英属哥伦比亚大学(加拿大)、奥尔胡斯大学(丹麦)、苏黎世联邦理工学院(瑞士)、华盛顿大学(美国)、河海大学(中国)、哈佛大学(美国)、中山大学(中国)、华盛顿大学(西雅图)(美国)、同济大学(中国)、牛津大学(英国)、中国地质大学(中国)、哥本哈根大学(丹麦)、北卡罗来纳大学(美国)、索邦大学(法国)、墨尔本大学(澳大利亚)、科罗拉多州立大学(美国)、赫尔辛基大学(芬兰)、俄勒冈州立大学(美国)、乌得勒支大学(荷兰)、明尼苏达大学双城分校(美国)、里斯本大学(葡萄牙)、新南威尔士大学悉尼分校(澳大利亚)、多伦多大学(加拿大)、德州农工大学(美国)、根特大学(比利时)、西北农林科技大学(中国)、阿尔伯塔大学(加拿大)、埃克塞特大学(英国)、波尔图大学(葡萄牙)、康奈尔大学(美国)、密歇根州立大学(美国)、斯坦福大学(美国)、巴黎萨克雷大学(法国)、武汉大学(中国)、斯德哥尔摩大学(瑞典)、魁北克大学(加拿大)、威斯康星大学麦迪逊分校(美国)、密歇根大学(美国)、伦敦帝国学院(英国)、巴黎文理研究大学(法国)、亚利桑那大学(美国)、西澳大学(澳大利亚)、哈尔滨工业大学(中国)、中国农业大学(中国)；其中中国科学院大学的发文量位居第1位，远远高于位居第2位的瑞士联邦理工学院(瑞士)。超过2000篇但少于等于3000篇的有79所，超过1500篇但少于等于2000篇的有83所，超过1000篇但少于等于1500篇的有190所，超过500篇但少于等于1000篇的有375所，少于等于500篇的有319所。中国(包含港澳台)居前100位的高校有22所，发文量在2100篇以上；其他机构发文量都在2100篇以下。其他进入ESI环境科学与生态学学科发文量排名的中国(包含港澳台)高校如表3-86所示。

表3-86　环境科学与生态学学科发文量排名（前10位与中国大学）

发文量排名	机构名称	国家/地区	发文量排名	机构名称	国家/地区
1	中国科学院大学	中国	6	昆士兰大学	澳大利亚
2	瑞士联邦理工学院	瑞士	7	浙江大学	中国
3	清华大学	中国	8	圣保罗大学	巴西
4	北京师范大学	中国	9	北京大学	中国
5	瓦格宁根大学	荷兰	10	佛罗里达大学	美国
其他中国机构：15. 南京大学；22. 河海大学；24. 中山大学；26. 同济大学；28. 中国地质大学；43. 西北农林科技大学；51. 武汉大学；60. 哈尔滨工业大学；61. 中国农业大学；72. 中国矿业大学；74. 上海交通大学；76. 山东大学；78. 中国海洋大学；88. 复旦大学；95. 南京信息工程大学；97. 天津大学；100. 兰州大学；101. 台湾大学；102. 北京林业大学；108. 四川大学；111. 香港大学；115. 华东师范大学；120. 华中科技大学；124. 南京农业大学；127. 暨南大学；129. 厦门大学；143. 中南大学；144. 南开大学；146. 华中农业大学；151. 重庆大学；161. 东南大学；171. 吉林大学；175. 香港理工大学；182. 华南理工大学；183. 大连理工大学；192. 华北电力大学；215. 南京师范大学；225. 西安交通大学；232. 香港城市大学；241. 南京林业大学；246. 中国科学技术大学；248. 湖南大学；251. 华南农业大学；257. 长安大学；264. 浙江工业大学；265. 郑州大学；286. 江苏大学；289. 台湾成功大学；291. 广东工业大学；292. 西南大学；307. 香港中文大学；318. 香港科技大学；326. 东北师范大学；327. 四川农业大学；333. 中国石油大学；338. 深圳大学；339. 北京工业大学；349. 北京科技大学；363. 上海大学；368. 广州大学；371. 西安建筑科技大学；373. 南方科技大学；381. 华南师范大学；388. 台湾“中国医药大学”；404. 广西大学；414. 东北农业大学；417. 云南大学；430. 福建农林大学；438. 武汉理工大学；441. 北京理工大学；447. 西安理工大学；458. 东北林业大学；465. 华东理工大学；468. 河南大学；480. 成都理工大学；500. 香港浸会大学；502. 浙江农林大学；508. 上海海洋大学；509. 海南大学；510. 陕西师范大学；513. 湖南农业大学；521. 合肥工业大学；525. 西北大学；528. 扬州大学；531. 贵州大学；533. 昆明理工大学；542. 山东科技大学；551. 江南大学；554. 山西大学；557. 台湾中兴大学；560. 福建师范大学；568. 中国人民大学；576. 东北大学；578. 南昌大学；585. 台湾阳明交通大学；591. 宁波大学；603. 北京航空航天大学；605. 山东农业大学；608. 北京交通大学；615. 亚洲大学；621. 台湾“中山大学”；623. 新疆大学；625. 青岛大学；628. 北京化工大学；632. 福州大学；633. 东华大学；634. 西南交通大学；639. 苏州大学；660. 高雄医学大学；665. 南京理工大学；675. 沈阳农业大学；679. 南京工业大学；682. 河南师范大学；695. 华中师范大学；701. 山东师范大学；704. 高雄科技大学；721. 汕头大学；728. 大连海事大学；746. 南京医科大学；747. 香港教育大学；749. 浙江工商大学；760. 桂林理工大学；764. 河南农业大学；775. 安徽农业大学；776. 中南林业科技大学；783. 中国医学科学院-北京协和医学院；788. 内蒙古大学；789. 安徽医科大学；793. 台北医学大学；800. 齐鲁工业大学；801. 上海理工大学；804. 苏州科技大学；806. 西安科技大学；809. 西南科技大学；827. 青岛农业大学；828. 济南大学；829. 首都医科大学；835. 杭州师范大学；836. 台湾“中央大学”；840. 南京航空航天大学；842. 北京建筑大学；853. 浙江师范大学；856. 首都师范大学；857. 台北科技大学；860. 安徽大学；862. 贵州师范大学；867. 青海大学；898. 电子科技大学；906. 山西农业大学；936. 青岛大学；937. 湖南师范大学；939. 江汉大学；944. 上海师范大学；945. 江西农业大学；987. 长沙理工大学；989. 河北农业大学；1003. 东莞理工学院；1006. 佛山科学技术学院；1020. 东海大学；1024. 中原大学；1055. 中国计量大学；1076. 台湾“清华大学”；1098. 绍兴文理学院					

3. 环境科学与生态学学科科研影响力排名分析

总被引次数最高的是瑞士联邦理工学院，达到342362次；总被引次数在50000次以上的有146所，它们是：瑞士联邦理工学院（瑞士）、中国科学院大学（中国）、瓦格宁根大学（荷兰）、加利福尼亚大学伯克利分校（美国）、昆士兰大学（澳大利亚）、苏黎世联邦理工学院（瑞士）、清华大学（中国）、斯坦福大学（美国）、加利福尼亚大学戴维斯分校（美国）、牛津大学（英国）、哈佛大学（美国）、北京大学（中国）、英属哥伦比亚大学（加拿大）、瑞典农业科学大学（瑞典）、伦敦帝国学院（英国）、明尼苏达大学双城分校（美国）、华盛顿大学（美国）、华盛顿大学（西雅图）（美国）、佛罗里达大学（美国）、蒙彼利埃大学（法国）、哥本哈根大学（丹麦）、斯德哥尔摩大学（瑞典）、乌得勒支大学（荷兰）、埃克塞特大学（英国）、奥尔胡斯大学（丹麦）、布列塔尼-卢瓦尔大学（法国）、威斯康星大学麦迪逊分校（美国）、北京师范大学（中国)、詹姆斯库克大学(澳大利亚)、马里兰大学帕克分校(美国)、浙江大学(中国)、科罗拉多大学博尔德分校(美国)、杜克大学(美国)、南京大学(中国)、巴黎萨克雷大学(法国)、新南威尔士大学悉尼分校(澳大利亚)、科罗拉多州立大学(美国)、俄勒冈州立大学(美国)、耶鲁大学(美国)、墨尔本大学(澳大利亚)、剑桥大学(英国)、密歇根州立大学(美国)、索邦大学(法国)、圣保罗大学(巴西)、康奈尔大学(美国)、加利福尼亚大学圣塔芭芭拉分校(美国)、麦吉尔大学(加拿大)、西澳大学(澳大利亚)、密歇根大学(美国)、加利福尼亚大学洛杉矶分校(美国)、哥伦比亚大学(美国)、北卡罗来纳大学(美国)、赫尔辛基大学(芬兰)、多伦多大学(加拿大)、亚利桑那大学(美国)、根特大学(比利时)、阿尔伯塔大学(加拿大)、图卢兹大学(法国)、隆德大学(瑞典)、澳大利亚国立大学(澳大利亚)、亚利桑那州立大学(美国)、巴黎文理研究大学(法国)、利兹大学(英国)、伦敦大学学院(英国)、阿姆斯特丹自由大学(荷兰)、亚利桑那州立大学(美国)、德国哥廷根大学(德国)、中山大学(中国)、爱丁堡大学(英国)、新加坡国立大学(新加坡)、魁北克大学(加拿大)、同济大学(中国)、格勒诺布尔阿尔卑斯公社大学(法国)、格勒诺布尔-阿尔卑斯大学(法国)、图卢兹第三大学(法国)、伊利诺伊大学厄巴纳-香槟分校(美国)、宾夕法尼亚州立大学(美国)、北卡罗来纳州立大学(美国)、里斯本大学(葡萄牙)、墨西哥国立自治大学(墨西哥)、莫纳什大学(澳大利亚)、伯尔尼大学(瑞士)、哈尔滨工业大学(中国)、加利福尼亚大学尔湾分校(美国)、普林斯顿大学(美国)、慕尼黑理工大学(德国)、得克萨斯大学奥斯汀分校(美国)、丹麦科技大学(丹麦)、德州农工大学(美国)、悉尼大学(澳大利亚)、佐治亚大学(美国)、兰卡斯特大学(英国)、苏黎世大学(瑞士)、俄亥俄州立大学(美国)、波尔图大学(葡萄牙)、洛桑联邦理工学院(瑞士)、塔斯马尼亚大学(澳大利亚)、宾夕法尼亚州立大学帕克分校(美国)、加利福尼亚大学圣克鲁兹分校(美国)、巴塞罗那大学(西班牙)、巴黎高科环境与生命科学工程学院(法国)、麻省理工学院(美国)、阿德莱德大学(澳大利亚)、哥德堡大学(瑞典)、西北农林科技大学(中国)、东安格利亚大学(英国)、南洋理工大学(新加坡)、新加坡国立教育学院(新加坡)、格里菲斯大学(澳大利亚)、上海交通大学(中国)、北卡罗来纳大学教堂山分校(美国)、马萨诸塞大学阿默斯特分校(美国)、中国农业大学(中国)、复旦大学(中国)、加利福尼亚大学圣迭戈分校(美国)、谢菲尔德大学(英国)、阿伯丁大学(英国)、中国地质大学(中国)、南安普敦大学(英国)、香港大学(中国香港)、鲁汶大学(比利时)、麦考瑞大学(澳大利亚)、代尔夫特理工大学(荷兰)、乌普萨拉大学(瑞典)、萨省大学(加拿大)、康涅狄格大学(美国)、巴塞罗那自治大学(西班牙)、佐治亚理工学院(美国)、蒙大拿大学(美国)、安特卫普大学(比利时)、蒙彼利埃国立高等农学研究学院(法国)、维也纳大学(奥地利)、弗赖堡大学(德国)、弗吉尼亚理工学院暨州立大学(美国)、奥斯陆大学(挪威)、罗格斯大学新不斯维克分校(美国)、西悉尼大学(澳大利亚)、悉尼科技大学(澳大利亚)、布里斯托尔大学(英国)、波士顿大学(美国)、萨瓦大学(法国)、首尔大学(韩国)、斯坦陵布什大学(南非)、圭尔夫大学(加拿大)、挪威科技大学(挪威)、图卢兹大学(法国);总被引次数超过40000次少于等于50000次的有56所;总被引次数超过30000次少于等于40000次的有76所;总被引次数超过20000次少于等于30000次的有143所;总被引次数超过10000次少于等于20000次的有289所;总被引次数在10000次及以下的有397所;进入排名的所有高校的总被引次数均在4709次以上。进入ESI环境科学与生态学学科总被引次数排名的中国(包含港澳台)高校共有168所,具体总被引次数排名如表3-87所示。

表3-87 环境科学与生态学学科总被引次数排名(前10位与中国大学)

总被引次数排名	机构名称	国家/地区	总被引次数排名	机构名称	国家/地区
1	瑞士联邦理工学院	瑞士	6	苏黎世联邦理工学院	瑞士
2	中国科学院大学	中国	7	清华大学	中国
3	瓦格宁根大学	荷兰	8	斯坦福大学	美国
4	加利福尼亚大学伯克利分校	美国	9	加利福尼亚大学戴维斯分校	美国
5	昆士兰大学	澳大利亚	10	牛津大学	英国

续表

其他中国机构：12. 北京大学；28. 北京师范大学；31. 浙江大学；34. 南京大学；68. 中山大学；72. 同济大学；83. 哈尔滨工业大学；105. 西北农林科技大学；110. 上海交通大学；113. 中国农业大学；114. 复旦大学；118. 中国地质大学；120. 香港大学；147. 武汉大学；149. 南开大学；152. 湖南大学；154. 香港理工大学；157. 华东师范大学；162. 河海大学；172. 南京农业大学；180. 山东大学；181. 天津大学；188. 台湾大学；189. 中南大学；190. 中国科学技术大学；204. 华中科技大学；206. 中国海洋大学；209. 香港科技大学；210. 兰州大学；218. 南京信息工程大学；220. 厦门大学；221. 暨南大学；239. 华南理工大学；244. 大连理工大学；246. 香港城市大学；247. 华中农业大学；250. 北京林业大学；256. 中国矿业大学；274. 华北电力大学；293. 重庆大学；302. 四川大学；339. 香港中文大学；343. 浙江工业大学；364. 西安交通大学；371. 北京理工大学；382. 广东工业大学；386. 南京师范大学；387. 东南大学；393. 长安大学；406. 南方科技大学；416. 上海大学；432. 华南农业大学；435. 浙江农林大学；439. 东北农业大学；442. 吉林大学；444. 北京工业大学；446. 台湾成功大学；447. 东北师范大学；454. 北京科技大学；461. 西南大学；462. 香港浸会大学；464. 江苏大学；469. 苏州大学；477. 深圳大学；484. 华东理工大学；491. 广州大学；507. 西安建筑科技大学；509. 湖南农业大学；510. 南京林业大学；514. 香港教育大学；516. 华南师范大学；524. 武汉理工大学；526. 四川农业大学；539. 中国石油大学；554. 郑州大学；558. 北京化工大学；575. 福建农林大学；578. 台湾"中国医药大学"；596. 陕西师范大学；610. 东华大学；614. 台湾"清华大学"；620. 北京航空航天大学；637. 广西大学；657. 山西大学；661. 浙江师范大学；666. 福建师范大学；667. 昆明理工大学；672. 中国人民大学；685. 河南大学；687. 南京理工大学；698. 华中师范大学；700. 云南大学；703. 上海海洋大学；704. 合肥工业大学；714. 青岛大学；716. 山东农业大学；723. 江南大学；729. 河南师范大学；735. 福州大学；743. 扬州大学；759. 汕头大学；761. 台湾中兴大学；770. 台湾阳明交通大学；776. 台湾"中山大学"；779. 电子科技大学；783. 内蒙古大学；788. 中南林业科技大学；799. 浙江工商大学；806. 西北大学；810. 南京工业大学；812. 东北林业大学；813. 西安理工大学；814. 宁波大学；815. 山东科技大学；818. 北京交通大学；823. 济南大学；825. 成都理工大学；840. 海南大学；842. 杭州师范大学；848. 新疆大学；851. 中国医学科学院-北京协和医学院；852. 亚洲大学；858. 台湾"中央大学"；881. 上海理工大学；884. 南昌大学；885. 江汉大学；892. 安徽农业大学；898. 西南科技大学；901. 北京建筑大学；908. 河南农业大学；917. 首都医科大学；925. 南京医科大学；931. 中国计量大学；940. 安徽医科大学；942. 首都师范大学；946. 沈阳农业大学；956. 湖南师范大学；958. 东北大学；963. 佛山科学技术学院；965. 西南交通大学；968. 山东师范大学；974. 南京航空航天大学；977. 高雄科技大学；982. 贵州大学；987. 齐鲁工业大学；989. 西安科技大学；996. 青岛农业大学；1003. 高雄医学大学；1008. 山西农业大学；1020. 桂林理工大学；1025. 绍兴文理学院；1039. 青岛大学；1057. 台北医学大学；1058. 青海大学；1060. 河北农业大学；1064. 安徽大学；1065. 长沙理工大学；1066. 大连海事大学；1068. 东海大学；1073. 贵州师范大学；1075. 江西农业大学；1085. 上海师范大学；1086. 苏州科技大学；1088. 中原大学；1090. 东莞理工学院；1106. 台北科技大学

4. 环境科学与生态学学科影响力排名分析

从高被引论文数来看，排在前10位的高校中有2个隶属于美国。高被引论文数最多的是瑞士的瑞士联邦理工学院，达到326篇；其次是瓦格宁根大学(荷兰)、清华大学(中国)、中国科学院大学(中国)、斯坦福大学(美国)、苏黎世联邦理工学院(瑞士)、加利福尼亚大学伯克利分校(美国)、牛津大学(英国)、昆士兰大学(澳大利亚)、北京大学(中国)、明尼苏达大学双城分校(美国)、伦敦帝国学院(英国)、英属哥伦比亚大学(加拿大)、埃克塞特大学(英国)、乌得勒支大学(荷兰)、华盛顿大学(美国)、蒙彼利埃大学(法国)、华盛顿大学(西雅图)(美国)、哈佛大学(美国)、佛罗里达大学(美国)、剑桥大学(英国)、浙江大学(中国)、马里兰大学帕克分校(美国)、瑞典农业科学大学(瑞典)、巴黎萨克雷大学(法国)、耶鲁大学(美国)、哥本哈根大学(丹麦)、斯德哥尔摩大学(瑞典)、新南威尔士大学悉尼分校(澳大利亚)、伦敦大学学院(英国)、加利福尼亚大学戴维斯分校(美国)、墨尔本大学(澳大利亚)、哥伦比亚大学(美国)、加利福尼亚大学圣塔芭芭拉分校(美国)、詹姆斯库克大学(澳大利亚)，高被引论文数均在100篇以上；高被引论文数高篇数段集中在70~100篇，共有43所高校；在50篇以上70篇以下的高校有59所；高被引论文数在30篇以上50篇及以下的高校有121所；高被引论文数在20篇以上30篇及以下的高校有119所；高被引论文数在10篇以上20篇及以下的高校有284所；高被引论文数在10篇及以下的高校有446所，其中高被引论文数为0篇的高校有4所。在中国(包含港澳台)的高校中，清华大学的高被引论文数为216篇，位居中国第1位，其次是中国科学院大学、北京大学，分别为202篇和158篇。其他进入ESI环境科学与生态学学科高被引论文数排名的中国(包含港澳台)高校如表3-88所示。

表3-88 环境科学与生态学学科高被引论文数排名（前10位与中国大学）

高被引论文数排名	机构名称	国家/地区	高被引论文数排名	机构名称	国家/地区
1	瑞士联邦理工学院	瑞士	6	苏黎世联邦理工学院	瑞士
2	瓦格宁根大学	荷兰	7	加利福尼亚大学伯克利分校	美国
3	清华大学	中国	8	牛津大学	英国
4	中国科学院大学	中国	9	昆士兰大学	澳大利亚
5	斯坦福大学	美国	10	北京大学	中国
其他中国机构：22. 浙江大学；39. 北京师范大学；39. 南京大学；42. 湖南大学；44. 上海交通大学；59. 香港理工大学；65. 哈尔滨工业大学；67. 中南大学；67. 北京理工大学；76. 中山大学；82. 华东师范大学；92. 武汉大学；104. 西北农林科技大学；109. 天津大学；109. 中国科学技术大学；114. 复旦大学；114. 香港大学；114. 山东大学；118. 同济大学；130. 华北电力大学；138. 长安大学；144. 中国农业大学；144. 大连理工大学；144. 江苏大学；154. 南开大学；154. 华中科技大学；154. 香港科技大学；170. 中国地质大学；170. 重庆大学；179. 兰州大学；183. 南方科技大学；195. 广东工业大学；206. 香港城市大学；206. 西安交通大学；215. 深圳大学；226. 四川大学；232. 南京信息工程大学；232. 中国矿业大学；237. 厦门大学；237. 暨南大学；237. 东北农业大学；250. 河海大学；250. 华南理工大学；250. 北京化工大学；259. 广州大学；259. 青岛大学；265. 浙江工业大学；265. 苏州大学；265. 浙江师范大学；278. 湖南农业大学；278. 电子科技大学；287. 南京农业大学；287. 南京理工大学；294. 上海大学；294. 郑州大学；294. 海南大学；304. 中国海洋大学；304. 绍兴文理学院；325. 台湾大学；325. 北京科技大学；325. 武汉理工大学；338. 香港中文大学；338. 浙江农林大学；338. 北京工业大学；338. 西安建筑科技大学；338. 台湾“中国医药大学”；357. 东北师范大学；357. 西南大学；378. 华东理工大学；378. 中南林业科技大学；403. 北京林业大学；403. 南京林业大学；403. 中国石油大学；403. 佛山科学技术学院；427. 华中农业大学；427. 南京师范大学；427. 香港教育大学；427. 河南大学；427. 福州大学；427. 上海理工大学；427. 河南农业大学；447. 台湾成功大学；469. 华南农业大学；469. 北京航空航天大学；469. 华中师范大学；469. 西安科技大学；494. 香港浸会大学；494. 福建农林大学；494. 广西大学；494. 亚洲大学；517. 东南大学；517. 四川农业大学；517. 东华大学；517. 福建师范大学；517. 新疆大学；552. 陕西师范大学；552. 昆明理工大学；552. 河南师范大学；552. 汕头大学；552. 西南科技大学；572. 台湾“清华大学”；572. 中国人民大学；572. 上海海洋大学；572. 西北大学；572. 山东科技大学；572. 成都理工大学；572. 南京航空航天大学；572. 长沙理工大学；618. 吉林大学；618. 华南师范大学；618. 云南大学；618. 扬州大学；618. 南京工业大学；618. 北京交通大学；618. 南京医科大学；618. 西南交通大学；618. 东海大学；662. 浙江工商大学；662. 宁波大学；662. 南昌大学；662. 湖南师范大学；662. 青岛大学；712. 东北林业大学；712. 山东师范大学；712. 安徽大学；765. 江南大学；765. 济南大学；765. 杭州师范大学；765. 北京建筑大学；765. 中国计量大学；765. 沈阳农业大学；765. 东北大学；765. 桂林理工大学；826. 山东农业大学；826. 台湾中兴大学；826. 河北农业大学；826. 上海师范大学；826. 东莞理工学院；869. 合肥工业大学；869. 台湾阳明交通大学；869. 台湾“中山大学”；869. 内蒙古大学；869. 安徽农业大学；869. 贵州大学；869. 齐鲁工业大学；869. 青岛农业大学；869. 贵州师范大学；869. 江西农业大学；869. 中原大学；946. 山西大学；946. 西安理工大学；946. 台湾“中央大学”；946. 江汉大学；946. 首都师范大学；946. 台北医学大学；946. 青海大学；946. 苏州科技大学；1001. 高雄科技大学；1001. 大连海事大学；1001. 台北科技大学；1054. 安徽医科大学；1054. 山西农业大学；1090. 中国医学科学院-北京协和医学院；1090. 首都医科大学；1090. 高雄医学大学					

5. 环境科学与生态学学科师资力量排名分析

从高被引科学家数来看，排在前10位的高校中有2个隶属于美国，3个隶属于澳大利亚，2个隶属于中国，3个分别隶属于荷兰、英国、沙特阿拉伯。高被引科学家数最多的是美国的明尼苏达大学双城分校，为8人；其次是清华大学(中国)，高被引科学家数为7人；瓦格宁根大学(荷兰)，高被引科学家数为5人；高被引科学家数为4人的高校有2所，分别是沙特国王大学(沙特阿拉伯)、华东师范大学(中国)；高被引科学家数为3人的高校有5所；高被引科学家数为2人的高校有16所；高被引科学家数为1

人的高校有 82 所；高被引科学家数为 0 人的高校有 999 所。在中国(包含港澳台)的高校中，清华大学的高被引科学家数为 7 人，位居中国第 1 位；华东师范大学的高被引科学家数为 4 人，湖南大学、长安大学的高被引科学家数为 2 人，北京大学、上海交通大学、香港城市大学、中山大学、哈尔滨工业大学、香港理工大学、南方科技大学、香港科技大学、北京化工大学、佛山科学技术学院、台湾“中国医药大学”的高被引科学家数为 1 人，其他高校的高被引科学家数均为 0 人，如表 3-89 所示。

表 3-89　环境科学与生态学学科高被引科学家排名（前 10 位与中国大学）

高被引科学家数排名	机构名称	国家/地区	高被引科学家数排名	机构名称	国家/地区
1	明尼苏达大学双城分校	美国	6	昆士兰大学	澳大利亚
2	清华大学	中国	6	斯坦福大学	美国
3	瓦格宁根大学	荷兰	6	牛津大学	英国
4	沙特国王大学	沙特阿拉伯	6	阿德莱德大学	澳大利亚
4	华东师范大学	中国	6	悉尼科技大学	澳大利亚
其他中国机构：11. 湖南大学；11. 长安大学；27. 北京大学；27. 上海交通大学；27. 香港理工大学；27. 哈尔滨工业大学；27. 中山大学；27. 香港科技大学；27. 南方科技大学；27. 香港城市大学；27. 北京化工大学；27. 台湾“中国医药大学”；27. 佛山科学技术学院					

从高被引科学家数这项指标可以看出，位居前 10 名的大学所在国家分布较为分散，但相对来说还是澳大利亚的高校较多。中国高校在各指标中的排名均靠后，仅有清华大学、华东师范大学、湖南大学、长安大学、北京大学、上海交通大学、香港理工大学、哈尔滨工业大学、中山大学、香港科技大学、南方科技大学、香港城市大学、北京化工大学、台湾“中国医药大学”、佛山科学技术学院 15 所大学跻身前 50 名，表明中国的高校在环境科学与生态学学科领域力量较弱，应以澳大利亚等国际先进的高校为标杆，吸取经验，加快发展。

(九)地球科学

进入 ESI 地球科学学科排名的高校共有 603 所。从图 3-9 的国家或地区分布来看，这些高校分布在美国、中国、英国、法国、德国、意大利、加拿大、瑞士、澳大利亚、西班牙等 48 个国家或地区。其中，美国拥有全球数量最多的从事地球科学研究的高校，共计 142 所，约占全球高校总数的 23. 55%。中国大陆(内地)有 64 所进入排名，中国香港有 5 所，中国台湾有 3 所。

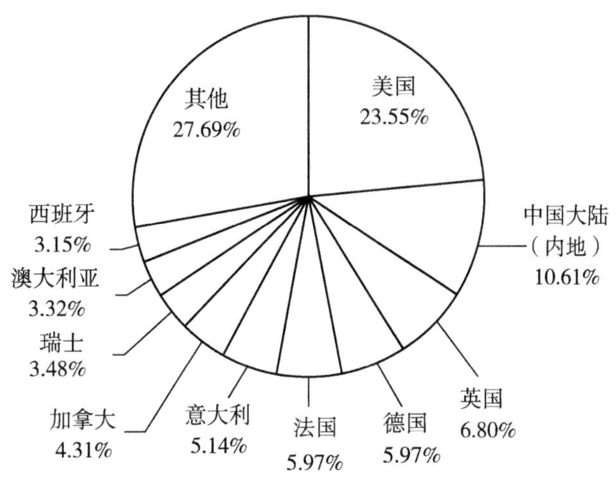

图 3-9　进入 ESI 地球科学领域排名的大学的国家或地区分布

1. 地球科学学科竞争力综合排名分析

位居前 10 位的高校有 4 所分布在中国，2 所在美国，2 所在瑞士，2 所在法国。表 3-90 列出了 ESI 地球科学学科综合排名前 10 位的高校和该排名中的中国(含港澳台)高校。

表 3-90 地球科学学科综合排名(前 10 位与中国大学)

综合排名	机构名称	星级	档次	国家/地区	综合排名	机构名称	星级	档次	国家/地区
1	瑞士联邦理工学院	5★+	一流学科	瑞士	6	中国地质大学	5★+	一流学科	中国
2	苏黎世联邦理工学院	5★+	一流学科	瑞士	7	加利福尼亚理工学院	5★	一流学科	美国
3	中国科学院大学	5★+	一流学科	中国	8	武汉大学	5★	一流学科	中国
4	科罗拉多大学博尔德分校	5★+	一流学科	美国	9	索邦大学	5★	一流学科	法国
5	清华大学	5★+	一流学科	中国	10	格勒诺布尔-阿尔卑斯大学	5★	一流学科	法国
其他中国机构：11. 北京大学；20. 中山大学；26. 北京师范大学；40. 南京大学；46. 中国矿业大学；49. 南京信息工程大学；65. 中国石油大学；76. 电子科技大学；78. 西安交通大学；84. 兰州大学；111. 西北工业大学；113. 中国海洋大学；115. 香港大学；123. 西北大学；126. 中南大学；128. 山东科技大学；129. 香港科技大学；138. 华东师范大学；143. 长安大学；148. 吉林大学；149. 浙江大学；154. 成都理工大学；165. 厦门大学；169. 四川大学；176. 北京理工大学；177. 北京航空航天大学；180. 天津大学；185. 同济大学；187. 复旦大学；188. 中国科学技术大学；197. 香港理工大学；198. 成都信息工程大学；205. 重庆大学；213. 湖南大学；221. 河海大学；229. 台湾大学；236. 哈尔滨工业大学；238. 南京师范大学；244. 国防科学技术大学；261. 上海交通大学；278. 南方科技大学；281. 西安科技大学；297. 河南理工大学；298. 西安电子科技大学；306. 深圳大学；307. 长江大学；309. 大连理工大学；313. 西北农林科技大学；323. 东南大学；358. 香港中文大学；387. 西南石油大学；397. 山东大学；406. 西南交通大学；407. 台湾“中央大学”；417. 合肥工业大学；423. 中国东北大学；430. 中国农业大学；447. 香港城市大学；453. 北京科技大学；455. 首都师范大学；461. 华中科技大学；468. 云南大学；482. 暨南大学；495. 台湾成功大学；504. 北京化工大学；515. 华东理工大学；548. 桂林理工大学；564. 北京林业大学									

2. 地球科学学科的科研能力排名分析

从发文量排名来看，位居前 10 位的依次是中国科学院大学(中国)、中国地质大学(中国)、瑞士联邦理工学院(瑞士)、中国石油大学(中国)、索邦大学(法国)、科罗拉多大学博尔德分校(美国)、南京信息工程大学(中国)、武汉大学(中国)、苏黎世联邦理工学院(瑞士)、加利福尼亚理工学院(美国)，其中 5 所来自中国，2 所来自美国，2 所来自瑞士，1 所来自法国。发文量最多的是中国科学院大学，为 18759 篇，中国地质大学的发文量是 16931 篇，瑞士的瑞士联邦理工学院发文量是 9905 篇。表 3-91 列出了 ESI 地球科学学科发文量排名前 10 位的高校和该排名中的中国(包含港澳台)高校。

表 3-91 地球科学学科发文量排名(前 10 位与中国大学)

发文量排名	机构名称	国家/地区	发文量排名	机构名称	国家/地区
1	中国科学院大学	中国	6	科罗拉多大学博尔德分校	美国
2	中国地质大学	中国	7	南京信息工程大学	中国
3	瑞士联邦理工学院	瑞士	8	武汉大学	中国
4	中国石油大学	中国	9	苏黎世联邦理工学院	瑞士
5	索邦大学	法国	10	加利福尼亚理工学院	美国

续表

其他中国机构：11. 北京大学；13. 南京大学；17. 中国矿业大学；26. 北京师范大学；28. 中山大学；29. 中国海洋大学；40. 吉林大学；44. 清华大学；50. 浙江大学；51. 同济大学；55. 成都理工大学；56. 中南大学；60. 中国科学技术大学；66. 兰州大学；74. 河海大学；97. 西北大学；100. 台湾大学；102. 山东科技大学；113. 长安大学；135. 香港大学；141. 西南石油大学；146. 西安电子科技大学；182. 复旦大学；184. 西安交通大学；185. 国防科学技术大学；192. 华东师范大学；203. 香港理工大学；204. 天津大学；205. 台湾"中央大学"；225. 重庆大学；232. 厦门大学；257. 哈尔滨工业大学；258. 南方科技大学；259. 上海交通大学；265. 山东大学；268. 西南交通大学；270. 南京师范大学；273. 中国东北大学；274. 长江大学；284. 电子科技大学；291. 四川大学；296. 香港中文大学；297. 合肥工业大学；306. 华东理工大学；311. 云南大学；316. 北京航空航天大学；331. 成都信息工程大学；332. 北京科技大学；335. 河南理工大学；344. 首都师范大学；355. 大连理工大学；359. 台湾成功大学；368. 香港科技大学；370. 北京理工大学；372. 西安科技大学；389. 桂林理工大学；398. 西北工业大学；401. 东南大学；404. 华中科技大学；410. 深圳大学；425. 中国农业大学；436. 香港城市大学；445. 西北农林科技大学；495. 暨南大学；524. 北京林业大学；573. 北京化工大学；574. 湖南大学

3. 地球科学学科科研影响力排名分析

从总被引次数来看，居前10位的4所是美国的高校，2所是法国的高校，2所是瑞士的高校，2所是中国的高校。其中瑞士的瑞士联邦理工学院的总被引次数最高，高达318711次，排在第2位的是中国地质大学，总被引次数为281119次。中国科学院大学排在第3位，总被引次数为253352次。表3-92列出了ESI地球科学学科总被引次数排名前10位的高校和该排名中的中国(包含港澳台)高校。

表3-92 地球科学学科总被引次数排名（前10位与中国大学）

总被引次数排名	机构名称	国家/地区	总被引次数排名	机构名称	国家/地区
1	瑞士联邦理工学院	瑞士	6	苏黎世联邦理工学院	瑞士
2	中国地质大学	中国	7	索邦大学	法国
3	中国科学院大学	中国	8	巴黎萨克雷大学	法国
4	科罗拉多大学博尔德分校	美国	9	华盛顿大学	美国
5	加利福尼亚理工学院	美国	10	哥伦比亚大学	美国
其他中国机构：15. 北京大学；24. 南京大学；25. 武汉大学；30. 南京信息工程大学；34. 北京师范大学；44. 中国石油大学；48. 清华大学；61. 中国矿业大学；78. 中山大学；91. 兰州大学；93. 中国海洋大学；95. 香港大学；111. 中国科学技术大学；112. 同济大学；116. 中南大学；119. 西安交通大学；121. 台湾大学；134. 西北大学；143. 吉林大学；149. 浙江大学；170. 河海大学；189. 成都理工大学；214. 山东科技大学；216. 香港理工大学；227. 华东师范大学；235. 复旦大学；237. 香港中文大学；268. 西安电子科技大学；274. 长安大学；287. 厦门大学；307. 南京师范大学；318. 香港科技大学；319. 重庆大学；326. 台湾"中央大学"；333. 哈尔滨工业大学；344. 山东大学；346. 四川大学；351. 西南石油大学；352. 天津大学；358. 西北工业大学；368. 合肥工业大学；378. 国防科学技术大学；380. 中国东北大学；388. 北京航空航天大学；389. 上海交通大学；400. 香港城市大学；409. 西南交通大学；411. 电子科技大学；434. 中国农业大学；437. 西北农林科技大学；439. 首都师范大学；466. 南方科技大学；469. 华中科技大学；470. 台湾成功大学；475. 湖南大学；478. 西安科技大学；486. 大连理工大学；489. 北京科技大学；490. 云南大学；501. 成都信息工程大学；503. 河南理工大学；506. 长江大学；508. 暨南大学；509. 北京理工大学；543. 深圳大学；566. 华东理工大学；570. 北京化工大学；572. 东南大学；589. 桂林理工大学；598. 北京林业大学					

4. 地球科学学科影响力排名分析

从高被引论文数来看，排名第1位的是瑞士联邦理工学院，有349篇高被引论文。位居前10位的高校有5所来自美国,2所来自瑞士,2所来自中国,1所来自法国,表3-93为进入ESI地球科学学科高被引论文数排名前10位高校与中国(包含港澳台)高校。

表3-93　地球科学学科高被引论文数排名(前10位与中国大学)

高被引论文数排名	机构名称	国家/地区	高被引论文数排名	机构名称	国家/地区
1	瑞士联邦理工学院	瑞士	6	巴黎萨克雷大学	法国
2	加利福尼亚理工学院	美国	7	武汉大学	中国
3	苏黎世联邦理工学院	瑞士	8	哥伦比亚大学	美国
4	科罗拉多大学博尔德分校	美国	9	马里兰大学帕克分校	美国
5	中国地质大学	中国	10	华盛顿大学	美国
其他中国机构:12. 中国科学院大学;16. 北京大学;18. 清华大学;19. 南京信息工程大学;34. 北京师范大学;41. 南京大学;41. 中国矿业大学;45. 中山大学;70. 中南大学;91. 中国石油大学;95. 中国海洋大学;97. 兰州大学;101. 西安交通大学;101. 重庆大学;101. 西北工业大学;114. 香港大学;119. 电子科技大学;126. 复旦大学;131. 河海大学;131. 西安电子科技大学;134. 同济大学;134. 山东科技大学;142. 中国科学技术大学;142. 成都理工大学;167. 华东师范大学;173. 西北大学;173. 哈尔滨工业大学;187. 湖南大学;187. 北京理工大学;197. 浙江大学;197. 香港理工大学;217. 南京师范大学;217. 天津大学;217. 西安科技大学;226. 台湾大学;233. 四川大学;243. 长安大学;243. 国防科学技术大学;243. 中国农业大学;254. 吉林大学;254. 香港中文大学;277. 上海交通大学;277. 西南交通大学;277. 深圳大学;290. 南方科技大学;303. 厦门大学;303. 香港科技大学;303. 北京化工大学;319. 山东大学;319. 北京航空航天大学;329. 河南理工大学;329. 暨南大学;361. 香港城市大学;361. 华中科技大学;378. 合肥工业大学;378. 北京科技大学;378. 东南大学;395. 大连理工大学;410. 中国东北大学;410. 西北农林科技大学;432. 西南石油大学;432. 首都师范大学;432. 长江大学;457. 云南大学;457. 成都信息工程大学;476. 北京林业大学;521. 台湾成功大学;544. 桂林理工大学;564. 台湾"中央大学";564. 华东理工大学					

5. 地球科学学科师资力量排名分析

从高被引科学家数来看,高被引科学家数最多的是6人,有1所大学,即清华大学(中国);其次1所高校的高被引科学家数为4人,3所高校的高被引科学家数为3人,11所高校的高被引科学家数是2人,45所高校的高被引科学家数是1人,其他542所高校均没有高被引科学家。表3-94为进入ESI地球科学学科的高被引科学家排名前5位的高校与高被引科学家数大于0人的中国(包含港澳台)高校。

表3-94　地球科学学科高被引科学家数排名(前5位与中国大学)

高被引科学家数排名	机构名称	国家/地区	高被引科学家数排名	机构名称	国家/地区
1	清华大学	中国	6	普林斯顿大学	美国
2	加利福尼亚大学尔湾分校	美国	6	奥斯陆大学	挪威
3	苏黎世联邦理工学院	瑞士	6	东安格利亚大学	英国
3	武汉大学	中国	6	赫尔辛基大学	芬兰
3	北京大学	中国	6	波士顿大学	美国
6	中国地质大学	中国	6	阿卜杜拉国王理工大学	沙特阿拉伯
6	格勒诺布尔-阿尔卑斯大学	法国	6	西北工业大学	中国
6	乌得勒支大学	荷兰	17	科罗拉多大学博尔德分校	美国
6	埃克塞特大学	英国	17	加利福尼亚理工学院	美国

续表

其他中国机构：17. 南京大学；17. 中国矿业大学；17. 中山大学；17. 兰州大学；17. 西安交通大学；17. 香港大学；17. 湖南大学；17. 天津大学

(十)免疫学

进入 ESI 免疫学学科排名的高校共有 504 所。从图 3-10 的国家或地区分布来看，这些高校分布在美国，中国，德国，英国，意大利，法国，瑞士，日本，加拿大，澳大利亚等 59 个国家或地区。其中，美国拥有全球数量最多的从事免疫学研究的高校，共计 113 所，约占全球高校总数的 22.42%。中国大陆(内地)有 40 所进入排名，中国香港有 2 名进入排名，中国台湾有 6 所进入排名。

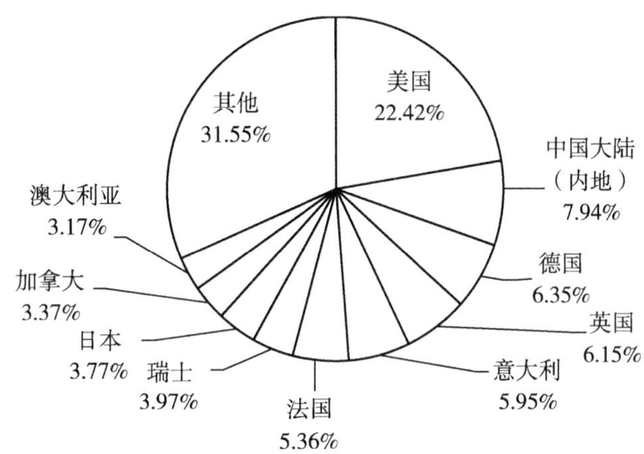

图 3-10 进入 ESI 免疫学学科排名的大学的国家或地区分布

1. 免疫学学科竞争力综合排名分析

通过对多个指标进行综合统计排名，位居前 10 位的高校有 6 所分布在美国，1 所在英国，1 所在中国香港，1 所在澳大利亚，1 所在比利时。表 3-95 列出了 ESI 免疫学学科综合排名前 10 位的高校和该排名中的中国(含港澳台)高校。

表 3-95 免疫学学科综合排名（前 10 位与中国大学）

综合排名	机构名称	名次所居比例/%	档次	国家/地区	综合排名	机构名称	名次所居比例/%	档次	国家/地区
1	哈佛大学	5★+	一流学科	美国	6	宾夕法尼亚大学	5★	一流学科	美国
2	圣路易斯华盛顿大学	5★+	一流学科	美国	7	西奈山伊坎医学院	5★	一流学科	美国
3	加利福尼亚大学旧金山分校	5★+	一流学科	美国	8	伦敦大学学院	5★	一流学科	英国
4	香港大学	5★+	一流学科	中国香港	9	约翰·霍普金斯大学	5★	一流学科	美国
5	墨尔本大学	5★+	一流学科	澳大利亚	10	根特大学	5★	一流学科	比利时
其他中国机构：90. 中国医学科学院-北京协和医学院；94. 浙江大学；108. 首都医科大学；126. 北京大学；127. 郑州大学；133. 北京协和医学院；136. 复旦大学；144. 中南大学；145. 中山大学；146. 上海交通大学；167. 清华大学；									

续表

171. 南方医科大学；172. 华中科技大学；192. 武汉大学；195. 重庆医科大学；225. 台湾大学；245. 南京医科大学；249. 山东大学；254. 四川大学；260. 香港中文大学；263. 广州医科大学；273. 中国科学院大学；279. 安徽医科大学；286. 吉林大学；295. 中国人民解放军陆军军医大学；297. 长庚大学；312. 苏州大学；314. 中国人民解放军海军军医大学；317. 台湾阳明交通大学；320. 中国科学技术大学；323. 同济大学；328. 南京大学；336. 天津医科大学；354. 厦门大学；359. 中国医科大学；361. 台北医学大学；367. 西安交通大学；372. 温州医科大学；373. 台湾“中国医药大学”；381. 山东第一医科大学；401. 空军军医大学；412. 暨南大学；417. 哈尔滨医科大学；419. 华中农业大学；429. 台湾成功大学；431. 中国农业大学；476. 华南农业大学

2. 免疫学学科的科研能力排名分析

从发文量排名来看，位居前 10 位的依次是哈佛大学(美国)、约翰·霍普金斯大学(美国)、巴黎西岱大学(法国)、华盛顿大学(美国)、伦敦帝国学院(英国)、加利福尼亚大学旧金山分校(美国)、牛津大学(英国)、伦敦卫生与热带医学学院(英国)、伦敦大学学院(英国)、卡罗林斯卡医学院(瑞典)，其中美国的高校有 4 所，4 所来自英国，1 所来自法国，1 所来自瑞典。发文量最多的是哈佛大学，为 10741 篇，排名第 10 位的卡罗林斯卡医学院发文量为 3994 篇。表 3-96 列出了 ESI 免疫学学科发文量排名前 10 位的高校和该排名中的中国(包含港澳台)高校。

表 3-96　免疫学学科发文量排名（前 10 位与中国大学）

发文量排名	机构名称	国家/地区	发文量排名	机构名称	国家/地区
1	哈佛大学	美国	6	加利福尼亚大学旧金山分校	美国
2	约翰·霍普金斯大学	美国	7	牛津大学	英国
3	巴黎西岱大学	法国	8	伦敦卫生与热带医学学院	英国
4	华盛顿大学	美国	9	伦敦大学学院	英国
5	伦敦帝国学院	英国	10	卡罗林斯卡医学院	瑞典
其他中国机构：37. 复旦大学；46. 中国医学科学院-北京协和医学院；51. 中山大学；52. 上海交通大学；54. 浙江大学；55. 首都医科大学；80. 北京协和医学院；85. 北京大学；92. 华中科技大学；99. 中南大学；108. 南京医科大学；118. 山东大学；121. 南方医科大学；123. 台湾大学；127. 香港大学；139. 四川大学；154. 吉林大学；158. 武汉大学；165. 中国科学院大学；171. 广州医科大学；178. 郑州大学；181. 长庚大学；187. 安徽医科大学；193. 重庆医科大学；199. 苏州大学；203. 台湾阳明交通大学；223. 中国医科大学；224. 同济大学；228. 香港中文大学；232. 中国人民解放军陆军军医大学；241. 温州医科大学；243. 天津医科大学；249. 西安交通大学；262. 南京大学；266. 清华大学；267. 中国人民解放军海军军医大学；268. 山东第一医科大学；290. 台湾“中国医药大学”；300. 厦门大学；303. 暨南大学；313. 台湾成功大学；323. 空军军医大学；327. 台北医学大学；330. 华中农业大学；344. 哈尔滨医科大学；348. 中国科学技术大学；413. 中国农业大学；458. 华南农业大学					

3. 免疫学学科科研影响力排名分析

从总被引次数来看，位居前 10 位的 5 所是美国的高校，3 所是英国的高校，1 所是法国的高校，1 所是澳大利亚的高校，其中哈佛大学的总被引次数最高，高达 416461 次，排名第 10 位的伦敦大学学院的总被引次数为 129290 次。表 3-97 列出了 ESI 免疫学学科总被引次数排名前 10 位的高校和该排名中的中国(包含港澳台)高校。

表 3-97 免疫学学科总被引次数排名（前 10 位与中国大学）

总被引次数排名	机构名称	国家/地区	总被引次数排名	机构名称	国家/地区
1	哈佛大学	美国	6	牛津大学	英国
2	约翰·霍普金斯大学	美国	7	伦敦帝国学院	英国
3	巴黎西岱大学	法国	8	宾夕法尼亚大学	美国
4	加利福尼亚大学旧金山分校	美国	9	墨尔本大学	澳大利亚
5	华盛顿大学	美国	10	伦敦大学学院	英国
其他中国机构：100. 浙江大学；105. 香港大学；109. 复旦大学；110. 中山大学；111. 上海交通大学；112. 中国医学科学院-北京协和医学院；129. 华中科技大学；132. 首都医科大学；138. 北京大学；156. 北京协和医学院；162. 武汉大学；175. 中南大学；182. 台湾大学；185. 清华大学；214. 山东大学；222. 香港中文大学；234. 南京医科大学；248. 四川大学；251. 中国人民解放军陆军军医大学；252. 中国科学院大学；257. 中国人民解放军海军军医大学；259. 广州医科大学；264. 吉林大学；277. 长庚大学；279. 中国科学技术大学；280. 安徽医科大学；281. 南方医科大学；289. 南京大学；294. 苏州大学；310. 台湾阳明交通大学；321. 同济大学；337. 郑州大学；347. 重庆医科大学；349. 天津医科大学；361. 厦门大学；394. 中国农业大学；396. 中国医科大学；398. 西安交通大学；402. 台湾"中国医药大学"；404. 台北医学大学；412. 温州医科大学；414. 山东第一医科大学；423. 空军军医大学；436. 华中农业大学；440. 台湾成功大学；441. 华南农业大学；451. 哈尔滨医科大学；457. 暨南大学					

4. 免疫学学科影响力排名分析

从高被引论文数来看，排在第 1 位的是哈佛大学，有 313 篇高被引论文。位居前 10 位的高校有 8 所来自美国，1 所来自英国，1 所来自法国。表 3-98 为进入 ESI 免疫学学科高被引论文数排名前 10 位的高校和该排名中的中国(包含港澳台)高校。

表 3-98 免疫学学科高被引论文数排名（前 9 位与中国大学）

高被引论文数排名	机构名称	国家/地区	高被引论文数排名	机构名称	国家/地区
1	哈佛大学	美国	6	牛津大学	英国
2	宾夕法尼亚大学	美国	7	加利福尼亚大学旧金山分校	美国
3	约翰·霍普金斯大学	美国	8	耶鲁大学	美国
4	巴黎西岱大学	法国	8	斯坦福大学	美国
5	圣路易斯华盛顿大学	美国	10	华盛顿大学	美国
其他中国机构：66. 香港大学；81. 武汉大学；91. 中国医学科学院-北京协和医学院；102. 浙江大学；110. 上海交通大学；120. 复旦大学；120. 中山大学；127. 华中科技大学；133. 首都医科大学；145. 北京大学；145. 清华大学；154. 香港中文大学；158. 北京协和医学院；190. 中南大学；190. 广州医科大学；198. 中国科学技术大学；215. 台湾大学；239. 四川大学；239. 安徽医科大学；239. 郑州大学；260. 台北医学大学；287. 中国人民解放军陆军军医大学；287. 中国人民解放军海军军医大学；310. 中国科学院大学；310. 厦门大学；337. 南京医科大学；337. 同济大学；370. 山东大学；370. 南方医科大学；370. 南京大学；370. 天津医科大学；370. 台湾"中国医药大学"；406. 苏州大学；406. 台湾阳明交通大学；406. 重庆医科大学；406. 中国农业大学；406. 空军军医大学；406. 哈尔滨医科大学；440. 吉林大学；440. 长庚大学；440. 西安交通大学；440. 山东第一医科大学；440. 华中农业大学；440. 华南农业大学；440. 暨南大学；474. 中国医科大学；474. 温州医科大学；490. 台湾成功大学；					

5. 免疫学学科师资力量排名分析

从高被引科学家数来看，高被引科学家数最多的是 8 人，有 3 所大学，为哈佛大学(美国)、圣路易斯华盛顿大学(美国)、香港大学(中国香港);其次是加利福尼亚大学旧金山分校(美国)、墨尔本大学(澳大利亚)、根特大学(比利时),有7人;1所高校的高被引科学家数是6人,2所高校的高被引科学家数是4人,2所高校的高被引科学家数是3人,15所高校的高被引科学家数是2人,39所高校的高被引科学家数是1人,其他439所高校均没有高被引科学家。表3-99为进入ESI免疫学学科高被引科学家数排名前10的高校和该排名的中国(包含港澳台)高校。

表3-99　免疫学学科高被引科学家数排名(前10位与中国大学)

高被引科学家数排名	机构名称	国家/地区	高被引科学家数排名	机构名称	国家/地区
1	哈佛大学	美国	7	西奈山伊坎医学院	美国
1	圣路易斯华盛顿大学	美国	8	康奈尔大学	美国
1	香港大学	中国香港	8	洛克菲勒大学	美国
4	加利福尼亚大学旧金山分校	美国	10	宾夕法尼亚大学	美国
4	墨尔本大学	澳大利亚	10	匹兹堡大学	美国
4	根特大学	比利时			
其他中国机构:无					

(十一)材料科学

材料科学学科领域一共有912所高校进入了ESI材料科学学科排名。从国家或地区分布来看,这些高校隶属于中国、美国、韩国、德国、法国、英国、印度、意大利、澳大利亚、加拿大、日本、伊朗、西班牙等53个国家或地区,进入ESI材料科学学科排名的高校所属国家或地区分布如图3-11所示。

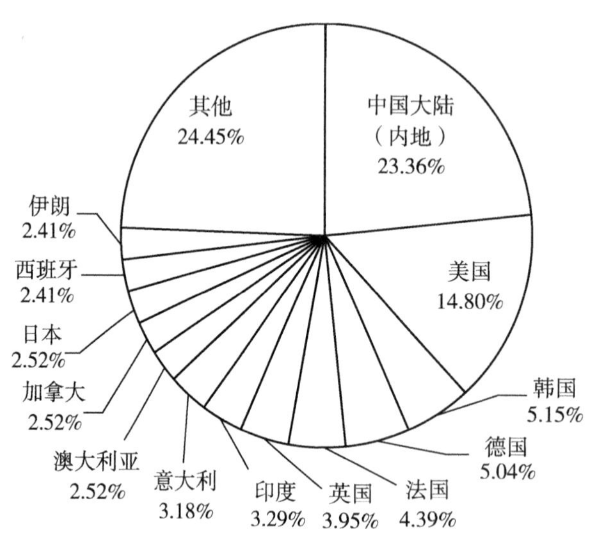

图3-11　进入ESI材料科学学科排名的大学的国家或地区分布

从图3-11可以看出,中国大陆(内地)和美国进入ESI材料科学学科排名的高校数量相近,分别占23.36%和14.80%。中国大陆(内地)进入排名的共有213所,中国台湾共17所,中国香港6所,中国澳门1所。

1. 材料科学学科竞争力综合排名分析

从综合排名来看,位居全世界材料科学前10位的高校分别清华大学(中国)、南洋理工大学(新加坡)、中国科学院大学(中国)、加利福尼亚大学洛杉矶分校(美国)、复旦大学(中国)、香港城市大学(中国香港)、佐治亚理工学院(美国)、西安交通大学(中国)、新加坡国立大学(新加坡)、新加坡国立教育学院(新加坡)。进入前 100 位的中国(包含港澳台)的高校有 51 所，其他进入 ESI 材料科学学科综合排名的中国(包含港澳台)高校如表 3-100 所示。

表 3-100　材料科学学科综合排名（前 10 位与中国大学）

综合排名	机构名称	名次所居比例/%	档次	国家/地区	综合排名	机构名称	名次所居比例/%	档次	国家/地区
1	清华大学	5★+	一流学科	中国内地	6	香港城市大学	5★+	一流学科	中国香港
2	南洋理工大学	5★+	一流学科	新加坡	7	佐治亚理工学院	5★+	一流学科	美国
3	中国科学院大学	5★+	一流学科	中国内地	8	西安交通大学	5★+	一流学科	中国内地
4	加利福尼亚大学洛杉矶分校	5★+	一流学科	美国	9	新加坡国立大学	5★+	一流学科	新加坡
5	复旦大学	5★+	一流学科	中国内地	10	新加坡国立教育学院	5★	一流学科	新加坡

其他中国机构：12. 北京大学；13. 郑州大学；14. 西北工业大学；15. 中南大学；16. 上海交通大学；17. 中国科学技术大学；19. 北京理工大学；20. 天津大学；21. 华南理工大学；23. 北京航空航天大学；24. 浙江大学；25. 北京科技大学；26. 武汉理工大学；28. 华中科技大学；33. 南京大学；35. 苏州大学；36. 湖南大学；38. 哈尔滨工业大学；39. 深圳大学；41. 吉林大学；42. 山东大学；43. 重庆大学；44. 同济大学；45. 南京航空航天大学；47. 四川大学；48. 南方科技大学；49. 中山大学；51. 北京化工大学；52. 南开大学；54. 武汉大学；57. 东南大学；58. 香港理工大学；59. 南京工业大学；62. 电子科技大学；63. 香港科技大学；64. 南京理工大学；70. 东华大学；71. 厦门大学；72. 上海大学；74. 浙江工业大学；75. 大连理工大学；78. 扬州大学；83. 中国东北大学；90. 上海理工大学；92. 广西大学；96. 中国地质大学；103. 广东工业大学；112. 青岛大学；116. 华东理工大学；120. 中国石油大学；121. 香港中文大学；122. 台湾大学；123. 太原科技大学；124. 福州大学；130. 江苏大学；132. 香港大学；136. 陕西师范大学；137. 南京林业大学；139. 兰州大学；141. 台湾“清华大学”；145. 燕山大学；148. 暨南大学；160. 西南交通大学；162. 江苏科技大学；163. 青岛大学；164. 上海科技大学；167. 北京工业大学；173. 哈尔滨工程大学；174. 台湾阳明交通大学；177. 华南师范大学；178. 浙江理工大学；181. 华东师范大学；183. 太原理工大学；185. 中国矿业大学；187. 河南大学；191. 青岛科技大学；194. 昆明理工大学；195. 西南大学；196. 南京邮电大学；200. 江南大学；201. 长安大学；205. 烟台大学；209. 北京师范大学；213. 华北理工大学；216. 湖北大学；217. 武汉科技大学；218. 广州大学；220. 天津科技大学；223. 西安电子科技大学；225. 澳门大学；230. 河北大学；231. 合肥工业大学；236. 华南农业大学；237. 西安理工大学；238. 宁波大学；243. 河南理工大学；244. 西南科技大学；246. 北京交通大学；248. 山东科技大学；252. 山东师范大学；253. 济南大学；255. 上海工程技术大学；263. 中北大学；273. 东北师范大学；276. 台湾成功大学；280. 河南师范大学；283. 中央民族大学；285. 陕西科技大学；289. 杭州电子科技大学；297. 河北工业大学；304. 中国人民解放军海军军医大学；306. 长沙理工大学；310. 河南科技大学；320. 南昌大学；322. 湘潭大学；327. 温州大学；328. 南昌航空大学；337. 桂林电子科技大学；341. 中国计量大学；343. 哈尔滨理工大学；344. 北京林业大学；352. 安徽大学；357. 聊城大学；369. 武汉纺织大学；370. 华侨大学；371. 天津工业大学；373. 河海大学；375. 兰州理工大学；377. 西北大学；392. 西安科技大学；393. 安徽工业大学；398. 台湾科技大学；407. 常州大学；408. 南京信息工程大学；413. 齐鲁工业大学；415. 南通大学；416. 天津理工大学；425. 南京师范大学；430. 空军军医大学；432. 贵州大学；437. 华北电力大学；440. 杭州师范大学；441. 武汉工程大学；442. 国防科学技术大学；443. 中国海洋大学；445. 江西理工大学；458. 西安建筑科技大学；472. 浙江师范大学；479. 台州学院；485. 内蒙古大学；488. 五邑大学；500. 黑龙江大学；505. 西南石油大学；506. 东北林业大学；509. 华中师范大学；516. 山西大学；535. 桂林工业大学；536. 台北科技大学；558. 海南大学；563. 西安工业大学；565. 东莞理工学院；578. 台湾中兴大学；581. 长春科技大学；582. 中国医学科学院-北京协和医学院；585. 台湾“中央大学”；593. 南方医科大学；595. 上海师范大学；597. 温州医科大学；600. 哈尔滨师范大学；601. 福建师范大学；602. 长庚大学；607. 中国药科大学；623. 沈阳工业大学；630. 台湾“中山大学”；632. 西北师范大学；635. 新疆大学；639. 湖南工业大学；641. 香港浸会大学；644. 佛山科学技术学院；649. 江西师范大学；650. 山东理工大学；654. 北京邮电大学；665. 南京医科大学；667. 云南大学；671. 曲阜师范大学；672. 盐城工学院；684. 上海电力大学；686. 北京协和医学院；687. 吉林师范大学；688. 苏州科技大学；697. 逢甲大学；701. 中国人民大学；702. 安徽师范大学；706. 台湾“中国医药大学”；707. 上海应用技术大学；713. 三峡大学；718. 首都师范大学；722. 华中农业大学；725. 明志科技大学；726. 湖南师范大学；732. 江苏师范大学；735. 长春工业

续表

大学；737. 重庆理工大学；741. 天津医科大学；742. 天津师范大学；744. 湖南科技大学；759. 台湾中原大学；763. 安徽理工大学；766. 中南民族大学；770. 中国人民解放军陆军军医大学；771. 中南林业科技大学；772. 广州医科大学；779. 重庆医科大学；781. 内蒙古科技大学；790. 湖北工业大学；792. 郑州轻工业大学；793. 中原工学院；796. 大连海事大学；797. 嘉兴大学；803. 浙江农林大学；828. 沈阳药科大学；829. 重庆工商大学；846. 重庆文理学院；851. 台湾海洋大学；875. 首都医科大学；877. 福建农林大学；878. 汕头大学；879. 西华师范大学；891. 台北医学大学；895. 元智大学；902. 西北农林科技大学；911. 信阳师范学院

2. 材料科学学科科研能力排名分析

从发文量来分析，发文量位居前10位的高校全部是中国大陆(内地)的高校，由此可见，中国在发文量一项上颇具优势。中国科学院大学以发文量20147居第一位，远高于居第二位的哈尔滨工业大学。在10000篇以上15000篇及以下的高校有8所，在5000篇以上10000篇及以下的高校有45所，发文量在2000篇以上5000篇及以下的高校有184所，发文量在1000篇以上2000篇及以下的高校有250所，发文量在500篇以上1000篇及以下的高校有315所，发文量在100篇以上500篇及以下的高校有107所。中国(包含港澳台)发文量进入前100名的高校共有53所，分别是：中国科学院大学、哈尔滨工业大学、清华大学、中南大学、北京科技大学、上海交通大学、西北工业大学、中国科学技术大学、西安交通大学、浙江大学、华南理工大学、中国东北大学、天津大学、华中科技大学、四川大学、吉林大学、重庆大学、北京大学、山东大学、北京航空航天大学、武汉理工大学、大连理工大学、苏州大学、东南大学、郑州大学、复旦大学、上海大学、同济大学、南京大学、北京理工大学、东华大学、南京工业大学、深圳大学、中山大学、武汉大学、香港城市大学、湖南大学、南京航空航天大学、电子科技大学、北京化工大学、南京理工大学、香港理工大学、厦门大学、江苏大学、太原理工大学、南开大学、台湾大学、北京工业大学、昆明理工大学、华东理工大学、燕山大学、西南交通大学、南方科技大学。其他进入ESI材料科学学科发文量排名的中国(包含港澳台)高校如表3-101所示。

表3-101　材料科学学科发文量排名(前10位与中国大学)

发文量排名	机构名称	国家/地区	发文量排名	机构名称	国家/地区
1	中国科学院大学	中国	6	上海交通大学	中国
2	哈尔滨工业大学	中国	7	西北工业大学	中国
3	清华大学	中国	8	中国科学技术大学	中国
4	中南大学	中国	9	西安交通大学	中国
5	北京科技大学	中国	10	浙江大学	中国

其他中国机构：11. 华南理工大学；12. 中国东北大学；13. 天津大学；14. 华中科技大学；16. 四川大学；17. 吉林大学；18. 重庆大学；21. 北京大学；22. 山东大学；23. 北京航空航天大学；24. 武汉理工大学；25. 大连理工大学；26. 苏州大学；27. 东南大学；31. 郑州大学；32. 复旦大学；33. 上海大学；35. 同济大学；37. 南京大学；38. 北京理工大学；39. 东华大学；41. 南京工业大学；42. 深圳大学；43. 中山大学；44. 武汉大学；46. 香港城市大学；47. 湖南大学；49. 南京航空航天大学；53. 电子科技大学；56. 北京化工大学；58. 南京理工大学；59. 香港理工大学；62. 厦门大学；65. 江苏大学；73. 太原理工大学；74. 南开大学；76. 台湾大学；81. 北京工业大学；85. 昆明理工大学；93. 华东理工大学；96. 燕山大学；98. 西南交通大学；100. 南方科技大学；104. 广东工业大学；109. 中国矿业大学；112. 中国石油大学；123. 福州大学；125. 广西大学；127. 台湾“清华大学”；129. 香港科技大学；130. 江南大学；132. 武汉科技大学；134. 中国地质大学；136. 台湾成功大学；138. 兰州大学；139. 合肥工业大学；140. 台湾阳明交通大学；141. 青岛大学；142. 河北工业大学；150. 南京林业大学；157. 陕西科技大学；158. 哈尔滨工程大学；159. 暨南大学；161. 浙江工业大学；162. 济南大学；170. 兰州理工大学；173. 青岛科技大学；174. 西南大学；177. 西安理工大学；187. 南昌

续表

大学；189. 宁波大学；191. 天津工业大学；192. 江苏科技大学；193. 浙江理工大学；195. 长安大学；197. 湘潭大学；200. 香港大学；208. 华东师范大学；211. 齐鲁工业大学；213. 河海大学；221. 常州大学；228. 中北大学；234. 华南师范大学；242. 国防科学技术大学；244. 西安建筑科技大学；245. 陕西师范大学；246. 西南科技大学；247. 安徽大学；252. 台湾科技大学；255. 上海理工大学；256. 扬州大学；257. 湖北大学；267. 北京交通大学；272. 安徽工业大学；273. 河南大学；274. 南京邮电大学；275. 香港中文大学；279. 山东科技大学；290. 江西理工大学；305. 台北科技大学；309. 天津理工大学；310. 西安电子科技大学；311. 桂林电子科技大学；313. 上海工程技术大学；314. 杭州电子科技大学；318. 河南科技大学；321. 哈尔滨理工大学；322. 西北大学；325. 长沙理工大学；328. 东北林业大学；330. 桂林工业大学；338. 西南石油大学；342. 武汉工程大学；343. 南昌航空大学；358. 华北电力大学；361. 东北师范大学；372. 武汉纺织大学；374. 长春科技大学；392. 中国计量大学；393. 贵州大学；394. 北京师范大学；395. 河南理工大学；397. 中国海洋大学；400. 沈阳工业大学；407. 河北大学；413. 北京林业大学；417. 台湾"中央大学"；418. 上海科技大学；424. 太原科技大学；426. 广州大学；428. 台湾中兴大学；433. 西安工业大学；437. 河南师范大学；438. 澳门大学；440. 山西大学；443. 台湾"中山大学"；446. 聊城大学；454. 山东理工大学；458. 新疆大学；461. 温州大学；468. 浙江师范大学；470. 南京师范大学；490. 逢甲大学；494. 华侨大学；496. 西安科技大学；499. 黑龙江大学；501. 华北理工大学；507. 海南大学；510. 长庚大学；514. 明志科技大学；515. 烟台大学；519. 福建师范大学；522. 南方医科大学；541. 南通大学；542. 东莞理工学院；552. 青岛大学；553. 上海应用技术大学；554. 内蒙古科技大学；557. 湖南科技大学；559. 佛山科学技术学院；561. 西北师范大学；566. 重庆理工大学；567. 云南大学；568. 盐城工学院；573. 中国医学科学院-北京协和医学院；579. 苏州科技大学；580. 湖南工业大学；589. 南京医科大学；590. 安徽理工大学；595. 上海师范大学；612. 大连海事大学；614. 华南农业大学；615. 吉林师范大学；616. 台湾"中国医药大学"；634. 山东师范大学；650. 长春工业大学；660. 天津科技大学；665. 温州医科大学；666. 江西师范大学；668. 台湾中原大学；674. 江苏师范大学；676. 三峡大学；681. 湖北工业大学；687. 南京信息工程大学；693. 哈尔滨师范大学；695. 嘉兴大学；700. 郑州轻工业大学；705. 中国药科大学；706. 重庆文理学院；708. 中南林业科技大学；712. 北京协和医学院；719. 北京邮电大学；722. 空军军医大学；735. 上海电力大学；748. 湖南师范大学；754. 台湾海洋大学；755. 内蒙古大学；761. 五邑大学；762. 天津医科大学；770. 中原工学院；771. 安徽师范大学；772. 曲阜师范大学；782. 福建农林大学；787. 华中师范大学；795. 香港浸会大学；800. 首都师范大学；805. 台北医学大学；806. 西北农林科技大学；808. 广州医科大学；813. 中国人民解放军陆军军医大学；816. 元智大学；817. 杭州师范大学；829. 首都医科大学；830. 中南民族大学；832. 中国人民解放军海军军医大学；834. 天津师范大学；837. 重庆医科大学；849. 中国人民大学；852. 华中农业大学；857. 汕头大学；865. 台州学院；867. 浙江农林大学；890. 信阳师范学院；891. 沈阳药科大学；904. 西华师范大学；909. 重庆工商大学；912. 中央民族大学

3. 材料科学学科科研影响力排名分析

从总被引次数来看，总被引次数高于 100000 次的高校有 103 所，总被引次数在 50000 次以上 100000 次及以下的高校有 97 所；总被引次数在 20000 次以上 50000 次及以下的高校有 290 所；总被引次数在 10000 次以上 20000 次及以下的高校有 316 所；总被引次数在 10000 次及以下的高校有 106 所。这 912 所高校的总被引次数均在 8200 次以上。中国(包含港澳台)进入 ESI 材料科学学科总被引次数排名前 100 名的高校共有 46 所，其他进入 ESI 材料科学学科总被引次数排名的中国(包含港澳台)高校如表 3-102 所示。

表 3-102　材料科学学科总被引次数排名（前 10 位与中国大学）

总被引次数排名	机构名称	国家/地区	总被引次数排名	机构名称	国家/地区
1	中国科学院大学	中国	6	中国科学技术大学	中国
2	清华大学	中国	7	麻省理工学院	美国
3	新加坡国立教育学院	新加坡	8	浙江大学	中国
4	南洋理工大学	新加坡	9	佐治亚理工学院	美国
5	瑞士联邦理工学院	瑞士	10	上海交通大学	中国

续表

其他中国机构：11. 北京大学；12. 哈尔滨工业大学；13. 华中科技大学；16. 苏州大学；17. 华南理工大学；18. 复旦大学；19. 中南大学；20. 天津大学；21. 北京科技大学；22. 西安交通大学；23. 吉林大学；26. 西北工业大学；28. 四川大学；29. 武汉理工大学；30. 香港城市大学；32. 南京大学；35. 北京航空航天大学；38. 重庆大学；39. 武汉大学；41. 山东大学；42. 中山大学；43. 北京理工大学；45. 大连理工大学；47. 郑州大学；48. 北京化工大学；49. 同济大学；50. 南开大学；53. 湖南大学；54. 东南大学；55. 厦门大学；57. 南京工业大学；58. 香港理工大学；59. 深圳大学；64. 香港科技大学；72. 东华大学；78. 上海大学；80. 中国东北大学；81. 南京理工大学；85. 电子科技大学；92. 台湾大学；93. 南京航空航天大学；104. 台湾"清华大学"；106. 华东理工大学；113. 南方科技大学；116. 江苏大学；122. 福州大学；126. 香港中文大学；128. 香港大学；130. 兰州大学；134. 中国石油大学；135. 北京工业大学；138. 青岛大学；148. 太原理工大学；151. 台湾阳明交通大学；153. 西南交通大学；155. 暨南大学；156. 哈尔滨工程大学；159. 中国地质大学；162. 华东师范大学；165. 燕山大学；173. 合肥工业大学；177. 广东工业大学；178. 南京邮电大学；183. 浙江工业大学；190. 济南大学；191. 西南大学；196. 青岛科技大学；197. 陕西师范大学；207. 广西大学；212. 中国矿业大学；213. 湖北大学；217. 台湾成功大学；223. 扬州大学；232. 昆明理工大学；239. 江南大学；243. 华南师范大学；244. 陕西科技大学；246. 江苏科技大学；247. 湘潭大学；248. 南昌大学；260. 南京林业大学；271. 武汉科技大学；277. 河北工业大学；280. 浙江理工大学；283. 东北师范大学；286. 河南大学；290. 宁波大学；296. 安徽大学；299. 台湾科技大学；306. 西北大学；307. 西安理工大学；308. 北京交通大学；319. 西南科技大学；322. 山东科技大学；323. 上海理工大学；324. 天津工业大学；326. 北京师范大学；330. 南京师范大学；331. 河海大学；336. 兰州理工大学；339. 天津理工大学；344. 常州大学；346. 浙江师范大学；347. 河南师范大学；349. 安徽工业大学；358. 中国海洋大学；362. 武汉工程大学；364. 华北电力大学；370. 华中师范大学；371. 杭州电子科技大学；372. 上海科技大学；378. 澳门大学；379. 长安大学；381. 国防科学技术大学；387. 中北大学；389. 黑龙江大学；396. 长沙理工大学；413. 山西大学；415. 齐鲁工业大学；418. 华南农业大学；427. 西安电子科技大学；430. 温州大学；432. 河北大学；441. 广州大学；443. 台北科技大学；448. 北京林业大学；452. 南昌航空大学；457. 西安建筑科技大学；459. 中国计量大学；462. 东北林业大学；467. 中国医学科学院-北京协和医学院；471. 西南石油大学；476. 河南理工大学；477. 桂林电子科技大学；480. 江西理工大学；482. 华侨大学；483. 海南大学；489. 中国药科大学；500. 香港浸会大学；502. 台湾"中央大学"；503. 桂林工业大学；505. 长庚大学；506. 上海师范大学；508. 台湾中兴大学；513. 河南科技大学；517. 哈尔滨理工大学；526. 聊城大学；528. 武汉纺织大学；529. 山东师范大学；532. 江西师范大学；539. 空军军医大学；542. 哈尔滨师范大学；543. 温州医科大学；544. 西北师范大学；551. 福建师范大学；552. 东莞理工学院；554. 长春科技大学；559. 北京协和医学院；561. 南方医科大学；562. 台湾"中山大学"；567. 上海工程技术大学；570. 湖南工业大学；574. 新疆大学；591. 南京医科大学；597. 上海电力大学；601. 北京邮电大学；603. 西安工业大学；607. 南京信息工程大学；633. 湖南师范大学；635. 曲阜师范大学；637. 中国人民解放军海军军医大学；640. 华中农业大学；641. 首都师范大学；643. 中国人民大学；645. 云南大学；651. 天津医科大学；655. 安徽师范大学；657. 江苏师范大学；660. 盐城工学院；662. 烟台大学；663. 南通大学；673. 杭州师范大学；677. 山东理工大学；679. 三峡大学；683. 逢甲大学；684. 台湾"中国医药大学"；688. 长春工业大学；695. 中国人民解放军陆军军医大学；698. 吉林师范大学；701. 青岛大学；707. 上海应用技术大学；708. 沈阳工业大学；711. 佛山科学技术学院；716. 重庆医科大学；717. 西安科技大学；719. 中南民族大学；724. 明志科技大学；726. 台湾中原大学；746. 天津师范大学；746. 沈阳药科大学；752. 郑州轻工业大学；758. 华北理工大学；768. 苏州科技大学；770. 台湾海洋大学；791. 重庆理工大学；808. 五邑大学；811. 内蒙古大学；814. 西华师范大学；815. 中南林业科技大学；818. 中央民族大学；822. 湖南科技大学；832. 广州医科大学；835. 天津科技大学；836. 重庆工商大学；837. 首都医科大学；849. 太原科技大学；850. 贵州大学；851. 安徽理工大学；864. 重庆文理学院；865. 湖北工业大学；866. 内蒙古科技大学；871. 台州学院；885. 福建农林大学；887. 中原工学院；889. 西北农林科技大学；890. 大连海事大学；890. 嘉兴大学；897. 元智大学；898. 台北医学大学；900. 浙江农林大学；910. 汕头大学；912. 信阳师范学院

4. 材料科学学科影响力排名分析

从高被引论文数排名来看，高被引论文数在100篇以上的高校有71所；高被引论文数在50篇以上

100 篇及以下的高校有 52 所；高被引论文数在 10 篇以上 50 篇及以下的高校有 331 所；高被引论文数在 1 篇以上 10 篇及以下的高校有 435 所；有 23 所高校的高被引论文数为 0 篇。中国大陆(内地)、中国香港、中国台湾进入 ESI 材料科学学科排名的所有高校中有 46 所进入前 100 位，其他进入 ESI 材料科学学科高被引论文数排名的中国(包含港澳台)高校如表 3-103 所示。

表 3-103　材料科学学科高被引论文数排名（前 10 位与中国大学）

高被引论文数排名	机构名称	国家/地区	高被引论文数排名	机构名称	国家/地区
1	中国科学院大学	中国	6	郑州大学	中国
2	清华大学	中国	7	佐治亚理工学院	美国
3	南洋理工大学	新加坡	8	斯坦福大学	美国
3	新加坡国立教育学院	新加坡	9	麻省理工学院	美国
5	中国科学技术大学	中国	10	北京大学	中国
其他中国机构：11. 浙江大学；12. 华中科技大学；12. 苏州大学；15. 复旦大学；15. 上海交通大学；17. 天津大学；19. 香港城市大学；20. 西安交通大学；21. 华南理工大学；22. 西北工业大学；23. 武汉理工大学；25. 中南大学；28. 南京大学；29. 北京理工大学；30. 吉林大学；33. 南开大学；34. 中山大学；36. 深圳大学；37. 湖南大学；38. 北京科技大学；39. 北京航空航天大学；39. 哈尔滨工业大学；41. 四川大学；43. 北京化工大学；46. 同济大学；47. 武汉大学；48. 重庆大学；49. 青岛大学；51. 山东大学；51. 厦门大学；53. 香港科技大学；56. 香港理工大学；61. 南京工业大学；62. 电子科技大学；67. 南京理工大学；69. 南方科技大学；71. 东华大学；75. 上海大学；76. 南京航空航天大学；81. 东南大学；88. 大连理工大学；92. 福州大学；96. 香港中文大学；104. 江苏大学；104. 香港大学；106. 浙江工业大学；106. 广东工业大学；106. 华东理工大学；111. 扬州大学；111. 广西大学；111. 台湾大学；115. 南京林业大学；124. 台湾"清华大学"；127. 中国地质大学；127. 暨南大学；132. 北京工业大学；135. 中国东北大学；138. 江苏科技大学；142. 西南交通大学；142. 南京邮电大学；147. 华东师范大学；152. 中国石油大学；152. 陕西师范大学；152. 兰州大学；152. 青岛科技大学；160. 哈尔滨工程大学；169. 上海科技大学；173. 燕山大学；180. 河南师范大学；182. 上海理工大学；182. 广州大学；187. 西南大学；187. 山东科技大学；190. 华南师范大学；190. 浙江理工大学；190. 河南大学；190. 合肥工业大学；190. 济南大学；197. 湖北大学；197. 河南科技大学；204. 南京师范大学；207. 太原科技大学；207. 台湾阳明交通大学；207. 北京交通大学；207. 西北大学；212. 太原理工大学；212. 西南科技大学；212. 陕西科技大学；212. 江西理工大学；229. 中国矿业大学；229. 华南农业大学；229. 山东师范大学；229. 华中师范大学；244. 江南大学；244. 温州大学；249. 北京师范大学；249. 中北大学；249. 杭州电子科技大学；249. 河北工业大学；249. 安徽大学；249. 中国海洋大学；261. 湘潭大学；261. 安徽工业大学；261. 华北电力大学；268. 河北大学；268. 西安理工大学；268. 南昌大学；278. 青岛大学；278. 宁波大学；278. 长沙理工大学；278. 天津理工大学；278. 东莞理工学院；291. 澳门大学；291. 东北师范大学；291. 武汉工程大学；301. 聊城大学；301. 西安科技大学；301. 浙江师范大学；301. 黑龙江大学；301. 西安工业大学；310. 武汉科技大学；310. 西安电子科技大学；310. 南京信息工程大学；310. 温州医科大学；310. 哈尔滨师范大学；328. 中央民族大学；328. 南昌航空大学；328. 河海大学；328. 杭州师范大学；328. 西南石油大学；328. 山西大学；346. 台湾成功大学；346. 海南大学；346. 佛山科学技术学院；346. 曲阜师范大学；364. 中国计量大学；364. 齐鲁工业大学；364. 台州学院；364. 东北林业大学；380. 昆明理工大学；380. 河南理工大学；380. 中国人民解放军海军军医大学；380. 哈尔滨理工大学；380. 北京林业大学；380. 西安建筑科技大学；380. 南方医科大学；380. 北京邮电大学；380. 中国人民大学；380. 重庆工商大学；396. 烟台大学；396. 华侨大学；396. 天津工业大学；396. 南通大学；396. 上海师范大学；396. 香港浸会大学；396. 天津师范大学；396. 浙江农林大学；428. 长安大学；428. 中国药科大学；428. 安徽师范大学；428. 广州医科大学；455. 天津科技大学；455. 桂林电子科技大学；455. 桂林工业大学；455. 福建师范大学；455. 苏州科技大学；455. 华中农业大学；484. 上海工程技术大学；484. 中国医学科学院-北京协和医学院；484. 湖南工业大学；484. 上海电力大学；484. 吉林师范大学；484. 首都师范大学；484. 中南民族大学；484. 中原工学院；515. 武汉纺织大学；515. 兰州理工大学；515. 台湾科技大学；515. 常州大学；515. 沈阳工业大学；515. 江西师范大学；515. 云南大学；515. 盐城工学院；557. 华北理工大学；557. 空军					

续表

军医大学；557. 国防科学技术大学；557. 内蒙古大学；557. 五邑大学；557. 台湾中兴大学；557. 西北师范大学；557. 山东理工大学；557. 三峡大学；557. 中国人民解放军陆军军医大学；557. 中南林业科技大学；557. 重庆医科大学；557. 沈阳药科大学；557. 西华师范大学；606. 长庚大学；606. 南京医科大学；606. 北京协和医学院；606. 台湾"中国医药大学"；606. 湖南师范大学；606. 天津医科大学；606. 嘉兴大学；606. 汕头大学；653. 贵州大学；653. 长春科技大学；653. 安徽理工大学；653. 湖北工业大学；703. 台湾"中央大学"；703. 新疆大学；703. 上海应用技术大学；703. 江苏师范大学；703. 长春工业大学；703. 重庆理工大学；703. 湖南科技大学；703. 台湾中原大学；751. 台湾"中山大学"；751. 大连海事大学；751. 首都医科大学；751. 福建农林大学；792. 郑州轻工业大学；792. 重庆文理学院；792. 台北医学大学；792. 元智大学；792. 信阳师范学院；848. 台北科技大学；848. 逢甲大学；848. 内蒙古科技大学；848. 台湾海洋大学；848. 西北农林科技大学；890. 明志科技大学

5. 材料科学学科师资力量排名分析

从高被引科学家数来看，清华大学(中国)拥有 8 名高被引科学家，人数最多；其次是南洋理工大学(新加坡)和香港城市大学(中国香港)，各有 7 位高被引科学家；有 2 所高校的高被引科学家数为 6 位，分别是佐治亚理工学院(美国)和莱斯大学(美国)；有 4 所高校的高被引科学家数为 5 位，为加利福尼亚大学洛杉矶分校(美国)、新加坡国立大学(新加坡)、北京大学(中国)和美国西北大学(美国)；其次是复旦大学(中国)、麻省理工学院(美国)、北京理工大学(中国)，高被引科学家数为 4 人；有 3 位高被引科学家的高校有 9 所，分别是中南大学(中国)、北京航空航天大学(中国)、斯坦福大学(美国)、剑桥大学(英国)、加利福尼亚大学伯克利分校(美国)、首尔大学(韩国)、蔚山科学技术大学校(韩国)、洛桑联邦理工学院(瑞士)、马里兰大学帕克分校(美国)；有 2 位高被引科学家的高校有 15 所，分别是西北工业大学(中国)、天津大学(中国)、武汉理工大学(中国)、湖南大学(中国)、阿卜杜拉国王理工大学(沙特阿拉伯)、牛津大学(英国)、中山大学(中国)、得克萨斯大学奥斯汀分校(美国)、德雷塞尔大学(美国)、昆士兰大学(澳大利亚)、多伦多大学(加拿大)、阿德莱德大学(澳大利亚)、上海理工大学(中国)、沙特国王大学(沙特阿拉伯)、科罗拉多大学博尔德分校(美国)；有 1 位高被引科学家的高校有 46 所，其他高校均没有高被引科学家。中国(包含港澳台)进入 ESI 材料科学学科高被引科学家排名的高校有 38 所，材料科学学科高被引科学家数排名前 10 位与中国(包含港澳台)大学如表 3-104 所示。

表 3-104　材料科学学科高被引科学家数排名（前 10 位与中国大学）

高被引科学家数排名	机构名称	国家/地区	高被引科学家数排名	机构名称	国家/地区
1	清华大学	中国内地	6	新加坡国立大学	新加坡
2	南洋理工大学	新加坡	6	北京大学	中国内地
2	香港城市大学	中国香港	6	美国西北大学	美国
4	佐治亚理工学院	美国	10	复旦大学	中国内地
4	莱斯大学	美国	10	麻省理工学院	美国
6	加利福尼亚大学洛杉矶分校	美国	10	北京理工大学	中国内地
其他中国机构：13. 中南大学；13. 北京航空航天大学；22. 西北工业大学；22. 天津大学；22. 武汉理工大学；22. 湖南大学；22. 中山大学；22. 上海理工大学；37. 西安交通大学；37. 上海交通大学；37. 华南理工大学；37. 北京科技大学；37. 华中科技大学；37. 南京大学；37. 深圳大学；37. 重庆大学；37. 同济大学；37. 南京航空航天大学；37. 南方科技大学；37. 北京化工大学；37. 南开大学；37. 武汉大学；37. 东南大学；37. 南京工业大学；37. 电子科技大学；37. 香港科技大学；37. 南京理工大学；37. 浙江工业大学；37. 扬州大学；37. 中国地质大学；37. 香港大学；37. 陕西师范大学；37. 中央民族大学					

综合分析上述指标可见，中国在材料科学领域有着较强的科研实力。中国(含港澳台)进入 ESI 排行的大学共有 237 所。清华大学、中国科学院大学、复旦大学、香港城市大学、西安交通大学这 5 所学校进入 ESI 材料科学排行前 1%，其中，清华大学所有的排名均位居前 3 位，在材料科学学科的影响力很高；北京大学、郑州大学、西北工业大学、中南大学、上海交通大学、中国科学技术大学、北京理工大学、天津大学、华南理工大学、北京航空航天大学、浙江大学、北京科技大学、武汉理工大学、华中科技大学、南京大学、苏州大学、湖南大学、哈尔滨工业大学、深圳大学、吉林大学、山东大学、重庆大学、同济大学、南京航空航天大学这 29 所大学进入 ESI 材料科学排行前 5%；四川大学、南方科技大学、中山大学、北京化工大学、南开大学、武汉大学、东南大学、香港理工大学、南京工业大学、电子科技大学、香港科技大学、南京理工大学、东华大学、厦门大学、上海大学、浙江工业大学、大连理工大学、扬州大学、中国东北大学、上海理工大学这 20 所大学进入 ESI 材料科学排行前 10%。总体说来，中国在材料科学领域有着一定的研究实力，但在高被引论文和高被引科学家这两个方面还有上升空间。

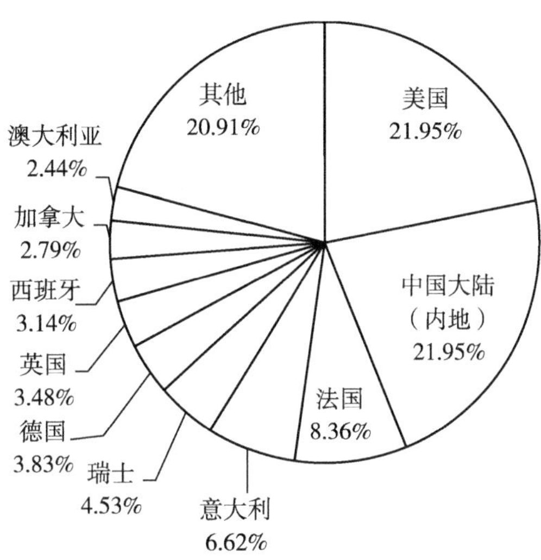

图 3-12　进入 ESI 数学学科排名的大学的国家或地区分布

(十二)数学

进入 ESI 数学学科排名的高校共有 287 所。从国家或地区分布来看，如图 3-12 所示，这些高校隶属于中国、美国、法国、意大利、瑞士、德国、英国、西班牙、加拿大、澳大利亚等 43 个国家或地区。拥有这些研究机构 10 所及以上的国家或地区分别是美国、中国、法国、意大利、瑞士、德国、英国；5 所以上 10 所以下的国家或地区是西班牙、加拿大、澳大利亚、沙特阿拉伯。

从图 3-12 可以看出，中国(包含港澳台)进入 ESI 数学学科排名的高校数量遥遥领先，为 68 所，紧接着是美国，进入 ESI 数学学科排名的高校数量为 63 所。

1. 数学学科竞争力综合排名分析

从综合排名来看，进入前 100 位的中国(包含港澳台)高校共有 32 所，其他进入 ESI 数学学科综合排名的中国高校如表 3-105 所示。

表 3-105　数学学科综合排名（前 10 位与中国大学）

综合排名	机构名称	星级	档次	国家/地区	综合排名	机构名称	星级	档次	国家/地区
1	阿卜杜勒阿齐兹国王大学	5★+	一流学科	沙特阿拉伯	3	剑桥大学	5★+	一流学科	英国
2	台湾“中国医药大学”	5★+	一流学科	中国台湾	4	斯坦福大学	5★	一流学科	美国

续表

综合排名	机构名称	星级	档次	国家/地区	综合排名	机构名称	星级	档次	国家/地区
5	杭州师范大学	5★	一流学科	中国大陆	8	首尔大学	5★	一流学科	韩国
6	巴黎西岱大学	5★	一流学科	法国	9	瑞士联邦理工学院	5★	一流学科	瑞士
7	索邦大学	5★	一流学科	法国	10	山东科技大学	5★	一流学科	中国大陆
其他中国机构：13. 长沙理工大学；16. 湖州学院；20. 上海交通大学；22. 东南大学；25. 曲阜师范大学；26. 山东大学；28. 电子科技大学；31. 华中科技大学；36. 浙江师范大学；39. 中南大学；41. 河南理工大学；44. 复旦大学；45. 香港中文大学；49. 哈尔滨工业大学；50. 上海大学；52. 武汉大学；53. 苏州大学；58. 湖南大学；60. 北京大学；69. 厦门大学；70. 北京师范大学；72. 河海大学；73. 中山大学；75. 清华大学；80. 南开大学；87. 西安交通大学；88. 华东师范大学；89. 中国矿业大学；96. 兰州大学；101. 淮阴师范学院；103. 浙江大学；104. 中国科学技术大学；109. 香港城市大学；112. 南京师范大学；113. 四川大学；114. 香港理工大学；115. 南京大学；124. 西北工业大学；129. 西南大学；140. 大连理工大学；142. 华南师范大学；146. 华中师范大学；152. 吉林大学；155. 广州大学；168. 华南理工大学；170. 南京航空航天大学；173. 香港浸会大学；179. 同济大学；183. 北京理工大学；187. 北京航空航天大学；188. 重庆大学；192. 中国科学院大学；197. 天津工业大学；198. 安徽大学；203. 东北师范大学；206. 上海师范大学；212. 湘潭大学；215. 天津大学；251. 北京交通大学；252. 江苏师范大学；253. 中国人民大学；254. 山东师范大学；256. 郑州大学；261. 东华大学；271. 中国石油大学									

2. 数学学科的科研能力排名分析

从发文量来看，发文量超过2000篇的有40所。中国(包含港澳台)数学学科发文量进入前100名的高校共有27所，其他进入ESI数学学科发文量排名的中国(包含港澳台)高校如表3-106所示。

表3-106　数学学科发文量排名（前10位与中国大学）

发文量排名	机构名称	国家/地区	发文量排名	机构名称	国家/地区
1	布列塔尼-卢瓦尔大学	瑞士	6	洛蒙诺索夫莫斯科大学	俄罗斯
2	巴黎西岱大学	法国	7	瑞士联邦理工学院	瑞士
3	索邦大学	法国	8	牛津大学	英国
4	阿卜杜勒阿齐兹国王大学	沙特阿拉伯	9	圣保罗大学	巴西
5	巴黎萨克雷大学	法国	10	麻省理工学院	美国
其他中国机构：13. 北京大学；14. 山东大学；17. 台湾“中国医药大学”；18. 复旦大学；22. 北京师范大学；25. 上海交通大学；28. 南开大学；32. 清华大学；33. 哈尔滨工业大学；34. 中山大学；36. 中南大学；40. 华东师范大学；43. 中国科学技术大学；52. 浙江大学；54. 武汉大学；59. 厦门大学；69. 四川大学；70. 东南大学；75. 曲阜师范大学；76. 浙江师范大学；78. 西安交通大学；78. 南京大学；89. 吉林大学；93. 上海大学；96. 南京师范大学；99. 中国科学院大学；100. 大连理工大学；102. 电子科技大学；103. 兰州大学；106. 华中科技大学；109. 北京理工大学；112. 华南师范大学；114. 中国矿业大学；119. 天津大学；125. 华中师范大学；130. 香港中文大学；131. 南京航空航天大学；137. 重庆大学；145. 西南大学；146. 山东科技大学；150. 同济大学；153. 苏州大学；163. 西北工业大学；164. 广州大学；165. 上海师范大学；167. 东北师范大学；170. 北京航空航天大学；175. 香港城市大学；179. 华南理工大学；183. 湖南大学；187. 河南理工大学；201. 香港理工大学；207. 中国人民大学；212. 北京交通大学；214. 江苏师范大学；221. 安徽大学；222. 郑州大学；230. 天津工业大学；233. 湘潭大学；236. 河海大学；247. 中国石油大学；250. 山东师范大学；260. 杭州师范大学；261. 香港浸会大学；272. 长沙理工大学；273. 湖州学院；274. 东华大学；279. 淮阴师范学院					

3. 数学学科科研影响力排名分析

从总被引次数来看，总被引次数超过10000次的高校共有104所；总被引次数在5000次以上10000次及以下的有183所；总被引次数在4000次以上5000次及以下的有0所；所有高校的总被引次数均在5000次以上。中国(包含港澳台)数学学科总被引次数排在前100名的高校共有30所，其他进入ESI数学学科总被引次数排名的中国(包含港澳台)高校如表3-107所示。

表3-107 数学学科总被引次数排名（前10位与中国大学）

总被引次数排名	机构名称	国家/地区	总被引次数排名	机构名称	国家/地区
1	阿卜杜勒阿齐兹国王大学	沙特阿拉伯	6	布列塔尼-卢瓦尔大学	瑞士
2	巴黎西岱大学	法国	7	巴黎萨克雷大学	法国
3	索邦大学	法国	8	麻省理工学院	美国
4	瑞士联邦理工学院	瑞士	9	普林斯顿大学	美国
5	斯坦福大学	美国	10	加利福尼亚大学伯克利分校	美国
其他中国机构：15. 台湾“中国医药大学”；17. 山东科技大学；34. 哈尔滨工业大学；37. 曲阜师范大学；38. 复旦大学；39. 东南大学；40. 北京大学；43. 中南大学；45. 上海交通大学；47. 北京师范大学；50. 湖州学院；54. 电子科技大学；60. 浙江师范大学；61. 厦门大学；62. 山东大学；63. 南开大学；67. 香港中文大学；75. 清华大学；76. 长沙理工大学；77. 中国矿业大学；79. 武汉大学；80. 香港理工大学；82. 华中科技大学；84. 中山大学；85. 兰州大学；87. 华东师范大学；91. 中国科学技术大学；92. 浙江大学；93. 南京大学；97. 西安交通大学；104. 香港浸会大学；112. 香港城市大学；117. 杭州师范大学；118. 上海大学；124. 华中师范大学；138. 湖南大学；139. 吉林大学；143. 四川大学 144. 苏州大学；146. 西南大学；150. 大连理工大学；156. 重庆大学；158. 华南师范大学；160. 南京师范大学；164. 南京航空航天大学；168. 同济大学；182. 河南理工大学；186. 西北工业大学；192. 湘潭大学；196. 东北师范大学；199. 北京理工大学；204. 天津工业大学；212. 上海师范大学；213. 中国科学院大学；217. 天津大学；222. 河海大学；229. 华南理工大学；235. 安徽大学；240. 东华大学；242. 北京航空航天大学；249. 江苏师范大学；250. 山东师范大学；269. 中国人民大学；270. 北京交通大学；275. 郑州大学；276. 中国石油大学；284. 广州大学；287. 淮阴师范学院					

4. 数学学科影响力排名分析

从高被引论文数来看，拥有100篇以上高被引论文的大学有5所，即台湾医药大学、阿卜杜勒阿齐兹国王大学、詹卡亚大学、湖州学院和山东科技大学；拥有50篇以上100篇及以下高被引论文的大学有20所；拥有20篇以上50篇及以下的高被引论文大学有81所；拥有10篇以上20篇及以下高被引论文的大学有90所；拥有2篇以上10篇及以下高被引论文的大学有85所，所有大学的高被引论文数均超过了1篇。

中国(包含港澳台)进入ESI数学学科高被引论文数排名的大学中有6所进入高被引论文指标排名的前10位，在这6所大学中，除台湾“中国医药大学”、湖州学院、山东科技大学高被引论文数大于100篇以外，长沙理工大学、杭州师范大学、浙江师范大学均在100篇以下。其他进入ESI数学学科高被引论文数排名的中国(包含港澳台)大学如表3-108所示。

表3-108 数学学科高被引论文数排名（前10位与中国大学）

高被引论文数排名	机构名称	国家/地区	高被引论文数排名	机构名称	国家/地区
1	台湾“中国医药大学”	中国台湾	3	詹卡亚大学	土耳其
2	阿卜杜勒阿齐兹国王大学	沙特阿拉伯	4	湖州学院	中国大陆

续表

高被引论文数排名	机构名称	国家/地区	高被引论文数排名	机构名称	国家/地区
5	山东科技大学	中国大陆	8	普林斯顿大学	美国
6	长沙理工大学	中国大陆	9	杭州师范大学	中国大陆
7	斯坦福大学	美国	10	浙江师范大学	中国大陆
其他中国机构：11. 电子科技大学；14. 东南大学；17. 河南理工大学；20. 曲阜师范大学；20. 哈尔滨工业大学；22. 中国矿业大学；26. 中南大学；31. 湖南大学；31. 香港理工大学；38. 上海交通大学；47. 河海大学；50. 西北工业大学；56. 华中科技大学；56. 复旦大学；56. 香港城市大学；59. 苏州大学；59. 华东师范大学；59. 广州大学；63. 天津工业大学；66. 西安交通大学；68. 上海大学；77. 武汉大学；77. 南京师范大学；77. 大连理工大学；81. 淮阴师范学院；87. 北京师范大学；87. 湘潭大学；93. 北京大学；93. 中山大学；97. 厦门大学；101. 山东大学；101. 南京大学；107. 南开大学；107. 浙江大学；107. 西南大学；107. 香港浸会大学；118. 香港中文大学；118. 兰州大学；118. 华中师范大学；118. 同济大学；118. 东华大学；131. 上海师范大学；134. 华南理工大学；134. 南京航空航天大学；146. 中国科学技术大学；146. 东北师范大学；146. 山东师范大学；156. 北京交通大学；156. 郑州大学；170. 北京理工大学；178. 清华大学；178. 四川大学；178. 中国人民大学；178. 中国石油大学；188. 安徽大学；197. 吉林大学；197. 江苏师范大学；212. 北京航空航天大学；212. 重庆大学；224. 中国科学院大学；248. 华南师范大学；248. 天津大学					

5. 数学学科师资力量排名分析

从高被引科学家数来看，高被引科学家数最多的是 4 人，有 1 所，即沙特阿拉伯的阿卜杜勒阿齐兹国王大学；其次是台湾“中国医药大学”(中国台湾)的高被引科学家数为 3 人；斯坦福大学(美国)、长沙理工大学(中国)、米兰-比科卡大学(意大利)、阿米尔卡比尔理工大学(伊朗)、昆士兰科技大学(澳大利亚)的高被引科学家数为 2 人；有 1 位高被引科学家的高校有 22 所，分别是山东科技大学(中国)、普林斯顿大学(美国)、加利福尼亚大学洛杉矶分校(美国)、上海交通大学(中国)、威斯康星大学麦迪逊分校(美国)、东南大学(中国)、曲阜师范大学(中国)、山东大学(中国)、电子科技大学(中国)、华中科技大学(中国)、宾夕法尼亚大学(美国)、沙特国王大学(沙特阿拉伯)、格拉纳达大学(西班牙)、香港中文大学(中国香港)、上海大学(中国)、帕德博恩大学(德国)、帕尔马大学(意大利)、湖南大学(中国)、河海大学(中国)、科廷大学(澳大利亚)、田纳西大学诺克斯维尔分校(美国)、淮阴师范学院(中国)。如表3-109所示，中国(包含港澳台)在数学学科的师资力量仍需加强。

表 3-109　数学学科高被引科学家数排名（前 8 位与中国大学）

高被引科学家数排名	机构名称	国家/地区	高被引科学家数排名	机构名称	国家/地区
1	阿卜杜勒阿齐兹国王大学	沙特阿拉伯	3	阿米尔卡比尔理工大学	伊朗
2	台湾“中国医药大学”	中国台湾	3	昆士兰科技大学	澳大利亚
3	斯坦福大学	美国	8	山东科技大学	中国大陆
3	长沙理工大学	中国大陆	8	普林斯顿大学	美国
3	米兰-比科卡大学	意大利	8	加利福尼亚大学洛杉矶分校	美国
其他中国机构：8. 上海交通大学；8. 东南大学；8. 曲阜师范大学；8. 山东大学；8. 电子科技大学；8. 华中科技大学；8. 香港中文大学；8. 上海大学；8. 湖南大学；8. 河海大学；8. 淮阴师范学院					

(十三)微生物学

进入 ESI 微生物学学科排名的高校共有 399 所。从国家或地区分布来看，这些高校隶属于美国、英国、德国、中国、法国、加拿大、荷兰、澳大利亚等42个国家或地区。具体高校的国家或地区分布情况如图3-13所示。

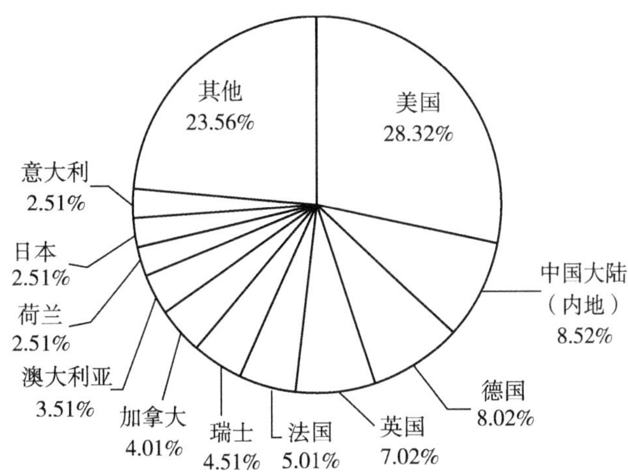

图3-13　进入ESI微生物学学科排名的大学的国家或地区分布

从图3-13可以看出，美国的高校数量遥遥领先于其他国家或地区。美国入围113所高校，占据相对优势，然后依次为中国、德国、英国、法国、瑞士。由此可见，欧美国家在微生物学学科领域拥有无法撼动的地位，遥遥领先。中国大陆(内地)有34所进入排名，中国香港有2所进入排名，中国台湾有1所进入排名。

1. 微生物学学科竞争力综合排名分析

从综合排名来看，中国的高校中只有香港大学进入前10位。其他进入ESI微生物学学科综合排名的中国(包含港澳台)高校如表3-110所示。

表3-110　微生物学学科综合排名（前10位与中国大学）

综合排名	机构名称	星级	档次	国家/地区	综合排名	机构名称	星级	档次	国家/地区
1	哈佛大学	5★+	一流学科	美国	6	瓦格宁根大学	5★	一流学科	荷兰
2	香港大学	5★+	一流学科	中国香港	7	华盛顿大学(西雅图)	5★	一流学科	美国
3	牛津大学	5★+	一流学科	英国	8	伦敦帝国学院	5★	一流学科	英国
4	加利福尼亚大学圣迭戈分校	5★+	一流学科	美国	9	剑桥大学	5★	一流学科	英国
5	圣路易斯华盛顿大学	5★	一流学科	美国	10	爱丁堡大学	5★	一流学科	英国
其他中国高校：16. 复旦大学；31. 中国科学院大学；46. 中国医学科学院-北京协和医学院；48. 浙江大学；54. 中国农业大学；59. 北京协和医学院；65. 上海交通大学；73. 武汉大学；74. 华中农业大学；92. 北京大学；95. 中山大学；111. 南京农业大学；135. 华南农业大学；158. 山东大学；189. 清华大学；197. 四川大学；207. 吉林大学；212. 厦门大学；214. 西北农林科技大学；226. 华中科技大学；228. 扬州大学；232. 首都医科大学；238. 台湾大学；254. 广州医科大学；256. 南方医科大学；274. 中国海洋大学；281. 福建农林大学；292. 四川农业大学；293. 中南大学；298. 东北农业大学；324. 暨南大学；333. 郑州大学；342. 南开大学；356. 河南农业大学；357. 香港中文大学；369. 山东第一医科大学									

2. 微生物学学科科研能力排名分析

从发文量来看，发文量超过2000篇的仅有哈佛大学(美国)、圣保罗大学(巴西)、中国科学院大学

(中国)、牛津大学(英国)及浙江大学(中国),发文量超过1000篇但少于2000篇的高校有78所。中国(包含港澳台)在发文量方面进入前100名的高校有17所,其他进入ESI微生物学学科发文量排名的中国(包含港澳台)高校如表3-111所示。

表3-111　微生物学学科发文量排名(前10位与中国大学)

发文量排名	机构名称	国家/地区	发文量排名	机构名称	国家/地区
1	哈佛大学	美国	6	艾克斯-马赛大学	法国
2	圣保罗大学	巴西	7	巴黎萨克雷大学	法国
3	中国科学院大学	中国	8	华盛顿大学	美国
4	牛津大学	英国	9	布列塔尼-卢瓦尔大学	瑞士
5	浙江大学	中国	10	蒙彼利埃大学	法国
其他中国机构:17. 中山大学;24. 中国农业大学;26. 华中农业大学;29. 中国医学科学院-北京协和医学院;35. 南京农业大学;40. 复旦大学;49. 华南农业大学;55. 上海交通大学;63. 山东大学;68. 北京协和医学院;87. 扬州大学;93. 香港大学;94. 西北农林科技大学;96. 北京大学;97. 吉林大学;102. 四川大学;126. 武汉大学;132. 厦门大学;140. 首都医科大学;151. 中国海洋大学;154. 四川农业大学;181. 台湾大学;183. 南方医科大学;188. 东北农业大学;204. 清华大学;214. 福建农林大学;226. 中南大学;231. 广州医科大学;247. 华中科技大学;251. 南开大学;257. 郑州大学;283. 河南农业大学;294. 暨南大学;355. 山东第一医科大学;368. 香港中文大学					

3. 微生物学学科科研影响力排名分析

从总被引次数来看,只有哈佛大学(美国)总被引次数超过150000次;排在第2位、第3位、第4位、的分别是麻省理工学院(美国)、华盛顿大学(美国)和牛津大学(英国),总被引次数在70000次以上80000次以下;总被引次数在60000次以上70000次以下的高校有2所,分别是北卡罗来纳大学(美国)、加利福尼亚大学伯克利分校(美国);总被引次数在40000次以上60000次以下的有29所;总被引次数在20000次以上40000次以下的有87所;总被引次数在20000次以下的有277所。进入排名的所有学校总被引次数均超过5000次。中国(包括港澳台)进入ESI微生物学学科总被引次数排名前100名的高校有9所,其他进入ESI微生物学学科总被引次数排名的中国(包含港澳台)高校如表3-112所示。

表3-112　微生物学学科总被引次数排名(前10位与中国大学)

总被引次数排名	机构名称	国家/地区	总被引次数排名	机构名称	国家/地区
1	哈佛大学	美国	6	加利福尼亚大学伯克利分校	美国
2	麻省理工学院	美国	7	康奈尔大学	美国
3	华盛顿大学	美国	8	北卡罗来纳大学教堂山分校	美国
4	牛津大学	美国	9	哥本哈根大学	丹麦
5	北卡罗来纳大学	英国	10	加利福尼亚大学圣迭戈分校	美国
其他中国机构:26. 中国科学院大学;35. 香港大学;48. 浙江大学;65. 复旦大学;80. 中国医学科学院-北京协和医学院;84. 中国农业大学;87. 中山大学;98. 华中农业大学;100. 北京协和医学院;101. 南京农业大学;114. 北京大学;116. 上海交通大学;125. 武汉大学;129. 华南农业大学;145. 清华大学;175. 华中科技大学;188. 山东大学;226. 厦门大学;227. 吉林大学;235. 四川大学;243. 西北农林科技大学;244. 台湾大学;269. 首都医科大学;277. 广州医科大学;286. 南方医科大学;292. 扬州大学;304. 福建农林大学;313. 中国海洋大学;335. 中南大学;357. 四川农业大学;359. 暨南大学;367. 南开大学;368. 郑州大学;369. 香港中文大学;372. 东北农业大学;376. 山东第一医科大学;387. 河南农业大学					

4. 微生物学学科影响力排名分析

从高被引论文数来看，有100篇以上高被引论文的高校仅有1所，即哈佛大学；50篇以上100篇及以下的有8所；30篇以上50篇及以下的高校有33所；10篇以上30篇及以下的高校有135所；1篇以上10篇及以下的高校有216所；剩下的高校的高被引论文数为0篇。中国(包含港澳台)进入ESI微生物学学科高被引论文数排名的高校前100位的有10所，其他进入ESI微生物学学科高被引论文数排名的中国(包含港澳台)高校如表3-113所示。

表3-113　微生物学学科高被引论文数排名（前10位与中国大学）

高被引论文数排名	机构名称	国家/地区	高被引论文数排名	机构名称	国家/地区
1	哈佛大学	美国	6	加利福尼亚大学圣迭戈分校	美国
2	麻省理工学院	美国	7	瑞士联邦理工学院	瑞士
3	华盛顿大学	美国	8	圣路易斯华盛顿大学	美国
4	牛津大学	英国	9	香港大学	中国香港
5	康奈尔大学	美国	10	哥本哈根大学	丹麦
其他中国机构：38. 中国科学院大学；43. 复旦大学；48. 中国医学科学院-北京协和医学院；58. 北京大学；62. 浙江大学；68. 北京协和医学院；79. 武汉大学；97. 上海交通大学；97. 中山大学；110. 清华大学；136. 中国农业大学；136. 华中科技大学；136. 广州医科大学；159. 南京农业大学；178. 华中农业大学；178. 华南农业大学；178. 四川大学；178. 厦门大学；178. 台湾大学；208. 首都医科大学；208. 香港中文大学；221. 南方医科大学；242. 山东大学；242. 暨南大学；268. 福建农林大学；268. 中南大学；268. 山东第一医科大学；294. 吉林大学；325. 郑州大学；345. 东北农业大学；345. 河南农业大学；370. 西北农林科技大学；370. 中国海洋大学；370. 南开大学；384. 四川农业大学；394. 扬州大学					

5. 微生物学学科师资力量排名分析

从高被引科学家数来看，如表3-114所示，高被引科学家数最多的是5人，有1所高校，即中国香港的香港大学；美国的哈佛大学、加利福尼亚大学圣迭戈分校和爱尔兰的科克大学学院高被引科学家有4人，美国的密歇根大学、洛克菲勒大学和英国的阿伯丁大学高被引科学家有3人，美国的圣路易斯华盛顿大学、北卡罗来纳大学教堂山分校、宾夕法尼亚大学、明尼苏达大学双城分校和荷兰的瓦格宁根大学、鹿特丹大学高被引科学家有2人；有1位高被引科学家的高校有44所，分别是牛津大学(英国)、华盛顿大学(美国)、剑桥大学(英国)、爱丁堡大学(英国)、俄亥俄州立大学(美国)、复旦大学(中国)、西奈山伊坎医学院(美国)、康奈尔大学(美国)、加利福尼亚大学伯克利分校(美国)、悉尼大学(澳大利亚)、埃默里大学(美国)、昆士兰大学(澳大利亚)、赫尔辛基大学(芬兰)、乌得勒支大学(荷兰)、杜克大学(美国)、加利福尼亚大学戴维斯分校(美国)、得克萨斯大学医学院加尔维斯顿分校(美国)、斯坦福大学(美国)、鲁汶大学(比利时)、范德比尔特大学(美国)、维也纳大学(奥地利)、英属哥伦比亚大学(加拿大)、新加坡国立大学(新加坡)、新南威尔士大学悉尼分校(澳大利亚)、莫纳什大学(澳大利亚)、哥德堡大学(瑞典)、科隆大学(德国)、上海交通大学(中国)、南加利福尼亚大学(美国)、亚利桑那州立大学(美国)、北亚利桑那大学(美国)、武汉大学(中国)、艾奥瓦大学(美国)、得克萨斯大学奥斯汀分校(美国)、乌普萨拉大学(瑞典)、马萨诸塞大学阿默斯特分校(美国)、纽卡斯尔大学(英国)、北卡罗来纳州立大学(美国)、弗里德里希席勒耶那大学(德国)、维尔茨堡大学(德国)、格勒诺布尔-阿尔卑斯大学(法国)、维索萨联邦大学(巴西)、代尔夫特理工大学(荷兰)、美国东北大学(美国)。中国(包含港澳台)进入微生物学学科高被引科学家排名的高校仅有香港大学、复旦大学、上海交通大学和武汉大学，该学科的发展任重道远。

表 3-114 微生物学学科高被引科学家数排名(前 8 位与中国大学)

高被引科学家数排名	机构名称	国家/地区	高被引科学家数排名	机构名称	国家/地区
1	香港大学	中国香港	8	圣路易斯华盛顿大学	美国
2	哈佛大学	美国	8	瓦格宁根大学	荷兰
2	加利福尼亚大学圣迭戈分校	美国	8	北卡罗来纳大学教堂山分校	美国
2	科克大学学院	爱尔兰	8	宾夕法尼亚大学	美国
5	密歇根大学	美国	8	明尼苏达大学双城分校	美国
5	洛克菲勒大学	美国	8	鹿特丹大学	荷兰
5	阿伯丁大学	英国			
其他中国机构：14. 复旦大学；14. 上海交通大学；14. 武汉大学					

从以上指标可以看出，在微生物学学科领域，美国的研究力量更为强大，中国机构在微生物学学科总被引次数及高被引论文数中排名都比较靠后，距离欧美发达国家的水平还比较远，要达到一流学科水平还有很长的路要走。

(十四)分子生物学与遗传学

进入 ESI 分子生物学与遗传学学科排名的大学有 561 所。从国家或地区分布来看，这些大学隶属于美国、中国、德国、意大利、英国、法国、日本、瑞士、西班牙、澳大利亚等 50 个国家或地区，如图 3-14 所示。

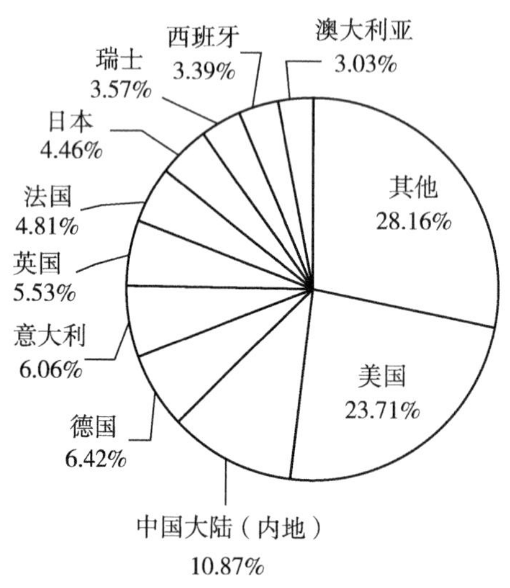

图 3-14 进入 ESI 分子生物学与遗传学学科排名的大学的国家或地区分布

其中，美国的高校数量位居第 1 位，以 133 所遥遥领先于其他国家或地区。中国大陆(内地)以 61 所居于第 2 位，德国以 36 所居于第 3 位。中国(包含港澳台)共有 72 所进入排行。

1. 分子生物学与遗传学学科竞争力综合排名分析

从综合排名来看，中国大陆(内地)有 10 所高校进入前 100 名。其他进入 ESI 分子生物学与遗传学学科综合排名的中国(包含港澳台)高校如表 3-115 所示。

表 3-115 分子生物学与遗传学学科综合排名（前 10 位与中国大学）

综合排名	机构名称	星级	档次	国家/地区	综合排名	机构名称	星级	档次	国家/地区
1	哈佛大学	5★+	一流学科	美国	6	牛津大学	5★-	一流学科	英国
2	麻省理工学院	5★	一流学科	美国	7	华盛顿大学	5★-	一流学科	美国
3	斯坦福大学	5★	一流学科	美国	8	伦敦大学学院	5★-	一流学科	英国
4	加利福尼亚大学旧金山分校	5★	一流学科	美国	9	耶鲁大学	5★-	一流学科	美国
5	加利福尼亚大学圣迭戈分校	5★	一流学科	美国	10	剑桥大学	5★-	一流学科	英国
其他中国机构：37. 中山大学；38. 上海交通大学；41. 中国科学院大学；44. 北京大学；45. 浙江大学；51. 复旦大学；72. 四川大学；78. 中国医学科学院-北京协和医学院；91. 中南大学；94. 南京医科大学；122. 首都医科大学；128. 香港中文大学；130. 华中科技大学；132. 北京协和医学院；143. 香港大学；144. 西安交通大学；166. 台湾大学；189. 吉林大学；193. 清华大学；202. 山东大学；206. 温州医科大学；209. 郑州大学；210. 同济大学；213. 南方医科大学；220. 华中农业大学；221. 中国农业大学；224. 武汉大学；249. 广州医科大学；267. 苏州大学；278. 东南大学；280. 中国科学技术大学；281. 青岛大学；286. 天津医科大学；287. 南开大学；294. 上海科技大学；296. 长庚大学；300. 重庆医科大学；302. 中国人民解放军陆军军医大学；309. 南京大学；321. 空军军医大学；332. 暨南大学；336. 南京农业大学；337. 兰州大学；348. 台湾“中国医药大学”；350. 西北农林科技大学；352. 厦门大学；356. 哈尔滨医科大学；357. 山东第一医科大学；361. 中国医科大学；365. 台湾阳明交通大学；374. 中国人民解放军海军军医大学；391. 福建医科大学；394. 大连医科大学；401. 广西医科大学；407. 台北医学大学；411. 江苏大学；413. 台湾成功大学；415. 徐州医科大学；417. 华南农业大学；418. 深圳大学；419. 扬州大学；448. 汕头大学；451. 高雄医科大学；461. 广东医科大学；481. 安徽医科大学；488. 华东师范大学；494. 澳门科技大学；514. 南昌大学；518. 南通大学；519. 四川农业大学；527. 河北医科大学；537. 香港科技大学									

2. 分子生物学与遗传学学科科研能力排名分析

从发文量来看，只有哈佛大学(美国)的发文量超过 10000 篇，发文量超过 5000 篇但少于等于 10000 篇的高校有 20 所，超过 4000 篇但少于等于 5000 篇的高校有 18 所，超过 3000 篇但少于等于 4000 篇的高校有 31 所，超过 2000 篇但少于等于 3000 篇的高校有 56 所，少于等于 2000 篇的高校有 435 所。进入 ESI 分子生物学与遗传学学科发文量排名的中国(包含港澳台)高校如表 3-116 所示。

表 3-116 分子生物学与遗传学学科发文量排名（前 10 位与中国大学）

发文量排名	机构名称	国家/地区	发文量排名	机构名称	国家/地区
1	哈佛大学	美国	6	多伦多大学	加拿大
2	上海交通大学	中国	7	剑桥大学	英国
3	斯坦福大学	美国	8	复旦大学	中国
4	麻省理工学院	美国	9	浙江大学	中国
5	宾夕法尼亚大学	美国	10	中山大学	中国
其他中国机构：16. 中国科学院大学；19. 南京医科大学；29. 北京大学；32. 中国医学科学院-北京协和医学院；37. 中南大学；42. 四川大学；44. 华中科技大学；52. 山东大学；55. 北京协和医学院；57. 郑州大学；63. 首都医科大学；65. 南方医科大学；70. 同济大学；79. 武汉大学；82. 吉林大学；90. 中国医科大学；93. 哈尔滨医科大学；95. 西安交通大学；98. 苏州大学；106. 温州医科大学；110. 清华大学；110. 广州医科大学；122. 天津医科大学；127. 重庆医科大学；136. 中国人民解放军海军军医大学；141. 南京大学；143. 中国农业大学；147. 台湾大学；148. 中国人民解放军陆军军医大学；150. 华中农业大学；152. 香港大学；153. 南京农业大学；154. 西北农林科技大学；159. 山东第一医科大学；160. 空军军医大学；164. 暨南大学；175. 香港中文大学；179. 安徽医科大学；190. 厦门大学；195. 南昌大学；					

续表

209. 台湾阳明交通大学；217. 青岛大学；218. 福建医科大学；220. 台湾"中国医药大学"；223. 东南大学；232. 南通大学；235. 四川农业大学；239. 中国科学技术大学；254. 大连医科大学；266. 扬州大学；268. 广西医科大学；282. 南开大学；289. 徐州医科大学；290. 深圳大学；291. 长庚大学；292. 台北医学大学；295. 华南农业大学；301. 河北医科大学；317. 江苏大学；328. 台湾成功大学；336. 上海科技大学；353. 兰州大学；396. 汕头大学；400. 高雄医科大学；402. 广东医科大学；458. 香港科技大学；469. 华东师范大学；551. 澳门科技大学

3. 分子生物学与遗传学学科科研影响力排名分析

从总被引次数来看，总被引次数在100万次以上的学校仅有1所，即排名第1位的哈佛大学，总被引次数为1547178；总被引次数在50万次以上100万次及以下的学校有2所，即排名第2位和第三位的麻省理工学院和斯坦福大学，总被引次数分别为810357次和505864次；总被引次数在20万次以上50万次及以下的有38所，总被引次数在10万次以上20万次及以下的有78所，总被引次数在10万次及以下的有442所。中国(包含港澳台)进入ESI分子生物学与遗传学学科总被引次数排名最靠前的机构即上海交通大学，位于第41位，总被引次数为200661次。其他进入ESI分子生物学与遗传学学科总被引次数排名的中国(包含港澳台)高校如表3-117所示。

表3-117　分子生物学与遗传学学科总被引次数排名（前10位与中国大学）

总被引次数排名	机构名称	国家/地区	总被引次数排名	机构名称	国家/地区
1	哈佛大学	美国	6	宾夕法尼亚大学	美国
2	麻省理工学院	美国	7	约翰·霍普金斯大学	美国
3	斯坦福大学	美国	8	牛津大学	英国
4	加利福尼亚大学旧金山分校	美国	9	多伦多大学	加拿大
5	剑桥大学	英国	10	华盛顿大学	美国
其他中国机构：41. 上海交通大学；52. 复旦大学；54. 北京大学；57. 中山大学；63. 浙江大学；68. 中国科学院大学；94. 中国医学科学院-北京协和医学院；96. 南京医科大学；107. 清华大学；112. 北京协和医学院；118. 四川大学；127. 中南大学；136. 华中科技大学；148. 香港大学；167. 同济大学；176. 山东大学；185. 武汉大学；191. 南方医科大学；192. 首都医科大学；193. 香港中文大学；195. 中国人民解放军海军军医大学；204. 广州医科大学；220. 苏州大学；222. 郑州大学；228. 哈尔滨医科大学；232. 西安交通大学；240. 台湾大学；244. 吉林大学；247. 中国人民解放军陆军军医大学；248. 中国农业大学；249. 天津医科大学；251. 华中农业大学；256. 空军军医大学；260. 温州医科大学；262. 南京大学；270. 中国医科大学；285. 台湾"中国医药大学"；299. 重庆医科大学；310. 厦门大学；312. 南京农业大学；317. 台湾阳明交通大学；323. 暨南大学；324. 中国科学技术大学；337. 安徽医科大学；349. 南开大学；353. 西北农林科技大学；357. 东南大学；376. 长庚大学；385. 山东第一医科大学；386. 大连医科大学；392. 青岛大学；396. 上海科技大学；397. 台北医学大学；399. 南昌大学；416. 台湾成功大学；433. 江苏大学；464. 香港科技大学；466. 澳门科技大学；470. 徐州医科大学；479. 高雄医科大学；485. 广西医科大学；500. 南通大学；518. 汕头大学；523. 深圳大学；531. 福建医科大学；533. 华南农业大学；539. 河北医科大学；545. 兰州大学；547. 四川农业大学；551. 广东医科大学；553. 华东师范大学；561. 扬州大学					

4. 分子生物学与遗传学学科影响力排名分析

从高被引论文数来看，高被引论文数排名第1位的是哈佛大学，高被引论文数高达1059篇；高被引论文数在500篇以上900篇及以下的只有1所，是麻省理工学院；高被引论文数在200篇以上500篇及以下的有16所；高被引论文数在100篇以上200篇及以下的有31所；高被引论文数在50篇以上100篇及以下的有 85 所；高被引论文数在 50 篇及以下的有 427 所。中国大陆(内地)进入 ESI 分子生物学与遗传学学科高被引论文数排名前 100 位的高校有 8 所，其他进入 ESI 分子生物学与遗传学学科高被引论文数排名的中国(包含港澳台)高校如表 3-118 所示。

表 3-118　分子生物学与遗传学学科高被引论文数排名（前 10 位与中国大学）

高被引论文数排名	机构名称	国家/地区	高被引论文数排名	机构名称	国家/地区
1	哈佛大学	美国	6	宾夕法尼亚大学	美国
2	麻省理工学院	美国	7	加利福尼亚大学圣迭戈分校	美国
3	斯坦福大学	美国	8	牛津大学	英国
4	加利福尼亚大学旧金山分校	美国	9	华盛顿大学	美国
5	剑桥大学	英国	10	圣路易斯华盛顿大学	美国
其他中国机构：52. 上海交通大学；52. 中国科学院大学；66. 复旦大学；68. 北京大学；70. 中山大学；86. 浙江大学；90. 中国医学科学院-北京协和医学院；94. 四川大学；102. 清华大学；129. 中南大学；129. 北京协和医学院；163. 南京医科大学；163. 香港大学；163. 广州医科大学；173. 华中科技大学；186. 香港中文大学；192. 首都医科大学；213. 武汉大学；221. 郑州大学；225. 南方医科大学；230. 同济大学；230. 中国人民解放军海军军医大学；239. 西安交通大学；239. 华中农业大学；254. 上海科技大学；266. 中国农业大学；266. 台湾“中国医药大学”；283. 重庆医科大学；283. 中国医科大学；295. 台湾大学；295. 中国人民解放军陆军军医大学；303. 山东大学；330. 天津医科大学；330. 哈尔滨医科大学；330. 澳门科技大学；341. 南京大学；341. 暨南大学；341. 厦门大学；363. 吉林大学；363. 温州医科大学；363. 苏州大学；363. 空军军医大学；395. 东南大学；395. 中国科学技术大学；414. 南开大学；414. 台湾阳明交通大学；414. 广西医科大学；435. 台湾成功大学；435. 汕头大学；435. 安徽医科大学；462. 青岛大学；462. 长庚大学；462. 南京农业大学；462. 江苏大学；481. 山东第一医科大学；481. 华南农业大学；481. 香港科技大学；500. 福建医科大学；500. 高雄医科大学；500. 广东医科大学；500. 华东师范大学；500. 河北医科大学；520. 西北农林科技大学；520. 大连医科大学；520. 深圳大学；535. 兰州大学；535. 南昌大学；535. 南通大学；549. 徐州医科大学；549. 四川农业大学；556. 台北医学大学；556. 扬州大学					

5. 分子生物学与遗传学学科师资力量排名分析

哈佛大学(美国)拥有 17 名高被引科学家，是人数最多的高校；麻省理工学院(美国)有 7 名高被引科学家；斯坦福大学(美国)、加利福尼亚大学圣迭戈分校(美国)有 5 名高被引科学家；华盛顿大学(美国)、密歇根大学(美国)、芝加哥大学(美国)有 4 名高被引科学家；有 3 位高被引科学家的高校有 7 所；有 2 位高被引科学家的高校有 5 所；有 1 位高被引科学家的高校有 19 所；其他 523 所高校均没有高被引科学家。中国(包含港澳台)在分子生物学与遗传学学科没有高被引科学家，进入 ESI 分子生物学和遗传学学科高被引科学家排名的高校如表 3-119 所示。

表 3-119　分子生物学与遗传学学科高被引科学家数排名（前 8 位与中国大学）

高被引科学家数排名	机构名称	国家/地区	高被引科学家数排名	机构名称	国家/地区
1	哈佛大学	美国	3	加利福尼亚大学圣迭戈分校	美国
2	麻省理工学院	美国	5	华盛顿大学(西雅图)	美国
3	斯坦福大学	美国	5	密歇根大学	美国

续表

高被引科学家数排名	机构名称	国家/地区	高被引科学家数排名	机构名称	国家/地区
5	芝加哥大学	美国	8	康奈尔大学	美国
8	加利福尼亚大学旧金山分校	美国	8	加利福尼亚大学伯克利分校	美国
8	加利福尼亚大学洛杉矶分校	美国	8	纽约大学	美国
8	圣路易斯华盛顿大学	美国	8	帕多瓦大学	意大利
其他中国机构：无					

从以上指标可以看出，在分子生物学与遗传学学科领域，美国的研究力量非常强大。中国在分子生物学与遗传学学科各项指标上进入 ESI 排名前 100 名的高校很少，尤其是在高被引论文以及高被引科学家方面与欧美发达国家的差距较大。这说明我国分子生物学与遗传学学科的实力距离世界一流的水平还比较远，中国高校需要在这一学科上努力。

(十五)综合交叉学科

进入 ESI 综合交叉学科排名的高校共有 107 所。从国家或地区分布来看，这些大学隶属于美国、英国、中国、瑞士、荷兰、德国、法国、澳大利亚、瑞典等 19 个国家或地区。从图 3-15 中可以很直观地看出这些高校的国家或地区分布情况。

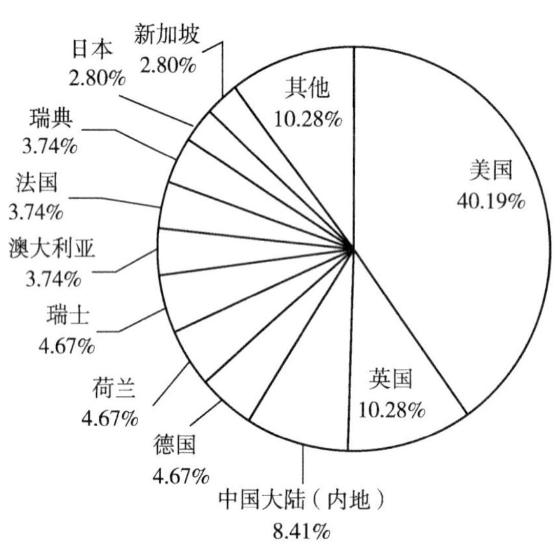

图 3-15 进入 ESI 综合交叉学科排名的大学的国家或地区分布

美国的高校数目位居第 1 位，并且处于绝对领先的地位，一共有 43 所高校进入排名。排名第 2 位的是英国，有 11 所。相比之下，中国大陆(内地)只有 9 所高校，即清华大学、复旦大学、北京大学、浙江大学、中国科学院大学、上海交通大学、南京大学、中国科学技术大学和苏州大学。中国香港只有 1 所大学，即香港大学。

1. 综合交叉学科竞争力综合排名分析

从综合排名来看，中国(包含港澳台)只有清华大学、复旦大学、北京大学、浙江大学、中国科学院大学、上海交通大学、南京大学、中国科学技术大学和苏州大学和香港大学进入 ESI 综合交叉学科综合排名，如表 3-120 所示。

表 3-120　综合交叉学科综合排名（前 10 位与中国大学）

综合排名	机构名称	星级	档次	国家/地区	综合排名	机构名称	星级	档次	国家/地区
1	哈佛大学	5★+	一流学科	美国	6	斯坦福大学	5★+	一流学科	英国
2	哥伦比亚大学	5★+	一流学科	美国	7	康奈尔大学	5★+	一流学科	美国
3	麻省理工学院	5★+	一流学科	美国	8	鲁汶大学	5★+	一流学科	比利时
4	牛津大学	5★+	一流学科	英国	9	剑桥大学	5★+	一流学科	英国
5	华盛顿大学	5★+	一流学科	美国	10	香港大学	5★+	一流学科	中国香港
其他中国机构：20. 清华大学；25. 复旦大学；37. 北京大学；49. 浙江大学；54. 中国科学院大学；61. 上海交通大学；72. 南京大学；99. 中国科学技术大学；100. 苏州大学									

2. 综合交叉学科的科研能力排名分析

从发文量来看，发文量最高的哈佛大学共有 747 篇文章。发文量在 200 篇以上 500 篇及以下的高校有 17 所，发文量超过 100 篇但少等于 200 篇的高校有 52 所，发文量超过 50 篇但少于等于 100 篇的高校共有 29 所，发文量在 50 篇及以下的高校有 8 所，进入排名学校发文量最低的为 3 篇。综合交叉学科发文量排名前 10 位与中国(包含港澳台)大学如表 3-121 所示。

表 3-121　综合交叉学科发文量排名（前 10 位与中国大学）

发文量排名	机构名称	国家/地区	发文量排名	机构名称	国家/地区
1	哈佛大学	美国	5	加利福尼亚大学圣迭戈分校	美国
2	牛津大学	英国	7	斯坦福大学	美国
3	麻省理工学院	美国	8	东京大学	日本
4	伦敦大学学院	英国	9	约翰·霍普金斯大学	美国
5	剑桥大学	英国	10	伦敦帝国学院	英国
其他中国机构：26. 中国科学院大学；27. 北京大学；29. 浙江大学；38. 上海交通大学；49. 清华大学；51. 复旦大学；73. 香港大学；77. 南京大学；94. 苏州大学；96. 中国科学技术大学					

3. 综合交叉学科科研影响力排名分析

从总被引次数来看，中国(包含港澳台)进入排名的高校有清华大学、香港大学、北京大学、中国科学院大学、复旦大学、浙江大学、中国科学技术大学、上海交通大学、南京大学和苏州大学，分别排在第 6 位、第 21 位、第 25 位、第 57 位、第 60 位、第 65 位、第 67 位、第 78 位、第 97 位、第 98 位置，总被引次数分别为 17136 次、9709 次、8613 次、5125 次、5035 次、4732 次、4713 次、4064 次、3597 次和 3582 次。总被引次数位居第 1 位的高校是哈佛大学，总被引次数共计 51727 次，其他总被引次数超过 20000 次的高校共有 3 所，分别是牛津大学(英国)、麻省理工学院(美国)和哥伦比亚大学(美国)；加利福尼亚大学圣迭戈分校(美国)和清华大学(中国)的总被引次数超过 15000 次；总被引次数在 10000 次以上 15000 次及以下的有 13 所；总被引次数在 5000 次以上 10000 次及以下的有 42 所；总被引次数在 5000 次及以下的有 46 所。进入排名的高校总被引次数最少的为 3387 次，如表 3-122 所示。

表 3-122　综合交叉学科总被引次数排名（前 10 位与中国大学）

总被引次数排名	机构名称	国家/地区	总被引次数排名	机构名称	国家/地区
1	哈佛大学	美国	6	清华大学	中国
2	牛津大学	英国	7	加利福尼亚大学伯克利分校	美国
3	麻省理工学院	美国	8	伦敦帝国学院	英国
4	哥伦比亚大学	美国	9	洛克菲勒大学	美国
5	加利福尼亚大学圣迭戈分校	美国	10	剑桥大学	英国
其他中国机构：21. 香港大学；25. 北京大学；57. 中国科学院大学；60. 复旦大学；65. 浙江大学；67. 中国科学技术大学；78. 上海交通大学；97. 南京大学；98. 苏州大学					

4. 综合交叉学科影响力排名分析

从高被引论文数来看，高被引论文数最多的是哈佛大学，共 40 篇，也是唯一所超过 30 篇的大学；排在第 2 位的是麻省理工学院(美国)，高被引论文数为 28 篇；高被引论文在 10 篇以上 20 篇及以下的有 10 所；1 篇以上 10 篇及以下的有 95 所。中国科学院大学位于第 13 位，篇数为 10 篇；香港大学位于第 22 位，篇数为 8 篇；香港大学位于第 28 位，篇数为 7 篇，如表 3-123 所示。

表 3-123　综合交叉学科高被引论文数排名（前 8 位与中国大学）

高被引论文数排名	机构名称	国家/地区	高被引论文数排名	机构名称	国家/地区
1	哈佛大学	美国	6	华盛顿大学	美国
2	麻省理工学院	美国	7	加利福尼亚大学旧金山分校	美国
3	哥伦比亚大学	美国	8	斯坦福大学	美国
3	加利福尼亚大学圣迭戈分校	美国	8	剑桥大学	英国
5	牛津大学	英国	8	伦敦帝国学院	英国
其他中国机构：13. 中国科学院大学；22. 香港大学；28. 清华大学；32. 复旦大学；32. 北京大学；61. 中国科学技术大学；61. 苏州大学；82. 浙江大学；82. 上海交通大学；82. 南京大学					

5. 综合交叉学科师资力量排名分析

综合交叉学科的高被引科学家人数排名前 10 的高校是哈佛大学(美国)、斯坦福大学(美国)、宾夕法尼亚大学(美国)、约翰·霍普金斯大学(美国)、清华大学(中国)、麻省理工学院(美国)、哥伦比亚大学(美国)、伦敦帝国学院(英国)、昆士兰大学(澳大利亚)、牛津大学(英国)。其中高被引科学家最多的高校是哈佛大学，有 107 位，也是唯一一个高被引科学家超过 60 人的高校；高被引科学家人数在 30 人以上 60 人及以下的有 4 所；20 人以上 30 人及以下的有 8 所，10 人以上 20 人及以下的有 25 所；10 人及以下的有 54 所；其他 15 所高校没有高被引科学家。中国大陆(内地)9 所高校清华大学、复旦大学、浙江大学、北京大学、南京大学、上海交通大学和苏州大学分别以 32 人、19 人、17 人、16 人、11 人、10 人、1 人位列第 4 位、第 15 位、第 22 位、第 23 位、第 35 位、第 39 位和第 91 位；中国香港的香港大学以 18 人位列第 18 位，如表 3-124 所示。

表 3-124　综合交叉学科高被引科学家数排名（前 10 位与中国大学）

高被引科学家数排名	机构名称	国家/地区	高被引科学家数排名	机构名称	国家/地区
1	哈佛大学	美国	6	麻省理工学院	美国
2	斯坦福大学	美国	7	哥伦比亚大学	美国
3	宾夕法尼亚大学	美国	8	伦敦帝国学院	英国
4	约翰·霍普金斯大学	美国	8	昆士兰大学	澳大利亚
4	清华大学	中国	10	牛津大学	英国
其他中国机构：15. 复旦大学；18. 香港大学；22. 浙江大学；23. 北京大学；35. 南京大学；39. 上海交通大学；91. 苏州大学					

从以上各项指标的分析可以看出，综合交叉学科在世界范围内的发展还比较薄弱，相对于其他学科，该学科进入排名的学校少，发文量少，被引次数和高被引论文数值都偏低，该学科的发展任重道远。另外，各项指标均反映出英、美两国在综合交叉学科占有主要优势。虽然中国(包含港澳台)有 10 所大学进入排名，但离排名靠前的大学还有一定差距，我国要进一步加强综合交叉学科的建设。

(十六)神经科学与行为科学

进入 ESI 神经科学与行为科学学科排名的大学共有 620 所。从国家或地区分布来看，这些大学隶属美国、中国、德国、英国、意大利、日本、澳大利亚、法国、加拿大等 54 个国家或地区。从图 3-16 中可以很直观地看出这些大学的国家或地区分布情况。

从图 3-16 可以看出，美国有 141 所大学，位居第 1 位，遥遥领先于其他国家或地区。中国大陆(内地)有 54 所，德国有 42 所，英国有 40 所，意大利有 37 所，日本有 32 所，澳大利亚有 32 所，法国有 29 所，中国台湾有 7 所，中国香港有 4 所。

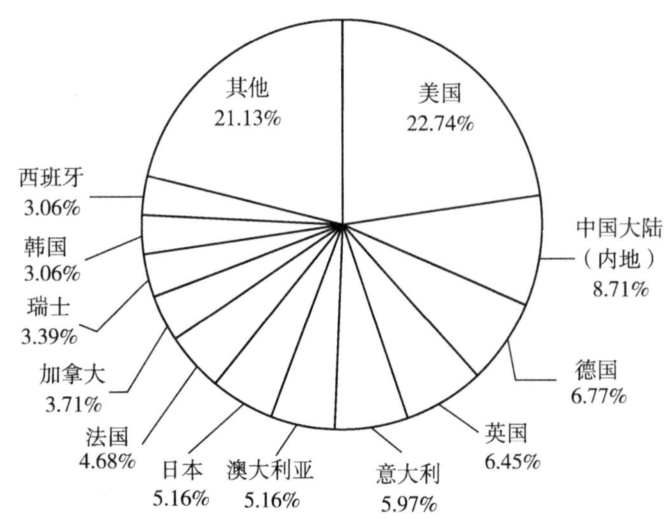

图 3-16　进入 ESI 神经科学与行为科学学科的大学的国家或地区分布

1. 神经科学与行为科学学科竞争力综合排名分析

进入 ESI 神经科学与行为科学学科综合排名的中国(包含港澳台)大学如表 3-125 所示。

表 3-125　神经科学与行为科学学科综合排名（前 10 位与中国大学）

综合排名	机构名称	星级	档次	国家/地区	综合排名	机构名称	星级	档次	国家/地区
1	哈佛大学	5★+	一流学科	美国	6	华盛顿大学	5★+	一流学科	美国
2	伦敦大学学院	5★+	一流学科	英国	7	斯坦福大学	5★	一流学科	美国
3	牛津大学	5★+	一流学科	英国	8	约翰·霍普金斯大学	5★	一流学科	美国
4	加利福尼亚大学旧金山分校	5★+	一流学科	美国	9	多伦多大学	5★	一流学科	加拿大
5	宾夕法尼亚大学	5★+	一流学科	美国	10	墨尔本大学	5★	一流学科	澳大利亚
其他中国机构：71. 首都医科大学；85. 北京师范大学；99. 复旦大学；130. 北京大学；163. 重庆医科大学；164. 上海交通大学；187. 四川大学；190. 浙江大学；192. 香港中文大学；207. 厦门大学；220. 华中科技大学；239. 西南大学；242. 中山大学；243. 香港大学；246. 中南大学；247. 南京医科大学；258. 西安交通大学；261. 郑州大学；274. 电子科技大学；283. 武汉大学；297. 中国科学院大学；302. 温州医科大学；314. 台北医学大学；324. 安徽医科大学；328. 广州医科大学；334. 阳明交通大学；340. 天津医科大学；342. 中国人民解放军陆军军医大学；346. 中国医药大学；347. 山东大学；350. 南方医科大学；351. 台湾大学；359. 深圳大学；361. 空军军医大学；362. 中国医科大学；367. 南京大学；374. 苏州大学；391. 中国科学技术大学；393. 长庚大学；396. 昆明医科大学；398. 清华大学；400. 青岛大学；404. 南通大学；419. 吉林大学；435. 同济大学；446. 东南大学；450. 暨南大学；454. 中国人民解放军海军军医大学；471. 山东第一医科大学；472. 哈尔滨医科大学；474. 河北医科大学；479. 南昌大学；482. 成功大学；485. 徐州医科大学；487. 杭州师范大学；495. 福建医科大学；503. 华东师范大学；526. 大连医科大学；527. 山西医科大学；537. 香港理工大学；545. 华南师范大学；574. 香港科技大学；580. 高雄医学大学；594. 南京中医药大学；616. 中国药科大学									

2. 神经科学与行为科学学科科研能力排名分析

从发文量来看，发文量超过 10000 篇的有 4 所，即哈佛大学、伦敦大学学院、多伦多大学和约翰·霍普金斯大学；超过 5000 篇但少于等于 10000 篇的有 29 所；超过 3000 篇但少于等于 5000 篇的有 47 所；超过 2000 篇但少于等于 3000 篇的有 75 所；超过 1000 篇但少于等于 2000 篇的有 153 所；超过 500 篇但少于等于 1000 篇的有 195 所；超过 200 篇但少于等于 500 篇的有 111 所；发文量最低的高校发文量为 38 篇。进入 ESI 神经科学与行为科学学科排名前 100 位的大学中，中国大陆(内地)有 5 所，其他进入 ESI 神经科学与行为科学学科排名的中国(包含港澳台)大学如表 3-126 所示。

表 3-126　神经科学与行为科学学科发文量排名（前 10 位与中国大学）

发文量排名	机构名称	国家/地区	发文量排名	机构名称	国家/地区
1	哈佛大学	美国	6	宾夕法尼亚大学	美国
2	伦敦大学学院	英国	7	哥伦比亚大学	美国
3	多伦多大学	加拿大	8	加利福尼亚大学洛杉矶分校	美国
4	约翰·霍普金斯大学	美国	9	麦吉尔大学	加拿大
5	加利福尼亚大学旧金山分校	美国	10	斯坦福大学	美国
其他中国机构：22. 首都医科大学；52. 上海交通大学；55. 复旦大学；69. 北京大学；84. 浙江大学；116. 中山大学；117. 四川大学；121. 中南大学；126. 南京医科大学；146. 华中科技大学；173. 中国科学院大学；183. 阳明交通大学；184. 山东大学；185. 北京师范大学；188. 南方医科大学；196. 西安交通大学；201. 郑州大学；202. 重庆医科大学；204. 中国医科大学；208. 苏州大学；211. 空军军医大学；214. 香港大学；218. 台湾大学；219. 天津医科大学；229. 南京大学；235. 长庚大学；237. 中国人民解放军陆军军医大学；240. 南通大学；251. 香港中文大学；255. 电子科技大学；261. 温州医科大学；263. 青岛大学；264. 吉林大学；272. 同济大学；300. 武汉大学；301. 台北医学大学；309. 广州医科大学；313. 清华大学；314. 东南大学；316. 西南大学；317. 安徽医科大学；333. 暨南大学；336. 南昌大学；					

续表

337. 中国人民解放军海军军医大学；338. 河北医科大学；344. 深圳大学；354. 徐州医科大学；356. 山东第一医科大学；367. 成功大学；369. 中国医药大学；372. 福建医科大学；384. 哈尔滨医科大学；416. 华南师范大学；427. 华东师范大学；440. 山西医科大学；442. 中国科学技术大学；457. 大连医科大学；463. 昆明医科大学；465. 杭州师范大学；468. 香港理工大学；487. 高雄医学大学；522. 厦门大学；539. 南京中医药大学；593. 中国药科大学；609. 香港科技大学

3. 神经科学与行为科学学科科研影响力排名分析

从总被引次数来看，总被引次数超过500000次的大学是哈佛大学；总被引次数在300000次以上500000次及以下分别为伦敦大学学院、加利福尼亚大学旧金山分校、多伦多大学、约翰·霍普金斯大学和宾夕法尼亚大学；总被引次数在200000次以上300000次及以下的有10所；总被引次数在100000次以上200000次及以下的有43所；总被引次数在50000次以上100000次及以下的有93所；总被引次数在10000次以上50000次及以下的有352所；总被引次数在10000次及以下的有116所；所有大学的总被引次数均在7000次以上。进入ESI神经科学与行为科学学科总被引次数排名的中国(包含港澳台)大学如表3-127所示。

表3-127 神经科学与行为科学学科总被引次数排名（前10位与中国大学）

总被引次数排名	机构名称	国家/地区	总被引次数排名	机构名称	国家/地区
1	哈佛大学	美国	6	宾夕法尼亚大学	美国
2	伦敦大学学院	英国	7	斯坦福大学	美国
3	加利福尼亚大学旧金山分校	美国	8	哥伦比亚大学	美国
4	多伦多大学	加拿大	9	牛津大学	英国
5	约翰·霍普金斯大学	美国	10	加利福尼亚大学洛杉矶分校	美国
其他中国机构：84. 首都医科大学；118. 复旦大学；126. 上海交通大学；135. 北京大学；172. 浙江大学；174. 华中科技大学；192. 南京医科大学；198. 中南大学；199. 北京师范大学；204. 中山大学；208. 四川大学；227. 香港中文大学；233. 阳明交通大学；234. 香港大学；246. 天津医科大学；247. 中国人民解放军陆军军医大学；257. 空军军医大学；269. 南京大学；270. 中国科学院大学；272. 重庆医科大学；285. 台湾大学；286. 山东大学；287. 中国医科大学；289. 南方医科大学；297. 苏州大学；308. 西安交通大学；310. 电子科技大学；323. 南通大学；332. 长庚大学；336. 武汉大学；337. 青岛大学；339. 郑州大学；349. 清华大学；357. 吉林大学；363. 台北医学大学；369. 温州医科大学；378. 同济大学；391. 中国人民解放军海军军医大学；393. 东南大学；399. 西南大学；413. 中国医药大学；416. 暨南大学；418. 杭州师范大学；431. 河北医科大学；437. 广州医科大学；438. 哈尔滨医科大学；439. 安徽医科大学；461. 徐州医科大学；469. 厦门大学；474. 成功大学；475. 山东第一医科大学；489. 深圳大学；496. 华东师范大学；498. 南昌大学；508. 大连医科大学；519. 香港科技大学；521. 福建医科大学；559. 山西医科大学；562. 香港理工大学；567. 昆明医科大学；569. 华南师范大学；578. 中国科学技术大学；588. 南京中医药大学；600. 高雄医学大学；619. 中国药科大学					

4. 神经科学与行为科学学科影响力排名分析

从高被引论文数来看，高被引论文数最高的依然是美国的哈佛大学，有735篇；其次是伦敦大学学院，有466篇。有100篇以上400篇及以下高被引论文的大学有45所；有50篇以上100篇及以下高被引论文的大学有67所；有10篇以上50篇及以下高被引论文的大学有270所；有1篇以上10篇及以下高被引论文的大学有231所；剩下的5所大学的高被引论文数为0篇。中国(包含港澳台)没有一所大学入选高被引论文数排名前100名，进入ESI神经科学与行为科学学科高被引论文数排名的中国(包含港澳台)大学如表3-128所示。

表3-128　神经科学与行为科学学科高被引论文数排名（前9位与中国大学）

高被引论文数排名	机构名称	国家/地区	高被引论文数排名	机构名称	国家/地区
1	哈佛大学	美国	6	宾夕法尼亚大学	美国
2	伦敦大学学院	英国	7	牛津大学	英国
3	加利福尼亚大学旧金山分校	美国	8	华盛顿大学-圣路易斯	美国
4	斯坦福大学	美国	9	多伦多大学	加拿大
5	约翰·霍普金斯大学	美国	9	哥伦比亚大学	美国
其他中国机构：110. 复旦大学；114. 首都医科大学；126. 北京大学；143. 浙江大学；143. 华中科技大学；152. 上海交通大学；210. 四川大学；217. 中国科学院大学；217. 清华大学；224. 武汉大学；238. 中山大学；238. 中南大学；250. 香港中文大学；250. 南京医科大学；250. 中国人民解放军陆军军医大学；258. 北京师范大学；258. 重庆医科大学；271. 电子科技大学；279. 郑州大学；289. 台湾大学；300. 香港大学；300. 西安交通大学；300. 天津医科大学；300. 青岛大学；323. 吉林大学；363. 厦门大学；363. 温州医科大学；363. 安徽医科大学；363. 南京大学；363. 长庚大学；385. 西南大学；385. 台北医学大学；385. 暨南大学；412. 山东大学；412. 南方医科大学；412. 中国医科大学；412. 同济大学；412. 东南大学；436. 广州医科大学；436. 苏州大学；436. 杭州师范大学；436. 香港科技大学；460. 中国医药大学；460. 空军军医大学；460. 南通大学；460. 山东第一医科大学；460. 哈尔滨医科大学；460. 华东师范大学；492. 中国科学技术大学；492. 中国人民解放军海军军医大学；517. 阳明交通大学；517. 深圳大学；517. 昆明医科大学；517. 南昌大学；517. 成功大学；517. 福建医科大学；517. 香港理工大学；550. 大连医科大学；550. 山西医科大学；575. 河北医科大学；575. 南京中医药大学；575. 中国药科大学；592. 徐州医科大学；609. 高雄医学大学					

5. 神经科学与行为科学学科师资力量排名分析

从高被引科学家数来看，高被引科学家数最多的是牛津大学，为11人。其次是圣路易斯华盛顿大学，为9人；伦敦大学学院和宾夕法尼亚大学的高被引科学家均为8人；加利福尼亚大学旧金山分校和斯坦福大学的高被引科学家数量均为6人；哈佛大学和墨尔本大学有5位高被引科学家；约翰·霍普金斯大学有4位高被引科学家；有3位高被引科学家数的高校有11所；有2位高被引科学家数的高校有13所；有1位高被引科学家数的高校有42所，其余545所高校没有高被引科学家。中国(包含港澳台)有北京师范大学和厦门大学的高被引科学家数大于0，进入ESI神经科学与行为科学学科高被引科学家数排名的高校如表3-129所示。

表3-129　神经科学与行为科学学科高被引科学家数排名（前9位与中国大学）

高被引科学家数排名	机构名称	国家/地区	高被引科学家数排名	机构名称	国家/地区
1	牛津大学	英国	5	斯坦福大学	美国
2	华盛顿大学-圣路易斯	美国	7	哈佛大学	美国
3	伦敦大学学院	英国	7	墨尔本大学	澳大利亚
3	宾夕法尼亚大学	美国	9	约翰·霍普金斯大学	美国
5	加利福尼亚大学旧金山分校	美国	10	麦吉尔大学	加拿大
其他中国机构：21. 北京师范大学；34. 厦门大学					

(十七)药理学与毒物学

在药理学与毒物学方面，进入 ESI 排行的大学共有 778 所。从国家或地区分布来看，这些大学隶属于美国、中国、意大利、英国、德国、法国、韩国、日本、澳大利亚等 58 个国家或地区。从图 3-17 中可以很直观地看出这些大学的国家或地区分布情况。

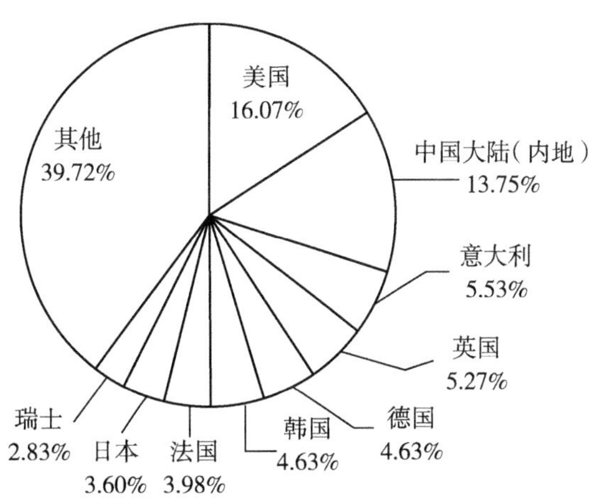

图 3-17　进入 ESI 药理学与毒物学学科的大学的国家或地区分布

从图 3-17 可以看出，美国有 125 所大学，位居第 1 位，遥遥领先于其他国家或地区。中国大陆(内地)有 107 所，意大利有 43 所，英国 41 所，德国、韩国有 36 所，法国有 31 所，日本 28 所，瑞士 22 所，中国台湾有 13 所，中国香港有 5 所，中国澳门有 2 所。

1. 药理学与毒物学学科竞争力综合排名分析

从综合排名来看，进入前 100 位的中国大陆(内地)大学有 20 所，中国香港进入前 100 的有 0 所高校，中国台湾进入前 100 的有 0 所高校，其他进入 ESI 药理学与毒物学学科综合排名的中国(包含港澳台)大学如表 3-130 所示。

表 3-130　药理学与毒物学学科综合排名（前 10 位与中国大学）

综合排名	机构名称	星级	档次	国家/地区	综合排名	机构名称	星级	档次	国家/地区
1	哈佛大学	5★+	一流学科	美国	6	斯坦福大学	5★+	一流学科	美国
2	伦敦大学学院	5★+	一流学科	英国	7	德黑兰医科大学	5★+	一流学科	伊朗
3	爱丁堡大学	5★+	一流学科	英国	8	莫纳什大学	5★+	一流学科	澳大利亚
4	乌普萨拉大学	5★+	一流学科	瑞典	9	乌得勒支大学	5★	一流学科	荷兰
5	昆士兰大学	5★+	一流学科	澳大利亚	10	牛津大学	5★	一流学科	英国
其他中国机构：19. 复旦大学；20. 浙江大学；22. 上海交通大学；23. 中国药科大学；35. 中国医学科学院-北京协和医学院；36. 中山大学；41. 四川大学；52. 北京协和医学院；63. 北京大学；64. 南方医科大学；71. 华中科技大学；72. 中国科学院大学；73. 山东大学；76. 沈阳药科大学；77. 南京医科大学；78. 吉林大学；81. 首都医科大学；85. 中南大学；95. 上海中医药大学；96. 广州中医药大学；109. 西安交通大学；111. 澳门大学；115. 北京中医药大学；118. 台湾“中国医药大学”；122. 中国人民解放军海军军医大学；126. 台湾成功大学；130. 同济大学；131. 台湾大学；134. 温州医科大学；140. 南京中医药大学；141. 郑州大学；144. 苏州大学；145. 南京大学；152. 成都中医药大学；158. 暨南大学；160. 电子科技大学；178. 重庆医科大学；186. 青岛大学；187. 武汉大学；196. 空军军医大学；200. 中国医科大学；203. 香港中文大学；207. 安徽医科大学；223. 中国人民解放军陆军军医大学；232. 香港大学；255. 山东第一医科大学；266. 哈尔滨医科大学；279. 台北医学大学；283. 浙江中医药大学；285. 南开大学；287. 广州医科大学；297. 江									

续表

西中医药大学；299. 大连医科大学；316. 华中农业大学；317. 天津医科大学；319. 中国科学技术大学；323. 长庚大学；325. 天津中医药大学；328. 南昌大学；333. 高雄医科大学；336. 东南大学；361. 兰州大学；365. 华南理工大学；368. 台湾阳明交通大学；375. 江苏大学；387. 东北农业大学；388. 清华大学；391. 南通大学；412. 徐州医科大学；419. 厦门大学；424. 河北医科大学；431. 广东药科大学；435. 中国海洋大学；436. 福建医科大学；452. 深圳大学；456. 西南大学；466. 香港浸会大学；478. 广西医科大学；483. 中国农业大学；484. 西南医科大学；485. 香港理工大学；486. 澳门科技大学；510. 河南大学；515. 贵州医科大学；519. 天津大学；520. 亚洲大学(中国)；521. 山东中医药大学；524. 安徽中医药大学；529. 中山医学大学；531. 华东理工大学；535. 江南大学；540. 西北大学；544. 扬州大学；545. 山西医科大学；546. 烟台大学；554. 广东医科大学；555. 西北农林科技大学；556. 南京农业大学；564. 台湾中兴大学；567. 宁夏医科大学；573. 昆明医科大学；575. 台湾"中山大学"；576. 遵义医学院；577. 浙江工业大学；595. 湖南中医学院；620. 锦州医科大学；628. 南华大学；630. 长庚科技大学；632. 华南农业大学；644. 新疆医科大学；650. 滨州医学院；651. 黑龙江中医药大学；656. 河南中医药大学；667. 新乡医学院；668. 大连理工大学；671. 潍坊医学院；686. 香港科技大学；688. 延边大学；697. 宁波大学；712. 辽宁中医药大学；721. 长春中医药大学；724. 济南大学；726. 西安医学院；737. 华东师范大学；741. 湖北医药学院；747. 台湾"清华大学"；748. 汕头大学

2. 药理学与毒物学学科科研能力排名分析

从发文量来看，发文量超过2000篇的有53所，超过1000篇但少于等于2000篇的有141所，超过800篇但少于等于1000篇的有76所，超过600篇但少于等于800篇的有122所，在100篇以上600篇及以下的有384所，100篇及以下的有2所。中国(包含港澳台)进入ESI药理学与毒物学学科发文量排名前100名的大学共有34所，进入ESI药理学与毒物学学科发文量排名的中国(包含港澳台)大学如表3-131所示。

表3-131　药理学与毒物学学科发文量排名（前10位与中国大学）

发文量排名	机构名称	国家/地区	发文量排名	机构名称	国家/地区
1	哈佛大学	美国	6	德黑兰医科大学	伊朗
2	中国医学科学院-北京协和医学院	中国	7	浙江大学	中国
3	圣保罗大学	巴西	8	复旦大学	中国
4	中国药科大学	中国	9	北京协和医学院	中国
5	上海交通大学	中国	10	中山大学	中国
其他中国机构：13. 山东大学；15. 四川大学；17. 北京大学；18. 南京医科大学；19. 沈阳药科大学；21. 首都医科大学；28. 中南大学；30. 华中科技大学；31. 中国科学院大学；34. 吉林大学；35. 郑州大学；36. 南京中医药大学；39. 温州医科大学；42. 南方医科大学；44. 上海中医药大学；51. 暨南大学；54. 北京中医药大学；61. 台湾"中国医药大学"；62. 西安交通大学；67. 广州中医药大学；68. 苏州大学；79. 中国人民解放军海军军医大学；80. 武汉大学；82. 中国医科大学；86. 安徽医科大学；88. 台湾大学；98. 山东第一医科大学；101. 成都中医药大学；110. 南京大学；119. 青岛大学；124. 重庆医科大学；126. 哈尔滨医科大学；129. 同济大学；130. 香港中文大学；141. 广州医科大学；143. 台北医学大学；149. 浙江中医药大学；152. 高雄医科大学；156. 天津医科大学；163. 大连医科大学；168. 南昌大学；170. 天津中医药大学；174. 长庚大学；176. 空军军医大学；186. 澳门大学；188. 兰州大学；197. 东南大学；200. 台湾阳明交通大学；203. 香港大学；223. 河北医科大学；230. 福建医科大学；231. 徐州医科大学；244. 广东药科大学；253. 中国人民解放军陆军军医大学；258. 江苏大学；260. 厦门大学；261. 南通大学；321. 广西医科大学；326. 南开大学；330. 江西中医药大学；332. 中国海洋大学；348. 西南医科大学；354. 山东中医药大学；360. 贵州医科大学；364. 台湾成功大学；368. 安徽中医药大学；370. 清华大学；373. 深圳大学；386. 山西医科大学；397. 河南大学；					

续表

403. 中国农业大学；408. 澳门科技大学；429. 西南大学；429. 昆明医科大学；433. 扬州大学；435. 香港浸会大学；436. 遵义医学院；446. 江南大学；460. 华东理工大学；465. 河南中医药大学；470. 中国科学技术大学；474. 台湾“中山大学”；476. 浙江工业大学；481. 亚洲大学(中国)；485. 广东医科大学；490. 台湾中兴大学；490. 湖南中医学院；494. 宁夏医科大学；500. 华南理工大学；506. 天津大学；506. 中山医学大学；508. 黑龙江中医药大学；510. 新疆医科大学；517. 烟台大学；519. 南华大学；520. 华中农业大学；526. 滨州医学院；536. 西北农林科技大学；540. 南京农业大学；553. 延边大学；555. 新乡医学院；566. 锦州医科大学；583. 香港理工大学；587. 辽宁中医药大学；588. 长庚科技大学；593. 华南农业大学；594. 西安医学院；600. 西北大学；608. 潍坊医学院；613. 长春中医药大学；618. 湖北医药学院；626. 宁波大学；628. 电子科技大学；657. 济南大学；659. 东北农业大学；673. 香港科技大学；680. 大连理工大学；686. 汕头大学；728. 华东师范大学；744. 台湾“清华大学”

3. 药理学与毒物学学科科研影响力排名分析

从总被引次数来看，总被引次数超过20000次的大学共有155所；总被引次数在10000次以上20000次及以下的有242所；总被引次数在5000次以上10000次及以下的有275所；总被引在3000次以上5000次及以下的有106所，最低次数为4033次。中国(包含港澳台)进入ESI药理学与毒物学学科总被引次数排名前100名的大学共有24所，进入ESI药理学与毒物学学科总被引次数排名的中国(包含港澳台)大学如表3-132所示。

表3-132 药理学与毒物学学科总被引次数排名（前10位与中国大学）

总被引次数排名	机构名称	国家/地区	总被引次数排名	机构名称	国家/地区
1	哈佛大学	美国	6	北卡罗来纳大学教堂山分校	美国
2	北卡罗来纳大学	美国	7	莫纳什大学	澳大利亚
3	伦敦大学学院	英国	8	上海交通大学	中国
4	哥本哈根大学	丹麦	9	巴黎西岱大学	法国
5	中国药科大学	中国	10	乌得勒支大学	荷兰
其他中国机构：11. 中国医学科学院-北京协和医学院；12. 浙江大学；16. 复旦大学；18. 中山大学；24. 北京协和医学院；25. 北京大学；33. 沈阳药科大学；35. 山东大学；36. 四川大学；39. 南京医科大学；50. 华中科技大学；58. 吉林大学；62. 中国科学院大学；67. 南京中医药大学；73. 中南大学；75. 首都医科大学；77. 苏州大学；78. 上海中医药大学；79. 南方医科大学；81. 台湾“中国医药大学”；86. 温州医科大学；100. 中国人民解放军海军军医大学；102. 西安交通大学；103. 暨南大学；106. 郑州大学；109. 香港中文大学；113. 台湾大学；119. 南京大学；129. 北京中医药大学；134. 武汉大学；142. 广州中医药大学；149. 澳门大学；153. 香港大学；156. 中国医科大学；157. 安徽医科大学；185. 大连医科大学；186. 重庆医科大学；191. 空军军医大学；198. 台北医学大学；201. 哈尔滨医科大学；202. 同济大学；212. 东南大学；218. 成都中医药大学；220. 广州医科大学；221. 山东第一医科大学；225. 长庚大学；233. 高雄医科大学；236. 天津医科大学；247. 青岛大学；254. 中国人民解放军陆军军医大学；255. 南昌大学；261. 天津中医药大学；262. 浙江中医药大学；274. 台湾阳明交通大学；291. 江苏大学；297. 清华大学；334. 南通大学；336. 台湾成功大学；348. 兰州大学；361. 中国海洋大学；373. 徐州医科大学；381. 南开大学；387. 厦门大学；393. 香港浸会大学；404. 河北医科大学；405. 中国农业大学；414. 西南大学；437. 广东药科大学；446. 中山医学大学；447. 河南大学；451. 华中农业大学；457. 福建医科大学；459. 华东理工大学；467. 广西医科大学；470. 澳门科技大学；478. 江西中医药大学；480. 西北农林科技大学；486. 亚洲大学(中国)；490. 西北大学；495. 香港理工大学；500. 深圳大学；503. 西南医科大学；509. 中国科学技术大学；511. 台湾中兴大学；514. 广东医科大学；520. 天津大学；525. 烟台大学；529. 江南大学；535. 宁夏医科大学；536. 南京农业大学；540. 扬州大学；544. 贵州医科大学；546. 安徽中医药大学；561. 台湾“中山大学”；563. 浙江工业大学；571. 山西医科大学；585. 长庚科技大学；586. 华南农业大学；589. 遵义医学院；594. 昆明医科大学；602. 华南理工大学；606. 湖南中医学院；613. 山东中医药大学；627. 锦州医科大学；					

续表

645. 东北农业大学；646. 黑龙江中医药大学；647. 香港科技大学；659. 滨州医学院；671. 南华大学；672. 宁波大学；695. 新乡医学院；704. 延边大学；708. 台湾“清华大学”；710. 大连理工大学；729. 西安医学院；732. 辽宁中医药大学；734. 济南大学；737. 新疆医科大学；741. 电子科技大学；751. 华东师范大学；762. 河南中医药大学；770. 长春中医药大学；772. 汕头大学；777. 潍坊医学院；778. 湖北医药学院

4. 药理学与毒物学学科影响力排名分析

从高被引论文数来看，高被引论文数最高的大学是美国的哈佛大学，为160篇；其他高被引论文数在40篇以上的大学有27所；在30篇以上40篇及以下的大学有33所；在10篇以上30篇及以下的大学有250所；在1篇以上10篇及以下的大学有449所；高被引论文数为0篇的大学有19所。中国大陆(内地)进入ESI药理学与毒物学学科高被引论文数排名前100名的大学有12所，其他进入ESI药理学与毒物学学科高被引论文数排名的中国(包含港澳台)大学如表3-133所示。

表3-133 药理学与毒物学学科高被引论文数排名（前10位与中国大学）

高被引论文数排名	机构名称	国家/地区	高被引论文数排名	机构名称	国家/地区
1	哈佛大学	美国	6	斯坦福大学	美国
2	伦敦大学学院	英国	7	加利福尼亚大学圣迭戈分校	美国
3	北卡罗来纳大学	美国	8	乌得勒支大学	荷兰
3	莫纳什大学	澳大利亚	9	约翰·霍普金斯大学	美国
5	麻省理工学院	美国	9	昆士兰大学	澳大利亚

其他中国机构：16. 四川大学；28. 上海交通大学；31. 复旦大学；42. 中国医学科学院-北京协和医学院；46. 浙江大学；49. 北京大学；51. 中国药科大学；56. 中国科学院大学；61. 中山大学；71. 北京协和医学院；80. 成都中医药大学；89. 苏州大学；95. 澳门大学；102. 山东大学；102. 南方医科大学；108. 华中科技大学；108. 上海中医药大学；115. 香港大学；120. 南京医科大学；120. 西安交通大学；137. 沈阳药科大学；137. 中南大学；137. 北京中医药大学；137. 武汉大学；147. 郑州大学；147. 温州医科大学；147. 浙江中医药大学；160. 吉林大学；170. 首都医科大学；170. 香港理工大学；188. 中国人民解放军海军军医大学；188. 中国医科大学；188. 台湾大学；188. 南京大学；207. 广州中医药大学；207. 清华大学；207. 深圳大学；232. 暨南大学；257. 安徽医科大学；282. 台湾“中国医药大学”；282. 山东第一医科大学；282. 青岛大学；282. 哈尔滨医科大学；282. 香港中文大学；282. 天津中医药大学；282. 兰州大学；282. 台湾成功大学；282. 西南大学；311. 重庆医科大学；311. 广州医科大学；311. 南昌大学；311. 江苏大学；311. 电子科技大学；347. 台北医学大学；347. 南通大学；347. 中国科学技术大学；347. 天津大学；347. 华中农业大学；385. 同济大学；385. 江西中医药大学；385. 澳门科技大学；385. 西北大学；385. 大连理工大学；434. 南京中医药大学；434. 长庚大学；434. 厦门大学；434. 西南医科大学；434. 香港浸会大学；434. 潍坊医学院；487. 天津医科大学；487. 大连医科大学；487. 东南大学；487. 广东药科大学；487. 中国海洋大学；487. 山东中医药大学；487. 亚洲大学(中国)；487. 烟台大学；487. 南京农业大学；545. 台湾阳明交通大学；545. 福建医科大学；545. 徐州医科大学；545. 中国人民解放军陆军军医大学；545. 广西医科大学；545. 江南大学；545. 锦州医科大学；545. 东北农业大学；545. 香港科技大学；545. 华东师范大学；605. 空军军医大学；605. 河北医科大学；605. 南开大学；605. 贵州医科大学；605. 安徽中医药大学；605. 中国农业大学；605. 扬州大学；605. 华南理工大学；605. 中山医学大学；605. 新疆医科大学；605. 南华大学；605. 长庚科技大学；605. 华南农业大学；605. 台湾“清华大学”；663. 高雄医科大学；663. 山西医科大学；663. 华东理工大学；663. 广东医科大学；663. 湖南中医学院；663. 宁夏医科大学；663. 西北农林科技大学；663. 新乡医学院；663. 长春中医药大学；663. 宁波大学；663. 济南大学；663. 汕头大学；721. 河南大学；721. 昆明医科大学；721. 遵义医学院；721. 河南中医药大学；721. 台湾“中山大学”；721. 浙江工业大学；721. 台湾中兴大学；721. 滨州医学院；721. 延边大学；721. 辽宁中医药大学

5. 药理学与毒物学学科师资力量排名分析

从高被引科学家数来看，高被引科学家数最多的大学为 9 人，是英国的爱丁堡大学；其次是英国的曼尼托巴大学大学，有 6 人。伦敦大学学院(英国)有 5 人，美国的斯坦福大学和澳大尼亚的昆士兰大学有 4 人，澳大尼亚的莫纳什大学、荷兰的乌得勒支大学、英国的诺丁汉大学、丹麦的丹麦科技大学有 3 人。有 2 位高被引科学家数的大学有 16 所，分别是哈佛大学(美国)、麻省理工学院(美国)、加利福尼亚大学圣迭戈分校(美国)、约翰·霍普金斯大学(美国)、北卡罗来纳大学教堂山分校(美国)、卡罗林斯卡医学院(瑞典)、牛津大学(英国)、布里斯托尔大学(英国)、沙特国王大学(沙特阿拉伯)、里昂第一大学(法国)、南加利福尼亚大学(美国)、鲁汶大学(比利时)、圣约翰大学(美国)、亚琛工业大学(德国)、中央兰开夏大学(英国)、福里堡大学(瑞士)、加利福尼亚大学旧金山分校(美国)；有 1 位高被引科学家数的大学有 40 所，其他大学均没有高被引科学家，中国(包含港澳台)在该学科领域有 5 所高校有高被引科学家，为台浙江大学、四川大学、台湾“中国医药大学”、台湾成功大学、澳门大学，如表 3-134 所示。

表 3-134 药理学与毒物学学科高被引科学家数排名（前 10 位与中国大学）

高被引科学家数排名	机构名称	国家/地区	高被引科学家数排名	机构名称	国家/地区
1	爱丁堡大学	英国	6	莫纳什大学	澳大利亚
2	曼尼托巴大学	加拿大	6	乌得勒支大学	荷兰
3	伦敦大学学院	英国	6	诺丁汉大学	英国
4	昆士兰大学	澳大利亚	6	丹麦科技大学	丹麦
4	斯坦福大学	美国	10	哈佛大学	美国
其他中国机构：26. 浙江大学；26. 四川大学；26. 台湾“中国医药大学”；26. 澳门大学；26. 台湾成功大学					

(十八) 物理学

进入 ESI 物理学学科排名的大学共有 608 所。从国家或地区分布来看，这些大学隶属于美国、中国、法国、意大利、德国、英国、土耳其、日本等 58 个国家或地区。

从图 3-18 可以看出，进入排名的美国大学数量位居第 1 位，共 135 所高校，遥遥领先于其他国家或地区，中国大陆(内地)有 57 所，中国台湾有 5 所，中国香港有 5 所。

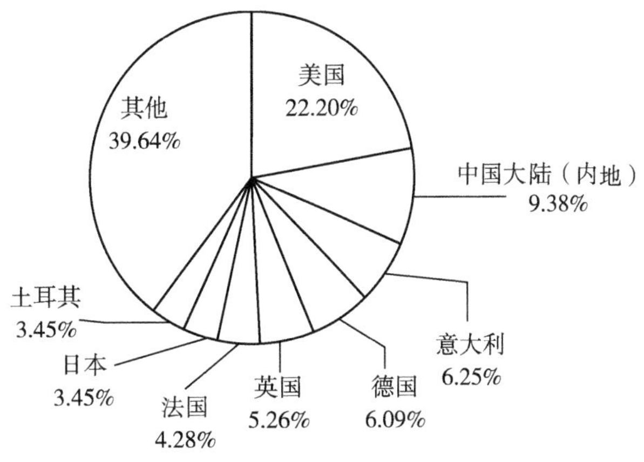

图 3-18 进入 ESI 物理学学科排名的大学的国家或地区的分布

1. 物理学学科竞争力综合排名分析

从综合排名来看，进入 ESI 排名前 100 位的中国(包含港澳台)高校有 14 所。其他进入 ESI 物理学学科综合排名的中国(包含港澳台)高校的如表 3-135 所示。

表 3-135　物理学学科综合排名（前 10 位与中国大学）

综合排名	机构名称	星级	档次	国家/地区	综合排名	机构名称	星级	档次	国家/地区
1	巴黎萨克雷大学	5★+	一流学科	法国	6	瑞士联邦理工学院	5★+	一流学科	瑞士
2	麻省理工学院	5★+	一流学科	美国	7	清华大学	5★	一流学科	中国
3	哈佛大学	5★+	一流学科	美国	8	东京大学	5★	一流学科	日本
4	斯坦福大学	5★+	一流学科	美国	9	加利福尼亚大学伯克利分校	5★	一流学科	美国
5	普林斯顿大学	5★+	一流学科	美国	10	牛津大学	5★	一流学科	英国
其他中国机构：11. 中国科学技术大学；14. 中国科学院大学；20. 上海交通大学；21. 南京大学；24. 北京大学；46. 西北工业大学；56. 北京航空航天大学；60. 浙江大学；67. 山东大学；69. 复旦大学；77. 香港大学；80. 电子科技大学；100. 北京邮电大学；107. 哈尔滨工业大学；108. 中山大学；111. 北京理工大学；115. 华中科技大学；126. 东南大学；127. 吉林大学；138. 郑州大学；151. 西安交通大学；159. 香港科技大学；164. 台湾“清华大学”；166. 台湾大学；169. 南方科技大学；172. 华南理工大学；192. 南开大学；209. 湖南大学；214. 香港城市大学；215. 香港中文大学；250. 深圳大学；251. 苏州大学；252. 上海大学；254. 中南大学；257. 北京师范大学；258. 南京工业大学；272. 武汉大学；277. 同济大学；279. 华南师范大学；280. 华中师范大学；291. 四川大学；309. 香港理工大学；311. 天津大学；318. 北京科技大学；322. 南京航空航天大学；323. 南京邮电大学；343. 大连理工大学；350. 武汉理工大学；354. 厦门大学；357. 南京师范大学；364. 台湾成功大学；367. 湖南师范大学；369. 兰州大学；375. 中国人民大学；396. 台湾“中央大学”；399. 南京理工大学；410. 西安电子科技大学；411. 国防科学技术大学；433. 山西大学；455. 江苏大学；460. 重庆大学；463. 台湾阳明交通大学；482. 福州大学；489. 华东师范大学；555. 北京交通大学；572. 宁波大学									

2. 物理学学科的科研能力排名分析

从发文量来看，发文量超过 10000 篇的有 13 所，超过 5000 篇但少于等于 10000 篇的有 75 所，超过 4000 篇但少于等于 5000 篇的有 48 所，超过 3000 篇但少于等于 4000 篇的有 91 所，超过 1000 篇但少于等于 3000 篇的有 319 所，发文量在 1000 篇及以下的有 62 所。中国(包含港澳台)进入 ESI 物理学学科发文量排名前 100 名的大学共有 21 所。其他进入 ESI 物理学学科发文量排名的中国(包含港澳台)大学如表 3-136 所示。

表 3-136　物理学学科发文量排名（前 10 位与中国大学）

发文量排名	机构名称	国家/地区	发文量排名	机构名称	国家/地区
1	巴黎萨克雷大学	法国	6	清华大学	中国
2	中国科学院大学	中国	7	北京大学	中国
3	东京大学	日本	8	索邦大学	法国
4	瑞士联邦理工学院	瑞士	9	麻省理工学院	美国
5	中国科学技术大学	中国	10	洛蒙诺索夫莫斯科大学	俄罗斯
其他中国机构：11. 南京大学；13. 上海交通大学；19. 浙江大学；23. 华中科技大学；31. 西安交通大学；32. 哈尔滨工业大学；38. 复旦大学；39. 北京航空航天大学；46. 山东大学；50. 电子科技大学；52. 中山大学；74. 吉林大学；75. 天津大学；77. 台湾大学；82. 东南大学；89. 四川大学；99. 北京理工大学；108. 国防科学技术大学；111. 兰州大学；					

续表

118. 西北工业大学；131. 南开大学；135. 大连理工大学；137. 苏州大学；142. 上海大学；144. 北京邮电大学；145. 山西大学；147. 武汉大学；154. 深圳大学；176. 北京师范大学；185. 台湾"清华大学"；186. 中南大学；187. 华南师范大学；188. 西安电子科技大学；194. 台湾阳明交通大学；197. 湖南大学；211. 重庆大学；212. 华东师范大学；217. 同济大学；219. 华中师范大学；220. 厦门大学；230. 南京理工大学；243. 香港科技大学；252. 华南理工大学；257. 南京航空航天大学；259. 香港大学；273. 北京科技大学；276. 郑州大学；292. 北京交通大学；293. 台湾成功大学；294. 台湾"中央大学"；300. 南方科技大学；301. 香港城市大学；304. 南京邮电大学；317. 香港中文大学；339. 香港理工大学；350. 南京师范大学；356. 湖南师范大学；358. 宁波大学；359. 江苏大学；430. 武汉理工大学；489. 福州大学；531. 中国人民大学；556. 南京工业大学

3. 物理学学科的科研影响力排名分析

从总被引次数来看，总被引次数超过 200000 次的大学共有 35 所；总被引次数在 100000 次以上 200000 次及以下的有 131 所；总被引次数在 50000 次以上 100000 次及以下的有 205 所；所有大学的总被引次数均在 20000 次及以上。中国大陆(内地)进入 ESI 物理学学科总被引次数排名前 100 名的大学共有 8 所，其他进入 ESI 物理学学科总被引次数排名的中国(包含港澳台)大学如表 3-137 所示。

表 3-137 物理学学科总被引次数排名（前 10 位与中国大学）

总被引次数排名	机构名称	国家/地区	总被引次数排名	机构名称	国家/地区
1	巴黎萨克雷大学	法国	6	加利福尼亚大学伯克利分校	美国
2	瑞士联邦理工学院	瑞士	7	索邦大学	法国
3	麻省理工学院	美国	8	清华大学	中国
4	东京大学	日本	9	剑桥大学	英国
5	斯坦福大学	美国	10	牛津大学	英国
其他中国机构：16. 中国科学技术大学；17. 北京大学；21. 中国科学院大学；38. 南京大学；50. 上海交通大学；80. 浙江大学；94. 华中科技大学；112. 台湾大学；114. 山东大学；129. 复旦大学；133. 中山大学；159. 北京航空航天大学；174. 台湾"清华大学"；190. 西安交通大学；202. 哈尔滨工业大学；218. 东南大学；222. 电子科技大学；230. 吉林大学；231. 香港中文大学；233. 香港大学；243. 南开大学；248. 香港科技大学；254. 苏州大学；278. 深圳大学；283. 华中师范大学；287. 天津大学；290. 台湾"中央大学"；298. 武汉大学；309. 北京理工大学；312. 兰州大学；329. 湖南大学；349. 西北工业大学；368. 四川大学；374. 香港城市大学；376. 上海大学；385. 北京师范大学；392. 华南理工大学；393. 中南大学；397. 国防科学技术大学；412. 厦门大学；415. 大连理工大学；422. 台湾阳明交通大学；433. 同济大学；435. 北京邮电大学；453. 重庆大学；459. 香港理工大学；460. 山西大学；470. 华东师范大学；473. 华南师范大学；474. 郑州大学；495. 南方科技大学；501. 北京科技大学；515. 台湾成功大学；524. 南京航空航天大学；525. 南京理工大学；535. 南京邮电大学；547. 武汉理工大学；550. 西安电子科技大学；560. 北京交通大学；564. 南京师范大学；579. 南京工业大学；591. 中国人民大学；592. 江苏大学；595. 宁波大学；601. 福州大学；605. 湖南师范大学					

4. 物理学学科影响力排名分析

从高被引论文数来看，高被引次数超过 500 次的大学共有 4 所；高被引次数在 300 次以上 500 次及以下的有 14 所；总被引次数在 100 次以上 300 次及以下的有 159 所；高被引次数在 1 次以上 100 次及以下的有 431 所。中国大陆(内地)进入 ESI 物理学学科高被引论文数排名前 100 名的大学共有 10 所，其他进入 ESI 物理学学科高被引论文数排名的中国(包含港澳台)大学如表 3-138 所示。

表 3-138　物理学学科高被引论文数排名（前 10 位与中国大学）

高被引论文数排名	机构名称	国家/地区	高被引论文数排名	机构名称	国家/地区
1	麻省理工学院	美国	6	巴黎萨克雷大学	法国
2	瑞士联邦理工学院	瑞士	7	东京大学	日本
3	斯坦福大学	美国	8	加利福尼亚理工学院	美国
4	哈佛大学	美国	9	清华大学	中国
5	加利福尼亚大学伯克利分校	美国	10	普林斯顿大学	美国
其他中国机构：16. 中国科学技术大学；17. 中国科学院大学；21. 北京大学；27. 南京大学；54. 上海交通大学；76. 中山大学；84. 浙江大学；92. 复旦大学；96. 山东大学；100. 华中科技大学；121. 台湾大学；129. 北京航空航天大学；159. 深圳大学；176. 台湾“清华大学”；185. 吉林大学；195. 东南大学；197. 南开大学；197. 香港中文大学；204. 郑州大学；204. 武汉大学；207. 电子科技大学；212. 香港大学；212. 湖南大学；218. 香港科技大学；220. 苏州大学；223. 华中师范大学；228. 哈尔滨工业大学；233. 西安交通大学；248. 北京理工大学；248. 天津大学；263. 西北工业大学；263. 香港城市大学；282. 台湾“中央大学”；293. 中南大学；301. 南方科技大学；301. 华南理工大学；350. 北京师范大学；370. 兰州大学；389. 北京邮电大学；389. 同济大学；389. 华南师范大学；389. 四川大学；409. 上海大学；409. 厦门大学；424. 南京工业大学；442. 香港理工大学；442. 重庆大学；450. 南京邮电大学；457. 武汉理工大学；457. 中国人民大学；473. 山西大学；517. 台湾成功大学；517. 南京理工大学；524. 华东师范大学；526. 福州大学；540. 北京科技大学；548. 南京航空航天大学；554. 大连理工大学；554. 国防科学技术大学；564. 湖南师范大学；564. 江苏大学；569. 南京师范大学；569. 台湾阳明交通大学；585. 宁波大学；589. 北京交通大学；604. 西安电子科技大学					

5. 物理学学科师资力量排名分析

高被引科学家数最多的是普林斯顿大学(美国)，共 9 人。其次是麻省理工学院和哈佛大学，都是 7 人。斯坦福大学(美国)有 6 人。哥伦比亚大学(美国)、康奈尔大学(美国)有 5 人，加利福尼亚大学伯克利分校(美国)、香港大学(中国香港)有 4 人；有 3 位高被引科学家数的高校有 8 所；有 2 位高被引科学家数的高校有 6 所；有 1 位高被引科学家数的高校有 53 所；533 所高校没有高被引科学家。进入 ESI 物理学学科高被引科学家数排名的高校如表 3-139 所示。

表 3-139　物理学学科高被引科学家数排名（前 9 位与中国大学）

高被引科学家数排名	机构名称	国家/地区	高被引科学家数排名	机构名称	国家/地区
1	普林斯顿大学	美国	5	康奈尔大学	美国
2	麻省理工学院	美国	7	加利福尼亚大学伯克利分校	美国
2	哈佛大学	美国	7	香港大学	中国香港
4	斯坦福大学	美国	9	清华大学	中国
5	哥伦比亚大学	美国	9	芝加哥大学	美国
其他中国机构：17. 上海交通大学；23. 南京大学；23. 北京大学；23. 北京理工大学；23. 东南大学；23. 吉林大学；23. 香港科技大学；23. 台湾“清华大学”；23. 南方科技大学；23. 湖南大学；23. 南京工业大学；23. 台湾成功大学					

从以上几个指标的分析可以看出，各项指标排名的前 10 位主要分布于美国、中国、日本、英国、法国等国。我国处于著名档次的有清华大学、中国科学技术大学、北京大学、中国科学院大学；处于知名档次的有南京大学。在物理学领域，我们的高校还有很长的道路要走。

(十九)植物学与动物学

进入 ESI 植物学与动物学学科排名的大学共有 1017 所。从国家或地区分布来看，这些大学主要分布在美国、中国、法国、英国、日本、德国、巴西、西班牙、意大利、加拿大、澳大利亚、韩国等 74 个国家或地区。这些大学的国家或地区分布情况如图 3-19 所示。

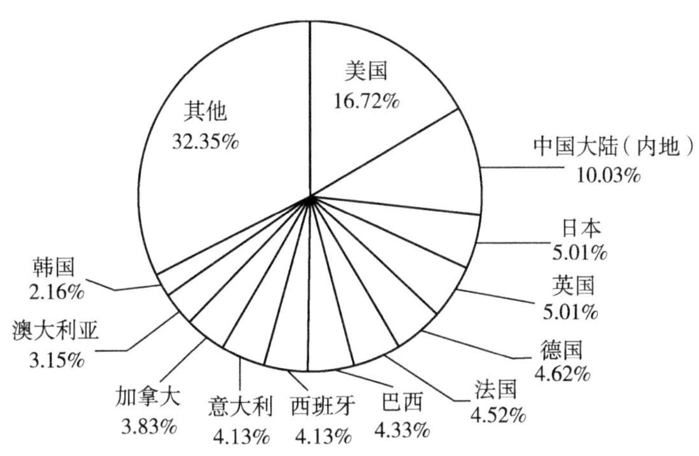

图 3-19　进入 ESI 植物学与动物学学科排名的大学的国家或地区分布

从国家或地区分布来看，美国进入 ESI 排行的大学最多，有 170 所；中国大陆(内地)有 102 所，英国、日本、德国、法国、巴西分别有 51、51、47、46、44 所大学进入排名；意大利、西班牙、加拿大、澳大利亚、韩国进入的大学数依次为 42 所、42 所、39 所、32 所、22 所；中国香港有 4 所大学进入排名；中国台湾有 8 所大学进入排名。

1. 植物学与动物学学科竞争力综合排名分析

从综合排名来看，中国大陆(内地)有 102 所大学进入排名，中国香港有 4 所大学进入排名，中国台湾有 8 所大学进入排名。中国(包含港澳台)大学在植物与动物学学科的具体排名如表 3-140 所示。

表 3-140　植物学与动物学学科综合排名（前 10 位与中国大学）

综合排名	机构名称	星级	档次	国家/地区	综合排名	机构名称	星级	档次	国家/地区
1	中国农业大学	5★+	一流学科	中国	6	佛罗里达大学	5★	一流学科	美国
2	根特大学	5★	一流学科	比利时	7	华中农业大学	5★-	一流学科	中国
3	瓦格宁根大学	5★	一流学科	荷兰	8	沙特国王大学	5★-	一流学科	沙特阿拉伯
4	加利福尼亚大学戴维斯分校	5★	一流学科	美国	9	西澳大学	5★-	一流学科	澳大利亚
5	中国科学院大学	5★	一流学科	中国	10	南京农业大学	5★-	一流学科	中国
其他中国机构：19. 浙江大学；42. 西北农林科技大学；48. 华南农业大学；63. 电子科技大学；64. 福建农林大学；82. 山东农业大学；84. 东北农业大学；93. 北京林业大学；97. 四川农业大学；100. 河南大学；108. 上海交通大学；114. 南京林业大学；122. 北京大学；145. 扬州大学；173. 中国海洋大学；177. 中山大学；180. 海南大学；183. 兰州大学；184. 西南大学；188. 云南大学；202. 四川大学；226. 台湾大学；252. 山东大学；262. 东北林业大学；267. 上海海洋大学；287. 浙江农林大学；298. 南开大学；300. 青岛农业大学；302. 复旦大学；307. 贵州大学；312. 首都师范大学；323. 山东师范大学；325. 广西大学；326. 河南农业大学；331. 安徽农业大学；332. 台湾中兴大学；335. 广东海洋大学；337. 仲恺农业工程学院；343. 湖南农业大学；352. 清华大学；372. 长江大学；379. 南京大学；387. 宁波大学；390. 上海师范大学；401. 河北师范大学；410. 河北农业大学；419. 河南科技大学；421. 华东师范大学；443. 东北师范									

续表

大学；444. 北京师范大学；462. 厦门大学；465. 吉林农业大学；470. 沈阳农业大学；473. 武汉大学；481. 深圳大学；491. 香港中文大学；510. 重庆大学；518. 河北大学；520. 江西农业大学；522. 佛山科学技术学院；528. 中南林业科技大学；540. 山西农业大学；555. 香港大学；564. 云南农业大学；572. 台湾海洋大学；576. 华中科技大学；577. 黑龙江八一农垦大学；582. 华南师范大学；617. 甘肃农业大学；620. 南京师范大学；621. 云南师范大学；631. 浙江师范大学；641. 吉林大学；642. 中国医学科学院-北京协和医学院；650. 杭州师范大学；682. 北京协和医学院；717. 昆明理工大学；736. 大理大学；742. 石河子大学；745. 西南林业大学；760. 中国科学技术大学；763. 集美大学；775. 内蒙古农业大学；785. 大连海洋大学；787. 北京农学院；789. 西北大学；795. 嘉义大学；805. 郑州大学；816. 台湾成功大学；838. 湖北大学；842. 浙江海洋大学；843. 河南科技学院；849. 湖南师范大学；854. 暨南大学；855. 陕西师范大学；869. 新疆农业大学；872. 中国人民解放军海军军医大学；882. 江苏大学；887. 香港城市大学；888. 河南师范大学；896. 台湾屏东科技大学；900. 广州大学；911. 山西大学；912. 香港浸会大学；920. 华中师范大学；938. 台湾"中山大学"；949. 汕头大学；970. 南昌大学；1002. 西华师范大学；1017. 台北教育大学

2. 植物学与动物学学科科研生产力排名分析

从发文量排名来看，共有21所学校的发文量在5000篇以上。发文量在4000篇以上5000篇及以下的学校有16所，发文量在3000篇以上4000篇及以下的有30所，发文量在1000篇以上3000篇及以下的有310所，发文量在1000篇及以下的有640所。中国(包含港澳台)的高校发文量在1000篇及以上的有114所；发文量在500篇以上1000篇及以下的有38所；其余34所发文量在500篇及以下，如表3-141所示。由此可见，中国(包含港澳台)高校在该学科的发文量总体比较低。

表3-141　植物学与动物学学科发文量指标排名（前10位与中国大学）

发文量排名	机构名称	国家/地区	发文量排名	机构名称	国家/地区
1	圣保罗大学	巴西	6	南京农业大学	中国
2	中国科学院大学	中国	7	康奈尔大学	美国
3	佛罗里达大学	美国	8	墨西哥国立自治大学	墨西哥
4	加利福尼亚大学戴维斯分校	美国	9	瓦格宁根大学	荷兰
5	圣保罗州立大学	巴西	10	根特大学	比利时
其他中国机构：13. 中国农业大学；14. 西北农林科技大学；20. 华中农业大学；33. 浙江大学；39. 华南农业大学；53. 北京林业大学；63. 四川农业大学；68. 山东农业大学；95. 福建农林大学；97. 中国海洋大学；119. 扬州大学；122. 西南大学；125. 中山大学；140. 台湾大学；142. 南京林业大学；144. 东北林业大学；153. 上海海洋大学；179. 东北农业大学；199. 台湾中兴大学；201. 河南农业大学；203. 安徽农业大学；217. 贵州大学；219. 兰州大学；236. 海南大学；241. 青岛农业大学；253. 广西大学；259. 湖南农业大学；267. 沈阳农业大学；285. 浙江农林大学；291. 吉林农业大学；303. 华东师范大学；307. 上海交通大学；314. 北京大学；317. 厦门大学；332. 广东海洋大学；333. 江西农业大学；336. 山西农业大学；348. 宁波大学；371. 四川大学；376. 河北农业大学；380. 甘肃农业大学；401. 云南大学；403. 山东大学；419. 武汉大学；420. 长江大学；434. 吉林大学；449. 云南农业大学；460. 南京师范大学；471. 台湾海洋大学；475. 复旦大学；475. 北京师范大学；495. 上海师范大学；503. 内蒙古农业大学；511. 华南师范大学；513. 香港大学；523. 河南大学；526. 南开大学；529. 河南科技大学；545. 东北师范大学；557. 河北大学；565. 山东师范大学；572. 西南林业大学；577. 石河子大学；581. 中国医学科学院-北京协和医学院；583. 大连海洋大学；587. 清华大学；591. 首都师范大学；594. 南京大学；618. 香港中文大学；624. 中南林业科技大学；633. 浙江海洋大学；642. 西北大学；653. 北京协和医学院；656. 杭州师范大学；660. 仲恺农业工程学院；675. 河南科技学院；682. 湖南师范大学；693. 台湾屏东科技大学；700. 江苏大学；712. 陕西师范大学；717. 河南师范大学；723. 台湾"中山大学"；732. 黑龙江八一农垦大学；738. 郑州大学；742. 暨南大学；749. 香港城市大学；751. 北京农学院；755. 集美大学；758. 新疆农业					

续表

大学；766. 汕头大学；794. 重庆大学；794. 佛山科学技术学院；804. 河北师范大学；808. 西华师范大学；814. 湖北大学；820. 深圳大学；820. 华中师范大学；826. 南昌大学；839. 山西大学；862. 华中科技大学；865. 昆明理工大学；872. 台湾成功大学；881. 中国科学技术大学；887. 嘉义大学；921. 电子科技大学；940. 广州大学；941. 大理大学；952. 浙江师范大学；958. 云南师范大学；961. 香港浸会大学；990. 中国人民解放军海军军医大学；1017. 台北教育大学

3. 植物学与动物学学科的科研影响力排名分析

从总被引次数来看，位居前18位的大学的总被引次数均在90000次以上，其中，加利福尼亚大学戴维斯分校总被引次数超过160000次。总被引次数在50000次以上100000次及以下的有57所；总被引次数在30000次以上50000次及以下的有80所；总被引次数在10000次以上30000次及以下的有357所。所有进入ESI植物学与动物学学科总被引次数排名的最低总被引次数为3249次。中国科学院大学的总被引次数为141823次，位居第3位，南京农业大学的总被引次数为117697次，位居第7位，其余100所中国大陆(内地)大学、4所中国香港大学以及8所中国台湾大学的总被引次数有82所在5000次以上，其余32所大学的总被引次数均在3000次以上5000次以下，具体情况如表3-142所示。

表3-142 植物学与动物学学科总被引次数排名（前10位与中国大学）

总被引次数排名	机构名称	国家/地区	总被引次数排名	机构名称	国家/地区
1	加利福尼亚大学戴维斯分校	美国	6	根特大学	比利时
2	瓦格宁根大学	荷兰	7	南京农业大学	中国
3	中国科学院大学	中国	8	圣保罗大学	巴西
4	佛罗里达大学	美国	9	瑞典农业科学大学	瑞典
5	康奈尔大学	美国	10	中国农业大学	中国
其他中国机构：16. 华中农业大学；22. 西北农林科技大学；24. 浙江大学；62. 华南农业大学；85. 山东农业大学；99. 北京林业大学；102. 四川农业大学；109. 福建农林大学；149. 中山大学；151. 台湾大学；152. 中国海洋大学；172. 北京大学；192. 西南大学；207. 扬州大学；244. 上海交通大学；259. 湖南农业大学；264. 东北农业大学；265. 台湾中兴大学；280. 兰州大学；282. 河南农业大学；291. 上海海洋大学；294. 东北林业大学；295. 安徽农业大学；299. 南京林业大学；322. 复旦大学；327. 清华大学；334. 贵州大学；337. 华东师范大学；360. 厦门大学；362. 浙江农林大学；367. 山东大学；381. 香港中文大学；382. 青岛农业大学；386. 武汉大学；392. 沈阳农业大学；399. 海南大学；422. 山东师范大学；427. 香港大学；434. 河南大学；447. 广西大学；449. 南京大学；452. 华南师范大学；461. 四川大学；476. 台湾海洋大学；478. 宁波大学；501. 吉林农业大学；510. 山西农业大学；512. 广东海洋大学；516. 江西农业大学；518. 首都师范大学；519. 云南农业大学；532. 长江大学；539. 河北农业大学；540. 北京师范大学；541. 中国医学科学院-北京协和医学院；548. 云南大学；552. 上海师范大学；562. 杭州师范大学；563. 南京师范大学；577. 东北师范大学；579. 吉林大学；589. 北京协和医学院；624. 甘肃农业大学；641. 河南科技大学；675. 中国科学技术大学；690. 昆明理工大学；693. 重庆大学；707. 南开大学；715. 电子科技大学；724. 大连海洋大学；726. 华中科技大学；747. 深圳大学；775. 暨南大学；776. 中国人民解放军海军军医大学；779. 集美大学；783. 河北师范大学；791. 浙江海洋大学；797. 北京农学院；808. 西北大学；822. 石河子大学；823. 华中师范大学；826. 台湾成功大学；829. 内蒙古农业大学；835. 台湾屏东科技大学；845. 仲恺农业工程学院；850. 大理大学；853. 香港浸会大学；858. 西南林业大学；874. 台湾"中山大学"；876. 山西大学；879. 湖南师范大学；880. 嘉义大学；881. 河南科技学院；886. 汕头大学；891. 江苏大学；895. 香港城市大学；900. 中南林业科技大学；902. 陕西师范大学；928. 河南师范大学；934. 佛山科学技术学院；937. 郑州大学；946. 新疆农业大学；954. 黑龙江八一农垦大学；957. 湖北大学；975. 南昌大学；989. 河北大学；995. 广州大学；997. 台北教育大学；1007. 浙江师范大学；1008. 云南师范大学；1016. 西华师范大学					

4. 植物学与动物学学科影响力排名分析

从高被引论文数排名来看，前10位的大学中，中国占了4所，荷兰、比利时、澳大利亚各占1所，美国占3所。瓦格宁根大学、中国科学院大学、加利福尼亚大学戴维斯分校的高被引论文数超过200篇，高被引论文数在100篇以上200篇及以下的高校有34所，在50篇以上100篇及以下的高校有74所，在10篇以上50篇及以下的高校有470所，在10篇及以下的高校有439所，其中14所大学的高被引论文数为0篇。我国有64所中国大陆(内地)大学、2所中国香港大学、4所中国台湾大学的高被引论文数在10篇以上。具体排名如表3-143所示。

表3-143　植物学与动物学学科高被引论文数排名（前10位与中国大学）

高被引论文数排名	机构名称	国家/地区	高被引论文数排名	机构名称	国家/地区
1	瓦格宁根大学	荷兰	6	康奈尔大学	美国
2	中国科学院大学	中国	7	西澳大学	澳大利亚
3	加利福尼亚大学戴维斯分校	美国	8	华中农业大学	中国
4	根特大学	比利时	9	佛罗里达大学	美国
5	中国农业大学	中国	10	南京农业大学	中国
其他中国机构：14. 浙江大学；30. 西北农林科技大学；43. 福建农林大学；63. 华南农业大学；94. 山东农业大学；98. 北京大学；99. 北京林业大学；109. 四川农业大学；126. 河南大学；135. 清华大学；143. 扬州大学；143. 贵州大学；164. 上海交通大学；170. 电子科技大学；185. 南京林业大学；185. 台湾大学；193. 东北农业大学；193. 山东师范大学；201. 海南大学；201. 兰州大学；213. 西南大学；247. 浙江农林大学；247. 复旦大学；247. 河南农业大学；247. 安徽农业大学；279. 中山大学；279. 广东海洋大学；279. 湖南农业大学；293. 中国海洋大学；293. 台湾中兴大学；305. 香港中文大学；324. 青岛农业大学；324. 上海师范大学；324. 吉林农业大学；346. 四川大学；346. 山东大学；346. 南京大学；365. 长江大学；365. 武汉大学；365. 大理大学；384. 广西大学；384. 仲恺农业工程学院；399. 河南科技大学；399. 华东师范大学；399. 深圳大学；420. 昆明理工大学；435. 云南大学；435. 江西农业大学；435. 云南农业大学；468. 东北林业大学；468. 佛山科学技术学院；484. 上海海洋大学；484. 首都师范大学；484. 厦门大学；484. 香港大学；484. 台湾海洋大学；484. 杭州师范大学；484. 嘉义大学；516. 山西农业大学；516. 华南师范大学；544. 宁波大学；544. 东北师范大学；544. 沈阳农业大学；544. 南京师范大学；544. 中国医学科学院-北京协和医学院；544. 中国科学技术大学；544. 集美大学；579. 河北农业大学；579. 重庆大学；579. 甘肃农业大学；579. 北京协和医学院；579. 郑州大学；579. 台湾成功大学；579. 湖北大学；579. 广州大学；626. 河北大学；626. 石河子大学；626. 西南林业大学；626. 北京农学院；663. 中南林业科技大学；663. 吉林大学；663. 中国人民解放军海军军医大学；718. 南开大学；718. 北京师范大学；718. 新疆农业大学；718. 香港浸会大学；769. 黑龙江八一农垦大学；769. 云南师范大学；769. 西北大学；769. 陕西师范大学；821. 河北师范大学；821. 浙江师范大学；821. 河南科技学院；821. 湖南师范大学；821. 香港城市大学；821. 河南师范大学；821. 山西大学；874. 华中科技大学；874. 内蒙古农业大学；874. 暨南大学；874. 江苏大学；933. 大连海洋大学；933. 华中师范大学；933. 南昌大学；933. 台北教育大学；973. 浙江海洋大学；973. 台湾屏东科技大学；973. 汕头大学					

5. 植物学与动物学学科师资力量排名分析

高被引科学家数最多的高校拥有7名高被引科学家，即沙特国王大学(沙特阿拉伯)；有5位高被引科学家的大学为中国农业大学，有4位高被引科学家的大学有3所，分别是根特大学(比利时)、西澳大学(澳大利亚)、华中农业大学(中国)；有3位高被引科学家数的大学有6所，有2位高被引科学家数的大学有12所，有1位高被引科学家数的大学有64所，其余大学均没有高被引科学家。在该学科中中国(包含港澳台)有1所学校拥有5位高被引科学家，2所学校拥有2位高被引科学家，有6所学校拥有1位高被引科学家。具体如表3-144所示。

表 3-144　植物学与动物学学科高被引科学家数排名（前 6 位与中国大学）

高被引科学家数排名	机构名称	国家/地区	高被引科学家数排名	机构名称	国家/地区
1	沙特国王大学	沙特阿拉伯	6	佛罗里达大学	美国
2	中国农业大学	中国	6	澳大利亚国立大学	澳大利亚
3	根特大学	比利时	6	马里兰大学帕克分校	美国
3	华中农业大学	中国	6	泰国皇太后大学	泰国
3	西澳大学	澳大利亚	6	西悉尼大学	澳大利亚
其他中国机构：6. 电子科技大学；12. 南京农业大学；24. 山东农业大学；24. 河南大学；24. 上海交通大学；24. 海南大学；24. 云南大学；24. 南开大学					

从以上几个指标可以看出，在植物学与动物学学科研究领域，综合实力最强的依旧是美国，它的发文量、论文总被引次数等指标都名列前茅。中国(包含港澳台)进入该学科排名的高校共有 114 所，其中，中国农业大学、中国科学院大学、华中农业大学、南京农业大学归属一流学科大学。总之，在植物学与动物学研究领域，中国的整体研究实力还较弱，和美国还有很大的差距。在本学科研究建设方面，中国还需要做出更多的努力。

(二十)精神病学与行为科学学科

进入 ESI 精神病学与行为科学学科排名的高校共有 688 所。从图 3-20 所示的国家或地区分布来看，这些高校分布在美国、英国、德国、加拿大、澳大利亚、法国、意大利、荷兰、西班牙、瑞士、中国等 52 个国家或地区。中国大陆(内地)有 24 所大学进入排名，中国香港有 7 所大学进入排名，中国台湾有 7 所大学进入排名。

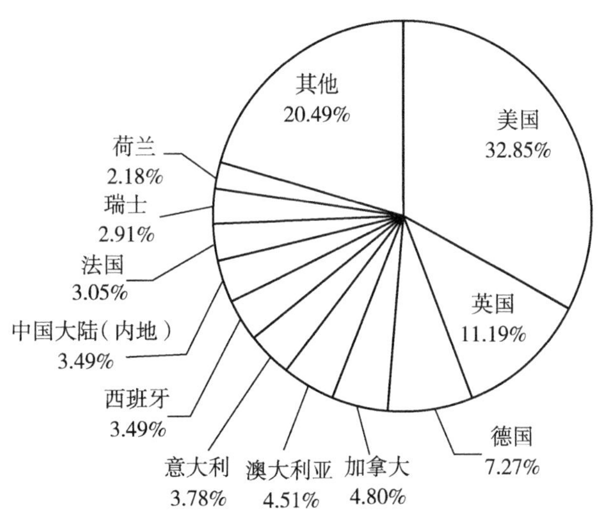

图 3-20　进入 ESI 精神病学与行为科学学科排名的大学的国家或地区分布

1. 精神病学与行为科学学科竞争力综合排名分析

位居前 10 位的高校有 3 所在美国，3 所在英国，2 所在荷兰，1 所在加拿大，1 所在澳大利亚。表 3-145列出了 ESI 精神病学与行为科学学科综合排名前 10 位的高校和该排名中的中国(包含港澳台)高校。

表 3-145　精神病学与行为科学学科综合排名（前 10 位与中国大学）

综合排名	机构名称	星级	档次	国家/地区	综合排名	机构名称	星级	档次	国家/地区
1	哈佛大学	5★+	一流学科	美国	6	哥伦比亚大学	5★+	一流学科	美国
2	伦敦国王学院	5★+	一流学科	英国	7	耶鲁大学	5★+	一流学科	美国
3	牛津大学	5★+	一流学科	英国	8	阿姆斯特丹大学	5★	一流学科	荷兰
4	伦敦大学学院	5★+	一流学科	英国	9	阿姆斯特丹自由大学	5★	一流学科	荷兰
5	多伦多大学	5★+	一流学科	加拿大	10	墨尔本大学	5★	一流学科	澳大利亚
其他中国机构：86. 上海交通大学；93. 北京大学；122. 香港大学；189. 香港中文大学；196. 北京师范大学；205. 深圳大学；229. 中南大学；234. 台湾大学；252. 四川大学；257. 中山大学；278. 首都医科大学；294. 中国人民大学；318. 香港理工大学；327. 澳门大学；340. 浙江大学；363. 南京医科大学；379. 华中科技大学；393. 西南大学；408. 中国科学院大学；427. 华南师范大学；441. 香港教育大学；461. 台湾阳明交通大学；463. 香港城市大学；464. 华东师范大学；471. 复旦大学；479. 清华大学；484. 武汉大学；499. 台湾成功大学；504. 山东大学；516. 电子科技大学；549. 台湾师范大学；562. 长庚大学；589. 广州医科大学；593. 华中师范大学；633. 南京大学；654. 高雄医科大学；655. 台北医学大学；669. 香港科技大学；686. 岭南大学									

2. 精神病学与行为科学学科科研能力排名分析

从发文量排名来看，居前 10 位的大学中，6 所高校来自美国、2 所来自英国、1 所来自加拿大、1 所来自澳大利亚。发文量最多的是哈佛大学，为 14423 篇，第 10 位的密歇根大学发文量是 5865 篇。发文量超过 4000 篇的大学有 36 所，超过 2000 篇但少于等于 4000 篇的有 86 所，超过 1000 篇但少于等于 2000 篇的有 171 所，超过 500 篇但少于等于 1000 篇的有 226 所，超过 100 篇但少于等于 500 篇的有 166 所，除了巴拉曼大学(黎巴嫩)、尤凯利商学院(美国)、斯德哥尔摩经济学院(瑞典)的发文量是 88 篇、86 篇、67 篇，其他所有高校发文量均超过 100 篇。表 3-146 列出了 ESI 精神病学与行为科学学科发文量排名前 10 位的高校和该排名中的中国(包含港澳台)高校。

表 3-146　精神病学与行为科学学科发文量排名（前 10 位与中国大学）

发文量排名	机构名称	国家/地区	发文量排名	机构名称	国家/地区
1	哈佛大学	美国	6	哥伦比亚大学	美国
2	伦敦国王学院	英国	7	耶鲁大学	美国
3	多伦多大学	加拿大	8	加利福尼亚大学洛杉矶分校	美国
4	北卡罗来纳大学	美国	9	墨尔本大学	澳大利亚
5	伦敦大学学院	英国	10	密歇根大学	美国
其他中国高校：87. 北京师范大学；90. 香港大学；117. 香港中文大学；120. 北京大学；196. 浙江大学；198. 上海交通大学；205. 中南大学；244. 中国科学院大学；251. 澳门大学；257. 西南大学；273. 台湾大学；273. 香港理工大学；296. 香港教育大学；299. 中山大学；303. 华东师范大学；304. 四川大学；322. 华南师范大学；342. 首都医科大学；347. 中国人民大学；350. 台湾阳明交通大学；386. 复旦大学；395. 华中科技大学；395. 清华大学；413. 深圳大学；418. 香港城市大学；447. 台湾成功大学；453. 武汉大学；455. 山东大学；467. 台湾师范大学；476. 华中师范大学；483. 长庚大学；514. 南京大学；528. 广州医科大学；560. 台北医学大学；575. 电子科技大学；597. 南京医科大学；602. 高雄医科大学；672. 岭南大学；677. 香港科技大学					

从总被引次数来看，居前 10 位的大学中，7 所是美国的高校，2 所是英国的高校，1 所是加拿大的高校，其中哈佛大学的总被引次数最高，高达 350673 次。前 10 名美国高校中总被引频次相对最少的是密歇

根大学，总被引次数为138611次。表3-147列出了ESI精神病学与行为科学学科总被引次数排名前10位的高校和该排名中的中国(包含港澳台)高校。

表3-147 精神病学与行为科学学科总被引次数排名（前10位与中国大学）

总被引次数排名	机构名称	国家/地区	总被引次数排名	机构名称	国家/地区
1	哈佛大学	美国	6	耶鲁大学	美国
2	伦敦国王学院	英国	7	加利福尼亚大学洛杉矶分校	美国
3	伦敦大学学院	英国	8	北卡罗来纳大学	美国
4	多伦多大学	加拿大	9	斯坦福大学	美国
5	哥伦比亚大学	美国	10	密歇根大学	美国
其他中国机构：103. 香港大学；135. 香港中文大学；159. 北京大学；170. 北京师范大学；250. 上海交通大学；270. 中南大学；289. 香港理工大学；294. 台湾大学；305. 澳门大学；364. 台湾阳明交通大学；377. 四川大学；386. 香港城市大学；392. 浙江大学；399. 中国科学院大学；400. 中山大学；407. 香港教育大学；409. 华中科技大学；418. 西南大学；424. 首都医科大学；426. 华南师范大学；447. 中国人民大学；499. 华东师范大学；508. 复旦大学；514. 山东大学；530. 长庚大学；536. 清华大学；541. 深圳大学；542. 台湾成功大学；565. 台湾师范大学；566. 武汉大学；579. 电子科技大学；584. 广州医科大学；594. 华中师范大学；615. 高雄医科大学；626. 南京医科大学；632. 台北医学大学；681. 南京大学；682. 岭南大学；688. 香港科技大学					

3. 精神病学与行为科学学科影响力排名分析

从高被引论文数来看，排名第1位的是哈佛大学，有385篇高被引论文。位居前10位的高校有4所来自美国，3所来自英国，1所来自加拿大，1所来自澳大利亚，1所来自荷兰。表3-148为进入ESI精神病学与行为科学学科高被引论文数排名前10位的高校和高被引论文数大于0的中国(包含港澳台)高校。

表3-148 精神病学与行为科学学科高被引论文数排名（前10位与中国大学）

高被引论文数排名	机构名称	国家/地区	高被引论文数排名	机构名称	国家/地区
1	哈佛大学	美国	6	斯坦福大学	美国
2	伦敦国王学院	英国	7	牛津大学	英国
3	伦敦大学学院	英国	8	墨尔本大学	澳大利亚
4	多伦多大学	加拿大	9	耶鲁大学	美国
5	哥伦比亚大学	美国	10	阿姆斯特丹大学	荷兰
其他国家机构：107. 上海交通大学；113. 香港大学；126. 北京大学；137. 香港中文大学；174. 华中科技大学；181. 香港理工大学；204. 北京师范大学；204. 澳门大学；247. 浙江大学；264. 台湾大学；286. 深圳大学；292. 四川大学；306. 中山大学；306. 电子科技大学；325. 西南大学；325. 武汉大学；373. 中南大学；373. 首都医科大学；404. 华南师范大学；404. 复旦大学；404. 台湾成功大学；430. 南京医科大学；430. 清华大学；430. 山东大学；430. 香港科技大学；475. 中国人民大学；475. 中国科学院大学；509. 香港城市大学；545. 台湾师范大学；581. 华东师范大学；581. 广州医科大学；623. 香港教育大学；623. 长庚大学；650. 台湾阳明交通大学；650. 华中师范大学；650. 南京大学；650. 高雄医科大学；650. 岭南大学；670. 台北医学大学					

4. 精神病学与行为科学学科师资力量排名分析

从高被引科学家数来看，高被引科学家数最多的是 15 人，是英国的伦敦国王学院；其次，美国的哈佛大学高被引科学家数是 8 人。3 所高校的高被引科学家数是 5 人，4 所高校的高被引科学家数是 4 人，9 所高校的高被引科学家数是 3 人，13 所高校的高被引科学家数是 2 人，52 所高校的高被引科学家数是 1 人，其他高校均没有高被引科学家。中国(包含港澳台)没有高被引科学家。表 3-149 为进入 ESI 精神病学与行为科学学科的高被引科学家排名前 10 位的高校与高被引科学家数大于 0 人的中国(包含港澳台)高校。

表 3-149　精神病学与行为科学学科高被引科学家数排名（前 10 位与中国大学）

高被引科学家数排名	机构名称	国家/地区	高被引科学家数排名	机构名称	国家/地区
1	伦敦国王学院	英国	6	牛津大学	英国
2	哈佛大学	美国	6	伦敦大学学院	英国
3	耶鲁大学	美国	6	哥伦比亚大学	美国
3	阿姆斯特丹大学	荷兰	6	阿姆斯特丹自由大学	荷兰
3	新南威尔士大学悉尼分校	澳大利亚	10	多伦多大学	加拿大
其他中国机构：无					

总体来看，精神病学与行为科学学科在中国的发展相对较弱，还没有形成规模，与国外发达国家相比还具有很大的差距。为了尽快形成综合性学科竞争能力，我国大学还需要继续努力，缩小与国际大学的差距，最终跻身世界一流学科。

(二十一)社会科学

进入 ESI 社会科学学科排名的高校共有 1328 所。从国家或地区分布来看，这些高校隶属于美国、英国、中国、意大利、德国、法国、西班牙、加拿大、澳大利亚等 89 个国家或地区。中国(包含港澳台)有 144 所高校进入 ESI 社会科学领域。这些高校的所在国家或地区分布如图 3-21 所示。

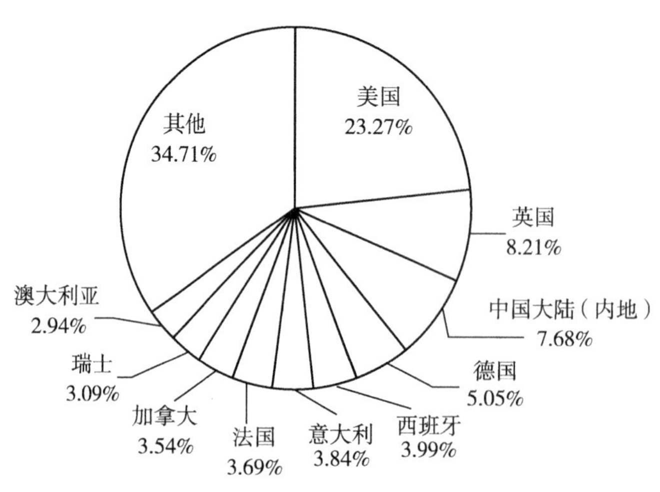

图 3-21　进入 ESI 社会科学学科排名的大学的国家或地区分布

1. 社会科学学科的科研竞争力综合排名分析

通过对多个指标进行综合统计排名，位居前 10 位的高校有 4 所在美国，4 所在英国，2 所在加拿大。

表3-150列出了ESI社会科学学科综合排名前10位的高校和该排名中的中国(包含港澳台)高校。

表3-150　社会科学学科综合排名（前10位与中国大学）

综合排名	机构名称	星级	档次	国家/地区	综合排名	机构名称	星级	档次	国家/地区
1	哈佛大学	5★+	一流学科	美国	6	伦敦卫生与热带医学学院	5★+	一流学科	英国
2	伦敦大学学院	5★+	一流学科	英国	7	渥太华大学	5★+	一流学科	加拿大
3	牛津大学	5★+	一流学科	英国	8	剑桥大学	5★+	一流学科	英国
4	多伦多大学	5★+	一流学科	加拿大	9	北卡罗来纳大学	5★+	一流学科	美国
5	约翰·霍普金斯大学	5★+	一流学科	美国	10	斯坦福大学	5★+	一流学科	美国
其他中国机构：16. 北京理工大学；61. 香港理工大学；76. 清华大学；81. 北京大学；86. 大连理工大学；87. 武汉大学；96. 青岛大学；108. 香港大学；110. 浙江大学；121. 中国科学院大学；129. 中山大学；143. 香港中文大学；147. 中南大学；152. 台湾“中国医药大学”；174. 香港城市大学；175. 华中科技大学；176. 北京师范大学；191. 亚洲大学(中国)；193. 上海交通大学；196. 南京大学；213. 南开大学；216. 厦门大学；223. 华东师范大学；228. 浙江工商大学；236. 澳门大学；241. 深圳大学；243. 中国地质大学；273. 东南大学；287. 中国人民大学；291. 香港浸会大学；292. 上海大学；296. 江苏大学；298. 台湾成功大学；308. 西南财经大学；310. 山东大学；333. 同济大学；340. 对外经济贸易大学；353. 上海财经大学；361. 重庆大学；364. 复旦大学；378. 西安交通大学；385. 湖南大学；389. 郑州大学；390. 吉林大学；402. 西南交通大学；403. 安徽财经大学；407. 陕西师范大学；431. 江西财经大学；435. 南京财经大学；439. 浙江工业大学；467. 台湾大学；469. 香港教育大学；503. 中国农业大学；508. 暨南大学；514. 四川大学；523. 广东外语外贸大学；527. 中国矿业大学；543. 宁波诺丁汉大学；547. 中南财经政法大学；554. 浙江财经大学；555. 首都医科大学；568. 长安大学；574. 南京信息工程大学；575. 西南大学；576. 河海大学；577. 合肥工业大学；586. 中国石油大学；589. 河南大学；592. 西北农林科技大学；594. 澳门科技大学；623. 中国海洋大学；631. 电子科技大学；632. 台湾阳明交通大学；633. 台湾中兴大学；640. 南京农业大学；643. 上海海事大学；645. 首都经济贸易大学；646. 中国科学技术大学；648. 华中农业大学；652. 大连海事大学；657. 澳门大学；664. 台湾师范大学；666. 北京科技大学；707. 哈尔滨工业大学；715. 北京航空航天大学；750. 台湾科技大学；779. 天津大学；787. 南京师范大学；793. 华中师范大学；800. 香港科技大学；821. 中国医学科学院-北京协和医学院；822. 南京航空航天大学；842. 台湾政治大学；850. 台湾“中山大学”；855. 华南理工大学；858. 兰州大学；861. 台北医学大学；885. 华南师范大学；891. 北京交通大学；894. 台湾“中央大学”；898. 岭南大学；914. 广州大学；959. 苏州大学；986. 高雄医科大学；994. 西交利物浦大学；996. 四川农业大学；998. 南京医科大学；999. 武汉理工大学；1009. 华北电力大学；1018. 台湾“清华大学”；1019. 北京协和医学院；1021. 中央财经大学；1025. 东北财经大学；1038. 高雄科技大学；1046. 铭传大学；1048. 台湾中正大学；1055. 台湾嘉义大学；1065. 台湾云林科技大学；1081. 北京工业大学；1089. 彰化师范大学；1099. 南方医科大学；1103. 安徽医科大学；1107. 长庚大学；1127. 淡江大学；1131. 辅仁大学；1140. 台北大学；1149. 宁波大学；1168. 上海师范大学；1169. 江苏师范大学；1202. 北京林业大学；1206. 台中科技大学；1218. 闽江学院；1223. 重庆医科大学；1229. 西北大学；1233. 中国医科大学；1240. 天津医科大学；1265. 澳门旅游学院；1270. 哈尔滨医科大学；1280. 中国人民解放军海军军医大学；1308. 台湾“东华大学”；1309. 台湾海洋大学；1313. 东吴大学；1320. 元智大学；1325. 台湾南开科技大学									

2. 社会科学学科的科研能力排名分析

从发文量排名来看，位居前10位的高校中有6所来自美国。发文量最多的是哈佛大学，发文量高达19901篇，其次是北卡罗来纳大学(美国)，发文量有15424篇。排名第10位的哥伦比亚大学发文量为9583篇。表3-151列出了发文量排名前10位的高校和该排名中的中国(包含港澳台)高校。

表3-151　社会科学学科发文量排名（前10位与中国大学）

发文量排名	机构名称	国家/地区	发文量排名	机构名称	国家/地区
1	哈佛大学	美国	3	多伦多大学	加拿大
2	北卡罗来纳大学	美国	4	牛津大学	英国

续表

发文量排名	机构名称	国家/地区	发文量排名	机构名称	国家/地区
5	伦敦大学学院	英国	8	华盛顿大学	美国
6	密歇根大学	美国	9	悉尼大学	澳大利亚
7	约翰·霍普金斯大学	美国	10	哥伦比亚大学	美国
其他中国机构：52. 香港大学；97. 香港理工大学；117. 香港中文大学；148. 北京大学；180. 中山大学；182. 香港城市大学；183. 浙江大学；203. 武汉大学；209. 北京师范大学；233. 复旦大学；249. 清华大学；250. 香港教育大学；280. 台湾大学；284. 上海交通大学；336. 中国人民大学；346. 澳门大学；351. 华东师范大学；366. 四川大学；371. 香港浸会大学；377. 南京大学；380. 华中科技大学；380. 台湾师范大学；389. 中国科学院大学；409. 同济大学；435. 台湾成功大学；453. 台湾阳明交通大学；457. 山东大学；466. 西安交通大学；478. 东南大学；490. 中南大学；497. 厦门大学；599. 暨南大学；617. 深圳大学；629. 华中师范大学；638. 台湾政治大学；644. 台湾科技大学；656. 中国地质大学；676. 哈尔滨工业大学；686. 岭南大学；690. 南京师范大学；696. 吉林大学；701. 中国医学科学院-北京协和医学院；707. 华南师范大学；708. 台湾"中山大学"；713. 台北医学大学；716. 西南财经大学；729. 北京理工大学；733. 大连理工大学；736. 南开大学；741. 上海财经大学；772. 香港科技大学；781. 广东外语外贸大学；783. 北京航空航天大学；787. 中国科学技术大学；789. 天津大学；801. 郑州大学；814. 北京交通大学；818. 台湾"中央大学"；837. 重庆大学；838. 台湾"清华大学"；840. 上海大学；840. 西南大学；846. 对外经济贸易大学；849. 台湾"中国医药大学"；863. 首都医科大学；879. 亚洲大学(中国)；879. 高雄医科大学；888. 陕西师范大学；893. 湖南大学；896. 南京医科大学；897. 苏州大学；903. 西南交通大学；906. 华南理工大学；906. 北京协和医学院；913. 青岛大学；927. 长庚大学；932. 辅仁大学；948. 中国矿业大学；963. 中国农业大学；971. 宁波诺丁汉大学；981. 台湾中正大学；985. 广州大学；994. 河南大学；997. 兰州大学；1005. 中央财经大学；1009. 澳门科技大学；1015. 浙江工商大学；1018. 西交利物浦大学；1020. 南方医科大学；1021. 中南财经政法大学；1032. 浙江财经大学；1032. 台湾嘉义大学；1036. 台北大学；1055. 高雄科技大学；1064. 大连海事大学；1074. 淡江大学；1081. 彰化师范大学；1085. 铭传大学；1090. 上海师范大学；1094. 电子科技大学；1101. 长安大学；1101. 台湾云林科技大学；1103. 宁波大学；1113. 南京农业大学；1123. 上海海事大学；1127. 河海大学；1127. 中国医科大学；1136. 南京航空航天大学；1138. 重庆医科大学；1150. 江苏大学；1161. 安徽医科大学；1164. 武汉理工大学；1168. 合肥工业大学；1171. 台湾中兴大学；1192. 西北农林科技大学；1198. 哈尔滨医科大学；1204. 北京工业大学；1207. 浙江工业大学；1208. 台湾海洋大学；1215. 北京科技大学；1217. 南京财经大学；1219. 中国海洋大学；1222. 台中科技大学；1225. 台湾"东华大学"；1230. 华中农业大学；1238. 江西财经大学；1239. 南京信息工程大学；1253. 西北大学；1254. 澳门大学；1264. 北京林业大学；1267. 东北财经大学；1270. 澳门旅游学院；1272. 元智大学；1279. 东吴大学；1281. 首都经济贸易大学；1286. 华北电力大学；1290. 四川农业大学；1296. 天津医科大学；1299. 安徽财经大学；1299. 江苏师范大学；1308. 中国石油大学；1309. 中国人民解放军海军军医大学；1311. 台湾南开科技大学；1325. 闽江学院					

从总被引次数来看，居前10位的7所高校来自美国，2所高校来自英国，1所高校来自加拿大，其中美国高校中哈佛大学的总被引次数最高，高达357970次，相对最少的是哥伦比亚大学，总被引次数为143616次。中国高校总被引次数最高的是香港大学，排名居66位，总被引次数为62280次；总被引次数最少的是宁波大学，为1887次。表3-152列出了总被引次数排名前10位的高校和该排名中的中国(包含港澳台)高校。

表3-152 社会科学学科总被引次数排名（前10位与中国大学）

总被引次数排名	机构名称	国家/地区	总被引次数排名	机构名称	国家/地区
1	哈佛大学	美国	6	约翰·霍普金斯大学	美国
2	北卡罗来纳大学	美国	7	密歇根大学	美国
3	伦敦大学学院	英国	8	华盛顿大学	美国
4	牛津大学	英国	9	华盛顿大学(西雅图)	美国
5	多伦多大学	加拿大	10	哥伦比亚大学	美国

续表

其他中国机构：66. 香港大学；68. 香港理工大学；121. 北京大学；146. 香港中文大学；172. 中山大学；188. 香港城市大学；190. 清华大学；203. 武汉大学；205. 北京师范大学；218. 浙江大学；241. 中国科学院大学；252. 复旦大学；293. 华中科技大学；305. 台湾大学；318. 上海交通大学；324. 南京大学；341. 同济大学；354. 中国人民大学；360. 香港教育大学；369. 厦门大学；391. 华东师范大学；394. 台湾成功大学；399. 香港浸会大学；402. 东南大学；414. 北京理工大学；416. 中南大学；437. 澳门大学；437. 四川大学；456. 西安交通大学；464. 台湾阳明交通大学；476. 山东大学；478. 台湾师范大学；505. 哈尔滨工业大学；514. 台湾科技大学；524. 中国科学技术大学；525. 香港科技大学；549. 中国地质大学；554. 大连理工大学；562. 西南财经大学；572. 北京航空航天大学；607. 深圳大学；614. 中国农业大学；615. 中国医学科学院-北京协和医学院；641. 上海财经大学；666. 暨南大学；670. 对外经济贸易大学；675. 南开大学；694. 北京交通大学；696. 台湾“中央大学”；701. 台湾“中山大学”；705. 天津大学；719. 台湾政治大学；722. 上海大学；729. 重庆大学；755. 台湾“中国医药大学”；755. 首都医科大学；762. 青岛大学；766. 华南理工大学；768. 台北医学大学；777. 湖南大学；777. 中国矿业大学；782. 陕西师范大学；783. 亚洲大学(中国)；794. 南京师范大学；800. 华中师范大学；809. 华南师范大学；820. 南京航空航天大学；840. 宁波诺丁汉大学；843. 吉林大学；850. 广州大学；851. 台湾嘉义大学；866. 兰州大学；869. 郑州大学；875. 西南大学；889. 浙江财经大学；891. 长庚大学；901. 高雄医科大学；905. 西南交通大学；905. 广东外语外贸大学；915. 铭传大学；917. 南京医科大学；919. 淡江大学；925. 中央财经大学；928. 高雄科技大学；929. 台北大学；933. 岭南大学；936. 河海大学；940. 台湾“清华大学”；948. 台湾中兴大学；951. 辅仁大学；963. 澳门科技大学；971. 彰化师范大学；973. 华北电力大学；974. 台湾中正大学；977. 西交利物浦大学；983. 北京协和医学院；986. 中国石油大学；995. 江苏大学；997. 武汉理工大学；1005. 合肥工业大学；1015. 江西财经大学；1024. 南京农业大学；1029. 浙江工商大学；1031. 大连海事大学；1041. 长安大学；1043. 苏州大学；1050. 上海海事大学；1055. 台湾云林科技大学；1057. 南京信息工程大学；1072. 西北农林科技大学；1076. 中南财经政法大学；1099. 中国医科大学；1115. 安徽医科大学；1126. 安徽财经大学；1139. 澳门旅游学院；1141. 台中科技大学；1149. 河南大学；1156. 北京林业大学；1174. 北京工业大学；1175. 江苏师范大学；1181. 中国海洋大学；1183. 中国人民解放军海军军医大学；1187. 电子科技大学；1211. 首都经济贸易大学；1212. 天津医科大学；1214. 闽江学院；1218. 台湾“东华大学”；1225. 南京财经大学；1240. 南方医科大学；1242. 浙江工业大学；1246. 哈尔滨医科大学；1256. 东北财经大学；1261. 东吴大学；1275. 重庆医科大学；1279. 元智大学；1289. 上海师范大学；1290. 华中农业大学；1292. 台湾海洋大学；1294. 四川农业大学；1297. 北京科技大学；1306. 澳门大学；1311. 台湾南开科技大学；1317. 西北大学；1318. 宁波大学

3. 社会科学学科影响力排名分析

从高被引论文数来看，排名第1位的是哈佛大学，有551篇高被引论文。位居前10位的高校有7所来自美国，3所来自英国。高被引论文数为0篇的有24所。表3-153列出了高被引论文数排名前10位的高校和该排名中的中国(包含港澳台)高校。

表3-153 社会科学学科高被引论文数排名（前10位与中国大学）

高被引论文数排名	机构名称	国家/地区	高被引论文数排名	机构名称	国家/地区
1	哈佛大学	美国	6	北卡罗来纳大学	美国
2	伦敦大学学院	英国	7	斯坦福大学	美国
3	牛津大学	英国	8	华盛顿大学	美国
4	约翰·霍普金斯大学	美国	9	多伦多大学	英国
4	密歇根大学	美国	10	哥伦比亚大学	美国
其他中国机构：30. 香港理工大学；51. 香港大学；57. 北京大学；63. 北京理工大学；66. 中国科学院大学；72. 武汉大学；80. 清华大学；89. 浙江大学；100. 中山大学；110. 华中科技大学；112. 北京师范大学；128. 香港城市大学；					

续表

164. 南京大学；168. 青岛大学；168. 香港中文大学；168. 厦门大学；178. 中南大学；182. 大连理工大学；184. 东南大学；192. 西南财经大学；202. 上海交通大学；202. 深圳大学；202. 同济大学；212. 西安交通大学；218. 中国地质大学；232. 南开大学；232. 华东师范大学；243. 中国科学技术大学；248. 对外经济贸易大学；248. 复旦大学；280. 四川大学；306. 重庆大学；306. 安徽财经大学；306. 北京航空航天大学；320. 中国农业大学；331. 浙江工商大学；331. 上海财经大学；350. 中国人民大学；350. 南京航空航天大学；366. 澳门大学；366. 江苏大学；384. 香港浸会大学；384. 山东大学；384. 湖南大学；384. 广东外语外贸大学；384. 中国矿业大学；384. 哈尔滨工业大学；404. 台湾成功大学；404. 中南财经政法大学；424. 郑州大学；424. 南京信息工程大学；424. 中国石油大学；424. 天津大学；445. 台湾"中国医药大学"；445. 宁波诺丁汉大学；445. 浙江财经大学；445. 长安大学；445. 南京师范大学；445. 兰州大学；471. 亚洲大学(中国)；471. 上海大学；471. 西南交通大学；471. 合肥工业大学；471. 四川农业大学；497. 吉林大学；497. 香港教育大学；497. 河海大学；497. 西北农林科技大学；526. 南京财经大学；526. 台湾大学；526. 暨南大学；526. 台湾阳明交通大学；526. 华中师范大学；526. 华南理工大学；526. 东北财经大学；552. 江西财经大学；552. 浙江工业大学；552. 河南大学；552. 中国海洋大学；552. 华北电力大学；577. 首都经济贸易大学；577. 广州大学；617. 陕西师范大学；617. 首都医科大学；617. 澳门科技大学；617. 华中农业大学；617. 澳门大学；617. 武汉理工大学；663. 电子科技大学；663. 台湾科技大学；663. 北京工业大学；663. 闽江学院；725. 西南大学；725. 台湾中兴大学；725. 北京科技大学；725. 香港科技大学；725. 台北医学大学；725. 苏州大学；725. 西交利物浦大学；725. 江苏师范大学；789. 南京农业大学；789. 上海海事大学；789. 中国医学科学院-北京协和医学院；789. 台湾"中山大学"；789. 华南师范大学；789. 岭南大学；789. 台湾云林科技大学；789. 安徽医科大学；853. 北京交通大学；853. 台湾"中央大学"；853. 中央财经大学；853. 高雄科技大学；853. 铭传大学；853. 南方医科大学；853. 宁波大学；853. 北京林业大学；853. 西北大学；853. 天津医科大学；941. 大连海事大学；941. 台湾师范大学；941. 台湾政治大学；941. 高雄医科大学；941. 南京医科大学；941. 北京协和医学院；941. 台湾中正大学；941. 彰化师范大学；941. 上海师范大学；941. 台中科技大学；941. 中国人民解放军海军军医大学；1031. 台湾嘉义大学；1031. 重庆医科大学；1031. 澳门旅游学院；1127. 台湾"清华大学"；1127. 淡江大学；1127. 哈尔滨医科大学；1127. 东吴大学；1228. 台北大学；1228. 中国医科大学；1228. 台湾"东华大学"；1228. 台湾海洋大学；1228. 元智大学；1228. 台湾南开科技大学

4. 社会科学学科师资力量排名分析

从高被引科学家数来看，高被引科学家数最多的是 14 人，只有 1 所，即美国的哈佛大学；其次，加拿大的渥太华大学和英国的埃克塞特大学高被引科学家数是 6 人；有 5 位高被引科学家的高校有 5 所，分别伦敦大学学院(英国)、剑桥大学(英国)、伦敦卫生与热带医学学院(英国)、布里斯托尔大学(英国)、麦克马斯特大学(加拿大)；巴西的圣保罗大学高被引科学家数是 4 人；有 3 位高被引科学家的高校有 9 所；有 2 位高被引科学家的高校有 25 所，有 1 位高被引科学家的高校有 88 所；其他 1197 所高校高被引科学家数均为 0 人，中国(包含港澳台)在社会科学学科领域有高被引科学家的有 8 所，来自北京理工大学、北京大学、青岛大学、中山大学、中南大学、华东师范大学、澳门大学、中国人民大学。具体如表 3-154 所示。

表 3-154　社会科学学科高被引科学家数排名（前 5 位与中国大学）

高被引科学家数排名	机构名称	国家/地区	高被引科学家数排名	机构名称	国家/地区
1	哈佛大学	美国	5	剑桥大学	英国
2	渥太华大学	加拿大	5	布里斯托尔大学	英国
3	埃克塞特大学	英国	5	麦克马斯特大学	加拿大
3	伦敦大学学院	英国	5	圣保罗大学	巴西
5	伦敦卫生与热带医学学院	英国	5	约翰·霍普金斯大学	美国

续表

其他中国机构：44. 北京理工大学；44. 北京大学；44. 青岛大学；44. 中山大学；44. 中南大学；44. 华东师范大学；44. 澳门大学；44. 中国人民大学

（二十二）空间科学

空间科学是以地球系统、太阳系、银河系、局部宇宙、生命物质起源和演化空间客体为对象，用新的手段和方法研究传统的科学前沿难题的一门新兴学科。进入ESI空间科学学科排名的高校共有122所。从国家或地区分布来看，这些高校分别隶属于美国、英国、法国、意大利、澳大利亚、荷兰、加拿大等25个国家或地区。中国（包含港澳台）只有中国科学院大学和北京大学两所高校进入排名。图3-22所示是这些高校的所在国家或地区分布情况。

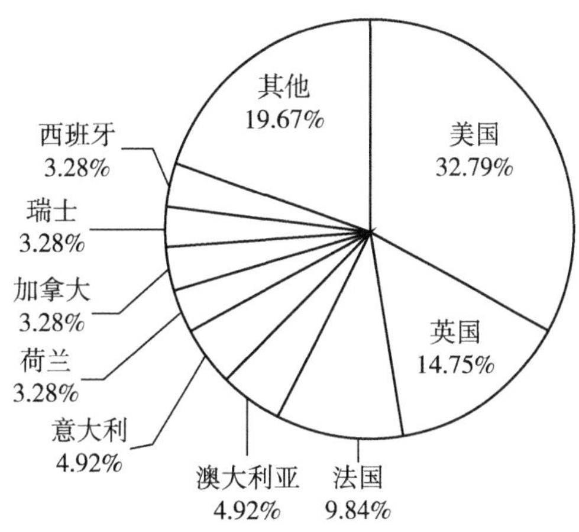

图3-22 进入ESI空间科学学科排名的大学的国家或地区分布

1. 空间科学学科竞争力综合排名分析

通过对多个指标进行综合统计排名，位居前10位的高校有5所均在美国，3所在法国，1所在英国，1所在荷兰。表3-155列出了ESI空间科学学科综合排名前10位的高校。

表3-155 空间科学学科综合排名（前10位与中国大学）

综合排名	机构名称	星级	档次	国家/地区	综合排名	机构名称	星级	档次	国家/地区
1	加利福尼亚大学伯克利分校	5★+	一流学科	美国	6	约翰·霍普金斯大学	5★	一流学科	美国
2	加利福尼亚理工学院	5★	一流学科	美国	7	巴黎西岱大学	5★-	一流学科	法国
3	莱顿大学	5★	一流学科	荷兰	8	巴黎文理研究大学	5★-	一流学科	法国
4	哈佛大学	5★	一流学科	美国	9	麻省理工学院	5★-	一流学科	美国
5	索邦大学	5★	一流学科	法国	10	牛津大学	5★-	一流学科	英国
其他中国机构：37. 中国科学院大学；56. 北京大学									

2. 空间科学学科的科研能力排名分析

从发文量排名来看，位居前10位的高校中有4所来自美国。发文量最多的是加利福尼亚理工学院，为10638篇，其次是索邦大学，发文量为9235篇，排名第10位的亚利桑那大学(美国)发文量为5438篇。表3-156列出了ESI空间科学学科发文量排名前10位的高校。

表3-156　空间科学学科发文量排名（前10位与中国大学）

发文量排名	机构名称	国家/地区	发文量排名	机构名称	国家/地区
1	加利福尼亚理工学院	美国	6	加利福尼亚大学伯克利分校	美国
2	索邦大学	法国	7	巴黎萨克雷大学	法国
3	哈佛大学	美国	8	东京大学	日本
4	巴黎西岱大学	法国	9	剑桥大学	英国
5	巴黎文理研究大学	法国	10	亚利桑那大学	美国
其他中国机构：16. 中国科学院大学；35. 北京大学					

从总被引次数来看，居前10位的4所是美国的高校，4所是法国的高校，1所是英国的高校，1所是荷兰的高校，其中美国的加利福尼亚理工学院的总被引次数最高，高达441858次，相对最少的是美国的普林斯顿大学，总被引次数为200845次。表3-157列出了ESI空间科学学科总被引次数排名前10位的高校。

表3-157　空间科学学科总被引次数排名（前10位与中国大学）

总被引次数排名	机构名称	国家/地区	总被引次数排名	机构名称	国家/地区
1	加利福尼亚理工学院	美国	6	巴黎萨克雷大学	法国
2	哈佛大学	美国	7	剑桥大学	英国
3	索邦大学	法国	8	巴黎文理研究大学	法国
4	加利福尼亚大学伯克利分校	美国	9	莱顿大学	荷兰
5	巴黎西岱大学	法国	10	普林斯顿大学	美国
其他中国机构：77. 北京大学；102. 中国科学院大学					

3. 空间科学学科影响力排名分析

从高被引论文数来看，排名第1位的是美国的加利福尼亚理工学院，有382篇高被引论文。位居前10位的高校有4所来自美国，4所来自法国，1所来自英国，1所来自荷兰。表3-158为进入ESI空间科学学科高被引论文数排名前10位的高校。

表3-158　空间科学学科高被引论文数排名（前10位与中国大学）

高被引论文数排名	机构名称	国家/地区	高被引论文数排名	机构名称	国家/地区
1	加利福尼亚理工学院	美国	4	索邦大学	法国
2	哈佛大学	美国	5	巴黎西岱大学	法国
3	加利福尼亚大学伯克利分校	美国	6	剑桥大学	英国

续表

高被引论文数排名	机构名称	国家/地区	高被引论文数排名	机构名称	国家/地区
7	巴黎文理研究大学	法国	9	普林斯顿大学	美国
8	巴黎萨克雷大学	法国	10	莱顿大学	荷兰
其他中国机构：74. 北京大学；94. 中国科学院大学					

4. 空间科学学科师资力量排名分析

从高被引科学家数来看，高被引科学家数最多的是6人，只有1所，即荷兰的莱顿大学；其次，美国的加利福尼亚大学伯克利分校的高被引科学家数为5人，英国的牛津大学和美国的约翰·霍普金斯大学高被引科学家数是4人，5所高校的高被引科学家数是3人，3所高校的高被引科学家数是2人，19所高校的高被引科学家数是1人，其他91所高校均没有高被引科学家数。表3-159为进入ESI空间科学学科的高被引科学家排名前10位的高校。

表3-159 空间科学学科高被引科学家数排名（前10位与中国大学）

高被引科学家数排名	机构名称	国家/地区	高被引科学家数排名	机构名称	国家/地区
1	莱顿大学	荷兰	5	哥伦比亚大学	美国
2	加利福尼亚大学伯克利分校	美国	5	英属哥伦比亚大学	加拿大
3	约翰·霍普金斯大学	美国	5	德国波恩大学	德国
3	牛津大学	英国	5	杜伦大学	英国
5	麻省理工学院	美国	10	爱丁堡大学	英国
其他中国机构：无					

第四章

评价引发的思考与建议

2023年世界大学与大学学科竞争力评价结果最终得到150个排行榜，包括“世界各国或地区科研竞争力排行榜(2023)”“世界一流大学综合竞争力排行榜(2023)”“世界一流大学分学科排行榜(2023)(分22个学科)”“世界一流大学一级指标排行榜(2023)(分3个指标)”“世界一流大学基本指标排行榜(2023)(分9个指标)”“世界一流学科排行榜(2023)(分109个学科)”“世界一流大学各大洲排行榜(2023)(6大洲)”，具体排行情况参考本书第二章。我们以位居2023年世界大学科研竞争力排行榜中的前600名大学为统计样本，得到5个相关表格，其中表4-1是“2023年世界一流大学的国家或地区分布情况”，表4-2是“2023年世界一流大学前10强和部分中国大学分指标排名情况”，表4-3是“2023年与2022年中国各地区科研实力具体指标对比分析”，表4-4是“2023年世界大学学科分布表(前10位与部分中国大学)”，表4-5是“2023年中国大学进入世界一流学科排名情况”。

第一节　评价引发的思考

一、我国世界一流大学建设成效明显

中国大学进入ESI排行的大学有358所，其中中国大陆(内地)有320所，中国台湾地区有14所，中国香港地区有24所。从表4-1可以看出，美国大学进入前100名、前200名、前300名、前400名、前500名和前600名的大学数量依然遥遥领先。中国大陆(内地)大学进入前100名的有15所；进入前200名的有30所；进入前300名的有47所；进入前400名的有59所；进入前500名的有78所；进入前600名的有91所。中国香港地区和中国台湾地区没有大学进入前100名，中国香港地区进入前200名的大学为4所，中国台湾地区1所前200名的大学。从世界大学科研竞争力排名上来看，我国高水平大学的数量位列世界前列，我国在建设世界一流大学的道路上任重道远。

表4-1　2023年世界一流大学的国家或地区分布情况

国家/地区	前600名		前500名		前400名		前300名		前200名		前100位	
	数量/所	比例/%	数量/所	比例/%	数量/所	比例/%	数量/所	比例/%	数量/所	比例/%	数量/所	比例/%
美国	125	20.83	106	21.20	97	24.25	72	24.00	54	27.00	34	34.00
中国大陆(内地)	91	15.17	78	15.60	59	14.75	47	15.67	30	15.00	15	15.00
英国	42	7.00	36	7.20	29	7.25	25	8.33	22	11.00	9	9.00
法国	32	5.33	26	5.20	22	5.50	17	5.67	10	5.00	5	5.00
德国	31	5.17	28	5.60	27	6.75	20	6.67	8	4.00	4	4.00
意大利	28	4.67	20	4.00	15	3.75	12	4.00	6	3.00	1	1.00
澳大利亚	23	3.83	21	4.20	16	4.00	11	3.67	6	3.00	5	5.00
加拿大	20	3.33	18	3.60	16	4.00	10	3.33	9	4.50	4	4.00
韩国	17	2.83	12	2.40	8	2.00	5	1.67	3	1.50	1	1.00
西班牙	16	2.67	13	2.60	8	2.00	5	1.67	2	1.00	1	1.00
中国香港	5	0.83	5	1.00	5	1.25	5	1.67	4	2.00	0	0.00
中国台湾	5	0.83	4	0.80	2	0.50	2	0.67	1	0.50	0	0.00

二、我国需加大世界一流大学建设力度

虽然中国进入 ESI 全球前 1%学科的高校数量增长取得了令人欣喜的进步，但是我们还要意识到我国大学离世界一流大学仍然有较大的差距。从表 4-1 可以看出，美国囊括了排名前 100 名的世界顶尖大学的 34%，以及 27%的排名前 200 名的大学，拥有全世界绝大多数的高水平大学，也有着雄厚的科研实力和强大的科研影响力。

通过与 2022 年的数据对比我们发现，2023 年中国大陆(内地)大学进入前 300 名的共有 92 所，比去年增加 52 所；而进入前 600 名的中国大陆(内地)大学共有 91 所，占前 600 名的 15.17%。与 2022 年相比，进入前 600 名的大学数量增加了 8 所。另外，我们又对世界一流大学行列中的前 10 强和前 200 名的中国大学的分指标排名情况做了进一步的统计分析，如表 4-2 所示，中国的一流大学和世界顶尖大学之间在整体上还存在着相当大的差距，尤其是高被引论文数、高被引科学家数、国际合作论文数和篇均被引次数这些表征质量的指标还有非常大的提升空间。不过，与同档次的世界大学相比，中国科学院大学、上海交通大学、浙江大学、清华大学、北京大学的 ESI 收录论文数是值得肯定的；香港大学、清华大学、浙江大学、北京大学的高被引科学家数排名也比较靠前；南京大学、山东大学、武汉大学的专利数排名比较靠前。但是，总体来看，这些优势还很微弱，而且不够稳定，在能够真正充分体现科研竞争力的主体指标实力方面仍有很大的提升空间。

表 4-2　2023 年世界一流大学前 10 强和部分中国大学分指标排名情况

总排名	中文全称	国家/地区	高被引科学家数排名	学科数排名	ESI 收录论文数排名	篇均被引次数排名	高被引论文数排名	国际合作论文数排名	专利数排名	网络影响力排名	杰出校友数排名
1	哈佛大学	美国	1	1	1	67	1	1	204	1	1
2	斯坦福大学	美国	2	1	12	64	2	19	659	2	16
3	剑桥大学	英国	13	1	23	94	10	8	779	13	2
4	牛津大学	英国	6	1	10	97	6	4	228	5	16
5	麻省理工学院	美国	4	42	46	33	5	51	79	3	16
6	多伦多大学	加拿大	23	1	3	199	4	3	346	18	16
7	约翰·霍普金斯大学	美国	7	1	7	114	9	13	140	11	16
8	宾夕法尼亚大学	美国	5	42	21	136	12	33	183	12	16
9	加利福尼亚大学洛杉矶分校	美国	26	1	24	115	16	38	1309	14	16
10	哥伦比亚大学	美国	8	1	29	107	11	36	169	10	16
23	中国科学院大学	中国	525	1	2	971	17	21	212	264	16
25	清华大学	中国	3	42	14	486	23	50	24	27	16
29	北京大学	中国	35	1	15	638	34	49	55	36	16
30	浙江大学	中国	42	42	5	990	39	32	309	75	16
31	上海交通大学	中国	59	42	4	977	42	31	54	76	16
54	复旦大学	中国	43	42	33	815	70	92	51	119	16
60	中山大学	中国	65	78	25	935	72	73	35	193	16
65	南京大学	中国	91	78	72	646	95	201	5	173	16
71	中国科学技术大学	中国	46	199	63	619	61	140	87	107	16
79	武汉大学	中国	76	78	71	878	88	186	15	162	16

续表

总排名	中文全称	国家/地区	高被引科学家数排名	学科数排名	ESI 收录论文数排名	篇均被引次数排名	高被引论文数排名	国际合作论文数排名	专利数排名	网络影响力排名	杰出校友数排名
82	四川大学	中国	107	78	36	1336	125	148	19	233	16
85	华中科技大学	中国	99	78	34	871	64	132	41	149	16
89	中南大学	中国	76	142	44	1135	100	137	26	250	16
96	香港大学	中国	17	78	145	330	116	125	218	84	16
100	西安交通大学	中国	167	243	50	1197	126	127	23	213	16
121	山东大学	中国	138	142	49	1262	184	180	10	203	16
144	香港中文大学	中国	167	78	175	351	129	168	592	92	16
145	吉林大学	中国	119	199	64	1177	195	309	27	320	16
160	台湾大学	中国	275	142	98	781	191	175	457	159	16
177	厦门大学	中国	151	142	167	877	204	286	70	280	16
181	哈尔滨工业大学	中国	76	465	67	1144	134	205	29	212	16
183	同济大学	中国	239	280	82	1114	184	187	71	246	16
185	天津大学	中国	74	418	91	1006	141	218	28	252	16
186	郑州大学	中国	239	243	121	1337	115	228	1309	392	16
187	东南大学	中国	91	380	92	1201	162	176	42	270	16

三、我国高质量的论文数量与世界科研强国相比差距依然较大

从表 4-3 可以看出，中国大陆 ESI 收录论文数位居第 2 位，高被引论文数位居第 2 位，专利数排名位居第 1 位，三个指标均与 2022 年的名次保持持平，这反映了我国大学科研实力具有相对的稳定性。但是我们依然要意识到，我国大学与世界科研强国美国的差距仍然比较大，尤其是高被引论文的相对差距最为明显。例如，排在世界前 20 名的大学高被引论文均数为 3831 篇，其中第一名大学(哈佛大学)的高被引论文数 11230 篇，在中国排名第 1 位的中国科学院大学的高被引论文数为 3007 篇。尽管中国的 ESI 收录论文数和高被引论文数的数量和位次继续保持国际领先地位，但是从具体的大学来看，中国要建设世界一流大学，其论文的质量急需大幅度提升。高质量论文数少，从侧面反映了我国大学缺少在国际上影响力较大的科学家，生产具有全球影响力的创新知识的人才较为稀缺。这对于我国高等教育的长期发展是非常不利的，中国要出一流的科学家和诺贝尔奖获得者，如果缺乏具备国际影响力的高质量论文和世界一流成果的保障是难以实现的。因此，我国不断完善科研行为管理制度和服务保障机制，激发科研人员的创新创造活力，在政策、机制、资金、环境等方面给各大学以保障，以改变中国现在科研的被动局面。

第二节　评价引发的建议

一、我国需要提升具有世界影响力的科研成果的产量

一个国家的专利水平和热门论文数都反映该国在世界上的科研创新能力。从表 4-3 可以看出，我国在专利总量上的排名连续三年保持在第 1 名和第 2 名的水平。但是我国篇均被引次数指标排名从第 83 位下降到了第 88 位，在取得可喜成绩的同时，我们也同样看到我国与世界科研强国之间仍存在巨大的差距。

因此，从我国的科研产出总量和创新型科研成果可以看出，创新型科研成果所占比例相对较小，这与我国建设创新型国家和世界一流大学还相距甚远，是一个需要长期努力和加强建设的方向。

表 4-3　2023 年与 2022 年中国各地区科研实力具体指标对比分析

地区	ESI 收录论文数排名			高被引论文数排名			专利数排名			篇均被引次数排名		
	2022 年	2021 年	变化	2022 年	2021 年	变化	2022 年	2021 年	变化	2022 年	2021 年	变化
中国大陆（内地）	2	2	→	2	2	→	1	1	→	88	83	↓5
中国香港	24	18	↓6	20	20	→	25	47	↑22	48	49	↑1
中国台湾	17	24	↑7	22	21	↓1	20	25	↑5	95	90	↓5

注：表中的“↑”表示上升，“→”表示无变化，“↓”表示下降。

二、世界一流学科的建设仍需大力加强

如表 4-4 所示，在此次评价中，中国进入 ESI 排行的学科数有 22 个。在各学科排名中也不乏我国大学进入学科前 10 名，例如，中国农业大学、江南大学、华南理工大学、南京农业大学、南昌大学的农业科学；中国科学院大学、中国科学技术大学、清华大学的化学专业；清华大学、东南大学、电子科技大学、西安电子科技大学、华中科技大学、浙江大学的计算机科学专业；清华大学、哈尔滨工业大学、东南大学、西安交通大学、北京理工大学、上海交通大学的工程学专业等。

同时，表 4-5 也显示，中国的农业科学、化学、计算机科学、工程学、环境科学与生态学、地球科学、材料科学、植物学与动物学、生物学与生物化学、药理学与毒物学、物理学、临床医学、经济学与商学、数学、微生物学、分子生物学与遗传学、社会学、综合交叉学科等学科都进入了世界一流学科的行列。农业科学、计算机科学、材料科学、药理学与毒物学、物理学、化学、工程学、环境科学与生态学、地球科学、植物学与动物学、微生物学、综合交叉学科这 12 个学科除我国大学位居学科排名前 10 名。

但是，从表 4-4、表 4-5 和表 2-3 到表 2-24 的世界一流大学学科竞争力的排名结果还可以看出，中国的大学在学科建设上仍然表现较弱，每所大学或科研院所进入 ESI 学科排行的学科数量还是偏少，绝大多数的中国大学进入 ESI 排行的只有 10 个以内的学科，而且能够进入学科前 10 名的大学不多，除了农业科学、计算机科学、材料科学、物理学、化学、工程学、环境科学与生态学、地球科学、植物学与动物学、微生物学、综合交叉学科这 11 个学科除我国大学位居学科排名前 10 名外，其他学科都没有能够进入前 10 名的大学。

同时，总排名前 10 位的世界一流大学其学科都很齐全，并且每个学科影响力都很大，如哈佛大学有 14 个学科位于世界前 10 强，斯坦福大学有 12 个学科位于全球前 10 强，牛津大学有 11 个学科位于世界前 10 强等。这都在一定程度上说明中国的大学在一流学科上需加强建设力度。

表 4-4　2023 年世界大学学科分布表（前 10 位与部分中国大学）

排名	学校名称	国家/地区	进入 ESI 排行的学科		前 10 名的学科	
			数量/个	占 22 个学科的比例/%	数量/个	占进入排行学科的比例/%
1	哈佛大学	美国	22	100.00	14	63.64
2	斯坦福大学	美国	22	100.00	12	54.55
3	剑桥大学	英国	22	100.00	6	27.27
4	牛津大学	英国	22	100.00	11	50.00

续表

排名	学校名称	国家/地区	进入 ESI 排行的学科		前 10 名的学科	
			数量/个	占 22 个学科的比例/%	数量/个	占进入排行学科的比例/%
5	麻省理工学院	美国	21	95.45	7	33.33
6	多伦多大学	加拿大	22	100.00	4	18.18
7	约翰·霍普金斯大学	美国	22	100.00	5	22.73
8	宾夕法尼亚大学	美国	21	95.45	4	19.05
9	加利福尼亚大学洛杉矶分校	美国	22	100.00	1	4.55
10	哥伦比亚大学	美国	22	100.00	3	13.64
23	中国科学院大学	中国	22	100.00	5	22.73
25	清华大学	中国	21	95.45	7	33.33
29	北京大学	中国	22	100.00	0	0.00
30	浙江大学	中国	21	95.45	4	19.05
31	上海交通大学	中国	21	95.45	0	0.00
54	复旦大学	中国	21	95.45	1	4.76
60	中山大学	中国	20	90.91	0	0.00
65	南京大学	中国	20	90.91	0	0.00
71	中国科学技术大学	中国	18	81.82	1	5.56
79	武汉大学	中国	20	90.91	1	5.00
82	四川大学	中国	20	90.91	0	0.00
85	华中科技大学	中国	20	90.91	0	0.00
89	中南大学	中国	19	86.36	0	0.00
96	香港大学	中国	20	90.91	2	10.00
100	西安交通大学	中国	17	77.27	2	11.76
121	山东大学	中国	19	86.36	0	0.00
144	香港中文大学	中国	20	90.91	0	0.00
145	吉林大学	中国	18	81.82	0	0.00
160	台湾大学	中国	19	86.36	0	0.00
177	厦门大学	中国	19	86.36	0	0.00
181	哈尔滨工业大学	中国	12	54.55	1	8.33
183	同济大学	中国	16	72.73	0	0.00
185	天津大学	中国	13	59.09	0	0.00
186	郑州大学	中国	17	77.27	0	0.00
187	东南大学	中国	14	63.64	2	14.29
205	香港理工大学	中国	16	72.73	1	6.25
208	电子科技大学	中国	15	68.18	1	6.67
226	香港城市大学	中国	14	63.64	1	7.14
232	南开大学	中国	16	72.73	0	0.00

续表

排名	学校名称	国家/地区	进入 ESI 排行的学科		前 10 名的学科	
			数量/个	占 22 个学科的比例/%	数量/个	占进入排行学科的比例/%
234	华南理工大学	中国	12	54.55	2	16.67
235	苏州大学-中国	中国	16	72.73	0	0.00
243	深圳大学	中国	16	72.73	0	0.00
259	湖南大学	中国	11	50.00	0	0.00
282	重庆大学	中国	12	54.55	1	8.33
286	北京师范大学	中国	16	72.73	0	0.00
290	北京理工大学	中国	11	50.00	1	9.09
300	北京航空航天大学	中国	10	45.45	0	0.00
323	大连理工大学	中国	12	54.55	0	0.00
326	华东师范大学	中国	16	72.73	0	0.00
330	中国农业大学	中国	14	63.64	2	14.29
347	兰州大学	中国	15	68.18	0	0.00
351	江苏大学	中国	13	59.09	0	0.00
359	西北工业大学	中国	9	40.91	0	0.00
368	台湾"中国医药大学"	中国	14	63.64	1	7.14
371	台湾成功大学	中国	16	72.73	0	0.00
376	香港科技大学	中国	15	68.18	0	0.00
398	暨南大学	中国	17	77.27	0	0.00
408	西南大学	中国	14	63.64	0	0.00
416	扬州大学	中国	12	54.55	0	0.00
421	青岛大学	中国	12	54.55	0	0.00
432	中国医学科学院-北京协和医学院	中国	13	59.09	0	0.00
435	首都医科大学	中国	12	54.55	0	0.00
467	南方科技大学	中国	9	40.91	0	0.00
469	华中农业大学	中国	12	54.55	1	8.33
472	上海大学	中国	10	45.45	0	0.00
480	南京医科大学	中国	11	50.00	0	0.00
487	南昌大学	中国	12	54.55	1	8.33
494	浙江工业大学	中国	9	40.91	0	0.00
496	福州大学	中国	8	36.36	0	0.00
497	西北大学	中国	11	50.00	0	0.00
508	中国海洋大学	中国	12	54.55	0	0.00
513	北京科技大学	中国	8	36.36	0	0.00
514	中国地质大学	中国	8	36.36	1	12.50
517	北京协和医学院	中国	13	59.09	0	0.00

续表

排名	学校名称	国家/地区	进入ESI排行的学科		前10名的学科	
			数量/个	占22个学科的比例/%	数量/个	占进入排行学科的比例/%
518	华南农业大学	中国	12	54.55	0	0.00
521	武汉理工大学	中国	7	31.82	0	0.00
522	香港浸会大学	中国	13	59.09	0	0.00
525	华东理工大学	中国	9	40.91	0	0.00
530	中国石油大学	中国	8	36.36	0	0.00
533	中国矿业大学	中国	8	36.36	0	0.00
538	澳门大学	中国	11	50.00	0	0.00
543	南方医科大学	中国	11	50.00	0	0.00
545	南京师范大学	中国	13	59.09	0	0.00
551	江南大学	中国	9	40.91	1	11.11
553	北京化工大学	中国	8	36.36	0	0.00
556	合肥工业大学	中国	8	36.36	0	0.00
565	华南师范大学	中国	11	50.00	0	0.00
566	杭州电子科技大学	中国	4	18.18	0	0.00
567	台湾"清华大学"	中国	10	45.45	0	0.00
568	南京航空航天大学	中国	8	36.36	0	0.00
569	台北医学大学	中国	12	54.55	0	0.00
573	南京农业大学	中国	10	45.45	2	20.00
597	北京工业大学	中国	7	31.82	0	0.00
598	南京信息工程大学	中国	8	36.36	0	0.00

表4-5 2023年中国大学进入世界一流学科排名情况

排名	学校名称	名次所居比例/%	档次	国家/地区	学科
2	中国农业大学	1	一流学科	中国	农业科学
3	华南理工大学	1	一流学科	中国	农业科学
4	南京农业大学	1	一流学科	中国	农业科学
5	浙江大学	1	一流学科	中国	农业科学
6	江南大学	1	一流学科	中国	农业科学
7	南昌大学	1	一流学科	中国	农业科学
9	西北农林科技大学	5	一流学科	中国	农业科学
15	中国科学院大学	5	一流学科	中国	农业科学
16	北京工商大学	5	一流学科	中国	农业科学
23	江苏大学	5	一流学科	中国	农业科学
24	扬州大学	5	一流学科	中国	农业科学
30	东北农业大学	5	一流学科	中国	农业科学

续表

排名	学校名称	名次所居比例/%	档次	国家/地区	学科
44	华中农业大学	10	一流学科	中国	农业科学
51	上海交通大学	10	一流学科	中国	农业科学
52	华南农业大学	10	一流学科	中国	农业科学
53	成都大学	10	一流学科	中国	农业科学
61	四川农业大学	10	一流学科	中国	农业科学
72	天津科技大学	10	一流学科	中国	农业科学
28	上海交通大学	5	一流学科	中国	生物学与生物化学
34	中国科学院大学	5	一流学科	中国	生物学与生物化学
36	浙江大学	5	一流学科	中国	生物学与生物化学
45	北京大学	10	一流学科	中国	生物学与生物化学
67	清华大学	10	一流学科	中国	生物学与生物化学
71	中山大学	10	一流学科	中国	生物学与生物化学
73	复旦大学	10	一流学科	中国	生物学与生物化学
78	中南大学	10	一流学科	中国	生物学与生物化学
1	清华大学	1	一流学科	中国	化学
2	中国科学院大学	1	一流学科	中国	化学
3	中国科学技术大学	1	一流学科	中国	化学
5	浙江大学	1	一流学科	中国	化学
12	郑州大学	1	一流学科	中国	化学
16	天津大学	5	一流学科	中国	化学
18	北京化工大学	5	一流学科	中国	化学
20	复旦大学	5	一流学科	中国	化学
21	北京大学	5	一流学科	中国	化学
22	南开大学	5	一流学科	中国	化学
24	厦门大学	5	一流学科	中国	化学
25	南京大学	5	一流学科	中国	化学
26	福州大学	5	一流学科	中国	化学
27	四川大学	5	一流学科	中国	化学
28	华南理工大学	5	一流学科	中国	化学
29	湖南大学	5	一流学科	中国	化学
31	大连理工大学	5	一流学科	中国	化学
32	苏州大学-中国	5	一流学科	中国	化学
33	吉首大学	5	一流学科	中国	化学
35	中山大学	5	一流学科	中国	化学
36	上海交通大学	5	一流学科	中国	化学
37	华东理工大学	5	一流学科	中国	化学
39	中南大学	5	一流学科	中国	化学

续表

排名	学校名称	名次所居比例/%	档次	国家/地区	学科
41	华中科技大学	5	一流学科	中国	化学
42	电子科技大学	5	一流学科	中国	化学
44	吉林大学	5	一流学科	中国	化学
45	武汉大学	5	一流学科	中国	化学
49	北京理工大学	5	一流学科	中国	化学
50	西安交通大学	5	一流学科	中国	化学
54	江苏大学	5	一流学科	中国	化学
55	香港城市大学	5	一流学科	中国	化学
56	深圳大学	5	一流学科	中国	化学
58	西南科技大学	5	一流学科	中国	化学
59	香港科技大学	5	一流学科	中国	化学
61	武汉理工大学	5	一流学科	中国	化学
64	山东大学	10	一流学科	中国	化学
65	哈尔滨工业大学	10	一流学科	中国	化学
67	华中师范大学	10	一流学科	中国	化学
68	华东师范大学	10	一流学科	中国	化学
69	南京工业大学	10	一流学科	中国	化学
75	西北工业大学	10	一流学科	中国	化学
78	东南大学	10	一流学科	中国	化学
79	中国地质大学	10	一流学科	中国	化学
89	台湾大学	10	一流学科	中国	化学
92	上海大学	10	一流学科	中国	化学
94	北京科技大学	10	一流学科	中国	化学
98	上海理工大学	10	一流学科	中国	化学
99	青岛科技大学	10	一流学科	中国	化学
103	南方科技大学	10	一流学科	中国	化学
107	兰州理工大学	10	一流学科	中国	化学
108	华南师范大学	10	一流学科	中国	化学
109	东华大学	10	一流学科	中国	化学
114	北京航空航天大学	10	一流学科	中国	化学
115	同济大学	10	一流学科	中国	化学
116	兰州大学	10	一流学科	中国	化学
117	中国石油大学	10	一流学科	中国	化学
118	重庆大学	10	一流学科	中国	化学
121	浙江工业大学	10	一流学科	中国	化学
58	香港中文大学	5	一流学科	中国	临床医学
69	中国医学科学院-北京协和医学院	5	一流学科	中国	临床医学

续表

排名	学校名称	名次所居比例/%	档次	国家/地区	学科
83	复旦大学	5	一流学科	中国	临床医学
85	上海交通大学	10	一流学科	中国	临床医学
98	北京大学	10	一流学科	中国	临床医学
99	中山大学	10	一流学科	中国	临床医学
118	北京协和医学院	10	一流学科	中国	临床医学
119	华中科技大学	10	一流学科	中国	临床医学
123	台湾大学	10	一流学科	中国	临床医学
124	首都医科大学	10	一流学科	中国	临床医学
125	香港大学	10	一流学科	中国	临床医学
150	浙江大学	10	一流学科	中国	临床医学
151	四川大学	10	一流学科	中国	临床医学
1	电子科技大学	1	一流学科	中国	计算机科学
3	东南大学	1	一流学科	中国	计算机科学
5	清华大学	1	一流学科	中国	计算机科学
6	西安电子科技大学	1	一流学科	中国	计算机科学
7	北京邮电大学	5	一流学科	中国	计算机科学
8	浙江大学	5	一流学科	中国	计算机科学
13	武汉大学	5	一流学科	中国	计算机科学
14	大连理工大学	5	一流学科	中国	计算机科学
15	上海交通大学	5	一流学科	中国	计算机科学
16	华中科技大学	5	一流学科	中国	计算机科学
19	香港城市大学	5	一流学科	中国	计算机科学
20	深圳大学	5	一流学科	中国	计算机科学
21	华南理工大学	5	一流学科	中国	计算机科学
25	西北工业大学	5	一流学科	中国	计算机科学
27	辽宁工业大学	5	一流学科	中国	计算机科学
28	中国东北大学	5	一流学科	中国	计算机科学
31	北京航空航天大学	10	一流学科	中国	计算机科学
35	南京信息工程大学	10	一流学科	中国	计算机科学
36	温州大学	10	一流学科	中国	计算机科学
37	哈尔滨工业大学	10	一流学科	中国	计算机科学
38	四川大学	10	一流学科	中国	计算机科学
39	广州大学	10	一流学科	中国	计算机科学
40	北京科技大学	10	一流学科	中国	计算机科学
41	中国科学院大学	10	一流学科	中国	计算机科学
42	中南大学	10	一流学科	中国	计算机科学
44	香港理工大学	10	一流学科	中国	计算机科学

续表

排名	学校名称	名次所居比例/%	档次	国家/地区	学科
45	天津大学	10	一流学科	中国	计算机科学
48	南京邮电大学	10	一流学科	中国	计算机科学
52	广东工业大学	10	一流学科	中国	计算机科学
55	中山大学	10	一流学科	中国	计算机科学
11	西南财经大学	5	一流学科	中国	经济学与商学
14	北京理工大学	5	一流学科	中国	经济学与商学
26	北京大学	10	一流学科	中国	经济学与商学
32	厦门大学	10	一流学科	中国	经济学与商学
36	南开大学	10	一流学科	中国	经济学与商学
38	香港理工大学	10	一流学科	中国	经济学与商学
1	哈尔滨工业大学	1	一流学科	中国	工程学
2	清华大学	1	一流学科	中国	工程学
3	西安交通大学	1	一流学科	中国	工程学
4	东南大学	1	一流学科	中国	工程学
6	浙江大学	1	一流学科	中国	工程学
7	北京理工大学	1	一流学科	中国	工程学
8	香港理工大学	1	一流学科	中国	工程学
9	重庆大学	1	一流学科	中国	工程学
10	华南理工大学	1	一流学科	中国	工程学
11	华中科技大学	1	一流学科	中国	工程学
12	上海交通大学	1	一流学科	中国	工程学
13	北京航空航天大学	1	一流学科	中国	工程学
14	香港城市大学	1	一流学科	中国	工程学
16	湖南大学	1	一流学科	中国	工程学
19	青岛理工大学	5	一流学科	中国	工程学
21	中国科学院大学	5	一流学科	中国	工程学
22	大连理工大学	5	一流学科	中国	工程学
23	天津大学	5	一流学科	中国	工程学
25	电子科技大学	5	一流学科	中国	工程学
27	同济大学	5	一流学科	中国	工程学
29	西北工业大学	5	一流学科	中国	工程学
31	中国东北大学	5	一流学科	中国	工程学
33	武汉大学	5	一流学科	中国	工程学
34	南京航空航天大学	5	一流学科	中国	工程学
40	江苏大学	5	一流学科	中国	工程学
41	辽宁工业大学	5	一流学科	中国	工程学
44	华北电力大学	5	一流学科	中国	工程学

续表

排名	学校名称	名次所居比例/%	档次	国家/地区	学科
46	广东工业大学	5	一流学科	中国	工程学
47	山东大学	5	一流学科	中国	工程学
49	浙江工业大学	5	一流学科	中国	工程学
52	南京理工大学	5	一流学科	中国	工程学
53	中国科学技术大学	5	一流学科	中国	工程学
55	中国石油大学	5	一流学科	中国	工程学
56	上海大学	5	一流学科	中国	工程学
59	北京科技大学	5	一流学科	中国	工程学
60	四川大学	5	一流学科	中国	工程学
62	中南大学	5	一流学科	中国	工程学
63	中国矿业大学	5	一流学科	中国	工程学
65	香港科技大学	5	一流学科	中国	工程学
67	北京交通大学	5	一流学科	中国	工程学
68	华东理工大学	5	一流学科	中国	工程学
69	郑州大学	5	一流学科	中国	工程学
70	中国地质大学	5	一流学科	中国	工程学
71	台湾“中国医药大学”	5	一流学科	中国	工程学
73	香港大学	5	一流学科	中国	工程学
78	武汉理工大学	5	一流学科	中国	工程学
79	山东科技大学	5	一流学科	中国	工程学
81	北京大学	5	一流学科	中国	工程学
83	南京大学	10	一流学科	中国	工程学
84	深圳大学	10	一流学科	中国	工程学
85	华东师范大学	10	一流学科	中国	工程学
90	西南交通大学	10	一流学科	中国	工程学
95	台湾成功大学	10	一流学科	中国	工程学
99	吉林大学	10	一流学科	中国	工程学
101	国防科学技术大学	10	一流学科	中国	工程学
102	中山大学	10	一流学科	中国	工程学
107	河海大学	10	一流学科	中国	工程学
111	东北电力大学	10	一流学科	中国	工程学
114	南京邮电大学	10	一流学科	中国	工程学
120	香港中文大学	10	一流学科	中国	工程学
123	北京工业大学	10	一流学科	中国	工程学
124	西安电子科技大学	10	一流学科	中国	工程学
125	上海理工大学	10	一流学科	中国	工程学
130	青岛大学	10	一流学科	中国	工程学

续表

排名	学校名称	名次所居比例/%	档次	国家/地区	学科
132	成都大学	10	一流学科	中国	工程学
133	温州大学	10	一流学科	中国	工程学
138	苏州大学-中国	10	一流学科	中国	工程学
142	南开大学	10	一流学科	中国	工程学
148	厦门大学	10	一流学科	中国	工程学
151	安徽工业大学	10	一流学科	中国	工程学
153	北京邮电大学	10	一流学科	中国	工程学
154	复旦大学	10	一流学科	中国	工程学
158	哈尔滨工程大学	10	一流学科	中国	工程学
159	合肥工业大学	10	一流学科	中国	工程学
160	台湾云林科技大学	10	一流学科	中国	工程学
1	清华大学	1	一流学科	中国	环境科学与生态学
4	中国科学院大学	1	一流学科	中国	环境科学与生态学
11	北京大学	1	一流学科	中国	环境科学与生态学
15	浙江大学	5	一流学科	中国	环境科学与生态学
24	上海交通大学	5	一流学科	中国	环境科学与生态学
25	北京师范大学	5	一流学科	中国	环境科学与生态学
26	华北电力大学	5	一流学科	中国	环境科学与生态学
28	北京理工大学	5	一流学科	中国	环境科学与生态学
30	南京大学	5	一流学科	中国	环境科学与生态学
39	华东师范大学	5	一流学科	中国	环境科学与生态学
43	绍兴文理学院	5	一流学科	中国	环境科学与生态学
52	武汉大学	5	一流学科	中国	环境科学与生态学
54	香港城市大学	5	一流学科	中国	环境科学与生态学
55	中山大学	5	一流学科	中国	环境科学与生态学
57	湖南大学	10	一流学科	中国	环境科学与生态学
58	中南大学	10	一流学科	中国	环境科学与生态学
60	青岛大学	10	一流学科	中国	环境科学与生态学
64	长安大学	10	一流学科	中国	环境科学与生态学
73	重庆大学	10	一流学科	中国	环境科学与生态学
77	哈尔滨工业大学	10	一流学科	中国	环境科学与生态学
80	香港理工大学	10	一流学科	中国	环境科学与生态学
88	大连理工大学	10	一流学科	中国	环境科学与生态学
109	同济大学	10	一流学科	中国	环境科学与生态学
3	中国科学院大学	1	一流学科	中国	地球科学
5	清华大学	1	一流学科	中国	地球科学
6	中国地质大学	1	一流学科	中国	地球科学

续表

排名	学校名称	名次所居比例/%	档次	国家/地区	学科
8	武汉大学	5	一流学科	中国	地球科学
11	北京大学	5	一流学科	中国	地球科学
20	中山大学	5	一流学科	中国	地球科学
26	北京师范大学	5	一流学科	中国	地球科学
40	南京大学	10	一流学科	中国	地球科学
46	中国矿业大学	10	一流学科	中国	地球科学
49	南京信息工程大学	10	一流学科	中国	地球科学
4	香港大学	1	一流学科	中国	免疫学
1	清华大学	1	一流学科	中国	材料科学
3	中国科学院大学	1	一流学科	中国	材料科学
5	复旦大学	1	一流学科	中国	材料科学
6	香港城市大学	1	一流学科	中国	材料科学
8	西安交通大学	1	一流学科	中国	材料科学
12	北京大学	5	一流学科	中国	材料科学
13	郑州大学	5	一流学科	中国	材料科学
14	西北工业大学	5	一流学科	中国	材料科学
15	中南大学	5	一流学科	中国	材料科学
16	上海交通大学	5	一流学科	中国	材料科学
17	中国科学技术大学	5	一流学科	中国	材料科学
19	北京理工大学	5	一流学科	中国	材料科学
20	天津大学	5	一流学科	中国	材料科学
21	华南理工大学	5	一流学科	中国	材料科学
23	北京航空航天大学	5	一流学科	中国	材料科学
24	浙江大学	5	一流学科	中国	材料科学
25	北京科技大学	5	一流学科	中国	材料科学
26	武汉理工大学	5	一流学科	中国	材料科学
28	华中科技大学	5	一流学科	中国	材料科学
33	南京大学	5	一流学科	中国	材料科学
35	苏州大学-中国	5	一流学科	中国	材料科学
36	湖南大学	5	一流学科	中国	材料科学
38	哈尔滨工业大学	5	一流学科	中国	材料科学
39	深圳大学	5	一流学科	中国	材料科学
41	吉林大学	5	一流学科	中国	材料科学
42	山东大学	5	一流学科	中国	材料科学
43	重庆大学	5	一流学科	中国	材料科学
44	同济大学	5	一流学科	中国	材料科学
45	南京航空航天大学	5	一流学科	中国	材料科学

续表

排名	学校名称	名次所居比例/%	档次	国家/地区	学科
47	四川大学	10	一流学科	中国	材料科学
48	南方科技大学	10	一流学科	中国	材料科学
49	中山大学	10	一流学科	中国	材料科学
51	北京化工大学	10	一流学科	中国	材料科学
52	南开大学	10	一流学科	中国	材料科学
54	武汉大学	10	一流学科	中国	材料科学
57	东南大学	10	一流学科	中国	材料科学
58	香港理工大学	10	一流学科	中国	材料科学
59	南京工业大学	10	一流学科	中国	材料科学
62	电子科技大学	10	一流学科	中国	材料科学
63	香港科技大学	10	一流学科	中国	材料科学
64	南京理工大学	10	一流学科	中国	材料科学
70	东华大学	10	一流学科	中国	材料科学
71	厦门大学	10	一流学科	中国	材料科学
72	上海大学	10	一流学科	中国	材料科学
74	浙江工业大学	10	一流学科	中国	材料科学
75	大连理工大学	10	一流学科	中国	材料科学
78	扬州大学	10	一流学科	中国	材料科学
83	中国东北大学	10	一流学科	中国	材料科学
90	上海理工大学	10	一流学科	中国	材料科学
2	台湾“中国医药大学”	1	一流学科	中国	数学
5	杭州师范大学	5	一流学科	中国	数学
10	山东科技大学	5	一流学科	中国	数学
13	长沙理工大学	5	一流学科	中国	数学
16	湖州学院	10	一流学科	中国	数学
20	上海交通大学	10	一流学科	中国	数学
22	东南大学	10	一流学科	中国	数学
25	曲阜师范大学	10	一流学科	中国	数学
26	山东大学	10	一流学科	中国	数学
28	电子科技大学	10	一流学科	中国	数学
2	香港大学	1	一流学科	中国	微生物学
16	复旦大学	5	一流学科	中国	微生物学
31	中国科学院大学	10	一流学科	中国	微生物学
37	中山大学	10	一流学科	中国	分子生物学与遗传学
38	上海交通大学	10	一流学科	中国	分子生物学与遗传学
41	中国科学院大学	10	一流学科	中国	分子生物学与遗传学
44	北京大学	10	一流学科	中国	分子生物学与遗传学

续表

排名	学校名称	名次所居比例/%	档次	国家/地区	学科
45	浙江大学	10	一流学科	中国	分子生物学与遗传学
51	复旦大学	10	一流学科	中国	分子生物学与遗传学
11	香港大学	10	一流学科	中国	综合交叉学科
19	复旦大学	5	一流学科	中国	药理学与毒物学
20	浙江大学	5	一流学科	中国	药理学与毒物学
22	上海交通大学	5	一流学科	中国	药理学与毒物学
23	中国药科大学	5	一流学科	中国	药理学与毒物学
35	中国医学科学院-北京协和医学院	5	一流学科	中国	药理学与毒物学
36	中山大学	5	一流学科	中国	药理学与毒物学
41	四川大学	5	一流学科	中国	药理学与毒物学
52	北京协和医学院	10	一流学科	中国	药理学与毒物学
63	北京大学	10	一流学科	中国	药理学与毒物学
64	南方医科大学	10	一流学科	中国	药理学与毒物学
71	华中科技大学	10	一流学科	中国	药理学与毒物学
72	中国科学院大学	10	一流学科	中国	药理学与毒物学
73	山东大学	10	一流学科	中国	药理学与毒物学
76	沈阳药科大学	10	一流学科	中国	药理学与毒物学
77	南京医科大学	10	一流学科	中国	药理学与毒物学
78	吉林大学	10	一流学科	中国	药理学与毒物学
7	清华大学	5	一流学科	中国	物理学
11	中国科学技术大学	5	一流学科	中国	物理学
14	中国科学院大学	5	一流学科	中国	物理学
20	上海交通大学	5	一流学科	中国	物理学
21	南京大学	5	一流学科	中国	物理学
24	北京大学	5	一流学科	中国	物理学
46	西北工业大学	10	一流学科	中国	物理学
56	北京航空航天大学	10	一流学科	中国	物理学
60	浙江大学	10	一流学科	中国	物理学
1	中国农业大学	1	一流学科	中国	植物学与动物学
5	中国科学院大学	1	一流学科	中国	植物学与动物学
7	华中农业大学	1	一流学科	中国	植物学与动物学
10	南京农业大学	1	一流学科	中国	植物学与动物学
19	浙江大学	5	一流学科	中国	植物学与动物学
42	西北农林科技大学	5	一流学科	中国	植物学与动物学
48	华南农业大学	5	一流学科	中国	植物学与动物学
63	电子科技大学	10	一流学科	中国	植物学与动物学
64	福建农林大学	10	一流学科	中国	植物学与动物学

续表

排名	学校名称	名次所居比例/%	档次	国家/地区	学科
82	山东农业大学	10	一流学科	中国	植物学与动物学
84	东北农业大学	10	一流学科	中国	植物学与动物学
93	北京林业大学	10	一流学科	中国	植物学与动物学
97	四川农业大学	10	一流学科	中国	植物学与动物学
100	河南大学	10	一流学科	中国	植物学与动物学
16	北京理工大学	5	一流学科	中国	社会学
61	香港理工大学	5	一流学科	中国	社会学
76	清华大学	10	一流学科	中国	社会学
81	北京大学	10	一流学科	中国	社会学
86	大连理工大学	10	一流学科	中国	社会学
87	武汉大学	10	一流学科	中国	社会学
96	青岛大学	10	一流学科	中国	社会学
108	香港大学	10	一流学科	中国	社会学
110	浙江大学	10	一流学科	中国	社会学
121	中国科学院大学	10	一流学科	中国	社会学
129	中山大学	10	一流学科	中国	社会学

三、世界一流大学与一流学科建设的内在逻辑与发展之策

与以往“985 工程”建设和“211 工程”建设不同的是，“双一流”建设采用了退出机制，目的是引导和支持具备一定实力的高水平大学和高水平学科瞄准世界一流，汇聚优质资源，培养一流人才，产出一流成果，加快走向世界一流。在资金分配上，“双一流”建设更多考虑办学质量特别是学科水平、办学特色等因素，重点向办学水平高、特色鲜明的学校倾斜，在公平竞争中体现扶优扶强扶特。学科建设水平和能力的提高已成为中国高等教育历史性变化的最重要的标识。突出学科建设的基础作用，高度契合“双一流”建设目标和指向。突出学科建设的基础作用，加强一流学科建设，也是世界高等教育办学的成功理念、有益经验和基本理念。事实上，世界一流大学就是以若干一流学科为支撑、以若干个学科的优势和特色为标识的。从表 4-4 和表 4-5 来看，排名前 10 位的大学的学科都很齐全，并且每个学科的影响力都很大。这在一定程度上反映了我国建设“双一流”的科学性和合理性，将一流大学与一流学科联系在一起统筹推进，是我国世界一流大学建设进程的深化。当前，我国高校学科建设交叉重复、低层次循环的现象还多有存在，迫切需要创新发展理念、加强资源整合、提升建设水平，适应我国高等教育将由大众化阶段向普及化阶段发展的需要，适应国家发展对高等教育的要求。